中国司法制度史·第三卷

# 中国现代司法制度

陈光中 等 著

## 图书在版编目（CIP）数据

中国现代司法制度/陈光中 等著. —北京：北京大学出版社，2020.10
ISBN 978-7-301-31684-9

Ⅰ. ①中… Ⅱ. ①陈… Ⅲ. ①司法制度—中国 Ⅳ. ①D926

中国版本图书馆 CIP 数据核字（2020）第 186412 号

| | |
|---|---|
| 书　　名 | 中国现代司法制度<br>ZHONGGUO XIANDAI SIFA ZHIDU |
| 著作责任者 | 陈光中　等著 |
| 责 任 编 辑 | 孙战营 |
| 标 准 书 号 | ISBN 978-7-301-31684-9 |
| 出 版 发 行 | 北京大学出版社 |
| 地　　　址 | 北京市海淀区成府路 205 号　100871 |
| 网　　　址 | http://www.pup.cn |
| 电 子 信 箱 | law@pup.pku.edu.cn |
| 新 浪 微 博 | @北京大学出版社　@北大出版社法律图书 |
| 电　　　话 | 邮购部 010-62752015　发行部 010-62750672<br>编辑部 010-62752027 |
| 印　刷　者 | 三河市北燕印装有限公司 |
| 经　销　者 | 新华书店 |
| | 965 毫米×1300 毫米　16 开本　44 印张　595 千字<br>2020 年 10 月第 1 版　2020 年 10 月第 1 次印刷 |
| 定　　　价 | 118.00 元 |

未经许可，不得以任何方式复制或抄袭本书之部分或全部内容。
**版权所有，侵权必究**
举报电话：010-62752024　电子信箱：fd@pup.pku.edu.cn
图书如有印装质量问题，请与出版部联系，电话：010-62756370

本专著为国家"2011 计划"司法文明协同创新中心科研成果之一

# 《中国现代司法制度》序言

《中国现代司法制度》是我主编的三卷本《中国司法制度史》的第三卷。因三卷本各自独立成书，本书完成时间早于第二卷《中国近代司法制度》，故先行出版。《中国现代司法制度》所对应的时间段是中华人民共和国时期，但其内容还上溯至1949年中华人民共和国成立之前新民主主义革命时期的司法制度，因为两者之间存在着革命的传承发展关系。唯如此，方能更深入地研究、更全面地阐述中华人民共和国的司法制度。

本书最后一次统稿时间为2018年6月，故其内容在时间上截止于2018年6月，在此之后有关诉讼制度的制定、修改和废止本书均不再涉及。

《中国现代司法制度》分为司法组织与刑事诉讼制度、民事诉讼制度、行政诉讼制度三编。司法组织主要包括审判组织与检察组织，并涉及公安机关。在我国，三大诉讼均由各级人民法院审理，而检察机关和公安机关则与刑事诉讼制度关联最为紧密，因此为避免重复，司法组织集中在第一编论述。第二编民事诉讼制度与第三编行政诉讼制度仅论述诉讼制度，不专论司法组织。中华人民共和国三大诉讼制度的发展历程差别很大，本书不追求三编体例上的一致，而是根据三大诉讼制度各自的发展特点进行制度史的梳理与发展阶段的划分。当然，三大诉讼制度均具有诉讼制度的共性，因此，本书力求在三编中叙述各自领域的内容，但是在个别问题上有所交叉在所难免。

本书第一编，共计六章，分为萌芽与源流、废除与创建、挫折与灾难、转折与发展、深化与进步、新征程与新成就六个阶段，系统阐述了每一阶段司法组织与刑事诉讼制度的状况和特点，并对其进行简要的评价。

第二编，共计五章，以民事诉讼法典、有关民事诉讼程序的司法解释和其他规范性文件的颁行为基本线索，将中国现代民事诉讼制度的发展历程分为早期摸索、起步与探索、转型与发展、改革与完善、深化改革五个阶段。本编在梳理中国现代民事诉讼制度发展的背景、历程、整体轮廓的同时，分析了各阶段民事诉讼制度的主要特征，厘清了一些具体的民事诉讼制度的发展脉络及其源流关系，阐明了中国特色民事诉讼制度的主要内容。

第三编，共计五章。本编回顾了1949年至1989年间行政诉讼立法的状况，并以1989年《行政诉讼法》的出台和2014年《行政诉讼法》的首次大修为基本线索，将行政诉讼制度的发展历程分为五个阶段：分散立法起步阶段、统一行政诉讼制度初步形成阶段、司法解释完善行政诉讼制度阶段、修法完善行政诉讼制度阶段、检察行政公益诉讼制度初步形成阶段。其中，在分散立法起步阶段这部分中，作者收集了《行政诉讼法》出台前规定公民行政诉权的104部法律、行政法规，首次对这一时期的行政诉讼制度作了系统研究，有助于更好地了解1989年《行政诉讼法》所建构的行政诉讼制度。

为了更加真实、生动地展现我国现代司法制度的发展历程，本书结合论述精选了不少案例，并附加多幅图片，以飨读者。

南宋理学家吕祖谦曾云："观史如身在其中，见事之利害、时之祸患，必掩卷自思，使我遇此等事，当作何处之？如此观史，学问亦可以进，智识亦可以高，方为有益。"①这段话为我们阅读、学习历史提供了方法上的借鉴。回顾并总结我国现代司法制度的历史发展，带给我们的深刻启示至少有下列几点：

第一，司法制度的发展有赖于特定的社会政治环境。新民主主义革命时期的司法，服务于武装夺取政权，其制度必然不太正规。中华人民共和国成立之后，司法作为一种有序、和平地解决纠纷的重要方式，越来越显示出它的重要性，并需要逐步加以改革完善。但在某些特殊历史年代，在以阶级斗争为纲的思想指导下，整个社会处于动乱之中，法制被践踏，司法机关被"砸烂"，司法功能严重弱化，更谈不上司法制度的发展。我们今天必须从中吸取深刻的教训。

近四十年来，我们既立足于本国国情，又坚持改革开放，从而逐渐改革完善了中国特色社会主义司法制度。在未来的司法制度建设中，我们必须继续坚持改革开放方针，认真学习吸收域外的优秀制度和成功经验，同时，防止一概照搬照抄。

第二，司法制度的建设必须遵循司法规律。规律是事物本身所固有的、本质的、必然的联系，决定着事物发展的趋势。中国现代司法制度的发展史证明，司法制度的建设必须要尊重和遵守司法规律，凡是遵守司法规律的时候，司法制度就会得到发展和完善，反之就会遭受曲折和失败。

第三，司法建设必须以公正为核心价值追求。司法公正是程序公正和实体公正的结合和统一。我国现代司法制度史表明，实现司法公正，必须切实纠正重实体轻程序、重惩罚轻保障的传统观念和做法。几十年来我们在促进司法公正方面确实取得了很大的成就，但是仍存在着明显的问题有待解决。

---

① （清）周永年：《先正读书诀》。

本书由我负责总体布局,具体的写作分工是:第一编司法组织和刑事诉讼制度由我和曾新华博士合作完成,第二编民事诉讼制度由谭秋桂教授完成,第三编行政诉讼制度由王万华教授完成。

中国政法大学的几位博士生、硕士生参与了本书的资料、图片收集和文字校对工作,北京大学出版社有关领导和孙战营编辑为本书的出版作出了很大努力。在此我们一并表示衷心的感谢!

陈光中

2018 年 7 月 20 日

## 本书作者

陈光中　中国政法大学终身教授
王万华　中国政法大学教授
谭秋桂　中国政法大学教授
曾新华　对外经济贸易大学法学院副教授、法学博士

# 目 录

## 第一编　司法组织与刑事诉讼制度

**第一章　萌芽与源流：1921—1949 年** ······················· 003
　一、工农民主政权的司法制度 ····························· 003
　二、抗日民主政权的司法制度 ····························· 011
　三、解放区人民民主政权的司法制度 ····················· 020

**第二章　废除与创建：1949—1957 年** ······················· 022
　一、废除国民党"伪法统"和"六法全书" ··············· 022
　二、第一届全国司法工作会议召开 ······················· 025
　三、司法机关的创建 ····································· 030
　四、诉讼制度的初创 ····································· 042
　五、司法改革运动：中华人民共和国第一次司法改革 ····· 051
　六、第二届全国司法工作会议和检察工作会议召开 ········ 054
　七、第一部《宪法》规定的人民司法制度 ················· 060
　八、法院制度的发展 ····································· 062

九、检察制度的发展 ………………………………………… 065
十、诉讼制度的健全 ………………………………………… 069
十一、中共八大与刑事司法制度的第一个"黄金时期" … 074
十二、首部刑事诉讼法草案的拟订 ………………………… 085

## 第三章　挫折与灾难:1957—1976 年 ………………………… 093
一、法律界的"整风反右" ………………………………… 093
二、司法"大跃进" ………………………………………… 095
三、第四届全国司法工作会议和第四次全国检察工作
　　会议召开 ………………………………………………… 99
四、"三少"政策的出台与司法机关的贯彻执行 ………… 102
五、党领导司法的体制确立 ………………………………… 104
六、党和国家领导人对法制和司法的再认识 …………… 106
七、法院工作的复苏 ………………………………………… 107
八、检察工作"中兴小高潮" ……………………………… 112
九、《中华人民共和国刑事诉讼法草案(初稿)》的拟订 … 115
十、"文化大革命"期间的刑事司法 ……………………… 131

## 第四章　转折与发展:1976—1996 年 ………………………… 135
一、《刑事诉讼法》的诞生 ………………………………… 135
二、中共中央 1979 年第 64 号文件 ……………………… 141
三、复查和纠正"文化大革命"期间的冤假错案 ……… 144
四、"两案"审判 …………………………………………… 147
五、"严打"期间的刑事司法制度 ………………………… 150
六、部分死刑案件核准权的下放 ………………………… 151
七、《刑事诉讼法》第一次修改(1996 年) ……………… 155
八、刑事诉讼法司法解释的制定 ………………………… 160

# 目 录

## 第五章 深化与进步:1996—2012年 ············ 164
- 一、《律师法》的修改 ························· 164
- 二、人民陪审员制度的完善 ····················· 168
- 三、司法鉴定管理制度的完善 ··················· 170
- 四、死刑核准权的收回 ························· 172
- 五、刑事证据制度的发展 ······················· 174
- 六、《刑事诉讼法》第二次修改(2012年) ········ 184
- 七、刑事诉讼法立法和司法解释的颁布 ············ 193

## 第六章 新征程与新成就:2012—2018年 ········ 206
- 一、概　述 ·································· 206
- 二、司法组织改革 ····························· 208
- 三、保障司法机关依法独立行使职权 ·············· 213
- 四、司法责任制 ······························· 219
- 五、以审判为中心的诉讼制度改革 ················ 227
- 六、加强人权司法保障,构建阳光司法机制 ········ 231
- 七、审判、执行若干程序改革 ···················· 243
- 八、强化司法公开,加强司法民主 ················ 247
- 九、健全国家统一法律职业资格考试制度 ·········· 252
- 十、《刑事诉讼法》第三次修改(2018年) ········ 253

# 第二编　民事诉讼制度

## 第一章 早期摸索:1921—1949年 ·············· 261
- 一、集体审判与合议制初现端倪 ·················· 266
- 二、中国特色人民陪审制度奠基 ·················· 268
- 三、多元化纠纷调解机制的摸索 ·················· 269

四、公开审判的早期实践 …………………………………… 272
五、回避制度的萌芽 …………………………………… 273
六、中国特色审级制度的摸索 …………………………………… 274
七、马锡五审判方式的形成 …………………………………… 276

**第二章　起步与探索：1949—1991年** …………………………………… 280
一、民事审判基本方针的探索 …………………………………… 284
二、"客观真实"的诉讼真实观开始形成 …………………………………… 288
三、法院调解制度的探索 …………………………………… 289
四、方便当事人诉讼的制度探索 …………………………………… 290
五、当事人制度的探索 …………………………………… 292
六、起诉条件的制度探索与发展 …………………………………… 295
七、管辖制度的探索 …………………………………… 297
八、就地审判和巡回审判制度的继承与发扬 …………………………………… 299
九、证人出庭作证制度的起步与探索 …………………………………… 300
十、检察机关提起民事诉讼的制度探索 …………………………………… 301
十一、民事再审制度的探索 …………………………………… 301
十二、保全和先予执行制度的起步 …………………………………… 303
十三、民事执行制度的起步与探索 …………………………………… 306
十四、《民事诉讼法(试行)》的主要内容 …………………………………… 309

**第三章　转型与发展：1991—2007年** …………………………………… 319
一、法典结构和内容的重大变化 …………………………………… 325
二、民事诉讼模式开始转型 …………………………………… 329
三、民事经济审判方式改革 …………………………………… 336
四、诉讼调解制度的转型 …………………………………… 340
五、民事诉讼管辖制度的发展 …………………………………… 342

## 目 录

　六、回避制度的发展 ………………………………… 343
　七、民事诉讼当事人制度的发展 …………………… 344
　八、民事诉讼证据制度的转型与发展 ……………… 345
　九、民事诉讼保障制度的发展 ……………………… 348
　十、第一审普通程序制度的转型与发展 …………… 350
　十一、第二审程序制度的转型与发展 ……………… 352
　十二、特别程序制度的发展 ………………………… 353
　十三、审判监督程序制度的转型与发展 …………… 353
　十四、民事执行制度的转型与发展 ………………… 355

**第四章　改革与完善：2007—2014 年** ……………… 363
　一、确立民事诉讼诚实信用原则 …………………… 372
　二、回避制度的完善 ………………………………… 373
　三、民事诉讼检察监督制度改革 …………………… 374
　四、设立民事公益诉讼制度 ………………………… 376
　五、设立第三人撤销之诉制度 ……………………… 377
　六、民事诉讼证据制度的改革与完善 ……………… 378
　七、送达制度的完善 ………………………………… 386
　八、诉讼保障制度的改革与完善 …………………… 387
　九、诉讼调解制度的改革与完善 …………………… 389
　十、第一审程序制度的改革与完善 ………………… 395
　十一、第二审程序制度的改革与完善 ……………… 396
　十二、特别程序制度的改革 ………………………… 399
　十三、审判监督制度的改革与完善 ………………… 400
　十四、督促程序制度的改革 ………………………… 411
　十五、民事执行制度的改革与完善 ………………… 411

## 第五章 深化改革:2014—2018年 ········ 435
一、审执分离体制改革 ············ 442
二、深化立案制度改革 ············ 451
三、深化民事公益诉讼制度改革 ······ 455
四、深化多元化纠纷解决机制改革 ····· 465
五、家事审判方式改革 ············ 466
六、深化民事送达制度改革 ········· 469
七、深化民事执行制度改革 ········· 471

# 第三编 行政诉讼制度

## 第一章 分散立法起步阶段:1949—1989年 ······ 507
一、1949年至1989年行政诉讼单行立法概况 ······ 508
二、行政审判组织建设概况 ············ 517
三、单行法确立的有限行政案件范围 ········ 520
四、单行法建构的零星行政诉讼程序制度 ····· 526

## 第二章 统一行政诉讼制度初步形成阶段:1989—2000年 ····· 532
一、《行政诉讼法》出台背景 ············ 533
二、行政审判体制采用普通法院体制 ········ 537
三、《行政诉讼法》确立的基本原则与基本制度 ···· 538
四、最高人民法院《关于贯彻执行〈中华人民共和国行政诉讼法〉若干问题的意见(试行)》 ············ 573

## 第三章 司法解释完善行政诉讼制度阶段:2000—2014年 ····· 581
一、最高人民法院《关于执行〈中华人民共和国行政诉讼法〉若干问题的解释》对行政诉讼制度进行细化与调整 ····· 582

## 目 录

二、最高人民法院《关于行政诉讼证据若干问题的规定》
　　完善行政诉讼证据制度 ………………………………… 597

**第四章　修法完善行政诉讼制度阶段:2014—2018 年** ………… 608
　一、2014 年《行政诉讼法》修法背景与出台过程 ………… 609
　二、立法目的之重大修改 ………………………………… 611
　三、修法对受案范围的扩展与完善 ……………………… 612
　四、管 辖 制 度 …………………………………………… 616
　五、诉讼主体制度出现较大变化 ………………………… 617
　六、行政诉讼证据制度的完善 …………………………… 625
　七、行政诉讼程序制度的完善 …………………………… 630
　八、行政诉讼判决类型及其适用条件的完善 …………… 642
　九、《最高人民法院关于适用〈中华人民共和国行政诉讼法〉的
　　解释》进一步完善行政诉讼制度 …………………… 657

**第五章　检察行政公益诉讼制度初步形成阶段:
　　　　2015—2018 年** ……………………………………… 669
　一、制度形成过程 ………………………………………… 669
　二、检察行政公益诉讼制度的主要内容 ………………… 672

# 第一编
# 司法组织与刑事诉讼制度

# 第一章
# 萌芽与源流：1921—1949年

在中国新民主主义革命时期，中国共产党从当时的国情出发，选择了走武装斗争、农村包围城市、最后夺取全国胜利的革命道路。在此过程中，先后创建了中央、西北等革命根据地和革命政权。在解放战争期间则建立了管辖范围越来越大的解放区政权。同时，开始重视法律在建立和巩固新生革命政权、打击敌人中的作用，司法制度也得以初创和发展。该时期的司法工作不仅有助于保障新民主主义革命的胜利成果，也为中华人民共和国社会主义司法制度的创立奠定了一定的基础。

## 一、工农民主政权的司法制度

1922年6月发表的《中国共产党对于时局的主张》指出："改良司法制度，废止死刑，实行废止肉刑。"这种主张显示了中国共产党改革旧司法制度的决心和态度。1931年11月7日，中华苏维埃共和国在江西瑞金成立，建立了中央革命政权，各苏区的法律制度也趋于统一，司法组织体系和司法制度逐步建立起来。

## (一) 司法机关组织体系

### 1. 临时最高法庭

1934年《中华苏维埃共和国中央苏维埃组织法》规定,中央执行委员会下设最高法院,为全国最高审判机关。但最高法院一直未曾建立,只组建了临时最高法庭行使最高法院的职权。根据《中华苏维埃共和国中央苏维埃组织法》第37条的规定,最高法院的权限包括:(1)对于一般法律作法定的解释;(2)审查各省裁判部及高级军事裁判所的判决书和决议;(3)审查中央执行委员以外的高级机关职员在执行职务期间内的犯法案件(中央执行委员的犯法案件由中央执行委员会或主席团另行处理之);(4)审判不服省裁判部或高级军事裁判所的判决而提起上诉的案件,或检察员不同意省裁判部或高级军事裁判所的判决而提起抗议的案件。

临时最高法庭设主席一人、副主席两人,由中央执行委员会主席团委任。临时最高法庭之下设刑事法庭、民事法庭和军事法庭,各设庭长一人。

### 2. 裁判部

裁判部是省、县、区地方政府的审判机构(市、镇设裁判科),管辖除军事案件①以外的所有民、刑事案件。省、县级裁判部有权判决被告人警告、罚款、没收财产、强迫劳动、监禁、枪决等刑罚;区裁判部审理不重要的案件,判处被告人强迫劳动或监禁的期限不超过半年。裁判部实行同级政府和上级裁判部双重领导制。

各级裁判部设有部长、副部长、裁判员、巡视员、秘书、文书等,并设裁判委员会,讨论和建议关于司法行政、检察和审判等问题。

---

① 根据1932年颁布的《中华苏维埃共和国军事裁判所暂行组织条例》的规定,凡在红军游击队、独立师、独立团、赤警卫连等武装队伍服役的,无论是军人或其他人员,倘犯了刑法、军事刑法及其他法律,都由军事裁判所审理。

委员会由部长、副部长、裁判员、检察员、国家政治保卫分局局长或特派员、民警局或民警厅(所)长、工农检查委员会、劳动部及职工会的代表、所在地的下一级裁判部长以及其他成员组成,以部长为主任。

裁判部内设刑事法庭和民事法庭,1933年4月以后,基层裁判部和市裁判科还设立了劳动法庭,专门审理违反劳动法的案件。另外,裁判部还可以组织巡回法庭到辖区各地流动审理案件。

另外,在中央苏区以外的革命根据地,仍然沿用中华苏维埃共和国成立以前的司法组织形式——革命法庭,其设置的情况与裁判部大致相同。

3. 检察机关

中华苏维埃共和国实行审检合一制,检察机关设于同级审判机关内,并受其领导,不构成独立的组织体系。最高法院内设正、副检察长各一人,检察员若干人。正、副检察长由中央执行委员会主席团任命。省、县裁判部设检察员若干人,区裁判部不设检察员。红军中另设军事检察所,但与军事裁判所各自独立地行使其法定职权。检察人员负责对犯罪案件的侦查、预审,并代表国家提起公诉,出庭支持公诉。

4. 司法人民委员部

司法人民委员部是中央苏维埃政府领导全国司法行政工作的管理机关,具体负责领导司法干部的教育、培训、任免、奖惩等工作,并积极推动国家司法体制的完备。同时,因地方各级裁判部兼理司法行政职能,所以司法人民委员部没有对应的地方下属机构,它发布的指示,地方各级裁判部须遵照执行。

5. 政治保卫局

根据《中华苏维埃共和国国家政治保卫局组织纲要》和中华苏维埃共和国中央执行委员会训令第六号《处理反革命案件和建立司

法机关的暂行程序》的规定,人民委员会下设国家政治保卫局,负责一切反革命案件的侦查、逮捕、预审、提起公诉。后来,政治保卫局还拥有直接审判和处决反革命案犯的特权。在省、县两级地方政权和中央军事委员会、工农红军的方面军、军团设立政治保卫分局;在区和工农红军的师团、独立营设立政治保卫局特派员。国家政治保卫分局认为有必要时,可以向其他任何机关派出特派员。

政治保卫局实行严格的垂直领导,各分局各特派员只在政治上接受各该级政府或红军中军事政治负责者的指导。而且,在政治保卫局组织系统内实行绝对的首长集权制,局长就其一切措施对上级保卫局负完全责任,并握有对各分局局长和特派员的任免、处分权。

### 6. 肃反委员会

根据1933年4月15日发布的《中华苏维埃共和国中央执行委员会关于肃反委员会决议》,凡属新发展的苏区与当地临时政权,在县区常务委员会之下设置肃反委员会,它的任务是镇压和裁判当地豪绅、地主、富农、资本家及一切反动派的反革命活动与企图,肃清当地反革命势力,以巩固临时政权。它的职权是兼有司法机关和政治保卫局的责任。县区肃反委员会组织上隶属于当地革命委员会,受它的指导与监督,在肃反工作上,应受上级国家政治保卫局的指导。根据1936年1月28日公布的《肃反委员会暂行组织条例》,肃反委员会隶属于革命委员会,在国家政治保卫局的领导和指挥下进行工作。新区和边区的省、县、区均设肃反委员会。各级肃反委员会之下分设侦查、执行两组,在肃反委员会主任的指挥下进行侦查、执行等事宜。肃反委员会在法律上是一种临时性的非常设专政机关,一般存在期间为半年,苏维埃政权正式建立后应即行撤销,由新成立的裁判部和政治保卫局接替其执行处理民、刑事案件和肃反的任务,但实际上肃反委员会往往存在时间较长。

综上,这一时期司法机关组织体系呈现以下明显特点:

## 第一编 司法组织与刑事诉讼制度

一是主体的多元性。中华苏维埃共和国具有审判职能的组织很多,除了普通的审判机关裁判部、革命法庭、临时最高法庭外,还有负责军事审判的军事裁判所,负责镇压、整肃反革命的国家政治保卫局和肃反委员会等。

二是司法行政合一。这一时期的司法机关都不是独立的,而是同级政府的组成部门。这种司法行政合一的体制在当时历史环境下发挥了很大的作用,但是,由于该体制从根本上否定司法独立这一根本性的法治原则,对此后党与司法的关系产生极大的消极影响。

三是检察权的弱化。在审检合一的体制下,检察机关不仅附属于审判机关,而且自身上下级间不发生关系,不能构成独立的组织系统。实际上,检察机关的设置本就存在着形式化的问题,多数情况下检察机关根本未能建立。即便建立,其法定的侦查、预审和提起公诉的职能也由于政治保卫局和肃反委员会的权重势大而大为弱化。

### (二) 诉讼原则和制度

在此阶段,虽然没有制定、公布系统的诉讼法典,却制定了大量有关诉讼活动的规范性文件。比如《中华苏维埃共和国裁判部暂行组织及裁判条例》《中华苏维埃共和国司法程序》《处理反革命案件和建立司法机关的暂行程序》《中华苏维埃共和国军事裁判所暂行组织条例》《肃反委员会暂行组织条例》《中华苏维埃共和国国家政治保卫局组织纲要》《川陕省革命法庭条例草案》等。

上述规范性文件主要确立了以下诉讼原则和制度:

#### 1. 司法机关依法统一行使职权原则

根据1932年6月颁布的《中华苏维埃共和国裁判部暂行组织及裁判条例》的规定,除现役军人及军事机关的工作人员外,一切刑、民案件皆归裁判部审理。1931年中华苏维埃共和国中央执行委员会训令第六号《处理反革命案件和建立司法机关的暂行程序》规定：一切反革命案件审讯（除国家政治保卫局得预审外）和审决（从宣告无罪到宣告死刑）之权都属于国家司法机关。县一级司法机关，无判决死刑之权。但有特别情况，得省司法机关特别许可者不在此例。但是，这一原则并没有得到彻底的落实。

2. 禁止刑讯逼供、重证据不轻信口供

严禁刑讯逼供是中国共产党领导的民主政权的一贯主张。中华苏维埃共和国中央执行委员会训令第六号《处理反革命案件和建立司法机关的暂行程序》规定：在审讯方法上为彻底肃清反革命组织及正确的判决反革命案件，必须坚决废除肉刑而采用收集确实证据及各种有效方法。但是，在司法实践中，刑讯逼供的问题并未彻底根绝。

3. 人民陪审员制度和合议制

《中华苏维埃共和国裁判部暂行组织及裁判条例》第13条规定："法庭须由三人组织而成，裁判部长或裁判员为主审，其余二人为陪审员。"除简单而不重要的案件可由裁判部长或裁判员一人审理外，一切审判庭均实行合议制。决定判决时实行少数服从多数的原则，遇有争执时，应依主审的意见决定判决书的内容。如陪审员坚持保留意见，得将其意见报送上级裁判部决定。

陪审员是各级法庭的法定组成人员，由职工会、雇农工会、贫农团及其他群众团体选举产生，无选举权者（未满16周岁的人也包括在内）不得为陪审员。军事裁判所的陪审员由士兵选举产生。陪审员参加陪审采取一案一轮换制。

4. 公开审判制度

《中华苏维埃共和国裁判部暂行组织及裁判条例》规定各级裁判部"审判案件，必须公开，倘有秘密关系时，可用秘密审判的方式，但宣布判决书时仍须作公开"。《中华苏维埃共和国军事裁判所暂行组织条例》也规定:"审判案件须用公开的形式,准许士兵及军队的工作人员旁听。但是有军事秘密的案件,可采用秘密审判的形式,但宣布判决时,仍须公开。"

5. 辩护制度

根据《中华苏维埃共和国裁判部暂行组织及裁判条例》的规定,在开庭审判时,除检察员出庭作原告人外,与群众团体有关的案件,该群众团体可派代表出庭作原告人。被告人为自身利益经法庭许可,可派代表出庭辩护。《川陕省革命法庭条例草案》也规定,必须是劳动者有公民权的人才有作辩护人的资格。

6. 巡回审判制度

《中华苏维埃共和国裁判部暂行组织及裁判条例》第12条规定:"各级裁判部可以组织巡回法庭,到出事地点去审判比较有重要意义的案件,以吸收广大的群众来参加旁听。"

7. 四级两审终审制度

中华苏维埃共和国一般的司法审级为四级,即临时最高法庭及省、县、区裁判部。实行两审终审制,即一个案件一般最多经两级审判机关审理判决即告终结。

8. 上诉制度

被告人不服第一审判决,可在14天内(后改为7天内,具体日期,由裁判员根据案情决定)向上级司法机关提起上诉。但检察员认为该案件经过两审后,尚有不同意见时,还可向审判机关提出抗议,再行审判一次。根据《中华苏维埃共和国司法程序》的规定,在新区边沿区或敌人进攻的地方,以及在其他紧急情况下,对反革命及豪绅地主犯罪者可以一审终审,即可剥夺此类案件中犯罪分子的上诉权。

9. 复核及审批制度

根据《中华苏维埃共和国裁判部暂行组织及裁判条例》的规定,

县、省裁判部都有判决死刑之权,其中,县裁判部判决死刑,得省裁判部批准后才能执行;省裁判部判决死刑,须送临时最高法庭批准后执行,除非本县、省与上级政府地理上呈隔断状态。不过,根据《中华苏维埃共和国司法程序》的规定,在某些特殊情况下,对于反革命及豪绅地主犯罪者,一级审判之后即可直接执行死刑。①

## 谢步升贪污杀人案②

谢步升,江西瑞金九区叶坪村人,共产党员,原任叶坪村苏维埃主席。谢步升家境贫穷,1929年参加工农武装暴动,任云集暴动队队长。1930年参加中国共产党,并任叶坪村苏维埃政府主席。虽然这个官职不大,但随着苏维埃临时政府的建立,他的声望陡然增高,思想作风逐渐变质。1932年,瑞金县苏维埃裁判部接到群众举报,称谢步升在打土豪过程中利用职务之便,将大量没收的财产据为己有,奸淫有夫之妇、又将其丈夫杀害。苏维埃裁判部根据举报人提供的线索,暗地里对谢步升进行了调查。仅仅两天,裁判部就基本掌握了谢步升违纪违法事实。时任临时最高法庭主审何叔衡决定将谢步升逮捕关押。但谢步升的入党介绍人、在苏区中央局任职的谢春山竭力袒护谢步升,苏区中央局的领导在没有调查的情况下,就通知瑞金县裁判部释放谢步升,并称谢步升问题将由中央局调查处理。何叔衡闻此消息,十分气愤,不同意放人。时任中共瑞金县委书记的邓小平得知后坚决支持继续侦破此案。与此同时,何叔衡

---

① 《中华苏维埃共和国司法程序》第(二)条规定:新区边区,在敌人进攻地方,在反革命特别活动地方,在某种工作的紧急动员时期,区裁判部、区肃反委员会,只要得到了当地革命民众的拥护,对于反革命及豪绅地主之犯罪者,有一级审判之后,直接执行死刑之权,但执行后,须报告上级处置。

② 参见《中国共产党反腐第一枪——苏维埃政权清除谢步升案》,载http://dangshi.people.com.cn/n/2013/1217/c85037-23866648.html,最后访问日期:2018年5月12日;最高人民检察院编:《人民检察史》,中国检察出版社2018年版,第52页。

安排调查组成员向时任临时中央政府主席的毛泽东汇报情况，毛泽东听后严肃指出，与贪污腐化作斗争，是我们共产党人的天职，谁也阻挡不了！1932 年 5 月 5 日，瑞金县苏维埃裁判部对谢步升进行公审，判决如下：根据中央执行委员会第 6 号训令，判决谢步升枪决，并没收他个人的一切财产。谢步升不服一审判决，提出上诉，二审临时最高法庭维持了原判。谢步升是中国共产党反腐败历史上被枪决的第一个贪官。

## 二、抗日民主政权的司法制度

抗日战争期间，以陕甘宁边区为代表的各抗日民主政权的法制建设，在工农民主政权的基础上有了很大的发展，司法制度的建构也取得了长足的进步。这不仅对取得抗战的最终胜利发挥了积极作用，也为中华人民共和国的法制和司法建设奠定了坚实基础。

### （一）司法机关组织体系

#### 1. 高等法院

陕甘宁边区各级审判机关系由中华苏维埃共和国西北办事处所属的各省、县、区裁判部改组而来。在当时国共合作的历史背景下，边区的最高司法机关名义上也是南京国民政府中央最高法院下辖的省级司法机构，因此名称上也像其他省一样，称为"高等法院"。

陕甘宁边区高等法院（见图 1-1-1）成立于 1937 年 7 月，管辖的范围包括：重要的刑事第一审诉讼案件；不服地方法院、县司法处第一审判决而上诉的案件；不服地方法院、县司法处之裁定而抗告的案件；非讼事件。高等法院设院长一人，由边区参议会选举，依《陕甘宁边区高等法院组织条例》第 4 条的规定，"由边区政府呈请国民政府加委"，但由于国民政府不承认边区政府，故院长选出后，实际上由边区政府委任。院长的主要职权是：管理边区之司法行政事宜；监督及指挥本院一切诉讼案件的进行；审核地方法院案件的处理；没收及稽核赃物罚金；对司法人员违法的惩戒；司法教育事项；犯人处理事项；管理其他有关司法事宜。

图 1-1-1　陕甘宁边区高等法院印章①

高等法院内设刑事法庭和民事法庭，分别负责具体案件的审理，两庭各设庭长一人、推事若干人。庭长的职权主要是：执行审判事务；指挥并监督本庭推事的工作；分配并督促审判案件之进行；决定公审案件和强制执行；审判的撤销和判决。推事的职权则是：案件的调查和审判；传讯证人和检查证物；批答案件；案件的判决及撰拟判决书。除负责审判的机构外，高等法院的内设机构还包括检察处、书记室、总务科、看守所。此外，高等法院设秘书一人，根据院长的命令处理司法行政技术事宜。

**2. 高等法院分庭**

陕甘宁边区自 1943 年 4 月起先后在各专区（延安除外）设立高等法院分庭。根据《陕甘宁边区高等法院分庭组织条例草案》的规定，为便利诉讼人民上诉起见，得于边区政府所辖各分区内之专员

---

① 图片来自李贤华：《人民法院历史沿革与治印小考》，载 http://www.chinatrial.net.cn/news/2867.html，最后访问日期：2018 年 8 月 15 日。

公署所在地设置高等法院分庭,其管辖区域与各该专员公署所辖之行政区域相同。分庭代表高等法院受理不服各该分区所辖地方法院或司法处第一审判决之民刑案件,为第二审判。分庭本身不是独立的审级法院。当事人不服分庭的判决,尽管可以上告到高等法院,但后者对分庭的判决只是复核,所作决定或指示属第二审内部的程序,而不是第三审。

分庭审理刑事案件时,有权自行决定拟判处 3 年以下徒刑的案件。拟判处 3 年以上徒刑的案件,应将所拟判词连同原卷呈送高等法院复核,由高等法院就案件事实和法律问题作出"如拟宣判",或"更行调查",或"纠正"之指示。高等法院发现分庭判决之民、刑事案件有重大错误时,可指示其纠正或令其复审。分庭关于诉讼程序、法律适用、司法行政等问题有质疑者,呈送高等法院核示。分庭按月向高等法院核报案件受理和处理情况。

高等法院分庭设庭长一人、推事一人、书记员一至二人,庭长和推事由高等法院呈请边区政府任命。由于庭长一般由专员兼任,他着重在政策上领导,对于重大疑难案件才召集会议讨论研究,对案件审理负全部责任的实际是推事。分庭对外一切行文,由庭长名义行之。裁判书由推事副署,概用分庭钤记。

3. 地方司法机关

陕甘宁边区基层司法机关是县、市的司法处,负责审理本行政区域内的第一审民、刑事案件。根据《陕甘宁边区县司法处组织条例草案》的规定,县司法处处长由县长兼任,审判员协助处长办理审判事务,如诉讼简单之县份得由处长兼任审判员。审判员在处长监督下,进行审判事宜,司法文件以处长名义行之,但裁判书须由审判员副署,盖用县印。

根据《陕甘宁边区县司法处组织条例草案》第 8 条的规定,县司法处对于一些重大案件①，经过侦讯调查后，须将案情提交县政府委员会或县政务会议讨论后再行判决。这种体制源于1937年至1942年间存在的县裁判委员会制度，该委员会由裁判员、县长、县委书记、保安科长、保安大队长组成，其职权是讨论和决定重大的民、刑事案件，后为贯彻"三三"制原则而取消。

4. 边区政府审判委员会

南京国民政府最高法院在根据地一直没有实际行使司法管辖权，不服边区高等法院判决之案件，可继续上告至边区政府，由边区政府委员会审查并可发回高等法院再审，但边区政府并不是法律上的第三审级。

为建立事实上的三级三审制，陕甘宁边区政府于1942年8月22日颁布《陕甘宁边区政府审判委员会组织条例》，设立边区政府审判委员会作为第三审机关。该委员会由五人组成，边区政府正、副主席分别担任其正、副委员长，任期与政府主席、副主席之任期相同，其余三人由政务会议在政府委员中聘任，任期3年。委员会的职权包括：受理不服高等法院第一审及第二审判决之刑事上诉案件及不服高等法院第二审判决之民事上诉案件；受理行政诉讼案件；受理婚姻案件；受理死刑复核案件；负责法令解释。边区政府审判委员会实行集体讨论制，但对较为轻微的案件，可由正、副委员长负责处理。审判委员会下设秘书长、秘书各一人，书记官一至二人。委员会每月开会一次，必要时得临时召集之。委员长、副委员长负责处理之案件，开会时应向全体委员报告。

边区政府审判委员会纠正了一些一、二审中的错误或不恰当判决，但是它的存在也增加了诉讼的不便，后于1944年2月16日撤

---

① 包括：民事案件诉讼标的物其价格在边币1万元以上者，婚姻、继承、土地案件与政策有关，或与风俗习惯影响甚巨者；刑事案件中之案情重要者；军民关系案件中之情节重大者。

销,原以高等法院为终审机关的体制得以恢复。

5. 检察机关

由于实行审检合一制,检察机关设于审判机关内。高等法院设检察处,检察长和检察员独立行使检察权。检察官的主要职权是负责案件的侦查、提起公诉、协助担当自诉、代表当事人或公益以及监督判决的执行等。检察工作直接对边区参议会负责,并受边区政府领导,其行政事务由高等法院管理。但 1942 年 1 月实施简政以后,检察处及各检察员便被撤销,由公安、保安及其他司法机关代行其职权。实际上,在此之前检察机关就一直时存时废,多数时间是没有检察机关的。即使在其存续期间,检察职权也保持着苏维埃时代的弱化趋势。

综上,在此期间司法组织体系主要有以下特点:

一是审判独立意识初步确立。边区司法机关比较强调推事对案件审判的独立性,庭长也不得凡事横加过问,并且判决应以推事副署。

二是司法与行政合一。无论边区高等法院还是专署、行署及县地方司法机关,都设在同级政府内,由政府直接领导。而且,地方行政首长往往兼理司法。这种体制在战时环境中收到了很好的效果,但是,一元化司法领导体制必然使得司法机关成为政府的附庸,导致司法的行政化和司法功能的弱化。

## (二) 诉讼原则和制度

1942 年陕甘宁边区拟定了《陕甘宁边区刑事诉讼条例草案》和《陕甘宁边区民事诉讼条例草案》,标志着边区诉讼立法走向成熟。这两部法典草案总结了新民主主义革命时期司法诉讼的经验,借鉴了域外诉讼立法,建立了比较健全的诉讼制度。《陕甘宁边区刑事诉讼条例草案》共 76 条,分为总则、第一审程序、上诉程序、再审程序、执行程序、附带民事诉讼六章;《陕甘宁边区民事诉讼条例草案》共 50 条,分为总则、第一审诉讼程序、上诉程序、再审程序、执行程序五章。两个草案完成后尽管没有正式颁行,但实际上一直处在施行中,成为边区司法审判活动的基本准绳。

除两大诉讼法典草案外,上文提到的《陕甘宁边区高等法院组织条例》《陕甘宁边区高等法院分庭组织条例草案》《陕甘宁边区县司法处组织条例草案》《陕甘宁边区政府审判委员会组织条例》也规定了一些诉讼制度。此外,还有一些法律、法规中也有涉及诉讼原则的规定,比如《陕甘宁边区抗战时期施政纲领》规定:"建立便利人民的司法制度,保障人民有检举与告发任何工作人员的罪行之自由。"《陕甘宁边区保障人权财权条例》第 1 条规定:"本条例以保障边区人民之人权、财权不受非法之侵害为目的。"《晋西北保障人权条例》规定得更具体:"人民之身体,非依法不得逮捕、拘禁、审讯或处罚";"人民有行动之自由,非依法不得搜查、留难";"人民有居住之自由,其住所非依法不得侵入搜索或封锁"。

抗日民主政权确立的诉讼原则和制度主要包括:

1. 司法机关依法统一行使司法权原则

1941 年《陕甘宁边区施政纲领》第 6 条明确规定:"……除司法系统及公安机关依法执行其职务外,任何机关、部队、团体不得对任何人加以逮捕、审问或处罚,而人民则有用无论何种方式控告任何公务人员非法行为之权利。"此后边区又在一系列法令中重申这一原则。①

2. 审级制度

陕甘宁边区在不同时期实行的审级制度有所不同:1937 年 2 月

---

① 例如,《陕甘宁边区保障人权财权条例》第 7 条的规定与《陕甘宁边区施政纲领》第 6 条基本相同;《陕甘宁边区逮捕反革命分子暂行条例草案》第 5 条规定:逮捕反革命分子职权属于保卫锄奸之公安机关与司法机关。

至 1942 年 8 月,施行的是形式上的三级三审制,实质上的两级两审制。即县司法处为第一审,边区高等法院为第二审,国民政府最高法院为第三审。但实际上边区高等法院的判决是终审判决,因为边区高等法院与南京的最高法院从未发生任何联系。尽管不服高等法院判决者仍可向边区政府委员会申诉,并可导致由高等法院重审,但该委员会并不是独立的审判机关,也不可能构成单独的审级。

1942 年后设立了边区政府审判委员会,成为边区的最高司法机关,实质上的三级三审制建立起来。但 1944 年 2 月该委员会被撤销后,边区又恢复了两级两审制。

3. 管辖制度

关于立案管辖,普通刑事案件由检察机关侦查;诸如汉奸、盗匪、烟毒、贪污、破坏坚壁清野等特种刑事犯罪,则由公安机关受理,负责逮捕、侦查。侦查完毕后移交审判机关审理。

关于审判管辖,《陕甘宁边区刑事诉讼条例草案》规定,刑事案件由犯罪地或被告所在地之司法机关管辖。

4. 人民陪审员制度

在此阶段,人民陪审员制度有很大发展,许多边区制定了专门的陪审条例,如《晋察冀边区陪审制暂行办法》《山东省陪审暂行办法(草案)》等。是否采用陪审审判取决于案情是否重大以及当时的具体情形。人民陪审员主要由群众团体、机关、部队及参议会选派,也有由司法机关邀请和群众选举产生的。人民陪审员的职权一般相当于审判员,但各根据地的规定不尽相同。此外,对陪审员的任职资格和回避问题,法律也有比较明确的规定。

5. 辩护制度

《陕甘宁边区刑事诉讼条例草案》规定:"原告或被告均得向法庭请求用亲属为辅佐人到庭辅佐陈述","刑事被告于侦查完毕后,得选任有法律知识之辩护人到庭辩护"。

### 6. 审判方式

除简单的自诉案件外,法庭审判一般实行合议制和公开审判(涉及重大机密和个人隐私案件除外),允许群众旁听,允许报社记者进行采访和发表有关审判过程的报道。庭审中原、被告双方可充分陈述自己的意见,提出证据。庭审情形由审判人员制作成笔录,并向当事人宣读,由其按盖指印。判决可当庭宣布,也可定期宣判,并告知当事人上诉的权利和期限。

对于政治性案件或人命案等典型案件,会组织一定规模的群众大会对案犯进行公审。这种制度常被用来审判土豪劣绅和反革命分子。

陕甘宁边区法院还采用成立巡回法庭或临时巡回组的形式,处理上诉或因案情复杂只传当事人仍不易搞清案情的案件。高等法院及其分庭的巡回审判组织由庭长、推事、书记员各一人组成,不但审理旧案,而且还可以在当地受理新的上诉案件。同时,根据院长或分庭庭长的委托,巡回法庭有权检查并帮助下级司法机关改进工作。灵活地运用审判方式,特别是大力推广就地审判和巡回审判,都是为了在战争环境下贯彻党的群众路线,增强司法的人民性,事实上这在实践中收效十分显著。著名的"马锡五审判方式"便是就地审判和巡回审判综合运用的典范,也是人民民主审判方式的一种崭新创造。

### 7. 死刑复核制度

根据《陕甘宁边区刑事诉讼条例草案》的规定,判决死刑案件确定后,如是经高等法院判决确定者,应将该案卷宗证据呈送边区政府审核,如系高等分庭或直属地方法院、县司法处判决确定者,送由高等法院核具意见转呈边区政府。如是各分区县司法处判决确定者,呈经主管高等分庭核转高等法院,拟具意见,转呈边区政府。

### 8. 再审程序

《陕甘宁边区刑事诉讼条例草案》专章规定了这一程序。原告人、受判决人及其亲属、原审及上诉审机关发现原判实有错误或处刑失当者,均得提起再审。原告人声请再审得在判决确定后两年内进行,而其他人和机关提起再审都无时间限制。

## 黄克功杀人案①

黄克功,江西南康人,1911年出生,1927年参加革命,经历过井冈山斗争和二万五千里长征且在长征中立过大功,犯罪前任抗日军政大学六队队长。1937年10月5日,延安陕北公学不到20岁的女生刘茜一夜未归。随后,有群众在河边发现了刘茜的尸体,右肋下有枪伤,左耳背有一枪伤弹穿脑门,并且在当地捡获勃朗宁手枪弹壳两颗,弹头一颗。案件的侦破很快取得进展,所有的证据都指向了黄克功。10月6日下午,"抗大"政治部找黄克功谈话,随即将其隔离控制起来,黄克功在一系列的证据面前如实交代了自己杀害刘茜的经过。黄克功被捕认罪后,写信给毛泽东,请求法院顾念他多年为革命事业奋斗,留他一条生路。毛泽东认为:黄克功是一个能征善战的勇将,但若因其曾立大功而赦免,那天下人将会怎样看共产党?1937年10月11日,陕甘宁边区高等法院由雷经天任审判长,在陕北公学公开审理此案,胡耀邦、王卓超、徐世奎作为公诉人出庭执行任务、陈述意见,来自各学校、部队和机关的数千人前来参会,法庭当庭宣布判处黄克功死刑。陕甘宁边区高等法院处理这个案件所体现的法制的严肃性、民主性和平等精神,对中华人民共和国成立后的法制建设和司法实践产生了深远的影响。

---

① 参见孟红:《"黄克功案"始末及其引发的思考》,载 http://dangshi.people.com.cn/n/2015/0310/c85037-26667348.html,最后访问日期:2018年5月12日;最高人民检察院编:《人民检察史》,中国检察出版社2018年版,第73页。

# 三、解放区人民民主政权的司法制度

在解放战争初期,各解放区的司法制度基本上沿用抗日根据地的原则和制度。而随着解放战争的胜利推进和解放区的扩大,司法制度也有一些新的变化和发展。

## (一) 司法机关组织体系

在此时期,人民法院正式成立。新解放的大城市(如北平市)在军事管制委员会之下专设司法机关接管小组,接管国民党的所有司法机关。同时,司法组织的正规化也稳步推进。原各边区沿袭抗战时期体制的司法机关,开始改组成为人民法院。华北人民政府成立后,根据《华北人民政府组织大纲》和《华北人民政府为统一各行署司法机关名称,恢复各县原有司法组织及审级的规定通令》,形成了大区、行署、县三级人民法院体制。东北地区也在1948年9月以后建立起由东北高级人民法院、各省人民法院和各县人民法院组成的三级司法组织体制。1949年3月18日成立的北平市人民法院,在院长的领导下,设有审判委员会,下设民事组、刑事组、秘书处和区调解工作指导组等机构,并直接领导各区司法科(各区尚未成立正式的法院)的审判工作。

## (二) 诉讼原则和制度

1. 废止刑讯逼供制度

1948年10月,《华北人民政府通令》宣布:禁止肉刑;重证据而不重口供;不得指名问供。

2. 刑事复核制度

根据《华北人民政府关于确定刑事复核制度的通令》的规定,凡判处死刑的案件,被告声明不上诉或过上诉期限时,县市人民法院要经省或行署人民法院转呈华北人民法院复核,送华北人民政府主席批准,始为确定;县市人民法院判处5年以下有期徒刑、拘役或罚金的案件,如原被告声明不上诉或已过上诉期限者,原判决即为确定;县市人民法院判处5年以上有期徒刑的案件,原被告声明不上诉或过上诉期限时,由原审机关呈送省或行署人民法院复核,若经核准,原判决确定,若认为原判不当,得改判或发还更审;省、行署或直辖市人民法院审判的除死刑外的一切判决,原被告声明不上诉或已过上诉期限,即为确定,但应将判决书每月汇订成册,呈请华北人民法院备查。

3. 错案的平反

华北人民政府在1949年1月13日发布的《为清理已决及未决案犯的训令》中明确规定:"有确实反证证明原判根本错误者,应予平反,宣布无罪开释。""但如发现新罪行或因原判确系失误很大者,可撤销原判,另行适当判刑。"各地根据这一精神,结合清理积案进行了案件复查工作。

# 第二章
# 废除与创建：1949—1957 年

1949—1957 年期间，在中国共产党的领导下，中华人民共和国实现了从新民主主义向社会主义的根本转变。在这一时期，中华人民共和国法制建设的主要任务包括：废除国民党的"伪法统"和"六法全书"①，彻底批判包含欧美日资本主义国家法律思想的旧法观点、旧司法作风以及对旧司法人员进行组织上的整顿和清除；在积极借鉴苏联等社会主义国家的法制建设经验以及承袭革命根据地和解放区的法律制度的基础上开始中华人民共和国的法制建设之路。

## 一、废除国民党"伪法统"和"六法全书"

中华人民共和国的法制建设始于废除国民党的"伪法统"以及包括刑事诉讼法在内的"六法全书"。1949 年元旦，面对国民党在军事上的节节败退，蒋介石在"元旦文告"中提出了与共产党和谈的"底限要求"，即国民党政府的"宪法"不破坏以及"法统"不中断，称"只要和议无害于国家的独立完整，而有助于人民的休养生息，只要

---

① "六法全书"是指国民党政府颁布的宪法、民法、刑法、民事诉讼法、刑事诉讼法和行政法六种法规的汇编。

神圣的宪法不由我而违反,民主宪政不因此而破坏,中华民国的国体能够确保,中华民国的法统不致中断,军队有确实保障……则我个人更无复他求"①。1月4日,毛泽东针锋相对发表了《评战犯求和》一文,逐条批驳了蒋介石提出的要求,并指出蒋介石的"元旦文告"是要"确保中国反动阶级和反动政府的统治地位,确保这个阶级和这个政府的'法统不致中断'。这个'法统'是万万'中断'不得的,倘若'中断'了,那是很危险的,整个买办地主阶级将被消灭,国民党匪帮将告灭亡,一切大中小战争罪犯将被捉拿治罪"。② 1月14日,毛泽东又发表了《关于时局的声明》,指出蒋介石要求保存伪宪法、伪法统"是继续战争的条件,不是和平的条件",并提出了和平谈判的八项条件,其中第(二)、(三)项分别是废除伪宪法、废除伪法统,但该声明并没有对伪法统为何物加以说明。2月16日,《人民日报》在其"新华社信箱"专栏刊发的《关于废除伪法统》一文回答了何为"伪法统"以及为什么要废除"伪法统"的问题,即"国民党政府的所谓'法统',是指国民党统治权力在法律上的来源而言","任何法统,任何宪法和法律,在阶级社会中只能由一定的阶级在阶级斗争中来创造,在取得国家政权以后来创造……有了什么样性质的国家政权,才有什么样的宪法和法律系统,才有什么样的法统。被统治阶级必须用暴力推翻旧的统治阶级的暴力,才能夺取国家政权。因此,革命的阶级必须废除反革命统治阶级的反革命法统。重新建立自己的革命法统","毛主席代表全国人民公意所宣布的这个条件(笔者注:废除伪法统)的实质,就是要求彻底地推翻了国民党的卖国独裁的反革命统治,这就是说,在国民党反动政府统治下制定和建立的一切法律、典章、政治制度、政治机构、政治权力等均为无效,人民完全不能承认它们"。③ 2月22日,中共中央正式发布了《中共

---

① 《毛泽东选集》(第四卷),人民出版社1991年第2版,第1381页。
② 同上书,第1382页。
③ 《关于废除伪法统》,载《人民日报》1949年2月16日第1版。

中央关于废除国民党的"六法全书"与确定解放区的司法原则的指示》。这一指示的核心内容是否定和批判国民党的"六法全书",并确定人民民主专政政权下的司法原则,即"在无产阶级领导的工农联盟为主体的人民民主专政政权下,国民党的六法全书应该废除,人民的司法工作不能再以国民党的六法全书为依据,而应该以人民的新的法律作依据。在人民新的法律还没有系统地发布以前,应该以共产党政策以及人民政府与人民解放军所已发布的各种纲领、法律、条例、决议作依据。……同时,司法机关应该经常以蔑视和批判六法全书及国民党其他一切反动的法律、法令的精神,以蔑视和批判欧美日本资本主义国家一切反人民法律、法令的精神,以学习和掌握马列主义——毛泽东思想的国家观、法律观及新民主主义的政策、纲领、法律、命令、条例、决议的办法来教育和改造司法干部"。[①]随后,华北人民政府率先响应,于同年3月31日颁布了《废除国民党的六法全书及其一切反动法律》的训令。训令要求:"人民的法律已有了解放区人民相当长期的统治经验,有的已经研究好,写在人民政府、人民解放军发布的各种纲领、法律、条例、命令、决议等规定里;有的正在拟造。……人民法律的内容,比任何旧时代统治者的法律,要文明与丰富,只须加以整理,即可臻于完备。"[②]为使党中央以及部分地方政府关于废除国民党"伪法统"和"六法全书"的指示法律化和全国化,1949年9月29日通过的《中国人民政治协商会议共同纲领》(以下简称《共同纲领》)第17条明确宣布:"废除国民党反动政府一切压迫人民的法律、法令和司法制度,制定保护人民的法律、法令,建立人民司法制度。"因此,国民党政府的全部法律在中华人民共和国没有任何法律效力。

废除国民党"伪法统"和"六法全书"是中华人民共和国司法制

---

[①] 参见武延平、刘根菊等编:《刑事诉讼法学参考资料汇编(中)》,北京大学出版社2005年版,第645—646页。
[②] 《华北人民政府发出训令,废除国民党反动法律,司法审判不得援引六法全书等条文,实行保护人民大众的法律》,载《人民日报》1949年4月10日第3版。

度史上的第一桩重大事件。这一事件在当时的历史条件下是必然和必须的。在共产党人看来,法律的本质属性是阶级性,有什么样的国家性质,就有什么样的宪法和法律,就有什么样的法统。马克思、恩格斯在《德意志意识形态》中指出:由他们(笔者注:统治者)的共同利益所决定的这种意志的表现,就是法律。① 在《共产党宣言》中也指出:你们的法不过是奉为法律的你们阶级的意志,而这种意志的内容是由你们这个阶级的物质生活条件来决定的。② 因此,无产阶级掌握政权后必然要废除旧的法制,建立与新政权性质相适应的法律制度和体系。但是,对于旧的法制应当区别对待,在"六法全书"中,宪法是国民党政权合法性和正当性的根据,推翻国民党政权就必须废除其宪法;而其他法律的内容则不同程度地反映了人类文明发展的成果,应当予以批判地继承、吸收,对待西方资本主义国家的法律和法律文化更是如此。因此,中华人民共和国成立初期彻底废除国民党"六法全书",虽然具有必然性,但是也确实给中华人民共和国的法制建设、司法建设带来了消极影响。

## 二、第一届全国司法工作会议召开

1950年上半年,人民法院的建设已经取得了一些成绩,但是,还远远落后于现实的需要。当时除东北和华北老解放区已经普遍建立了法院机构以外,其他地区或大部(西南),或近一半(中南),或1/4(华东),或1/7(西北)没有建立。已经建立的法院,内部组织和工作制度既不统一也不健全。干部量少质弱,一些干部在思想上存在许多错误认识。处于这种状态的人民法院势必难以及时处理大量的诉讼案件,因而许多地方特别是大城市积案现象严重。加强人民法院的建设,在全国系统地建立人民司法制度,已成为国家当时

---

① 参见《马克思恩格斯全集》(第3卷),人民出版社1960年版,第378页。
② 参见《马克思恩格斯全集》(第4卷),人民出版社1958年版,第485页。

的一项迫切而重要的任务。为了确立人民司法工作的基本原则和基本制度，创建中华人民共和国的司法制度，1950年7月26日至8月11日，中央人民政府最高人民法院、最高人民检察署、司法部、法制委员会在北京联合召开了中华人民共和国第一届全国司法工作会议（见图1-2-1）。会议的中心议题是依据《共同纲领》第17条"废除国民党反动政府一切压迫人民的法律、法令和司法制度，制定保护人民的法律、法令，建立人民司法制度"之规定，统一对人民司法工作性质、方针、政策、任务和宗旨的认识。会议听取了政务院政治法律委员会副主任兼中央人民政府法律委员会主任委员陈绍禹（王明）《关于目前司法工作的几个问题》的报告，最高人民法院副院长吴溉之《人民法院审判工作报告》、最高人民检察署副检察长李六如《人民检察任务及工作报告》以及司法部部长史良《关于目前司法行政工作报告》。

图1-2-1　1950年7月第一届全国司法会议代表合影。前排左三起：最高人民检察署副检察长蓝公武、李六如，最高人民法院院长沈钧儒，司法部部长史良①

---

①　图片来自中国法院博物馆。

此次会议主要讨论了以下内容:(1)统一观点。即清除旧法,树立人民法律的观点。(2)建立制度。立法方面,会议讨论了《刑法大纲》《中华人民共和国人民法院暂行组织条例》(以下简称《人民法院暂行组织条例》)《各级地方人民检察署组织通则》《中华人民共和国诉讼程序试行通则(草案)》[(以下简称《诉讼程序试行通则(草案)》]《犯人改造暂行条例》《公司法》等法律。(3)明确任务。会议指出,目前的中心任务是镇压反革命势力的捣乱,保卫土地改革的胜利完成,保卫国家经济建设,惩治危害人民利益的犯罪分子,以巩固人民民主专政的秩序。[①]

第一届全国司法工作会议是中华人民共和国历史上第一次关于司法工作的专业性会议,在观念更新和制度构建上均取得了很大的成就,在中华人民共和国司法制度史上有着"划时代的意义"[②]。

首先,在观念更新上,充分认识到中华人民共和国成立后司法工作的重要性。时任政务院政治法律委员会主任的董必武在大会讲话中指出:"我们是取得革命胜利的国家,是人民民主专政的国家,人民民主专政的最锐利的武器,如果说司法工作不是第一位的话,也是第二位。当我们在跟反革命作武装斗争的时候,当然武装是第一位,在革命胜利的初期,武装也还有很大的重要性。可是社会一经脱离了战争的影响,那么司法工作和公安工作,就成为人民国家手中对付反革命、维持社会秩序最重要的工具。"[③]陈绍禹则从国家基本任务、人民司法机关实际活动、人民重视司法工作的古今历史事实、马列主义和人民政权对司法工作的态度等四个方面详细

---

① 参见孙谦主编:《人民检察制度的历史变迁》,中国检察出版社2009年版,第173—174页。
② 参见《董必武政治法律文集》,法律出版社1986年版,第99页。
③ 同上。

阐述了人民司法工作的重要性。①

其次,在制度构建上,划清了新旧法律、新旧司法制度的界限,勾勒出了人民司法制度的基本轮廓。就法院制度而言,人民法院与旧法院制度的区别表现在以下四个方面:第一,组织制度不同。国民党法院奉行"三权分立"下的法官独立,而人民法院院长和审判员由人民代表机关或者人民政府委员会任免,并对其任免机关负责和报告工作,在内部实行民主集中制的组织原则,即实行集体领导、个人负责、互助合作等民主集中的组织办法;院长领导全院审判与行政工作;行政机关协助审判机关完成任务;院长、审判员、秘书等组成审判委员会,讨论和决定重大案件或者疑难案件,并总结审判工作经验。② 第二,工作制度不同。人民法院的审判方法和审判作风,与旧的审判机关完全相反,是便利人民、联系人民、依靠人民为人民服务的方法和作风,也就是群众路线的方法和作风,也就是从群众中来到群众中去的方法和作风。具体表现为:在审判时,不但不采用刑讯、逼供、骗供等非法方法,而且没有可能和必要去采取这些野蛮落后的办法;在审判时,不仅仅凭诉状,不仅仅凭供词,也不仅仅凭辩论,来作为判决的根据;在审判时,向与案件有关的团体和个人,向与案件有关的地点和物件,做切实地调查证据和研究案情的工作,以求获得案件的全部真相和充分证据;在人证物证完全具备之后,审判员便依据法律、法令和政策,以公正无私的精神,进行审问和判决。"以上各点,就是人民法院审判员审判独立只对法律负

---

① 陈绍禹(王明)《关于目前司法工作的几个问题》的报告在"从人民重视司法工作的古今历史事实中,看司法工作的重要性"部分引用了《左传》中的经典文章"曹刿论战"。从该文中可以看出,在长勺之战中,弱小鲁国战胜强大齐国的根本原因就是鲁庄公重视司法公正,这起到了收拢民心和振奋士气的作用。

② 参见武延平、刘根菊等编:《刑事诉讼法学参考资料汇编(中)》,北京大学出版社2005年版,第674页。

责的审判方法和作风。"①第三,审判方式不同。与国民党法院的"坐大堂"审判不同,人民法院常根据不同的案情,来决定采取不同的审判方式。除在法院内审判外,常采用就地审判和巡回审判方式。第四,审判程序不同。国民党司法机关的审判程序既烦琐,又迟缓;既劳民,又伤财②,人民法院的审判程序便利人民诉讼;国民党法院实行机械的审级制,人民法院除确定一定的审级制度外,还允许当事人越级起诉、越级上诉;国民党的律师是以私律师为主公设辩护人为辅,人民律师制度则是为人民服务的,为工农兵服务的,"即在各级人民法院内,根据工作需要,设置一定数量的人民律师,以作刑事被告辩护人和民事案件代理人的工作"③。

就人民检察制度而言,其在任务、组织制度、工作制度上也与国民党的检察制度根本不同。人民检察机关除对刑事案件实行侦查、提起公诉并对于全国社会与劳动人民利益有关之民事案件及一切行政诉讼,均得代表国家公益参与外,还检察全国各级政府机关及公务人员和全国国民是否严格遵守《共同纲领》及人民政府的政策方针与法律法令。各级检察署均独立行使职权,不受地方机关干涉,只服从最高人民检察署之指挥。人民检察机关的工作制度是群众路线。"人民检察机关,不仅在任务和组织制度方面,应当根据中国的实际情况来学习苏联检察制度的经验;而且要在检察工作方法、作风和方式上,也学习苏联检察人员的精神。"④

第一届全国司法工作会议为人民法院制度和人民检察制度定下了基调。会议结束后,《人民日报》发表了题为《系统地建立人民司

---

① 参见武延平、刘根菊等编:《刑事诉讼法学参考资料汇编(中)》,北京大学出版社2005年版,第675—676页。
② 同上书,第678页。
③ 同上。
④ 同上书,第683页。

法制度》的社论。这是中华人民共和国历史上《人民日报》首次就司法制度问题发表社论。社论指出:第一届全国司法工作会议的成功,将使我国人民司法工作,全面地走入正轨。……这一届全国司法工作会议,不但基本上解决了有关人民司法工作的若干主要的政策思想和原则问题,而且讨论了我国新的《刑法大纲》《人民法院暂行组织条例》《诉讼程序通则》《犯人改造暂行条例》《公司法》等草案。大家清楚地看到了这些法律草案,与反动的"六法全书"在本质上的不同。①

## 三、司法机关的创建

### (一) 人民法院及法庭的建立

#### 1. 最高人民法院成立

根据《中央人民政府组织法》第5条的规定,中央人民政府委员会组织政务院,以为国家政务的最高执行机关;组织人民革命军事委员会,以为国家军事的最高统辖机关;组织最高人民法院及最高人民检察署,以为国家的最高审判机关及检察机关。1949年10月1日,中央人民政府委员会任命沈钧儒为最高人民法院院长;10月19日,任命吴溉之(原中国人民解放军总部军法处长)、张志让(教授)为副院长,院长、副院长与陈绍禹(中共中央法律委员会主任)、朱良材(中国人民解放军华北军区政治部主任)、冯文彬(新民主主义青年团中央书记处书记)、许之桢(中华全国总工会常务委员)、李培之(中华全国民主妇女联合会执行委员)、费青(教授)、贾潜(司法工作者,原华北人民政府司法部副部长)、王怀安(司法工作者,原东北

---

① 社论:《系统地建立人民司法制度》,载《人民日报》1950年8月26日第1版。

人民政府司法部秘书长)、陈瑾昆(司法工作者,原华北人民法院院长)、吴昱恒(原北平地方法院院长)、闵刚侯(律师)、陆鸿仪(律师)、沙彦楷(律师)、俞钟骆(律师)共17人组成最高人民法院委员会。10月22日,最高人民法院举行成立大会,沈钧儒就任院长(见图1-2-2),随即以原华北人民法院的组织机构和工作人员为班底,建立最高人民法院,并于1949年11月1日正式办公。

图1-2-2　1949年10月1日毛泽东签署的任命书,任命沈钧儒为最高人民法院院长①

与此同时,最高人民法院开始着手在全国大行政区建立分院。截至1952年4月,最高人民法院东北分院在沈阳成立,院长为高崇民;最高人民法院西北分院在西安成立,院长为马锡五;最高人民法院华东分院在上海成立,院长为刘民生;最高人民法院中南分院在武汉成立,院长为雷经天;最高人民法院西南分院在重庆成立,院长为张曙时;最高人民法院华北分院在北京成立,院长为张苏。这些分院受最高人民法院的领导和监督,在其所辖区域内领导并监督各

---

①　图片来自南湖革命纪念馆网站:http://www.nanhujng.com/ddcjsyjs3.htm,最后访问日期:2018年8月14日。

级人民法院的审判工作。1954年6月19日中央人民政府委员会第32次会议通过的《中央人民政府关于撤销大区一级行政机构和合并若干省、市建制的决定》撤销了大行政区制,最高人民法院各分院也随之撤销。

1949年12月20日,《中央人民政府最高人民法院试行组织条例》(以下简称《最高人民法院试行组织条例》)被批准实施。《最高人民法院试行组织条例》是中华人民共和国历史上第一个关于法院制度的单行立法,明确规定了最高人民法院与地方人民法院的关系以及最高人民法院的组织机构设置和决策机制。

(1) 最高人民法院与地方各级人民法院之间的关系

《最高人民法院试行组织条例》第2条规定:"中央人民政府最高人民法院为全国最高审判机关,并负责领导及监督全国各级审判机关之审判工作。"据此,最高人民法院与地方各级人民法院之间是"领导和监督"关系。

(2) 组织机构

最高人民法院设院长1人,副院长2人至3人,委员13人至21人。这些人员均由中央人民政府委员会任命。最高人民法院设秘书长1人,协助院长、副院长处理院务,并督促决议事项之执行;设民事审判庭、刑事审判庭及行政审判庭,必要时,可以设其他专门审判庭,庭设庭长1人,副庭长2人。各庭分设若干组。组设审判员3人,以其中1人为组长。各庭设主任书记员1人,书记员若干人。最高人民法院还设有督导处、辩护室、编纂处三个处室和办公厅。

(3) 决策机制

最高人民法院院长主持最高人民法院全院事宜,副院长协助院长执行职务。最高人民法院院长、副院长、委员及秘书长组成最高人民法院委员会议,决议有关审判之政策方针、重大案件及其他重大事项。最高人民法院委员会议每月举行一次,由院长召集,必要时,院长得提前或者延期召集之。最高人民法院院务会议,每月举行一次,由院长召集,副院长、秘书长、庭长、处长、办公厅及辩护室主任参加,并得指定专人列席。①

## 2. 地方各级人民法院成立

根据《人民法院暂行组织条例》的规定,地方人民法院包括县级人民法院和省级人民法院两级。县级人民法院为基本的第一审法院,包括县(旗或其他相当于县的行政区、自治区)人民法院、省辖市人民法院、中央及大行政区直辖市的区人民法院三类。省级人民法院为基本的第二审法院,分下列两种:省(或相当于省的行政区、自治区)人民法院及其分院或分庭和中央及大行政区直辖市人民法院。人民法院的职责是审判刑事案件和民事案件,同时进行有关遵守国家法纪的宣传教育工作。人民法院实行双重领导体制,即下级人民法院的审判工作受上级人民法院的领导和监督;同时,各级人民法院还是同级人民政府的组成部分,受同级人民政府委员会的领导和监督。这种领导体制有助于全国各级人民法院的建立,在当时的历史条件下是合理的。此外,为配合中华人民共和国成立初期的各项政治运动,政务院还发布了一系列法律文件,建立了临时性的特别法庭。为保障革命秩序与人民政府的土地改革政策法令的实施,1950年7月20日政务院公布了《人民法庭组织通则》;为了"严肃地、谨慎地和适时地处理'五反'②运动中工商户严重违法和完全违法的案件以及其他应经审判程序处理的案件",1952年3月24日政务院公布《关于"五反"运动中成立人民法庭的规定》;为了"严肃、谨慎和适时地处理'三反'③运动中贪污分子的处刑、免刑以及其

---

① 参见熊先觉、张慜等编选:《中国司法制度资料选编》,人民法院出版社1987年版,第159—161页。
② "五反"是反行贿、反偷税漏税、反盗窃国家财产、反偷工减料、反盗窃经济情报。
③ "三反"是反贪污、反浪费、反官僚主义。

他应经审判程序处理的案件",1952年3月30日政务院公布了《关于"三反"运动中成立人民法庭的规定》。

## (二) 人民检察署的建立

### 1. 最高人民检察署成立

1949年10月1日,中央人民政府委员会任命罗荣桓为最高人民检察署检察长。10月19日,中央人民政府委员会任命李六如、蓝公武为最高人民检察署副检察长,任命罗瑞卿、杨奇清、何香凝、李锡九、周新民、陈少敏、许建国、汪金祥、李士英、卜盛光、冯基平11人为最高人民检察署检察委员会委员。由检察长、副检察长和委员共14人组成中央人民政府最高人民检察署检察委员会议。10月22日,最高人民检察署举行成立大会,罗荣桓就任检察长(见图1-2-3)。

图1-2-3 1949年10月1日毛泽东签署的任命书,任命罗荣桓为最高人民检察署检察长①

---

① 图片来自正义网:http://www.jcrb.com/zhuanti/jczt/xxrmjcs2/lrzgjjcz/lrh1/201110/t20111021_738627.html,最后访问日期:2018年8月14日。

## 第一编　司法组织与刑事诉讼制度

1949年12月20日，《中央人民政府最高人民检察署试行组织条例》①（以下简称《最高人民检察署试行组织条例》）被批准实施。这是中华人民共和国历史上第一个关于检察制度的单行立法。《最高人民检察署试行组织条例》明确规定了最高人民检察署的职权、领导体制以及决策机制。（1）检察署的领导体制。《最高人民检察署试行组织条例》首次明确规定了检察署实行垂直领导体制，其中第2条规定："中央人民政府最高人民检察署依中央人民政府组织法第5条及第28条之规定，为全国人民最高检察机关，对政府机关、公务人员和全国国民之严格遵守法律，负最高的检察责任。全国各级检察署均独立行使职权，不受地方机关干涉，只服从最高人民检察署之指挥。"人民检察署的这种（垂直领导）组织制度原则，是学习苏联检察制度经验和采取苏联检察制度精神规定的。目的就是要保障全国有统一一致的法制。② 至于该原则在目前中国如何具体实现，以便利于人民检察署执行自己的任务，当然尚需视目前中国的具体情况及试行结果而后作具体规定。③（2）最高人民检察署的职权。《最高人民检察署试行组织条例》第3条规定了最高人民检察署的六项职权：一是检察全国各级政府机关及公务人员和全国国民是否严格遵守《共同纲领》及人民政府的政策方针与法律、法令。二是对各级司法机关之违法判决提起抗议。三是对刑事案件实行侦查，提起公诉。四是检察全国司法与公安机关犯人改造所及监所之违法措施。五是对于全国社会与劳动人民利益有关之民事案件及一切行政诉讼，均得代表国家公益参与之。六是处理人民不服下级

---

① 参见闫钐编：《中国检察史资料选编》，中国检察出版社2008年版，第389—391页。

② 参见陈绍禹：《关于目前司法工作的几个问题》，载中国人民大学刑法、民法教研室编：《中华人民共和国法院组织、诉讼程序参考资料》（第一辑），中国人民大学出版社1953年版，第165—166页。

③ 同上。

检察署不起诉处分之声请复议案件。如果有些地区还没有设立人民检察署,上述职权可由公安机关暂时代为执行,但应当接受最高人民检察署的统一领导。(3) 最高人民检察署的决策机制。根据《最高人民检察署试行组织条例》的规定,最高人民检察署设有检察长 1 人、副检察长 2 人、委员 11 人至 15 人、秘书长 1 人。检察长主持全署事宜,副检察长协助检察长执行职务,秘书长协助检察长、副检察长处理署务。最高人民检察署重大事项的决策机构是最高人民检察署委员会议,以检察长、副检察长、秘书长及委员组成之,以检察长为主席。委员会议意见不一致时,取决于检察长。最高人民检察署委员会议,议决有关检察之政策方针及其他重要事项。最高人民检察署委员会议每月举行一次,由检察长召集之,必要时得提前或延期召集。

1951 年 9 月 3 日,中央人民政府委员会第 12 次会议通过了《中央人民政府最高人民检察署暂行组织条例》(以下简称《最高人民检察署暂行组织条例》)。它以《最高人民检察署试行组织条例》为基础,同时作了一些修改。重要修改包括:

(1) 删除了《最高人民检察署试行组织条例》第 2 条 "全国各级检察署均独立行使职权,不受地方机关干涉,只服从最高人民检察署之指挥" 的规定。这是将检察领导体制从 "垂直领导" 改为 "双重领导" 的表现。

(2) 将《最高人民检察署试行组织条例》第 3 条中 "对各级司法机关之违法判决提起抗议" 的表述修改为 "对各级审判机关之违法或不当裁判,提起抗诉"。首先,将 "司法机关" 改为 "审判机关",这可能与检察机关人士提出检察机关也是广义的司法机关的观点有关。其次,将 "抗议" 改为 "抗诉"。再次,抗诉的范围从 "违法判决" 改为 "违法或不当裁判"。

(3) 将《最高人民检察署试行组织条例》第 3 条 "对刑事案件实

行侦查,提起公诉"的规定修改为"对反革命及其他刑事案件,实行检察,提起公诉"。首先,强调了检察机关对反革命案件进行检察的重要性;其次,将"侦查"改为"检察",以区别于公安机关的职能。

(4)将《最高人民检察署试行组织条例》第3条规定的检察机关代表国家公益参加民事和行政诉讼的范围限定为"代表国家公益参与有关全国社会和劳动人民利益之重要民事案件及行政诉讼",即增加了"重要"案件的限制。

(5)将《最高人民检察署试行组织条例》第8条"最高人民检察署委员会议,议决有关检察之政策方针、重大案件及其他重要事项,并总结经验"的规定修改为"最高人民检察署委员会议,议决有关检察之政策方针及其他重要事项"。也就是,删除了"议决重大案件"和"总结经验"的任务。

(6)增设了"助理检察员"和"书记员"的职务,《最高人民检察署试行组织条例》只规定了检察员;本次修改创设了"检察专员"①的法律职务。

(7)将《最高人民检察署试行组织条例》第12条"并得参加最高人民法院、人民监察委员会、司法部、公安部之委员会议及部务会议"的规定删除。这实际上是时任最高人民检察署副检察长李六如和蓝公武的建议,主要是由于最高人民检察署参加其他部门的会议在实践中不好执行,一些部门有抵触情绪。

**2. 各级地方人民检察署建立**

(1)最高人民检察署大行政区分署及其他地方检察署的成立

根据1951年9月3日中央人民政府委员会第12次会议通过的《各级地方人民检察署组织通则》的规定,各级地方人民检察署包括:中央人民政府最高人民检察署分署;省(行署)及中央或大行政

---

① 关于检察专员的来由,请参阅王桂五:《王桂五论检察》,中国检察出版社2008年版,第420页。

区直辖市人民检察署;省人民检察署分署;县(市)人民检察署。大行政区分署是最高人民检察署的派出机构,是与中华人民共和国成立初期大行政区制相适应的检察机构编制。但根据《各级地方人民检察署组织通则》的规定,大行政区分署属于地方人民检察署。1950年3月至9月间,最高人民检察署的五大分署相继成立。3月,最高人民检察署西北分署首先成立,检察长为张宗逊(原任西北军政委员会财政经济委员会副主任);4月22日,最高人民检察署华东分署成立,检察长为魏文伯(原任中国共产党中央华东局秘书长);4月29日,最高人民检察署中南分署成立,检察长为朱涤新(原任中南军政委员会委员、武汉市人民政府公安总局局长);5月,最高人民检察署东北分署成立,检察长为汪金祥(原任最高人民检察署检察委员会委员,东北人民政府公安部部长);9月18日,最高人民检察署西南分署成立,检察长为周兴(原任中国共产党中央西南局委员)。1954年6月19日中央人民政府委员会第32次会议通过的《中央人民政府关于撤销大区一级行政机构和合并若干省、市建制的决定》撤销了大行政区制,最高人民检察署大区分署也随之撤销。

与此同时,其他地方各级检察署也在紧锣密鼓地筹备中。1950年1月29日,中共中央转发了《关于中央人民检察署四项规定的通报》。通报指出:一、成立检察署:① 是人民政府用以保障法律法令政策之实行的重要武器,与资本主义检察的性质、任务、组织各有不同。② 望接电即先将各大行政区及所属之省与主要市、县的检察机关有重点地次第建立。二、职责:① 检察政府机关及公务人员和国民是否严格遵守法律法令与《共同纲领》、人民政府的政策方针。② 对司法机关之违法判决提出抗议。③ 对刑事案件之侦查和公诉。④ 检查司法、公安机关的犯人改造所、监所有无违法措施。⑤ 对于社会劳动人民利益有关之民事案件及行政诉讼,得代表国家参与之。三、组织:① 因干部缺乏,且为工作便利起见,各级检察机关可暂同公安机关设在一起。② 共级检察长最好暂从公安部门正副负责人中择一人兼任，另选一人为副，以专责成。③ 除大行政区分署、省署正副检察长应提请中央政府委员会任命外，余可暂由省府或大行政区任命呈报中央备案，但同时应报最高人民检察署。④ 各级检察署名称：大行政区的称最高人民检察署某某分署，省的称为某省人民检察署，市、县类推。① 四、检察是新机关新工作，需要经过摸索过程。① 在起初只能先从刑民事件做起，以期稳扎稳打，逐步推进。② 机构暂小，不宜庞大。③ 各级人民检察署组织通则俟后颁发。② 对于检察署人员的配备、任免和编制问题，最高人民检察署起草了《各级检察署工作人员任免暂行办法》并报送党中央审批。1950 年 9 月 4 日，中共中央发布《关于建立检察机构问题的指示》（即"九四"指示），要求各中央局、分局、省、市、县委遵照执行。"九四"指示指出：苏联的检察是法律监督机关，对于保障各项法律、法令、政策、决议等贯彻实行，是起了重大作用的。我们则自中华人民共和国成立以后，才开始建立这种检察制度，正因为它是不同于旧检察的新工作，很容易被人模糊。但因为它是人民民主专政的重要武器，故必须加以重视，望各级党委讨论并负责：（一）限于本年内将各大行政区各省、市检察署全部建立和充实起来。（二）某些专区、某些大县选择重点建立。（三）1951 年普遍建立各县检察署。（四）调配一定数量的老干部作骨干，附以若干纯洁知识青年。负检察责任的干部(指非技术事务性干部)，必须政治品质优良、能力相当、作风正派之人，不可滥竽充数。因为这不同于普通司法机关。（五）各级正副检察长必须有一能力较强、资望较高的老干部负专责，切不可全是兼职，致同虚设，是为至要。

遵照中央的上述指示和暂行办法，各地的检察署迅速建立。到

---

① 根据这一规定，中华人民共和国的省级人民检察署（人民检察院）称为"省人民检察署（人民检察院）"，而不是"省高级人民检察署（人民检察院）"。市、县人民检察署（人民检察院）也是如此。

② 转引自孙谦主编：《人民检察制度的历史变迁》，中国检察出版社 2009 年版，第 162—163 页。

1950年年底，全国50个省、直辖市和省一级行政区有47个建立了检察机构，并在一些重点县、市建立了人民检察署。至1953年，全国50个省、直辖市和省级行政区的省级人民检察署已全部建立；省辖市和专区人民检察署设立了196个，占应建立的69%；县和市、区检察署建立了643个，占应建立的29%。①

（2）各级地方检察署的职权

地方检察署的职权包括：检察各级政府机关、公务人员和国民是否严格遵守《共同纲领》、人民政府的政策方针和法律法令；对反革命及其他刑事案件，实行检察，提起公诉；对各级审判机关之违法或不当裁判提起抗诉；检察监所及犯人劳动改造机构之违法措施；处理人民不服下级检察署不起诉处分之声请复议案件；代表国家公益参与有关社会和劳动人民利益之重要民事案件及行政诉讼。

（3）地方人民检察署组织机构

最高人民检察署分署设检察长、副检察长，秘书长，办公厅及第一、第二、第三等处；办公厅下设科、室；处下设检察专员、检察员、助理检察员、书记员等。省（行署）及中央或大行政区直辖市人民检察署设检察长、副检察长，办公室及第一、第二等处，处设检察员、助理检察员、书记员等。省人民检察署在专区设立的分署设检察长、副检察长，下设检察员、助理检察员、书记员等，并设有办公室。县（市）人民检察署设检察长、副检察长，下设检察员、助理检察员、秘书、书记员等。各民族自治区，以其具体情况，设立相当于各该级人民政府的人民检察署。

（4）地方人民检察署领导决策机制

检察长主持各级地方人民检察署全署事宜，副检察长予以协

---

① 参见《当代中国》丛书编辑部编：《当代中国的检察制度》，中国社会科学出版社1988年版，第25页；张进德、何勤华：《中国检察制度六十年》，载《人民检察》2009年第19期。

助。人民检察署设委员会议,由检察长、副检察长及委员组成,检察长为主席。委员会议意见不一致时,最后决定取决于检察长。委员会议的职责是议决有关检察之政策方针及其他重要事项。委员会议每月举行一次,由检察长召集之。

**3. 检察领导体制的调整:从垂直领导到双重领导**

1949 年《最高人民检察署试行组织条例》确立了垂直领导的检察体制,但这种领导体制是否符合当时中国的实际仍须根据试行的情况而定。在第一届全国司法工作会议上,有人就对该领导体制提出异议。1951 年《最高人民检察署暂行组织条例》和《各级地方人民检察署组织通则》明确将"垂直领导"的检察体制修改为"双重领导体制"。《各级地方人民检察署组织通则》第 6 条第(一)项、第(二)项规定:"(一)各级地方人民检察署受上级人民检察署的领导;(二)各级地方人民检察署(包括最高人民检察署分署)为同级人民政府的组成部分,同时受同级人民政府委员会之领导,与同级司法、公安、监察及其他有关机关密切联系,进行工作。省人民检察署分署受所在区专员的指导。"对于此次调整,最高人民检察署副检察长李六如在立法说明中作了解释:在原来的《最高人民检察署试行组织条例》中是采取垂直领导的原则的,但因试行一年多的经验,有些窒碍难行之处。故修正案改为双重领导……所以作如此的修正,因为我国过去曾经是半封建半殖民地的社会,经济发展极不平衡,各地情况悬殊不一,地区辽阔,交通不便,而各级人民检察署及其分署,目前又多不健全或尚未建立,因此暂时还只能在中央统一的政策方针下,授权于地方人民政府,使其发挥机动性与积极性。同时我们人民民主政权的发展过程,是由地方而中央。关于当地的一些具体问题,地方政权领导强,经验多,易于指导处理;各级地方人民检察署是一个新设立的机构,干部弱,经验少,尚需当地政府机关根据中央的方针计划,就近予以指导和协助。故此时将垂直领导改为双重领导,是切合目前实际情况的。①

## 四、诉讼制度的初创

**(一) 诉讼制度**

中华人民共和国成立初期,随着《人民法院暂行组织条例》和《中华人民共和国人民检察院暂行组织条例》的颁布,一些基本的诉讼制度也得以建立。

(1) 以两审终审为主,三审终审和一审终审为辅的审级制度。人民法院实行基本的三级两审终审的审级制度,即县人民法院为第一审法院,省人民法院为第二审法院,二审为终审。但在特殊情况下,也可以三审终审或者一审终审。《人民法院暂行组织条例》第5条第1款规定:"人民法院基本上实行三级两审制,以县级人民法院为基本的第一审法院,省级人民法院为基本的第二审法院;一般的以二审为终审,但在特殊情况下,得以三审或一审为终审。"第21条还规定:"省级人民法院的第二审刑事、民事判决,均为终审判决,但重大或疑难的案件,应准许诉讼人提起第三审上诉,并应在判决书内记明。"可见,对于重大或者疑难案件,是实行三审终审的。但至于哪些是重大或者疑难案件,《人民法院暂行组织条例》没有进一步说明。当时之所以确立基本的三级二审终审制度,主要是因为"这样的规定,是既能保障人民的诉讼权利,又能及时有效地制裁反革命活动,而又防止了某些狡猾分子,故意拖延时间,无理取闹,造成

---

① 李六如:《关于〈最高人民检察署暂行组织条例〉修正案和〈各级地方人民检察署组织通则〉草案的说明》,载《人民日报》1951年9月5日第3版。

当事人以及社会人力财力的损失。同时,这样的规定,又照顾了中国的实际情况:中国地域辽阔,交通不便,情况复杂,案件又多,三级三审,是使人民为诉讼长期拖累,耽误生产,所以我们采取了基本上的三级两审制,这是一种实事求是,为人民服务的审级制。另一方面,诉讼人如因原辖人民法院不能公平审判而越级起诉或越级上诉时,上级人民法院仍依法予以必要的处理。"①

（2）级别管辖制度。无论是人民法院进行审判活动,还是当事人提起诉讼,都必须首先确认由何地、何级别法院管辖。根据《人民法院暂行组织条例》,县人民法院管辖的案件包括:第一审的刑事、民事案件;调解民事及轻微刑事案件;刑事、民事案件的执行事项;公证及其他法令所定非讼事件;指导所辖区域内的调解工作。省级人民法院管辖的案件范围包括:不服县、市人民法院第一审判决的刑事、民事上诉案件;全省性重大的第一审刑事、民事案件(是否属于全省性重大的案件,由省人民法院认定之);省人民法院依法提审的案件;下级人民法院依法声请移送审判的第一审刑事、民事案件;法令规定以省人民法院为第一审的刑事、民事案件;省级以上人民政府、最高人民法院或最高人民法院分院、分庭交办的第一审刑事、民事案件;刑事、民事案件的执行事项。最高人民法院管辖的案件包括:不服省级人民法院第一审判决的刑事、民事上诉案件及第二审判决准许上诉的案件;全国性重大的侵害国家的、侵害公共财产的及其他特别重大的第一审刑事、民事案件;法令规定以最高人民法院为第一审的刑事、民事案件;中央人民政府交办的第一审刑事、民事案件;提审各级人民法院(包括最高人民法院分院、分庭)未判或已判的刑事、民事案件;为领导、监督审判工作而向各级人民法院(包括最高人民法院分院、分庭)抽调审查判决确定的刑事、民事

---

① 许德珩:《关于〈中华人民共和国人民法院暂行组织条例〉的说明》,载《人民日报》1951年9月5日第4版。

案件。

（3）人民陪审员制度。为充分体现司法制度的人民性和民主性，中华人民共和国成立初期就已确立了人民陪审员参加诉讼的制度。《人民法院暂行组织条例》第6条规定："为便于人民参与审判，人民法院应视案件性质，实行人民陪审制。陪审员对于陪审的案件，有协助调查、参与审理和提出意见之权。"据此：第一，并不是每一个案件都要有人民陪审员参加，是否参加应当根据案件性质而定。第二，人民陪审员的权利与审判员有所不同，陪审员在诉讼中只享有协助调查、参与审理和提出意见的权利，而不享有表决权。此外，人民法庭的审判也要求人民陪审员参加。

（4）公开审判制度。人民法院审判案件应当公开进行。《人民法院暂行组织条例》第8条规定："人民法院审判案件，除依法不公开者外，均应公开进行。"但是哪些是依法不公开的案件，法律并没有规定。

（5）辩护制度。为充分保障被告人的合法权利，确立了辩护制度。1950年《人民法庭组织通则》第6项规定："县（市）人民法庭及其分庭审判时，应保障被告有辩护及请人辩护的权利，但被告所请之辩护人，须经法庭认可后，方得出庭辩护。"刑事辩护包括两种类型：一是自我辩护；二是辩护人辩护。尽管被告人聘请的辩护人应当取得法庭许可，但在当时的历史条件下能作如此规定实属不易。

（6）就地调查、就地审判和巡回审判制度。这种制度是群众路线在审判工作中的体现。它"节省了当事人的人力和财力，使政策和法令为人民直接掌握，提高了人民的法治能力，同时，使法院便于调查证据，弄清案情，迅速有效地处理问题，并且能够直接从群众中考察审判的效果"①。为此，《人民法院暂行组织条例》第7条规定：

---

① 许德珩：《关于〈中华人民共和国人民法院暂行组织条例〉的说明》，载《人民日报》1951年9月5日第4版。

"人民法院审判案件,除在院内审判外,应视案件需要,实行就地调查、就地审判和巡回审判。"

(7)独任制、合议制和审判委员会制。县级人民法院审判案件通常是审判员一人独任审判,只有遇到重要或者疑难的案件,才由三位审判员组成合议庭审判或者由审判委员会决议处理。省级人民法院审判民事、刑事案件必须由审判员三人组成合议庭进行审判,"但案件无须合议审判者,得由审判员一人审判"。最高人民法院也必须组成合议庭进行审判。① 各级人民法院还必须设置审判委员会,通常由院长、副院长、庭长及审判员组成,院长或者副院长兼任主任委员。"开会时并得邀请有关机关的负责人及原来参加审判有关案件的其他工作人员参加。审判员较多的法院,由院长指定若干审判员参加。"审判委员会的任务是"处理刑事、民事的重要或者疑难案件,并为政策上和审判原则上的指导"。

(8)审判程序。第一,检察人员出席法庭制度。根据《人民法院暂行组织条例》第 36 条的规定,无论是人民检察署提起公诉的案件,还是人民法院依法径行调查、审判的刑事或重要民事案件,检察人员都得以"国家公诉人(原告)"身份参加。第二,送回重新检察或者请予补充检察资料制度。《人民法院暂行组织条例》第 37 条规定:"人民法院接到人民检察署起诉的案件,如认为有送回重行检察或补充检察资料之必要时,得将原案送回原检察署重行检察或请予补充检察资料。"第三,人民检察署对未生效裁判的抗诉制度。《人民法院暂行组织条例》第 38 条第 1 款规定:"人民检察署对其起诉或参加的案件,如认为人民法院的判决为违法或不当者,得提起抗诉,由原人民法院将抗诉书连同案卷,送上级人民法院审判。"第四,

---

① 需要说明的是,《人民法院暂行组织条例》没有规定最高人民法院的审判组织,但许德珩在《关于〈中华人民共和国人民法院暂行组织条例〉的说明》中提到最高人民法院与省级人民法院一样,都必须由三位审判员组成合议庭进行审判。参见许德珩:《关于〈中华人民共和国人民法院暂行组织条例〉的说明》,载《人民日报》1951 年 9 月 5 日第 3 版。

人民检察署对确定判决的抗诉制度。《人民法院暂行组织条例》第 38 条第 2 款规定:"人民检察署对于人民法院的确定判决,认为确有重大错误者,得提起抗诉,请予依法再审。最高人民检察署对于最高人民法院的确定判决,亦得提起抗诉,请予依法再审。"

上述诉讼制度为人民法院、人民检察院进行刑事诉讼活动提供了基本的程序法规范,也为 1954 年《中华人民共和国人民法院组织法》(以下简称《人民法院组织法》)和 1954 年《中华人民共和国人民检察院组织法》(以下简称《人民检察院组织法》)的制定奠定了基础。中华人民共和国成立初期著名的"刘青山、张子善贪污案"就是按照上述诉讼制度进行审判的。

## 刘青山、张子善贪污案 ①

刘青山,1914 年生,1931 年 6 月加入中国共产党,曾任中共天津地委书记,被捕前任中共石家庄市委副书记。张子善,1914 年生,1933 年 10 月加入中国共产党,曾任中共天津地委副书记、天津专区专员,被捕前任中共天津地委书记。1950 年至 1951 年间,刘青山、张子善在治理白河、海河、永定河、大清河、龙凤河等工程中,利用职权、勾结奸商、贪污盗窃和非法骗取、挪用公款达 171 亿元(旧币)之多。1952 年 2 月 10 日,公审刘青山、张子善大会在河北保定举行,21800 人参加了大会。河北省人民法院遵照中央人民政府最高人民法院的命令,组成临时法庭,对刘青山、张子善予以公审和宣判。公审大会后,河北省人民法院报请最高人民法院批准,依法判处二人死刑,立即执行,并没收其本人全部财产。该案是在中华人民共和国成立初

---

① 参见最高人民检察院编:《人民检察史:纪念检察机关恢复重建 40 周年》,中国检察出版社 2018 年版第 127 页;《刘青山张子善案》,载 https://www.chinacourt.org/article/detail/2019/07/id/4148146.shtml,最后访问日期:2018 年 8 月 14 日。

期"三反"运动中查出的一起党的领导干部严重贪污盗窃国家资财案件。

## (二)《诉讼程序试行通则(草案)》

关于中华人民共和国成立初期的诉讼制度创设,还必须专门提及 1950 年 12 月 31 日中央人民政府法制委员会草拟的《诉讼程序试行通则(草案)》。《诉讼程序试行通则(草案)》包括总则,案件的管辖,问事、代书,向检察或公安机关的告发,侦查,公安机关协助侦查及代行刑事公诉职务,向法院的起诉、告发,回避,传唤、拘捕、管押、搜索、扣押、勘验,送达,辩护、代理、辅助,调解,审理,收案的简捷处理,判决,撤回起诉,暂先处置、暂先执行,笔录,卷宗,上诉(抗诉),抗告,判决的确定与执行,再审,监督审判以及本通则的施行 24 部分,共计 82 条。这是中华人民共和国第一部诉讼法草案,是我国诉讼法制建设的开端,但由于《诉讼程序试行通则(草案)》集刑事诉讼程序和民事诉讼程序于一体,加之一些诉讼程序规定不尽合理,在提交第一届全国司法工作会议讨论时并没有获得通过,因此没有正式生效实施。但是《诉讼程序试行通则(草案)》的一些内容在后来的一系列刑事诉讼法律中有所体现。因此,本书对其涉及的一些重要内容予以简要介绍。

(1)诉讼程序的基本原则。《诉讼程序试行通则(草案)》确立了便利人民原则、简易迅速原则和实事求是原则。

(2)管辖制度。《诉讼程序试行通则(草案)》规定了刑事、民事案件的地域管辖。对于刑事案件,通常由犯罪地的法院管辖,也可以由被告人居住地、所在地的法院管辖。民事案件由被告居住地或者单位的营业所、事务所所在地的法院管辖。至于级别管辖则由《人民法院暂行组织条例》规定。

(3)侦查。根据《诉讼程序试行通则(草案)》,刑事案件的侦查权通常由人民检察署行使,侦查的条件是"知有犯罪嫌疑者"。公安机关"知犯罪嫌疑者"时,应即先行侦查,然后再将案件移送到人民检察署。因此,公安机关只是协助人民检察署进行侦查的机关。《诉讼程序试行通则(草案)》第 13 条还明确规定:"公安机关有协助人民检察署侦查及人民法院调查刑事案件(包括拘捕等)的责任。"公安机关和人民检察署在侦查时,可以实施以下侦查行为:传唤、讯问、拘捕、管押、搜索、勘验、扣押、查封、释放。对于禁止性侦查行为,《诉讼程序试行通则(草案)》第 42 条规定:"严禁诱供、逼供、刑讯或变相的刑讯。"

(4)提起公诉和不起诉。人民检察署侦查案件终结后,如果证据"足以认为被告有犯罪嫌疑者",应当向人民法院提起公诉。如果"犯罪嫌疑不足",或者"案件轻微,已经调解处理",或者"其他理由",人民检察署应当作出"不起诉处置"。人民检察署作出不起诉处置决定时,应当制作不起诉处置决定书,并将不起诉处置决定书送达告发人。告发人在收到不起诉处置决定书 7 日内,可以向作出不起诉处置决定书的人民检察署声请再议。人民检察署向人民法院提起公诉时,应当提供载明被告及有关犯罪的重要事实和证据的起诉书以及全部侦查案卷。此外,根据《诉讼程序试行通则(草案)》,不管何种性质的刑事案件,任何人或任何机关、团体不向人民检察署或者公安机关告发者,亦得直接向人民法院起诉。

(5)回避制度。回避的人员包括审判员、检察人员和书记员。回避的理由包括:与案件"有利害关系";与诉讼人有近亲关系;其他原因"显有不公平之虞者"。回避的决定权由院长或者检察长行使。回避的种类包括申请回避、自请回避和指令回避。

(6)侦查行为。《诉讼程序试行通则(草案)》专门对传唤、拘捕、管押、搜索、扣押、勘验等侦查行为进行了规定。根据《诉讼程序试行通则(草案)》第 21 条第 2 款的规定:"刑事被告嫌疑重大,而有逃亡、串供、湮灭或伪造证据之虞，或案情重大者，得予拘捕、交保或管押。"而对于现行犯以及准现行犯，不需要用拘票，任何人都可以将其逮捕，并送交公安机关、人民法院或人民检察署。

（7）辩护、代理、辅助。刑事案件的辩护人或者辅助人包括以下四类：一是人民律师；二是配偶、直系亲属、监护人、兄弟、姊妹或同居的亲属；三是有法律上利害关系之人；四是其他经法院准许之人。

（8）审理。人民法院审核人民检察署提起公诉的案件后，如果认为有必要时，得将案件送回原检察署重行侦查；对于因告发人直接告发而知有犯罪嫌疑者，应立即进行调查审判。对于公诉案件，"应当通知人民检察署以国家公诉人（原告）的资格参加"。人民法院审理案件，除有关国家秘密案件、有关公共利益或者涉及个人的隐私生活不宜公开审理的案件外，其他案件都应当公开审理。不公开审理的案件，应当宣布不公开的理由。审理"对于社会有重大影响、重大教育意义或其他有必要的案件"时，人民法院应当通知有关的人民团体或者其他方面推荐代表人作为人民陪审员出席法庭，参加审理。人民法院基于便于审判、便于人民的原则，可以就地审判、就地调查或者巡回审判。在举证责任承担上，《诉讼程序试行通则（草案）》首先要求诉讼人就主张的事实提出证据，同时规定法院也可以自行调查事实、收集证据，"法院认定事实，应凭证据，不应单凭诉讼人的陈述"，"不应对于诉讼人的一方专注意于其不利的事实和证据，或专注意于其有利的事实和证据，而应全面注意，分别斟酌，综合考量，以求得真实"，"诉讼人未曾主张的事实或权利，法院亦得斟酌具体情况，予以裁判"。

对于审理方式，《诉讼程序试行通则（草案）》确立了言词审理原则以及证人出庭作证制度，第36条第1款规定："起诉的刑事民事案件应经言词审理者，应定期传唤诉讼人、证人及其他与诉讼有关之人,公开审理。"对于不出庭作证的证人或者鉴定人,《诉讼程序试行通则(草案)》还赋予了人民法院强制其到庭的权力,第43条规定:"证人及鉴定人经人民法院合法传唤者,有到场据实陈述或鉴定的义务。经两次传唤,无正当理由而不到者,得强制其到场。"

(9)上诉(抗诉)和抗告。对于人民法院的判决,被告人可以提起上诉,人民检察署可以提出抗诉。根据《诉讼程序试行通则(草案)》的规定,上诉的主体包括:刑事民事案件的原告、被告,刑事案件的辩护人,刑事民事案件的代理人以及刑事被告的配偶、直系亲属、监护人、兄弟、姊妹。抗诉的主体是人民检察署,且只能对其起诉或者参加的案件提起抗诉。上诉(抗诉)的期间为自判决送达之次日起10天内。但由于不可抗力或临时交通阻滞,或有特殊困难超过该期限,经法院认为确实可信者,上诉(抗诉)仍然有效。《诉讼程序试行通则(草案)》还规定了有条件的上诉不加刑原则,第63条规定:"刑事案件,被告单方上诉者,原判决如无重大错误,上诉法院不得判处较重于原法院判决之刑。"

对于人民法院的裁定,诉讼人可以在自原裁定送达或当场告知诉讼人之次日起5天内向原法院提起抗告。

(10)再审程序。《诉讼程序试行通则(草案)》赋予了诉讼人提起再审之诉的权利,第74条第1款规定:判决确定后,诉讼人发现新证据或新事实足以使其得到较有利的判决者,得在发现此种证据或事实后30天内,提起再审之诉。这种由诉讼人提起的再审之诉由作出生效判决的法院审理和判决。再审通常不停止判决的执行。

(11)监督审判。《诉讼程序试行通则(草案)》还规定了上级人民法院和人民检察署监督审判的程序。上级人民法院因人民检察署的抗诉或其他原因,认为有必要时,得命下级人民法院速将审理中的或判决确定的案卷送交审查,人民检察署执行检察职务时,对于所辖区域内下级人民法院审理中的或判决确定的案件,认为有必要时,亦得向下级人民法院调卷审查。下级人民法院在接到调卷命令后,必须将案卷移送上级人民法院或者上级人民检察署。接到案卷后,上级人民法院和人民检察署应当迅速审查处理。如果是由上级人民法院进行审查,对于下级人民法院审理中的案件,如认为审理显有违法或不当时,得即进行提审或发交其他法院审判;对于判决确定的案件,如认为确有重大错误时,得自行再审或命下级人民法院再审。如果由上级人民检察署进行审查,对于下级人民法院审理中的或判决确定的案件,认为审理或者判决显有违法、不当或者有重大错误时,应当向上级人民法院提起抗诉。

尽管《诉讼程序试行通则(草案)》最终未获通过,但其中一些规定直至现在仍具有较大的参考和借鉴价值。如检察引导侦查、言词审理原则及证人出庭作证、强制证人出庭作证、诉讼人可以提起再审之诉,等等。

## 五、司法改革运动:中华人民共和国第一次司法改革

1952年8月,为了批判旧法观点、整顿司法机关,中华人民共和国开始了第一次司法改革。司法改革运动是中华人民共和国政权建设、法制理论和实践发展的必然产物。根据1949年2月《中共中央关于废除国民党的六法全书与确定解放区的司法原则的指示》的精神和《共同纲领》的规定,废除国民党反动政府一切压迫人民的法律、法令和司法制度,制定保护人民的法律、法令,建立人民司法制度。但是,中华人民共和国成立初期的司法机关存在着组织不纯、思想不纯以及作风不纯的问题。当时,全国各级人民法院干部共约28000人,其中有旧司法人员约6000名,约占总人数的21%,他们

大部分充任审判工作；特别是不少大、中城市及省以上人民法院的审判人员，旧司法人员更占多数。为解决司法工作中出现的问题，1952年8月23日，政务院第148次会议通过了司法部部长史良的《关于彻底改革和整顿各级人民法院的报告》。8月30日，中共中央又发布了《中共中央关于进行司法改革工作应注意的几个问题的指示》(以下简称《司法改革指示》)。从此，一场声势浩大的司法改革运动在全国范围内开展起来了。[①]

司法改革运动是反对旧法观点和改革整个司法机关的运动。这个运动的目的是彻底改造和整顿各级人民司法机关，使它从政治上、组织上和思想作风上纯洁起来，使人民司法制度在全国范围内能够有系统地正确地逐步建立和健全起来。[②] 此次司法改革运动的主要内容包括两个方面：批判旧法观点、整顿旧司法人员。

1. 批判旧法观点

司法改革运动所针对的旧法观点是指"从北洋军阀到国民党基本上一脉相传的、统治人民的反动的法律观点"[③]，主要包括：(1)"法律超阶级、超政治论"。认为不论是对人民还是对敌人都应适用"法律面前人人平等"原则。(2)"司法独立论"。主张司法机关的垂直领导；认为县、市长兼任法院院长，违反了"司法独立"原则；院长掌握案件的审判，是侵犯了审判员的权力；认为镇压反革命既然是司法工作，就不应由军法处办，否则就会妨碍司法机关独立行使职权。(3)"程序法定论"。认为没有程序或程序不完备，就无法办案；为了维护法律的"尊严"和稳定性，司法人员即使发现案件判错了，也不能改判；走群众路线是一般工作的路线和方法，而不是

---

[①] 参见陈光中、曾新华：《建国初期司法改革运动述评》，载《法学家》2009年第6期。
[②] 社论：《必须彻底改革司法工作》，载《人民日报》1952年8月17日第1版。
[③] 参见彭真：《论新中国的政法工作》，中央文献出版社1992年版，第70页。

或者还完全不是司法工作的路线和方法;该论在司法作风上表现为:面对当事人,一次次地传,一堂堂地问,拖很长时间,搞了许多没有必要的烦琐程序。(4)"旧法可用论"。认为,旧法道理虽不可用,但其技术还可用;国民党法律里边,还有进步成分,应该采用。因而有"砖瓦论"——拆掉旧房的砖瓦,还可以盖新房。"镰刀斧头论"——把法律比作镰刀斧头,主张可以拿国民党的镰刀斧头打击国民党。法律"技术论"——把法律当作"独行技术"来看待;称"不学旧法就不能立新法","不懂旧法就不能懂新法"。针对上述旧法观点和旧司法作风,在司法改革运动中,党和国家的政法部门通过领导讲话或组织文章对其进行了严厉的批判。①

2. 整顿旧司法人员

如上所述,在中华人民共和国成立初期,由于开展工作和维护社会稳定的需要,党和国家对旧司法人员采取了"包下来"的政策。因此,人民法院中有相当大比例的旧司法人员。这些旧司法人员在工作中特别是社会运动中暴露了严重的问题。而且,旧法观点的肃清最终也必须通过清除旧司法人员、改造和整顿法院组织来实现。《司法改革指示》也强调:"各级人民法院机构的改造和反对旧法观点是相互联系的,应将二者结合起来进行。但肃清资产阶级的旧法观点,乃是长期的思想斗争,而对法院的组织整顿,特别是清除那些坏的无可救药的旧司法人员,调换那些旧审检人员,代之以真正的革命工作者,则是可以在一次短期的运动中基本解决问题的。所以这次司法改革运动,必须从清算旧法观点入手,最后达到组织整顿之目的。"因而,整顿旧司法人员是司法改革运动的必然归宿。②

对于此次司法改革运动,一方面应当承认其必要性和重要意义,另一方面也应看到其历史局限性。司法改革运动的必要性和重

---

① 参见陈光中、曾新华:《建国初期司法改革运动述评》,载《法学家》2009年第6期。
② 同上。

要意义表现在：首先，司法改革运动是在中华人民共和国成立初期建立和巩固人民民主专政政权的过程中开展的。其次，作为进行司法改革运动的基本依据，中共中央《司法改革指示》明确宣布废除国民党政府以宪法为核心的"伪法统"，这也是当时的必然选择。最后，此次司法改革运动为中华人民共和国继承和弘扬新民主主义革命时期的优良司法传统奠定了基础。但不可否认，由于受当时历史条件、社会背景的制约以及当时认识的局限性，此次运动也存在明显的缺陷，对中华人民共和国后来的法制建设和法学发展产生了不可低估的负面影响。首先，此次运动对旧法观点未能采取实事求是的具体分析态度而予以全盘否定，实际上使得一些符合现代法治精神的原则、制度和观点以及诸多体现司法工作规律的审判程序和方式遭到批判和摒弃。与此相联系，部分具有较强法律素质和水平的旧司法人员未被人民司法机关留用或者改做技术性工作，一些法学教授也被搁置不用。其次，通过此次司法改革运动，司法机关的职位大都由政治立场坚定但不懂法律的非职业人员担任，强调司法人员的阶级立场，而在法律业务水平上却没有起码的要求，这不仅使这些人员在司法实践中产生偏激情绪，造成了一定的错案[①]，而且也由此形成中华人民共和国司法的非职业化现象，推迟了我国司法现代化、法治化的进程。

## 六、第二届全国司法工作会议和检察工作会议召开

### （一）第二届全国司法工作会议

1953年4月11日至25日，政务院政治法律委员会在北京主持

---

[①] 参见《董必武政治法律文集》，法律出版社1986年版，第280页。

召开了第二届全国司法工作会议。此次会议听取了政务院政治法律委员会董必武主任、司法部史良部长、最高人民法院张志让副院长关于司法工作的报告。会议总结了中华人民共和国成立特别是第一届全国司法工作会议以来司法工作以及司法改革运动的经验和教训,研究了当时司法工作存在的严重问题(即错捕、错押、刑讯逼供和错判、错杀①,),并通过了《第二届全国司法工作会议决议》。5月8日,政务院第177次政务会议批准了《第二届全国司法工作会议决议》。9月10日,中央人民政府司法部发布了《关于执行第二届全国司法工作会议决议的指示》。《第二届全国司法工作会议决议》分为十二部分,主要内容包括:

第一,《第二届全国司法工作会议决议》认为,中华人民共和国成立以来的司法工作"是有很大成绩的",同时也存在着"不少严重的错误和缺点"。《第二届全国司法工作会议决议》认为:"过去的经验,特别是在各项大的运动中的经验和在司法改革运动中所暴露的事实证明:人民司法工作是具有很强的思想性和政治性的工作,它必须有工人阶级政党的坚强领导,必须掌握在忠实于国家和人民群众的干部手里;人民司法工作者必须站稳人民的立场,不断地学习马克思列宁主义的理论,学习苏联的先进经验,学习并遵照毛泽东主席的指示和国家的政策法令,按照群众路线和实事求是的作风,采取最便利于人民的工作方法,才能胜利地完成自己的光荣任务。"②

第二,《第二届全国司法工作会议决议》认为,当时司法工作的中心任务是:(1)继续同敌人的暗害破坏行为及其他一切违犯国家法令和危害人民群众利益的行为进行坚决的斗争,以进一步巩固人民民主专政;(2)为国家的经济建设工作和全国及地方各级人民代

---

① 参见《董必武政治法律文集》,法律出版社1986年版,第280页。
② 参见武延平、刘根菊等编:《刑事诉讼法学参考资料汇编(中)》,北京大学出版社2005年版,第773页。

表大会选举工作的顺利进行提供司法保障;(3)积极清理和逐步减少积案,处理人民法院错捕、错押和错判的案件。

第三,《第二届全国司法工作会议决议》认为,当前的司法工作包括:(1)由县、市人民法院派出人民法庭专门受理有关选举的诉讼案件;(2)处理错案、清理积案。

第四,《第二届全国司法工作会议决议》指出,在司法建设方面,应主要从以下方面进行:(1)建立与健全工矿区和铁路、水运沿线的专门法庭;(2)在县普遍建立巡回法庭;(3)开展民间调解工作;(4)普遍建立第一审程序的陪审制;(5)建立与加强人民接待室和值日审判工作;(6)加强各级人民法院的司法行政工作;(7)补充、培养和训练司法干部。

第二届全国司法工作会议是中华人民共和国成立后司法战线的一次重要会议。它全面总结了司法改革运动的成功经验和不足,指出了当前司法工作中存在的严重问题。它还贯彻了党中央关于用革命法制进行人民民主专政工作的指示精神,作出了加强司法工作、健全司法制度的决议。

## (二) 第二届全国检察工作会议

1954年3月17日至4月10日,最高人民检察署在北京召开第二届全国检察工作会议。会议听取了董必武主任、苏联专家鲁涅夫的讲话以及最高人民检察署高克林副检察长《关于过去检察工作的总结和今后检察工作方针任务的报告》。高副检察长的报告对过去几年的检察工作进行了回顾,总结了检察工作的经验和教训,提出了今后检察工作的主要任务。会议通过了《第二届全国检察工作会议决议》。此次会议是中华人民共和国历史上"专业性的第一届全

## 第一编 司法组织与刑事诉讼制度

国检察工作会议"①。其主要内容包括:

(1) 强调检察工作的重要性。董必武在讲话中指出:……这样发展(笔者注:检察机构增加一倍,人员增加三倍)说明国家与人民需要检察机关来维护人民民主的法制。检察机关只有国家与人民需要它的时候,它才能存在与发展。有人认为检察署可有可无,这是不对的。但我们担负检察工作的同志自己就必须多做工作,并把工作做好,才算对那些看轻检察工作的人们作了积极的回答。……人民现在需要检察机关,将来是否还需要呢?应当肯定地说还需要。这是因为国家还存在时,它的法律必然存在,维护法律的机关也必然存在。直到国家消亡,人民不需要国家机器的时候,才不需要检察机关。国家将监督法律执行的重大责任交给检察机关,检察工作人员的责任是很重大的。② 通过上述论述可以看出,董必武认为检察机关在法制建设中占有重要地位和作用,它与国家共存亡。同时,检察机关及其工作人员还应当积极工作,以实际工作证明检察机关的不可或缺。

(2) 充分肯定了中华人民共和国成立以来检察机关的成就和经验,也指出了当前检察机关的不足和问题。在检察机构建设方面,截至会议召开时,全国已建立各级检察机构 930 个,调配干部 5665 人。在"镇反""三反""五反"以及司法改革运动中,检察机关发挥了相当大的积极作用。但由于受社会历史条件和思想观念方面的

---

① 对此,董必武《在第二届全国检察工作会议上的讲话》中作了说明:司法改革运动中,检察署的情况与法院不一样,法院中有几千个旧司法人员,检察署的旧司法人员很少,干部中的旧法观点不像法院中某些干部那样浓烈,总结司法改革经验,对检察工作也不像对审判工作那样迫切,这是一方面。同时,考虑到我们当前的任务主要的已不是像过去那样进行各项社会改革运动而是建立具体业务时,再一揽子地召开两种不同的专业会议,效果即不会很好。……这次会议名义上是第二届全国检察工作会议,实际上,这次会议是专业性的第一届全国检察工作会议。

② 参见闵钐编:《中国检察史资料选编》,中国检察出版社 2008 年版,第 521—523 页。

影响,检察机关还没有全面系统地建立起来,也缺乏一套系统的切实可行的检察业务制度。

(3)提出建立检察业务制度。建立检察业务制度是"当前检察工作的一项迫切的重要的任务,是从检察工作方面强化人民民主法制工作的一个必要措施"①。这些业务制度具体包括:第一,建立重要刑事案件的侦讯及侦讯监督制度。根据当前检察工作的方针任务和主观力量确定检察机关对于刑事案件的侦讯范围,并建立切合实际的简易可行的侦讯程序和侦讯监督程序,使之逐步系统化、正规化。在有条件的地区,重点试行检察机关对公安机关侦讯工作的监督,重点监督捕押人犯之是否合法,以便吸取经验,逐步推广。第二,建立审判监督制度,逐步实现《人民法院暂行组织条例》第五章的规定,即对于由人民检察署向人民法院或人民法庭提起公诉和参与的案件,由检察人员以国家公诉人的资格出席法庭的审判,支持公诉,监督审判活动是否合法,对违法判决提起抗诉以及对于确定的判决发现有新事实、新证据者提请再审。第三,建立监所监督制度,通过定期检查和重点抽查的方法,检察监所及犯人劳动改造机关之违法措施及从中发现错押、错放现象。第四,建立一般监督制度,监督政府机关和国家工作人员是否严格遵守法律制度,贯彻执行国家的法律。②

(4)建立和健全各级人民检察署的组织机构,补充、培养和训练检察干部。首先,充实与健全省(市)以上的检察机构,并加强城市、工矿区人民检察署和有重点地建立铁路、水运沿线的专门人民检察署;同时在工作基础和干部条件较好的省,应尽可能有步骤地普遍建立县的检察机构,在工作基础和干部条件较弱的省,应重点

---

① 参见闵钐编:《中国检察史资料选编》,中国检察出版社2008年版,第526页。
② 同上书,第526—527页。

建立若干县人民检察署作为开展农村检察工作的基点。其次,根据"宁肯少些,但要好些"的原则选择一批政治上可靠、有一定工作经验和文化水平的干部,加以短期训练充任检察干部。

(5) 批评了"运动型司法"。高克林副检察长在《关于过去检察工作的总结和今后检察工作方针任务的报告》中指出:"在检察工作制度的建设中,应注意防止可能发生的只习惯于搞运动的工作方式,而对于建立正规的人民民主法制建立业务制度认识不足的思想,同时防止脱离实际急于追求完备形式的法制的急躁情绪。"①这在当时的历史条件下是非常具有警示作用的,但由于受随后的政治运动的大环境影响,运动型司法难以避免。

第二届检察工作会议在人民检察史上具有重要的地位。"这次会议将把全国检察工作大大地向前推进一步。"②它是在 1954 年《中华人民共和国宪法》(以下简称《宪法》)和 1954 年《人民检察院组织法》起草阶段召开的会议,讨论了新的历史条件下检察工作的任务和方针,决定了 1954 年《宪法》和 1954 年《人民检察院组织法》后

---

① 对于群众司法、运动型司法的弊端,董必武在军事检察院检察长、军事法院院长会议上的讲话中明确指出:"过去依靠群众运动把这些妨碍生产力发展的障碍扫除了。在当时历史条件下,我们为扫荡那些东西,就要用排山倒海的力量,一下子把它搞垮。它是一阵风,总是八级以上的风,大得很。要解放生产力没有群众运动是不行的,而法律就没有这样大的力量。""群众运动是个法宝,是创造法的。但不能经常搞运动,因为震动太大,八级以上的风,刮一阵是自然现象,经常刮就受不了,把树吹倒了,人不能出门,经常刮是不行的。情况变了,我们的工作方法也要随之改变。"参见《董必武政治法律文集》,法律出版社 1986 年版,第 518 页。

② 社论:《加强检察工作保障国家建设》,载《人民日报》1954 年 5 月 21 日第 1 版。该社论还进一步指出了检察工作的重要性:人民检察工作是国家工作中的一个重要组成部分。人民检察机关是人民民主专政的重要武器,它的任务是对政府机关、公务人员和全国国民的违法行为实行检察。……在这一历史阶段中,不可能也不应该建立一套脱离实际的'细密完备'的法制,以束缚群众的手足;作为国家法律监督机关的人民检察署的组织和工作,也就没有全面地系统地建立起来,而采取了有重点地逐步建立的方针,这是完全正确的,符合于当时国家的实际情况和人民群众的需要的。有的人不了解这一点,产生了一些错觉,认为检察工作不重要,这是错误的。……有些人认为既然有了监察机关、公安机关和法院,就可以不必再要检察机关了。这是由于不了解检察机关的性能的缘故。

的检察体制和机构建设。

## 七、第一部《宪法》规定的人民司法制度

1954年9月15日至28日,中华人民共和国第一届全国人民代表大会第1次会议在北京举行。会议通过了中华人民共和国历史上第一部社会主义宪法——1954年《宪法》。1954年《宪法》包括序言和106个条文,共分总纲,国家机构,公民的基本权利和义务,国旗、国徽、首都4章。1954年《宪法》确立了坚持人民民主专政、坚持社会主义道路、坚持各民族一律平等原则,规定了国家的基本政治、经济、文化以及立法和司法制度。1954年《宪法》是对中国人民一百多年的英勇斗争历史经验的总结,是中国人民建设社会主义国家的基本纲领,也是中华人民共和国社会主义法制建设的重要成果。1954年《宪法》在第二章"国家机构"部分专设第六节规定"人民法院和人民检察院",条文从第73条到第84条。

关于人民法院,1954年《宪法》第73条规定了人民法院的组织体系:"中华人民共和国最高人民法院、地方各级人民法院和专门人民法院行使审判权。"第74条规定了人民法院院长的任期:"最高人民法院院长和地方各级人民法院院长任期4年。人民法院的组织由法律规定。"第75条规定了人民陪审员制度:"人民法院审判案件依照法律实行人民陪审员制度。"第76条规定了公开审判制度和刑事辩护制度:"人民法院审理案件,除法律规定的特别情况外,一律公开进行。被告人有权获得辩护。"第77条规定了本民族公民使用本民族语言文字进行诉讼的原则:"各民族公民都有用本民族语言文字进行诉讼的权利。人民法院对于不通晓当地通用的语言文字的当事人,应当为他们翻译。在少数民族聚居或者多民族杂居的地区,人民法院应当用当地通用的语言进行审讯,用当地通用的文字

发布判决书、布告和其他文件。"第 78 条规定了人民法院独立审判原则:"人民法院独立进行审判,只服从法律。"第 79 条规定了上下级人民法院之间的监督关系:"最高人民法院是最高审判机关。最高人民法院监督地方各级人民法院和专门人民法院的审判工作,上级人民法院监督下级人民法院的审判工作。"第 80 条规定了人民法院与人民代表大会及其常委会之间的关系:"最高人民法院对全国人民代表大会负责并报告工作;在全国人民代表大会闭会期间,对全国人民代表大会常务委员会负责并报告工作。地方各级人民法院对本级人民代表大会负责并报告工作。"

关于人民检察院,1954 年《宪法》第 81 条规定了人民检察院的一般监督职权以及上下级检察院之间的垂直领导关系:"中华人民共和国最高人民检察院对于国务院所属各部门、地方各级国家机关、国家机关工作人员和公民是否遵守法律,行使检察权。地方各级人民检察院和专门人民检察院,依照法律规定的范围行使检察权。地方各级人民检察院和专门人民检察院在上级人民检察院的领导下,并且一律在最高人民检察院的统一领导下,进行工作。"第 82 条规定了最高人民检察院检察长的任期:"最高人民检察院检察长任期 4 年。人民检察院的组织由法律规定。"第 83 条规定了人民检察院独立行使职权原则:"地方各级人民检察院独立行使职权,不受地方国家机关的干涉。"第 84 条规定了最高人民检察院与全国人民代表大会及常委会之间的关系:"最高人民检察院对全国人民代表大会负责并报告工作;在全国人民代表大会闭会期间,对全国人民代表大会常务委员会负责并报告工作。"

此外,1954 年《宪法》的其他条文也有涉及司法制度的规定,如第 89 条关于逮捕权限的规定,即"中华人民共和国公民的人身自由不受侵犯。任何公民,非经人民法院决定或者人民检察院批准,不受逮捕"。

1954年《宪法》对人民法院和人民检察院的性质、任务、组织体系以及行使职权原则等内容的规定使人民司法制度得到国家根本法的确认，具有最高的法律效力。同年通过的1954年《人民法院组织法》和1954年《人民检察院组织法》分别将1954年《宪法》中关于人民法院和人民检察院的规定予以具体化。这些规定为此后几部宪法的有关规定奠定了基础，确立了框架。

## 八、法院制度的发展

第一届全国人民代表大会第1次会议还通过了中华人民共和国第一部人民法院组织法——1954年《人民法院组织法》。1954年《人民法院组织法》由最高人民法院和司法部起草，经中共中央反复研究修改，由第一届全国人民代表大会第1次会议通过。1954年《人民法院组织法》依据1954年《宪法》中人民法院的有关规定，在总结革命根据地时期的人民司法工作经验以及借鉴苏联司法工作成功经验的基础上，对人民法院的性质、任务、组织机构、审判原则和审判制度等作了专门规定，共计3章40条，主要制度包括：

### （一）人民法院的体制

根据1949年《共同纲领》和1951年《人民法院暂行组织条例》的规定，最高人民法院由中央人民政府委员会领导，地方各级人民法院由同级人民政府领导。而根据1954年《宪法》和1954年《人民法院组织法》的规定，最高人民法院和地方各级人民法院分别由全国人民代表大会和地方各级人民代表大会产生，向它负责并报告工作。换言之，人民法院不再是人民政府的下属部门，它与人民政府、人民检察机关一样，都由权力机关即人民代表大会产生，并对其负责。这种体制提高了人民法院在国家机构中的地位。

## (二) 人民法院的审级

根据1951年《人民法院暂行组织条例》的规定,全国设有县级人民法院、省级人民法院和最高人民法院三级法院,实行基本的三级两审制。省级人民法院和最高人民法院可以根据需要设分院或分庭。这种审级制度导致大量案件上诉到了最高人民法院或其分院,不利于人民群众进行诉讼,也增加了省级人民法院和最高人民法院的审判量,不利于审判监督,易于形成积案,形成"三不便"①。为此,1954年《人民法院组织法》对人民法院的审级制度进行了调整,改为四级二审终审制度。在全国设立基层人民法院(县、自治县、市、市辖区设置)、中级人民法院(省、自治区内的地区、直辖市内、较大的市、自治州设置)、高级人民法院(省、自治区、直辖市)和最高人民法院四级法院。此外,1954年《人民法院组织法》规定最高人民法院可以监督地方各级人民法院和专门人民法院的审判工作,上级人民法院也可以监督下级人民法院的审判工作。②

除确立以上四级基本法院外,1954年《人民法院组织法》第17条还规定:"基层人民法院根据地区、人口和案件情况可以设立若干人民法庭。人民法庭是基层人民法院的组成部分,它的判决和裁定就是基层人民法院的判决和裁定。"这是继承解放区人民司法机关巡回审判的优良传统,并且总结中华人民共和国成立初期巡回法庭

---

① 三不便是指:群众上诉不便;省(自治区)级人民法院掌握和监督全省(区)的审判工作不便;大量上诉案件集中到最高人民法院及其分院,使案件难于及时处理,形成拖延积压,亦是不便。参见魏文伯:《对于〈中华人民共和国人民法院组织法〉基本问题的认识》,载《政法研究》1955年第1期。

② 刘少奇在《关于中华人民共和国宪法草案的报告》中指出:"宪法草案第79条第2款增加了'上级人民法院监督下级人民法院的审判工作'的规定。由于我国的地区大,人口多,许多地区交通还很不方便,如果规定只有最高人民法院有权监督地方各级人民法院和专门人民法院的审判工作,是不符合于实际状况的。为了便于纠正审判工作中可能发生的错误,实行上级人民法院监督下级人民法院的审判工作的制度,根据我国建国以来法院工作的经验和从我国现时的条件来看,这是比较适当的。"

的经验而作出的便利群众诉讼的重要规定。①

## (三) 人民法院的任务

人民法院的任务包括两个方面:一是审判刑事案件和民事案件,惩办一切犯罪分子,解决民事纠纷,以保卫人民民主制度,维护公共秩序,保护公共财产,保护公民的合法权益,保障国家的社会主义建设和社会主义改造事业的顺利进行。二是人民法院用它的全部活动教育公民忠于祖国、自觉地遵守法律。

## (四) 人民法院的更名

根据1951年《人民法院暂行组织条例》的规定,全国法院设有三级,名称分别是"县级人民法院""省级人民法院"和"最高人民法院"。而1954年《人民法院组织法》不仅将三级法院改为四级法院,而且在法院名称上也作了调整,即"县级人民法院"改为"基层人民法院","省级人民法院"改为"高级人民法院",增加"中级人民法院","最高人民法院"的名称保持不变。自此,我国省级以下(包括省级)各级人民法院与省级以下(包括省级)各级人民检察院称谓不同的特点形成。比如,江西省省级的法院称为"江西省高级人民法院",而省级的检察院则称为"江西省人民检察院",而非"江西省高级人民检察院"。笔者认为,如果称谓体现实质的话,人民法院不应当区分基层、中级、高级,而人民检察院则可以区分基层、中级、高级,也就是说应当对调。这主要是因为,根据1954年《宪法》的规定,人民法院之间是监督与被监督的关系,不存在谁级别高、谁级别低的问题;而人民检察院之间却不同,上下级人民检察院之间是领导关系,是有上下级区别的。

---

① 参见何兰阶、鲁明健主编:《当代中国的审判工作(上)》,当代中国出版社1993年版,第54页。

## 九、检察制度的发展

第一届全国人民代表大会第 1 次会议还通过了中华人民共和国第一部检察院组织法——1954 年《人民检察院组织法》。1954 年《人民检察院组织法》根据 1954 年《宪法》的规定,总结历史经验,借鉴苏联立法,对人民检察院的性质、任务、组织体系、领导体制、检察职权等问题予以了明确规定。1954 年《人民检察院组织法》包括总则、人民检察院行使职权的程序、人民检察院人员的任免 3 章,共计 22 条。主要内容包括:

### (一)"检察署"更名为"检察院"

在 1954 年《人民检察院组织法》之前的《最高人民检察署试行组织条例》《最高人民检察署暂行组织条例》和《各级地方人民检察署组织通则》中,检察院都称为"检察署"。那么为什么要把"检察署"改名为"检察院"呢？根据王桂五的回忆,将"检察署"改为"检察院"是毛泽东主席的提议:"从 1949 年开国时制定《中央人民政府组织法》开始,就把检察机关的名称定为'人民检察署'。1954 年起草检察机关组织法时,共写了 21 稿,其中前 20 稿仍然沿用'署'的名称。1954 年 9 月 20 日夜,中央政治局讨论人民检察署组织法草案时,彭真同志作了说明之后,毛主席说:既然检察工作这样重要,为什么不叫做院呢,可以改为院么！政治局讨论了毛主席的这个意见,一致同意改'署'为'院'。9 月 21 日,人民代表大会全体会议一致通过了我国第一部检察机关组织法 1954 年《人民检察院组织法》。从此,就在中央一级形成了'三院'体制:国务院、最高人民法院、最高人民检察院;在地方形成了'一府两院'体制:人民政府、人民法院、人民检察院,一直沿用至今。"①

**(二) 组织机构**

人民检察院的组织体系为三级:最高人民检察院、省级(直辖市、自治区)人民检察院、县(市、区)级人民检察院。其中,省级人民检察院可以根据需要设立分院作为派出机构。此外,还设有专门人民检察院。这与《最高人民检察署暂行组织条例》和《各级地方人民检察署组织通则》的规定是一致的。

**(三) 人民检察院的职权**

1954年《人民检察院组织法》对检察院的职权作了详细的规定:"最高人民检察院对于国务院所属各部门、地方各级国家机关、国家机关工作人员和公民是否遵守法律,行使检察权。""地方各级人民检察院,依照本法第二章规定的程序行使下列职权:(一) 对于地方国家机关的决议、命令和措施是否合法,国家机关工作人员和公民是否遵守法律,实行监督;(二) 对于刑事案件进行侦查,提起公诉,支持公诉;(三) 对于侦查机关的侦查活动是否合法,实行监督;(四) 对于人民法院的审判活动是否合法,实行监督;(五) 对于刑事案件判决的执行和劳动改造机关的活动是否合法,实行监督;(六) 对于有关国家和人民利益的重要民事案件有权提起诉讼或者参加诉讼。"

从上述规定来看,检察院职权包括:一般监督、提起公诉、侦查监督、审判监督、监所劳改监督及民事检察公诉。

**(四) 人民检察院行使职权的程序**

1954年《人民检察院组织法》根据检察院的不同职权,规定了不

---

① 参见王桂五:《王桂五论检察》,中国检察出版社2008年版,第180页。

同的行使程序:

(1) 一般监督程序。最高人民检察院和地方各级人民检察院的监督程序有所不同,如果最高人民检察院发现国务院所属各部门和地方各级国家机关的决议、命令和措施违法的时候,有权提出抗议;如果地方各级人民检察院发现本级国家机关的决议、命令和措施违法的时候,则有权要求纠正,如果要求不被接受,应当报告上一级人民检察院向它的上一级机关提出抗议。

(2) 侦查公诉程序。人民检察院发现并且确认有犯罪事实的时候,应当提起刑事案件①,依照法律规定的程序进行侦查或者交给公安机关进行侦查;侦查终结后,认为必须对被告人追究刑事责任的时候,应当向人民法院提起公诉。因此,人民检察院提起刑事案件的条件是"确认有犯罪事实",提起公诉的条件是"认为必须对被告人追究刑事责任"。

(3) 侦查监督程序。一是对于一般侦查活动的监督程序,即人民检察院对本级公安机关的侦查活动发现有违法情况可以直接通知公安机关纠正。二是通过审查起诉进行监督的程序,即对于公安机关提起的刑事案件,侦查终结后,认为需要起诉的,必须依照法律的规定移送人民检察院审查,由检察院决定起诉或者不起诉。三是通过批准逮捕进行监督的程序。公安机关侦查案件时,如果需要逮捕公民,必须提请人民检察院批准。当然,对于人民检察院的不批准逮捕决定和不起诉决定,公安机关如认为有错误可以向上一级人民检察院提出意见或者控告。

(4) 审判监督程序。一是出席一审法庭的程序,即对于人民检察院提起公诉的案件,由检察长或者由他指定的检察员以国家公诉人的资格出席法庭,支持公诉,并且监督审判活动是否合法。对于

---

① "提起刑事案件"相当于现行《刑事诉讼法》中的"立案"。

不经人民检察院起诉的案件的审判,检察长也可以派员参加并且实行监督。人民法院决定人民检察院必须派员出席法庭的时候,检察长应当出席或者指定检察员出席。二是对一审判决和裁定提起抗议的程序,即地方各级人民检察院对于本级人民法院第一审案件的判决和裁定,认为有错误的时候,有权按照上诉程序提出抗议。三是对生效的判决和裁定提出抗议的程序,即最高人民检察院对各级人民法院已经发生法律效力的判决和裁定,上级人民检察院对下级人民法院已经发生法律效力的判决和裁定,如果发现确有错误,有权按照审判监督程序提出抗议。

(5)执行监督和监所劳改监督程序。人民检察院监督刑事判决的执行,如果发现有违法的情况,应当通知执行机关给予纠正。人民检察院监督劳动改造机关的活动,如果发现其有违法的情况,应当通知主管机关给予纠正。

**(五)检察院的领导体制:再次恢复垂直领导**

1954年《人民检察院组织法》再次恢复了《最高人民检察署试行组织条例》中的垂直领导体制。当时的立法者认为,国家已进入有计划的经济建设时期,学习苏联的检察领导体制的时机已经成熟。1954年《人民检察院组织法》第6条和第7条规定:"地方各级人民检察院独立行使职权,不受地方国家机关的干涉。地方各级人民检察院和专门人民检察院在上级人民检察院的领导下,并且一律在最高人民检察院的统一领导下,进行工作。""最高人民检察院对全国人民代表大会负责并报告工作;在全国人民代表大会闭会期间,对全国人民代表大会常务委员会负责并报告工作。"

需要说明的是,检察院的垂直领导体制是指国家组织系统中的领导关系而说的。在1954年《人民检察院组织法》颁布之前,中共中央的指示指出:"在宪法颁布后,检察机关将实行垂直领导,但是这里所说的垂直领导和双重领导,都是指国家组织系统中的领导关系而说的,决不能把这误解为地方党委对本级检察署的工作可以放弃领导,更不是说,各级检察署的党组和党员,可以不服从本级党委的领导,或者检察署的党组也将实行垂直领导。相反的,今后各级党委对本级检察署党组的领导,不但不能削弱,而且必须加强。检察署的党组和所有党员必须严格服从党委的领导,检察署党组必须加强和改善向党委的请示报告工作,使检察工作除了受上级检察机关的领导外,同时又受本级党委的严密领导和监督。只有这样,各级检察署才有可能做好自己的工作,完成党和国家所给予的庄严任务。"[①]

此外,根据1954年《宪法》和1954年《人民检察院组织法》的规定,最高人民检察院颁布了一系列加强检察业务建设的文件。1954年12月23日发布了《关于各地人民检察院试行一般监督制度的情况和意见》,1956年8月5日发布了《各级人民检察院侦查工作试行程序》,1957年7月31日发布了《关于侦查监督工作程序方面的意见(试行草案)》,1957年9月3日发布了《人民检察院刑事审判监督工作细则(草案)》,1958年5月13日发布了《人民检察院劳改检察工作的任务和办法》。

## 十、诉讼制度的健全

随着1954年《人民法院组织法》和1954年《人民检察院组织法》的颁布,诉讼制度和审判原则初步健全。不仅确立了"人民法院独立进行审判、只服从法律""一切公民在适用法律上一律平等"等原则,还建立了公开审判、辩护、人民陪审员、合议、回避、审判委员会等制度。除此之外,全国人民代表大会常务委员会通过专门立法确立了拘留和逮捕制度以及免予起诉制度。

---

[①] 《中共中央批转〈第二届全国检察工作会议决议〉及高克林〈关于过去检察工作的总结和今后检察工作方针任务的报告〉》(1954年6月12日)。

## (一) 拘留和逮捕制度

1954年12月20日,第一届全国人民代表大会常务委员会第3次会议通过了《中华人民共和国逮捕拘留条例》(以下简称《逮捕拘留条例》)。《逮捕拘留条例》对拘留逮捕的主体、对象以及程序等方面的问题作了明确规定。

(1) 逮捕权限的主体。任何公民,非经人民法院决定或者人民检察院批准,不受逮捕。对于公安机关要求逮捕的人犯,必须经由人民检察院批准。换言之,逮捕只能由人民法院决定或者人民检察院批准。

(2) 逮捕的适用对象和条件。《逮捕拘留条例》第2条规定:"对反革命分子和其他可能判处死刑、徒刑的人犯,经人民法院决定或者人民检察院批准,应即逮捕。应当逮捕的人犯,如果是有严重疾病的人,或者是正在怀孕、哺乳自己婴儿的妇女,可以改用取保候审或者监视居住的办法。"因此,逮捕适用的对象包括两类:一是反革命分子;二是其他可能判处死刑、徒刑的人犯。当然,如果应当逮捕的人犯,是有严重疾病的人,或者是正在怀孕、哺乳自己婴儿的妇女,可以改用"取保候审"或者"监视居住"的办法。这是中华人民共和国法律中首次出现"取保候审"和"监视居住"两种强制措施。

(3) 逮捕的执行机关。对于需要逮捕的人犯,人民法院、人民检察院和公安机关都可以执行逮捕。

(4) 逮捕的程序。逮捕人犯的时候,必须持有逮捕证,并且向被逮捕人宣布。逮捕后,除有碍侦查或者无法通知的情形外,逮捕机关应当把逮捕的原因和羁押的处所告知被逮捕人的家属。

(5) 拘留的适用情形。根据《逮捕拘留条例》第5条的规定,对于有下列一种情形的,公安机关认为需要侦查的,可以先行拘留:

① 正在预备犯罪、实行犯罪或者在犯罪后即时被发觉的;② 被害人或者在场亲眼看见的人指认他犯罪的;③ 在身边或者住处发现有犯罪证据的;④ 企图逃跑或者在逃的;⑤ 有毁灭、伪造证据或者串供可能的;⑥ 身份不明或者没有一定住处的。

(6) 拘留的期限。《逮捕拘留条例》第 7 条第 1 款规定:"公安机关拘留人犯,应当在拘留后的 24 小时以内,把拘留的事实和理由通知本级人民检察院;人民检察院应当在接到通知后的 48 小时以内,批准逮捕或者不批准逮捕;人民检察院不批准逮捕的,公安机关应当在接到通知后立即释放。"因此,公安机关拘留的期限是 72 小时(24 + 48)。

(7) 逮捕拘留后的搜查。根据《逮捕拘留条例》的规定,搜查包括有证搜查和无证搜查两类。无证搜查仅在紧急的情况下进行。搜查时,既可以为了寻找犯罪证物,对人犯的身体、物品、住处或者其他有关的地方进行搜查,也可以对其他相关人员的身体、物品、住处或者其他有关的地方进行搜查。在搜查的时候,应当有邻居或者其他见证人、被搜查人或者他的家属在场。搜查后,应当写出搜查和扣押犯罪证物的记录,并且由邻居或者其他见证人、被搜查人或者他的家属、执行搜查的人员在记录上签名。如果被搜查人或者他的家属在逃,或者拒绝签名,应当在记录上注明。

(8) 公民扭送。在下列四种情况下,任何公民都可以将以下人员立即扭送公安机关、人民检察院或者人民法院处理:一是正在实行犯罪或者在犯罪后即时被发觉的;二是通缉在案的;三是越狱逃跑的;四是正在被追捕的。

此外,《逮捕拘留条例》还首次使用了"人犯"的概念。

1954 年《逮捕拘留条例》初步确立了中华人民共和国的拘留逮捕制度。拘留和逮捕都是严重侵犯公民人身自由的行为,全国人民代表大会常务委员会制定条例对其进行规范,并将其法律化,体现了中华人民共和国为保障公民人身自由权作出的努力。

## (二) 免予起诉制度的建立

免予起诉制度是检察机关对被追诉者不予起诉但定罪的一种制度。该制度并非移植于苏联,而是在中华人民共和国成立初期的镇反运动和其他一系列运动中逐步建立起来的。1956年4月25日,全国人民代表大会常务委员会通过的《关于处理在押日本侵略中国战争中战争犯罪分子的决定》规定:"对于次要的或者悔罪表现较好的日本战争犯罪分子,可以从宽处理,免予起诉。"该制度在法律上得到正式确认。可以免予起诉的对象包括两种:一是次要的日本战争犯罪分子;二是悔罪表现较好的日本战争犯罪分子。1957年7月1日,张鼎丞检察长在第一届全国人民代表大会第4次会议上作的《关于一九五六年以来检察工作情况的报告》指出:"各级人民检察院在对残余反革命开展政治攻势中,执行了对于投案自首分子的宽大政策……对于按其罪行应该追究刑事责任,但系真诚坦白或者有立功表现可以免予刑罚的分子,作出免予起诉的决定……根据21个省、市检察院和专门检察院的统计,在1956年,经检察机关作出免予起诉决定的共18400余人。"因此,在1956年免予起诉就已经相当普遍了。免予起诉的情形包括两种:一是真诚坦白可以免予刑罚处罚的;二是有立功表现可以免予刑罚处罚的。1956年12月28日《人民日报》专门报道了一个检察机关作出免予起诉的案件(见图1-2-4)。①

---

① 《一名特务自动投案,检察机关宣布免予起诉》,载《人民日报》1956年12月28日第4版。

图 1-2-4　1956 年 6 月 21 日第一批免予起诉决定书发到日本战犯的手上①

后来,随着适用的日益普遍,免予起诉制度也引起了很大的争议。② 1957 年 12 月 20 日,最高人民检察院梁国斌副检察长在全国省、市、自治区检察长会议上作《关于一九五七年检察工作的情况和一九五八年检察工作的意见》报告,指出:"在审查起诉工作中,对免予起诉的案件必须慎重掌握,除少数有特殊政治意义的案件,为了分化瓦解敌人,可以免予起诉外,一般案件不宜采取免予起诉的办法。"因此,梁国斌副检察长强调免予起诉只适用于少数有特殊政治意义的案件。1958 年 8 月 16 日,张鼎丞检察长在《关于第四次全国检察工作会议的总结》中再次重申免予起诉只适用于少数有特殊政

---

① 参见高洪海主编:《检察老照片》,中国检察出版社 2009 年版,第 42 页。
② 参见叶景荪:《关于"免予起诉"的问题》,载《法学》1957 年第 2 期;吴锦文:《对"关于免予起诉的问题"的商榷》,载《法学》1957 年第 2 期;应后俊:《我对"免予起诉"的看法》,载《法学》1957 年第 6 期。

治意义的案件:免予起诉是我国法律上的创举,是一个分化敌人的策略,实践证明有它的积极作用,不应当取消;但在适用范围上,除少数有特殊政治意义的案件外,一般案件不宜采用。

应当说,在处理日本战犯问题上,免予起诉制度发挥了重要的作用。1956年《各级人民法院刑事案件审判程序总结》(以下简称《总结》)、1963年《中华人民共和国刑事诉讼法草案(初稿)》[以下简称《草案(初稿)》]和1979年《中华人民共和国刑事诉讼法》(以下简称《刑事诉讼法》)都规定了免予起诉制度。但是免予起诉制度有明显的历史局限性,它损害了人民法院的统一定罪权,不利于维护公、检、法三机关分工负责、相互配合、相互制约,不利于维护被告人的辩护权。

## 十一、中共八大与刑事司法制度的第一个"黄金时期"

### (一)中共八大对司法工作的总结和评价

随着社会主义改造基本完成以及社会主义制度的确立,为探索中国社会主义的发展道路,制定新时期的路线、方针和政策,中国共产党于1956年9月15日至27日在北京召开了具有深远历史意义的第八次全国代表大会。在大会上,刘少奇代表中共中央向全国代表大会作了报告。该报告的"国家的政治生活"部分对于中华人民共和国的社会主义法制建设作了重要的论述和判断:我们目前在国家工作中的迫切任务之一,是着手系统地制定比较完备的法律,健全我们国家的法制。……现在,革命的暴风雨时期已经过去了,新的生产关系已经建立起来,斗争的任务已经变为保护社会生产力的顺利发展,因此,斗争的方法也就必须跟着改变,完备的法制就是完全必要的了。……我们的一切国家机关都必须严格地遵守法律,而我们的公安机关、检察机关和法院,必须贯彻执行法制方面的分工负责和互相制约的制度。……除了极少数的罪犯由于罪大恶极,造成人民的公愤,因而不能不处死刑的以外,对于其余一切罪犯都应当不处死刑,并且应当在他们服徒刑的期间给以完全人道主义的待遇。凡属需要处死刑的案件,应当一律归最高人民法院判决或者核准。这样,我们就可以逐步地达到完全废除死刑的目的,而这是有利于我们的社会主义建设的。① 从报告中我们可看出,当时党中央充分认识到了法制建设的重要性,强调国家机关及其工作人员必须严格遵守法律,强调公、检、法三机关必须分工负责、互相制约,强调通过实体和程序严格控制死刑,并提出逐步废除死刑的思想。

与此同时,时任中共中央政治局委员、最高人民法院院长的董必武在大会上作了《进一步加强人民民主法制,保障社会主义建设事业》的专题报告(见图1-2-5),报告系统总结了我国人民民主法制的基本经验,明确指出了我国法制建设存在的一些问题,并提出了一些具体的解决方案和措施。他的报告包括以下几个部分:一是人民民主法制的形成和作用。二是人民民主法制工作的基本经验。三是目前法制工作中存在的问题。董必武指出:现在无论就国家法制建设的需要来说,或者是就客观的可能性来说,法制都应该逐渐完备起来。法制不完备的现象如果再让它继续存在,甚至拖得过久,无论如何不能不说是一个严重的问题。我认为还有一个严重的问题,就是我们有少数党员和国家工作人员,对于国家的法制有不重视或者不遵守的现象,并且对于这些现象的揭露和克服,也还没

---

① 参见刘少奇:《中国共产党中央委员会向第八次全国代表大会的政治报告》,载《人民日报》1956年9月17日第1版。

有引起各级党委足够的注意。① 四是不重视和不遵守法制的根源。首先是历史根源。"在我们党领导人民没有夺得全国的政权以前，在被压迫得不能利用合法斗争的时候，一切革命工作都是在突破旧统治的法制中进行的；夺得全国的政权以后，我们又彻底地摧毁了旧的政权机关和旧的法统。所以仇视旧法制的心理在我们党内和革命群众中有极深厚的基础，这种仇视旧法制的心理可能引起对一切法制的轻视心理，也是不言而喻的……全国解放初期，我们接连发动了几次全国范围的群众运动，都获得了超过预期的成绩。革命的群众运动是不完全依靠法律的，这可能带来一种副产物，助长人们轻视一切法制的心理，这也就增加了党和国家克服这种心理的困难。"② 其次是社会根源。现有新干部数量很大，经验较少，对于法制的宣传教育工作又做得不够。五是依法办事是进一步加强法制的中心环节。依法办事包括有法可依和有法必依两个方面。有法可依促使我们赶快把国家尚不完备的几种重要的法规制定出来。有法必依要求凡属已有明文规定的，必须确切地执行，按照规定办事；尤其一切司法机关，更应该严格地遵守，不许有任何违反。六是加强党对法制工作的领导和几项具体措施。董必武指出，为了进一步加强人民民主法制，首先，党必须注重法制思想教育，使党员同志知道国法和党纪同样是必须遵守的，不可违反的，遵守国法是遵守党纪中不可缺少的部分，违反国法就是违反了党纪。其次，必须适当加强司法机关的组织，尤其是要适当加强检察机关的组织。律师制度是审判工作中保护当事人诉讼权利不可缺少的制度，应该加速推行。最后，更重要的还在于加强党对法制工作的领导。

---

① 参见《董必武政治法律文集》，法律出版社 1986 年版，第 475—491 页。
② 同上书，第 485—486 页。

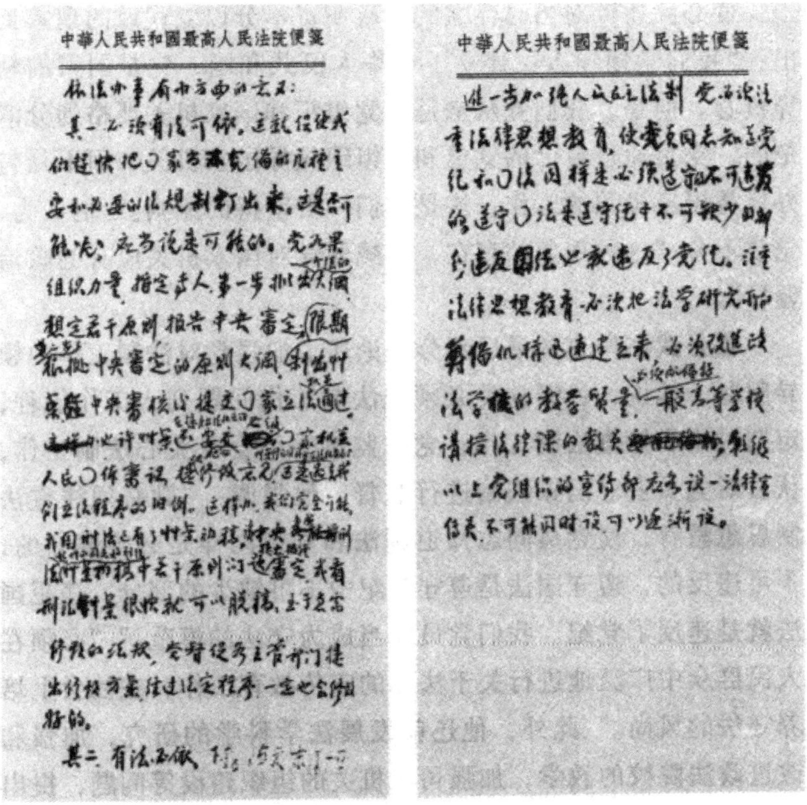

图 1-2-5 董必武在中国共产党第八次全国代表大会上的发言
《进一步加强人民民主法制，保障社会主义建设事业》
亲笔修改补充的两则手稿①

董必武是我国人民民主法制的先行者、开拓者和奠基人。他将马克思主义国家观和法律观与中国社会主义法制建设实践相结合，创造性地提出了中国社会主义法制建设和司法制度建设的系统理论主张。董必武特别强调法制建设的重要性，强调司法的政治性和人民性相结合，强调司法程序的重要性。

---

① 图片来自《董必武传》撰写组：《董必武传》(1886—1975)，中央文献出版社 2006 年版，第 926 页。

## (二)《总结》颁布

### 1. 出台背景和经过

从 1949 年到 1956 年期间,我国并没有颁布正式的诉讼程序法律、法规。但在实践中,各级人民法院都有各自适用的诉讼程序。为了给国家诉讼程序立法提供资料,最高人民法院于 1955 年在各级人民法院收集审理刑事案件、民事案件的具体做法。董必武在 1955 年 2 月 7 日最高人民法院党组会上的发言中阐明了当时进行程序总结的原因:为了提供草拟诉讼程序的资料,我们必须收集各级人民法院各个人民法院实行的诉讼程序资料;为了督促各级人民法院实行法院组织法,必须了解各级人民法院的组织状况(这点,司法部已有资料)和实行的诉讼程序;为了最高人民法院和司法部的需要,必须收集各级人民法院自己诉讼程序的资料;为了总结各级人民法院自己实行的诉讼程序的经验,求得大体一致,必须收集各级人民法院自己实行的诉讼程序的资料。①

根据最高人民法院党组会的决定,收集各地人民法院诉讼程序资料的工作由时任最高人民法院副院长马锡五具体负责。首先,他带领工作组深入到各地人民法院调查研究,在从各地人民法院收集起来的有关诉讼程序资料的基础上,起草了《关于北京、天津、上海等十四个大城市高、中级人民法院刑事案件审理程序的初步总结(草稿)》(以下简称《初步总结》)。《初步总结》几经易稿,经最高人民法院审判委员会通过后,于 1955 年 8 月印发给北京、天津、上海等十四个大城市高、中级人民法院试行。1956 年上半年,最高人民法院根据各大城市高级人民法院和中级人民法院的试行经验和部分

---

① 参见《关于收集整理十四个大中城市法院审理民、刑案件的资料问题》,载武延平、刘根菊等编:《刑事诉讼法学参考资料汇编(中)》,北京大学出版社 2005 年版,第 838 页。

省、市高级人民法院和中级人民法院报来的第二审刑事、民事案件审判程序的总结材料，以及若干基层人民法院审判程序的实践经验，提出了对《初步总结》的进一步修改、补充意见，并提请1956年2月召开的第三届全国司法工作会议讨论研究；又在同年6月邀请河北省和北京市的几个法院的部分审判人员进行座谈，征求意见；之后又反复作了修改，最终定名为《总结》。随后，该《总结》在报请全国人民代表大会常务委员会备案的同时，于1956年10月17日印发给全国各级人民法院参酌试行。

**2. 主要内容**

《总结》包括案件的接受、审理案件前的准备工作、审理、裁判、上诉、死刑复核、再审、执行八部分。

（1）案件的接受

根据《总结》，刑事案件包括自诉案件和公诉案件。直接侵害个人权益的轻微的刑事案件可以由被害人直接向人民法院提起自诉；其余刑事案件应当由人民检察院提起公诉。公诉案件，除依法由人民检察院作出免予起诉决定的案件外，人民检察院应当提出公诉书，并且将案卷、证物一并移送人民法院。在自诉案件中，自诉人提出自诉时，应当提交诉状。如果被害人不能自写诉状，可以由法律顾问处或者人民法院接待室代写。

（2）审理案件前的准备工作

根据《总结》，人民法院应根据自诉案件和公诉案件的不同，分别进行如下准备活动：

对于公诉案件，人民法院应组成预审庭。该预审庭的任务包括两项：一是就案件的侦查工作是否合法和有无根据进行审查；二是审查应否将被告人交付审判。预审庭由审判员一人和人民陪审员二人组成，审判员担任审判长，书记员担任记录。人民检察院是否派员出席预审庭一般由人民检察院自行决定，但审判人员如果认为有必要,应当通知人民检察院派员出庭。在预审庭上审查案件的时候,不必传唤证人和通知鉴定人到庭讯问,通常也不传讯被告人。

预审庭审理的程序具体如下:一是检察长或者检察员报告案情,如果检察长或者检察员没有出庭,则由审判员报告案情。二是由审判员和人民陪审员查明起诉有无证据和证据能否作为起诉的根据,如有疑问,应当提出问题,由报告人加以说明。三是由审判人员进行评议,决定案件是否交付审判。四是根据不同情形,预审庭应当作出如下裁定:对事实不清、证据不足的案件,即作出退回人民检察院补充侦查的裁定;对被告人的行为不能构成犯罪,或者虽然构成犯罪,但依法应当免予起诉的案件,即作出驳回起诉的裁定(或者由人民检察院撤回起诉);对案情明确、有足够证据材料的案件,即作出将被告人交付审判的裁定。与此同时,对于决定交付审判的案件,在预审庭上还要就下列问题作出决定:开庭审理案件的日期、时间和地点;案件依法公开审理或者不公开审理;检察长或者检察员是否必须出庭;是否给被告人指定辩护人[①];是否需要配置翻译人员;传唤或者通知哪些人出庭;应否变更人民检察院已经对被告人采用的强制措施,或者对以前未采用强制措施的被告人采用强制措施。

对自诉案件,审判员认为是轻微的刑事案件,可以报经院长或者庭长决定,由审判员一人独任审判。审判人员应做好如下准备工作:审查案件应否归本法院管辖,是否应当由人民检察院提起公诉,被告人的行为是否构成犯罪;审查起诉是否有证据材料以及证据材料是否足够作为起诉的根据。对自诉案件的被告人一般不采用逮捕、羁押措施,必要时可以要被告人取保候审。

---

① 根据《总结》,被告人有权自己委托辩护人,人民法院应当告知被告人有权自己委托辩护人。有检察长(员)出庭支持公诉的案件,应当告知被告人委托辩护人,如果人民法院认为有必要或者被告人要求人民法院给他指定辩护人的时候,人民法院应当给他指定辩护人。如果被告人是聋、哑或者是未成年人,必须给他指定辩护人。

(3) 审理

各级人民法院审理第一审刑事案件,可以在法院内进行,也可以选择法院外的适当地点进行。法院审理案件共包括以下阶段:

首先,开庭阶段。在开庭前,由书记员查点到庭人员,如认为有必要,可宣布法庭注意事项。审判人员入庭后,由审判员宣布开庭,宣布所审理的案件,查明被告人的姓名、年龄、籍贯、住址和职业等,问被告人是否在3天前收到起诉书副本。同时,对是否需要延期审理,是否需要回避等申请作出裁决。

其次,法庭调查阶段。一是宣读公诉书。如果检察长或者检察员出庭支持公诉,起诉书可以由审判员或者由审判员指定的人民陪审员宣读,也可以由检察长或者检察员宣读。如果检察长或者检察员没有出庭支持公诉,或者是被害人自诉的案件,起诉书或者诉状则由审判员或者由审判员指定的人民陪审员宣读,对自诉案件在宣读诉状后还要讯问自诉人有无补充。二是讯问被告人、证人。对被告人加以讯问,被告人有数人时,可以隔离讯问,也可以不隔离讯问。讯问证人的时候,应当指出本案需要他证明的问题,并让他作充分的陈述。证人有数人的时候,应当隔离讯问,必要时可让他们互相对质。三是调查证据。对于鉴定人的鉴定意见书,需要当庭加以宣读,并且要让双方当事人辩解;物证则应当庭审查,辨别真伪,并让被告人辨认;被告人的供词必须经过调查研究确与客观事实相符的,方可采用;证人的证言应当到庭陈述。证人在侦查中作过陈述的,也应当到庭陈述。经法庭传唤未到庭而又确实不能到庭的证人在侦查中所作的陈述、经法庭许可不出庭的证人所提出的书面证言必须在法庭上宣读。

再次,法庭辩论阶段。经过法庭调查阶段,如果法官认为案情已经完全查清,即由审判员宣布开始辩论。先由公诉人、自诉人及附带民事原告人(或他的代理人)发言,再由被告人和他的辩护人辩护，以后可以互相进行辩论。公诉人、自诉人辩论后，必须再让辩护人或者被告人辩护。辩论进行中，如果发现与本案有关的新事实，法庭可以宣布停止辩论，重新调查事实或者裁定案件延期审理；当事人和辩护人也可以提出这种请求，由法庭裁定。

最后，被告人最后陈述。审判员宣布辩论终结后，必须让被告人作最后陈述。

（4）裁判

在被告人进行最后陈述后，由审判员和人民陪审员进行评议。评议后，根据不同的情形，人民法院应当作以下两种判决：有罪判决和无罪判决。判决只能以在审判庭上已经审理过的事实为根据，如果事实不够清楚，应当确定继续审理的措施。宣判的方式分为立即宣判与定期宣判两种。

（5）上诉

上诉主体包括两类：一是自诉人、被告人及其监护人；二是经被告人同意的被告人辩护人、近亲属。抗议的主体为地方各级人民检察院。当事人不服判决提起上诉的期间为 10 天；不服裁定提出上诉的期间为 5 天。《总结》还特别规定，当事人逾期提起上诉的，如果有正当理由足以说明逾期原因的，应当受理；如果没有正当逾期理由而当事人坚持上诉的，应当由原审人民法院院长或者受院长委托的人审查原判决或者裁定有无错误。在上诉方式上，当事人提起上诉应当用上诉状，并应按对方人数提出上诉状副本。提起上诉一般应当通过原审人民法院，但向上诉审人民法院提起上诉的也应当受理。人民检察院对于同级人民法院的第一审判决和裁定认为有错误时，有权按照上诉程序提出抗议。人民检察院按照上诉程序提出抗议，可以参照当事人提起上诉的程序。如果在上诉期届满后提出抗议的，应当按照审判监督程序进行。在审理程序上，首先，承办审判员审查原审判决或者裁定所根据的事实是否已经完全调查清楚,证据材料是否确实,审查论罪科刑有无错误和程序是否合法。其次,由承办审判员将案件提交合议庭审理,先由承办审判员报告案情,然后进行评议,确定本案应当如何处理。最后,上诉审人民法院根据不同的情形可以作出以下裁判结果:

一是判决驳回上诉或者驳回抗议。当原审认定事实并无错误,证据充分,论罪科刑正确,在程序上合法,而提起上诉或提出抗议没有理由的,应作出此种判决。

二是判决改判。当原审认定事实无错误,证据充分,在程序上合法,但论罪科刑不妥当,或者人民检察院提出抗议的案件原审认定事实无错误,证据充分,在程序上合法,而处刑显然过轻,认为有加重刑罚必要的时候可以依法改判。

三是裁定撤销原判,发回原审人民法院更审。对于被告人或者他的监护人、辩护人、近亲属提起上诉的案件,如果认为原判处刑显然过轻,而确有加重刑罚必要的,或者是原审判决或者裁定在程序上显然有严重违法的地方,或者原审认定事实有疑问,证据不充分,需要发回原审人民法院更审的,可以作出此种裁定。

(6) 死刑复核[①]

最高人民法院复核死刑案件由三位审判员组成合议庭进行审核。除有需要直接查对事实的情况外,都不传唤当事人及证人。合议庭经复核后,如果原判决所根据的事实清楚,证据充分,论罪科刑正确以及程序合法的,用判决核准执行死刑,并附发执行命令,执行命令由院长署名;对事实清楚,证据充分,程序上合法,但论罪科刑不妥当而应当减轻刑罚、免予刑事处分或者宣告无罪的案件,则用判决减轻刑罚、免予刑事处分或者宣告无罪;如果原判决事实不清,

---

[①] 根据 1957 年 7 月 15 日第一届全国人民代表大会第 4 次会议通过的《关于死刑案件由最高人民法院判决或者核准的决议》,一切死刑案件,都由最高人民法院判决或者核准。

证据不充分,或者原审判决在程序上显然有严重违法的地方,则裁定撤销原判,发回更审,或者由高级人民法院直接进行查对。

（7）再审①

根据《总结》,启动再审程序的主体包括:各级人民法院院长及其审判委员会和上级人民法院。具体程序大致如下:

第一,各级人民法院对本法院已经发生法律效力的判决和裁定应否再审问题,先由院长或者受院长委托的人进行审查。审查后,如果原裁判正确,则应将结果通知当事人或者有关部门;如果确有错误,则由院长提交审判委员会处理。审判委员会审查后也认为原判决或者裁定确有错误,则应作出另行组织合议庭进行再审或者移送人民检察院补充侦查的决议;如果审判委员会认为本法院的第二审判决或裁定是在认定事实上有错误,而且以发回原一审人民法院审理或者发回与原审同级的检察院补充侦查为宜,可以作出撤销原判、发回更审或者发回补充侦查的决议。

第二,上级人民法院发现下级人民法院已经发生法律效力的判决和裁定有问题的时候,各地人民法院都先调卷审查。如果发现确有错误,应根据不同情况分别加以处理:对于事实清楚,但论罪科刑有错误,应用判决改判全部或者一部;对事实不清的案件,裁定指令下级人民法院再审。

（8）执行

在死刑执行前,应通知人民检察院派员监督,并通知公安机关派员执行。徒刑应当由监所执行。对判处管制和剥夺政治权利的案件,应当书面通知犯人所在地的公安机关、基层行政单位或者犯人的服务机关、企业、团体执行,并附送判决书。对财产部分的执行,适用民事案件的执行程序。二审裁判,一般应当由原第一审人

---

① 《总结》使用了"再审",而非"审判监督"。

民法院交付执行;如果犯人已在上诉审人民法院所在地的监所关押,应当由上诉审人民法院交付执行。

《总结》在中华人民共和国刑事司法制度史上具有重要地位和意义。当时,中华人民共和国并没有刑事诉讼法,1956年后在刑事司法实践中人民法院基本上是按照《总结》审理案件的。①《总结》全面总结了中华人民共和国成立以来乃至革命根据地时期以来刑事司法审判程序的经验,为1957年《中华人民共和国刑事诉讼法草案(草稿)》(以下简称《草案(草稿)》)、1963年《草案(初稿)》的起草以及1979年《刑事诉讼法》的制定提供了相当丰富的立法资料,其中大部分规定直接上升为立法。而且,《总结》也创建了一种可资借鉴的立法模式,即先从实践中提炼和总结刑事审判的具体做法和经验,然后将其上升为立法。

## 十二、首部刑事诉讼法草案的拟订②

中华人民共和国成立初期,就开始了刑事诉讼法起草的准备工作。1954年,中央人民政府法制委员会曾拟出《中华人民共和国刑事诉讼条例(草案)》,这是中华人民共和国历史上第一个有关刑事诉讼的草案。1956年7月,中央法律委员会责成最高人民法院草拟刑事诉讼法为立法机关提供参考。同年10月最高人民法院邀请最

---

① 但其实《总结》真正发挥作用也就是1956—1966年期间。1966年最高人民法院发布《关于修改〈各级人民法院刑、民事案件审判程序总结〉的通知》(以下简称《通知》)。《通知》指出:"今后在审判工作实践中,对'总结'的规定,应以毛泽东思想为指针,通过总结经验,认真研究,凡是与实际情况不相适应,特别是妨碍依靠群众办案的,予以破除,创立符合党委领导下的群众路线的制度程序;凡是审判工作需要而又切实可行的,仍要参照试行。"

② 本部分除非特别注明,《草案(草稿)》的条文均引自吴宏耀、种松志主编:《中国刑事诉讼法典百年》(1906～2012年)(中册),中国政法大学出版社2012年版,第724—733页。

高人民检察院、公安部、司法部的业务部门负责同志及中国人民大学、北京大学、中央政法干校、北京政法学院的法律系负责同志共同商定成立了专门的机构——研究"刑事诉讼经验总结"工作委员会。该工作委员会学习了刑事诉讼的理论,将最高人民法院《总结》改写成法律条文,并将一些主要问题列出提纲发到中央有关部门、河北省、北京市、天津市、通县地区中级人民法院及有关政法院校和北京市法律顾问处,分别组织讨论。在这个基础上拟出了刑事诉讼法目录后,随即分工草拟条文,其中总则(除管辖外)和审判部分由最高人民法院负责,总则中的管辖部分由司法部负责,侦查、起诉部分由最高人民检察院和公安部负责。草拟的条文,经过三次讨论、修改,于1957年5月18日形成《草案(草稿)》。《草案(草稿)》是中共八大以后刑事司法领域取得的重要成就。《草案(草稿)》共计325条,分为总则,提起刑事案件、侦查、起诉,第一审程序,第二审程序,死刑复核程序,审判监督程序以及执行7编。以下介绍《草案(草稿)》中规定的重点内容。

1. 关于无罪推定原则

《草案(草稿)》第5条规定:被告人在有罪判决发生法律效力以前,应当假定是无罪的人。第48条进一步规定:被告人没有证明自己无罪的责任。禁止无根据追究犯罪。对于有罪或者无罪,减轻或者加重的证据,都应当全面地收集,实事求是地评定证据的效力。这两条规定是《草案(草稿)》的最大亮点之一。

2. 规定了有限的一事不再理原则

《草案(草稿)》第3条规定:"人民法院对于已经裁判过的人,除有依审判监督程序决定重新审理的情形外,不能就同一犯罪事实再行审判或者再行起诉。"尽管这与联合国《公民权利和政治权利国际公约》第14条第7款"任何人已依一国的法律及刑事程序被最后定罪或宣告无罪者,不得就同一罪名再予审判或惩罚"的规定仍有较大差距，但也确立了有限度的一事不再理原则，体现了不得重复追诉的理念。

### 3. 关于当事人的范围

《草案(草稿)》明确界定了当事人的范围，第10条规定："本法所用下列几种名称的意义是：……四、'当事人'——是指在诉讼程序中支持公诉的检察长(员)，被告人和他的法定代理人、辩护人，自诉人，附带民事诉讼的原告人、被告人和他们的法定代理人。"这与现行2018年《刑事诉讼法》中当事人的范围相比主要有以下三点区别：一是将支持公诉的检察长(员)明确规定为当事人，二是将辩护人明确规定为当事人，三是未将被害人作为当事人。

### 4. 关于审判组织

《草案(草稿)》规定的审判组织包括独任庭、合议庭和审判委员会。地方各级人民法院审判第一审案件，除另外规定可以独任审判外，应当由审判员一人、人民陪审员二人组成合议庭进行。最高人民法院审判第一审案件，由审判员三人、人民陪审员二人或四人组成合议庭进行。审判上诉和抗议案件，由审判员三人组成合议庭进行。合议庭对于重大的或者疑难的案件，经过评议不能决定的时候，应当请求院长提交审判委员会讨论，审判委员会的决定，合议庭应当按照执行。

人民法院审判案件，从审理到判决，应当始终由同一审判组织进行。审判人员因故不能继续参与开庭审判而更换审判人员的时候，案件应当重新审理。

### 5. 关于辩护制度

被告人除自己行使辩护权外，在已经告知侦查终结后，可以提出委托书委托下列的人为他辩护：一、加入当地律师协会的律师；二、由人民团体介绍或者人民法院许可的公民；三、被告人的近亲属。被告人的监护人、近亲属，可以不经委托而为被告人担任辩护人，也可以独立为被告人委托辩护人。每一被告人的辩护人，不能超过三人。

《草案（草稿）》明确了哪些案件应当由人民法院指定辩护，第44条规定："下列案件，被告人没有委托辩护人的，人民法院应当为他指定辩护人：一、检察长（员）出庭支持公诉的；二、被告人是聋、哑或者未成年人；三、被告人相互间有利害冲突的，其中一人已有辩护人，而其他被告人没有委托辩护人的；四、依照刑法最轻本刑为10年以上有期徒刑、无期徒刑或者死刑的案件。人民法院也可以根据事实的需要，为被告人指定辩护人。辩护人经指定后，被告人又自行委托辩护人的，应当将指定的辩护人撤销。"关于第1项，根据1954年《人民检察院组织法》第14条第1款的规定，每个公诉案件的检察长（员）都必须出庭支持公诉。这就意味着在所有公诉案件中，被告人没有委托辩护人的，人民法院都应当为他指定辩护人。

辩护人可以与在押的被告人接见和通信，但有事实足认有湮灭、伪造、变造证据或者勾串共犯、证人的可能的，可以限制或者禁止。辩护人可以请求阅览卷宗、证物及摘录文件。

### 6. 关于证据制度

首先，《草案（草稿）》第47条规定了证据的概念和种类。凡是能够据以查明案件情况的一切事实，都是证据。证据有下列四种：一、证人证言；二、鉴定人意见；三、被告人陈述；四、物证和书面文件。被告人的陈述或者被告人相互间有利害关系的陈述，如果没有其他证据的证明，不具有证据意义。

其次，特别规定了不得非法取证和强迫被告人承认自己有罪。《草案（草稿）》第48条规定："……不能以威胁、引诱或者其他不正当的方法，强迫被告人承认自己有罪。"

最后，规定了近亲属免除作证义务。《草案（草稿）》第53条规定："对于被告人的近亲属和与被告人有收养关系的人，可以免除作证义务,但是对于反革命案件或者依法负有检举责任的人除外。"起草者认为,这一规定的主要理由包括:一是案件的结局对这些人有切身的利害关系,作证时很可能作虚假的陈述;二是这些人作证会造成他们家庭的不和睦,这样对社会也是不利的;三是免除这些人的作证义务,并不会影响侦查和审判工作,同时也不妨碍政治觉悟高的人"大义灭亲"检举、揭发犯罪。不仅如此,《草案(草稿)》还规定了国家工作人员、医师、律师、助产士和宗教师等特定职业人员的拒绝作证特权。第54条规定:"如有下列一种情形的,证人可以拒绝陈述:一、国家工作人员作证的时候,对于职务上应当保守秘密的事项,未得到主管机关首长的批准;二、医师、律师、助产士和宗教师作证的时候,对于因执行职务经他人告知的秘密事项,未得到告知人的许可。"这些规定都值得现行《刑事诉讼法》参考借鉴。

7. 关于强制措施

关于强制措施的种类,《草案(草稿)》第60条规定:人民法院、侦查机关为了防止被告人逃避侦查、审判,对被告人可以采取下列的强制措施:一、拘传;二、逮捕;三、交保;四、监视居住;五、羁押。

8. 关于附带民事诉讼

《草案(草稿)》第74条第1款规定:"因犯罪遭受损害和损失的被害人,可以向被告人及对被告人行为依法负有赔偿责任的人,提起附带民事诉讼。"因被告人的行为不构成犯罪而宣告无罪的时候,附带民事诉讼不予审理,但是被害人可以依民事诉讼程序另行提起民事诉讼。

9. 关于提起刑事案件和侦查制度

根据案件材料,认为有犯罪事实的时候,应当决定提起刑事案件,并制作提起刑事案件决定书。

《草案(草稿)》还特别规定了侦查程序中告知为被告人的程序。

侦查员获得足以证实某人犯罪的证据的时候，应当制作告知为被告人的决定书，告知他为被告人。告知为被告人的决定书，应当记明被告人的姓名、犯罪的时间、地点和告知为被告人的根据与理由，并且记明制作的机关、人员和日期。公安机关制作的告知为被告人的决定书，应当将副本送达本级人民检察院备查。

《草案（草稿）》详细规定了讯问被告人，讯问证人，勘验、检查，鉴定，侦查实验和辨认，搜查、扣押等侦查行为的适用条件和程序。

10. 关于起诉制度

人民检察院的侦查员在案件侦查终结后，应当分别提出需要起诉、不起诉或者免予起诉的书面意见，请由检察长审查决定。对于被告人的行为已经构成犯罪，证据确凿，并且需要追究刑事责任的，应当制作起诉书。

《草案（草稿）》还规定了免予起诉制度。《草案（草稿）》第178条规定："检察长对案件进行审查后，依照下列情况分别制作起诉书、不起诉决定书、免予起诉决定书或者补充侦查决定书：……三、被告人的行为虽然已经构成犯罪并且证据确凿，但是依照法律、法令应当免予追究刑事责任的，应当制作免予起诉决定书……"

11. 关于第一审程序

《草案（草稿）》规定了预审制度。人民法院对于人民检察院起诉的案件，是否将被告人交付审判，应当组成预审庭，就起诉有无根据和侦查工作是否合法进行审查。预审庭不传唤证人和鉴定人。被告人和他的辩护人通常也不出庭，如果人民法院认为有必要或者经他们的声请也可以出庭。

《草案（草稿）》规定了有限度的缺席审判制度，第201条规定："根据起诉书所追究的犯罪，如果可能判处徒刑以上的，被告人已经合法传唤未到庭或者因病不能到庭，案件应当延期审理或者停止审理。可能判处拘役以下的、免除刑罚的或者宣告无罪的案件,被告人已经合法传唤虽未到庭,也可以进行审理;但是认为被告人必须到庭的,应当延期审理。"这一规定将缺席审判的范围仅限于"可能判处拘役以下的、免除刑罚的或者宣告无罪的案件"。

《草案(草稿)》还详细规定了开庭、法庭调查、法庭辩论、被告人最后陈述和宣判等庭审程序。

### 12. 关于第二审程序

第二审人民法院要全面检查第一审判决是否合法、有无根据,不受上诉或者抗议范围的限制。在必要的时候,第二审人民法院可以重新认定犯罪的事实,但是以对于被告人并无不利和已经第一审人民法院审理过的犯罪范围为限。当事人在第二审审理过程中可以提出新证据、请求传唤新证人,或者以书状补充陈述。

《草案(草稿)》还规定了第二审人民法院对于为被告人利益而上诉的案件均不得加重处罚。第269条规定:"对于为被告人的利益而上诉的案件,第二审人民法院不能加重被告人的刑罚,也不能因判刑太轻而撤销原判决发回更审。同一案件人民检察院已经提出不利于被告人的抗议或者自诉人已经上诉的,应当不受前款规定的限制。"这意味着不仅上诉不加刑,人民检察院为了被告人利益而提出的抗议也不得加重被告人刑罚。

《草案(草稿)》规定了三种二审裁判方式:驳回上诉或者抗议,改判全部或者一部,发回更审或者发交与原审人民法院同级的人民检察院重新侦查。

### 13. 关于死刑复核程序

《草案(草稿)》明确规定死刑案件核准权统一由最高人民法院行使。《草案(草稿)》第287条规定:"地方各级人民法院判处死刑(包括死刑缓期执行)的确定判决,都应当报送最高人民法院复核。"

这意味着死刑立即执行案件和死缓案件均由最高人民法院复核。最高人民法院接到报送复核的案件后,应当由审判员三人组成合议庭进行复核。复核不公开进行,也不传唤当事人。如有必要,可以直接核对事实,对被告人或者证人、鉴定人进行讯问。

14. 关于审判监督程序

各级人民法院对本院已经发生法律效力的判决、裁定是否应当重新审理,须经院长或者受院长委托的人进行审查;如果发现原判决、裁定在认定事实上,适用法律上确有错误,由院长提交审判委员会讨论。最高人民检察院对各级人民法院已经发生法律效力的判决、裁定,上级人民检察院对下级人民法院已经发生法律效力的判决、裁定,如果发现确有错误,有权提出抗议书向本级人民法院抗议。上级人民法院对下级人民法院已经发生法律效力的判决、裁定是否确有错误,由审判员三人组成合议庭进行审查。如果认为原判决、裁定在认定事实上或者在适用法律上确有错误,应当裁定指令下级人民法院重新审理或者撤销原判决、裁定发交人民检察院重新侦查。但是案情重大或者需要由本法院直接调查事实的案件,可以决定提审。

《草案(草稿)》借鉴了外国特别是苏联等社会主义国家的立法,总结了我国刑事司法审判的经验,在当时历史条件下是一部比较完备的刑事诉讼法草案,为1963年《草案(初稿)》以及1979年《刑事诉讼法》的制定奠定了基础。总体而言,《草案(草稿)》思想解放,观念先进,特别是其中关于无罪推定、一事不再理、亲属免除作证义务、不能强迫被告人承认自己有罪等规定,符合司法民主法治原则精神,即便是当今《刑事诉讼法》也没有完整的规定。遗憾的是,之后的一系列政治运动导致《草案(草稿)》最终夭折,并未提交立法机关审议。

# 第 三 章
# 挫折与灾难：1957—1976 年

1957年至1976年期间，中共中央在极"左"思想的指导下，相继发动了"整风反右""大跃进""反右倾"以及"文革大革命"等一系列政治运动。在此背景下，刑事司法制度遭受了重大挫折和灾难。

## 一、法律界的"整风反右"

1957年4月27日，中共中央发出了《关于整风运动的指示》，5月2日《人民日报》发表题为《为什么要整风？》的社论，整风运动正式开始。此次整风运动的主题是"正确处理人民内部矛盾的问题"；方针是"从团结的愿望出发，经过批评和自我批评，在新的基础上达到新的团结"。① 但是，随着整风运动的不断深入，极少数人发表了一些严重错误的言论。5月15日，毛泽东写了《事情正在起变化》一文，提出要与右派分子作斗争。6月份，整风运动转为反右派斗争，主题也由解决人民内部矛盾转向反击右派。1957年6月8日，中共中央发布了由毛泽东起草的《关于组织力量准备反击右派分子进攻

---

① 参见《中国共产党中央委员会关于整风运动的指示（一九五七年四月二十七日）》，载《人民日报》1957年5月1日第1版。

的指示》。同日,《人民日报》发表题为《这是为什么?》的社论。① 从此,在全国范围内展开了一场大规模的反对资产阶级右派斗争。

为批判法学界的右派观点,《人民日报》在 1957 年 9 月 16 日发表了题为《粉碎法学界右派分子的复辟企图》的社论。该文在论及政治和法律的关系时指出:马列主义者从来就认为法律是为政治服务的。世界上没有超政治的法律。……右派分子不是很崇拜老牌资本主义国家英国,认为它是"民主""法治"的天国吗?但请看,英国的立法和司法,是不是脱离政治,违反资产阶级的利益呢?蒋介石反动政权曾经制定好些镇压革命的法律,难道没有政治目的吗?执行这些法律的伪司法机关,例如杨兆龙充当过检察长的国民党政府最高检察署,处理迫害共产党员的案件时,难道不是为反动政治服务吗?②

1957 年,中央法律委员会召开扩大会议,就司法、检察、公安工作中存在的问题和整风反右派斗争进行讨论。公安部门在汇报本部门工作后,对法院、检察院工作提出了意见:"三个机关互相监督执行不当,不是分工负责,互相制约,互相配合,而是互相抵消力量,束缚了手脚。"③在法院系统的反右派斗争中,有关法院审判原则、制度的一些正确观点受到了错误的批判。归纳起来主要包括:把 1954 年《人民法院组织法》明文规定的"人民法院独立进行审判,只服从法律"批判为"篡改人民法院的性质""反对党的领导""对抗党的领导";把"有利于被告""无罪推定"和"法官自由心证"的原则批判"为犯罪分子减轻和开脱罪责寻找借口""彻头彻尾的资产阶级的反动立场"。在这些正确的审判原则和制度受到批判后,一大批法院系统的工作人员被错划为"右派分子",其中有年轻有为的审判业务

---

① 社论:《这是为什么?》,载《人民日报》1957 年 6 月 8 日第 1 版。
② 参见韩幽桐:《粉碎法学界右派分子的复辟企图》,载《人民日报》1957 年 9 月 16 日第 7 版。
③ 参见王盛泽:《"左"祸下共和国检察长的命运》,载《党史博览》1999 年第 8 期。

骨干,也有思想水平高、经验丰富的领导干部。在检察系统,一些有关检察制度的言论也受到批判。比如"检察机关是最高监督机关,主要是监督国家机关和国家干部,强调检察机关监督公安、法院的违法行为"。1957年12月召开的全国省、市、自治区检察长会议对反右派斗争以来检察机关工作中的一些重大问题进行了专题研讨。此次全国检察长会议后,在"左"倾思想的指导下,1954年《宪法》和1954年《人民检察院组织法》的规定实际上被否定了。如认为"一般监督可以保留,但备而不用","否定了检察机关的垂直领导体制""确立了党委审批案件制度"等等。

反右派斗争历时一年。正如1981年中共中央《关于建国以来党的若干历史问题的决议》所指出的:"反右派斗争被严重地扩大化了,把一批知识分子、爱国人士和党内干部错划为'右派分子',造成了不幸的后果。"在政法界,反右派斗争不仅使得许多富有经验的领导干部和业务骨干被清除出政法部门,而且使得大批法学教授、学者被赶出学校或调离教学岗位,法学教育和法学研究遭受了严重挫折,这必然对国家的法制建设和司法建设造成灾难性影响。

## 二、司法"大跃进"

1957年,随着社会主义改造和第一个五年计划的全面完成,中华人民共和国进入全面建设社会主义的新时期。但由于党的领导人对建设社会主义的经验不足、对经济发展规律以及中国国情的认识严重不足,加之中央和地方的重要领导人急于求成,骄傲自满,在没有经过认真调查研究的前提下就断然发动了"大跃进"运动。在1958年召开的中共八大二次会议上,中共中央经毛泽东提议制定了"鼓足干劲,力争上游,多快好省地建设社会主义"的总路线;在急于求成的"左"倾思想影响下,会议还正式提出工业在钢铁和其他主要工业产品的产量方面15年赶上和超过英国、农业迅速超过资本主义国家、科技尽快赶上世界最先进的水平，甚至还提出了争取7年赶上英国、15年赶上美国的要求。在"大跃进"运动中，高指标、瞎指挥、虚报风、浮夸风、共产风盛行，经济领域的各行各业相继提出"大跃进"的目标，并且很快就影响到了司法领域。

## （一）司法工作"大跃进"

1958年，在全国"大跃进"运动的影响下，各地司法部门提出，司法工作也要"大跃进"。许多地方提出了苦战一年到三年，实现"无反革命，无盗窃，无抢劫，无强奸……"甚至"无民事纠纷"等不切实际的"左"倾空想口号；提出对审判工作要做到"几满意"，就是中共组织、公安机关、检察机关、群众、当事人对案件处理结果都要表示满意；在办案数量上，普遍提出了每人月结几十件甚至上百件的高指标。[①] 例如，黑龙江省的一些法院提出"苦战二十天，清案一千件""猛攻七昼夜，所有的案件不过月"；云南省的法院提出"苦战十昼夜扫除积案""拼命大战一月，争取实现安全地区"；四川省的法院则提出"一天当两天，晚上当白天，起早睡晚当半天，不过星期六，消灭星期天，苦战两年实现安全县"，等等。检察机关也提出"早不过午，午不过晚""随来随办，不压积案"的口号。

在这些口号的驱动下，司法机关在办案上一改过去拖拉积压的作风，呈现了秋风扫落叶之势，效率提高了几倍甚至几十倍。如武汉市在1958年和1959年上半年期间，曾把月末的未结案件从过去的1700件以上减少到500件左右，又压缩到200余件；1959年11月中旬，根据市委指示"三套锣鼓一起打"，又把未结案件压缩到131件；至12月3日，全市未结案件只剩75件，出现了新的跃进局面。

---

[①] 参见何兰阶、鲁明健主编：《当代中国的审判工作（上）》，当代中国出版社1993年版，第87页。

再如郑州市公检法三机关联合办案,在 1958 年 3 月短短的 13 天当中,就有 1002 名未决犯处理完毕,比 1957 年全年完成的清案任务还超过 14%。① 1959 年反右倾后,全市 9 月份结案率比反右倾前 7 月份提高 99.8%,未结案数下降 45%。② 除了办案效率大幅度提高外,办案的质量也比较好。以北京市人民法院系统为例,全市 1959 年第三季度办结案件的正确率达 99%,而反右倾前上半年为 98.2%。又如贵州省人民检察院检查独山县 1958 年 3 月办的 115 件案子时,没有发现错案;沈阳市皇姑区人民检察院在 25 天内办了 135 件案子,经过公检法三机关复查,也没有发现错案。这种现象比较普遍。③

在工作方法上,各级司法机关打破"脱离群众""关门办案""死抠条文"的清规戒律,在实践中将党的工作路线运用到司法工作中来,采取了深入实际、依靠群众的工作方式和方法。为了充分发动群众的力量,许多司法机关"携卷下乡办案""带犯下乡办案""下厂矿跟班办案"等。④

## (二) 司法机关"大合并"

"大跃进"运动中,公安司法机关和组织进行大合并。为了加强所谓的"协作",实行"一长代三长"和"一员顶三员",或采取公、检、法三机关合署办公。

---

① 参见闵钐编:《中国检察史资料选编》,中国检察出版社 2008 年版,第 568 页。
② 林彤:《为实现 1960 年司法工作继续跃进而努力!》,载《人民司法》1960 年第 1 期。
③ 参见闵钐编:《中国检察史资料选编》,中国检察出版社 2008 年版,第 568—569 页。
④ 司法"大跃进"还掀起了诗歌运动。这些诗歌反映了当时司法工作"大跃进"的景象。现摘录一首:"东风吹展红旗飘,司法跃进响号角,地富反坏挖干净,人民江山牢又牢。"参见马文勤:《颂司法工作大跃进》,载《人民司法》1959 年第 4 期。

1. "一长代三长"和"一员顶三员"

根据1954年《宪法》、1954年《人民法院组织法》、1954年《人民检察院组织法》以及《逮捕拘留条例》，公检法之间的关系应是：各自行使职权，形成互相配合、互相制约的关系。但在"大跃进"中，这被认为是"互相牵制""束缚手脚"，因而被彻底否定，取而代之的是片面强调公检法团结合作，共同对敌，"形成一个拳头"。这就出现了"一长代三长""一员顶三员"的做法：即公安局局长、检察长、法院院长实行"分片包干"办案，一个地区的案件由其中一长负责主持办理，他可以代行其他两长的职权；同时，侦查员、检察员、审判员也都可以彼此代行职权，一员可以行使其他二员的职权。至此，公检法三机关的正常法律关系完全被破坏了。

2. 公检法"合署办公"

1960年10月，谢富治主持召开中央政法小组会议。会议的主题是公检法合署办公以及精简政法机构等问题。尽管在会议上谢富治的主张受到检法两家的强烈反对，但他独断专行，以多数人名义作出决定，向中央提交了三机关合署办公的报告。1960年11月11日，中共中央批准了报告，决定：中央公安部、最高人民检察院、最高人民法院三机关合署办公。对外，三机关名义不变，保留三块牌子，三个大门出入；对内，由公安部党组统率。两院各出一人参加公安部党组，以加强工作联系。三机关合署办公后，最高人民检察院保留二三十人，最高人民法院保留五十人左右，各设一办公室，分别处理检察院、法院的必要业务工作。最高人民检察院检察委员会、最高人民法院审判委员会和检察员、审判员、书记员等名义，保留不变，以便在必要时执行职务。①

在此期间，司法机关工作人员大量减少。1956年全国法院干部

---

① 参见孙谦主编：《人民检察制度的历史变迁》，中国检察出版社2009年版，第308—309页。

有 41483 人，到 1958 年年底只有 32058 人，减少了 22.7%，到 1959 年仍在继续调出，而且有相当一部分是审判业务骨干。据 18 个省、自治区、直辖市统计，从 1957 年到 1959 年，共调出中级和基层人民法院院长、庭长、审判员 3408 人，占 1957 年同类干部的 26.6%，占 1958 年同类干部的 30.8%。① 检察机关被视为"碍手碍脚""可有可无"的机关，人员被大幅度地裁减。如云南省，全省编制减到 727 人，比 1957 年减少 841 人，消减 53.6%；1960 年全省实有检察人员减到 613 人，比 1957 年减少 530 人，削减 46.4%；1959 年全省正、副检察长减到 100 人，比 1957 年减少 69 人，有些县没有一个正、副检察长，仅有一般干部。云南省人民检察院被削减的幅度更大，1960 年减为 20 人，比 1957 年减少 51 人，削减 71.8%；机构由原来的六处一室减为二处一室。②

## 三、第四届全国司法工作会议和第四次全国检察工作会议召开

在司法工作"大跃进"运动期间，最高人民法院和司法部、最高人民检察院分别组织召开了第四届全国司法工作会议和第四次全国检察工作会议。这两个会议充分肯定了"大跃进"以来司法工作和检察工作的成就，誓将司法"大跃进"进行到底。

### （一）第四届全国司法工作会议

1958 年 6 月 23 日至 8 月 20 日，最高人民法院会同司法部召开

---

① 参见何兰阶、鲁明健主编：《当代中国的审判工作（上）》，当代中国出版社 1993 年版，第 91 页。
② 参见孙谦主编：《人民检察制度的历史变迁》，中国检察出版社 2009 年版，第 307 页。

了第四届全国司法工作会议。这次会议是全国司法工作一次规模巨大的整风会。在长达两个月的会议期间，大会采取"大鸣大放、大字报、大批判"的方法，检查了 1954 年《人民法院组织法》实施以来的司法工作，着重检查了这一时期最高人民法院和司法部的工作。中共中央高度重视此次司法会议，会议期间，毛泽东主席和中共中央其他领导人接见了全体代表，董必武、彭真、罗瑞卿等同志到会作了报告，并对司法工作作了重要指示。

会议首先肯定了中华人民共和国成立以来司法工作取得的成绩是巨大的。会议认为，中华人民共和国成立以来，人民法院在思想建设、组织建设以及审判工作等方面作了大量工作。1952 年司法改革运动和 1957 年整风"反右"运动对人民法院的司法建设发挥了重要的作用。会议全面批判了一些法律观点，澄清了部分司法干部对人民法院性质、任务以及党对人民法院的领导等问题的一些错误和反动的看法。会议指出，党的领导是无产阶级专政的根本问题，是进行社会主义改造和社会主义建设的根本保证。人民法院应该绝对服从党的领导，不能有丝毫的忽视和动摇。人民法院要胜任地完成国家、人民所托付的神圣任务，不仅要坚决依靠党中央的领导，而且要坚决依靠各级党委的领导。只有这样，才能保证人民法院工作在正确方针的指导下，适应阶级斗争形势的变化和生产发展的需要，具体贯彻党的方针政策。①

第四届全国司法工作会议批判了人民法院系统的"右倾"，批判了人民法院依法独立进行审判，使得"左"的错误在法院系统进一步发展，轻视法制的思想日益滋长。1958 年 10 月，最高人民法院与司法部在郑州召开司法现场工作会，会议又一次肯定了司法工作"大跃进"，认为公检法三机关联合办案是"破除迷信""便于审判工作"

---

① 参见《对敌人实行专政，对人民实行民主，在司法战线上遍插红旗，全国司法工作会议总结过去工作确定今后工作任务》，载《人民日报》1958 年 8 月 29 日第 6 版。

的"诉讼程序"。

## （二）第四次全国检察工作会议

1958年6月23日至8月18日，最高人民检察院在北京召开第四次全国检察工作会议。会议进行了长达两个月的"务虚"，即研究解决政治思想方面的问题。中共中央高度重视此次检察工作会议，会议期间，毛泽东主席和中共中央其他领导人接见了全体代表，董必武、彭真、罗瑞卿等同志到会讲了话，对检察工作作了重要指示。

会议全面总结了中华人民共和国成立以来检察工作，指出在检察工作中存在的几种错误路线：离开专政的前提，片面强调一般监督，把锋芒转向国家机关和人民内部；片面强调从宽，忽视从严；在业务建设上，不从实际出发，不走群众路线，机械搬用苏联检察工作的规章、程序，手续繁琐；片面强调垂直领导，忽视党的领导，只服从中央，不服从地方党委。[①]

会议认为，检察机关在党的领导下，在肃反斗争以及打击刑事犯罪以保障社会主义革命和建设事业方面取得了重大的成就。会议要求全国各级检察机关绝对依靠党的领导、坚决贯彻群众路线，与法院、公安机关互相配合、互相制约，保证准确、及时运用法律武器打击敌人。会议明确了今后检察工作的任务是：把党的鼓足干劲、力争上游、多快好省地建设社会主义的总路线的精神，具体贯彻到检察工作中去，使作为上层建筑一个组成部分的检察机关，更好地适应我国正在飞跃发展的经济基础，为保卫总路线的顺利实现，为建立一个具有现代工业、现代农业、现代科学文化的、强大的社会主义国家而奋斗。会议认为，检察机关在司法"大跃进"中取得了很大的成绩。会议还确定了检察工作的跃进方向，即通过加强对敌人

---

① 参见孙谦主编：《人民检察制度的历史变迁》，中国检察出版社2009年版，第303—304页。

的专政,为总路线的顺利实现保证一个最安全的环境。在办案上应"准确、及时、合法",这个口号也就是"多快好省"的精神在检察工作上的具体体现。

会议还通过了《最高人民检察院党组"务虚"报告》《最高人民检察院关于修改规章制度的决议》和《检察机关的今后任务》。① 其中,《最高人民检察院关于修改规章制度的决议》废除了《最高人民检察院组织条例》和《最高人民检察院各厅工作试行办法(草稿)》,停止试行《侦查监督工作程序方面的意见(试行草案)》《刑事审判监督工作细则(草案)》和《侦查工作试行程序》。

## 四、"三少"政策的出台与司法机关的贯彻执行

1957年至1958年两年期间,国家相继出现了反右派斗争严重扩大化、"大跃进"等"左"的错误。受其影响,在司法领域,也存在严重混淆两类不同性质的社会矛盾、混淆罪与非罪的界限、打击面过宽、办案质量低下等问题。为纠正上述错误,中共中央在1959年对公安部一个报告的指示中指出:对于一切破坏社会主义建设的反革命分子和坏分子,必须彻底肃清;少数情节恶劣的,还必须从严惩办。但是在我们国家已经空前巩固,反革命已经不多的情况下,捕人、杀人要少;管制也要比过去少。对于不法地主、富农、历史反革命分子和坏分子,只要他们不进行现行重大破坏活动,只在群众面前揭露他们,并夹在人民公社生产大队中监督劳动,加以改造即

---

① 参见闵钐编:《中国检察史资料选编》,中国检察出版社2008年版,第481、586页。

可。① 其中所谓"捕人、杀人要少；管制也要比过去少"简称为"三少政策"。

1959年全国政法会议召开。会议将"三少"政策进一步具体化，对捕人、判刑和管制等问题予以明确：（一）关于逮捕罪犯的范围。应当依法逮捕的，有下列三种人：（1）进行现行重大破坏活动的反革命分子和坏分子；（2）有重大罪恶和民愤，长期隐蔽、流窜、外逃的历史反革命分子；（3）经过宽大处理或刑满释放后又进行破坏活动的分子。对于下列可捕可不捕的人，一般不予逮捕：（1）罪行轻微的现行的普通刑事犯罪分子；（2）现行罪恶虽然比较重大，但是投案自首、彻底坦白并有立功表现的反革命分子和坏分子；（3）仅有一般不满言论和轻微违法行为的地主、富农、反革命分子和坏分子；（4）历史罪恶不大，民愤不大，对现实没有危害的历史反革命分子，或历史罪恶虽然比较重大，但已投案自首、彻底坦白的分子；（5）解放初期曾经参加反革命活动，在镇反运动以后已经停止活动的反革命分子；（6）经过宽大处理或刑满释放后，表现不好，但没有重新构成犯罪的分子；（7）其他属于可捕可不捕的分子。（二）实行少杀长判的审判政策。对于少数罪大恶极、民愤很大、非杀不可的反革命分子和坏分子，必须坚决杀掉。对于虽有罪恶和民愤，但其罪恶还没有达到最严重的程度，还不是非杀不可的，判处死刑缓期二年执行，或者判处无期徒刑、长期徒刑。（三）减少管制的人数。为了贯彻管制也要比过去少的精神，管制的对象主要是：可捕可不捕的反革命分子和坏分子；监督劳动中表现不好，屡教不改的地主、富农、反革命分子和坏分子，其他虽构成犯罪，但捕后尚不够判处徒刑的反革命分子和坏分子。②

---

① 参见李士英主编：《当代中国的检察制度》，中国社会科学出版社1988年版，第142页。
② 同上书，第142—144页。

"三少"政策是中国共产党和人民政府始终一贯坚持实行的惩办与宽大相结合的政策在当时条件下的具体运用。政策出台后,全国各级司法机关积极贯彻落实。检察机关主要表现在"少捕"方面,即对于可捕可不捕的,通常情形下不予逮捕。法院主要表现在"少杀"和"少管制"方面。在最高人民检察院和最高人民法院的领导下,全国各级检察机关和法院在贯彻"三少"政策方面取得显著成效。在检察机关方面,宁夏回族自治区各级人民检察院批准逮捕反革命犯同比下降了 8.5%,其他刑事犯下降 18.1%;黑龙江省各级人民检察院批准逮捕的各种犯罪分子下降 60.45%;河南省各级人民检察院批准逮捕的各种犯罪分子下降 84.8%。1960 年,全国检察机关全年批准逮捕各种犯罪分子 26 万余人,提起公诉 24 万余人。① 法院方面,1959 年全国一审刑事案件由 1958 年的 183 万件锐减为 53 万件;1960 年继续下降,判处死刑的案件也大为减少。②

## 五、党领导司法的体制确立

随着1957年后"整风反右"等一些政治运动的开展,中国共产党特别强调加强党的一元化领导,这必然要求加强对人民民主专政的重要武器——人民司法的绝对领导。③ 1957 年 7 月,中共中央在青岛召开省市委书记会议,毛泽东写了题为《一九五七年夏季的形势》的文章在会上印发,该文指出:"在不违背中央政策法令的条件

---

① 参见李士英主编:《当代中国的检察制度》,中国社会科学出版社 1988 年版,第 144 页。

② 参见何兰阶、鲁明健主编:《当代中国的审判工作(上)》,当代中国出版社 1993 年版,第 84 页。

③ 早在 1950 年 10 月 10 日,中共中央发布的《中共中央关于镇压反革命活动的指示》就指出:法院、检察、公安机关,是人民民主专政的重要武器,各级党委应加强自己对于它们的领导,并适当地充实其干部。

下,地方政法文教部门受命于省市委、自治区党委和省、市、自治区人民委员会,不得违反。"①这意味着地方政法机关必须接受地方党委的领导。

1958年后,随着国内外政治形势的变化和发展,中共中央提出了强化"一元化领导"体制。毛泽东也多次要求"加强党的领导"和"书记挂帅"。1958年6月10日,中共中央发出了《关于成立财经、政法、外事、科学、文教小组的通知》,指出:这些小组是党中央的,直属中央政治局和书记处,向它们直接做报告。大政方针在政治局,具体部署在书记处。只有一个"政治设计院",没有两个"政治设计院"。大政方针和具体部署,都是一元化,党政不分。具体执行和细节决策属政府机构及其党组。对大政方针和具体部署,政府机构及其党组有建议之权,但决定权在党中央。政府机构及其党组和党中央一同有检查之权。②《关于成立财经、政法、外事、科学、文教小组的通知》将权力集中于各级党委,明确中国共产党是国家政治权力的中心,总的路线、方针、政策的决定权在中共中央政治局;各政府部门的党组与政府部门共同行使决策权和执行权。这高度强化了中国共产党的一元化领导体制。自此,各级党组织的政法领导小组全面介入政法工作,成为各级政法部门的直接领导。

在此期间,法律在国家治理中的重要作用没有受到应有的重视。1958年8月,毛泽东在协作区主任会议上说:公安、法院也在整风。法律这个东西,没有也不行,但我们有我们这一套,调查研究,就地解决,调解为主。不能靠法律治理多数人,多数人要靠养成习惯。我们每个决议案都是法。治安条例也靠成了习惯才能遵守,成

---

① 参见《毛泽东选集》(第5卷),人民出版社1977年版,第459页。
② 参见《建国以来毛泽东文稿》(第七册),中央文献出版社1992年版,第268—269页。

为社会舆论。① 刘少奇提出:到底是法治还是人治? 看来实际靠人,法律只能作为办事的参考。②

# 六、党和国家领导人对法制和司法的再认识

1960年冬,中共中央开始纠正"大跃进"后农村工作中的"左"倾错误,提出了"调整、巩固、充实、提高"的国民经济发展方针。1962年1月11日至2月7日在北京召开了扩大的中央工作会议,即"七千人大会"。此次会议初步总结了"大跃进"以来党在经济工作中的经验教训,统一了认识,加强了团结,强调要加强民主和法制。在这种良好的政治形势下,刑事司法制度出现了短暂的复苏。

1962年开始,党和国家领导人也开始反思过去这些年忽视法制而导致的严重问题。1962年3月22日,毛泽东指出:"不仅刑法需要,民法也需要,现在是无法无天,没有法律不行,刑法、民法一定要搞。不仅要制定法律,还要编案例。"③同年5月23日,中央政法小组在起草《关于1958年以来政法工作的总结报告》时,刘少奇发表了题为《政法工作和正确处理人民内部矛盾》的重要讲话。他指出:这几年打击面宽了,是个事实。……法院独立审判是对的,是宪法规定了的,党委和政府不应该干涉他们判案子。检察院应该同一切违法乱纪现象作斗争,不管任何机关任何人。不要提政法机关绝对服从各级党委领导。它违法,就不能服从。如果地方党委的决定同

---

① 参见逄先知、冯蕙主编:《毛泽东年谱(1949—1976)》(第三卷),中央文献出版社2013年版,第421页。

② 参见丛进:《1949—1989年的中国:曲折发展的岁月》,河南人民出版社1989年版,第65页。

③ 参见全国人大常委会办公厅研究室、尹中卿主编:《中华人民共和国全国人民代表大会及其常务委员会大事记(1949—1993)》,法律出版社1994年版,第135页。

法律、同中央的政策不一致,服从哪一个?在这种情况下,应该服从法律、服从中央的政策。①

毛泽东和刘少奇重提法制建设和司法工作的重要性,为司法建设的复苏创造了前提条件。

## 七、法院工作的复苏

### (一)第六届全国司法工作会议召开

1962年10月31日至11月12日,第六届全国司法工作会议在北京召开。会议的目的是检查1958年以来的工作,总结经验教训,推动全国各级人民法院恢复规章制度,整顿工作秩序,改进审判工作,提高办案质量。会议审议通过了最高人民法院提出的《关于在当前对敌斗争中的审判工作的任务》《关于人民法院工作若干问题的规定》(以下简称《法院规定》)、《人民法院工作试行办法(草案)》等文件。

第六届全国司法工作会议,一方面贯彻了中共八届十中全会强调阶级斗争的精神,另一方面认真吸取了前几年司法工作的经验教训,严格地遵守法制,会议通过的《法院规定》,重申了"实事求是,依法办案"的基本准则。1963年7月、12月,最高人民法院先后召开了第一次全国民事审判工作会议和第一次全国刑事审判工作会议以贯彻落实第六届全国司法工作会议的精神。这两次会议分别讨论了民事审判和刑事审判工作中的问题。1963年和1964年,各地人民法院积极贯彻第六届全国司法工作会议和两个专业会议的精神,许多司法审判制度、原则和程序得以恢复和执行,司法审判工作

---

① 参见《刘少奇选集》(下卷),人民出版社1985年版,第450—452页。

前进了一大步。

可以说,从"七千人大会"开始,到1962年第六届全国司法工作会议的召开以及随后两年对会议精神的贯彻落实,人民法院在党的正确领导下,纠正了错误、整顿了秩序,基本上回到了法制的轨道。

### (二)"法院工作十条"[①]

第六届全国司法工作会议的一项重大成就就是通过了《法院规定》(即"法院工作十条"),最高人民法院于1962年12月10日正式下发全国各级人民法院遵照执行。《法院规定》共包括10条,就人民法院审判中的若干基本问题作了规定,作为各级人民法院共同遵守的基本准则。《法院规定》包括以下内容:

(1)在长期的、复杂的阶级斗争中,更有效地发挥刑事审判工作的作用。《法院规定》要求,各级人民法院严厉打击现行反革命破坏活动,严厉惩办重大的普通刑事犯罪分子,正确贯彻执行中央的政策和国家的法律,继续坚持少捕、少杀、少管制的政策,选择有典型意义的案件在群众大会上宣判以教育群众,对于现行反革命案件和其他重大刑事案件应当及时审理。

(2)从维护社会主义所有制和有利生产、有利团结出发,认真处理民事案件。《法院规定》要求,处理国家、集体、个人之间有关财产权益纠纷,应首先维护国家和集体的利益,同时也要依法保护个人的合法利益。处理婚姻案件必须坚持"婚姻自由"的原则。对于民事审判工作,人民法院必须安排足够的力量,以面对在社会主义发展过程中不断出现的新情况、新问题。

(3)遵守法制,依照法定的制度、程序审理案件。《法院规定》要求,要严格执行审判权由人民法院行使和"人民法院独立进行审

---

① 参见武延平、刘根菊等编:《刑事诉讼法学参考资料汇编(中)》,北京大学出版社2005年版,第920—928页。

判,只服从法律"的原则,要坚持公、检、法三机关互相协作而又互相制约的原则,要严格依照法律审理案件,要贯彻执行1954年《人民法院组织法》规定的公开审判、辩护、陪审、合议、上诉等审判制度和程序,审判委员会应对重大案件、疑难案件和总结审判经验及其他有关审判工作的重大问题进行讨论决定。

（4）认定案情要实事求是,重证据不轻信口供。《法院规定》要求,人民法院审理案件必须从实际出发,实事求是,调查研究,重证据不轻信口供,证据口供必须经过查对,必须严格遵守反对逼供信、禁止肉刑的原则。上级人民法院发现案件中有逼供、诱供等现象时,应当指令下级人民法院重新调查审理。查对证据和口供,要深入细致地调查研究,走群众路线。

（5）认真处理群众来信、来访和申诉案件。处理群众来信、来访是人民法院的一项重要工作,地方各级人民法院应当有一位院长负责领导此项工作。处理申诉案件时,必须严肃认真按照党中央的政策办事。冤、错案要平反纠正,漏判的要补判。

（6）加强法院的领导工作,整顿和健全工作制度。《法院规定》要求,上级人民法院要研究下级人民法院在审判工作中贯彻执行党中央和国家的政策、法律中存在的问题,对某些案件进行检查,通过审判监督对下级人民法院进行领导。上下级人民法院应互通声气,文来文往和人来人往。审判委员会应认真贯彻集体领导和民主集中制原则。《法院规定》还要求,各级人民法院应当建立检查案件、院长办案、请示报告等工作制度。

（7）总结审判工作经验,选择案例,指导工作。《法院规定》指出,总结审判经验是提高审判工作质量的一个重要方法。总结的内容包括:年度或者季度的定期总结;对某一时期执行政策和适用法律情况的总结;执行审判制度、程序和法制宣传的经验总结;类型、典型案件的专题总结等。《法院规定》指出,运用案件指导审判工作也是一种好的领导方法,选择的案例应当有代表性、判决正确、判决书规范。选定案例的工作由最高人民法院和高级人民法院来做。高级人民法院选定的案件经由审判委员会通过后还应当上报最高人民法院备查;最高人民法院选定其中在全国范围内有典型意义的案例,报中央政法小组批准后,以最高人民法院审判委员会的名义发给各地人民法院比照援用。

(8) 审判工作必须坚持群众路线。《法院规定》要求,在审判工作中必须深入群众,依靠群众。既要倾听群众意见和反映,又要善于领导和教育群众,提高群众的觉悟。从便利群众出发,尽可能地实行就地审判。

(9) 加强干部管理和思想政治工作。《法院规定》要求,基层人民法院院长由县级干部充任,审判员相当于区级干部。中级以上人民法院工作人员的任免和调动分别由中央和地方党委决定。中级以上的人民法院应当设立专门的司法行政机构。各级人民法院应当加强思想政治工作,切实遵守"党政干部三大纪律、八项注意"。

(10) 坚决服从党的领导。《法院规定》指出,法院工作服从党的领导的中心问题是在同级党委的领导下,坚定不移地贯彻党中央的方针、政策、指示和正确地适用国家的法律。《法院规定》要求,法院的一切工作必须对党负责,对党负责最重要的就是把案件处理正确。法院在审判工作中执行党的政策和适用国家的法律遇到了重大问题,应当及时请示党委,定期向党委报告工作,听取党委的指示。对党委的指示,如有不同意见,应当向党委提出,如党委坚持原来的决定,可以请求上级党委和上级人民法院解决。对于报请党委审批的案件,应当全面如实地反映案件情况。对上级人民法院在业务方面的有关方针、原则的指示以及向上级人民法院所作的重要报告,都应当报告或者报送同级党委。

该《法院规定》重申了 1957 年整风"反右"之前司法工作的基本

原则和制度,是人民法院纠正"左"的错误,重新走上法制轨道的重要标志。

### (三)《人民法庭工作试行办法(草案)》制定

1954年《人民法院组织法》第17条对设立基层人民法院的人民法庭作了原则性规定,但一直没有具体的实施细则。第六届全国司法工作会议通过了中华人民共和国第一个规范基层人民法院人民法庭的法律文件,即《人民法庭工作试行办法(草案)》,最高人民法院于1963年7月10日将《人民法庭工作试行办法(草案)》印发全国正式实施。① 《人民法庭工作试行办法(草案)》包括以下方面的内容:

(1)人民法庭的性质。人民法庭是基层人民法院的组成部分,它的判决和裁定就是基层人民法院的判决和裁定。这意味着其与中华人民共和国成立初期的人民法庭在性质上是完全不同的。

(2)人民法庭的设置。基层人民法院应根据辖区大小、人口多少等情况确定人民法庭的数量。一般要在农村、牧区设置。人民法庭的名称,以法庭所在地的名称而定,并冠以县名。人民法庭的设置和撤销,应当由基层人民法院报请中级人民法院批准,并报高级人民法院备案。

(3)人民法庭的人员组成。通常包括审判员1人,书记员1人;或者2名审判员,1名书记员。其中审判员属于基层人民法院的审判员。

(4)人民法庭的任务。审理一般的民事案件和轻微的刑事案件;指导人民调解委员会的工作;进行政策、法律、法令宣传;处理人民来信,接待人民来访;办理基层人民法院交办的事项。对于反革

---

① 参见熊先觉、张憨等编选:《中国司法制度资料选编》,人民法院出版社1987年版,第33—35页。

命案件，需要判处刑罚收监执行的案件，需要判决离婚或不离婚的案件，有关干部、知名人士、归国华侨等人员的案件应当移交基层人民法院审理。

（5）人民法庭处理案件的方法。人民法庭通过个别教育、传讯教育、警告以及责令当事人赔礼道歉、取保具结、退还原物、赔偿损失等办法对案件进行处理。有的案件，也可以判决或裁定，但必须报基层人民法院核准后宣判。人民法庭无权决定拘留人犯和搜查，无权决定罚款、没收赃款赃物。人民法庭处理的案件，用人民法庭的名义出具调解书、裁定书或判决书。人民法庭应当从便利群众出发，采取驻庭办案和巡回就审相结合的工作方法。

## 八、检察工作"中兴小高潮"[①]

随着国内形势的好转，检察工作也出现了短暂的复苏。为总结1958年以来的检察工作的经验和教训，1962年11月1日至15日，最高人民检察院召开了第六次全国检察工作会议。会议指出，必须充分认识我国检察制度的重要性和必要性，必须按照1954年《人民检察院组织法》的规定正确行使法律监督职能，必须根据斗争形势的需要发挥检察机关的作用，必须积极地、有步骤地开展和建设检察业务，必须加强检察队伍建设，必须坚决服从党的领导，加强集中统一。张鼎丞检察长在会议上作了《适应形势，统一认识，加强团结，扎扎实实地做好检察工作》的报告。报告要求，全国各级检察机关必须充分认清当前国内外阶级斗争和敌我斗争的形势；扎扎实实地做好检察工作，要正确处理好大局与业务的关系，不能脱离大局讲业务，也不能只讲大局丢掉业务；要充分认识检察制度的重要性

---

[①] 参见王桂五：《王桂五论检察》，中国检察出版社2008年版，第456页。

和必要性,又要正确认识检察机关在人民民主专政中的地位和作用;既要有建设检察制度的雄心大志,又要扎扎实实做好工作;要对检察干部加强马克思列宁主义的阶级观点和阶级斗争的教育。①

从第六次全国检察工作会议开始,到"文化大革命"之前,全国各级检察机关认真贯彻中央和最高人民检察院的指示精神,检察工作逐步恢复和好转。

首先,在组织机构方面,一些在"大跃进"被撤销和合并的检察机关得以恢复。以山西省为例,1957年全省检察人员为1143人,1958年为825人,1962年恢复到956人。②

其次,在业务制度建设上,制定了《最高人民检察院关于审查批捕、审查起诉、出庭公诉工作的试行规定(修改稿)》(1963年8月26日通过)。该规定共26条,对检察机关审查批捕、审查起诉、出庭公诉工作程序和制度作了较为具体的规定。规定要求,人民检察院进行上述工作时应当坚持"同公安机关、人民法院分工负责、相互制约原则",坚持"实事求是、调查研究、群众路线"的工作作风,坚持"专人审查、集体讨论、检察长决定"的办案制度,遵照"以事实为依据,以法律为准绳"以及"重证据不轻信口供"的原则。关于审查批捕工作,要求逮捕的人犯必须是确已构成犯罪,主要犯罪事实清楚,证据确凿;对于不批准逮捕的案件,区、县人民检察院应当报送上级人民检察院备案,如发现错误,应及时纠正……下级人民检察院对上级人民检察院不批准逮捕的案件,如果有不同的意见,可以及时提出理由,请求复议。关于审查起诉工作,凡是决定起诉的,必须是犯罪事实完全清楚,证据确凿,按照法律规定确实应当判处徒刑、死刑的罪犯;对于已构成犯罪,本应依法追究刑事责任,但由于政治斗争的

---

① 参见《适应形势,统一认识,加强团结,扎扎实实地做好检察工作——张鼎丞检察长在第六次全国检察工作会议上的报告》,载闵钐主编:《中国检察史资料选编》,中国检察出版社2008年版,第670—681页。

② 参见孙谦主编:《人民检察制度的历史变迁》,中国检察出版社2009年版,第310页。

需要或者被告人确有显著悔罪、立功表现，根据政策可以宽大处理的罪犯，可以免予起诉；对于尚未构成犯罪，或者虽已构成犯罪，但情节轻微，或者依照法律规定不予追究刑事责任的，可以不起诉。关于出庭公诉工作，规定检察长或者检察员出庭公诉的任务是揭发被告人的犯罪行为，检验起诉书的内容有无错误，监督审判活动是否合法以及宣传政策和法律。在上诉期间发现法院判决或者裁定确有错误，应当及时向同级人民法院提出意见，如未被采纳，应报告党委解决，或者按照上诉程序向上一级人民法院提出纠正意见；对于生效裁判，发现确有错误的，应当先向同级人民法院提出纠正意见，如未被采纳，应报告党委解决，或者报请上级人民检察院按审判监督程序向人民法院提出纠正意见，必要时可以提出抗议。

此外，《最高人民检察院关于审查批捕、审查起诉、出庭公诉工作的试行规定（修改稿）》还对检察长列席人民法院审判委员会会议作了要求，即第14条规定："各级人民检察院在接到人民法院召开审判委员会会议的通知后，应当由检察长或者由他指定的检察员列席。列席的检察长（员）可以发表意见。如果对审判委员会的决议不同意，可以提出意见；意见不一致时，应当报告党委。"①

最后，检察业务工作基本恢复常态。从1960年开始，最高人民检察院积极纠正和查处"五风"（共产风、浮夸风、命令风、干部特殊风和对生产的瞎指挥风）中的违法乱纪案件，1963年就查处8636件违法案件。1964年1月14日，中共中央发布《关于依靠群众力量，加强人民民主专政，把绝大多数四类分子改造成新人的指示》，并转发最高人民法院院长谢觉哉、最高人民检察院检察长张鼎丞在第二届全国人民代表大会第4次会议上作的《进一步依靠群众，做好司法工作》的联合发言。全国各级检察机关按照中央和最高人民检察院的指示精神，实行"一个不杀，大部（95%以上）不捕"（当时称之为"矛盾不上交"）的方针，积极将绝大多数地、富、反、坏四类分子

---

① 参见冈钐主编：《中国检察史资料选编》，中国检察出版社2008年版，第493页。

改造为新人。

## 九、《中华人民共和国刑事诉讼法草案（初稿）》的拟订

1957年5月拟出《草案（草稿）》后，因"整风反右"运动的开始，刑事诉讼法的起草工作完全停滞下来。1962年6月，根据毛泽东关于应当制定法律的指示，中央政法小组恢复了《草案（草稿）》的修订工作。在修改过程中，《草案（草稿）》中的许多问题引起了较大的争议。经过这次反复讨论修改，刑事诉讼法先后又修订出两个主要稿本，即1962年8月修订稿本（共8编15章，277条）和1963年4月进一步修订的稿本（共7编18章，200条）。

由于1979年中华人民共和国第一部《刑事诉讼法》是在1963年4月的《草案（初稿）》基础上制定而成的，所以本书将用较大篇幅对《草案（初稿）》的内容进行详细介绍。

《草案（初稿）》包括总则、提起刑事案件和侦查、起诉、审判、死刑复核程序、审判监督程序、执行7编，共计200条。主要内容包括：

1. 刑事诉讼法的任务

根据《草案（初稿）》第1条的规定，我国刑事诉讼法的任务包括两个方面：一是"揭露犯罪、证实犯罪和惩罚犯罪"；二是"通过刑事诉讼活动教育公民遵守法律，提高警惕，积极同犯罪作斗争"。

2. 刑事诉讼法的基本原则

一是侦查权、检察权和审判权由专门机关依法行使原则，即人民法院行使审判权、人民检察院行使检察权和公安机关行使侦查权，其他任何机关、团体或个人都无权行使。二是程序法定原则，《草案（初稿）》第2条第2款规定："人民法院、人民检察院和公安机关在进行刑事诉讼活动的时候，除法律另有规定的以外，必须严格

遵守本法的规定。"三是依照法定情况不予追究刑事责任原则。《草案(初稿)》第3条规定:"有下列情形之一的,不能追究刑事责任;已经追究的,应当撤销案件,或者不起诉,或者宣告无罪:(1)行为不构成犯罪的;(2)已过时效期限的;(3)经大赦令或者特赦令免除被告人刑罚的;(4)依法须经告诉才能追究的犯罪,没有告诉或者撤回告诉的;(5)被告人死亡的;(6)其他法律、法令规定免予追究刑事责任的。"这与现行《刑事诉讼法》的规定大致相当。四是保障诉讼参与人的诉讼权利原则,即"人民法院、人民检察院和公安机关应当保障诉讼参与人依法享有的诉讼权利"。五是各民族公民有权使用本民族语言文字进行诉讼的原则。即"各民族公民都有用本民族语言文字进行诉讼的权利。人民法院、人民检察院和公安机关对于不通晓当地通用的语言文字的诉讼参与人,应当为他们翻译。在少数民族聚居或者多民族杂居的地区,人民法院、人民检察院和公安机关应当用当地通用的语言进行审讯,用当地通用的文字发布判决书、布告和其他文件"。六是追究外国人刑事责任适用我国刑事诉讼法的原则。需要说明的是,1954年《宪法》和1954年《人民法院组织法》规定的"适用法律一律平等""审判权由人民法院行使""人民法院独立进行审判、只服从法律"三个原则,因在1954年《宪法》和1954年《人民法院组织法》中已经规定了,"没有必要再重复,因为有关部分的条文已反映了这些原则的精神"①,所以《草案(初稿)》没有规定以上三个原则。

3. 管辖制度

刑事管辖制度包括立案管辖和审判管辖,其中审判管辖又包括级别管辖和地域管辖。在级别管辖上,基层人民法院管辖的一审案件为10年(包括10年)有期徒刑以下的反革命案件以及15年(包

---

① 参见《关于刑事诉讼法修改情况的说明》,载闵钐主编:《中国检察史资料选编》,中国检察出版社2008年版,第450页。

括15年)有期徒刑以下的普通刑事案件;中级人民法院管辖的一审刑事案件为10年以上有期徒刑和无期徒刑的反革命案件,15年以上有期徒刑、无期徒刑、死刑的普通刑事案件以及外国人犯罪或者我国公民侵犯外国人合法权利的刑事案件;高级人民法院管辖的一审案件为反革命死刑案件,涉及两个专区以上需要由高级人民法院审判的无期徒刑、死刑案件,外国人犯罪或者我国公民侵犯外国人合法权利的重大刑事案件;最高人民法院管辖的第一审刑事案件为《中华人民共和国刑法草案》第97条、第98条规定的反革命案件以及涉及两个省、自治区、直辖市以上需要由最高人民法院审判的死刑案件。此外,上级人民法院还有权提审下级人民法院审判的第一审案件,也可将自己审理的一审案件交由下级人民法院审理。下级人民法院也可以就案情重大复杂的案件请求移送上一级人民法院审判。

关于地域管辖,通常是由犯罪地的人民法院管辖,如果由被告人居住地的人民法院审判更为适宜的,可以由被告人居住地的人民法院管辖。如果几个同级人民法院都有管辖权,由最初受理的人民法院审判。在必要的时候,可以移送主要犯罪地的人民法院审判。《草案(初稿)》还规定了指定管辖,即"上级人民法院可以指定下级人民法院审判管辖不明的案件,也可以指定下级人民法院将案件移送其他人民法院审判"。

在立案管辖上,《草案(初稿)》规定得比较简单,只有一个条文,即第18条:"对案件的侦查,由公安机关进行,但是人民检察院认为必要的时候,可以对某些案件进行侦查。"立案管辖的问题在当时引起了较大的争论。一种意见认为,反革命罪、危害公共安全罪、侵犯财产罪等案件,由公安机关侦查;妨害婚姻家庭罪、渎职罪和一部分妨害社会经济秩序罪等案件,由人民检察院进行侦查。主张在法律上明确划分两机关的侦查管辖范围。另一种意见认为,人民检察院是法律监督机关,如果过多地担负了侦查任务,必然影响它的法律监督工作,与人民检察院的性质和基本任务相抵触。因此,主张规定侦查工作由公安机关进行,人民检察院只是在它认为必要的时候,可以对某些案件实施一部或全部侦查行为。[①]《草案(初稿)》采纳了第二种意见。

4. 审判组织

《草案(初稿)》规定了三种审判组织:一是独任制,即自诉案件由审判员独任审判。二是合议制,除自诉案件可以独任审判外,其他案件均由审判员一人、人民陪审员二人组成合议庭审理。审理上诉和抗议案件的合议庭全部由审判员三人组成。合议庭评议时的表决原则是少数服从多数原则,但是对少数人的意见应当记明笔录,并由全体合议庭组成人员签名。三是审判委员会。由院长提交审判委员会讨论的案件包括:一是重大或者疑难的案件,二是合议庭不能决定的案件或者院长认为需要提交审判委员会讨论的案件。对于审判委员会的决定,合议庭必须执行。

5. 回避制度

根据《草案(初稿)》的规定,回避的人员包括侦查人员、检察人员、审判人员、书记员、翻译人员和鉴定人。回避的种类包括自行回避和申请回避。回避的理由包括三类:一是本案的一方当事人或者是当事人近亲属的;二是本人或者他的近亲属和本案有利害关系的;三是做过本案的证人、鉴定人、辩护人或者附带民事诉讼当事人的代理人的。在决定的程序上,侦查人员的回避由公安机关负责人决定,检察人员的回避由检察长决定,审判人员的回避由院长决定,检察长的回避由检察委员会决定,院长的回避由审判委员会决定。但公安机关负责人需要回避时由哪个单位决定,《草案(初稿)》没有

---

[①] 参见《关于刑事诉讼法修改情况的说明》,载闵钐主编:《中国检察史资料选编》,中国检察出版社2008年版,第450—451页。

规定。侦查人员在未作出回避决定前不能停止对案件的侦查。

**6．辩护制度**

《草案(初稿)》规定了三种辩护类型：一是自行辩护；二是委托辩护；三是指定辩护。被告人可以委托为其辩护的人员包括：加入律师协会的律师，人民团体介绍的或者经人民法院许可的公民以及被告人的近亲属、监护人。指定辩护仅限于人民法院指定，人民法院认为必要就可以为被告人指定辩护，同时，如果被告人是聋、哑或者未成年人而没有委托辩护人的，法院必须为他指定辩护人。关于辩护人的权利，《草案(初稿)》第28条规定："辩护人经过人民法院许可，可以了解有关案件材料，可以和在押的被告人会见和通信。"也就是说，辩护人(不限于律师)享有阅卷权、会见权和通信权，但必须经过人民法院的许可。

**7．证据制度**

《草案(初稿)》第30条规定了证据的概念和种类："凡是能够据以查明案件真实情况的一切事实，都是证据。证据是认定案情的基础。证据有下列六种：(1)证人证言；(2)物证(包括书面文件)；(3)被害人陈述；(4)被告人供认和辩解；(5)鉴定结论；(6)勘验、检验笔录。"侦查人员、检察人员、审判人员在诉讼中必须秉持中立客观的立场，向一切有关的国家机关、企业、事业单位、人民团体和公民全面收集能够证实被告人有罪或者无罪、犯罪情节轻重的各种证据。同时，禁止以威胁、引诱和其他非法的方法收集证据。侦查人员、检察人员、审判人员审查证据的原则是实事求是。《草案(初稿)》还对证人制度作出了规定，即"凡是知道案件情况的人，都有作证的义务。因生理上或者精神上的缺陷不能辨别是非或者不能正确表达的人，不能作证人"。

**8．刑事强制制度**

首先，逮捕、拘留制度。根据规定，享有逮捕权限的机关是人民法院和人民检察院,逮捕的对象是反革命分子和其他可能判处死刑、徒刑的被告人。公安机关对需要进行侦查的并且有下列情形之一的人犯,可以先行拘留:(1)正在预备犯罪、实行犯罪或者在犯罪后即时被发觉的;(2)被害人或者在场亲眼看见的人指认他犯罪的;(3)在身边或者住处发现有犯罪证据的;(4)企图逃跑或者在逃的;(5)有毁灭、伪造证据或者串供可能的;(6)身份不明或者没有一定住处的。《草案(初稿)》还规定了公民扭送制度。在以下四种情形下,公民可以将其扭送至公检法机关:一是正在实行犯罪或者在犯罪后即时被发觉的;二是通缉在案的;三是越狱逃跑的;四是正在被追捕的。这些规定都是根据1954年《逮捕拘留条例》而制定的。

人民检察院审查逮捕的程序:一般案件由检察长决定,如是重大的、复杂的或者有争议的案件,或者检察长认为需要检察委员会讨论的案件,则由检察委员会讨论审查决定。在审查中可以讯问已被拘留的人犯并进行调查。审查后,根据不同的情形,可以作出批准逮捕的决定,或者作出不批准逮捕的决定。公安机关对不批准逮捕决定,如认为有错误可以向作出决定的检察机关提出意见,如未被采纳有权向上一级检察机关提出控告。

执行逮捕的程序:在执行逮捕时,必须持有逮捕证。逮捕后,除有碍侦查或者无法通知的情形以外,应当把逮捕的原因、羁押处所通知他的家属或者工作单位。逮捕后,应当在24小时以内进行讯问,如发现不应当逮捕的,立即释放,罪行较轻的,可以交保或者监视居住。

公安机关对于被拘留的人犯,应当在拘留后24小时以内进行讯问。在发现不应当拘留的时候,必须立即释放。罪行较轻的,可以交保或者监视居住。对于应当逮捕的人犯,应提请人民检察院审查决定。《草案(初稿)》第48条第2款规定:"人民检察院在接到公安机关提请批准逮捕书后的 48 小时以内,应当进行审查。在审查后,认为不应当逮捕的,作出不批准逮捕的决定,通知公安机关释放;认为需要逮捕的,提出批准逮捕的意见,报请上一级人民检察院决定。"

其次,拘传、交保、监视居住制度。根据《草案(初稿)》的规定,人民法院、人民检察院和公安机关都可以对被告人进行拘传、交保或者监视居住。拘传适用于经过合法传唤没有正当理由不到案的被告人。对于交保的被告人,应当责令他提出有信用的人出具保证书,保证被告人随传随到。而对于被监视居住的被告人,则不许他离开指定的区域。监视居住由当地公安派出所执行,或者由受委托的人民公社管理委员会(乡人民委员会)、被告人的工作单位执行。

### 9. 附带民事诉讼制度

《草案(初稿)》第 56 条规定:被害人由于被告人的犯罪而遭受物质损失的,在刑事诉讼过程中可以向被告人或者向对被告人行为依法负有赔偿责任的人,提起附带民事诉讼。如果是国家财产、集体财产遭受损失的,人民检察院在提起公诉的时候,应当提起附带民事诉讼。因此,被害人或者人民检察院只能就由于犯罪行为而直接遭受的物质损失提起附带民事诉讼。在刑事诉讼中,公检法三机关应当通知有关当事人提出附带民事诉讼。通常情况下,附带民事诉讼应当同刑事案件一并审判,只有为了防止刑事案件审判的过分迟延,才可以在刑事案件审判后由同一审判组织继续处理附带民事诉讼。

### 10. 提起刑事案件制度

公检法机关在接受控告、检举和自首后,应当迅速审查,可以要求有关单位和人员提供补充材料或者说明,也可以采用其他方法进行调查。侦查机关对于自己发现的和控告、检举、自首的案件材料经审查后,如果"确有犯罪事实的时候",应当提起刑事案件。如果认为不需要提起刑事案件,必须报告侦查机关负责人批准,并且将不提起刑事案件的原因通知控告人。

11. 侦查制度

《草案(初稿)》规定了讯问被告人,询问证人和被害人,勘验、检查,搜查,扣押物证,鉴定,通缉七种侦查行为的适用条件和程序。

关于侦查羁押期限,《草案(初稿)》第108条规定:"被告人在侦查中的羁押期间不得超过2个月,期限届满不能终结的案件,可以经上一级侦查机关批准延长1个月。但是延长不得超过两次。特别复杂的案件,已经依照前款规定延长后仍不能终结的,应当报请最高人民检察院或者公安部决定。"换言之,一般的侦查羁押期限是2个月,经上一级侦查机关批准可以延长至3个月。而对于特别复杂的案件,除须经最高人民检察院或者公安部决定外,并没有规定具体的期限。

12. 起诉制度

首先,审查起诉。《草案(初稿)》第111条规定:"凡需要提起公诉或者免予起诉的案件,一律由人民检察院审查决定。公安机关侦查终结后,认为被告人可能被判处拘役或者管制的,可以移送人民检察院提起公诉,也可以直接移送人民法院审判。"也就是说,除被告人可能判处拘役或者管制的案件可以由公安机关直接移送人民法院审判外,公安机关侦查终结的案件都必须移送人民检察院提起公诉。检察院审查时,应当就案件的实体和程序问题进行全面审查。除重大复杂案件外,检察院对于公安机关移送起诉或者免予起诉的案件应当在7日内审查作出决定。一般案件由检察长决定,重大复杂案件则应提交检察委员会讨论决定。审查起诉时,必须讯问被告人,也可以进行必要的调查。经审查后,如果认为犯罪事实、情节不清或者证据不足,应当向侦查人员查询或者在必要的时候退回公安机关补充侦查。"公安机关对于补充侦查的案件,应当在10日以内补充侦查完毕;如果不能按期完成或者认为不应当移送起诉的,应当通知人民检察院。"《草案(初稿)》第118条规定:人民检察院在审查起诉中,如果发现侦查机关的侦查活动有违法情况,应当通知侦查机关给以纠正。

其次,提起公诉。检察机关提起公诉的条件:一是被告人的行为构成犯罪;二是犯罪事实、情节已经查清,证据充分、确凿;三是依法应当追究刑事责任需要由人民检察院提起公诉。人民检察院提起公诉应当制作起诉书。

再次,免予起诉制度。《草案(初稿)》第122条至第124条规定了该制度。第122条是关于免予起诉条件的规定:"依照本法第119条(笔者注:关于起诉条件的规定)的规定,对被告人应当起诉,但是人民检察院认为确有必要的时候,对于有下列情形之一的被告人,可以免予起诉:(一)确有显著悔罪、立功表现需要免予起诉的;(二)罪行较轻,有悔罪表现的。"据此,免予起诉的前提条件是构成犯罪,应当提起公诉,但有显著悔罪、立功表现或者罪行较轻,有悔罪表现。第123条是关于免予起诉决定书的规定:"免予起诉决定书除写明本法第120条规定的内容以外,还应当写明免予起诉的理由和根据。如果有赃物、证物、违禁物品或者扣押的财物,应当写明如何处理。"第124条是关于免予起诉决定书送达和救济程序的规定:"免予起诉的决定,应当公开宣布,并且将免予起诉决定书交被告人。如果被告人在押,应当释放。对于公安机关移送的案件,决定免予起诉的,应当将免予起诉决定书抄送公安机关。对于有被害人参加的案件,决定免予起诉的,应当将免予起诉决定书抄送被害人。被害人如果不服,可以向人民检察院申请复议。"

最后,不起诉制度。《草案(初稿)》只规定了一种不起诉的类型,即法定不起诉,第125条规定:"被告人有本法第3条规定的情形(笔者注:依法不追究刑事责任的六种情形)之一的,应当作出不起诉决定,写出不起诉决定书。"不起诉的决定应告知被告人,并将不起诉决定书交与被告人。如果被告人在押,应立即释放。同时,对于公安机关移送的案件、有被害人参加的案件还应将不起诉决定书抄送公安机关和被害人。如果被害人不服,可以向人民检察院申请复议。

13. 公诉案件的第一审程序

人民法院接到人民检察院移送审判的案件后,首先应当对其进行审查。必要时还可以传唤当事人进行讯问,也可以要求检察人员说明案情。人民检察院认为有应当撤回起诉或者补充侦查的情形的,可以撤回起诉或者补充侦查。人民法院审查后,如果事实清楚、有足够证据,应当作出进行审判的决定;如果事实不清、证据不足的,则应当退回人民检察院补充侦查。

人民法院审判第一审案件应当公开进行。但对于有关国家机密的案件、有关当事人阴私的案件、未满18岁少年人犯罪的案件,可以不公开进行,但是应当当庭宣布不公开的理由。除情节轻微、事实简单的刑事案件外,人民法院审理公诉案件的时候,人民检察院都应派员出席法庭支持公诉,"并且监督审判活动是否合法"。

根据《草案(初稿)》的规定,刑事一审开庭程序主要包括以下几个阶段:

首先,开庭。由审判长宣布开庭,说明本案的案由,查明诉讼参与人是否到庭。审判长查明到庭的当事人姓名、年龄、籍贯、住址、职业后,宣布合议庭的组成人员、出庭支持公诉的检察人员、书记员、鉴定人和翻译人员的名单,告知当事人有权对上列人员申请回避,告知被告人享有辩护权利。

其次,法庭调查。一是宣读起诉书。二是讯问被告人,讯问顺序是审判人员、出庭支持公诉的检察人员(经审判长许可)、被害人、附带民事诉讼的原告人和辩护人(经审判长许可)。三是询问证人。

审判人员和检察人员询问证人的程序与侦查阶段询问证人程序相同。当事人可以申请审判长对证人、鉴定人发问,或者请求许可直接发问;但是审判长认为直接发问的内容和案件无关的时候,应当制止。四是出示物证、宣读未到庭的证人的证言笔录、鉴定人的鉴定结论、勘验笔录和其他可以作为证据的文书。

再次,法庭辩论。顺序是:审判人员审问被告人,检察人员发言,由被害人、被告人和辩护人发言,相互辩论。审判长在宣布辩论终结的时候,应当讯问当事人有无补充陈述。

最后,评议和宣判。在辩论终结后,审判长宣布休庭,同人民陪审员退庭进行评议,根据在审判庭上已经查明的事实和证据,作出被告人有罪无罪、犯的什么罪、适用什么刑罚或者是否免除处罚的判决。判决书主要包括:被告人的姓名、出身、职业和其他身份事项,犯罪事实和判决理由,结论。无罪判决书应当写明被告人的行为不构成犯罪或者不能证明是他犯罪的理由和无罪的结论。判决书应当由院长、庭长和合议庭的组成人员署名。判决可以当庭宣布或者另定日期宣布。公开审判的案件,宣告判决应当公开进行。

## 14. 自诉案件的第一审程序

自诉案件可以由审判员一人独任审判。审判员接到自诉人的自诉申请并审查后,根据不同情形作出处理:对于事实清楚,有足够证据的案件,应当开庭审判;对于必须由人民检察院提起公诉的案件,应当移送人民检察院;对于缺乏罪证的自诉案件,如果自诉人提不出补充证据材料,经人民法院主持调查又未能收集到必要的证据,应当裁定驳回;对于被告人的行为不构成犯罪的案件,应当裁定驳回。

与公诉案件不同,自诉案件在诉讼过程中可以进行调解;自诉人在判决宣告前,可以同被告人自行和解或者撤回自诉。自诉案件的被告人在诉讼过程中可以对自诉人提起反诉。

15. 第二审程序

上诉的主体包括:当事人或者他们的法定代理人和近亲属以及附带民事诉讼的当事人和他们的法定代理人、近亲属。可见,作为当事人的被害人也享有独立的上诉权。对此问题,当时存在两种不同意见:一种意见认为,被害人不服地方各级人民法院的判决,可以向上一级人民法院上诉,也可以请求人民检察院抗议。理由是:(1)公诉案件虽由人民检察院提起,但是,被害人毕竟是犯罪行为的直接受害者。在人民检察院对一审判决不提出抗议的情况下,如果被害人不服判决,应当有权独立提起上诉。(2)被告人有上诉权,不给被害人以独立上诉的权利,也不合情理。(3)苏联1958年通过的《刑事诉讼程序基本原则》中也明确规定了被害人的上诉权利,可资参考。另一种意见认为,公诉案件的被害人不服第一审判决时,可以请求与第一审人民法院同级的人民检察院抗议,如果请求被驳回,可以向上级人民检察院申诉,但不应该规定被害人有独立提起上诉的权利。理由是:(1)公诉案件不同于自诉案件,人民检察院以国家公诉人的身份支持了控诉,它既代表国家整体利益,也代表被害人的利益。如果第一审判决有错误,人民检察院会提出抗议。被害人不服第一审判决,也可请求人民检察院抗议。如果请求是合理的,人民检察院当然要采纳而以自己的名义抗议。给予被害人以独立上诉的权利,对于纠正第一审判决可能发生的错误,并无实际意义。(2)被害人往往从个人受害的角度出发,对于政策、策略理解不够,往往感到对被告人处罚过轻。如果规定公诉案件中被害人可以独立提起上诉,必然增加不必要的上诉案件,对实际工作并无好处。(3)按照各国通例,除1958年的苏联《刑事诉讼程序基本原则》有此项新规定外,均无此规定。①《草案(初稿)》采纳了

---

① 参见《关于刑事诉讼法修改情况的说明》,载闵钐主编:《中国检察史资料选编》,中国检察出版社2008年版,第451—452页。

第一种意见。

抗议的主体是人民检察院。如果地方各级人民检察院认为同级人民法院的第一审判决和裁判有错误,根据《草案(初稿)》第 156 条规定,可以向同级人民法院提出意见。人民法院认为有理由的,可以重新审理。如果意见未被采纳,人民检察院可以向上一级人民法院提出抗议。上诉和抗议的期限,不服判决的期间为 10 日,不服裁定的期间为 5 日,从接到判决书、裁定书的第 2 日起算。上诉可以通过原审人民法院,也可以直接向上一级人民法院提起。上诉可以用书状或者口头提起。人民检察院提起抗议应当提出抗议书。第二审人民法院应当组成合议庭进行审判。在必要的时候,可以传唤当事人。人民检察院提起抗议的案件或者第二审人民法院决定人民检察院必须派员出庭的案件,同级人民检察院都应当派员出席法庭。

第二审人民法院审理案件应贯彻全面审查原则,《草案(初稿)》第 163 条规定:第二审人民法院应当全面审查第一审判决有无根据和是否合法,不受上诉或者抗议的内容的限制。

第二审人民法院根据不同情形分别作出不同的裁判:原判决在认定事实上和在适用法律上都无错误的,应当用判决驳回上诉、抗议;原判决在认定事实上或者在适用法律上有错误,或者在认定事实上和在适用法律上虽无错误但是量刑不当的,应当用判决改判;原判决在认定事实上有疑问或者证据不足的,可以在调查后开庭审判,也可以发回原审人民法院再审。此外,《草案(初稿)》第 165 条规定:第二审人民法院发现第一审人民法院严重违反诉讼程序,可能影响正确判决的时候,可以发回原审人民法院再审。

此外,《草案(初稿)》规定了二审终审制度,中级人民法院、高级人民法院和最高人民法院审判的第二审案件的判决、裁定,最高人民法院审判的第一审案件的判决、裁定,都是终审的判决、裁定。

16. 死刑复核程序

关于死刑核准权,《草案(初稿)》第171条规定:一切死刑(包括死刑缓期二年执行)案件,都由最高人民法院判决或者核准。最高人民法院复核死刑案件应当由审判员三人组成合议庭进行。复核后,根据不同的情况分别处理:对于原判决事实清楚、证据确凿,论罪处刑适当,程序合法的,应当核准;原判决事实清楚、证据确凿,程序合法,只是论罪处刑不当的,应当改判;原判决事实不清、证据不足或者严重违反诉讼程序的,应当撤销原判,发回再审。依照上述方式处理的案件都应当报经院长审批或者由院长提交审判委员会讨论决定。此外,最高人民法院审判的第一审死刑案件和第二审死刑案件的判决,都是终审判决,被告人不得申请复核。

17. 审判监督程序

提起审判监督程序的主体包括:一是各级人民法院院长。各级人民法院院长对本院已经发生法律效力的判决、裁定,如果发现确有错误,必须提交审判委员会处理。二是最高人民法院和上级人民法院。最高人民法院对各级人民法院已经发生法律效力的判决、裁定,上级人民法院对下级人民法院已经发生法律效力的判决、裁定,如果发现确有错误,有权提审或者指令下级人民法院再审。三是最高人民检察院和上级人民检察院。最高人民检察院对各级人民法院已经发生法律效力的判决、裁定,上级人民检察院对下级人民法院已经发生法律效力的判决、裁定,如果发现确有错误,有权向同级人民法院提出抗议。如果地方各级人民检察院发现同级人民法院或者上级人民法院已经发生法律效力的判决、裁定确有错误,应当提请上级人民检察院抗议。

法院审判再审案件应另组合议庭进行。如果原来是第一审案件,应当依照第一审程序进行审判,所作的判决、裁定,可以上诉、抗议;如果原来是第二审案件,应当依照第二审程序进行审判,所作的判决、裁定,是终审的判决、裁定;如果是上级人民法院提审的案件,应当依照第二审程序进行审判,所作的判决、裁定,是终审的判决、裁定。

18. 执行程序

执行的依据包括下列发生法律效力的判决和裁定:已过法定期间没有上诉、抗议的判决、裁定;终审的判决、裁定;核准的死刑判决。判决、裁定通常由第一审人民法院交付执行。但是被判处有期徒刑以上刑罚的罪犯关押在第二审人民法院所在地的,可以由第二审人民法院交付执行或者指定所在地的下级人民法院交付执行。

首先,死刑的执行。被最高人民法院判处或核准死刑立即执行的案件应由最高人民法院院长签发执行死刑的决定。接到最高人民法院执行死刑的决定后,人民法院应在7日以内交付执行。但是在执行前发现判决可能有错误的或者罪犯在怀孕中的应当停止执行,并且立即将停止执行的原因报请最高人民法院裁定。对于因判决可能有错误而停止执行的,原因消失后必须报请最高人民法院院长再签发执行死刑的决定才能执行;而因罪犯怀孕停止执行的应当报请最高人民法院改判。

其次,徒刑和拘役的执行。对于徒刑犯,应当由人民法院将执行书连同判决书送达监狱、劳动改造管教队执行。对于判处拘役的罪犯,由交付执行的人民法院将执行书连同判决书送达看守所执行。如果被判处徒刑、拘役的罪犯有严重疾病需要保外就医的,有精神病或者恶性传染病的,怀孕或者正在哺乳自己婴儿的可以延期执行。

再次,管制、剥夺政治权利的执行。对这类罪犯,由人民法院连同判决书委托罪犯原居住地的公安派出所、人民公社管理委员会(乡人民委员会)或者原工作单位执行。

最后,罚金和没收财产判决的执行。被判处罚金的罪犯,期满不缴纳的,人民法院应当强制缴纳;如果由于发生不能抗拒的灾祸导致缴纳确实有困难的,可以裁定减少或者免除。没收财产的判决,无论附加适用或者独立适用,都由人民法院执行;在必要的时候,可以会同公安机关执行。

此外,《草案(初稿)》第7条第(1)项对当事人的范围进行了界定:"当事人"是指被告人、被害人、自诉人、附带民事诉讼的原告人和被告人。因此,被害人是当事人,而出庭支持公诉的检察长或者检察员不是当事人。当事人范围的问题在草案制定中曾有过争议。一种意见认为,检察长或检察员是国家法律监督机关的代表,不应作为当事人,即不应把检察长或检察员降低到与被告人同等地位;而被害人是犯罪活动的直接受害者,与案件有切身的利害关系,应当作为当事人,使他在诉讼中享有与被告人同等的诉讼权利,这样才符合群众的心理,才能使被害人积极参加诉讼活动和充分维护他的合法利益。另一种意见认为,在我国实践中,检察长或检察员从来都是公诉案件的原告人,是诉讼的一方,当事人也都包括检察长或检察员。检察长或检察员虽然是当事人,但他在诉讼中享有的权利和诉讼地位同被告人并不相同,把检察长或检察员作为当事人,并不会降低他的作用。被害人不是起诉的人,各国立法也不把他列为当事人,如果我们把他列入当事人之中,使他享有当事人的权利(如撤回控诉权、上诉权等),则会增加一些不必要的上诉案件,对工作并不利。①

因随后一系列政治运动,《草案(初稿)》并没有真正颁布实施。但《草案(初稿)》在中华人民共和国刑事诉讼法的历史上具有相当重要的地位。1979年之所以能在3个月内出台中华人民共和国第

---

① 参见《关于刑事诉讼法修改情况的说明》,载闵钐主编:《中国检察史资料选编》,中国检察出版社2008年版,第450页。

一部《刑事诉讼法》,就是以《草案(初稿)》为基础的。《草案(初稿)》所确立的一系列原则和制度有不少仍被现行《刑事诉讼法》所承袭。

可见看出,20世纪60年代初期由于党和国家的主要领导人对20世纪50年代后期的错误进行了反思,司法制度出现了复苏现象,遗憾的是好景不长,1966年5月开始的"文化大革命"使司法制度遭遇了灭顶之灾。

## 十、"文化大革命"期间的刑事司法

1966年5月召开的中央政治局扩大会议和同年8月召开的中共八届十一中全会分别通过了"文化大革命"的纲领性文件——《五·一六通知》和《关于无产阶级文化大革命的决定》,标志着"文化大革命"全面发动。"'文化大革命'十年内乱使法制遭到严重破坏"①,司法机关被砸烂,司法人员被遣散,司法制度建设严重倒退。

### (一)"砸烂公检法"

在"文化大革命"中,"砸烂公检法"是由江青等"四人帮"煽动,时任中央政法小组领导人、国务院副总理、公安部部长的谢富治实施的。1966年8月24日,谢富治在三省一市座谈会上说:过去公安机关,罗瑞卿统治了八九年,徐子荣也统治了一个时期,他们搞反党宗派集团……彭真管政法多年,他和冯基平、徐子荣、狄飞都是死党,他们搞地下活动,告黑状,想把某些人整倒。② 12月18日,江青

---

① 参见习近平:《在党的十八届四中全会第二次全体会议上的讲话》(2014年10月23日),载中共中央文献研究室编:《习近平关于社会主义政治建设论述摘编》,中央文献出版社2017年版,第83页。

② 参见赵明:《文革中的谢富治其人其事》,载《百年潮》2003年第4期。

在接见红卫兵时的讲话直接针对公检法机关：西城区公安分局问题严重，已经调五六百名干部去改组它。北京市公安局也肯定有问题，你们可以去造反。公安部、检察院、最高人民法院都是从资本主义国家搬来的，建立在党政之上，监察竟然监察到我们头上了，整理我们的材料，这都是些官僚机构，他们这几年一直是跟毛主席相对抗，我建议公安部门除了交通警、消防警以外，其他的全部由军队接管。① 此后，最高人民检察院受到暴力冲击，并且迅速蔓延到全国各级检察机关。谢富治支持"造反派"在公安部、最高人民检察院、最高人民法院搞层层夺权。1967年初，张春桥、谢富治等人经过精心策划，出台了《中共中央、国务院关于在无产阶级文化大革命中加强公安工作的若干规定》（以下简称《公安六条》）。② 1967年1月25日，谢富治在人民大会堂接见最高人民法院革命造反联合总部十位代表时说：你们夺权了，接管了最高法院的一切权力，我祝贺你们。你们从资产阶级老爷们手里把权夺过来，做得完全对。③ 2月，公安部除了谢富治等人之外，所有的副部长、正副局长、大部分处长、一部分科长都被夺了权。7月28日，谢富治在中央政法口群众组织代表会上说：公检法要实现革命大联合，把刘、邓、彭、罗那一套砸个稀巴烂，粉碎越彻底越好。④ 8月7日，谢富治在公安部全体人员大会上，公开提出"砸烂公检法"，并授意将材料印发全国。谢富治在讲话中提出：从"文化大革命"开始，一直到"一月风暴"，大多数公、检、法机关都是死保当地走资本主义道路的当权派，镇压革命群众，

---

① 参见赵明：《文革中的谢富治其人其事》，载《百年潮》2003年第4期。

② 在"文化大革命"期间，宪法和法律实际上被废弃，《公安六条》成为最重要的"法律"依据。其中的第2条规定："凡是投寄反革命匿名信，秘密或公开张贴、散发反革命传单，写反动标语，喊反动口号，以攻击污蔑伟大领袖毛主席和他的亲密战友林彪同志的，都是现行反革命行为，应当依法惩办。"不少对"文化大革命"持批判态度的人，都因为触犯了这条规定而受到了迫害。

③ 参见赵明：《文革中的谢富治其人其事》，载《百年潮》2003年第4期。

④ 同上。

## 第一编 司法组织与刑事诉讼制度

说明毛泽东思想在我们公安政法系统没有占到统治地位,要从政治、思想、理论、组织上彻底砸烂。① 12 月,中共中央决定对公安机关(包括公安、检察、法院)实行"军管",从此,公安机关军管会行使国家的检察权、审判权。1968 年 2 月 17 日,谢富治接见最高人民检察院军代表时,再一次全盘否定中华人民共和国成立至"文化大革命"开始前 17 年以来的政法工作,并对长期领导政法工作的老一辈无产阶级革命家彭真、罗瑞卿等进行诽谤。

在谢富治"砸烂公检法"的口号煽动下,全国上至中央公安部、最高人民法院、最高人民检察院,下至基层政法机关均遭受严重的破坏,组织完全瘫痪。其中又以检察机关破坏最为严重。1968 年 12 月,在谢富治的授意下,最高人民法院军代表、最高人民检察院军代表、内务部军代表和公安部领导小组联合提出了《关于撤销高检院、内务部、内务办三个单位,公安部、高法院留下少数人的请示报告》。报告中提出:"高检完全是抄苏修的,群众早就说该取消。"这个报告经毛泽东主席批示后,最高人民检察院、军事检察院和地方各级人民检察院先后被撤销。②

1975 年 1 月 17 日,第四届全国人民代表大会第 1 次会议通过了修正后的《宪法》(又称为"七五宪法")。1975 年《宪法》第 25 条第 2 款规定:"检察机关的职权由各级公安机关行使。"这使"文化大革命"期间检察机关被取消的事实得到国家根本法的确认。毋庸置疑,1975 年《宪法》取消检察机关是社会主义法制建设的大倒退。③

---

① 参见何兰阶、鲁明健主编:《当代中国的审判工作(上)》,当代中国出版社 1993 年版,第 130 页。
② 参见孙谦主编:《人民检察制度的历史变迁》,中国检察制度出版社 2009 年版,第 316 页。
③ 其实,在 1970 年 8 月 22 日对《宪法修改稿》的讨论中,也有人提出可以取消人民法院,与公安机关合并。也有人提出注意到国际的影响,还是暂时保留为好。1975 年《宪法》采纳了后一种意见。参见许崇德:《中华人民共和国宪法史》,福建人民出版社 2003 年版,第 441—442 页。

## （二）践踏党的群众路线

群众路线是中国共产党的根本工作路线，就是一切为了群众，一切依靠群众，从群众中来，到群众中去。群众路线是中国共产党在长期革命和建设中制胜的重要法宝之一。但是在"文化大革命"中，群众路线被"四人帮"用来搞阶级斗争、发动政治运动，成为群众斗群众，特别是群众斗领导的工具。

"群众路线"也成为"文化大革命"期间否定、取消司法民主法治原则的借口。1975 年《宪法》第 25 条第 3 款规定："检察和审理案件，都必须实行群众路线。对于重大的反革命刑事案件，要发动群众讨论和批判。""群众路线"完全取代了 1954 年《宪法》所确立的人民法院独立审判、只服从法律，被告人有权获得辩护，公开审判，人民陪审制度等一系列符合司法规律和促进司法公正的诉讼原则和制度。

## （三）制造大量冤假错案

"文化大革命"期间刑讯逼供盛行，制造出了大量的冤假错案。据有关部门统计，对"文化大革命"期间判处的 27.7 万反革命案件复查的结果，其中冤假错案占 72.3%；在已经复查的 91.5 万普通刑事案件中，冤假错案占 9.5%。[①] 这些冤案主要有两大类：一是以"反对毛主席""反对'文化大革命'"为由进行迫害，例如"张志新案""林昭案"等；二是以"走资本主义道路""历史反革命""叛徒""特务""内奸"为由对党内一些领导同志进行迫害，例如"刘少奇案""彭德怀案""贺龙案"等。这些冤假错案直到改革开放之后才得以纠正和平反。

---

[①] 参见李士英主编：《当代中国的检察制度》，中国社会科学出版社 1988 年版，第 174 页。

# 第 四 章
# 转折与发展：1976—1996 年

1976年10月上旬,中共中央粉碎了林彪、江青反革命集团,结束了"文化大革命",我国从此进入了新的历史发展时期,社会主义各项建设事业逐步走上正轨。

1978年12月18日至22日,中国共产党十一届三中全会在北京召开。会议作出了把工作重点转移到社会主义现代化建设上来的战略决策。此次全会,是中华人民共和国成立以来党的历史上具有深远意义的伟大转折。社会主义法制建设也随之进入新的发展时期。

## 一、《刑事诉讼法》的诞生

1979年2月23日召开的第五届全国人民代表大会常务委员会第6次会议决定设立全国人民代表大会常务委员会法制委员会,作为全国人民代表大会常务委员会专门负责立法的机构。在全国人民代表大会常务委员会法制委员会的主持下,在1963年《草案(初稿)》的基础上先后拟出《刑事诉讼法修正一稿》和《刑事诉讼法修正二稿》。随后将《刑事诉讼法修正二稿》呈交党中央和全国人民代表大会常务委员会审议修订。1979年6月12日第五届全国人民代表大会常务委员会第8次会议通过了全国人民代表大会常务委员会工作报告和《中华人民共和国刑事诉讼法(草案)》。1979年7月1日,第五届全国人民代表大会第2次会议通过第一部《中华人民共和国刑事诉讼法》(以下简称《刑事诉讼法》),并于1980年1月1日起施行。该法共4编164条,主要内容包括:

(1)基本原则。该法主要规定了如下刑事诉讼基本原则:侦查权、检察权、审判权由专门机关依法行使原则;以事实为根据,以法律为准绳原则;对一切公民在适用法律上一律平等原则;分工负责,互相配合,互相制约原则;依照法定情形不予追究刑事责任原则;等等。

(2)基本制度。主要包括两审终审制、公开审判制度和人民陪审员制度等。

(3)管辖制度。包括立案管辖和审判管辖。告诉才处理和其他不需要进行侦查的轻微的刑事案件,由人民法院直接受理,并可以进行调解。贪污罪、侵犯公民民主权利罪、渎职罪以及人民检察院认为需要自己直接受理的其他案件,由人民检察院立案侦查和决定是否提起公诉。其他案件的侦查,均由公安机关进行。中级人民法院管辖下列第一审刑事案件:① 反革命案件;② 判处无期徒刑、死刑的普通刑事案件;③ 外国人犯罪或者我国公民侵犯外国人合法权利的刑事案件。高级人民法院管辖的第一审刑事案件,是全省(直辖市、自治区)性的重大刑事案件。最高人民法院管辖的第一审刑事案件,是全国性的重大刑事案件。基层人民法院管辖其他第一审普通刑事案件。刑事案件由犯罪地的人民法院管辖。如果由被告人居住地的人民法院审判更为适宜的,可以由被告人居住地的人民法院管辖。

(4)辩护制度。辩护包括自行辩护、委托辩护和指定辩护三种。被告人可以委托律师,人民团体或者被告人所在单位推荐的或者经人民法院许可的公民,被告人的近亲属、监护人担任辩护人。被告人是聋、哑或者未成年人而没有委托辩护人的,人民法院应当为他指定辩护人。辩护律师的权利包括:查阅本案材料、了解案情、同在押的被告人会见和通信;其他的辩护人经过人民法院许可,也可以了解案情,同在押的被告人会见和通信。

(5)证据制度。证明案件真实情况的一切事实,都是证据。证据有下列六种:① 物证、书证;② 证人证言;③ 被害人陈述;④ 被告人供述和辩解;⑤ 鉴定结论;⑥ 勘验、检查笔录。审判人员、检察人员、侦查人员必须依照法定程序,收集能够证实被告人有罪或者无罪、犯罪情节轻重的各种证据。严禁刑讯逼供和以威胁、引诱、欺骗以及其他非法的方法收集证据。必须保证一切与案件有关或者了解案情的公民,有客观地、充分地提供证据的条件,除特殊情况外,并且可以吸收他们协助调查。对一切案件的判处都要重证据,重调查研究,不轻信口供。只有被告人供述,没有其他证据的,不能认定被告人有罪和处以刑罚;没有被告人供述,证据充分确实的,可以认定被告人有罪和处以刑罚。

(6)强制措施。规定了拘传、取保候审、监视居住、拘留和逮捕五种强制措施。对主要犯罪事实已经查清,可能判处徒刑以上刑罚的人犯,采取取保候审、监视居住等方法,尚不足以防止发生社会危险性,而有逮捕必要的,应即依法逮捕。逮捕人犯,必须经过人民检察院批准或者人民法院决定,由公安机关执行。公安机关拘留人的时候,必须出示拘留证。拘留后,除有碍侦查或者无法通知的情形以外,应当把拘留的原因和羁押的处所,在 24 小时以内,通知被拘留人的家属或者他的所在单位。

（7）附带民事诉讼。被害人由于被告人的犯罪行为而遭受物质损失的，在刑事诉讼过程中，有权提起附带民事诉讼。

（8）立案程序。有犯罪事实需要追究刑事责任的时候，应当立案。

（9）侦查程序。被告人对侦查人员的提问，应当如实回答。但是对与本案无关的问题，有拒绝回答的权利。询问证人，应当告知他应当如实地提供证据、证言和有意作伪证或者隐匿罪证要负的法律责任。对于与犯罪有关的场所、物品、人身、尸体应当进行勘验或者检查。在必要的时候，可以指派或者聘请具有专门知识的人，在侦查人员的主持下进行勘验、检查。为了查明案情，在必要的时候，经公安局长批准，可以进行侦查实验。为了收集犯罪证据、查获犯罪人，侦查人员可以对被告人以及可能隐藏罪犯或者犯罪证据的人的身体、物品、住处和其他有关的地方进行搜查。在勘验、搜查中发现的可用以证明被告人有罪或者无罪的各种物品和文件，应当扣押。为了查明案情，需要解决案件中某些专门性问题的时候，应当指派、聘请有专门知识的人进行鉴定。应当逮捕的被告人如果在逃，公安机关可以发布通缉令，采取有效措施，追捕归案。

（10）起诉。凡需要提起公诉或者免予起诉的案件，一律由人民检察院审查决定。人民检察院审查案件，应当讯问被告人。人民检察院认为被告人的犯罪事实已经查清，证据确实、充分，依法应当追究刑事责任的，应当作出起诉决定，按照审判管辖的规定，向人民法院提起公诉。依照《中华人民共和国刑法》（以下简称《刑法》）规定不需要判处刑罚或者免除刑罚的，人民检察院可以免予起诉。被告人如果有以下情形之一的，人民检察院应当作出不起诉决定：① 情节显著轻微、危害不大，不认为是犯罪的；② 犯罪已过追诉时效期限的；③ 经特赦令免除刑罚的；④ 依照1979年《刑法》告诉才处理的犯罪,没有告诉或者撤回告诉的;⑤被告人死亡的;⑥其他法律、法令规定免予追究刑事责任的。

(11)一审程序。人民法院对提起公诉的案件进行审查后,对于犯罪事实清楚、证据充分的,应当决定开庭审判;对于主要事实不清、证据不足的,可以退回人民检察院补充侦查;对于不需要判刑的,可以要求人民检察院撤回起诉。人民法院审判公诉案件,除罪行较轻经人民法院同意的以外,人民检察院应当派员出席法庭支持公诉。出庭的检察人员发现审判活动有违法情况,有权向法庭提出纠正意见。开庭审理程序包括开庭、法庭调查、法庭辩论、被告人最后陈述、评议和宣判。法庭调查的顺序包括:公诉人宣读起诉书;审判人员审问被告人;公诉人讯问被告人;被害人、附带民事诉讼的原告人和辩护人向被告人发问;审判人员、公诉人询问证人;当事人和辩护人可以申请审判长对证人、鉴定人发问,或者请求审判长许可后直接发问;审判人员应当向被告人出示物证,让他辨认;对未到庭的证人的证言笔录、鉴定人的鉴定结论、勘验笔录和其他作为证据的文书,应当当庭宣读,并且听取当事人和辩护人的意见。法庭辩论的顺序是公诉人发言,被害人发言,然后由被告人陈述和辩护,辩护人进行辩护,并且可以互相辩论。

(12)第二审程序。当事人或者他们的法定代理人,不服地方各级人民法院第一审的判决、裁定,有权用书状或者口头向上一级人民法院上诉。被告人的辩护人和近亲属,经被告人同意,可以提出上诉。地方各级人民检察院认为本级人民法院第一审的判决、裁定确有错误的时候,应当向上一级人民法院提出抗诉。第二审人民法院应当就第一审判决认定的事实和适用法律进行全面审查,不受上诉或者抗诉范围的限制。第二审人民法院对不服第一审判决的上诉、抗诉案件,经过审理后,应当按照下列情形分别处理:①原判决认定事实和适用法律正确、量刑适当的,应当裁定驳回上诉或者抗诉,维持原判;② 原判决认定事实没有错误,但适用法律有错误,或者量刑不当的,应当改判;③ 原判决事实不清楚或者证据不足的,可以在查清事实后改判;也可以裁定撤销原判,发回原审人民法院重新审判。第二审人民法院审判被告人或者他的法定代理人、辩护人、近亲属上诉的案件,不得加重被告人的刑罚,但人民检察院提出抗诉或者自诉人提出上诉的除外。

（13）死刑复核程序。死刑由最高人民法院核准。中级人民法院判处死刑缓期二年执行的案件,由高级人民法院核准。最高人民法院复核死刑案件,高级人民法院复核死刑缓期执行的案件,应当由审判员三人组成合议庭进行。

（14）审判监督程序。当事人、被害人及其家属或者其他公民,对已经发生法律效力的判决、裁定,可以向人民法院或者人民检察院提出申诉,但不能停止判决、裁定的执行。各级人民法院院长对本院已经发生法律效力的判决和裁定,如果发现在认定事实上或者在适用法律上确有错误,必须提交审判委员会处理。最高人民法院对各级人民法院已经发生法律效力的判决和裁定,上级人民法院对下级人民法院已经发生法律效力的判决和裁定,如果发现确有错误,有权提审或者指令下级人民法院再审。最高人民检察院对各级人民法院已经发生法律效力的判决和裁定,上级人民检察院对下级人民法院已经发生法律效力的判决和裁定,如果发现确有错误,有权按照审判监督程序提出抗诉。

1979年《刑事诉讼法》的制定结束了办理刑事案件无法定程序可依的状况,对保证刑事案件质量产生了重大作用,并且为刑事司法制度的进一步改革完善奠定了基础。

第一编　司法组织与刑事诉讼制度

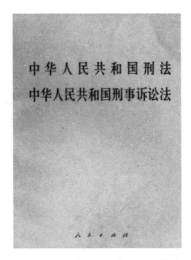

图1-4-1　1979年版《刑法》和《刑事诉讼法》

## 二、中共中央1979年第64号文件

为保证1979年《刑法》和1979年《刑事诉讼法》的实施,使国家尽快走上法制轨道,中共中央于1979年9月9日颁布了中华人民共和国社会主义法治建设史上具有深远意义的文件——《中共中央关于坚决保证刑法、刑事诉讼法切实实施的指示》(以下简称"64号文件")。"64号文件"是在中国共产党全面吸取中华人民共和国成立以来特别是"文化大革命"期间的经验教训,全党全社会"人心思法""人心思治"的背景下制定的,也是为了保证1979年《刑法》和1979年《刑事诉讼法》切实贯彻落实,开始实行社会主义法治所作的宣言。"64号文件"主要内容包括:

(1)首次提出"社会主义法治"。"64号文件"开宗明义地宣告:五届人大2次会议一致通过的《刑法》《刑事诉讼法》等七个重要法律,得到了全国各族人民的热烈拥护。现在大家最关心的,是我

们能否坚决实施这些法律。在这七个重要法律中,《刑法》《刑事诉讼法》同全国人民每天的切身利害有密切关系,它们能否严格执行,是衡量我国是否实行社会主义法治的重要标志,因此也更为广大群众所密切注意。这是中共十一届三中全会后党的文件首次提出"实行社会主义法治",为此后党和国家的其他一些重要文件以及中央领导同志的讲话,乃至为党的十五大报告提出"依法治国,建设社会主义法治国家"的治国方略奠定了基础。

(2)理顺党与法律、司法之间的关系,取消党委审批案件制度。从1957年"整风反右"至"文化大革命",党与法律、司法的关系一直处于纠结状态。"64号文件"坦率地指出:"我们党内,由于建国以来对建立和健全社会主义法制长期没有重视,否定法律,轻视法律,以党代政,以言代法,有法不依,在很多同志身上已经成为习惯;认为法律可有可无,法律束手束脚,政策就是法律,有了政策可以不要法律等思想,在党员干部中相当流行。"为了维护党的威信和法律、司法的权威,"64号文件"进一步深刻地指出:"加强党对司法工作的领导,最重要的一条,就是切实保证法律的实施,充分发挥司法机关的作用,切实保证人民检察院独立行使检察权,人民法院独立行使审判权,使之不受其他行政机关、团体和个人的干涉。国家法律是党领导制定的,司法机关是党领导建立的,任何人不尊重法律和司法机关的职权,这首先就是损害党的领导和党的威信。党委与司法机关各有专责,不能互相代替,不应互相混淆。为此,中央决定取消各级党委审批案件的制度。对县级以上干部和知名人士等违法犯罪案件,除极少数特殊重大情况必须向上级请示之外,都由所在地的司法机关独立依法审理。对于司法机关依法作出的判决和裁定,有关单位和个人都必须坚决执行;如有不服,应按照司法程序提出上诉,由有关司法机关负责受理。各级公安机关必须坚决服从党的领导,但在执行法律所赋予的职责时,又必须严格遵守法律规定,这两者毫不矛盾,认为服从党的领导就可以违背法律规定的想法是极端错误的,必须坚决纠正。党对司法工作的领导,主要是方针、政策的领导。各级党委要坚决改变过去那种以党代政、以言代法,不按法律规定办事,包揽司法行政事务的习惯和作法。"从这段指示可以看出,首先,确立了法大于权,法律至上的法治观念;其次,确立了司法机关独立行使职权原则;最后,取消了党委审批案件制度。

(3)重申了司法机关进行刑事诉讼活动应当遵循的基本原则。"64号文件"重申了1979年《刑事诉讼法》中明确规定的下列基本准则:一是以事实为根据,以法律为准绳。二是法律面前人人平等,无论被控告者社会地位、社会成分、政治历史有什么不同,无论被控告者所犯之罪是否属于敌我矛盾,都必须坚持法律面前一律平等。三是司法权专属于公、检、法机关,任何三机关之外的机关和个人都无权捕人、押人,私设公堂,搜查抄家,限制人身自由和侵犯人民的正当权益。四是不得以各种理由指令公安、检察机关违反1979年《刑法》规定的法律界限和1979年《刑事诉讼法》规定的司法程序,滥行捕人抓人;或者背离法律规定,任意判定、加重或者减免刑罚。五是严禁刑讯逼供等非法行为。严禁公、检、法机关以侮辱人格、变相体罚、刑讯逼供等非法手段对待违法犯罪人员或被拘留、逮捕、羁押人员。

(4)要求健全司法机构和加强司法队伍建设。"64号文件"要求,要有计划、有步骤地从党政机关、军队系统和经济部门抽调一大批思想好、作风正、身体健康、有一定的政策和文化水平的干部,经过必要的训练后,分配到司法部门工作。对学过司法专业和做过司法工作,包括教学、研究工作的人员,进行一次普查、摸底,凡现在仍然适合做司法工作的,应尽量动员归队。"64号文件"要求,省、地、县三级的公安厅(局)长、法院院长和检察院检察长,都应当从具有相当于同级党委常委条件的干部中慎选适当的同志担任。要首先把法院、检察院的机构健全起来。新成立的司法部应当主抓司法干部的培训工作。过去撤销的政法院系和政法、公安院校应尽快恢复起来,有条件的文科大学还应设置法律系或法律专业。各省、市、自治区可根据需要逐步新建各类政法院校和司法、公安干警学校。地方各级党委对公、检、法机关党员领导干部的调配,应征得上级公、检、法机关的同意。

此外,"64号文件"还要求必须广泛深入地宣传1979年《刑法》和1979年《刑事诉讼法》,为1980年1月1日正式实施这两部法律做好充分的准备工作。各级党组织、领导干部和全体党员应当模范、带头遵守法律。从党中央委员会到基层组织,从党中央主席到每个党员,都必须一体遵行。绝不允许有不受法律约束的特殊公民,绝不允许有凌驾于法律之上的特权。

## 三、复查和纠正"文化大革命"期间的冤假错案

"文化大革命"结束后,复查和纠正"文化大革命"期间由林彪、江青反革命集团造成的冤假错案成为全国各级司法机关一项紧迫而又繁重的任务。

在中共十一届三中全会召开之前的1978年下半年,全国各级人民法院就已经开始逐步纠正冤假错案的工作。1978年4月召开的第八次全国人民司法工作会议提出了按照"全错的全平、部分错的部分平、不错的不平"的原则,纠正"文化大革命"期间的冤假错案。但是由于当时法院工作人员的思想不够解放,措施不够得力,且心有余悸,复查工作进展缓慢。1978年10月21日至11月2日,最高人民法院在上海召开第二次全国刑事审判工作会议。会议的主题是研究和部署"文化大革命"期间判处的刑事案件的全面复查工作,

并正式印发了9个已经纠正的冤假错案案例。在会议闭幕式上,江华院长作了《积极开展复查和纠正"文化大革命"期间判处的冤假错案的工作》的报告。他在报告中指出:"复查纠正冤假错案,是由我们国家的性质、人民法院的性质决定的……做好复查纠正冤假错案件的工作,必须进一步解放思想……有些被告人在反对林彪、'四人帮'的同时,也说了一些有损于党和领袖的错话,这类案件成了一个大'禁区',许多同志不大敢碰。林彪、'四人帮'在领袖问题上搞唯心论和形而上学的流毒还没有肃清。林彪、'四人帮'一伙出于反革命目的,把党的领袖'偶像化',把领袖的语录当成宗教的教义,只要谁损害了一枚像章,谁弄坏了一张领袖像,谁说了一句牢骚不满的话,不问他的目的和动机如何,统统以'恶毒攻击'的反革命分子治罪判处。这些年来判处的冤假错案中'恶毒攻击'案件最多。有些人反对林彪、'四人帮',但由于不了解共产党内的情况,或者因对一时一事不满,说了或者写了一些政治性的语句,但是他不想推翻共产党的领导,不想推翻人民民主专政的政权和社会主义制度,没有反革命目的,为什么要把他当成反革命治罪?我们对每个案件都要具体分析,要看它的本质是什么,主流是什么,只要本质上是反对林彪、'四人帮'的,就要平反纠正……我们要从实际出发,实事求是,坚持实践是检验真理的唯一标准。"[1]江华的讲话对司法干部消除疑虑,解放思想,统一认识发挥了重要作用。会后,最高人民法院党组向中共中央作了题为《关于抓紧复查纠正冤假错案认真落实党的政策的请示报告》。中共中央于1978年12月29日批转了该报告,要求真正做到全错全平,部分错部分平,不错不平,严明法纪,有错必纠。

中共十一届三中全会对复查纠正"文化大革命"期间的冤假错案作了重要决定。《中国共产党第十一届中央委员会第三次全体会

---

[1] 《江华司法文集》,人民法院出版社1989年版,第55—58页。

议公报》指出:"解决历史遗留问题必须遵循毛泽东同志一贯倡导的实事求是、有错必纠的原则。只有坚决地平反假案,纠正错案,昭雪冤案,才能够巩固党和人民的团结,维护党和毛泽东同志的崇高威信。在揭批'四人帮'的群众运动结束以后,这个任务还要坚决抓紧完成。会议一致认为,采取这些步骤,正是完整地、准确地掌握毛泽东思想的科学体系的表现,正是高举毛主席旗帜的表现。"[①]

中共十一届三中全会后,广大司法干部逐步解放了思想,复查工作普遍开展起来。截止到1981年年底,全国各级人民法院复查了"文化大革命"期间判处的120余万件刑事案件;按照中共中央的有关政策,改判纠正了冤假错案30.1万余件,涉及当事人32.6万余人。各地人民法院还主动复查了1977年和1978年两年中判处的反革命案件3.3万件,从中改判纠正了错案2.1万件。到1983年,复查纠正"文化大革命"期间和1977年、1978年判处的冤假错案的工作已经基本完成。在复查工作中,中共中央先后三次批转了最高人民法院党组有关复查工作的请示报告,对于坚持和推动复查和纠正"文化大革命"期间的冤假错案起了重要的指导和保证作用。根据复查的结果,冤假错案主要有两种,一种是因反对林彪、"四人帮"和为刘少奇等党和国家的领导人遭诬陷鸣不平,被定为反革命罪判了刑的案件。据不完全统计,截至1980年年底这类案件在改判纠正的反革命案件中占21.9%。另一种是按《公安六条》判处的所谓"恶毒攻击"案件,占改判纠正案件的50%左右。

复查和平反"文化大革命"期间的冤假错案工作主要由人民法院完成。同时,全国各级检察机关尽管仍处于恢复重建时期,也积极参与平反工作,收到了大量的人民来信、来访。据不完全统计,1978年全国检察机关受理信访70203件(次),1979年受理1236134

---

① 《中国共产党第十一届中央委员会第三次全体会议公报(一九七八年十二月二十二日通过)》,载《人民日报》1978年12月24日第1版。

件(次),1980年达到1518846件(次)。据各级人民检察院统计,从1979年至1984年,全国共平反和纠正冤假错案402000件,其中绝大部分是检察机关协同有关部门平反纠正的,一部分是检察机关直接平反纠正的。

全国各级司法机关平反和纠正冤假错案的工作使成千上万遭受林彪、"四人帮"迫害的人民得以平冤昭雪,成千上万的受害人及其家属得到了妥善的安置和抚恤。这些工作深得民心,对于医治创伤、稳定政治局面、恢复党的威望以及促进现代化建设都发挥了重大的作用。

### 平反郭子光案[①]

郭子光,原籍山东省广饶县大王乡,1957年,还在读初中的郭子光,在参加本村宣传工作时,摘录了《人民日报》上关于反对干部特殊化的文章,因为文章被村干部视为右派言论,郭子光被开除了学籍。1年之后,郭子光考入包头市地方工业学校,毕业后留校工作。其间,郭子光远在山东老家的村干部将过去的"检举材料"寄到了包头。结果,郭子光被划为右派,劳动教养两年。两年后,郭子光被错定为反革命,判刑15年。因为发泄对"文化大革命"的不满,郭子光又被加刑4年。1979年3月,郭子光向最高人民检察院提出申诉,不久得到了平反。

## 四、"两案"审判

"两案"审判,即指对林彪、江青两个反革命集团的审判。1978

---

[①] 参见《高举旗帜 解放思想 把中国特色社会主义检察事业不断推向前进》,载http://www.spp.gov.cn/zdgz/200807/t20080725_24276.shtml,最后访问日期:2018年4月2日。

年秋,中央决定用法律手段来解决林彪、江青反革命集团问题。同年 12 月,根据中共十一届三中全会的决定,成立了以陈云、邓颖超、胡耀邦、黄克诚为书记的中央纪律检查委员会(以下简称"中纪委")。会后,中纪委成立了对林彪、"四人帮"案件审理领导小组,下设办公室,对外称"中纪委二办"。经初步审查,两案主犯的行为触犯了 1979 年《刑法》,依法应当追究刑事责任。

1980 年 4 月,公安部开始对两个反革命集团案犯进行侦查预审。9 月 22 日侦查终结,将起诉意见书移送最高人民检察院。9 月 29 日,第五届全国人民代表大会常务委员会第 16 次会议作出了《关于成立最高人民检察院特别检察厅和最高人民法院特别法庭检察、审判林彪、江青反革命集团案犯主犯的决定》,决定成立最高人民检察院特别检察厅、最高人民法院特别法庭对"两案"进行起诉和审判,并任命最高人民检察院检察长黄火青兼特别检察厅厅长、最高人民法院院长江华兼特别法庭庭长。最高人民检察院特别检察厅在为期 6 个月的审查核实证据、核对犯罪事实的工作基础上,起草了起诉书,于 1980 年 11 月 2 日由最高人民检察院检察委员会通过。起诉书首先确定了本案的性质为推翻无产阶级专政的政权案,并确定对 10 名主犯提起公诉。起诉书列举了"两案"主犯的四大罪状 48 条罪行。这四大罪状是:(1)诬陷迫害党和国家领导人,策划推翻无产阶级专政的政权;(2)迫害镇压广大干部和群众;(3)谋害毛泽东主席,策划反革命武装政变;(4)策划上海武装叛乱。11 月 5 日,最高人民检察院特别检察厅将起诉书移送最高人民法院特别法庭,对"两案"的 10 名主犯提起公诉。11 月 8 日,最高人民法院特别法庭决定受理"两案"。

1980 年 11 月 20 日,最高人民法院特别法庭决定正式受理此案。最高人民法院特别法庭采取了分庭审理、全庭评议、一起判决的办法,即对案件的审查、决定受理、评议和判决都在全庭进行,法庭调查和法庭辩论则由特别法庭第一审判庭和第二审判庭分别进行。为查清案件事实,第一审判庭和第二审判庭先后42次开庭,对10名被告人进行了45次法庭调查,进行了9次法庭辩论。在法庭调查和法庭辩论结束后,特别法庭全体对10名被告人逐一进行了评议。1981年1月25日,最高人民法院特别法庭对"两案"的10名主犯进行了宣判,分别判处江青、张春桥死刑,缓期二年执行,剥夺政治权利终身;判处王洪文无期徒刑,剥夺政治权利终身;判处姚文元有期徒刑20年,陈伯达、黄永胜、江腾蛟各为有期徒刑18年,吴法宪、李作鹏各为有期徒刑17年,邱会作有期徒刑16年,以上7名罪犯均被剥夺政治权利5年。对已死的6名主犯,按照1979年《刑事诉讼法》的有关规定,不再追究刑事责任。

此外,根据最高人民检察院特别检察厅关于"对江青等10名主犯以外的本案其他人犯,另行依法处理"的决定,各地检察机关和人民法院依法对他们进行了公诉和审判。至此,审判"两案"全部结束。

图1-4-2 最高人民法院特别法庭审理林彪、江青两个反革命集团的场景①

① 图片来自中国法院博物馆。

# 五、"严打"期间的刑事司法制度

"文化大革命"结束以后,社会治安形势严峻,暴力犯罪活动和恶性案件频发。1983年8月25日,中共中央发布了《关于严厉打击刑事犯罪活动的决定》,拉开了"严打"的序幕。《关于严厉打击刑事犯罪活动的决定》指出:"中央决定以3年为期,组织一次、两次、三次战役,按照依法'从重从快,一网打尽'的精神,对刑事犯罪分子予以坚决打击。"

1983年9月2日,第六届全国人民代表大会常务委员会第2次会议通过了《关于严惩严重危害社会治安的犯罪分子的决定》和《关于迅速审判严重危害社会治安的犯罪分子的程序的决定》(以下简称《决定》)。《决定》指出:为了迅速严惩严重危害社会治安的犯罪分子,保护国家和人民的利益,决定:一、对杀人、强奸、抢劫、爆炸和其他严重危害公共安全应当判处死刑的犯罪分子,主要犯罪事实清楚,证据确凿,民愤极大的,应当迅速及时审判,可以不受1979年《刑事诉讼法》第110条规定的关于起诉书副本送达被告人期限以及各项传票、通知书送达期限的限制。二、前条所列犯罪分子的上诉期限和人民检察院的抗诉期限,由1979年《刑事诉讼法》第131条规定的10日改为3日。据此,适用该《决定》必须同时具备以下三个方面条件:一是犯杀人、强奸、抢劫、爆炸和其他严重危害公共安全罪;二是应当判处死刑,需要立即执行;三是主要犯罪事实清楚,证据确凿,民愤极大。三个条件缺一不可。对于共同犯罪,必须同时具备上述三个条件,否则不得适用该《决定》。至于《决定》所说的"其他严重危害公共安全"的犯罪分子是指1979年《刑法》分则第二章"危害公共安全罪"中的第106条、第110条有死刑规定的并应判处死刑的犯罪分子。

应当承认,全国人民代表大会常务委员会这一决定在犯罪活动猖獗、恶性犯罪频发的后"文化大革命"时期,对于打击严重刑事犯罪、维护社会秩序,保护公民生命财产安全发挥了积极作用;也有利于加强社会主义法制建设,有利于促进社会风气和党风的根本好转。但是,从建设民主法治国家的角度来考量,该《决定》仍存在许多问题。首先,《决定》使有关期限大为缩短,严重限制了被告人的辩护权和上诉权,不符合党和国家对适用死刑一贯采取的政策,不利于保证死刑案件的质量。其次,《决定》的适用条件不够明确。特别是其中"民愤极大"这一难以确定的"标准"。最后,《决定》易造成先定后审。根据《决定》,法院在受理案件时必须审查确定是否需要判处死刑。在确定应当适用死刑的情况下,之后所进行的审判程序只不过是走过场,这助长了漠视程序价值的错误诉讼观念。

## 六、部分死刑案件核准权的下放

中华人民共和国成立后,死刑案件的核准权归属几经变化。1979年《刑法》第43条第2款规定:"死刑除依法由最高人民法院判决的以外,都应当报请最高人民法院核准。死刑缓期执行的,可以由高级人民法院判决或者核准。"1979年《刑事诉讼法》第144条规定:"死刑由最高人民法院核准。"第146条规定:"中级人民法院判处死刑缓期二年执行的案件,由高级人民法院核准。"1979年《人民法院组织法》第13条规定:"死刑案件由最高人民法院判决或者核准。死刑案件的复核程序按照中华人民共和国刑事诉讼法第三编第四章的规定办理。"根据这三个法律的规定,最高人民法院核准死刑立即执行案件,高级人民法院核准死缓案件。

但是,以上三部法律颁布后不久,面对严峻的社会治安形势,中央决定开始"严打"。1981年6月10日,第五届全国人民代表大会常务委员会第 19 次会议通过了《关于死刑案件核准问题的决定》。《关于死刑案件核准问题的决定》规定：一、在 1981 年至 1983 年内，对犯有杀人、抢劫、强奸、爆炸、放火、投毒、决水和破坏交通、电力等设备的罪行，由省、自治区、直辖市高级人民法院终审判决死刑的，或者中级人民法院一审判决死刑，被告人不上诉，经高级人民法院核准的，以及高级人民法院一审判决死刑，被告人不上诉的，都不必报最高人民法院核准。二、对反革命犯和贪污犯等判处死刑，仍然按照《刑事诉讼法》关于"死刑复核程序"的规定，由最高人民法院核准。因此，除反革命犯和贪污犯等判处死刑的由最高人民法院核准外，在 1981 年至 1983 年期间因杀人、抢劫、强奸、爆炸、放火、投毒、决水和破坏交通、电力等设备的罪行判处死刑的，由高级人民法院核准。

与此同时，为配合中央的"严打"，1983 年 9 月 2 日第六届全国人民代表大会常务委员会第 2 次会议通过了《关于修改〈中华人民共和国人民法院组织法〉的决定》，将第 13 条修改为："死刑案件除由最高人民法院判决的以外，应当报请最高人民法院核准。杀人、强奸、抢劫、爆炸以及其他严重危害公共安全和社会治安判处死刑的案件的核准权，最高人民法院在必要的时候，得授权省、自治区、直辖市的高级人民法院行使。"据此，1983 年 9 月 7 日，最高人民法院发布了《关于授权高级人民法院核准部分死刑案件的通知》。《关于授权高级人民法院核准部分死刑案件的通知》规定：在当前严厉打击刑事犯罪活动期间，为了及时严惩严重危害公共安全和社会治安的罪大恶极的刑事犯罪分子，除由本院判决的死刑案件外，各地对反革命案件和贪污等严重经济犯罪案件（包括受贿案件、走私案件、投机倒把案件、贩毒案件、盗运珍贵文物出口案件）判处死刑的，仍应由高级人民法院复核同意后，报本院核准；对杀人、强奸、抢劫、爆炸以及其他严重危害公共安全和社会治安判处死刑的案件的核准权,本院依法授权由各省、自治区、直辖市高级人民法院和解放军军事法院行使。

1991年至1997年期间,最高人民法院还以通知的形式将毒品犯罪死刑案件的核准权授予云南、广东、广西、甘肃、四川和贵州六省、自治区高级人民法院行使。1991年6月6日,最高人民法院发布了《关于授权云南省高级人民法院核准部分毒品犯罪死刑案件的通知》。《关于授权云南省高级人民法院核准部分毒品犯罪死刑案件的通知》指出:"为了贯彻全国人民代表大会常务委员会《关于禁毒的决定》,及时严惩走私、贩卖、运输、制造毒品等犯罪活动,保护公民身心健康,维护社会治安秩序,依照《中华人民共和国人民法院组织法》第13条关于对于严重危害公共安全和社会治安判处死刑的案件的核准权,最高人民法院在必要的时候,得授权省、自治区、直辖市的高级人民法院行使的规定,经本院审判委员会1991年6月4日第500次会议讨论决定:自本通知下达之日起,云南省的毒品犯罪死刑案件的核准权(本院判决的和涉外的毒品犯罪死刑案件除外),依法授权由云南省高级人民法院行使。"1993年8月18日,最高人民法院发布了《关于授权广东省高级人民法院核准部分毒品犯罪死刑案件的通知》。《关于授权广东省高级人民法院核准部分毒品犯罪死刑案件的通知》指出:"为了及时严惩走私、贩卖、运输、制造毒品等犯罪活动,保护公民身心健康,维护社会治安秩序,依照《中华人民共和国人民法院组织法》第13条关于对于严重危害公共安全和社会治安判处死刑的案件的核准权,最高人民法院在必要的时候,得授权省、自治区、直辖市的高级人民法院行使的规定,经本院审判委员会1993年8月17日第589次会议讨论决定:自本通知下达之日起,广东省的毒品犯罪死刑案件(不含你院一审判决的和涉外的毒品犯罪死刑案件)的核准权,依法授权由广东省高级人民法院行使。"1996年3月19日,最高人民法院发布了《关于授权广西壮族自治区、四川省、甘肃省高级人民法院核准部分毒品犯罪死刑案件的通知》。《关于授权广西壮族自治区、四川省、甘肃省高级人民法院核准部分毒品犯罪死刑案件的通知》指出:"为了及时有力地打击走私、贩卖、运输、制造毒品等犯罪活动,切实保护公民身心健康,维护社会治安秩序,现依照《中华人民共和国人民法院组织法》第 13 条关于对于严重危害公共安全和社会治安判处死刑的案件的核准权,最高人民法院在必要的时候,得授权省、自治区、直辖市的高级人民法院行使的规定,经本院审判委员会 1996 年 3 月 19 日第 803 次会议讨论决定:自本通知下达之日起,广西壮族自治区、四川省、甘肃省的毒品犯罪死刑案件的核准权(本院判决的和涉外、涉港澳、涉台的毒品犯罪死刑案件除外),依法分别授权由广西壮族自治区、四川省、甘肃省高级人民法院行使。"1997 年 6 月 23 日,最高人民法院发布了《关于授权贵州省高级人民法院核准部分毒品犯罪死刑案件的通知》。《关于授权贵州省高级人民法院核准部分毒品犯罪死刑案件的通知》指出:为了及时有力地打击走私、贩卖、运输、制造毒品等犯罪活动,切实保护公民身心健康,维护社会治安秩序,现依照《中华人民共和国人民法院组织法》第 13 条关于对于严重危害公共安全和社会治安判处死刑的案件的核准权,最高人民法院在必要的时候,得授权省、自治区、直辖市的高级人民法院行使的规定,经本院审判委员会 1997 年 6 月 17 日第 912 次会议讨论决定:自本通知下达之日起,贵州省的毒品犯罪死刑案件(本院判决的和涉外的毒品犯罪死刑案件除外)的核准权,授予贵州省高级人民法院行使。但涉港澳台死刑案件在一审宣判前仍需报最高人民法院内核。

部分死刑案件核准权授权高级人民法院行使在特定的历史时期对于打击犯罪、保护人民群众生命财产安全以及保障改革开放和社会主义现代化建设的顺利进行发挥了历史性的作用。但是,与此同时,也暴露了一些严重的问题。将死刑核准权下放高级人民法院不仅与1979年《刑法》和1979年《刑事诉讼法》的规定直接冲突,还使部分高级人民法院的死刑复核程序与二审程序合二为一,使得死刑复核程序名存实亡。此外,将部分死刑案件的核准权下放高级人民法院在一定程度上导致了司法实践中冤假错案的发生。

## 七、《刑事诉讼法》第一次修改(1996年)

进入20世纪90年代,刑事诉讼制度发展的标志性成就是1996年《刑事诉讼法》的修改。1996年3月17日,第八届全国人民代表大会第4次会议通过了《全国人民代表大会关于修改〈中华人民共和国刑事诉讼法〉的决定》,对1979年颁布的《刑事诉讼法》作了重大修改。

1979年《刑事诉讼法》实施以来,在惩罚犯罪、保障公民权利、保障改革开放和社会主义现代化建设的顺利进行方面发挥了重要作用。到了20世纪90年代,社会变革日益深化,经济发展日新月异,这必然要求作为上层建筑的法制建设互动发展。于是,《刑事诉讼法》的修改提上了立法日程。

1991年1月,全国人民代表大会常务委员会法制工作委员会召开了关于《刑事诉讼法》修改的座谈会,征求与会专家学者的意见和建议,并委托专家提出刑事诉讼法修改建议稿供立法部门参考。

1995年6月,全国人民代表大会常务委员会法制工作委员会进一步召集实务部门对《刑事诉讼法》修改中的重大问题进行了充分的讨论,并于1995年10月提出了《中华人民共和国刑事诉讼法〈修改草案〉(征求意见稿)》,下发全国及相关部门征求意见。1995年12月,在多次召开座谈会听取各方意见的基础上,全国人民代表大会常务委员会法制工作委员会正式将《中华人民共和国刑事诉讼法修正案(草案)》提交全国人民代表大会常务委员会第17次会议进行初步审议。尔后,全国人民代表大会常务委员会法制工作委员会又根据会议意见对《中华人民共和国刑事诉讼法修正案(草案)》进行了修改。1996年2月,第八届全国人民代表大会常务委员会第18次会议再次审议了《中华人民共和国刑事诉讼法修正案(草案)》,并决定提请第八届全国人民代表大会第4次会议审议。1996年3月17日,第八届全国人民代表大会第4次会议审议通过了《中华人民共和国刑事诉讼法修正案(草案)》,自1997年1月1日起施行。至此,第一次《刑事诉讼法》修改正式完成。

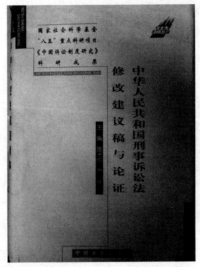

图1-4-3 陈光中、严端主编:《中华人民共和国刑事诉讼法修改建议稿与论证》(中国方正出版社1999年第2版)①

《全国人民代表大会关于修改〈中华人民共和国刑事诉讼法〉的

---

① 1993年10月,受全国人民代表大会常务委员会法制工作委员会的委托,中国政法大学陈光中教授组织该校刑事诉讼法学的专家学者成立了"刑事诉讼法修改研究小组",就《刑事诉讼法》的修改问题提出了具体的改革方案,供立法机关参考。该修改小组于1994年7月将《中华人民共和国刑事诉讼法修改建议稿》提交给全国人民代表大会常务委员会法制工作委员会,对此次《刑事诉讼法》的修改起到了较大的参考作用。之后对此建议稿进行论证,于1995年正式出版,1999年再版。

决定》共计 110 条，对 1979 年《刑事诉讼法》作了全面的修改，主要包括以下 10 个方面：

（1）加司法机关依法独立行使职权的规定。为了与《宪法》和《人民法院组织法》相协调，增加规定："人民法院依照法律规定独立行使审判权，人民检察院依照法律规定独立行使检察权，不受行政机关、社会团体和个人的干涉。"

（2）增加规定人民法院统一定罪原则、取消免予起诉制度，确立疑罪从无原则。修改后的 1996 年《刑事诉讼法》增加第 12 条规定："未经人民法院依法判决，对任何人都不得确定有罪。"而且还取消了违反该原则的免予起诉制度，即 1979 年《刑事诉讼法》第 101 条的规定："依照刑法规定不需要判处刑罚或者免除刑罚的，人民检察院可以免予起诉。"此次修改还确立了疑罪从无的原则，即对犯罪证据不足的案件，在审查起诉时可以作出不起诉的决定（1996 年《刑事诉讼法》第 140 条第 4 款），在法庭审理时则应当作出证据不足、指控的犯罪不能成立的无罪判决（1996 年《刑事诉讼法》第 162 条第 3 项）。

（3）加强人民检察院的法律监督。一是在总则中增加规定，人民检察院依法对刑事诉讼实行法律监督；二是在立案一章中增加规定人民检察院对立案的监督；三是规定人民检察院发现人民法院的审判违反法定程序，有权向人民法院提出纠正意见等。

（4）调整侦查管辖与自诉案件的范围。一方面缩小了检察院自侦案件的范围。1979 年《刑事诉讼法》规定的人民检察院自行侦查的案件除职务犯罪、危害公民民主权利的犯罪外，还有一部分妨害经济管理秩序的犯罪。如果继续由检察机关管辖不利于检察机关集中力量加强反腐败斗争。因此，1996 年修改《刑事诉讼法》，将人民检察院自侦案件的范围，限于国家工作人员利用职务的犯罪，明确规定：贪污贿赂犯罪，国家工作人员的渎职犯罪，国家机关工作人员利用职权实施的非法拘禁、刑讯逼供、报复陷害、非法搜查的侵犯公民人身权利的犯罪以及侵犯公民民主权利的犯罪，由人民检察院立案侦查。另一方面扩大了法院自诉案件范围。自诉案件包括三类：① 告诉才处理的案件；② 被害人有证据证明的轻微刑事案件；③ 被害人有证据证明对被告人侵犯自己人身、财产权利的行为应当依法追究刑事责任，而公安机关或者人民检察院不予追究被告人刑事责任的案件。

（5）律师提前参加诉讼，加强犯罪嫌疑人、被告人的辩护权保障。修改后的 1996 年《刑事诉讼法》改变了过去被告人在法庭审理时才可以委托辩护人的做法，允许被告人在侦查阶段委托律师为其提供帮助。在审查起诉和法庭审理时，则可正式聘请辩护人。还增加规定，公诉人出庭公诉的案件，被告人因经济困难或者其他原因没有委托辩护人的，人民法院可以指定承担法律援助义务的律师为其提供辩护。被告人是盲、聋、哑或者未成年人以及可能被判死刑而没有委托辩护人的，人民法院应当指定承担法律援助义务的律师为其提供辩护。

（6）加强了对被害人权利的保障。被害人的诉讼权利保障是刑事诉讼中人权保障的一项重要内容，主要作了如下修改：一是在诉讼地位上将被害人从一般诉讼参与人升格为当事人，赋予被害人及其法定代理人申请回避权。二是一审法庭审理时，公诉人宣读起诉书后，被害人和被告人一样可以就起诉书指控的犯罪进行陈述，经审判长许可，被害人可以向被告人发问，对证人、鉴定人发问；对一审判决不服，有权请求人民检察院提出抗诉。三是在二审程序中如果不开庭，合议庭必须事先听取包括被害人在内的当事人的意见。

（7）完善强制措施，取消收容审查。1979 年《刑事诉讼法》规定了五种强制措施：拘传、取保候审、监视居住、拘留和逮捕。这是科学的和可行的。但是在司法实践中，公安机关根据国务院法规采用行政强制措施——收容审查来对付身份不明的流窜嫌疑犯时,往往扩大收审对象范围,延长收审时间,导致以收审代替拘留、逮捕,侵犯了公民的人身自由。1996年修改《刑事诉讼法》,决定取消收审制度,并将原收审的对象列为刑事拘留的对象。另外,为防止监视居住成为变相长期拘押,增加规定:被监视居住的人"未经执行机关批准不得离开住处,无固定住处的,未经批准不得离开指定的居所",并规定监视居住最长不得超过6个月。

(8)改革一审庭审方式。为克服庭审的"超职权主义"缺陷,防止开庭审判流于形式和先定后审,1996年《刑事诉讼法》修改适当吸收了英美法系当事人主义模式的经验。主要表现为:一是规定人民法院对提起公诉的案件进行审查后,对于起诉书中有明确的指控犯罪事实并且附有证据目录、证人名单和主要证据复印件或者照片的,应当决定开庭审判;二是规定凡是公诉案件,除依法适用简易程序审判的以外,检察机关都应当派员出庭支持公诉;三是规定由公诉人首先讯问被告人,由公诉人、辩护人向法庭出示证据;四是规定合议庭开庭审理并且评议后,应当作出判决。对于疑难、复杂、重大的案件,合议庭认为难以作出决定的,由合议庭提请院长决定提交审判委员会讨论决定。

(9)增设简易审判程序。为了实现案件分流,提高审判效率,简化诉讼程序,1996年修改《刑事诉讼法》还增加规定了简易程序。人民法院对于下列案件,可以适用简易程序,由审判员一人独任审判:对依法可能判处3年以下有期徒刑、拘役、管制、单处罚金的公诉案件,事实清楚、证据充分,人民检察院建议或者同意适用简易程序的;告诉才处理的案件;被害人起诉的有证据证明的轻微刑事案件。

(10)改革死刑执行方法。我国过去对执行死刑的方式只规定了枪决一种。基于对注射执行死刑较之枪决更能减轻死刑犯痛苦的认识,以及考虑到注射执行死刑能够更好地保全死刑犯的尸体、防止出现枪决所导致的残忍场面,1996年《刑事诉讼法》修改规定"死刑采用枪决或者注射等方法执行"。

1996年《刑事诉讼法》修改对我国的刑事诉讼制度进行了重大改革,是建设社会主义法治国家的一项重要成果。此次修改进一步完善了惩罚犯罪、维护社会秩序的机制;着力加强了当事人特别是犯罪嫌疑人、被告人和被害人诉讼权利的保障,确立了疑罪从无原则;进一步理顺了公安机关、检察机关和人民法院之间的关系,使它们分工更为明确、配合更为协调、制约更为有效,共同完成刑事诉讼法的任务;使得我国的刑事诉讼制度进一步民主化和科学化。当然,1996年《刑事诉讼法》修改仍有不少问题没有解决,有待于后续进一步加以完善。

## 八、刑事诉讼法司法解释的制定

为了更好地贯彻修改后的1996年《刑事诉讼法》,最高人民法院、最高人民检察院、公安部、国家安全部、司法部、全国人民代表大会常务委员会法制工作委员会制定了关于适用《刑事诉讼法》的解释、规则、规定等。

### (一)《关于刑事诉讼法实施中若干问题的规定》

1998年1月19日,最高人民法院、最高人民检察院、公安部、国家安全部、司法部、全国人民代表大会常务委员会法制工作委员会制定了《关于刑事诉讼法实施中若干问题的规定》。《关于刑事诉讼法实施中若干问题的规定》共计48条,对管辖,立案,回避,律师参加刑事诉讼,证据,取保候审、监视居住,拘留、逮捕,期间和办案期

限,侦查终结,移送起诉,开庭审判,二审,死刑复核,赃款赃物等问题进行了解释和明确规定。主要规定有:

(1)明确规定,对于涉税等案件由公安机关管辖,公安机关应当立案侦查,人民检察院不再受理。

(2)细化规定了自诉案件中"被害人有证据证明的轻微刑事案件"的范围。具体是指:故意伤害案(轻伤);重婚案;遗弃案;妨害通信自由案;非法侵入他人住宅案;生产、销售伪劣商品案件(严重危害社会秩序和国家利益的除外);侵犯知识产权案件(严重危害社会秩序和国家利益的除外);属于《刑法》分则第四章、第五章规定的,对被告人可以判处3年有期徒刑以下刑罚的其他轻微刑事案件。这八类案件中,被害人直接向人民法院起诉的,人民法院应当依法受理,对于其中证据不足、可由公安机关受理的,应当移送公安机关立案侦查。被害人向公安机关控告的,公安机关应当受理。

(3)解释了"涉及国家秘密的案件",是指"案情或者案件性质涉及国家秘密的案件,不能因刑事案件侦查过程中的有关材料和处理意见需保守秘密而作为涉及国家秘密的案件"。

(4)明确了1996年《刑事诉讼法》规定的逮捕条件中的"有证据证明有犯罪事实"是指同时具备下列情形:有证据证明发生了犯罪事实;有证据证明犯罪事实是犯罪嫌疑人实施的;证明犯罪嫌疑人实施犯罪行为的证据已有查证属实的。

(5)明确规定,人民检察院对违反法定程序的庭审活动提出纠正意见,应当由人民检察院在庭审后提出。

(6)高级人民法院核准死刑缓期二年执行的案件,应当作出核准或者不核准的决定,不能加重被告人的刑罚。

## (二)《关于执行〈中华人民共和国刑事诉讼法〉若干问题的解释》

最高人民法院于1998年9月2日发布了《关于执行〈中华人民

共和国刑事诉讼法〉若干问题的解释》,对于1996年《刑事诉讼法》有关审判工作的规定作出了相应的解释,为正确适用这些规定提供了保障。主要内容有:(1)首创非法言词证据排除规则。《关于执行〈中华人民共和国刑事诉讼法〉若干问题的解释》第61条规定:"严禁以非法的方法收集证据。凡经查证确实属于采用刑讯逼供或者威胁、引诱、欺骗等非法的方法取得的证人证言、被害人陈述、被告人供述,不能作为定案的根据。"(2)确定了审判委员会讨论决定案件的范围。包括:①拟判处死刑的;②合议庭成员意见有重大分歧的;③人民检察院抗诉的;④在社会上有重大影响的;⑤其他需要由审判委员会讨论决定的。(3)确立证人询问规则。询问证人应当遵循以下规则:①发问的内容应当与案件的事实相关;②不得以诱导方式提问;③不得威胁证人;④不得损害证人的人格尊严。审判长对于向证人、鉴定人发问的内容与本案无关或者发问的方式不当的,应当制止。对于控辩双方认为对方发问的内容与本案无关或者发问的方式不当并提出异议的,审判长应当判明情况予以支持或者驳回。

## (三)《人民检察院刑事诉讼规则》

最高人民检察院于1999年1月18日颁布了《人民检察院刑事诉讼规则》,《人民检察院刑事诉讼规则》分12章,共计468条。主要规定有:(1)确立检察机关办案的"三级审批制",即人民检察院办理刑事案件,由检察人员承办,办案部门负责人审核,检察长或者检察委员会决定。(2)确立了检察机关的初查权。侦查部门对举报中心移交举报的线索进行审查后,认为需要初查的,应当报检察长或者检察委员会决定。举报线索的初查由侦查部门进行,但性质不明、难以归口处理的案件线索可以由举报中心进行初查。在举报线索的初查过程中,可以进行询问、查询、勘验、鉴定、调取证据材料等不限制被查对象人身、财产权利的措施。不得对被查对象采取强制措施,不得查封、扣押、冻结被查对象的财产。(3)确立非法言词证据排除规则。《人民检察院刑事诉讼规则》第265条规定:严禁以非法的方法收集证据。以刑讯逼供或者威胁、引诱、欺骗等非法的方法收集的犯罪嫌疑人供述、被害人陈述、证人证言,不能作为指控犯罪的根据。人民检察院审查起诉部门在审查中发现侦查人员以非法方法收集犯罪嫌疑人供述、被害人陈述、证人证言的,应当提出纠正意见,同时应当要求侦查机关另行指派侦查人员重新调查取证,必要时人民检察院也可以自行调查取证。侦查机关未另行指派侦查人员重新调查取证的,可以依法退回侦查机关补充侦查。

此外,公安部于1998年5月14日发布了《公安机关办理刑事案件程序规定》,为公安机关贯彻1996年《刑事诉讼法》提供了操作细则。

# 第 五 章
# 深化与进步：1996—2012 年

## 一、《律师法》的修改

进入 21 世纪,随着社会主义法治国家建设进程的推进以及"国家尊重和保障人权"入宪,1996 年制定的第一部《中华人民共和国律师法》(以下简称《律师法》)已经难以适应建设社会主义法治国家的需求。2001 年修改的《法官法》和《检察官法》确立了国家对初任法官、检察官和取得律师资格实行统一司法考试的制度。为与此相衔接,2001 年全国人民代表大会常务委员会对《律师法》进行了相应的修改,将"律师资格全国统一考试"修改为"国家统一司法考试"。同时将报考人员的学历条件提高为大学本科以上学历,适用大学本科以上学历确有困难的地方,经国务院司法行政部门审核确定,在一定期限内,可以将学历条件放宽为高等院校法律专业专科学历。2004 年 6 月,根据全国人民代表大会常务委员会法制工作委员会的要求,司法部启动了《律师法》的修订工作,拟订了修订草案。经国务院法制机构的反复修改,国务院常务会议于 2007 年 6 月 13 日审核并原则通过。6 月 15 日,国务院总理温家宝签署该议案,拟将《律师法》修订草案提请全国人民代表大会常务委员会审议。2007年6月24日至29日,第十届全国人民代表大会常务委员会第28次会议初次审议了《律师法》修订草案。8月24日至30日,第十届全国人民代表大会常务委员会第29次会议对修订草案进行了再次审议。10月28日,第十届全国人民代表大会常务委员会第30次会议通过修订草案。自2008年6月1日起施行新《律师法》。

2007年《律师法》的条文数量从53条增至60条,而且修改条文的数量多达40余处,在保障律师执业权利和加强律师监管等方面均有突破性的进展。在刑事辩护方面,2007年《律师法》的进步主要表现在以下几点:

### (一) 会见权的进步

关于刑事辩护律师的会见权,2007年《律师法》第33条规定:"犯罪嫌疑人被侦查机关第一次讯问或者采取强制措施之日起,受委托的律师凭律师执业证书、律师事务所证明和委托书或者法律援助公函,有权会见犯罪嫌疑人、被告人并了解有关案件情况。律师会见犯罪嫌疑人、被告人,不被监听。"而1996年《律师法》第30条只是简单规定:"律师参加诉讼活动,依照诉讼法律的规定,可以……同被限制人身自由的人会见和通信……"1996年《刑事诉讼法》第96条规定:"犯罪嫌疑人在被侦查机关第一次讯问后或者采取强制措施之日起,可以聘请律师为其提供法律咨询、代理申诉、控告。犯罪嫌疑人被逮捕的,聘请的律师可以为其申请取保候审。涉及国家秘密的案件,犯罪嫌疑人聘请律师,应当经侦查机关批准。受委托的律师有权向侦查机关了解犯罪嫌疑人涉嫌的罪名,可以会见在押的犯罪嫌疑人,向犯罪嫌疑人了解有关案件情况。律师会见在押的犯罪嫌疑人,侦查机关根据案件情况和需要可以派员在场。涉及国家秘密的案件,律师会见在押的犯罪嫌疑人,应当经侦查机关批准。"

对比上述条文,可以看出 2007 年《律师法》对律师会见权作出如下改革与完善:(1)将"被侦查机关第一次讯问后"中的"后"删除了。(2)将"可以会见在押的犯罪嫌疑人"改为"凭律师执业证书、律师事务所证明和委托书或者法律援助公函,有权会见犯罪嫌疑人、被告人"。也就是说,首先,"可以"改为"有权"表明会见犯罪嫌疑人和被告人是律师的权利,公安司法机关及其人员不得任意加以剥夺;其次,在任何案件中,律师会见犯罪嫌疑人、被告人均不需要获得侦查机关的批准,即使是涉及国家秘密的案件。(3)明确规定"律师会见犯罪嫌疑人、被告人,不被监听"。这一规定是 2007 年《律师法》的重大突破,有利于辩护律师与犯罪嫌疑人、被告人进行全面充分的沟通,并为其进行有效辩护提供了前提。

## (二)阅卷权的进步

关于律师阅卷权,2007 年《律师法》第 34 条规定:"受委托的律师自案件审查起诉之日起,有权查阅、摘抄和复制与案件有关的诉讼文书及案卷材料。受委托的律师自案件被人民法院受理之日起,有权查阅、摘抄和复制与案件有关的所有材料。"1996 年《律师法》第 30 条第 1 款规定:"律师参加诉讼活动,依照诉讼法律的规定,可以收集、查阅与本案有关的材料……"1996 年《刑事诉讼法》第 36 条第 1 款规定:"辩护律师自人民检察院对案件审查起诉之日起,可以查阅、摘抄、复制本案的诉讼文书、技术性鉴定材料……"第 2 款规定:"辩护律师自人民法院受理案件之日起,可以查阅、摘抄、复制本案所指控的犯罪事实的材料……"

对比上述条文规定,根据 1996 年《律师法》和 1996 年《刑事诉讼法》的规定,在审查起诉阶段,律师只能查阅、摘抄和复制"与案件有关的诉讼文书、技术性鉴定材料",而 2007 年《律师法》则规定律师可以查阅、摘抄和复制"诉讼文书及案件材料"。这里的"诉讼文书及案件材料"的范围明显大于"与案件有关的诉讼文书、技术性鉴定材料"。与此同时,根据1996年《律师法》和1996年《刑事诉讼法》的规定,在审判阶段,律师只能查阅、摘抄和复制"所指控的犯罪事实的材料",而2007年《律师法》规定的律师查阅、摘抄和复制案卷材料的范围扩大至"与案件有关的所有材料"。

## (三)调查取证权的进步

关于律师的调查取证权,2007年《律师法》第35条规定:"受委托的律师根据案情的需要,可以申请人民检察院、人民法院收集、调取证据或者申请人民法院通知证人出庭作证。律师自行调查取证的,凭律师执业证书和律师事务所证明,可以向有关单位或者个人调查与承办法律事务有关的情况。"而1996年《律师法》第31条则规定:"律师承办法律事务,经有关单位或者个人同意,可以向他们调查情况。"1996年《刑事诉讼法》第37条规定:"辩护律师经证人或者其他有关单位和个人同意,可以向他们收集与本案有关的材料,也可以申请人民检察院、人民法院收集、调取证据,或者申请人民法院通知证人出庭作证。辩护律师经人民检察院或者人民法院许可,并且经被害人或者其近亲属、被害人提供的证人同意,可以向他们收集与本案有关的材料。"

可见,2007年《律师法》取消了律师在调查取证时需"经有关单位或者个人同意""经证人或者其他有关单位和个人同意"以及"经人民检察院或者人民法院许可,并且经被害人或者其近亲属、被害人提供的证人同意"的规定。也就是说,律师凭律师执业证书和律师事务所证明,就可以向有关单位了解或者向个人调查与承办法律事务有关的情况。

当然,2007年《律师法》还对律师的执业豁免权、执业保密义务、职业性质、执业特别许可制度、执业监管等问题作了新规定。应当承认,2007年《律师法》在保障律师,特别是辩护律师诉讼权利方面取得了较大进步。

为了与新修订的《刑事诉讼法》协调一致,2012年全国人民代表大会常务委员会对《律师法》进行了再次修订。修改决定共计6条,对律师刑事业务、辩护律师职责、辩护律师会见权和阅卷权、律师的人身权和举报作证义务豁免权进行了相应的调整。具体内容详见下文2012年《刑事诉讼法》修改部分,此处不赘述。

## 二、人民陪审员制度的完善

2004年8月28日,第十届全国人民代表大会常务委员会第十一次会议通过《关于完善人民陪审员制度的决定》。① 《关于完善人民陪审员制度的决定》规定了人民陪审员的职责定位、选任条件、选任程序、参审范围以及参审机制等,对于完善人民陪审员制度,保障公民依法参加审判活动,发挥了一定的积极作用。但并没有解决"陪而不审、陪审不议"的问题。《关于完善人民陪审员制度的决定》主要规定包括:

### (一) 人民陪审员的职责定位

人民陪审员依法参加人民法院的审判活动,除不得担任审判长

---

① 最高人民法院曾于2000年9月向第九届全国人民代表大会常务委员会报送《关于完善人民陪审员制度的决定(草案)》。经第九届全国人民代表大会常务委员会审议后,鉴于对人民陪审员的职责定位、人民陪审员的任职条件等问题尚需进一步深入研讨,该草案的审议工作被搁置。参见沈德咏:《关于〈关于完善人民陪审员制度的决定(草案)〉的说明——2004年4月2日在第十届全国人民代表大会常务委员会第八次会议上》,载中国人大网 www.npc.gov.cn/wxzl/gongbao/2014-10/20/content_5334603.htm,最后访问日期:2018年4月18日。

外,同法官有同等权利,对事实认定、法律适用独立行使表决权。

### (二) 人民陪审员的选任条件

公民担任人民陪审员应当具备下列条件:(1) 拥护《中华人民共和国宪法》;(2)年满23周岁;(3) 品行良好、公道正派;(4) 身体健康。担任人民陪审员,一般应当具有大学专科以上文化程度。人民代表大会常务委员会的组成人员,人民法院、人民检察院、公安机关、国家安全机关、司法行政机关的工作人员和执业律师等人员,不得担任人民陪审员。因犯罪受过刑事处罚的和被开除公职的人也不得担任人民陪审员。

### (三) 人民陪审员的选任程序

人民陪审员的名额,由基层人民法院根据审判案件的需要,提请同级人民代表大会常务委员会确定。符合担任人民陪审员条件的公民,可以由其所在单位或者户籍所在地的基层组织向基层人民法院推荐,或者本人提出申请,由基层人民法院会同同级人民政府司法行政机关进行审查,并由基层人民法院院长提出人民陪审员人选,提请同级人民代表大会常务委员会任命。人民陪审员的任期为5年。

### (四) 人民陪审员的参审范围

人民法院审判下列第一审案件,由人民陪审员和法官组成合议庭进行,适用简易程序审理的案件和法律另有规定的案件除外:(1) 社会影响较大的刑事、民事、行政案件;(2) 刑事案件被告人、民事案件原告或者被告、行政案件原告申请由人民陪审员参加合议庭审判的案件。

### (五) 人民陪审员的参审机制

人民陪审员和法官组成合议庭审判案件时,合议庭中人民陪审员所占人数比例应当不少于 1/3。

合议庭评议案件时,实行少数服从多数的原则。人民陪审员同合议庭其他组成人员意见分歧的,应当将其意见写入笔录,必要时,人民陪审员可以要求合议庭将案件提请院长决定是否提交审判委员会讨论决定。

基层人民法院审判案件依法应当由人民陪审员参加合议庭审判的,应当在人民陪审员名单中随机抽取确定。中级人民法院、高级人民法院审判案件依法应当由人民陪审员参加合议庭审判的,在其所在城市的基层人民法院的人民陪审员名单中随机抽取确定。

## 三、司法鉴定管理制度的完善

为了解决诉讼活动中存在的涉及司法鉴定体制的问题,2005 年 2 月 28 日,第十届全国人民代表大会常务委员会第十四次会议通过了《全国人民代表大会常务委员会关于司法鉴定管理问题的决定》(以下简称《关于司法鉴定管理问题的决定》),国家对从事法医类鉴定、物证类鉴定、声像资料鉴定等司法鉴定业务的鉴定人和鉴定机构实行登记管理制度。该决定规定了从事司法鉴定业务的个人、法人或者其他组织的登记条件和鉴定责任,并对司法鉴定体制进行了重大改革,有利于加强对鉴定人和鉴定机构的管理,规范对鉴定意见的采信,保障诉讼活动的顺利进行。主要内容包括:

(1) 司法鉴定活动的性质

《关于司法鉴定管理问题的决定》第 1 条开宗明义规定:司法鉴定是指在诉讼活动中鉴定人运用科学技术或者专门知识对诉讼涉

及的专门性问题进行鉴别和判断并提供鉴定意见的活动。

(2) 司法鉴定的管理体制

国家对从事司法鉴定业务的鉴定人和鉴定机构实行登记管理制度,国务院司法行政部门主管全国鉴定人和鉴定机构的登记管理工作。省级人民政府司法行政部门负责对鉴定人和鉴定机构进行登记、名册编制和公告。在诉讼中,对某些事项发生争议,需要鉴定的,应当委托列入鉴定人名册的鉴定人进行鉴定。鉴定人从事司法鉴定业务,由所在的鉴定机构统一接受委托。鉴定人和鉴定机构应当在鉴定人和鉴定机构名册注明的业务范围内从事司法鉴定业务。《关于司法鉴定管理问题的决定》同时规定,对鉴定人和鉴定机构实行统一登记管理的鉴定事项,限定于诉讼活动中常见的四类:法医类鉴定;物证类鉴定;声像资料类鉴定以及根据诉讼需要由国务院司法行政部门商最高人民法院、最高人民检察院确定的其他应当对鉴定人和鉴定机构实行登记管理的鉴定事项。

(3) 鉴定业务人员和鉴定机构的条件

申请登记从事司法鉴定业务的人员,必须具备下列条件之一:具有与所申请从事的司法鉴定业务相关的高级专业技术职称;具有与所申请从事的司法鉴定业务相关的专业执业资格或者高等院校相关专业本科以上学历,从事相关工作5年以上;具有与所申请从事的司法鉴定业务相关工作10年以上经历,具有较强的专业技能。但是因故意犯罪或者职务过失犯罪受过刑事处罚的,受过开除公职处分的,以及被撤销鉴定人登记的人员,不得从事司法鉴定业务。

申请从事司法鉴定业务的法人或者其他组织,应当具备下列条件:有明确的业务范围;有在业务范围内进行司法鉴定所必需的仪器、设备;有在业务范围内进行司法鉴定所必需的依法通过计量认证或者实验室认可的检测实验室;每项司法鉴定业务有3名以上鉴定人。

（4）有关国家机关鉴定机构的设立及执业要求

侦查机关根据侦查工作的需要设立的鉴定机构，不得面向社会接受委托从事司法鉴定业务。人民法院和司法行政部门不得设立鉴定机构。各鉴定机构之间没有隶属关系；鉴定机构接受委托从事司法鉴定业务，不受地域范围的限制。

（5）鉴定人负责制度和出庭作证义务

司法鉴定实行鉴定人负责制度。鉴定人应当独立进行鉴定，对鉴定意见负责并在鉴定书上签名或者盖章。多人参加的鉴定，对鉴定意见有不同意见的，应当注明。在诉讼中，当事人对鉴定意见有异议的，经人民法院依法通知，鉴定人应当出庭作证。

## 四、死刑核准权的收回

20世纪90年代中期以来，在党中央提出依法治国、建设社会主义法治国家治国方略，"尊重和保障人权"写入《宪法》以及司法实践中冤假错案出现的背景下，中央决定收回已经下放了二十多年的部分死刑案件核准权。

2004年年底，中共中央转发了《中央司法体制改革领导小组关于司法体制和工作机制改革的初步意见》，提出改革目前授权高级人民法院行使部分死刑案件核准权的做法，将死刑案件核准权统一收归最高人民法院行使。为落实中央部署，2005年10月26日，最高人民法院印发了《人民法院第二个五年改革纲要（2004—2008年）》，并提出："改革和完善死刑复核程序。落实有关法律的规定和中央关于司法体制改革的部署，由最高人民法院统一行使死刑核准权,并制定死刑复核程序的司法解释。"① 2006 年 8 月,中共中央办公厅向全党发出通知,明确了最高人民法院统一行使死刑案件核准权的目标、原则、要求以及时间安排,阐述了中央决定实施此项改革的重要意义,重申了党和国家在死刑问题上的一贯政策。

为积极稳妥地收回死刑案件核准权,最高人民法院在党中央领导和国务院支持下,从法律、组织、物质等方面做了大量的准备工作。为保证死刑案件的二审审判质量,2006 年 9 月 21 日,最高人民法院、最高人民检察院发布了《关于死刑第二审案件开庭审理程序若干问题的规定(试行)》,要求死刑第二审案件必须开庭审理。②

2006 年 10 月 31 日,第十届全国人民代表大会常务委员会第 24 次会议通过了《关于修改〈中华人民共和国人民法院组织法〉的决定》,自 2007 年 1 月 1 日起,死刑除依法由最高人民法院判决的以外,应当报请最高人民法院核准。③

2006 年 12 月 28 日,最高人民法院颁布了《关于统一行使死刑案件核准权有关问题的决定》。《关于统一行使死刑案件核准权有关问题的决定》要求:"(1) 自 2007 年 1 月 1 日起,最高人民法院根据全国人民代表大会常务委员会有关决定和人民法院组织法原第 13 条的规定发布的关于授权高级人民法院和解放军军事法院核准

---

① 最高人民法院《人民法院第二个五年改革纲要(2004—2008)》第一项"改革和完善诉讼程序制度"第 2 条。

② 最高人民法院、最高人民检察院《关于死刑第二审案件开庭审理程序若干问题的规定(试行)》第 2 条规定:"第二审人民法院审理第一审判处死刑缓期二年执行的被告人上诉的案件,有下列情形之一的,应当开庭审理:(1) 被告人或者辩护人提出影响定罪量刑的新证据,需要开庭审理的;(2) 具有刑事诉讼法第 187 条规定的开庭审理情形的。人民检察院对第一审人民法院判处死刑缓期二年执行提出抗诉的案件,第二审人民法院应当开庭审理。"

③ 全国人民代表大会常务委员会《关于修改〈中华人民共和国人民法院组织法〉的决定》规定:"第十届全国人民代表大会常务委员会第 24 次会议决定对《中华人民共和国人民法院组织法》作如下修改:第 13 条修改为:'死刑除依法由最高人民法院判决的以外,应当报请最高人民法院核准。'本决定自 2007 年 1 月 1 日起施行……"

部分死刑案件的通知,一律予以废止。(2)自 2007 年 1 月 1 日起,死刑除依法由最高人民法院判决的以外,各高级人民法院和解放军军事法院依法判处和裁定的,应当报请最高人民法院核准。(3) 2006 年 12 月 31 日以前,各高级人民法院和解放军军事法院已经核准的死刑立即执行的判决、裁定,依法仍由各高级人民法院、解放军军事法院院长签发执行死刑的命令。"2007 年 1 月 1 日,最高人民法院正式统一行使死刑案件的核准权。

最高人民法院统一行使死刑案件核准权,是中央从构建社会主义和谐社会、实现国家长治久安的战略全局出发作出的重大决策,是在司法制度中落实"国家尊重和保障人权"宪法原则的重要措施,是保障死刑案件质量防止错杀的重大举措。

## 五、刑事证据制度的发展

根据中共十七大的精神,中共中央于 2008 年提出进一步推进司法改革的要求。这轮司法改革的重要成果之一是在 2010 年 6 月 13 日由最高人民法院、最高人民检察院、公安部、国家安全部、司法部联合发布的《关于办理死刑案件审查判断证据若干问题的规定》(以下简称《办理死刑案件证据规定》)和《关于办理刑事案件排除非法证据若干问题的规定》(以下简称《非法证据排除规定》)。两高三部在印发"两个证据规定"的通知中明确提出:"牢固树立惩罚犯罪与保障人权并重的观念、实体法与程序法并重的观念,依法、全面、客观地收集、审查、判断证据,严把事实关、证据关,切实提高刑事案件审判质量,确保将两个《规定》落到实处,把每一起刑事案件都办成铁案。"这两个证据规定是我国深入推进司法改革的重要举措,是刑事诉讼制度建设的一项重要成就,为 2012 年《刑事诉讼法》

中的证据制度的完善作了重要的准备。

## (一)《非法证据排除规定》

《非法证据排除规定》共计15条,不仅明确了采用刑讯逼供等非法手段取得的言词证据不能作为定案的根据,还对审查和排除非法证据的程序、证明责任及讯问人员出庭等问题作出了具体的规定。

### 1. 明确规定非法言词证据的内涵、外延和法律效力

《非法证据排除规定》开宗明义地规定了非法言词证据的内涵和外延:采用刑讯逼供等非法手段取得的犯罪嫌疑人、被告人供述和采用暴力、威胁等非法手段取得的证人证言、被害人陈述,属于非法言词证据。据此,《非法证据排除规定》所称的非法言词证据包括两大类:一是采用刑讯逼供等非法手段取得的犯罪嫌疑人、被告人供述;另一类是采用暴力、威胁等非法手段取得的证人证言、被害人陈述。对于上述非法言词证据,《非法证据排除规定》明确了其法律效力:经依法确认的非法言词证据,应当予以排除,不能作为定案的根据。

### 2. 明确规定人民检察院对非法证据有权予以排除

与国外的非法证据排除规则由法院在审判阶段适用不同,在我国,人民检察院也有权排除非法证据。人民检察院在审查批准逮捕、审查起诉中,对于非法言词证据应当依法予以排除,不能作为批准逮捕、提起公诉的根据。规定检察机关有权排除非法证据不仅是由我国检察机关的法律地位和性质决定的,也有利于尽早发现和排除非法证据,实现司法公正。

其实,1998年12月,最高人民检察院制定的《人民检察院刑事

诉讼规则》第 265 条第 1 款已经规定了非法言词证据排除规则①，2001 年 1 月，最高人民检察院发布了《关于严禁将刑讯逼供获取的犯罪嫌疑人供述作为定案依据的通知》，再次明确各级检察机关对非法取得的犯罪嫌疑人、被告人的供述应予以排除。②

3. 明确规定非法言词证据在法庭审理中的排除程序

《非法证据排除规定》详细规定了非法言词证据在法庭审理中的排除程序。具体包括：

（1）程序启动

被告人及其辩护人在开庭审理前或者庭审中提出被告人审判前供述是非法取得的，应当提供涉嫌非法取证的人员、时间、地点、方式、内容等相关线索或者证据。法庭在公诉人宣读起诉书之后，应当先行当庭调查。法庭辩论结束前，被告人及其辩护人提出被告人审判前供述是非法取得的，法庭也应当进行调查。

（2）法庭审查

程序启动后，法庭应当进行审查。合议庭对被告人审判前供述取得的合法性没有疑问的，可以直接对起诉指控的犯罪事实进行调查；对供述取得的合法性有疑问的，则由公诉人对取证的合法性举证。控方举证后，控辩双方可以就被告人审判前供述取得的合法性问题进行质证、辩论。

（3）法庭处理

法庭要对被告人审判前供述的合法性问题作出裁定：如果公诉

---

① 1998 年最高人民检察院《人民检察院刑事诉讼规则》第 265 条第 1 款规定："严禁以非法的方法收集证据。以刑讯逼供或者威胁、引诱、欺骗等非法的方法收集的犯罪嫌疑人供述、被害人陈述、证人证言，不能作为指控犯罪的根据。"

② 2001 年最高人民检察院《关于严禁将刑讯逼供获取的犯罪嫌疑人供述作为定案依据的通知》指出："各级人民检察院一定要认真吸取教训，采取有力措施，坚决杜绝刑讯逼供现象的发生，彻底排除刑讯取得的证据，确保办案质量，保护当事人的合法权益，维护司法公正。"

人对取证合法性问题的证明达到确实、充分的程度,能够排除被告人审判前供述系非法取得的,则法庭可以确认该供述的合法性,准许当庭宣读该供述并质证;对被告人审判前供述的合法性,公诉人不提供证据加以证明,或者已提供的证据不够确实、充分的,该供述不能作为定案的根据。

对于非法取得的证人证言、被害人陈述的排除,法庭应当参照对非法取得的被告人审判前供述的排除程序进行。

4. 明确规定了非法物证、书证排除规则

物证、书证的取得明显违反法律规定,可能影响公正审判的,应当予以补正或者作出合理解释,否则,该物证、书证不能作为定案的根据。据此,排除非法物证、书证的条件包括:一是取得物证、书证的方法明显违反法律规定的;二是可能影响公正审判的;三是无法予以补正或者作出合理解释的。以上三个条件缺一不可,必须同时具备。

## (二)《办理死刑案件证据规定》

《办理死刑案件证据规定》共计41条,分为三个部分,主要规定了如下三个方面内容:

1. 一般规定

(1)确立了证据裁判原则。规定:认定案件事实,必须以证据为根据。这是我国第一次明文规定证据裁判原则。该原则包括以下三项基本要求:一是裁判的形成必须以证据为依据,没有证据不得认定犯罪事实;二是作为认定犯罪事实基础的证据必须具有证据资格,即证据不被法律禁止,并经过法定的调查程序;三是据以作出裁判的证据必须达到相应的标准和要求。

(2)确立了严守程序原则。规定:侦查人员、检察人员、审判人员应当严格遵守法定程序,全面、客观地收集、审查、核实和认定证据。

（3）确立了未经质证不得认证原则。规定：经过当庭出示、辨认、质证等法庭调查程序查证属实的证据，才能作为定罪量刑的根据。所谓质证，是指对提交法庭的证据由诉讼各方当面质询、诘问、探究和质疑，包括对证据与事实的矛盾进行辩驳、澄清。质证包括对证据的来源、形式和内容的质疑，而质疑的主要指向就是证据的客观性、关联性和合法性。质证是证据调查的核心，是法庭认证的前提。

（4）细化了死刑案件的证明标准。规定：办理死刑案件，对被告人犯罪事实的认定，必须达到证据确实、充分。证据确实、充分是指：① 定罪量刑的事实都有证据证明；② 每一个定案的证据均已经法定程序查证属实；③ 证据与证据之间、证据与案件事实之间不存在矛盾或者矛盾得以合理排除；④ 共同犯罪案件中，被告人的地位、作用均已查清；⑤ 根据证据认定案件事实的过程符合逻辑和经验规则，由证据得出的结论为唯一结论。

（5）明确了死刑案件的证明对象。规定：办理死刑案件，对于以下事实的证明必须达到证据确实、充分：① 指控的犯罪事实的发生；② 被告人实施了犯罪行为与被告人实施犯罪行为的时间、地点、手段、后果以及其他情节；③ 影响被告人定罪的身份情况；④ 被告人有刑事责任能力；⑤ 被告人的罪过；⑥ 是否共同犯罪及被告人在共同犯罪中的地位、作用；⑦ 对被告人从重处罚的事实。

2. 证据的分类审查与认定

该部分共计26条，主要根据不同的证据种类分别规定了审查与认定的内容，要点如下：

（1）确立了原始证据优先规则。规定：据以定案的物证应当是原物。据以定案的书证应当是原件。原物的照片、录像或者复制品，不能反映原物的外形和特征的，书证的副本、复制件不能反映书证原件及其内容的,均不能作为定案的根据。之所以规定原始证据优先,是因为原物、原件真实的可能性更大,这一规则能够促使收集证据的主体努力收集更具有真实性的原始证据,从而更准确、及时地查明案件事实,实现实体公正。

(2) 确立了意见证据规则。规定:证人的猜测性、评论性、推断性的证言,不能作为证据使用,但根据一般生活经验判断符合事实的除外。

(3) 确立了有限的直接言词原则,规定了证人应当出庭作证的情形。规定:具有下列情形的证人,人民法院应当通知出庭作证;经依法通知不出庭作证证人的书面证言经质证无法确认的,不能作为定案的根据:① 人民检察院、被告人及其辩护人对证人证言有异议,该证人证言对定罪量刑有重大影响的;② 人民法院认为证人应当出庭作证的。

**3. 证据的综合审查和运用**

该部分共计10条,主要规定了对证据的综合认证,包括如何对证据的证明力进行认定、如何依靠间接证据定案、如何确认采用特殊侦查措施收集证据材料的证据能力、如何审查被告人是否已满18周岁、严格把握死刑案件中证明量刑事实的证据等内容。

(1) 确立了证据证明力的认定原则。规定:对证据的证明力,应当结合案件的具体情况,从各证据与待证事实的关联程度、各证据之间的联系等方面进行审查判断。证据之间具有内在的联系,共同指向同一待证事实,且能合理排除矛盾的,才能作为定案的根据。这是首次明文规定法官如何认证特别是对于证据证明力如何认定的原则。所谓认证,是指法官在审判过程中对控辩双方提供的或法官自行收集的证据材料,经过审查判断,对证据材料的证据资格和证明力进行确认的活动。因此,认证的内容包括两个方面:一是确认证据资格,二是确认证明力。

(2) 明确规定了依靠间接证据定案的规则。规定:没有直接证据证明犯罪行为系被告人实施,但同时符合下列条件的可以认定被告人有罪：① 据以定案的间接证据已经查证属实；② 据以定案的间接证据之间相互印证，不存在无法排除的矛盾和无法解释的疑问；③ 据以定案的间接证据已经形成完整的证明体系；④ 依据间接证据认定的案件事实，结论是唯一的，足以排除一切合理怀疑；⑤ 运用间接证据进行的推理符合逻辑和经验判断。根据间接证据定案的，判处死刑应当特别慎重。

（3）明确了对采用特殊侦查措施所收集的证据材料的使用。规定：侦查机关依照有关规定采用特殊侦查措施所收集的物证、书证及其他证据材料，经法庭查证属实，可以作为定案的根据。法庭依法不公开特殊侦查措施的过程及方法。

（4）强化了对死刑案件证明量刑事实的证据的严格把握。规定：在对被告人作出有罪认定后，认定被告人的量刑事实，除审查法定情节外，还应审查案件起因、被害人过错及被告人平时表现等酌定量刑情节。不能排除被告人具有从轻、减轻处罚量刑情节的，判处死刑时应当特别慎重。这不仅符合刑事司法中有利于被告人的原则，对实现"少杀、慎杀""控制死刑"也有着重大的意义。

（5）明确了审查被告人是否已满18周岁的方式。规定：审查被告人实施犯罪时是否已满18周岁，一般应当以户籍证明为依据；对户籍证明有异议，并有经查证属实的出生证明文件、无利害关系人的证言等证据证明被告人不满18周岁的，应认定被告人不满18周岁；没有户籍证明以及出生证明文件的，应当根据人口普查登记、无利害关系人的证言等证据综合进行判断，必要时，可以进行骨龄鉴定，并将结果作为判断被告人年龄的参考。未排除证据之间的矛盾，无充分证据证明被告人实施被指控的犯罪时已满18周岁且确实无法查明的，不能认定其已满18周岁。

需要注意的是，《办理死刑案件证据规定》虽然是针对死刑案件，但是在其他非死刑的刑事案件中，也应当参照适用。两高三部在印发"两个证据规定"的通知中明确指出："办理其他刑事案件，参照《关于办理死刑案件审查判断证据若干问题的规定》执行。"

还需要特别指出的是,这两个证据规定的出台与当时司法实践中出现的一些举国关注的冤假错案(如湖北佘祥林冤案、河南赵作海冤案)有密切关系。这些冤假错案的产生都是源于侦查机关非法取证、案件证据标准未达到"证据确实充分"以及证据规则的不完善。

**湖北佘祥林冤案①**

1994年1月20日,湖北省京山县雁门口镇吕冲村村民佘祥林的妻子张在玉失踪,其亲属怀疑是被佘祥林杀害。1994年4月11日,该村一水塘发现一具女尸。公安机关经尸体检验、亲属辨认,草率认定死者是佘祥林失踪的妻子。1994年4月,以涉嫌故意杀害妻子为由,公安机关将佘祥林拘留并批准逮捕。1994年10月13日,湖北省原荆州地区中级人民法院作出一审判决,佘祥林因犯故意杀人罪,被判处死刑,剥夺政治权利终身。佘祥林不服,提起上诉。1995年1月10日,湖北省高级人民法院以事实不清、证据不足为由将该案发回重审。1998年6月15日,京山县人民法院以故意杀人罪判处佘祥林有期徒刑15年,剥夺政治权利5年。1998年9月22日,湖北省荆门市中级人民法院驳回佘祥林的上诉,维持原判。

2005年3月28日,佘祥林"死亡"11年的妻子张在玉突然回到家中。3月29日,荆门市中级人民法院紧急撤销一审及二审判决,将案件发回京山县人民法院重审。2005年4月13日,京山县人民法院宣判佘祥林无罪(见图1-5-1)。2005年10月底,佘祥林及其家人最终累计获得70余万元国家赔偿。

---

① 参见江国华主编:《错案追踪2004—2005》,中国政法大学出版社2016年版,第106—110页。

图 1-5-1　平反出狱后的佘祥林①

## 河南赵作海冤案②

1998年2月15日,河南省商丘市柘城县老王集乡赵楼村赵振晌的侄子赵作亮到公安机关报案,其叔父赵振晌于1997年10月30日离家后已失踪4个多月,怀疑被同村的赵作海杀害。1999年5月8日,赵楼村在挖井时发现一具高度腐烂的无头、膝关节以下缺失的无名尸体,公安机关遂把赵作海作为重大嫌疑人予以刑拘。2002年10月22日,商丘市人民检察院以被告人赵作海犯故意杀人罪向商丘市中级人民法院提起公诉。2002年12月5日商丘市中级人民法院作出一审判决,以故意杀人罪判处被告人赵作海死刑,缓期二年执行,剥夺政治权利

---

① 图片来自 http://news.cnr.cn/native/gd/20150806/t20150806_519447717.shtml,最后访问日期:2018年7月10日。

② 参见陈海发、冀天福:《河南高院宣告赵作海无罪　启动国家赔偿程序和责任追究机制》,载《人民法院报》2010年5月10日第1版;陈海发、冀天福:《赵作海领到国家赔偿金和生活困难补助费共65万元》,http://www.chinacourt.org/article/detail/2010/05/id/409147.shtml,最后访问日期:2018年5月12日。

终身。河南省高级人民法院经复核,于2003年2月13日作出裁定,核准商丘市中级人民法院上述判决。

2010年4月30日,赵振晌回到赵楼村。商丘市中级人民法院在得知赵振晌在本村出现后,立即会同检察人员赶赴赵楼村,经与村干部座谈、询问赵振晌本人及赵振晌的姐姐、外甥女等,确认赵振晌即是本案的被害人。同时从赵振晌本人处了解到:1997年10月30日(农历9月29日)夜里,其对赵作海到杜某某家比较生气,就携自家菜刀在杜某某家中照赵作海头上砍了一下,怕赵作海报复,也怕把赵作海砍死,就收拾东西于10月31日凌晨骑自行车,带400元钱和被子、身份证等外出,以捡废品为生。因2009年得偏瘫无钱医治,才回到了村里。

2010年5月8日,河南省高级人民法院作出再审判决:撤销河南省高级人民法院复核裁定和商丘市中级人民法院判决,宣告赵作海无罪(见图1-5-2)。2010年5月17日上午,赵作海领到国家赔偿金和困难补助费共计65万元。

图1-5-2 河南省高级人民法院院领导向赵作海赔礼道歉①

---

① 图片来自中国法院博物馆。

## 六、《刑事诉讼法》第二次修改（2012年）

《刑事诉讼法》1996年第一次修正后，国情世情发生了深刻变化，这使得《刑事诉讼法》越来越难以适应社会发展和司法实践的需求，因此迫切需要进行再次修改。

早在2003年，按照党的十六大提出的"推进司法体制改革"战略决策的要求，《刑事诉讼法》的再次修改被纳入第十届全国人民代表大会常务委员会的立法规划。2004年年底，中共中央转发了《中央司法体制改革领导小组关于司法体制和工作机制改革的初步意见》，提出了改革和完善诉讼制度等10个方面的35项改革任务，其中许多任务涉及《刑事诉讼法》的修改。2008年，按照党的十七大作出的"深化司法体制改革"的重大决策的要求，中共中央转发了《中央政法委员会关于深化司法体制和工作机制改革若干问题的意见》，提出了60项改革任务，其中相当部分涉及《刑事诉讼法》的修改。之后全国人民代表大会常务委员会法制工作委员会加快了《刑事诉讼法》修正案的起草工作，并连续召开了座谈会议，征求实务部门和专家学者的意见。

2011年8月24日，《中华人民共和国刑事诉讼法修正案（草案）》（以下简称"《修正案（草案）》"）正式提请第十一届全国人民代表大会常务委员会第22次会议进行初次审议。此《修正案（草案）》共计99条，将《刑事诉讼法》从原来的225条增加到285条，主要涉及完善证据制度、强制措施、辩护制度、侦查措施、审判程序、执行规定、特别程序等七个方面。其中，遏制刑讯逼供、排除非法证据、解决证人出庭难、细化逮捕条件、保障律师辩护权利、挽救未成年人等内容受到社会广泛关注。2011年12月26日，第十一届全国人民代表大会常务委员会第24次会议再次对《修正案（草案）》进行了审议,并决定将草案提请第十一届全国人民代表大会第 5 次会议审议。此次审议的《修正案(草案)》共计 106 条,比一审稿增加了 7 条。

2012 年 3 月 5 日,第十一届全国人民代表大会第 5 次会议开幕,审议《修正案(草案)》是此次会议的重要议程之一。8 日,第十一届全国人民代表大会第 5 次会议举行第二次全体会议,听取了全国人民代表大会常务委员会副委员长王兆国《关于〈中华人民共和国刑事诉讼法修正案(草案)〉的说明》。3 月 14 日上午,第十一届全国人民代表大会第 5 次会议通过了《全国人民代表大会关于修改〈中华人民共和国刑事诉讼法〉的决定》。至此,具有历史意义的《刑事诉讼法》第二次修改工作圆满完成。

此次修正《刑事诉讼法》增、删、改共计 149 条,其中增加 66 条,修改 82 条,删除 1 条。主要内容如下:

1. 增加"尊重和保障人权"的规定

"国家尊重和保障人权"在 2004 年载入《宪法》,成为我国《宪法》的一项重要原则,体现了社会主义民主的本质要求。2012 年《刑事诉讼法》在坚持惩罚犯罪与保障人权并重的指导思想下,着力加强了人权保障。在第 2 条"刑事诉讼法的任务"中增加规定"尊重和保障人权",这对整个刑事诉讼的基本原则、制度和程序起到了提纲挈领的指导作用。人权保障的理念贯穿于刑事诉讼的具体制度中,在辩护制度、证据制度、强制措施、侦查程序、审判程序和特别程序中均有鲜明的体现。刑事诉讼领域内的人权保障重点在于保障犯罪嫌疑人、被告人的权利,尤其体现在保障其辩护权,为此第 14 条第 1 款修改为"人民法院、人民检察院和公安机关应当保障犯罪嫌疑人、被告人和其他诉讼参与人依法享有的辩护权和其他诉讼权利"。

2. 改革完善辩护制度

辩护制度是刑事诉讼程序中保障犯罪嫌疑人、被告人权利的核心制度。本次修法在这方面取得了重大的进步。

第一，侦查阶段律师的"辩护人"地位得到确认。1996年《刑事诉讼法》第96条虽然规定犯罪嫌疑人在侦查阶段可以聘请律师，但没有赋予其辩护人地位，而新法则明确规定在侦查期间接受委托的律师是作为"辩护人"参与诉讼活动。第二，辩护人的责任发生变化，强调实体辩护与程序辩护并重，具体体现为2012年《刑事诉讼法》规定的辩护人责任增加了维护犯罪嫌疑人、被告人"诉讼权利"的内容。第三，改善辩护律师会见程序。为有效解决律师会见难问题，2012年《刑事诉讼法》吸收了《律师法》的内容，并作出了务实性的变更和规定：辩护律师持律师执业证书、律师事务所证明和委托书或者法律援助公函要求会见在押的犯罪嫌疑人、被告人的，看守所应当及时安排会见，至迟不得超过48小时。危害国家安全犯罪、恐怖活动犯罪、特别重大贿赂犯罪案件，在侦查期间辩护律师会见在押的犯罪嫌疑人，应当经侦查机关许可。第四，扩大辩护人的阅卷权。2012年《刑事诉讼法》规定自案件审查起诉之日起，辩护人有权查阅、摘抄、复制全部案卷材料。第五，对追究辩护人刑事责任的管辖权作出调整。辩护人在执业活动中涉嫌犯罪的，由办理辩护人所承办案件的侦查机关以外的侦查机关办理。第六，扩大法律援助适用的阶段和案件范围。将法律援助的适用阶段从原来的审判阶段延伸到侦查、审查起诉阶段。同时，将1996年《刑事诉讼法》规定的应当指定辩护的案件增加了两种：一是犯罪嫌疑人、被告人为尚未完全丧失辨认或控制自己行为能力的精神病人的案件；二是犯罪嫌疑人、被告人可能被判处无期徒刑的案件。

**3. 完善证据制度，确立非法证据排除规则**

首先，2012年《刑事诉讼法》增加"不得强迫任何人证实自己有罪"的规定。此原则是国际刑事司法准则的重要内容之一，对于弱化侦查中对口供的依赖心理和进一步遏制非法取证行为具有原则性的指导意义。

其次,2012年《刑事诉讼法》确立非法证据排除规则。规定非法证据的排除有两类:一类是非法言词证据的排除,即采用刑讯逼供等非法方法收集的犯罪嫌疑人、被告人供述和采用暴力、威胁等非法方法收集的证人证言、被害人陈述,应当予以排除;另一类是非法实物证据的排除,即收集物证、书证不符合法定程序,可能严重影响司法公正,且不能作出补正或者合理解释的,对该证据应当予以排除。公安司法机关在侦查、审查起诉、审判时发现有应当排除的证据的,应当依法予以排除,不得作为起诉意见、起诉决定和判决的依据。为了保证非法证据得以排除,设置了法庭审理过程中具有可操作性的排除程序,包括确立非法证据排除程序的启动模式和条件,规定人民检察院对证据收集的合法性承担证明责任,确立我国侦查人员出庭作证制度,确立非法证据排除的证明标准等。

最后,2012年《刑事诉讼法》增加规定证明标准"证据确实、充分"要满足三个条件:定罪量刑的事实都有证据证明;据以定案的证据均经法定程序查证属实;综合全案证据,对所认定事实已排除合理怀疑。其中,"排除合理怀疑"是国际通行的对证明标准的表述。尽管学界和实务界对如何理解和适用此标准尚存在争议,但这是我国立法中第一次采用这一表述,有利于我国刑事证明标准的国际化。

**4. 完善强制措施制度,严格限制不通知家属的情形**

为了解决我国司法实践中羁押率过高的问题,保障刑事诉讼顺利进行,实现惩罚犯罪与保障人权的并重,2012年《刑事诉讼法》对强制措施制度进行了较大幅度的修改。

首先,完善监视居住的适用条件。对监视居住规定有别于取保候审的独立的适用条件。增加对特定案件适用指定居所监视居住的规定。对于符合逮捕条件的案件,有特殊情形的可以适用监视居住,特殊情形包括患有严重疾病、生活不能自理的;怀孕或者正在哺乳自己婴儿的妇女;系生活不能自理的人的唯一扶养人等。指定居所监视居住不限于无固定住处的人,对于涉嫌危害国家安全犯罪、恐怖活动犯罪、特别重大贿赂犯罪,在住处执行可能有碍侦查的,也可以适用,而且指定居所监视居住的期限应当折抵刑期。

其次,修改逮捕条件、限制逮捕范围。2012年《刑事诉讼法》规定了三类应当逮捕的情形:(1)可能判处徒刑以上刑罚,采取取保候审尚不足以防止发生下列社会危险的,应当予以逮捕:可能实施新的犯罪的;有危害国家安全、公共安全或者社会秩序的现实危险的;可能毁灭、伪造证据,干扰证人作证或者串供的;可能对被害人、举报人、控告人实施打击报复的;企图自杀或者逃跑的。(2)可能判处10年有期徒刑以上刑罚的,或者可能判处徒刑以上刑罚,曾经故意犯罪或者身份不明的,应当予以逮捕。(3)被取保候审、监视居住的犯罪嫌疑人、被告人违反取保候审、监视居住规定,情节严重的,可以予以逮捕。①

最后,严格限制采取强制措施后不通知家属的情形。2012年《刑事诉讼法》明确规定,采取拘留、逮捕和指定居所监视居住的,除无法通知的以外,应当在执行后24小时以内通知家属。同时,拘留后因有碍侦查不通知家属的情形,仅限于涉嫌危害国家安全犯罪、恐怖活动犯罪两种案件。这些规定,一方面可以避免家属因其下落不明而担惊受怕;另一方面可以保障其及时聘请辩护人介入诉讼。这应当说是一个进步。

**5. 完善侦查程序**

为了加强对公权力的制约,有效遏制刑讯逼供,保障讯问程序

---

① 2014年4月24日,全国人民代表大会常务委员会通过的《关于〈中华人民共和国刑事诉讼法〉第79条第3款的解释》对此作出补充修改;根据《刑事诉讼法》第79条第3款的规定,对于被取保候审、监视居住的可能判处徒刑以下刑罚的犯罪嫌疑人、被告人,违反取保候审、监视居住规定,严重影响诉讼活动正常进行的,可以予以逮捕。

的正当性,2012年《刑事诉讼法》增加规定:犯罪嫌疑人被拘留后应当立即送看守所羁押,至迟不得超过24小时;侦查人员讯问犯罪嫌疑人,应当在看守所内进行;侦查人员在讯问犯罪嫌疑人的时候,可以对讯问过程进行录音或者录像;对于可能判处无期徒刑、死刑的案件或者其他重大犯罪案件,应当对讯问过程进行录音或者录像,录音或者录像应当全程进行,保持完整性。同时,为了有力惩罚严重犯罪,还适度强化了侦查措施,主要体现在增加了技术侦查等特殊侦查手段,明确了公安机关和检察机关有权采取技术侦查手段的案件范围,限制技术侦查的期限,严格规定技术侦查获取的信息和事实材料的保密、销毁以及使用范围。还对公安机关的秘密侦查和控制下交付程序作出规定,要求侦查机关采取秘密侦查措施,不得诱使他人犯罪,不得采用可能危害公共安全或者发生重大人身危险的行为。同时,明确了技术侦查、秘密侦查和控制下交付收集的材料具有证据能力。

### 6. 完善第一审程序

证人出庭接受控辩双方的询问、质证,对于公平质证、核实证言、查明案情具有重要意义。1996年《刑事诉讼法》虽然规定了凡是知道案件情况的人都有作证的义务,但对如何落实证人出庭作证义务却没有作出具体规定。为此,2012年《刑事诉讼法》首先明确规定了证人应当依法出庭作证的条件,即"公诉人、当事人或者辩护人、诉讼代理人对证人证言有异议,且该证人证言对案件定罪量刑有重大影响,人民法院认为证人有必要出庭作证的,证人应当出庭作证"。但是此规定有很大的问题:即使控辩双方对证人证言有异议且证人证言对定罪量刑有重大影响,也得由法院决定证人是否出庭。这会导致证人必须出庭的情形被化解,造成了司法实践中证人出庭率无法有效提高,证人基本上不出庭作证的状况没有改变。其次,2012年《刑事诉讼法》规定了强制证人出庭作证制度:"经人民法院通知,证人没有正当理由不出庭作证的,人民法院可以强制其到庭,但是被告人的配偶、父母、子女除外;证人没有正当理由拒绝出庭或者出庭后拒绝作证的,予以训诫,情节严重的,经院长批准,处以10日以下的拘留。"其中不得强制被告人的配偶、父母、子女到庭作证的例外借鉴了国外亲属拒绝作证特权的立法,旨在维护家庭伦理和人性的基本价值。但是这一规定并不是真正意义上的亲属拒绝作证特权,而只是在庭审阶段免予强制出庭,在其他诉讼阶段仍有作证的义务。同时,该规定还以法律的名义剥夺了被告人最重要的诉讼权利之一——对质权。此外,还规定人民警察就其执行职务时目击的犯罪情况作为证人出庭要适用一般证人的出庭规定。最后,规定了证人作证经济补偿和证人保护制度。此外,控辩双方对鉴定意见有异议且法院认为有必要,鉴定人也应当出庭;鉴定人经人民法院通知拒不出庭作证的,鉴定意见不能作为定案的根据。

为实现案件的繁简分流及提高诉讼效率,2012年《刑事诉讼法》还扩大了简易程序的适用范围:基层人民法院管辖的案件,符合下列条件的,可以适用简易程序审判:(1)案件事实清楚、证据充分的;(2)被告人承认自己所犯罪行,对起诉书指控的犯罪事实没有异议的;(3)被告人对适用简易程序没有异议的。与此同时,还明确规定了不得适用简易程序的四种情形:(1)被告人是盲、聋、哑人,或者尚未完全丧失辨认或者控制自己行为能力的精神病人的;(2)有重大社会影响的;(3)共同犯罪案件中部分被告人不认罪或者对适用简易程序有异议的;(4)其他不宜适用简易程序审理的。

### 7. 改进第二审程序

为进一步发挥第二审程序在权利救济和保障公正方面的作用,2012年《刑事诉讼法》对第二审程序作出了重要的修改完善。

第一,修改开庭审理的案件范围。1996年《刑事诉讼法》规定,第二审程序以开庭审理为原则、不开庭审理为例外。然而,在实践中,该原则却异化为以不开庭审理为原则、开庭审理为例外。为改变司法现状,除 1996 年《刑事诉讼法》规定的人民检察院抗诉的案件以外,2012 年《刑事诉讼法》明确规定了必须开庭审理的案件范围包括:被告人、自诉人及其法定代理人对第一审判决认定的事实、证据提出异议,可能影响定罪量刑的上诉案件;被告人被判处死刑的上诉案件;其他应当开庭审理的案件。同时,还进一步完善了不开庭审理的程序:第二审人民法院决定不开庭审理的,应当讯问被告人,听取其他当事人、辩护人、诉讼代理人的意见。

第二,完善二审程序中因原判决事实不清楚或证据不足的发回重审制度和上诉不加刑原则。1996 年《刑事诉讼法》规定,原判决事实不清楚或者证据不足的,可以在查清事实后改判;也可以裁定撤销原判,发回原审人民法院重新审判。但是,在司法实践中,此种发回重审制度被滥用,影响了司法公正的实现。为此,2012 年《刑事诉讼法》在 1996 年《刑事诉讼法》规定的基础上增加规定,原审人民法院对以原判决事实不清楚或者证据不足而发回重新审判的案件进行裁判后,被告人提出上诉或者人民检察院提出抗诉的,第二审人民法院应当依法作出判决或者裁定,不得再发回原审人民法院重新审判。同时,为防止规避上诉不加刑原则,增加规定,第二审人民法院发回原审人民法院重新审判的只有被告一方上诉的案件,除有新的犯罪事实,人民检察院补充起诉的以外,原审人民法院也不得加重被告人的刑罚。

**8. 改革死刑复核程序**

从 2007 年 1 月 1 日起,最高人民法院统一行使死刑案件核准权。为体现慎重适用死刑,保证死刑复核案件质量,使之从原来行政化的内部审核转向适度诉讼化,2012 年《刑事诉讼法》对死刑复核程序进行了改革,具体包括:首先,增加规定最高人民法院复核死刑案件的裁判方式。最高人民法院复核死刑案件,应当作出核准或者不核准死刑的裁定;对于不核准死刑的,最高人民法院可以发回重新审判或者予以改判。其次,增加规定最高人民法院复核死刑案件的程序。最高人民法院复核死刑案件,应当讯问被告人,辩护律师提出要求的,应当听取辩护律师的意见;在复核死刑案件过程中,最高人民检察院可以向最高人民法院提出意见,最高人民法院应当将死刑复核结果通报最高人民检察院。

### 9. 增设四种特别刑事诉讼程序

第一,未成年人刑事案件诉讼程序。确立了未成年人刑事案件诉讼程序的办案方针和原则、法律援助制度、社会调查制度、严格限制适用逮捕措施制度、未成年人法定代理人或者其他人员到场制度、附条件不起诉制度、犯罪记录封存制度等。

第二,当事人和解的公诉案件诉讼程序。对于以下两类公诉案件,犯罪嫌疑人、被告人真诚悔罪,通过向被害人赔偿损失、赔礼道歉等方式获得被害人谅解,被害人自愿和解的,双方当事人可以和解:一是因民间纠纷引起,涉嫌刑法分则第四章(侵犯公民人身权利、民主权利罪)、第五章(侵犯财产罪)规定的犯罪案件,可能判处3年有期徒刑以下刑罚的;二是除渎职犯罪以外的可能判处7年有期徒刑以下刑罚的过失犯罪案件。公安机关、人民检察院、人民法院应当听取当事人和其他有关人员的意见,对和解的自愿性、合法性进行审查,并可以从宽处理。

第三,犯罪嫌疑人、被告人逃匿、死亡案件违法所得的没收程序。为有效惩治腐败犯罪、恐怖活动犯罪,并与我国已加入的联合国《反腐败公约》及有关反恐怖问题的决议的要求相衔接,2012年《刑事诉讼法》增设了该程序。对于贪污贿赂犯罪、恐怖活动犯罪等重大犯罪案件,犯罪嫌疑人、被告人逃匿,在通缉1年后不能到案,或者犯罪嫌疑人、被告人死亡,依照《刑法》规定应当追缴其违法所得及其他涉案财产的,人民检察院可以向人民法院提出没收违法所得的申请。

第四,依法不负刑事责任的精神病人的强制医疗程序。为保障公众安全、维护社会和谐有序,2012年《刑事诉讼法》增加规定了该程序,即实施暴力行为,危害公共安全或者严重危害公民人身安全,经法定程序鉴定依法不负刑事责任的精神病人,有继续危害社会可能的,可以予以强制医疗。

2012年《刑事诉讼法》的修改进一步完善了我国刑事诉讼制度,特别是在当事人权利保障、辩护制度、非法证据排除等方面有较大进步,但是证人出庭等问题仍未得到有效解决。

## 七、刑事诉讼法立法和司法解释的颁布

为保证修改后《刑事诉讼法》的正确、有效实施,立法部门和有关实务部门相继制定了若干立法解释、司法解释和其他法律文件。

### (一)全国人民代表大会常务委员会对《刑事诉讼法》条文的立法

2014年4月24日,全国人民代表大会常务委员会首次对2012年《刑事诉讼法》实施过程中出现较大争议的条文进行了立法解释。

对于《刑事诉讼法》第79条第3款关于违反取保候审、监视居住规定情节严重可以逮捕的规定,是否适用于可能判处徒刑以下刑罚的犯罪嫌疑人、被告人的问题,全国人民代表大会常务委员会解释称:根据《刑事诉讼法》第79条第3款的规定,对于被取保候审、监视居住的可能判处徒刑以下刑罚的犯罪嫌疑人、被告人,违反取保候审、监视居住规定,严重影响诉讼活动正常进行的,可以予以逮捕。

对于《刑事诉讼法》第271条第2款的含义及被害人对附条件不起诉的案件能否依照第176条的规定向人民法院起诉的问题,全国人民代表大会常务委员会解释称:人民检察院办理未成年人刑事案件,在作出附条件不起诉的决定以及考验期满作出不起诉的决定

以前,应当听取被害人的意见。被害人对人民检察院对未成年犯罪嫌疑人作出的附条件不起诉的决定和不起诉的决定,可以向上一级人民检察院申诉,不适用《刑事诉讼法》第 176 条关于被害人可以向人民法院起诉的规定。

对于《刑事诉讼法》第 254 条第 5 款、第 257 条第 2 款的含义及人民法院决定暂予监外执行的案件,由哪个机关负责组织病情诊断、妊娠检查和生活不能自理的鉴别以及由哪个机关对予以收监执行的罪犯送交执行刑罚的问题,全国人民代表大会常务委员会解释称:罪犯在被交付执行前,因有严重疾病、怀孕或者正在哺乳自己婴儿的妇女、生活不能自理的原因,依法提出暂予监外执行的申请的,有关病情诊断、妊娠检查和生活不能自理的鉴别,由人民法院负责组织进行。根据《刑事诉讼法》第 257 条第 2 款的规定,对人民法院决定暂予监外执行的罪犯,有《刑事诉讼法》第 257 条第 1 款规定的情形,依法应当予以收监的,在人民法院作出决定后,由公安机关依照《刑事诉讼法》第 253 条第 2 款的规定送交执行刑罚。

### (二)《关于实施刑事诉讼法若干问题的规定》

最高人民法院、最高人民检察院、公安部、国家安全部、司法部和全国人民代表大会常务委员会法制工作委员会 2012 年 12 月 26 日联合制定并发布了《关于实施刑事诉讼法若干问题的规定》,涉及管辖、辩护与代理、证据、强制措施、立案、侦查、提起公诉、审判、执行、涉案财产的处理及其他共十一个方面的内容,共计 40 条,对六部门在执行《刑事诉讼法》时需要形成统一认识和协商一致的内容作出规定。主要规定如下:

1. 明确规定了不得担任辩护人的范围,人民法院、人民检察院、公安机关、国家安全机关、监狱的现职人员,人民陪审员,外国人或者无国籍人,以及与本案有利害关系的人,不得担任辩护人。但是,上述人员系犯罪嫌疑人、被告人的监护人或者近亲属,犯罪嫌疑人、被告人委托其担任辩护人的,可以准许。无行为能力或者限制行为能力的人,不得担任辩护人。同时,一名辩护人不得为两名以上的同案犯罪嫌疑人、被告人辩护,不得为两名以上的未同案处理但实施的犯罪存在关联的犯罪嫌疑人、被告人辩护。

2. 根据《刑事诉讼法》第36条,辩护律师在侦查期间可以向侦查机关了解犯罪嫌疑人涉嫌的罪名及当时已查明的该罪的主要事实,犯罪嫌疑人被采取、变更、解除强制措施的情况,侦查机关延长侦查羁押期限等情况。

3. 《刑事诉讼法》第37条第2款规定的辩护律师持"三证"(律师执业证书、律师事务所证明和委托书或者法律援助公函)要求会见在押的犯罪嫌疑人、被告人的,"看守所应当及时安排会见,至迟不得超过48小时"是指"看守所应当及时安排会见,保证辩护律师在48小时以内见到在押的犯罪嫌疑人、被告人"。

4. 辩护律师根据《刑事诉讼法》第41条第1款申请人民检察院、人民法院收集、调取证据,人民检察院、人民法院认为需要调查取证的,应当由人民检察院、人民法院收集、调取证据,不得向律师签发准许调查决定书,让律师收集、调取证据。

5. 《刑事诉讼法》第42条第2款中规定的"违反前款规定的,应当依法追究法律责任,辩护人涉嫌犯罪的,应当由办理辩护人所承办案件的侦查机关以外的侦查机关办理"是指"应当按照规定报请办理辩护人所承办案件的侦查机关的上一级侦查机关指定其他侦查机关立案侦查,或者由上一级侦查机关立案侦查。不得指定办理辩护人所承办案件的侦查机关的下级侦查机关立案侦查。"

6. 被取保候审、监视居住的犯罪嫌疑人、被告人有正当理由需要离开所居住的市、县或者执行监视居住的处所的,如果取保候审、监视居住是由人民检察院、人民法院决定的,执行机关在批准犯罪嫌疑人、被告人离开所居住的市、县或者执行监视居住的处所前,应当征得决定机关同意。

7. 确立补充起诉或者变更起诉制度。即人民法院审理公诉案件,发现有新的事实,可能影响定罪的,人民检察院可以要求补充起诉或者变更起诉,人民法院可以建议人民检察院补充起诉或者变更起诉。人民法院建议人民检察院补充起诉或者变更起诉的,人民检察院应当在7日以内回复意见。

8. 确立了审判阶段的补充侦查制度。即在法庭审理过程中,被告人揭发他人犯罪行为或者提供重要线索,人民检察院认为需要进行查证的,可以建议补充侦查。

## (三)《关于适用〈中华人民共和国刑事诉讼法〉的解释》

最高人民法院2012年12月20日发布《关于适用〈中华人民共和国刑事诉讼法〉的解释》,对于《刑事诉讼法》有关审判工作的规定作出了相应的司法解释。主要规定有:

1. 明确了人民法院直接受理的自诉案件范围:(1) 告诉才处理的案件:侮辱、诽谤案(《刑法》第246条规定的,但严重危害社会秩序和国家利益的除外);暴力干涉婚姻自由案(《刑法》第257条第1款规定的);虐待案(《刑法》第260条第1款规定的);侵占案(《刑法》第270条规定的)。(2) 人民检察院没有提起公诉,被害人有证据证明的轻微刑事案件:故意伤害案(《刑法》第234条第1款规定的);非法侵入住宅案(《刑法》第245条规定的);侵犯通信自由案(《刑法》第252条规定的);重婚案(《刑法》第258条规定的);遗弃案(《刑法》第261条规定的);生产、销售伪劣商品案(《刑法》分则第三章第一节规定的,但严重危害社会秩序和国家利益的除外);侵犯知识产权案(《刑法》分则第三章第七节规定的,但严重危害社会秩序和国家利益的除外);《刑法》分则第四章、第五章规定的,对被告人可能判处 3 年有期徒刑以下刑罚的案件。上述案件,被害人直接向人民法院起诉的,人民法院应当依法受理。对其中证据不足、可以由公安机关受理的,或者认为对被告人可能判处 3 年有期徒刑以上刑罚的,应当告知被害人向公安机关报案,或者移送公安机关立案侦查。(3)被害人有证据证明对被告人侵犯自己人身、财产权利的行为应当依法追究刑事责任,且有证据证明曾经提出控告,而公安机关或者人民检察院不予追究被告人刑事责任的案件。

2. 细化了回避的适用条件。首先,扩大了行为回避事由。即审判人员违反规定,具有下列情形之一的,当事人及其法定代理人有权申请其回避:(1)违反规定会见本案当事人、辩护人、诉讼代理人的;(2)为本案当事人推荐、介绍辩护人、诉讼代理人,或者为律师、其他人员介绍办理本案的;(3)索取、接受本案当事人及其委托人的财物或者其他利益的;(4)接受本案当事人及其委托人的宴请,或者参加由其支付费用的活动的;(5)向本案当事人及其委托人借用款物的;(6)有其他不正当行为,可能影响公正审判的。当事人及其法定代理人、辩护人、诉讼代理人据此申请回避的应当提供证明材料。其次,明确规定了程序回避事由。即参与过本案侦查、审查起诉工作的侦查、检察人员,调至人民法院工作的,不得担任本案的审判人员。在一个审判程序中参与过本案审判工作的合议庭组成人员或者独任审判员,不得再参与本案其他程序的审判。但是,发回重新审判的案件,在第一审人民法院作出裁判后又进入第二审程序或者死刑复核程序的,原第二审程序或者死刑复核程序中的合议庭组成人员不受本款规定的限制。

3. 明确了不得担任辩护人的人员范围。即下列人员不得担任辩护人:(1)正在被执行刑罚或者处于缓刑、假释考验期间的人;(2)依法被剥夺、限制人身自由的人;(3)无行为能力或者限制行为能力的人;(4)人民法院、人民检察院、公安机关、国家安全机关、监狱的现职人员;(5)人民陪审员;(6)与本案审理结果有利害关系的人;(7)外国人或者无国籍人。其中第(4)项至第(7)项规定的人员,如果是被告人的监护人、近亲属,由被告人委托担任辩护人的,可以准许。此外,审判人员和人民法院其他工作人员从人民法院离任后2年内,不得以律师身份担任辩护人。审判人员和人民法院其他工作人员从人民法院离任后,不得担任原任职法院所审理案件的辩护人,但作为被告人的监护人、近亲属进行辩护的除外。审判人员和人民法院其他工作人员的配偶、子女或者父母不得担任其任职法院所审理案件的辩护人,但作为被告人的监护人、近亲属进行辩护的除外。

4. 规定了被告人拒绝法律援助律师的制度。即被告人拒绝法律援助机构指派的律师为其辩护,坚持自己行使辩护权的,人民法院应当准许。属于应当提供法律援助的情形,被告人拒绝指派的律师为其辩护的,人民法院应当查明原因。理由正当的,应当准许,但被告人须另行委托辩护人;被告人未另行委托辩护人的,人民法院应当在3日内书面通知法律援助机构另行指派律师为其提供辩护。

5. 规定了证据裁判原则。即认定案件事实,必须以证据为根据。

6. 确立了最佳证据规则。即据以定案的物证应当是原物。原物不便搬运、不易保存,依法应当由有关部门保管、处理,或者依法应当返还的,可以拍摄、制作足以反映原物外形和特征的照片、录像、复制品。物证的照片、录像、复制品,经与原物核对无误、经鉴定为真实或者以其他方式确认为真实的,可以作为定案的根据。据以定案的书证应当是原件。取得原件确有困难的,可以使用副本、复制件。书证的副本、复制件,经与原件核对无误、经鉴定为真实或者以其他方式确认为真实的,可以作为定案的根据。

7. 确立了被告人供述和辩解的印证规则。即被告人庭审中翻供,但不能合理说明翻供原因或者其辩解与全案证据矛盾,而其庭前供述与其他证据相互印证的,可以采信其庭前供述。被告人庭前供述和辩解存在反复,但庭审中供认,且与其他证据相互印证的,可以采信其庭审供述;被告人庭前供述和辩解存在反复,庭审中不供认,且无其他证据与庭前供述印证的,不得采信其庭前供述。

8. 确立了检验报告制度。即对案件中的专门性问题需要鉴定,但没有法定司法鉴定机构,或者法律、司法解释规定可以进行检验的,可以指派、聘请有专门知识的人进行检验,检验报告可以作为定罪量刑的参考。对检验报告的审查与认定,参照适用鉴定意见的有关规定。

9. 细化了非法证据排除规则。《刑事诉讼法》第54条规定的"刑讯逼供等非法方法"是指"使用肉刑或者变相肉刑,或者采用其他使被告人在肉体上或者精神上遭受剧烈疼痛或者痛苦的方法,迫使被告人违背意愿供述的,应当认定为刑讯逼供等非法方法"。认定《刑事诉讼法》第54条规定的"可能严重影响司法公正",应当综合考虑收集物证、书证违反法定程序以及所造成后果的严重程度等情况。

10. 确立了间接证据运用规则。即没有直接证据,但间接证据同时符合下列条件的,可以认定被告人有罪:(1)证据已经查证属实;(2)证据之间相互印证,不存在无法排除的矛盾和无法解释的疑问;(3)全案证据已经形成完整的证明体系;(4)根据证据认定案件事实足以排除合理怀疑,结论具有唯一性;(5)运用证据进行的推理符合逻辑和经验。

11. 确立了印证规则。即根据被告人的供述、指认提取到了隐蔽性很强的物证、书证,且被告人的供述与其他证明犯罪事实发生的证据相互印证,并排除串供、逼供、诱供等可能性的,可以认定被告人有罪。

12. 明确了附带民事诉讼的赔偿范围。即对附带民事诉讼作出判决，应当根据犯罪行为造成的物质损失，结合案件具体情况，确定被告人应当赔偿的数额。犯罪行为造成被害人人身损害的，应当赔偿医疗费、护理费、交通费等为治疗和康复支付的合理费用，以及因误工减少的收入。造成被害人残疾的，还应当赔偿残疾生活辅助具费等费用；造成被害人死亡的，还应当赔偿丧葬费等费用。驾驶机动车致人伤亡或者造成公私财产重大损失，构成犯罪的，依照《中华人民共和国道路交通安全法》第76条的规定确定赔偿责任。而且，因受到犯罪侵犯，提起附带民事诉讼或者单独提起民事诉讼要求赔偿精神损失的，人民法院不予受理。

此外，对于被告人非法占有、处置被害人财产的，应当依法予以追缴或者责令退赔。被害人提起附带民事诉讼的，人民法院不予受理。追缴、退赔的情况，可以作为量刑情节考虑。

13. 明确了审判委员会讨论决定的案件范围。即拟判处死刑的案件、人民检察院抗诉的案件，合议庭应当提请院长决定提交审判委员会讨论决定。对合议庭成员意见有重大分歧的案件、新类型案件、社会影响重大的案件以及其他疑难、复杂、重大的案件，合议庭认为难以作出决定的，可以提请院长决定提交审判委员会讨论决定。

14. 确立了法院的建议补充侦查权。即审判期间，被告人提出新的立功线索的，人民法院可以建议人民检察院补充侦查。

15. 确立了法院改变罪名权。即起诉指控的事实清楚，证据确实、充分，指控的罪名与审理认定的罪名不一致的，应当按照审理认定的罪名作出有罪判决。但人民法院应当在判决前听取控辩双方的意见，保障被告人、辩护人充分行使辩护权。必要时，可以重新开庭，组织控辩双方围绕被告人的行为构成何罪进行辩论。

16. 将《刑事诉讼法》第223条第1款规定的二审应当开庭审理

的案件范围之一"被告人被判处死刑的上诉案件"解释为"被告人被判处死刑立即执行的上诉案件"。

17. 细化了上诉不加刑原则。即审理被告人或者其法定代理人、辩护人、近亲属提出上诉的案件,不得加重被告人的刑罚,并应当执行下列规定:(1)同案审理的案件,只有部分被告人上诉的,既不得加重上诉人的刑罚,也不得加重其他同案被告人的刑罚。(2)原判事实清楚,证据确实、充分,只是认定的罪名不当的,可以改变罪名,但不得加重刑罚。(3)原判对被告人实行数罪并罚的,不得加重决定执行的刑罚,也不得加重数罪中某罪的刑罚。(4)原判对被告人宣告缓刑的,不得撤销缓刑或者延长缓刑考验期。(5)原判没有宣告禁止令的,不得增加宣告;原判宣告禁止令的,不得增加内容、延长期限。(6)原判对被告人判处死刑缓期执行没有限制减刑的,不得限制减刑。(7)原判事实清楚,证据确实、充分,但判处的刑罚畸轻,应当适用附加刑而没有适用的,不得直接加重刑罚、适用附加刑,也不得以事实不清、证据不足为由发回第一审人民法院重新审判。必须依法改判的,应当在第二审判决、裁定生效后,依照审判监督程序重新审判。人民检察院只对部分被告人的判决提出抗诉,或者自诉人只对部分被告人的判决提出上诉的,第二审人民法院不得对其他同案被告人加重刑罚。

18. 细化了再审的事由。经审查,具有下列情形之一的,应当根据《刑事诉讼法》第242条的规定,决定重新审判:(1)有新的证据证明原判决、裁定认定的事实确有错误,可能影响定罪量刑的;(2)据以定罪量刑的证据不确实、不充分,依法应当排除的;(3)证明案件事实的主要证据之间存在矛盾的;(4)主要事实依据被依法变更或者撤销的;(5)认定罪名错误的;(6)量刑明显不当的;(7)违反法律关于溯及力规定的;(8)违反法律规定的诉讼程序,可能影响公正裁判的;(9)审判人员在审理该案件时有贪污受贿、徇私舞弊、枉法裁判行为的。

其中第(1)项中的"新的证据"是指：(1)原判决、裁定生效后新发现的证据；(2)原判决、裁定生效前已经发现，但未予收集的证据；(3)原判决、裁定生效前已经收集，但未经质证的证据；(4)原判决、裁定所依据的鉴定意见、勘验、检查等笔录或者其他证据被改变或者否定的。

19. 确立了再审不加刑原则。即除人民检察院抗诉的以外，再审一般不得加重原审被告人的刑罚。再审决定书或者抗诉书只针对部分原审被告人的，不得加重其他同案原审被告人的刑罚。

20. 确立了当事人和解应当从轻处罚原则。即对达成和解协议的案件，人民法院应当对被告人从轻处罚；符合非监禁刑适用条件的，应当适用非监禁刑；判处法定最低刑仍然过重的，可以减轻处罚；综合全案认为犯罪情节轻微不需要判处刑罚的，可以免除刑事处罚。

### (四)《人民检察院刑事诉讼规则(试行)》

最高人民检察院2012年11月22日颁布了《人民检察院刑事诉讼规则(试行)》，分为17章，共计708条，是在1999年《人民检察院刑事诉讼规则》基础上结合新修正的《刑事诉讼法》加以修改、补充形成的。《人民检察院刑事诉讼规则(试行)》对于《刑事诉讼法》中检察业务有关的内容进行了解释并对检察机关内部工作流程和各部门分工、配合与制约关系作出规定。主要规定有：

1. 明确国家机关工作人员利用职权实施的侵犯公民人身权利和民主权利的犯罪案件包括：(1)非法拘禁案(《刑法》第238条)；(2)非法搜查案(《刑法》第245条)；(3)刑讯逼供案(《刑法》第247条)；(4)暴力取证案(《刑法》第247条)；(5)虐待被监管人案(《刑法》第248条)；(6)报复陷害案(《刑法》第254条)；(7)破坏

选举案(《刑法》第256条)。

2. 明确了辩护律师会见犯罪嫌疑人、被告人需要许可的"特别重大贿赂犯罪"案件的范围。包括:(1)涉嫌贿赂犯罪数额在50万元以上,犯罪情节恶劣的①;(2)有重大社会影响的;(3)涉及国家重大利益的。

3. 规定了检察机关的客观公正义务。即人民检察院提起公诉,应当遵循客观公正原则,对被告人有罪、罪重、罪轻的证据都应当向人民法院提出。人民检察院办理直接受理立案侦查的案件,应当全面、客观地收集、调取犯罪嫌疑人有罪或者无罪、罪轻或者罪重的证据材料,并依法进行审查、核实。

4. 解释了非法证据排除规则中的有关概念。"刑讯逼供"是指使用肉刑或者变相使用肉刑,使犯罪嫌疑人在肉体或者精神上遭受剧烈疼痛或者痛苦以逼取供述的行为。"其他非法方法"是指违法程度和对犯罪嫌疑人的强迫程度与刑讯逼供或者暴力、威胁相当而迫使其违背意愿供述的方法。"可能严重影响司法公正"是指收集物证、书证不符合法定程序的行为明显违法或者情节严重,可能对司法机关办理案件的公正性造成严重损害;"补正"是指对取证程序上的非实质性瑕疵进行补救;"合理解释"是指对取证程序的瑕疵作出符合常理及逻辑的解释。

5. 细化了逮捕的条件。人民检察院对有证据证明有犯罪事实,

---

① 2016年最高人民法院、最高人民检察院《关于办理贪污贿赂刑事案件适用法律若干问题的解释》出台后,最高人民检察院下发《关于贯彻执行〈最高人民法院、最高人民检察院关于办理贪污贿赂刑事案件适用法律若干问题的解释〉的通知》(以下简称《通知》)。该《通知》提出,关于"重大贪污、贿赂犯罪案件"掌握标准:对《人民检察院刑事诉讼规则(试行)》第263条规定可以采取技术侦查措施的重大贪污、贿赂犯罪案件的数额标准,可以掌握为50万元以上。对于涉案数额在50万元以上、采取其他方法难以收集证据的贪污、贿赂犯罪案件,经过严格的批准手续,可以采取技术侦查措施,交有关机关执行。关于"特别重大贿赂犯罪案件"掌握标准:对《人民检察院刑事诉讼规则(试行)》第110条规定的特别重大贿赂罪可以指定居所监视居住的数额标准,可以掌握为300万元以上。

可能判处徒刑以上刑罚的犯罪嫌疑人,采取取保候审尚不足以防止发生下列社会危险性的,应当予以逮捕:(1)可能实施新的犯罪的,即犯罪嫌疑人多次作案、连续作案、流窜作案,其主观恶性、犯罪习性表明其可能实施新的犯罪,以及有一定证据证明犯罪嫌疑人已经开始策划、预备实施犯罪的;(2)有危害国家安全、公共安全或者社会秩序的现实危险的,即有一定证据证明或者有迹象表明犯罪嫌疑人在案发前或者案发后正在积极策划、组织或者预备实施危害国家安全、公共安全或者社会秩序的重大违法犯罪行为的;(3)可能毁灭、伪造证据,干扰证人作证或者串供的,即有一定证据证明或者有迹象表明犯罪嫌疑人在归案前或者归案后已经着手实施或者企图实施毁灭、伪造证据,干扰证人作证或者串供行为的;(4)有一定证据证明或者有迹象表明犯罪嫌疑人可能对被害人、举报人、控告人实施打击报复的;(5)企图自杀或者逃跑的,即犯罪嫌疑人归案前或者归案后曾经自杀,或者有一定证据证明或者有迹象表明犯罪嫌疑人试图自杀或者逃跑的。

6. 确立了职务犯罪案件讯问全程录音录像制度。人民检察院立案侦查职务犯罪案件,在每次讯问犯罪嫌疑人的时候,应当对讯问过程进行全程录音、录像,并在讯问笔录中注明。

7. 确立了自侦案件决定逮捕权上提一级制度。即省级以下(不含省级)人民检察院直接受理立案侦查的案件,需要逮捕犯罪嫌疑人的,应当报请上一级人民检察院审查决定。监所、林业等派出人民检察院立案侦查的案件,需要逮捕犯罪嫌疑人的,应当报请上一级人民检察院审查决定。

8. 规定了撤回起诉制度。即在人民法院宣告判决前,人民检察院发现具有下列情形之一的,可以撤回起诉:(1)不存在犯罪事实的;(2)犯罪事实并非被告人所为的;(3)情节显著轻微、危害不大,不认为是犯罪的;(4)证据不足或证据发生变化,不符合起诉条件的;(5)被告人因未达到刑事责任年龄,不负刑事责任的;(6)法律、司法解释发生变化导致不应当追究被告人刑事责任的;(7)其他不应当追究被告人刑事责任的。对于撤回起诉的案件,人民检察院应当在撤回起诉后30日以内作出不起诉决定。需要重新侦查的,应当在作出不起诉决定后将案卷材料退回公安机关,建议公安机关重新侦查并书面说明理由。对于撤回起诉的案件,没有新的事实或者新的证据,人民检察院不得再行起诉。

此外,公安部于2012年12月13日发布了修订后的《公安机关办理刑事案件程序规定》,为公安机关执行新修正的《刑事诉讼法》提供了实施细则。《公安机关办理刑事案件程序规定》分为14章,共376条。

上述机关制定的法律解释,可以使各公安司法机关业务部门职责明确,诉讼实践中有所遵循,避免因法律规定得不明确而无法进行司法操作。

# 第六章
# 新征程与新成就：2012—2018年

## 一、概　述

中国共产党第十八次全国代表大会(以下简称"十八大")于2012年11月8日至14日召开,标志着我国进入了全面深化改革和全面推进依法治国的新时代。会议提出进一步深化司法体制改革,坚持和完善中国特色社会主义司法制度,确保审判机关、检察机关依法独立公正行使审判权、检察权。由此开启了我国司法体制改革和司法机制改革两个层面齐头并进的新局面。

2013年11月9日至12日,中国共产党第十八届中央委员会第三次全体会议(以下简称"十八届三中全会")召开,会议通过了《中共中央关于全面深化改革若干重大问题的决定》(以下简称"十八届三中全会《决定》")。十八届三中全会《决定》提出："深化司法体制改革,加快建设公正高效权威的社会主义司法制度。"并明确：(1)确保依法独立公正行使审判权、检察权。改革司法管理体制,推动省以下地方法院、检察院人财物统一管理,探索建立与行政区划适当分离的司法管辖制度,建立符合职业特点的司法人员管理制度。(2) 健全司法权力运行机制。优化司法职权配置,改革审判委员会制度,完善主审法官、合议庭办案责任制,推进审判公开、检务公开。(3) 完善人权司法保障制度。健全错案防止、纠正、责任追究机制,严格实行非法证据排除规则,健全社区矫正制度,完善法律援助制度,完善律师执业权利保障机制和违法违规执业惩戒制度。此次会议开启了新一轮的司法体制改革,与前两次司法改革不同的是,此次司法改革直接由中央领导,由中央政法委协调最高人民法院、最高人民检察院、公安部、司法部等相关部门具体实施。2013 年 12 月 30 日,中央全面深化改革领导小组(以下简称"中央深改小组")成立,该小组负责本次司法改革的总体设计、统筹协调、整体推进、督促落实等工作。

2014 年 10 月 20 日至 23 日召开的中国共产党第十八届中央委员会第四次全体会议(以下简称"十八届四中全会")首次专题讨论依法治国问题。会议审议通过了《中共中央关于全面推进依法治国若干重大问题的决定》(以下简称"十八届四中全会《决定》"),强调"司法公正对社会公正具有重要引领作用,司法不公对社会公正具有致命破坏作用"。十八届四中全会《决定》在十八届三中全会《决定》的基础上进一步指出:(1) 必须完善司法管理体制和司法权力运行机制。优化司法职权配置,推动实行审判权和执行权相分离的体制改革试点。最高人民法院设立巡回法庭。(2) 完善确保依法独立公正行使审判权和检察权的制度,并严格司法责任制。探索设立跨行政区划的人民法院和人民检察院,建立领导干部干预司法活动、插手具体案件处理的记录、通报和责任追究制度,建立健全司法人员履行法定职责保护机制,完善职业保障体系。实行办案质量终身负责制和错案责任倒查问责制。(3) 加强对司法活动的监督,保障人民群众参与,在司法调解、司法听证、涉诉信访等司法活动中构建开放、动态、透明、便民的阳光司法机制。完善人民陪审员制度,完善检察机关行使监督权的法律制度,完善人民监督员制度。(4)规范司法行为,努力让人民群众在每一个司法案件中感受到公平正义。推进严格司法,坚持以事实为根据、以法律为准绳,健全事实认定符合客观真相、办案结果符合实体公正、办案过程符合程序公正的法律制度。推进以审判为中心的诉讼制度改革。

此次司法改革由中央顶层设计并统一部署,改革力度大、任务重。具体表现在:第一,本轮改革涉及司法职权配置等深层次问题。2014年6月6日,中央深改小组第3次会议通过的《关于司法体制改革试点若干问题的框架意见》中所涉及的完善司法人员分类管理,完善司法责任制,健全司法人员职业保障,推动省以下地方法院、检察院人财物统一管理等四项举措,都是司法体制改革的基础性、制度性措施,具有牵一发动全身的影响。第二,此次改革涉及地域广。2014年以来,先后有18个省(自治区、直辖市)启动两批改革试点。2015年12月9日,中央深改小组第19次会议同意于2016年全面推开司法体制改革试点。另外,根据最高人民法院、最高人民检察院2017年11月1日在第十二届全国人民代表大会常务委员会第30次会议上所作的《关于人民法院全面深化司法改革情况的报告》及《关于人民检察院全面深化司法改革情况的报告》,改革主体框架基本确立,符合司法规律的体制机制进一步形成。

下文仅就十八大至2018年6月间的刑事司法改革情况予以重点阐述。

## 二、司法组织改革

### (一)设立巡回法庭、跨行政区划的人民法院和人民检察院

十八届四中全会提出设立巡回法庭,以更好地发挥最高人民法

院监督指导地方人民法院工作的职能并方便当事人诉讼。2014年12月2日中央深改小组第7次会议通过《最高人民法院设立巡回法庭试点方案》,同意最高人民法院设立两个巡回法庭,第一巡回法庭设在深圳,分管重庆、广东、广西、海南、湖南;第二巡回法庭位于沈阳,分管辽宁、吉林、黑龙江。在已设立的两个巡回法庭取得良好效果的基础上,2016年11月1日中央深改小组第29次会议通过了《关于最高人民法院增设巡回法庭的请示》。第三巡回法庭设在南京,分管江苏、上海、浙江、福建、江西;第四巡回法庭设在郑州,分管河南、山西、湖北、安徽;第五巡回法庭设在重庆,分管重庆、四川、贵州、云南、西藏;第六巡回法庭设在西安,分管陕西、甘肃、青海、宁夏、新疆。根据最高人民法院2015年2月1日起施行的《关于巡回法庭审理案件若干问题的规定》,巡回法庭是最高人民法院派出的常设审判机构。巡回法庭受理刑事案件的范围包括刑事申诉案件、依法定职权提起再审的案件、高级人民法院因管辖权问题报请最高人民法院裁定或者决定的案件、高级人民法院报请批准延长审限的案件以及最高人民法院认为应当由巡回法庭审理或者办理的其他案件。例如,聂树斌案的原审终审判决由河北省高级人民法院作出,最高人民法院决定由第二巡回法庭负责聂树斌案的再审,即属于"最高人民法院认为应当由巡回法庭审理或者办理的其他案件"的情形。巡回法庭作出的判决、裁定和决定,是最高人民法院的判决、裁定和决定。同时,巡回法庭充分发挥改革"试验田""排头兵"作用,实行审判团队模式,落实主审法官、合议庭办案责任制。截止到2017年9月,六个巡回法庭共审结案件11751件[①],在方便群众诉讼、就地化解纠纷、统一法律适用等方面发挥了重要作用。

---

[①] 数据来自2017年11月1日最高人民法院院长周强在第十二届全国人民代表大会第30次会议上所作的《最高人民法院关于人民法院全面深化司法改革情况的报告》。

图 1-6-1　2015 年 1 月 28 日,最高人民法院第一巡回法庭在广东省深圳市正式成立;2015 年 1 月 31 日,最高人民法院第二巡回法庭在辽宁省沈阳市揭牌①

依照十八届四中全会《决定》,2014 年北京、上海率先设立跨行政区划的北京市第四中级人民法院和上海市第三中级人民法院,办理跨地区重大刑事、民事和行政案件,解决当事人"争管辖"和诉讼"主客场"问题。截止到 2016 年 3 月,两个跨行政区划法院审结案件 2961 件。② 同年,上海市人民检察院第三分院、北京市人民检察院第四分院挂牌成立,着力探索跨行政区划管辖范围和办案机制。跨行政区划的检察院重点办理的刑事案件是重大职务犯罪案件、重大环境资源保护刑事案件和重大食品药品安全刑事案件。截至 2017 年 9 月,共办理跨地区案件以及食品药品安全、环境资源保护、知识产权、海事等特殊类型案件 1137 件。③

**(二) 设立各种新型法院**

随着我国经济社会的发展,知识产权审判的重要作用日益凸显,案件数量迅猛增长,新型疑难案件增多。针对知识产权审判工

---

① 图片来自 http://www.court.gov.cn/zixun-xiangqing-13146.html,最后访问日期:2018 年 2 月 5 日;http://www.court.gov.cn/xunhui2/xiangqing-13200.html,最后访问日期:2018 年 2 月 5 日。
② 数据来自最高人民法院院长周强在 2016 年两会上所作的年度工作报告。
③ 《跨行政区划检察院办理跨地区案件及特殊类型案件 1137 件》,http://news.jcrb.com/jxsw/201711/t20171101_1810999.html,最后访问日期:2018 年 1 月 25 日。

作面临的新问题,2014年8月31日,第十二届全国人民代表大会常务委员会第10次会议表决通过了《全国人大常委会关于在北京、上海、广州设立知识产权法院的决定》。2014年11—12月,北京、上海、广州知识产权法院挂牌成立。截至2017年6月,三个法院共受理案件46071件,审结33135件。其中,受理有关专利、植物新品种、集成电路布图设计、技术秘密、计算机软件等专业技术性较强的一审知识产权民事和行政案件12935件,审结8247件。①

互联网的快速发展在给各行各业带来便利的同时,也导致了诉讼管辖等方面的新问题。2017年6月26日,中央深改小组第36次会议审议通过了《关于设立杭州互联网法院的方案》,此举是司法主动适应互联网发展大趋势的一项重大制度创新,旨在探索涉网案件诉讼规则,完善审理机制,提升审判效能,为维护网络安全、化解涉网纠纷、促进互联网和经济社会深度融合等提供司法保障。据此,2017年6月26日审批通过并于同年8月18日正式成立的全球首家互联网法院实行从起诉到执行等全程网络化。该法院将集中管辖杭州地区网络购物合同纠纷等涉网案件,实现"涉网纠纷在线审"。2018年新年伊始,人民法院"智慧法院导航系统""类案智能推送系统"正式上线运行。②

金融中心城市必然存在海量的金融公司及复杂的金融纠纷。在之前上海市区级人民法院金融法庭的试点基础上,2018年3月28日,中央全面深化改革委员会第1次会议审议通过了《关于设立上海金融法院的方案》,其中规定上海金融法院专门管辖上海市应由中级人民法院管辖的金融商事案件和涉金融行政案件,管辖案件由最高人民法院确定。设立统一的金融法院,对金融案件实行集中管

---

① 《最高人民法院关于知识产权法院工作情况的报告》,http://www.court.gov.cn/zixun-xiangqing-58142.html,最后访问日期:2018年1月25日。
② 《党的十八大以来人民法院司法体制改革纪实》,http://www.chinalawedu.com/sifakaoshi/zixun/yy1803151990.shtml,最后访问日期:2018年4月8日。

辖,推进金融审判体制、机制改革,有利于提高金融审判专业化水平,建立公正、高效、权威的金融审判体系。

## (三) 建立员额制度

2014年6月6日,中央深改小组第3次会议通过《关于司法体制改革试点若干问题的框架意见》。《关于司法体制改革试点若干问题的框架意见》将完善司法人员分类管理作为司法体制改革的基础性、制度性措施,核心就是建立符合职业特点的人员管理制度,建立法官、检察官员额制度。分类管理之后减少入额法官、检察官的事务性负担,使其专心办案。司法机关人员分为三类:法官检察官、司法辅助人员、司法行政人员。其中司法辅助人员的职责为协助法官、检察官履行审判、检察职责,对应职位包括法官检察官助理、书记员、司法警察、司法技术人员、执行员等。司法行政人员则是在法院、检察院从事行政管理工作的人员,对应职位包括政工党务、行政事务管理人员。

根据中央的统一部署,85%以上的人力资源配置到办案一线,分类管理改革过程中要求法官、检察官员额制比例不超过中央政法专项编制的39%,各地可以根据本地实际情况确定员额制的目标,可以低于这一比例,但是不得高于这一比例,要留有余地,为优秀人才留下入额空间。我国各地方法院的实际情况差别很大,机械确定法官员额比例会导致忙闲不均的情况加剧。各省须根据法院辖区经济社会发展状况、人口数量、案件数量、案件类型等基础数据,结合法院审级职能、法官工作量、审判辅助人员配置、办案保障条件等因素,科学确定四级法院的法官员额。辖区案件数量、法官工作量与审判辅助人员配置,是确定法官员额的三个关键定位点。[1]

---

[1] 何帆:《做好法官员额制的"加减法"》,载《人民法院报》2014年7月17日第2版。

员额制改革触及了司法机关内部工作人员的切身利益,被称为司法改革中最难啃的"一块硬骨头"。按照《关于司法体制改革试点若干问题的框架意见》的部署,至2017年,全国各省及最高人民法院、最高人民检察院都建立了遴选委员会,负责初任法官、检察官的选任和从下级法院、检察院遴选法官、检察官。各省市先后按照"统一提名、党委审批、分级任免"的流程进行法官、检察官的遴选工作。到2017年11月,全国法院从211990名法官中遴选产生了120138名员额法官,占中央政法专项编制的32.9%。全国检察机关遴选出员额内检察官84444名,占中央政法专项编制的32.78%。① 除个别省外,各省的比例均控制在39%以下。员额比例在省级统筹,省内同样不能搞"一刀切",要向基层法院和案多人少矛盾突出的法院倾斜。同时要求入额法官必须办案。2017年5月1日起试行的《关于加强各级人民法院院庭长办理案件工作的意见(试行)》,要求入额的院长和庭长应当办理案件,并对办案数量作了明确规定。②

## 三、保障司法机关依法独立行使职权

十八大、十八届三中全会及十八届四中全会中都强调要"确保审判机关、检察机关依法独立公正行使审判权、检察权"。审判机关、检察机关是我国的司法机关,司法机关依法独立行使职权是实

---

① 参见2017年11月1日最高人民法院院长周强、最高人民检察院检察长曹建明在第十二届全国人民代表大会常务委员会第30次会议上所作的《最高人民法院关于人民法院全面深化司法改革情况的报告》《最高人民检察院关于人民检察院全面深化司法改革情况的报告》。

② 最高人民法院《关于加强各级人民法院院庭长办理案件工作的意见(试行)》规定:基层、中级人民法院的庭长每年办案量应当达到本部门法官平均办案量的50%—70%。基层人民法院院长办案量应当达到本院法官平均办案量的5%—10%,其他入额院领导应当达到本院法官平均办案量的30%—40%。中级人民法院院长的办案量应当达到本院法官平均办案量的5%,其他入额院领导应当达到本院法官平均办案量的20%—30%。

现司法公正的首要保障，是树立司法权威的必要条件，是法官职业化的题中之义①，亦是追究司法责任的前提。司法权虽属中央事权，但在原有机制下司法机关行使职权很难避免地方各机关及领导干部的干涉。地方司法机关的人事、财物等事项均受制于同级人大及政府部门，而且当地政法委对司法工作的领导时常演变成对个案的干涉与协调，在此种环境下很难保证审判权、检察权的依法独立公正行使。而推动省以下地方人民法院、人民检察院人财物统一管理、探索设立跨行政区划的人民法院和人民检察院、建立防止干预司法活动的工作机制及健全法官履行法定职责保护机制等改革措施则旨在从体制和机制两个层面保障司法机关依法独立行使职权。

## （一）推动省以下地方法院、检察院人财物统一管理

推动省以下地方人民法院、人民检察院人财物统一管理改革有助于解决司法地方化的问题，为人民法院、人民检察院依法独立公正行使审判权、检察权提供良好的外部环境。党的十八届三中全会《决定》提出改革司法管理体制，推动省以下地方人民法院、地方人民检察院人财物统一管理。2014年6月6日中央深改小组第3次会议审议通过的《关于司法体制改革试点若干问题的框架意见》将其列为四项基本司法改革举措之一，并明确了改革路径：对人的统一管理，主要是建立法官、检察官统一由省提名、管理并按法定程序任免的机制。《关于司法体制改革试点若干问题的框架意见》规定了"省级统一提名，地方分级任免"的方案，提名权在省级，任免权依照法律的规定，依然在各级人民代表大会及其常务委员会。对财物的统一管理，主要是建立省以下地方人民法院、人民检察院经费由省级政府财政部门统一管理机制。② 在中央集权制国家，司法机关

---

① 陈光中：《比较法视野下的中国特色司法独立原则》，载《比较法研究》2013年第2期。
② 徐隽：《"去地方化"为司法公正保驾护航》，载《法制日报》2015年7月27日第5版。

的人财物理应由中央统一管理,但由于我国由中央统一管理的条件尚不具备,因此现阶段的改革目标是先由省级负责统管。

《关于司法体制改革试点若干问题的框架意见》出台后,广东省率先实施了全省财政省级统管,除深圳、广州外,284家省以下人民法院已经纳入省级财政保障。上海市、陕西省等省份拟于2018年正式实施。① 根据最高人民法院、最高人民检察院2017年11月1日关于全面深化司法改革情况所做的报告,检察系统政法专项编制收归省级统一管理,根据人均办案量,在全省范围内统一调剂使用。吉林、湖北、广东、安徽等16个省份实现省级财物统一管理。21个省(区、市)已完成省以下人民法院编制统一管理,中级、基层人民法院院长已实现由省级党委(党委组织部)管理。13个省(区、市)已在辖区内实行财物省级统管改革,部分地方法院经费保障和工资水平实现"托低保高"。

从具体的实施情况来看,各地人事统管和财物统管都有不同程度的妥协。以法院为例,在领导干部管理方面,中级、基层人民法院院长均已实现由省级党委(党委组织部)管理,但是其他领导班子成员,有的地方由省委组织部管理,有的地方由省委组织部委托当地地市级党委管理。

省以下人财物统一管理此项改革,面临的情况复杂,推进过程较为困难,因而中央也没有推出具体的改革方案。

## (二) 建立防止干预司法活动的工作机制

建立领导干部干预司法活动、插手具体案件的记录、通报和责任追究制度是十八届四中全会提出的一项重要改革举措。2015年2月27日,中央深改小组第10次会议通过了《关于领导干部干预司

---

① 参见陈卫东、程雷:《司法革命是如何展开的——党的十八大以来四项基础性司法体制改革成效评估》,载《法制日报》2017年7月10日第3版。

法活动、插手具体案件处理的记录、通报和责任追究规定》，旨在为领导干部干预司法划出"红线"，建立防止司法干预的"防火墙"和"隔离带"，从而为司法机关依法独立行使职权创造良好的环境。此后，中共中央办公厅、国务院办公厅印发《领导干部干预司法活动、插手具体案件处理的记录、通报和责任追究规定》，并决定于同年3月18日起实施。2015年8月19日，最高人民法院印发了《人民法院落实〈领导干部干预司法活动、插手具体案件处理的记录、通报和责任追究规定〉的实施办法》及《人民法院落实〈司法机关内部人员过问案件的记录和责任追究规定〉的实施办法》。

依照上述文件，对司法工作负有领导职责的机关因履职需要，可以依照工作程序了解案件情况，组织研究司法政策，统筹协调依法处理工作，督促司法机关依法履行职责，但不得对案件的证据采信、事实认定、司法裁判等作出具体决定。《领导干部干预司法活动、插手具体案件处理的记录、通报和责任追究规定》第8条列举了领导干部干预司法活动的行为[①]，对这些行为，党委政法委经法定程序报经批准后予以通报，造成后果或者恶劣影响的，给予纪律处分；构成犯罪的，依法追究刑事责任。处理的情况将作为考核干部是否遵循法律、依法办事、廉洁自律的重要依据。为使领导干部干预司法的行为全程留痕、有据可查，要求司法人员对领导干预司法活动、插手具体案件的情况应当如实记录，否则视情况予以警告、通报批评、纪律处分。这些文件都旨在规范党委、政法委对司法工作的领

---

① 《领导干部干预司法活动、插手具体案件处理的记录、通报和责任追究规定》第8条规定："领导干部有下列行为之一的，属于违法干预司法活动，党委政法委按程序报经批准后予以通报，必要时可以向社会公开：(1) 在线索核查、立案、侦查、审查起诉、审判、执行等环节为案件当事人请托说情的；(2) 要求办案人员或办案单位负责人私下会见案件当事人或其辩护人、诉讼代理人、近亲属以及其他与案件有利害关系的人的；(3) 授意、纵容身边工作人员或者亲属为案件当事人请托说情的；(4) 为了地方利益或者部门利益，以听取汇报、开协调会、发文件等形式，超越职权对案件处理提出倾向性意见或者具体要求的；(5) 其他违法干预司法活动、妨碍司法公正的行为。"

导,保障司法人员依法独立处理案件。

中央政法委2015年、2016年两次共通报了12起领导干部干预司法活动、插手具体案件处理和司法机关内部人员过问案件的典型案件。其中两次通报的典型案例中分别有2起[①]和3起[②]发生在《领导干部干预司法活动、插手具体案件处理的记录、通报和责任追究规定》之前,意味着领导干部插手案件的行为即使发生在过去,只要发现,也要通报、追查。

### (三) 健全法官履行法定职责保护机制

健全司法人员履行法定职责保护机制亦是确保司法机关独立行使审判权、检察权的必要条件。如果司法人员依法办案过程中因依法履职而遭受侮辱、诽谤、处分甚至暴力报复,则必然会使独立行使审判权、检察权成为一句空话。2016年4月19日中央深改小组第23次会议通过并于7月21日施行的《保护司法人员依法履行法定职责规定》为司法人员提供了履职免受干预、人身安全受保护的制度保障。2017年2月7日最高人民法院印发了《人民法院落实〈保护司法人员依法履行法定职责规定〉的实施办法》,在《保护司法人员依法履行法定职责规定》基础上,进一步细化条文内容、强化组织保障、推进机制建设。[③]

依照上述文件的规定,法官、检察官依法办理案件,有权拒绝任何单位或者个人违反法定职责或者法定程序、有碍司法公正的要求。对任何单位或者个人干预司法活动、插手具体案件处理的情

---

① 彭波:《中央政法委首次通报五起干预司法典型案例》,载《人民日报》2015年11月7日第5版。
② 彭波、魏哲哲:《中央政法委通报七起干预司法典型案件》,载《人民日报》2016年2月2日第11版。
③ 参见胡仕浩、何帆:《〈人民法院落实《保护司法人员依法履行法定职责规定》〉的实施办法〉的理解与适用》,载《人民法院报》2017年2月8日第4版。

况,司法人员应当全面、如实记录。法官、检察官依法履行法定职责受法律保护。非因法定事由、非经法定程序,不得将法官、检察官调离、免职、辞退或者作出降级、撤职等处分,只有具备该规定中所列举的具体情形才可将司法人员调离、免职、辞退等。① 对法官、检察官的考核办法由最高人民法院、最高人民检察院统一制定。《人民法院落实〈保护司法人员依法履行法定职责规定〉的实施办法》中规定,人民法院应当为法官、审判辅助人员配备具有录音功能的办公电话、具有录像功能的记录设备及提供配备录音录像设施的专门会见、接待场所。同时,明确了法官控告国家机关及其工作人员的行为类型及渠道②,各级人民法院应当设立法官权益保障委员会受理其相关的诉求和控告,通过对司法人员权利的重申及职业保障的完善,消除司法人员因拒绝干预、依法办案而使自身权益受到不利影响的隐忧。

---

① 《保护司法人员依法履行法定职责规定》第5、6、7、8条以列举的方式规定了处分司法人员的情形。如第5条规定:只有具备下列情形之一的,方可将法官、检察官调离:(1)按规定需要任职回避的;(2)因干部培养需要,按规定实行干部交流的;(3)因机构调整或者缩减编制员额需要调整工作的;(4)受到免职、降级处分,不适合在司法办案岗位工作的;(5)违反法律、党纪处分条例和审判、检察纪律规定,不适合在司法办案岗位工作的其他情形。

② 《人民法院落实〈保护司法人员依法履行法定职责规定〉的实施办法》第7条规定:国家机关及其工作人员有下列行为之一的,法官有权提出控告:(1)干预司法活动,妨碍公正司法的;(2)要求法官从事超出法定职责范围事务的;(3)限制或者压制法官独立、充分表达对参与审理案件意见的;(4)超越职权或者滥用职权,将法官调离、免职、辞退或者作出降级、撤职等处分的;(5)对法官的依法履职保障诉求敷衍推诿、故意拖延不作为的;(6)玩忽职守,处置不力,导致依法履职的法官或其近亲属的人身、财产权益受到侵害的;(7)侵犯法官的休息权、休假权的;(8)侵犯法官控告、申诉权利的;(9)其他侵犯法官法定权利的行为。人民法院及其工作人员侵犯法官法定权利,法官向所在人民法院或者上级人民法院提出控告的,接受控告的人民法院应当在其权限范围内及时作出处理,并将处理结果以书面形式通知本人;超出职权权限的,应当及时移送有关国家机关处理。人民法院以外的国家机关及其工作人员侵犯法官法定权利的,法官可以向国家权力机关、行政机关、监察机关、检察机关提出控告,其所在人民法院有协助控告及提供帮助的义务,并应当派员向有关机关反映情况、提出意见。

# 四、司法责任制

作为四项基础性司法改革措施的司法责任制被称为司法改革的"牛鼻子"。司法责任制的构建以落实司法机关独立行使职权等一系列改革举措为前提。同时,司法责任制改革需要对法官提供相应的履职保障,也要明确法官惩戒的有关制度性要求。司法责任制改革的逻辑是要放权给法官、检察官,让法官、检察官成为真正的办案主体,对其履行职责的行为承担责任,在职责范围内对办案质量终身负责,以落实责任来促使法官、检察官慎重行使权力,从而实现司法公正。为此,2015年9月,中央深改小组分别通过最高人民法院和最高人民检察院的《关于完善人民法院司法责任制的若干意见》(以下简称《人民法院司法责任制意见》)、《关于完善人民检察院司法责任制的若干意见》(以下简称《人民检察院司法责任制意见》),具体明确了如何牵住司法责任制这个"牛鼻子"。《人民法院司法责任制意见》和《人民检察院司法责任制意见》中确立了权责明晰、权责相当、主观过错与客观行为相结合、责任和保障相结合等基本原则,并具体规定了司法权力运行机制、司法人员职责权限、司法责任的认定与追究等问题。

## (一) 司法权力运行机制

### 1. 改革审判权力运行机制

司法实践中"审者不判、判者不审、判审分离、权责不清"的问题既使庭审流于形式,也给错案责任追究带来困难。只有改革审判委员会制度,完善主审法官、合议庭办案责任制,才能真正做到让审理者裁判,进而由裁判者负责,实现权责统一。

首先,关于独任制与合议庭运行机制,按照《人民法院司法责任制意见》的规定,基层、中级人民法院可以组建由一名法官与法官助理、书记员以及其他必要的辅助人员组成的审判团队;案件数量较多的基层人民法院可以组建相对固定的审判团队,实行扁平化的管理模式,以排除科层控制、放权给法官。改革裁判文书签署机制,裁判文书由审理案件的法官直接签署后即可印发。除审判委员会讨论决定的案件以外,院长、副院长、庭长对其未直接参加审理案件的裁判文书不再进行审核签发。独任制审理的案件,由独任法官对案件事实的认定和法律适用承担全部责任;合议庭审理的案件,合议庭成员对案件的事实认定和法律适用共同承担责任。领导干部干预导致裁判错误,法官不记录或者不如实记录,应当排除干预而没有排除的,承担违法审判责任。可以分别建立由各审判领域法官组成的专业法官会议,为合议庭正确理解和适用法律提供咨询意见。此外,授权试点法院"按照审判权与行政权相分离原则,探索实行人事、经费、政务等行政事务集中管理制度,必要时可以指定一名副院长专门协助院长管理行政事务",旨在使进入员额的副院长、庭长摆脱非审判业务的干扰,集中精力办理案件。

其次,明确将审判委员会讨论案件的范围限定为"涉及国家外交、安全和社会稳定的重大复杂案件,以及重大、疑难、复杂案件的法律适用问题",并指出要强化审判委员会总结审判经验、讨论决定审判工作重大事项的宏观指导职能。对于待讨论的案件,审判委员会委员应当事先审阅合议庭提请讨论的材料,且有权根据需要调阅庭审音频、视频或者查阅案卷。审判委员会评议实行全程留痕,录音、录像,作出会议记录。审判委员会改变合议庭意见导致裁判错误的,由持多数意见的委员共同承担责任,合议庭不承担责任。审判委员会维持合议庭意见导致错误裁判的,由合议庭和持多数意见的委员共同承担责任。

最后,规范审判管理和监督制度。提出建立符合司法规律的案件质量评估体系、评价机制及在各级人民法院成立法官考评委员会对法官业绩进行评价,评价结果应当作为法官任职、评先评优和晋职晋级的依据。院长、副院长、庭长的审判管理和监督活动应当控制在职责和权限范围内,在要求法官对特殊类型案件进行报告时,不得直接改变合议庭的意见,且院庭长行使审判监督管理职责的时间、内容、节点、处理结果,应当在办公平台上全程留痕。① 2017年5月1日起试行的《关于落实司法责任制完善审判监督管理机制的意见(试行)》则进一步明确,院庭长对其未参与审理的案件,不得以口头指示、旁听合议、文书送阅等方式变相审批案件;各级人民法院也应当进一步完善院庭长审判监督管理清单,应主要是对程序事项的审核批准、审判工作的综合指导等。外部监督上,建立健全审判流程公开、裁判文书公开和执行信息公开三大平台,构建开放动态透明便民的阳光司法机制,广泛接受社会监督。

**2. 改革检察权力运行机制的探索**

检察一体化是检察司法责任制区别于法院的原因。根据《人民检察院组织法》的规定,最高人民检察院领导地方各级人民检察院和专门人民检察院的工作,上级人民检察院领导下级人民检察院的工作。在检察院内部实行检察长负责制,各级人民检察院的检察长领导本院工作。《人民检察院刑事诉讼规则(试行)》第4条规定了"人民检察院办理刑事案件,由检察人员承办,办案部门负责人审核,检察长或者检察委员会决定"的三级审批办案模式。由此,检察长有权直接命令检察官撤销、改变决定。本次司法责任制改革中,

---

① 《人民法院司法责任制意见》第24条规定:对于有下列情形之一的案件,院长、副院长、庭长有权要求独任法官或者合议庭报告案件进展和评议结果:(1)涉及群体性纠纷,可能影响社会稳定的;(2)疑难、复杂且在社会上有重大影响的;(3)与本院或者上级法院的类案判决可能发生冲突的;(4)有关单位或者个人反映法官有违法审判行为的。院长、副院长、庭长对上述案件的审理过程或者评议结果有异议的,不得直接改变合议庭的意见,但可以决定将案件提交专业法官会议、审判委员会进行讨论。院长、副院长、庭长针对上述案件监督建议的时间、内容、处理结果等应当在案卷和办公平台上全程留痕。

对检察官的放权涉及检察官独立行使职权与检察一体化的平衡问题。司法责任制改革的逻辑就是保障检察官独立行使职权,削弱检察长对具体案件的指令权。

《人民检察院司法责任制意见》第二、三部分分别规定了健全司法办案组织及运行机制和健全检察委员会运行机制。规定独任检察官、主任检察官对检察长(分管副检察长)负责并在职权范围内对办案事项作出决定,独任检察官承办并作出决定的案件,由独任检察官承担责任;检察官办案组承办的案件,由其负责人和其他检察官共同承担责任,办案组负责人对职权范围内决定的事项承担责任,其他检察官对自己的行为承担责任。检察长除承担监督管理责任外,对在职权范围内作出的有关办案事项决定承担完全责任。《人民检察院司法责任制意见》第21条规定:"省级人民检察院结合本地实际,根据检察业务类别、办案组织形式,制定辖区内各级人民检察院检察官权力清单,可以将检察长的部分职权委托检察官行使。各省级人民检察院制定的权力清单报最高人民检察院备案。"关于检察委员会,《人民检察院司法责任制意见》第13条规定:"检察官可以就承办的案件提出提请检察委员会讨论的请求,依程序报检察长决定。"第14条规定:"检察委员会对案件进行表决前,应当进行充分讨论。表决实行主持人末位表态制,检察委员会会议由专门人员如实记录,并按照规定存档备查。"

截止到2016年12月,32个省级人民检察院都制定了辖区内三级人民检察院检察官权力清单,并报最高人民检察院备案。① 针对各省级人民检察院在制定权力清单中存在的问题,最高人民检察院于2017年3月28日印发了《关于完善检察官权力清单的指导意见》。强调制定权力清单的主体是省级人民检察院,制定权力清单

---

① 最高人民检察院司法体制改革领导小组办公室:《〈关于完善检察官权力清单的指导意见〉的理解与适用(上)》,载《检察日报》2017年5月24日第3版。

## 第一编 司法组织与刑事诉讼制度

应当坚持突出检察官主体地位与保证检察长对司法办案工作的领导相统一。明确指出权力清单的内容应当是明确检察委员会、检察长(副检察长)、检察官办案事项决定权,而不是办案职责、事务性工作以及司法责任等。① 对不同事项和不同层级的办案决定权作出了相对具体的指导,尤其明确了基层人民检察院和地(市)级人民检察院的一般刑事诉讼案件中多数办案事项决定权应当委托检察官行使。②

依照《人民检察院司法责任制意见》的规定,对于检察官在权力清单所规定的职权范围内作出决定的事项,检察长(分管副检察长)都不因签发法律文书承担司法责任。但是,检察长(分管副检察长)有权对独任检察官、检察官办案组承办的案件进行审核。检察长命令必须以书面行之并附理由,并预留事后公开渠道,以明权责,并建立异议制度,赋予检察机关内部纠正违法命令的机会,避免形成僵局。③ 这是检察制度的宝贵经验。《人民检察院司法责任制意见》规定检察长(分管副检察长)不同意检察官处理意见的,可以要求检察官复核或者提请检察委员会讨论决定,也可以直接作出决定,但是应当以书面形式并归入案件卷宗。

---

① 《关于完善检察官权力清单的指导意见》第3条规定:检察官权力清单应当以明确检察委员会、检察长(副检察长)、检察官办案事项决定权为主要内容。办案职责、非办案业务、操作性及事务性工作以及司法责任等内容原则上不列入权力清单。

② 《关于完善检察官权力清单的指导意见》第5条规定:检察官权力清单中检察官决定事项范围要根据不同层级人民检察院办案职责、不同业务类别的性质和特点,综合考虑对当事人权利、其他执法司法机关的影响程度,承办案件的重大、复杂、疑难程度等因素予以确定。基层人民检察院和地(市)级人民检察院的一般刑事诉讼案件中多数办案事项决定权应当委托检察官行使,重大、疑难、复杂案件中办案事项决定权可以由检察长(副检察长)或检察委员会行使。诉讼监督案件中以人民检察院名义提出(提请)抗诉、提出纠正违法意见、检察建议的决定权由检察长(副检察长)或检察委员会行使;以人民检察院名义提出终结审查、不支持监督申请的决定权,可以由检察长(副检察长)或检察委员会行使,也可以委托检察官行使。

③ 林钰雄:《刑事诉讼法(上册 总论编)》,中国人民大学出版社2005年版,第116页。

综上,法院和检察院在司法责任制改革中都通过改革司法权力运行机制,将更多事项的决定权放在一线办案的法官、检察官手中,这符合司法亲历性的要求。在放权的同时也规定了法官、检察官行使职权的责任,这体现了权责统一的法治原则。在此基础上规范院庭长、检察长对司法权力的管理和监督,确保监督有序、有度、留痕。

## (二) 司法责任的范围与追究

### 1. 司法责任的范围

司法责任是指司法责任主体基于其所承担的司法职责,因在履行职责时存在违法违纪行为而应承担的法律上的不利后果。依照《人民法院司法责任制意见》和《人民检察院司法责任制意见》,司法责任包括故意违反法律、法规和因重大过失造成严重后果的情形。此外,还包括检察系统的监督管理责任。其中,故意违反法律、法规的行为包括:检察人员刑讯逼供、暴力取证,违反规定剥夺、限制当事人、证人人身自由,毁灭、伪造、变造或隐匿证据等情形;法官审理案件时有贪污受贿、徇私舞弊、枉法裁判行为,违反法律规定对不符合减刑、假释条件的罪犯裁定减刑、假释等情形。重大过失造成严重后果包括:法官因重大过失遗漏主要证据、重要情节导致裁判结果错误并造成严重后果等情形;检察人员有重大过失,怠于履行或不正确履行,导致遗漏重要犯罪嫌疑人或重大罪行,错误羁押或超期羁押犯罪嫌疑人、被告人,涉案人员自杀、自伤、行凶,犯罪嫌疑人、被告人串供、毁证、逃跑等情形。负有监督管理职责的检察人员因故意或者重大过失怠于行使或者不当行使监督管理权导致司法办案工作出现严重错误的,应当承担相应的司法责任。但是对法院负有监督管理职责的人员追究监督管理责任,则依照干部管理有关规定和程序办理。

《人民法院司法责任制意见》同时明确了哪些行为不属于司法责任的范围:(1)司法人员违反职业道德准则和纪律规定,接受案件当事人及相关人员请客送礼、与律师进行不正当交往等违纪违法行为,依照法律及有关纪律规定另行处理。(2)一般工作瑕疵。司法权的判断性,使得世界各国在设定法官的审判责任时,基本遵循了"以豁免为原则,以追责为例外"的司法规律。[①] 依照当前的规定,司法人员在认定事实、证据采信、法律适用、办案程序、文书制作以及司法作风方面不符合法律有关规定,但不影响案件结论的正确性和效力的,属司法瑕疵,依照相关纪律规定处理。司法办案过程中虽有错案发生,但是司法人员尽到注意义务,没有故意或者重大过失的,不承担司法责任。(3)其他情形。如不得作为错案进行责任追究的情形:法律修订或者政策调整的、因出现新证据而改变裁判的等。

### 2. 司法责任的追究

首先,追责的主体是法官、检察官惩戒委员会。2016年10月12日最高人民法院、最高人民检察院印发《关于建立法官、检察官惩戒制度的意见(试行)》,决定在省(自治区、直辖市)一级设立法官、检察官惩戒委员会。惩戒委员会由政治素质高、专业能力强、职业操守好的人员组成,包括来自人大代表、政协委员、法学专家、律师的代表以及法官、检察官代表。法官、检察官代表应不低于全体委员的50%,从辖区内不同层级人民法院、人民检察院选任。惩戒委员会主任由全体委员推选,经省级党委把关后产生。法官惩戒办公室设在高级人民法院,检察官惩戒办公室设在省级人民检察院。惩戒委员会的工作职责包括:制定和修订惩戒委员会章程;依据法院、检察院调查情况审查认定法官、检察官是否违反审判、检察职责,提出

---

[①] 参见贺小荣:《如何牵住司法责任制这个牛鼻子》,载《人民法院报》2015年9月23日第5版。

构成故意违反职责、存在重大过失、存在一般过失、或者没有违反职责的意见；受理法官、检察官对审查意见的异议申请，作出决定；审议决定法官、检察官惩戒工作的其他相关事项。对法官、检察官提出审查意见应经全体委员的 2/3 以上的多数通过。而对司法辅助人员违法违纪行为的责任追究，依照有关法律和人民法院、人民检察院的有关规定办理。

其次，追责的程序。追究违法审判责任，一般由法院院长、审判监督部门或者审判管理部门提出初步意见，由院长委托审判监督部门审查或者提请审判委员会进行讨论，经审查初步认定有关人员具有《人民法院司法责任制意见》所列违法审判责任追究情形的，人民法院监察部门应当启动违法审判责任追究程序。人民法院监察部门应当对法官是否存在违法审判行为进行调查，在调查过程中，当事法官享有知情、辩解和举证的权利。人民法院监察部门经调查后，认为应当追究法官违法审判责任的，应当报请院长决定，并报送省(区、市)法官惩戒委员会审议。高级人民法院监察部门应当派员向法官惩戒委员会通报当事法官的违法审判事实及拟处理建议、依据，并就其违法审判行为和主观过错进行举证。当事法官有权进行陈述、举证、辩解、申请复议和申诉。对检察人员在司法办案工作中违纪违法行为和司法过错行为的检举控告，由人民检察院纪检监察机构受理并进行调查核实。人民检察院纪检监察机构经调查后认为应当追究检察官故意违反法律法规责任或重大过失责任的，应当报请检察长决定后，移送省、自治区、直辖市检察官惩戒委员会审议。人民检察院纪检监察机构应当及时向检察官惩戒委员会通报当事检察官的故意违反法律法规或重大过失事实及拟处理建议、依据，并就其故意违反法律法规或重大过失承担举证责任。当事检察官有权进行陈述、辩解、申请复议。法官、检察官惩戒委员会根据查明的事实和法律规定作出无责、免责或给予惩戒处分的建议。依照

《人民法院司法责任制意见》和《人民检察院司法责任制意见》及相关法律规定对相关责任人可能作出以下处理：（1）涉嫌犯罪的，由纪检监察部门将违法线索移送有关司法机关依法处理；（2）应当给予停职、延期晋升、退出员额或者免职、责令辞职、辞退等处理的，由组织人事部门按照干部管理权限和程序依法办理；（3）应当给予纪律处分的，由纪检监察部门依照有关规定和程序依法办理。

## 五、以审判为中心的诉讼制度改革

### （一）"以审判为中心"诉讼制度改革的背景和要求

依照《宪法》第140条的规定，人民法院、人民检察院和公安机关办理刑事案件，应当分工负责、互相配合、互相制约，以保证准确有效地执行法律。根据《刑事诉讼法》第12条的规定，未经人民法院依法判决，对任何人都不得确定有罪。但是在实践中由于种种原因，三机关关系出现了制约不足、配合有余的现象，且公安机关在三机关中的强势地位及现行的卷宗移送制度使得侦查结果对审判结果具有相当大的预设效力，审判变成了对侦查结果的确认程序，整个刑事诉讼存在"以侦查为中心"的倾向。由此导致庭审虚化，严重影响审判程序在人权保障、防止和纠正冤假错案、引导和促进侦查行为规范等方面功能的发挥。[①] "以审判为中心"正是针对公、检、法三机关关系在立法和司法运行上的问题而提出的，是对三机关关系的完善和发展，"以审判为中心"意味着侦查、起诉均是为审判阶段做准备，定罪量刑实现于审判，庭审在审判中起决定性作用。审判之所以是刑事诉讼的"中心"，一方面是由于庭审中控审分离、控辩

---

① 陈光中主编：《刑事诉讼法》（第六版），北京大学出版社2016年版，第341页。

双方平等对抗、法官居中裁判这一科学合理的诉讼构造使得被追诉人可以有效地参与到裁判过程中,符合程序正义的要求。另一方面,各类证据在法庭上出示并接受质证,双方在法庭上展开辩论,使得审判最有利于查明案件事实真相。

十八届四中全会提出"推进以审判为中心的诉讼制度改革",并要求"全面贯彻证据裁判规则,严格依法收集、固定、保存、审查、运用证据,完善证人、鉴定人出庭制度,保证庭审在查明事实、认定证据、保护诉权、公正裁判中发挥决定性作用"。2016年6月27日,中央深改小组第25次会议审议通过,并由最高人民法院、最高人民检察院、公安部、国家安全部、司法部于2016年7月20日印发的《关于推进以审判为中心的刑事诉讼制度改革的意见》以审判为中心的诉讼制度改革作了具体部署;2017年2月17日,最高人民法院印发《关于全面推进以审判为中心的刑事诉讼制度改革的实施意见》进一步细化了以审判为中心的要求。

### (二) 改革庭前会议,确保案件实质审理

案件实质审理是裁判结果形成在法庭的保障,为此必须做好庭前准备工作。《关于推进以审判为中心的刑事诉讼制度改革的意见》第10条规定:"完善庭前会议程序,对适用普通程序审理的案件,健全庭前证据展示制度,听取出庭证人名单、非法证据排除等方面的意见。"最高人民法院《关于全面推进以审判为中心的刑事诉讼制度改革的实施意见》对庭前会议处理事项的权限作了较为具体的规定。首先,明确了人民法院在庭前会议中处理程序性事项的权限。控辩双方对管辖、回避、出庭证人名单等事项提出申请或者异议,可能导致庭审中断的,人民法院可以在庭前会议中对有关事项依法作出处理,确保法庭集中、持续审理。其次,《关于全面推进以审判为中心的刑事诉讼制度改革的实施意见》没有赋予法院在庭前会议中处理非法证据排除申请的权限,但是规定人民法院可以在庭

前会议中核实情况、听取意见。人民检察院可以决定撤回有关证据;撤回的证据,没有新的理由,不得在庭审中出示。被告人及其辩护人可以撤回排除非法证据的申请;撤回申请后,没有新的线索或者材料,不得再次对有关证据提出排除申请。也就是说,庭前会议中双方自愿撤回证据、撤回申请的,在庭审中一般不得再次提出。再次,人民法院可以在庭前会议中组织控辩双方展示证据,听取控辩双方对在案证据的意见,并梳理存在争议的证据。对控辩双方在庭前会议中没有争议的证据,可以在庭审中简化举证、质证。人民法院可以在庭前会议中听取控辩双方对与审判相关问题的意见,询问控辩双方是否提出申请或者异议,并归纳控辩双方的争议焦点。对控辩双方没有争议或者达成一致意见的事项可以在庭审中简化审理。控辩双方在庭前会议中就相关事项达成一致意见,又在庭审中提出异议的,应当说明理由。最后,人民法院在庭前会议中听取控辩双方对案件事实证据的意见后,对明显事实不清、证据不足的案件可以建议人民检察院补充侦查或者撤回起诉。对人民法院在庭前会议中建议撤回起诉的案件,人民检察院不同意的,人民法院开庭审理后,没有新的事实和理由,一般不准许撤回起诉。

### (三) 规范普通审理程序,实现庭审实质化

规范审理程序,落实"诉讼证据出示在法庭、案件事实查明在法庭、诉辩意见发表在法庭、裁判结果形成在法庭"的要求,这是实现以审判为中心的诉讼制度改革的关键所在;也是推进严格司法,健全事实认定符合客观真相、办案结果符合实体公正、办案过程符合程序公正的法律制度的重要内容,这必然涉及以下几个问题。

#### 1. 全面贯彻证据裁判原则

证据裁判原则作为现代法治国家证据制度的基石,对准确认定案件事实、防止冤假错案、保障人权有重大意义。刑事诉讼中的证据裁判原则是指认定案件事实必须依据证据。贯彻执行证据裁判

原则既要确保裁判所依据的证据具有证据资格，又要确保证据经过法庭的审查判断，接受控辩双方的充分质证，且所有证据经过综合审查判断必须达到法定的证明标准。2010年最高人民法院、最高人民检察院、公安部、国家安全部、司法部《办理死刑案件审查判断证据若干问题的规定》明确规定"认定案件事实，必须以证据为根据"，正式确立了刑事诉讼中的证据裁判原则。2012年《刑事诉讼法》的修改中没有明确证据裁判原则。最高人民法院《关于适用〈中华人民共和国刑事诉讼法〉的解释》第61条再次规定："认定案件事实，必须以证据为根据。"

全面贯彻证据裁判原则，要求刑事诉讼各个阶段都要严格遵守证据裁判原则的要求。侦查机关侦查终结，人民检察院提起公诉，人民法院作出有罪判决，都应当做到犯罪事实清楚，证据确实充分。人民法院作出有罪判决，对于证明犯罪构成要件的事实，应当综合全案证据排除合理怀疑，结论唯一，对于量刑证据存疑的，应当作出有利于被告人的认定。

2. 关于举证、质证问题

《关于推进以审判为中心的刑事诉讼制度改革的意见》规定，证明被告人有罪或者无罪、罪轻或者罪重的证据，都应当在法庭上出示，依法保障控辩双方的质证权利。对定罪量刑的证据，控辩双方存在争议的，应当单独质证；对庭前会议中控辩双方没有异议的证据，可以简化举证、质证。最高人民法院《关于全面推进以审判为中心的刑事诉讼制度改革的实施意见》第11条第2款进一步扩大单独质证的证据范围："对影响定罪量刑的关键证据和控辩双方存在争议的证据，一般应当单独质证。"同时第12条明确规定，证据未经当庭出示、辨认、质证等法庭调查程序查证属实，不得作为定案的根据。另外法庭决定在庭外对技术侦查证据进行核实的，可以召集公诉人、侦查人员和辩护律师到场。在场人员应当履行保密义务。

### 3. 完善证人出庭作证制度

《刑事诉讼法》第 192 条规定的"人民法院认为证人有必要出庭作证"的证人出庭条件与第 195 条关于证人未到庭其证言笔录依然可以被法院采纳的规定①,实际上架空了证人出庭作证制度。为落实证人、侦查人员出庭作证制度,提高出庭作证率,《关于推进以审判为中心的刑事诉讼制度改革的意见》将证人出庭的条件规定为:公诉人、当事人或者辩护人、诉讼代理人对证人证言有异议,人民法院认为该证人证言对案件定罪量刑有重大影响的,证人应当出庭作证。且根据案件情况,可以实行远程视频作证。2016 年,浙江温州两级法院大力推进侦查人员、鉴定人、证人出庭作证,促进庭审实质化改革,证人出庭率达 73.1%,同比提高 31 个百分点。②

## 六、加强人权司法保障,构建阳光司法机制

### (一) 保障辩护权,完善法律援助制度

保障律师执业权利、完善法律援助制度不仅是程序正义的重要体现,也有利于发现案件实体真实进而实现实体公正。在保障律师

---

① 《刑事诉讼法》第 192 条规定:公诉人、当事人或者辩护人、诉讼代理人对证人证言有异议,且该证人证言对案件定罪量刑有重大影响,人民法院认为证人有必要出庭作证的,证人应当出庭作证。人民警察就其执行职务时目击的犯罪情况作为证人出庭作证,适用前款规定。公诉人、当事人或者辩护人、诉讼代理人对鉴定意见有异议,人民法院认为鉴定人有必要出庭的,鉴定人应当出庭作证。经人民法院通知,鉴定人拒不出庭作证的,鉴定意见不得作为定案的根据。第 195 条规定:公诉人、辩护人应当向法庭出示物证,让当事人辨认,对未到庭的证人的证言笔录、鉴定人的鉴定意见、勘验笔录和其他作为证据的文书,应当当庭宣读。审判人员应当听取公诉人、当事人和辩护人、诉讼代理人的意见。

② 参见 2017 年 11 月 1 日最高人民法院院长周强在第十二届全国人民代表大会常务委员会第 30 次会议上所作的《最高人民法院关于人民法院全面深化司法改革情况的报告》。

依法行使辩护权方面,2015年9月15日中央深改小组第16次会议通过了《关于深化律师制度改革的意见》,同月,最高人民法院、最高人民检察院、公安部、国家安全部、司法部联合印发了《关于依法保障律师执业权利的规定》,2016年6月13日,中共中央办公厅、国务院办公厅出台了《关于深化律师制度改革的意见》。与此同时,2015年5月5日中央深改小组第12次会议通过了《关于完善法律援助制度的意见》,着力完善法律援助制度。为充分发挥法律援助值班律师在以审判为中心的刑事诉讼制度改革和认罪认罚从宽制度改革试点中的职能作用,2017年8月8日,最高人民法院、最高人民检察院、公安部、国家安全部、司法部印发了《关于开展法律援助值班律师工作的意见》,2017年10月9日,最高人民法院、司法部印发了《关于开展刑事案件律师辩护全覆盖试点工作的办法》。

1. 保障律师执业权利

《关于深化律师制度改革的意见》全面提出了深化律师制度改革的指导思想、基本原则、发展目标和任务措施。健全完善侦查、起诉、审判各环节重视律师辩护代理意见的工作机制,落实听取律师意见制度,完善律师收集证据制度,完善律师执业权利救济机制。《关于依法保障律师执业权利的规定》总体指明人民法院、人民检察院、公安机关、国家安全机关、司法行政机关应当尊重律师,健全律师执业权利保障制度,依照《刑事诉讼法》《中华人民共和国民事诉讼法》(以下简称《民事诉讼法》)、《中华人民共和国行政诉讼法》(以下简称《行政诉讼法》)及《律师法》的规定,在各自职责范围内保障律师知情权、申请权、申诉权,以及会见、阅卷、收集证据和发问、质证、辩论等方面的执业权利,不得阻碍律师依法履行辩护、代理职责,不得侵害律师合法权利。而且,此规定进一步保障律师的阅卷权、会见权。律师要求会见被追诉人和阅卷的,看守所、法院、检察院应当当时安排,不能当时安排的要向律师说明情况,并在法定期限内安排。此外,要求法官保障律师的权利、重视律师的意见,使得辩方提出的意见真正被法官听取和考虑。法庭审理过程中,法官应当注重诉讼权利平等和控辩平衡。对于律师发问、质证、辩论的内容、方式、时间等,法庭应当依法公正保障,以便律师充分发表意见,查清案件事实。人民法院适用普通程序审理案件,应当在裁判文书中写明律师依法提出的辩护、代理意见,以及是否采纳的情况,并说明理由。《关于依法保障律师执业权利的规定》提出了便利律师参与诉讼的措施,强调人民法院、人民检察院、公安机关、国家安全机关、司法行政机关应当建立和完善诉讼服务中心、立案或受案场所、律师会见室、阅卷室,规范工作流程,方便律师办理立案、会见、阅卷、参与庭审、申请执行等事务。看守所应当设立会见预约平台,采取网上预约、电话预约等方式为辩护律师会见提供便利。有条件的人民法院应当建立律师参与诉讼专门通道,律师进入人民法院参与诉讼确需安全检查的,应当与出庭履行职务的检察人员同等对待。

《关于依法保障律师执业权利的规定》进一步完善了律师执业权利保障的救济机制和责任追究机制。从投诉机制、申诉控告机制、维护律师执业权利快速处置机制和联动机制、各部门联席会议制度等方面对律师执业权利救济机制作出规定。同时提出,办案机关或者其上一级机关、人民检察院对律师提出的投诉、申诉、控告,经调查核实后要求有关机关予以纠正,有关机关拒不纠正或者累纠累犯的,应当由相关机关的纪检部门按照有关规定调查处理,相关责任人构成违纪的,给予纪律处分。

**2. 提高法律援助的质量**

法律援助是国家建立的保障经济困难公民和特殊案件当事人获得必要的法律咨询、代理、刑事辩护等无偿法律服务,维护当事人合法权益、维护法律正确实施、维护社会公平正义的一项重要法律制度。《关于完善法律援助制度的意见》中规定了为提高法律援助质量的一系列举措:第一,推进法律援助标准化建设,如完善申请、受理审查和指派工作制度,严格办理死刑、未成年人等案件承办人员资质条件。第二,加强法律援助质量管理,如对重大、疑难案件实行集体讨论、全程跟踪、重点督办,完善服务质量监管机制,综合运用质量评估、庭审旁听、案卷检查、征询司法机关意见和受援人回访等措施强化案件质量管理,逐步推行办案质量与办案补贴挂钩的差别案件补贴制度。第三,完善法律援助便民服务机制,如简化程序、手续,丰富服务内容。在要求指派律师提供优质法律援助服务的同时,也通过完善经费保障机制等着力提高补贴标准。

**3. 构建值班律师制度**

为深入贯彻《关于完善法律援助制度的意见》,充分发挥法律援助值班律师在以审判为中心的刑事诉讼制度改革和认罪认罚从宽制度改革中的作用,最高人民法院、最高人民检察院、公安部、国家安全部、司法部于2017年8月印发《关于开展法律援助值班律师工作的意见》,要求法律援助机构在人民法院、看守所派驻值班律师,为没有辩护人的犯罪嫌疑人、刑事被告人提供法律帮助,并规定了法律援助值班律师的职责。① 人民法院、人民检察院、看守所为法律援助工作站提供必要办公场所和设施。看守所为法律援助值班律师会见提供便利。

---

① 《关于开展法律援助值班律师工作的意见》第2条规定:法律援助值班律师应当依法履行下列工作职责:(1) 解答法律咨询;(2) 引导和帮助犯罪嫌疑人、刑事被告人及其近亲属申请法律援助,转交申请材料;(3) 在认罪认罚从宽制度改革试点中,为自愿认罪认罚的犯罪嫌疑人、刑事被告人提供法律咨询、程序选择、申请变更强制措施等法律帮助,对检察机关定罪量刑建议提出意见,犯罪嫌疑人签署认罪认罚具结书应当有值班律师在场;(4) 对刑讯逼供、非法取证情形代理申诉、控告;(5) 承办法律援助机构交办的其他任务。法律援助值班律师不提供出庭辩护服务。符合法律援助条件的犯罪嫌疑人、刑事被告人,可以依申请或通知由法律援助机构为其指派律师提供辩护。

**4. 扩大法律援助范围**

最高人民法院和司法部于 2017 年 10 月 9 日联合发布《关于开展刑事案件律师辩护全覆盖试点工作的办法》,决定在北京、上海、浙江、安徽、河南、广东、四川、陕西省(直辖市)的全部或部分地区开展刑事案件律师辩护全覆盖试点工作,并对具体的内容和要求进行了规定。首先,划定了法律援助的范围与方式。依照《关于开展刑事案件律师辩护全覆盖试点工作的办法》的规定,被告人有权获得辩护,人民法院、司法行政机关应当保障被告人及其辩护律师依法享有的辩护权和其他诉讼权利。被告人具有《刑事诉讼法》第 34 条、第 267 条规定应当通知辩护情形[①],没有委托辩护人的,人民法院应当通知法律援助机构指派律师为其提供辩护。除此之外,其他适用普通程序审理的一审案件、二审案件、按照审判监督程序审理的案件,被告人没有委托辩护人的,人民法院应当通知法律援助机构指派律师为其提供辩护。适用简易程序、速裁程序审理的案件,被告人没有辩护人的,人民法院应当通知法律援助机构派驻的值班律师为其提供法律帮助。在法律援助机构指派的律师或者被告人委托的律师为被告人提供辩护前,被告人及其近亲属可以提出法律帮助请求,人民法院应当通知法律援助机构派驻的值班律师为其提供法律帮助。其次,对辩护律师提出具体的要求。辩护律师应当切实维护当事人合法权益,促进司法公正。接受指派的律师应当会见

---

[①] 《刑事诉讼法》第 34 条规定:"犯罪嫌疑人、被告人因经济困难或者其他原因没有委托辩护人的,本人及其近亲属可以向法律援助机构提出申请。对符合法律援助条件的,法律援助机构应当指派律师为其提供辩护。犯罪嫌疑人、被告人是盲、聋、哑人,或者是尚未完全丧失辨认或者控制自己行为能力的精神病人,没有委托辩护人的,人民法院、人民检察院和公安机关应当通知法律援助机构指派律师为其提供辩护。犯罪嫌疑人、被告人可能被判处无期徒刑、死刑,没有委托辩护人的,人民法院、人民检察院、公安机关应当通知法律援助机构指派律师为其提供辩护。"第 267 条规定:"未成年犯罪嫌疑人、被告人没有委托辩护人的,人民法院、人民检察院、公安机关应当通知法律援助机构指派律师为其提供辩护。"

被告人并制作会见笔录,应当阅卷并复制主要的案卷材料,参加全部庭审活动,发表具体的、有针对性的辩护意见。再次,规定不提供法律援助的后果。第二审人民法院发现第一审人民法院未履行通知辩护职责,导致被告人在审判期间未获得律师辩护的,应当认定符合《刑事诉讼法》第 227 条第(3)项规定的情形①,裁定撤销原判,发回原审人民法院重新审判。最后,还提出建立多层次经费保障机制,加强法律援助经费保障,确保经费保障水平适应开展刑事案件律师辩护全覆盖试点工作需要。司法行政机关协调财政部门根据律师承办刑事案件成本、基本劳务费用、服务质量、案件难易程度等因素,合理确定、适当提高办案补贴标准并及时足额支付。本书认为,《关于开展刑事案件律师辩护全覆盖试点工作的办法》对推进律师辩护全覆盖有重要意义,但力度仍显不足。②

## (二)严格排除非法证据

2010 年最高人民法院、最高人民检察院、公安部、国家安全部、司法部联合出台了《非法证据排除规定》,2012 年《刑事诉讼法》在证据一章中增加了不得强迫自证其罪的原则且用 5 个条文规定了非法证据排除规则。但是由于既有规定不够详细,造成了实践中排除非法证据程序启动困难、举证困难、排除标准不统一等问题。③ 十八

---

① 《刑事诉讼法》第 227 条规定:"第二审人民法院发现第一审人民法院的审理有下列违反法律规定的诉讼程序的情形之一的,应当裁定撤销原判,发回原审人民法院重新审判:(一)违反本法有关公开审判的规定的;(二)违反回避制度的;(三)剥夺或者限制了当事人的法定诉讼权利,可能影响公正审判的;(四)审判组织的组成不合法的;(五)其他违反法律规定的诉讼程序,可能影响公正审判的。"

② 参见陈光中、张益南:《推进刑事辩护法律援助全覆盖问题之探讨》,载《法学杂志》2018 年第 3 期。

③ 参见郭伟清、张新、沈品培:《完善非法证据排除规则 积极推进诉讼制度改革——上海高院关于非法证据排除规则适用的调研报告》,载《人民法院报》2018 年 1 月 4 日第 8 版。金树国、吕东、徐健:《排除非法证据 守护公平正义——内蒙古高院关于非法证据排除规则的调研报告》,载《人民法院报》2018 年 1 月 11 日第 8 版。

届三中全会《决定》中明确指出要"严禁刑讯逼供、体罚虐待,严格实行非法证据排除规则"。之后,最高人民法院、最高人民检察院、公安部、国家安全部、司法部联合发布了《关于办理刑事案件严格排除非法证据若干问题的规定》,并于 2017 年 6 月 27 日起施行。《关于办理刑事案件严格排除非法证据若干问题的规定》对如何实行非法证据排除规则作了更为全面的规定,在促进严格司法、加强人权保障上具有重要意义。

首先,注重发挥庭前会议在非法证据排除程序中的作用,确立了庭前会议的初步审查功能(上文已有论述)。其次,重申、细化排除非法证据的规程。对采取非法方法收集的证据坚持早发现、早核查、早排除[①],强调尽早发现并排除非法证据。发挥驻所检察人员的作用,看守所收押犯罪嫌疑人进行身体检查,驻所检察人员可以在场,同步监督侦查行为。对重大案件,侦查终结前应当询问犯罪嫌疑人,核查是否存在刑讯逼供、非法取证情形,并同步录音录像。侦查、检察机关对审查认定的非法证据应当予以排除,不得作为提请批准逮捕、移送审查起诉的根据,不得作为批准或者决定逮捕、提起公诉的根据。同时,细化规定了提讯登记、体检记录的制作,指引有关机关留存证据。最后,《关于办理刑事案件严格排除非法证据若干问题的规定》有如下创新之处:(1)扩大了非法言词证据排除的范围。将"威胁""非法拘禁"列为排除供述的事由,并且此范围也适用于被害人陈述与证人证言,从而统一了非法证据排除的范围。《关于办理刑事案件严格排除非法证据若干问题的规定》第 3 条规定:"采用以暴力或者严重损害本人及其近亲属合法权益等进行威

---

① 蔡长春:《排除非法证据的"操作手册"——中央政法机关相关部门负责人解读〈关于办理刑事案件严格排除非法证据若干问题的规定〉》,载《法制日报》2017 年 6 月 28 日第 1 版。

胁的方法,使犯罪嫌疑人、被告人遭受难以忍受的痛苦而违背意愿作出的供述,应当予以排除。"第 4 条规定:"采用非法拘禁等非法限制人身自由的方法收集的犯罪嫌疑人、被告人供述,应当予以排除。"第 6 条规定:"采用暴力、威胁以及非法限制人身自由等非法方法收集的证人证言、被害人陈述,应当予以排除。"(2)首次涉及了重复性供述的排除问题。对重复性供述既不是一排到底,也不是完全采纳,而是采取"主体更换说"①,并列有例外情形,实现了保障人权与惩罚犯罪的动态平衡。第 5 条规定:采用刑讯逼供方法使犯罪嫌疑人、被告人作出供述,之后犯罪嫌疑人、被告人受该刑讯逼供行为影响而作出的与该供述相同的重复性供述,应当一并排除,但下列情形除外:① 侦查期间,根据控告、举报或者自己发现等,侦查机关确认或者不能排除以非法方法收集证据而更换侦查人员,其他侦查人员再次讯问时告知诉讼权利和认罪的法律后果,犯罪嫌疑人自愿供述的;② 审查逮捕、审查起诉和审判期间,检察人员、审判人员讯问时告知诉讼权利和认罪的法律后果,犯罪嫌疑人、被告人自愿供述的。(3)将申请非法证据排除纳入法律援助的范围,并保障律师调查取证权。将在刑事案件速裁程序和认罪认罚从宽制度试点中提出并确立的值班律师制度的适用范围扩大到了非法证据排除制度中。第 19 条规定:"犯罪嫌疑人、被告人申请提供法律援助的,应当按照有关规定指派法律援助律师。法律援助值班律师可以为犯罪嫌疑人、被告人提供法律帮助,对刑讯逼供、非法取证情形代理

---

① 对重复性自白的可采性问题,我国目前有三种观点:第一种观点认为应当"一排到底",只要前面存在非法取证,则后面的重复性供述就全部排除;第二种观点认为应当"单个排除",即哪次是非法证据就排除哪一次的证据,其他的供述不排除;第三种观点认为应"同一主体排除",即侦查机关有一次刑讯逼供行为,侦查机关取得的所有供述就都排除,到审查起诉阶段,因为消除了被告人的心理影响,检察机关的供述笔录可以采用。陈光中、郭志媛:《非法证据排除规则实施若干问题研究——以实证调查为视角》,载《法学杂志》2014 年第 9 期。

申诉、控告。"为解决辩方提出线索困难的问题,明确规定:辩护律师自人民检察院对案件审查起诉之日起,可以查阅、摘抄、复制讯问笔录、提讯登记、采取强制措施或者侦查措施的法律文书等证据材料。(4)明确规定在法庭作出是否排除有关证据的决定前,不得对有关证据宣读、质证。同时,规定法官审查后应以当庭裁决为原则:法庭对证据收集的合法性进行调查后,应当当庭作出是否排除有关证据的决定。必要时,可以宣布休庭,由合议庭评议或者提交审判委员会讨论,再次开庭时宣布决定。对证据收集合法性的审查、调查结论,应当在裁判文书中写明,并说明理由。(5)将非法证据排除问题作为二审发回重审的原因。一审法院对被告方有关排除非法证据的申请没有审查,并以有关证据作为定案依据,可能影响公正审判的,二审法院应将其视为违反法定诉讼程序的行为,作出撤销原判、发回重审的裁定。

## (三) 纠正和防范冤假错案

冤假错案一方面是对无辜者权利的残酷侵犯,另一方面放纵了真正的罪犯,而且对司法公信力造成巨大的伤害。冤假错案是最大的实体不公,司法机关应当着力健全冤假错案纠正和防范机制。

为此,2013年8月,中央政法委出台首个《关于切实防范冤假错案的指导意见》,重申了疑罪从无、严格证明标准、保障律师权利等规定。2013年最高人民法院出台《关于建立健全防范刑事冤假错案工作机制的意见》,要求办案应当坚持尊重和保障人权原则、程序公正原则、证据裁判原则等。同时,要求严格执行法定证明标准、强化证据审查机制,对于定罪证据不足的案件,应当依法宣告被告人无罪,不得降格作出"留有余地"的判决。2016年,最高人民法院会同有关部门印发的《关于推进以审判为中心的刑事诉讼制度改革的意见》中也着重强调了疑罪从无原则。认定被告人有罪,必须达到犯罪事实清楚,证据确实、充分的证明标准。不得因舆论炒作、上访闹访等压力作出违反法律的裁判。人民法院作出有罪判决,对于定罪事实应当综合全案证据排除合理怀疑。定罪证据不足的案件,不能认定被告人有罪,应当作出证据不足、指控的犯罪不能成立的无罪判决。定罪证据确实充分,量刑证据存疑的,应当作出有利于被告人的认定。

  2013年9月,最高人民检察院制定《关于切实履行检察职能防止和纠正冤假错案的若干意见》,建立重大冤错案件发现报告、指导办理、异地审查、监督纠正、依法赔偿工作机制。加强对立案、侦查活动的监督,从源头上严把事实关、证据关、法律适用关,防止案件"带病"进入审判环节。2014年10月,最高人民检察院颁布《人民检察院复查刑事申诉案件规定》,具体规定了刑事申诉案件的管辖、受理、立案、复查等事项,对有冤错可能的重大刑事申诉案件公开审查。2015年2月最高人民检察院又发布《关于在刑事执行检察工作中防止和纠正冤假错案的指导意见》,明确了刑事执行检察各环节防止和纠正冤假错案的监督职能,要求对长年坚持申诉、拒绝减刑以及因对裁判不服而自残的罪犯,注意听取其申诉,及时调查处理。

  党的十八大以来,截止到2017年11月依法纠正呼格吉勒图案、聂树斌案等重大冤错案件37件61人。①

## 内蒙古呼格吉勒图冤案②

  1996年4月9日,在呼和浩特第一毛纺厂家属区公共厕所内,一女子被强奸杀害。报案人是呼格吉勒图(见图1-6-2),公

---

 ① 2017年11月1日,最高人民法院院长周强在第十二届全国人民代表大会常务委员会第30次会议上所作的《最高人民法院关于人民法院全面深化司法改革情况的报告》。
 ② 参见江国华主编:《错案追踪2014—2015》,中国政法大学出版社2016年版,第233—234页。

安机关认定呼格吉勒图是凶手。1996年5月17日,呼和浩特市中级人民法院作出判决,认定被告人呼格吉勒图犯故意杀人罪,判处死刑,剥夺政治权利终身,犯流氓罪判处有期徒刑5年,决定执行死刑,剥夺政治权利终身。呼格吉勒图不服,提出上诉。1996年6月5日,内蒙古自治区高级人民法院作出刑事裁定,驳回上诉,维持原判。1996年6月10日,呼格吉勒图被执行死刑。

2005年10月23日,赵志红承认他曾经于1996年4月在第一毛纺厂家属区公共厕所内杀害了一名女性。此事经媒体报道后,引发社会关注。2006年,内蒙古司法机构组织了专门的调查组复核此案。2007年1月1日,赵志红的死刑被临时叫停。2014年11月20日,呼格吉勒图案进入再审程序。12月15日,内蒙古自治区高级人民法院再审判决宣告原审被告人呼格吉勒图无罪。2014年12月30日,内蒙古自治区高级人民法院依法作出国家赔偿决定,支付呼格吉勒图案的父母李三仁、尚爱云国家赔偿金共计2059621.40元。

图1-6-2 蒙冤前的呼格吉勒图①

---

① 图片来自http://news.hexun.com/2014-11-21/170645766.html,最后访问日期:2018年7月10日。

## 河北聂树斌冤案①

1994年8月10日上午,康某某父亲康孟东向公安机关报案称其女儿失踪。8月11日11时30分许,康某某尸体在孔寨村西玉米地里被发现。经公安机关侦查,认定康某某系被聂树斌强奸杀害。1995年3月15日,石家庄市中级人民法院作出判决,以故意杀人罪判处聂树斌死刑,以强奸妇女罪判处聂树斌死刑,决定执行死刑。聂树斌不服一审判决,提出上诉。1995年4月25日,河北省高级人民法院维持对聂树斌犯故意杀人罪的定罪量刑,撤销对聂树斌犯强奸妇女罪的量刑,改判有期徒刑15年,决定执行死刑。1995年4月27日聂树斌被执行死刑。

2005年1月17日,另案被告人王书金自认系聂树斌案真凶。此事经媒体报道后,引发社会关注。2014年12月4日,根据河北省高级人民法院请求,最高人民法院指令山东省高级人民法院复查本案。2016年6月6日,最高人民法院同意山东省高级人民法院意见,决定提审该案。6月20日,最高人民法院决定该案由第二巡回法庭审理。7月4日,第二巡回法庭依法组成合议庭,由最高人民法院审判委员会专职委员、第二巡回法庭庭长胡云腾大法官担任审判长,主审法官夏道虎、虞政平、管应时、罗智勇为合议庭成员。2016年12月2日,最高人民法院第二巡回法庭对原审被告人聂树斌故意杀人、强奸妇女再审案公开宣判,宣告撤销原审判决,改判聂树斌无罪(见图1-6-3)。改判的理由是原审认定聂树斌犯故意杀人罪、强奸妇女罪的事实不清、证

---

① 参见罗沙、白阳:《最高人民法院再审改判聂树斌无罪》,载 http://www.xinhuanet.com/politics/2016-12/02/c_1120038782.htm,最后访问日期:2018年4月21日;杨帆:《聂树斌案获赔偿268万余元》,载 http://www.xinhuanet.com/politics/2017-03/30/c_1120727450.htm,最后访问日:2018年4月21日。

据不足。2017年3月30日,河北省高级人民法院作出赔偿决定,支付聂树斌父母聂学生、张焕枝国家赔偿金合计2681399.1元。

图1-6-3 2016年12月2日,最高人民法院第二巡回法庭对原审被告人聂树斌故意杀人、强奸妇女再审案公开宣判,宣告撤销原审判决,改判聂树斌无罪①

## 七、审判、执行若干程序改革

### (一)审判程序改革

当前我国正处于经济结构调整、矛盾纠纷多发、刑事案件数量持续上涨的时期,推动刑事案件繁简分流,优化司法资源配置,是当前司法实践的迫切需要。为此,2014年6月27日,第十二届全国人民代表大会常务委员会第9次会议通过决定,授权最高人民法院、最高人民检察院在案件基数大、类型多的18个城市开展为期两年的刑事案件速裁程序试点工作。② 2014年8月22日,最高人民法

---

① 该图由最高人民法院第二巡回法庭提供。
② 18个试点城市分别为北京、天津、上海、重庆、沈阳、大连、南京、杭州、福州、厦门、济南、青岛、郑州、武汉、长沙、广州、深圳、西安。

院、最高人民检察院会同公安部、司法部制定了《关于在部分地区开展刑事案件速裁程序试点工作的办法》。2016年9月3日,第十二届全国人民代表大会常务委员会第22次会议通过《关于授权最高人民法院、最高人民检察院在部分地区开展刑事案件认罪认罚从宽制度试点工作的决定》,授权最高人民法院、最高人民检察院在以上18个城市开展刑事案件认罪认罚从宽制度试点工作,并明确速裁程序试点工作按照新的试点办法继续试行。2016年11月11日,最高人民法院、最高人民检察院与公安部、国家安全部、司法部联合印发了《关于在部分地区开展刑事案件认罪认罚从宽制度试点工作的办法》(以下简称"《认罪认罚从宽制度试点工作办法》")。2016年9月12日,最高人民法院出台《关于进一步推进案件繁简分流优化司法资源配置的若干意见》。

根据以上规定,速裁程序旨在快速处理事实清楚、情节相对轻微的案件,但试点过程中依然要求在简化诉讼程序的同时,严格遵循刑事诉讼法的基本原则,充分保障当事人的诉讼权利,确保司法公正。最高人民法院、最高人民检察院关于速裁程序试点情况的中期报告显示,据抽样统计,检察机关审查起诉周期平均为5.7天,人民法院10日内审结的案件占94.28%,当庭宣判率达95.16%。同时各地积极创新,普遍实行速裁案件专人办理,还有的地方探索在看守所设立速裁法庭进一步提高效率。①《关于进一步推进案件繁简分流优化司法资源配置的若干意见》中对这些探索予以肯定,要求人民法院创新刑事速裁工作机制。在总结刑事速裁程序试点经验的基础上,加强侦查、起诉、审判程序的衔接配合,推广在看守所、执法办案单位等场所内建立速裁办公区,推动案件信息共享及案卷无纸化流转,促进案件办理的简化提速。

---

① 参见2015年10月15日最高人民法院、最高人民检察院在第十二届全国人民代表大会常务委员会第17次会议上所作的《关于刑事案件速裁程序试点情况的中期报告》。

认罪认罚从宽制度的适用没有案件范围的限制,对犯罪嫌疑人、刑事被告人自愿如实供述自己的罪行,对指控的犯罪事实没有异议,同意人民检察院量刑建议并签署具结书的案件,可以得到实体上、程序上的优待。自首、坦白、简易程序、速裁程序、刑事和解程序都属于认罪认罚从宽制度的范畴。《认罪认罚从宽制度试点工作办法》中对其适用条件、从宽幅度、办理程序、证据标准、律师参与等问题都作出了具体的规定,并强调办理认罪认罚案件应当坚持证据裁判、罪责刑相适应、贯彻宽严相济的刑事政策。截止到 2017 年 9 月,251 个试点法院审结认罪认罚案件占同期全部刑事案件的 42.7%,其中,适用速裁程序审结的占 69.7%,非监禁刑适用率达 41.4%。[1]

完善认罪认罚从宽制度改革是解决案多人少矛盾的重要举措,而推动轻刑案件适用速裁程序对于合理分配司法资源、提高诉讼效率更是具有重要的意义。但认罪认罚从宽制度依然要遵循刑法、刑事诉讼法的基本原则,保障犯罪嫌疑人、刑事被告人的辩护权和其他诉讼权利,保障被害人的合法权益,完善诉讼权利告知程序,强化监督制约,严密防范并依法惩治滥用职权、徇私枉法行为,确保司法公正。无论速裁程序试点还是认罪认罚从宽制度改革,都应当坚持案件事实清楚、证据确实充分的证明标准,严防出现冤假错案。保障被追诉人的诉讼权利,确保其认罪认罚、程序选择的自愿性。

## (二) 执行改革

十八届四中全会《决定》提出,要完善刑罚执行制度,统一刑罚执行体制,健全公安机关、检察机关、审判机关和司法行政机关各司其职,侦查权、检察权、审判权、执行权相互配合和相互制约的体制

---

[1] 数据来自 2017 年 11 月 1 日最高人民法院院长周强在第十二届全国人民代表大会常务委员会第 30 次会议上所作的《关于人民法院全面深化司法改革情况的报告》。

机制。

　　首先，社区矫正制度的改革。与刑罚监禁刑对应的社区矫正是对我国非监禁刑罚执行制度的改革与完善。该制度已经过十多年的探索实践，根据试点情况，2012年最高人民法院、最高人民检察院、公安部、司法部联合印发《社区矫正实施办法》。十八届三中全会提出"完善对违法犯罪行为的惩治和矫正法律，健全社区矫正制度"。在此背景下，2016年8月30日，最高人民法院、最高人民检察院、公安部、司法部联合发布《关于进一步加强社区矫正工作衔接配合管理的意见》，从社区矫正适用前、交付接收、监督管理、收监执行等环节加强各机关的衔接配合。2016年12月1日，国务院法制办公室发布《中华人民共和国社区矫正法(征求意见稿)》，旨在从法律层面规范社区矫正制度。《中华人民共和国社区矫正法(征求意见稿)》细化了实施社区矫正的程序，规范社区矫正机构对社区矫正人员的监督程序。此外，为了更好实现帮助社区矫正人员回归社会的目的，《中华人民共和国社区矫正法(征求意见稿)》专章规定了对社区矫正人员的教育帮扶。

　　其次，关于办理减刑、假释案件的问题。最高人民法院于2012年1月17日出台的《关于办理减刑、假释案件具体应用法律若干问题的规定》主要对法律适用问题进行了明确解释，2014年6月1日起施行的最高人民法院《关于减刑、假释案件审理程序的规定》则是从审理程序上对减刑、假释案件进行了统一和规范。要求减刑、假释裁定书应当通过互联网依法向社会公布，人民陪审员可以参加合议庭审理减刑、假释案件，进一步增加了减刑、假释案件的透明度。明确审理减刑、假释案件应当全面考量罪犯执行期间表现、犯罪具体情节、再犯罪危险性，审查立功、重大立功表现是否属实等情况。此外，规定书面审理减刑案件可以提讯罪犯，书面审理假释案件应当提讯罪犯。还明确了必须开庭审理的减刑、假释案件类型：有重大立功表现报请减刑的;报请减刑的起始时间、间隔时间或者减刑幅度不符合司法解释一般规定的;公示期间收到不同意见的;人民检察院有异议的;被报请减刑、假释罪犯系职务犯罪,黑社会性质组织犯罪,破坏金融管理秩序和金融诈骗及其他在社会上有重大影响或社会关注度高的;人民法院认为其他应当开庭审理的。

## 八、强化司法公开,加强司法民主

### (一)强化司法公开,深化便民利民

强化司法公开,是努力让人民群众感受到公平正义的重要途径之一,也有利于让司法机关自觉接受监督并倒逼司法人员提高司法能力和办案效率。在以科技为依托加大司法公开力度的同时,法院、检察院也不断推出便民利民的措施,减少当事人的诉累。

法院建设司法公开四大平台。完善审判流程公开,变当事人千方百计打听案情为法院主动告知。加强庭审公开,最高人民法院2017年2月22日印发的《关于人民法院庭审录音录像的若干规定》第1条明确规定:"人民法院开庭审判案件,应当对庭审活动进行全程录音录像。"截止到2017年9月,各级人民法院通过中国庭审公开网直播庭审34.2万次。推进裁判文书公开,截止到2017年9月,中国裁判文书网公开文书超过3454万份,已成为全球最大的裁判文书资源库。推进执行信息公开,截止到2017年9月,中国执行信息网公开执行信息5349万条。法院还以司法改革为契机,创新公开的形式,通过微博、微信、手机电视APP、新闻客户端等方式,向社会提供详尽权威的司法信息和方便快捷的司法服务。

为提升司法便民水平,法院着力建设综合性诉讼服务平台,全国86%的法院建立了信息化程度较高的诉讼服务大厅,2200余个法院开通诉讼服务网,1734个法院开通12368诉讼服务热线,实现网上立案、网上缴费、网上质证、网上庭审、网上送达等功能。同时,推广道路交通纠纷一体化处理、一键式理赔等做法,案件处理更加高效便捷。

为推进检察公开,最高人民检察院先后颁布《关于全面推进检务公开工作的意见》《人民检察院案件信息公开工作规定(试行)》,2014年开通人民检察院案件信息公开网,运行案件程序性信息查询、法律文书公开、重要案件信息发布、辩护与代理预约申请四个平台。2015年,检察院全面部署电子卷宗系统,将纸质案卷材料转换为电子文档,方便律师查阅复制。2016年6月,全国四级检察机关全部开通"两微一端",全面推进统一规范的检察服务大厅建设,综合控告举报、案件信息查询等功能,为群众提供"一站式"服务。

## (二) 司法民主

十八届三中全会提出广泛实行人民陪审员、人民监督员制度,拓宽人民群众有序参与司法的渠道。十八届四中全会进一步提出保障人民群众参与司法,完善人民陪审员制度,构建开放、动态、透明、便民的阳光司法机制。加强对司法活动的监督,完善人民监督员制度。之后,中央深改小组第10次会议通过了《深化人民监督员制度改革方案》,中央深改小组第11次会议通过了《人民陪审员制度试点改革方案》。

### 1. 人民陪审员制度改革

2015年4月24日,第十二届全国人民代表大会常务委员会第14次会议通过《关于授权在部分地区开展人民陪审员制度改革试点工作的决定》,2015年5月20日,最高人民法院和司法部联合公布《人民陪审员制度改革试点工作实施办法》。

《人民陪审员制度试点改革方案》和《人民陪审员制度改革试点工作实施办法》两个文件在陪审员的选任条件、选任程序、参审范围、参审机制、退出和惩戒机制、履职保障制度等方面进行了改革。经过为期3年的试点①,2018年4月,《中华人民共和国人民陪审员法》正式出台,该法基本吸收了上述两个文件中的相关规定,在如下方面对人民陪审员制度进行了修改:(1)在选任条件上,年龄要求从年满23周岁升为年满28周岁,学历要求从"一般应当具有大学专科以上文化程度"降为"一般应当具有高中以上文化程度"。(2)在选任程序上,将个人申请和组织推荐改为以随机抽选为主、个人申请和组织推荐为辅,并明确规定了通过个人申请和组织推荐产生的人民陪审员名额数不得超过1/5。(3)在参审范围上,区分三人合议庭和七人合议庭的适用范围,并对七人合议庭审理的案件类型予以明确和具体化。人民法院审判下列第一审案件,由人民陪审员和法官组成七人合议庭进行:可能判处10年以上有期徒刑、无期徒刑、死刑,社会影响重大的刑事案件;根据《民事诉讼法》《行政诉讼法》提起的公益诉讼案件;涉及征地拆迁、生态环境保护、食品药品安全,社会影响重大的案件;其他社会影响重大的案件(见图1-6-4)。(4)在参审机制上,三人合议庭中陪审员和法官仍就共同对事实认定和法律适用行使表决权,但在七人合议庭中陪审员仅就事实认定与法官共同表决,而对法律适用虽然可以发表意见但不再参加表决。(5)完善人民陪审员退出、惩戒、履职保障机制。

---

① 2015年全国人民代表大会常务委员会授权最高人民法院选取10省的50家法院开展人民陪审员制度改革试点,试点期限为两年。2017年4月,全国人民代表大会常务委员会将试点期限再延长一年。

图1-6-4 2018年5月8日,北京市第四中级人民法院组成"3名审判员+4名陪审员"的大合议庭,公开开庭审理北京市首例检察机关提起的大气污染责任纠纷环境民事公益诉讼案①

### 2. 人民监督员制度改革

2014年9月,最高人民检察院与司法部共同在北京、吉林等10个省市开展深化人民监督员制度改革试点。2015年12月,最高人民检察院出台《关于人民监督员监督工作的规定》,展开了关于监督范围、监督程序等方面的改革;为回应"检察机关自己选人监督自己"的质疑,2016年7月,司法部会同最高人民检察院联合印发《人民监督员选任管理办法》。

《关于人民监督员监督工作的规定》《人民监督员选任管理办法》与2010年10月最高人民检察院出台的《关于实行人民监督员制度的规定》相比,在以下方面对人民监督员制度进行了完善。(1)改革人民监督员选任机制。人民监督员由省级和设区的市级司法行政机关负责选任管理,县级司法行政机关按照上级司法行政机关的要求,协助做好本行政区域内人民监督员选任和管理具体工

---

① 图片来自 https://www.sohu.com/a/230847543_362042,最后访问日期:2018年5月20日。

作。人民监督员分为省级人民检察院人民监督员和设区的市级人民检察院人民监督员。司法行政机关应当发布人民监督员选任公告,接受公民自荐报名,商请有关单位和组织推荐人员报名参加选任,通过多种形式考察确定人民监督员人选,并进行公示。(2)改革人民监督员管理方式。司法行政机关会同检察院对人民监督员进行初任培训和专项业务培训。司法行政机关负责对人民监督员进行年度考核和任期考核,人民检察院应当定期将人民监督员履职情况通报司法行政机关。人民监督员资格的免除也应当由作出选任决定的司法行政机关决定。(3)人民监督员监督案件范围由原来的 7 项扩展至 11 项,将查办职务犯罪工作中违法适用指定居所监视居住、阻碍律师或者其他诉讼参与人依法行使诉讼权利、应当退还保证金而不退还、犯罪嫌疑人不服逮捕决定纳入监督范围。[①](4)完善人民监督员监督程序。规范参与案件监督的人民监督员的产生程序,市、县级人民检察院办理的职务犯罪案件,由上一级司法行政机关随机抽选人民监督员进行监督。人民检察院办理的案件需要人民监督员进行监督评议的,人民检察院应当在开展监督评议 3 个工作日前将需要的人数、评议时间、地点以及其他事项通知司法行政机关。司法行政机关从人民监督员信息库中随机抽选,联络确定参加监督评议的人民监督员,并通报检察机关。此外,为确保人民监督员在了解案情的基础上作出判断,强调案情介绍程序中案件承办

---

① 根据最高人民检察院《关于人民监督员监督工作的规定》,监督事项包括:人民监督员认为人民检察院办理直接受理立案侦查案件工作中存在下列情形之一的,可以实施监督:(1)应当立案而不立案或者不应当立案而立案的;(2)超期羁押或者延长羁押期限决定违法的;(3)采取指定居所监视居住强制措施违法的;(4)违法搜查、查封、扣押、冻结或者违法处理查封、扣押、冻结财物的;(5)阻碍当事人及其辩护人、诉讼代理人依法行使诉讼权利的;(6)应当退还取保候审保证金而不退还的;(7)应当给予刑事赔偿而不依法予以赔偿的;(8)检察人员在办案中有徇私舞弊、贪赃枉法、刑讯逼供、暴力取证等违法违纪情况的。人民监督对人民检察院办理直接受理立案侦查案件工作中的下列情形可以实施监督:(1)拟撤销案件的;(2)拟不起诉的;(3)犯罪嫌疑人不服逮捕决定的。

人还应当说明当事人、辩护人的意见。

## 九、健全国家统一法律职业资格考试制度

党的十八届四中全会提出,完善法律职业准入制度,健全国家统一法律职业资格考试制度。2015年12月,中共中央办公厅、国务院办公厅印发《关于完善国家统一法律职业资格制度的意见》。意见提出,法律职业资格考试制度是国家统一组织的选拔合格法律职业人才的国家考试制度。将司法考试制度调整为国家统一法律职业资格考试制度。考试内容增加中国特色社会主义法治理论,着重考查宪法法律知识、法治思维和法治能力。以案例分析、法律方法检验考生在法律适用和事实认定等方面的法治实践水平。加大法律职业伦理的考察力度,使法律职业道德成为法律职业人员入职的重要条件。考试以案例为主,每年更新相当比例的案例,大幅度提高案例题的分值比重。

2017年9月,全国人民代表大会常务委员会通过了《关于修改〈中华人民共和国法官法〉等八部法律的决定》,对《法官法》《检察官法》《公务员法》《律师法》《公证法》《仲裁法》《行政复议法》《行政处罚法》八部法律进行了相应的修改。根据该决定,初任法官,初任检察官,初次从事行政处罚决定审核、行政复议、行政裁决、法律顾问的公务员,律师,公证员以及仲裁员应当通过国家统一法律职业资格考试取得法律职业资格。实行国家统一法律职业资格考试前取得的国家统一司法考试合格证书、律师资格凭证,与国家统一法律职业资格证书具有同等效力。

## 十、《刑事诉讼法》第三次修改（2018年）

为了协调新颁布的《中华人民共和国监察法》(以下简称《监察法》)与《刑事诉讼法》的关系并适应当前司法实践的紧迫需要,全国人民代表大会常务委员会首次以修正案的方式对《刑事诉讼法》进行了修改,并于2018年5月9日公布了《中华人民共和国刑事诉讼法(修正草案)》(以下简称"《修正草案》")。这次修法主要包括三个方面:

第一,完善《监察法》与《刑事诉讼法》的衔接机制。十八大以后,为加强反腐败力度,党中央决定进行监察体制改革,设立监察委员会,对所有行使公权力的公职人员进行监察。2016年,全国人民代表大会授权在北京市、山西省和浙江省进行监察体制改革试点,2018年《宪法》修改,增设了"监察委员会"一节,赋予了监察委员会宪法地位,随后,《监察法》制定出台。根据《监察法》的规定,监察委员会对所有行使公权力的公职人员进行监察,依法履行监督、调查、处置职责,其中包括对职务违法和职务犯罪进行调查。因此,原本由检察机关行使的职务犯罪侦查权正式在立法层面整合至监察委员会。对于涉嫌职务犯罪的,由监察委员会进行调查,并将结果移送人民检察院依法审查,提起公诉。

为与此项重大改革相衔接,《修正草案》根据《宪法》和《监察法》的规定删去了检察院贪污贿赂犯罪侦查权,但保留了一部分自侦权,即"人民检察院在对诉讼活动实行法律监督中发现司法工作人员利用职权实施的非法拘禁、刑讯逼供、非法搜查等侵犯公民权利、损害司法公正的犯罪,可以由人民检察院立案侦查。对于公安机关管辖的国家机关工作人员利用职权实施的其他重大的犯罪案件,需要由人民检察院直接受理的时候,经省级以上人民检察院决定,可以由人民检察院立案侦查"。此外,还从强制措施、案件移送等方面完善了《监察法》与《刑事诉讼法》的衔接。人民检察院对于监察机关移送起诉的案件,依照《刑事诉讼法》和《监察法》的有关规定进行审查。人民检察院经审查,认为需要补充核实的,应当退回监察机关补充调查,必要时可以自行补充侦查。对于监察机关采取留置措施的案件,人民检察院应当对犯罪嫌疑人先行拘留,留置措施自动解除。人民检察院应当在拘留后的 10 日以内作出是否逮捕、取保候审或者监视居住的决定。在特殊情况下,决定的时间可以延长 1 日至 4 日。

第二,建立刑事缺席审判制度。对于贪污贿赂犯罪案件,犯罪嫌疑人、被告人潜逃境外,监察机关移送起诉,检察院认为犯罪事实已经查清、证据确实、充分,依法应当追究刑事责任的,可以向法院提起公诉。人民法院进行审查后,对于起诉书中有明确的指控犯罪事实的,应当决定开庭审判。同时规定了该类案件的管辖、送达、审理方式、被告人权利保障、上诉权等。罪犯在判决、裁定发生法律效力后归案的,人民法院应当将罪犯交付执行刑罚。交付执行刑罚前,人民法院应当告知罪犯有权对判决、裁定提出异议。罪犯对判决、裁定提出异议的,人民法院应当重新审理。另外还规定了因中止审理的缺席审判和审判监督程序中的缺席审判。由于被告人患有严重疾病,无法出庭的原因中止审理超过 6 个月,被告人仍无法出庭,被告人及其法定代理人申请或者同意继续审理的,人民法院可以在被告人不出庭的情况下缺席审理,依法作出判决。人民法院按照审判监督程序重新审判的案件,被告人死亡的,人民法院可以缺席审理,依法作出判决。

第三,将认罪认罚从宽制度和速裁程序试点的相关规定上升为法律。《修正草案》将认罪认罚从宽制度作为一项刑事诉讼法的基本原则规定在第一章中,即犯罪嫌疑人、被告人自愿如实供述自己的罪行,对指控的犯罪事实没有异议,愿意接受处罚的,可以依法从宽处理。在审前,侦查人员在讯问犯罪嫌疑人的时候,应当告知犯罪嫌疑人享有的诉讼权利,如实供述自己罪行可以从宽处理的法律规定和认罪认罚可能导致的法律后果。犯罪嫌疑人自愿认罪,同意量刑建议和程序适用的,应当在辩护人在场的情况下签署认罪认罚具结书。审判阶段,被告人认罪认罚的,审判长应当告知被告人享有的诉讼权利和认罪认罚可能导致的法律后果,审查认罪认罚的自愿性和认罪认罚具结书内容的真实性、合法性。对于认罪认罚案件,人民法院依法作出判决时,一般应当采纳人民检察院指控的罪名和量刑建议。

《修正草案》将速裁程序设为单独一节,规定了该程序的适用范围:基层人民法院管辖的可能判处 3 年有期徒刑以下刑罚的案件,案件事实清楚、证据确实、充分,被告人认罪认罚并同意适用速裁程序的,可以适用速裁程序,由审判员一人独任审判。适用速裁程序审理案件,不受送达期限的限制,不进行法庭调查、法庭辩论,但在判决宣告前应当听取被告人的最后陈述意见。适用速裁程序审理案件,应当当庭宣判。同时,适用速裁程序审理案件,人民法院应当在受理后 10 日以内审结;对可能判处的有期徒刑超过 1 年的,可以延长至 15 日。

《修正草案》在征求意见后将会作必要的修改,并提交全国人民代表大会常务委员会审议。① 《修正草案》旨在着力解决实践中的紧迫性问题,但是十八大以来刑事司法改革取得的重要成就没有在本

---

① 2018 年 10 月 26 日,全国人民代表大会常务委员会通过了《关于修改〈中华人民共和国刑事诉讼法〉的决定》,并经国家主席习近平签署主席令公布。《关于修改〈中华人民共和国刑事诉讼法〉的决定》对《修正草案》作了若干重要修改,例如,适用缺席审判程序的案件范围增加了"经最高人民检察院核准的严重危害国家安全犯罪、恐怖活动犯罪案件"。

次《修正草案》中得以体现,例如:加强司法机关依法独立行使职权、推进以审判为中心的诉讼制度改革、严格实施非法证据排除规则、扩大法律援助范围等问题。我们期待在以后的《刑事诉讼法》修改中对上述问题加以规定。

# 第二编
# 民事诉讼制度

民事纠纷是人类社会的常见现象。各种政权都重视民事纠纷的妥善解决,因此民事纠纷解决机制越来越完善,而且不同政权中的民事纠纷解决机制各具特色。在所有的民事纠纷解决机制中,民事诉讼是最有效、最权威和最后的方式与手段。中国目前已经建立了既吸收其他法域成功经验又具有中国特色的民事诉讼制度。对于这一制度的发展过程进行系统的梳理和必要的总结,并在此基础上展望我国民事诉讼制度的未来,既是中国特色民事诉讼制度进一步发展和完善的必要基础,又是坚定"道路自信、理论自信、制度自信、文化自信"的重要路径。

中国现代民事诉讼制度的发展,从中国共产党在局部地区建立以人民政权为基础的民事诉讼制度,到中华人民共和国成立后在大陆地区不断完善并最终建立具有中国特色的民事诉讼制度,尽管时间不过百年,但是经历了从战争到和平的背景变化,中华人民共和国成立后还受到多次政治运动的影响,过程颇为曲折。但是,特殊的背景和曲折的过程,恰恰是中国现代民事诉讼制度更具特色的原因之一。

本编试图通过收集自中国共产党成立以来与民事诉讼制度有关的规范性文件和代表性案例,描述中国现代民事诉讼制度形成和发展的基本脉络,分析其显著特征和发展变化的基本规律。

描述中国现代民事诉讼制度形成和发展的基本脉络,必然绕不开中国现代民事诉讼制度发展的阶段划分问题。笔者根据中国现代民事诉讼制度的发展情况将其分为以下几个阶段:早期摸索阶段(1921—1949年)、起步与探索阶段(1949—1991年)、转型与发展阶段(1991—2007年)、改革与完善阶段(2007—2014年)、深化改革阶段(2014年以后)。

通过分析,本编试图厘清下列内容:第一,中国现代民事诉讼制度形成和发展的过程,主要是简述每个阶段进行的民事诉讼立法活动;第二,各个时期公布的有关民事诉讼制度的规范性文件及其主要内容;第三,每个阶段民事诉讼制度发生的重大变化;第四,各个时期的典型的民事诉讼案例。笔者希望通过以上几个方面内容的整理,在描述中国现代民事诉讼制度发展的整体轮廓的同时,厘清一些重要的和具体的民事诉讼制度的发展脉络,为中国民事诉讼制度的未来发展提供参考。

# 第一章
# 早期摸索：1921—1949年

中国共产党成立之后，开展了反帝反封建的革命运动，并开始了政权建设，制定了关于工人、农民、妇女、继承、劳动、土地等方面的法律，开展了审判土豪劣绅、反革命分子和审理土地、婚姻家庭等民事纠纷的司法活动，创建了新民主主义法制。

1925年的省港大罢工是第一次国共合作期间国共两党共同领导的一次成功的反帝斗争运动。作为"工人政府雏形"的罢工委员会非常重视法制建设：设立法制局负责制定罢工委员会各部门的组织法则，草拟与罢工有关的各种法规条款，由罢工工人代表大会审议通过并监督实施；成立会审处、纠察队、军法处和特别法庭等司法组织，依法惩办破坏罢工的工贼和一切违法犯罪分子，维持罢工秩序；建立人民陪审、公开审判、上诉和案件复核等司法原则和制度。罢工委员会的法制建设，是中国共产党新民主主义革命法制建设的最早尝试，为中国共产党革命法制的创立和完善提供了宝贵经验。① 其中，省港罢工委员会公布的《省港罢工委员会会审处组织法》《省港罢工委员会会审处细则》和《省港罢工委员会会审处办案条例》

---

① 参见利丹：《省港大罢工的法制建设》，载《华南师范大学学报（社会科学版）》1993年第2期。

等,在诉讼原则和审判组织方式方面进行了最早尝试。1925年10月1日由国民政府特派审判员3人、罢工委员会选派陪审员3人组成的特别法庭,则是"中国共产党领导的、在工人运动中创建的、最早的人民司法机关"。①

1927年初,武汉国民政府对司法体制和诉讼制度进行了改革与完善。首先,将审判机关改称"法院",并分中央法院和地方法院两类,中央法院分为最高法院和控诉法院两级,地方法院分为县市法院和人民法院两级。最高法院设在国民政府所在地,控诉法院设在省城,县市法院设在县或者市,人民法院设在镇或者乡村。其次,确定了民事案件的级别管辖和审级制度。民事案件诉讼标的金额300元以下以及法律规定由初级法院管辖的案件,由人民法院管辖;诉讼标的金额300元以上的案件以及人事诉讼案件,由县市法院管辖。民事案件原则上实行二级二审制:不服县市法院一审民事、人事判决而上诉的,由控诉法院二审,但关于法律问题的上诉,由最高法院二审。再次,规定了诉讼费和执行费的征收标准,明确减少诉讼费和状纸费,对民事执行案件征收累进执行费。最后,规定民事案件采用参审制和陪审制,提高审判的民主性。武汉国民政府进行的上述司法体制和诉讼制度改革,中国共产党人发挥了重要作用,体现了中国共产党的主张。故上述改革措施其实就是中国共产党进行司法体制和诉讼制度建设的尝试。

1931年中华苏维埃共和国成立,中国共产党开始了独立的政权建设,其中必然离不开司法制度的建设。1932年2月19日,中央人民委员会第7次会议决定,在中央设立临时最高法庭,作为临时最高审判机关,隶属于中央执行委员会,代行最高法院职权。中央执行委员会于1932年6月9日公布的《中华苏维埃共和国裁判部暂行

---

① 参见张希坡:《马锡五与马锡五审判方式》,法律出版社2013年版,第34页。

组织及裁判条例》规定,在法院未设立之前,得在省、县、区三级政府内设立各级裁判部,为临时司法机关,乡苏维埃不设裁判部,城市设裁判科;裁判部内设刑事法庭、民事法庭,必要时可设巡回法庭,审理一切刑事民事案件;裁判员主管案件审问和判决;在审判方面,裁判部受临时最高法庭节制,在司法行政方面,裁判部受中央司法人民委员部指导,司法人民委员部有权委任和撤销裁判部部长及工作人员,同时各级裁判部受同级政府主席团的指导。1934年2月17日颁布的《中华苏维埃共和国中央苏维埃组织法》决定成立最高法院,内设刑事法庭、民事法庭和军事法庭,但各级裁判部的名称和内设机构没有改变。

1937年全面抗战爆发后,中国共产党决定将中华苏维埃中央临时政府西北办事处改为陕甘宁边区政府,司法机关则撤销省、县裁判部,分别设边区高等法院和县地方法院或者县裁判处。1939年边区第一届参议会通过的《陕甘宁边区高等法院组织条例》规定,高等法院设民事法庭和刑事法庭,分设庭长和推事,独立行使审判职权。其中庭长负责主持审判、指挥并监督本庭推事的工作,分配并督促审判案件,决定案件的公审、判决的强制执行等,推事负责案件的具体审判事项、判决和撰写判决书等。根据1939年5月21日发布的《关于目前各县司法干部补救办法的意见》的规定,民事或者轻微刑事案件,如债权、婚姻、烟赌或者其他一般纠葛,尽量用人民调解方式解决,由乡政府或者保公所组织调解委员会调解。

1943年,为了加强对司法工作的领导,便于群众上诉,决定在各分区设立高等法院分庭,各县设立司法处,边区政府专员兼任高等法院分庭的庭长,县长兼任县司法处的处长。不服县司法处判决的上诉案件,由高等法院分庭二审。根据1943年3月30日公布的《陕甘宁边区县司法处组织条例草案》的规定,在陕甘宁边区的辖区内,第一审民事诉讼案件由各县司法处受理,处长由县长兼任,设审判员协助处长办理审判事务。诉讼标的物价格在边币1万元以上以及与政策有关或者受风俗习惯影响巨大的婚姻、继承、土地案件，须将案情提交县政府委员会或者县政务会议讨论再作判决。不服县司法处判决的民事案件，由高等法院二审，各分区设有高等法院分庭的，由该分庭二审。

1944年1月6日，陕甘宁边区政府主席林伯渠在边区政府委员会第4次会议上所作的《陕甘宁边区政府一年工作总结》专门讲述了"关于完善司法工作"的问题。他指出，应当提倡并普及依双方自愿为原则的民间调解，以减少诉讼案件到极小限度，区乡政府应当动员在群众中有威信的人员去推广民间调解工作，贯彻执行《陕甘宁边区民刑事调解条例》，并起草符合新民主主义精神与边区实际情况的诉讼程序规范；司法机关审判案件，必须切实照顾边区人民的实际生活，切实调查研究，分清是非轻重，诉讼手续必须力求简单轻便，提倡马锡五审判方式，判决书必须力求通俗简明，废除司法八股；民事案件，非因特殊原因不得拘押当事人。

1946年6月，中国共产党中央书记处批准成立"中央法律研究委员会"，任务是研究法律及试拟《陕甘宁边区宪法草案》。作为该委员会委员的马锡五召集研究修改民法、刑法和诉讼法等。1947年1月，根据党中央的决定，在延安成立"中央法制委员会"，开展宪法和法律的研究起草讨论工作，并分设宪法组和法制组，陈瑾昆任法制组长。1947年5月，陈瑾昆在法制组会上报告了《民事诉讼法》的改革意见，其观点得到认同。1948年7月，陈瑾昆起草的《民事诉讼法》脱稿。尽管因条件不成熟、争议问题多，该《民事诉讼法》草案没有最终形成法律，但是该稿是中国现代民事诉讼立法工作的一次重要的尝试。①

---

① 参见张希坡：《中国近现代法制史研究——张希坡自选文集》，中共党史出版社2016年版，第540—545页。

## 第二编　民事诉讼制度

1948年9月，华北人民政府成立。根据《华北人民政府通令》，华北人民政府设立华北人民法院、行署区人民法院及直辖市人民法院、县人民法院；县人民法院为第一审机关，行署区人民法院为第二审机关，华北人民法院为终审机关，但直辖市人民法院为各该市第一审机关，华北人民法院为第二审机关。华北人民法院为终审法院，主管并监督下级人民法院审判事宜。其中，与民事诉讼有关的职能主要包括：当事人不服行署区人民法院及其分院第二审判决提起上诉的案件；当事人不服行署区人民法院及其分院的裁定而提起抗告的案件；当事人不服华北直辖市人民法院的民事判决或裁定而提起上诉或者抗告的案件；和解及调解的指导事项；等等。

1948年9月，毛泽东根据新形势的发展，总结华北人民政府和华北人民法院的建制经验，在《在中共中央政治局会议上的报告和结论》中提出：我们是人民民主专政，各级政府都要加上"人民"二字，各种政权机关都要加上"人民"二字，如法院叫人民法院，军队叫人民解放军，以示和蒋介石政权的不同。① 根据这一决定，各解放区的审判机关统一改称人民法院。

1948年9月6日《东北行政委员会关于各级司法机关改为人民法院的通令》宣布，将过去各级司法机构均改称人民法院，推事改为审判员；最高法院东北分院改称东北高级人民法院，各省高等法院改为省（特别市）人民法院，各地方法院及县司法科改为县（市）人民法院。

1949年2月8日，陕甘宁边区决定将边区高等法院改称边区人民法院，各专署司法机关改称边区人民法院分庭，县司法处改称县人民法院。

1949年8月1日，迁入北平的华北人民政府发布《重新调整行

---

① 参见《毛泽东文集》（第5卷），人民出版社1996年版，第135—136页。

政区划的通令》,决定华北人民政府直辖五省(即河北、山西、察哈尔、绥远、平原省)二市(即北平、天津市),与此相适应,审判机关改为省、市、县各级人民法院。

总之,在政权建设的试验和实践过程中,随着人民司法机关的产生和发展,通过不断总结司法实践工作经验,中国现代民事诉讼制度开始生根和萌发。总的来看,在中华人民共和国成立之前,各地制定的规范性文件并不统一,更没有达到统一适用的程度,这种分散状况在抗日战争时期和解放战争时期更为明显。

在人民政权建设的初期,司法机关的主要任务是审判刑事案件,有关的规范性文件的主要任务也是规范刑事审判程序。但是,当时的司法机关也要处理一些婚姻家庭、遗产继承和土地争议等民事纠纷案件,规范和完善民事诉讼程序也是当时的重要任务。在实践中,通过总结审判经验,以人民政权为基础的民事诉讼制度开始形成和发展。通过分析这一时期颁行的规范性文件的内容,综合有关实践的资料,可以看出,中华人民共和国成立之前的民事诉讼实践主要是摸索符合中国实际情况的基本民事审判制度。这一阶段的民事诉讼制度具有以下几个明显特征。

## 一、集体审判与合议制初现端倪

1925年7月6日公布的《省港罢工委员会会审处细则》规定:"本会审处至少须出席3人以上,方得开审。如该会审员有不得已事故时,亦得叙述事由签字盖章,委托代理人,但须经其他会审员之同意,方为有效。"1932年6月发布的《中华苏维埃共和国裁判部暂行组织及裁判条例》规定:法庭须由3人组成,裁判部长或者裁判员为主审,其余2人为陪审。审判时实行少数服从多数的原则,有不同意见时,按照多数人的意见作出判决,陪审员之一有不同看法且坚持保留意见的,可报告上级裁判部作为定案参考。但是,简单的案件,可由裁判部长或者裁判员1人审理。《川陕省革命法庭条例草案》规定:省、县革命法庭的组织,由3人至5人组成委员会,庭长为主席,保卫局长为当然委员。革命法庭委员会负责讨论和处理一切案件,法庭开审,庭长、秘书(书记员)及陪审员2人至3人出庭。

1942年8月发布的《陕甘宁边区政府审判委员会组织条例》规定:本会设委员5人,正副委员长各1人。本会的决议或者判决,须经委员会讨论通过,但轻微案件,得由委员长、副委员长负责处理,开会时应向全体委员报告。

1943年1月发布的《陕甘宁边区军民诉讼暂行条例》规定:军民诉讼遇有重大案件,或必要时,将由边区最高行政机关及最高军事机关会商组织临时军民诉讼委员会。军民诉讼委员会之组织,司法机关2人,军法机关1人,以资深者为主体委员。按诉讼程序规定,采用合议制。

1946年10月发布的《东北各级司法机关暂行组织条例》规定:地方法院或者县司法科,设立推事或审判员1人,独任行之;各省高等法院及最高法院分院,以推事3人合议行之。

1947年12月发布的《苏皖边区第二行政区人民法庭组织办法》规定:在土地改革中组织人民法庭,由委员7人至9人组成人民法庭委员会,根据人民法庭2/3的委员同意作出判决。

1948年1月发布的《东北解放区人民法庭条例》规定:设立村区两级人民法庭。村人民法庭由审判委员7人组成,区人民法院由审判委员5人组成。

1948年2月发布的《苏皖边区第六行政区人民法庭组织条例》规定:人民法庭之审判委员会,采会审合议制,可根据犯罪轻重,审讯后多数讨论通过。

## 二、中国特色人民陪审制度奠基

成为人民的政党，建立人民的政权，是中国共产党的基本政治理念。因此，中国共产党十分重视发挥人民群众在民事审判中的作用。实行人民陪审制度就是重要体现之一。

吸收人民陪审员参加审判工作始于1925年省港大罢工期间成立的会审处。1925年10月23日发布的《省港罢工委员会干事局关于陪审员的通告》明确要求各工会派出干员一员，以9人为一组，每日轮值赴会审处为陪审员。"这是我国有关人民陪审员的最早规定。"① 此后国民政府致函要求省港罢工委员会派员3人陪审罢工案件，并制定了《特别陪审条例》和《参审陪审条例》等规范性文件，对陪审的适用和陪审员的资格、回避等问题作出了具体规定。

第二次国内革命战争时期，在苏维埃区域内，都设有陪审员参加案件审理工作。其中，《中华苏维埃共和国裁判部暂行组织及裁判条例》规定，各级裁判部的法庭由3人组成，其中有两名陪审员。陪审员由职工会、雇农工会、贫农团及其他群众团体选举产生。未满16周岁的人和无选举权的人不得当选为陪审员。陪审员在陪审期间可暂停其工作，但必须保留其原有的工资，陪审完成后即恢复其工作。陪审员与裁判员有同等裁判权力，依照少数服从多数的原则决定判决内容。每一审判案件就可更换陪审员2人。中央工农红军到达陕北后，中央司法部发布的第2号训令，重申了上述原则。

1940年5月发布的《晋察冀边区陪审制暂行办法》规定，陪审团由工人抗日救国会、农民抗日救国会、青年抗日救国会、妇女抗日救国会、人民武装抗日自卫队、文化界救国会、抗敌后援会、牺盟会和

---

① 参见张希坡:《马锡五与马锡五审判方式》，法律出版社2013年版，第80页。

其他群众团体等互推陪审员 3 人组成;陪审时应于审判期前 3 日,通知陪审员届时列席陪审。如届时不列席者,视为弃权,由审判官或者军法官径行审判。陪审员对于所陪审的案件,在事实上和法律上都可陈述意见。陪审员在审判时发问,必须经审判官或者军法官许可。陪审员在言词辩论终结后 3 日内可以提供意见,审判官或者军法官未采纳陪审员提出的意见的,应当向陪审员进行解释。陪审员对其陪审案件的决定,应保守秘密。陪审员应当在讯问笔录内签名或者盖章。

1942 年 4 月发布的《晋西北陪审暂行办法》规定,人民陪审员参加案件评议的内容包括:(1)有关事实及证据;(2)关于本案之法律上的论点;(3)刑事被告有罪、无罪及罪名所犯法条;(4)民事诉讼之有无理由。

1947 年 6 月发布的《关东各级司法机关暂行组织条例草案》规定,各级司法机关审判案件,以推事 1 人独任,或由 3 人合议行之,或就地审判并聘请人民代表及有关政府或者群众团体代表陪审。

总之,人民陪审制度是审判工作民主化的重要标志,中国共产党在人民民主政权和人民民主法制建设的初期就十分重视人民陪审制度的运用。

## 三、多元化纠纷调解机制的摸索

中国自古以来就有以和为贵的传统,即使遇到纠纷也强调以和平的方式解决。中国共产党在建设人民政权的过程中,同样强调促成当事人互谅互让,最终以和平方式解决民事纠纷。一方面,强调在诉讼过程中积极开展调解工作,尽量促成当事人达成一致意见,实现息诉止讼;另一方面,在诉讼程序外设立人民调解制度,发挥民间调解在解决民事纠纷过程中的作用,实现预防诉讼。

关于诉讼调解，第一次和第二次国内革命战争时期的资料不多，资料最多且影响最大的是抗日战争时期的法院调解制度。《陕甘宁边区民事诉讼条例草案》规定：法庭办理民事案件，以耐心调解解决双方当事人的实际问题，使之止争息讼为主要任务，不得拘守一判不再理之形式；法庭审查案情，辨别其争点及是非曲直后，应当依据事实及法律，提出调解方案，向双方当事人个别开导，劝其让步息争，并须在案卷内注明调解经过；法庭经耐心调解不成时，始得依据事实及法律作出判决。陕甘宁边区高等法院代院长李木庵曾经指出，各高等分庭及各地方法院、县司法处应当实行调解办法改进司法工作作风，民事案件一律厉行调解，要以替人民解决实际问题为主，不以判决形式为重；法官接受案件，务须先经过调解手续，不得草率下判决；要想出方法，使双方均能让步，承诺息事；调解可由审判人员直接调解，亦可由法庭指定当事人之邻居亲友或民众团体从事调解；要通过调解工作教育人民服理向善，维持人类和平，增进社会生产。当时兼任陕甘宁边区高等法院陇东分庭庭长的马锡五在审判实践中贯彻上述条例和指示的精神，创造出了马锡五审判方式，深得群众欢迎，在中国现代诉讼制度史上留下了辉煌的一页。

人民调解在第一次国内革命战争时期就已经产生。随着农民运动的兴起，"一切权力归农会"，为调解民事纠纷，农民协会专门设立了调解组织。如彭湃领导的海陆丰农民运动，就把排解争端作为农会职权的重要组成部分，1923年1月海丰县成立县总农会时就专门设立了"仲裁部"，此后广东省农民协会执行委员会也设立"仲裁部"，彭湃亲自担任仲裁部员。1926年中共广东区委扩大会议通过的《农民运动决议案》则将调解组织称为公断处，并规定"乡村裁判应由乡民大会选举公断处执行"。1926年10月《中国共产党湖南区第六次代表大会宣言》规定："由乡民大会选举人员组织乡村公断处，评判乡村中之争执。"根据这一精神，《湖南省第一次农民代表大会决议案》规定在乡村自治机关中设立"公断委员会",由乡民会议选举公断委员,主持调解工作。

工人运动中也设立了专门机构开展调解工作。安源路矿工人俱乐部成立后,最高代表会决定推选7人组织裁判委员会裁判部员间或部员与非部员间的纠纷。《安源路矿工人俱乐部办事细则》规定,凡本部部员间或者部员与非部员间所发生之纠葛纷争,均由裁判委员会处理。裁判委员会在某种程度上行使了官方法庭的职能。

中华苏维埃共和国成立后,临时中央政府将调解民间纠纷列入政府的职能范围,如《苏维埃地方政府暂行组织条例》规定,乡苏维埃有权解决未涉及犯罪行为的各种争执问题。

人民调解在抗日战争时期得到了空前的发展,各地区的抗日民主政权先后发布调解条例或者关于调解工作的指示。如《陕甘宁边区民刑事件调解条例》《陕甘宁边区政府关于普及调解、总结判例、清理监所指示信》《山东省调解委员会暂行组织条例》《晋察冀边区行政村调解工作条例》《苏中区人民纠纷调解暂行办法》等。在这一时期的人民调解实践中,逐步形成了"自愿""合法""调解不是诉讼的必经程序"等三项原则。①

解放战争时期,人民调解制度在解放区继续加以推行。各解放区先后颁行了有关人民调解的规范性文件,如《华北人民政府关于调解民间纠纷的决定》《天津市调解仲裁委员会暂行组织条例》《天津市人民政府关于调解程序暂行规定》等。其中,根据《天津市调解仲裁委员会暂行组织条例》和《天津市人民政府关于调解程序暂行规定》的规定,天津市政府设立调解仲裁委员会,区设调解股,街设调解委员会,对劳资、东伙、房屋、婚姻、借贷、继承及普通民事纠纷进行调解。根据规定,各级调解组织必须依据双方自愿原则进行调

---

① 参见张希坡:《马锡五与马锡五审判方式》,法律出版社2013年版,第167—169页。

解，减少群众纠纷，调解必须以军管令及人民政府的各项政策及法令作为调解依据，不得无原则进行调解，不得损害群众利益。《华北人民政府关于调解民间纠纷的决定》规定，调解分为三种：(1) 依靠公正的双方当事者的亲友、邻居及村干部进行调解；(2) 政府调解，村政府应设调解委员会，委员由村人民代表会选举或村政府委员会推举，但村主席是当然委员或者兼任主任委员，区公所依工作繁简可设调解助理员或调解委员会；(3) 司法调解，已起诉到县司法机关的案件，若有必要也可调解，方式包括法庭调解、庭外调解、审判员到当地召集群众找出大家接受的和解方法即马锡五审判模式。凡民事案件，均得进行调解，但不得违反法律上强制规定。例如，法令禁止买卖婚姻、禁止早婚、禁止超过规定的租金或者利息；凡刑事案件除损害国家社会公共治安及损害个人权益较重不得调解外，其余一般轻微刑事案件，亦得进行调解。①

## 四、公开审判的早期实践

公开审判是司法民主性的又一体现。《省港罢工委员会会审处细则》规定："会审处得准工友旁听，以昭大公。惟各工友旁听时，不得越权干涉，或肆意叫嚣，以损法权。如有特别案件，须秘密审讯者，不在此限。"

第二次国内革命战争时期，《中华苏维埃共和国裁判部暂行组织及裁判条例》规定，审判案件必须公开，倘有秘密关系时，可用秘密审判的方式，但宣布判决时，仍须公开。《中华苏维埃共和国司法人民委员部对裁判机关工作的指示》规定，解决任何案件，要注意多数群众对于该案件的意见。在审判案件时，必须广泛地公布审判日

---

① 参见中国法学会董必武法学思想研究会编：《中华人民政府法令选编》（内部资料），第191—192页。

程,使群众知道某日审判某某案件,吸引广大群众参加旁听审判。既审之后,应多贴布告,多印判决书,以宣布案件的经过,使群众明了该案件的内容。

抗日战争时期,《陕甘宁边区高等法院对各县司法工作的指示》明确规定,判决案件完全是公布的,必要时可以举行人民公审来判决。

解放战争时期,《晋察冀边区行政委员会关于人民法庭工作的指示》规定,人民法庭开庭前,应当将开庭日期、地点发布通知,开庭时人民可以自由旁听,经审判员允许,旁听人员还可以发言。《哈尔滨特别市民事刑事诉讼暂行条例(草案)》规定,审判庭实行公开,诉讼有关关系人及一般群众,均可到庭旁听;但有关国家秘密或者有害风化案件,不在此限。

## 五、 回避制度的萌芽

如前所述,武汉国民政府对诉讼制度进行的改革,中国共产党人发挥了重要作用,体现了中国共产党的主张。1927年2月,武汉国民政府公布的《参审陪审条例》对回避制度作出了较为明确的规定。根据《参审陪审条例》,具有下列各项情形之一的,当事人得声请参审或者陪审员回避:(1) 参审员或者陪审员有审判官应自行回避的情形而没有自行回避的;(2) 参审员或者陪审员有前列以外情形,认定其执行职务有偏颇之虞者。声请参审员或者陪审员回避,应当以书状或者言词举其原因,向该管法院提出。参审员或者陪审员被声请回避的,不得参与审判。

《中华苏维埃共和国裁判部暂行组织及裁判条例》规定,与当事人有家属或者亲戚关系或私人关系的人,不得作为主审和陪审参加审判。

《陕甘宁边区民事诉讼条例草案》规定:"审判人员与原被告有亲友关系者,应自行声请回避,亦得由当事人声请其回避。"《重订淮海区调解委员会规程》还就调解委员的回避作出了具体规定。《晋察冀边区陪审制暂行办法》就民事案件陪审员的回避也作出了具体规定:(1)陪审员或者其配偶、前配偶或未婚配偶为诉讼事件当事人的;(2)陪审员为该诉讼事件当事人七等亲内之血亲或者五等亲内之姻亲或者曾有此亲属关系的;(3)陪审员或者其配偶、前配偶或者未婚配偶与该诉讼事件当事人有共同权利人、共同义务人或者偿还义务人的关系的;(4)陪审员现为或者曾为诉讼事件当事人的法定代理人或者家长家属的;(5)陪审员现为或者曾为该诉讼事件当事人的诉讼代理人或者辅佐人的;(6)陪审员曾为该诉讼事件的证人或者鉴定人的;(7)陪审员曾参与该诉讼事件的前审裁判或者公断的。

在解放战争时期,《冀南区诉讼简易程序试行法》规定,与案情有关系的司法职员,对于案情的处理涉及嫌疑的,应自行回避,或者依当事人的声请回避。《哈尔滨特别市民事刑事诉讼暂行条例(草案)》规定,当事人认为主办案件人员有偏颇之虞,而有实据者,得向人民法院院长请求其回避。1949年3月公布的《天津市人民政府关于调解程序暂行规程》和同年4月公布的《旅大市高等法院关于调解工作方案》均规定,调解人员也适用回避的规定。

## 六、中国特色审级制度的摸索

第一次和第二次国内革命战争时期的法律均规定刑事案件实行两审终审制。例如,《省港罢工委员会会审处组织法》规定,对会审处的判决不服的,向特别法庭上诉;《湖北省审判土豪劣绅委员会暂行条例》规定刑事案件的被告不服第一审判决的,可声请上诉,但省审判委员会审理的一审案件,实行一审终审。至于民事案件,应当准用刑事案件的程序规定,即同样实行两审终审。《中华苏维埃共和国裁判部暂行组织及裁判条例》规定,各级裁判部判决的案件,在判决书规定的期间内,可以向上级裁判部提起上诉。中华苏维埃中央政府司法人民委员部还规定,劳动法庭判决的案件,当事人不服的,可以提起上诉。资本家方面不服而提起上诉的,上诉期间仍须执行一审判决;工人方面不服而提起上诉的,须经上级裁判部复审之后才能执行。

在抗日战争时期,不同抗日根据地实行的审级制度有所不同。其中,陕甘宁边区和晋察冀边区实行两终审制,地方法院或县司法处为第一审级机关,边区高等法院为第二审级机关,即终审机关。根据《陕甘宁边区民事诉讼条例草案》的规定,对于第一审判决不服的,得于收到判决书之翌日起20日内以书面或者口头向原审判机关声明上诉,亦得向该管之第二审机关径行上诉;第二审机关处理上诉案件的方法包括和解、驳回上诉、发回原审机关更为处理等。晋察鲁豫边区实行三审终审制:县政府为第一审级机关,专员公署为第二审级机关,边区高等法院为第三审级机关。当事人只能经原审机关提出上诉,不经原审机关径行呈上级审判机关的,视为不合法,得退回上诉人,令其向原审机关提出;提起上诉的期间为20日,自第一审或者第二审判决送达之次日起计算;第三审一般为法律审,第三审判决可以不经言词辩论而作出,但法院认为必要时,不在此限;诉讼当事人认为第二审机关认定的事实有错误的,可以向第二审机关请求再审。

解放战争时期,有的解放区规定实行两审终审,有的规定实行三审终审。如《山东省胶东区行政公署现行民刑审级制度及诉讼程序简化办法》规定,民刑诉讼审级原则上实行二级二审制,县为第一审,行署为第二审;当事人不服县判得上诉行署,行署判决即为终审。华北人民政府发布的审级制度规定,县司法机关为第一审级机关,行署区人民法院为第二审级机关,华北人民法院为终审机关。各直辖市人民法院为各该市第一审级机关,华北人民法院为第二审级机关。一般案件以二审为止,如有不服要求第三审的,由华北人民政府主席指定人员成立特别法庭,或发还华北人民法院复审为终审审理。太行行署也确定实行三级三审制:市地方法院、县政府或县司法处为第一审级机关,专署为第二审级机关,行署为第三审级机关,即本区域内民刑案件的终审机关。《东北各级司法机关暂行组织条例》规定,东北解放区设立三级法院:县市设立地方法院或者司法科,管辖第一审案件;哈尔滨设立高等法院,管辖松江省、哈尔滨特别市第二审案件,在东北行政委员会所在地设立最高法院东北分院,管辖第三审案件。

## 七、马锡五审判方式的形成

1921—1949年中国共产党领导的民事诉讼实践,是探索中国新型民事诉讼制度的重要尝试。其中最为重要的成果是形成了马锡五审判方式,即后来人们总结的以"依靠群众、调查研究、就地解决、调解为主"为路线和方针的民事审判范式。

马锡五(1898—1962),1937年任陕甘宁边区庆环专区专员兼曲子县县长、陇东专区副专员、专员。1943年兼任陕甘宁边区高等法院陇东分庭庭长,开始从事司法工作,1946年被选举为陕甘宁边区政府委员和边区高等法院院长,1949年任最高人民法院西北分院院长,1954年任最高人民法院副院长。在担任陇东分庭庭长期间,马锡五亲自审理案件并贯彻群众路线,深入调查研究,实行巡回办案、就地审判,解决了大量疑难案件,纠正了一些错案,深受人民群众的欢迎。1944年3月13日,《解放日报》发表社论,介绍马锡五的司法实践事迹,并将实事求是、调查研究、贯彻群众路线、审判与调解相结合、巡回审判和就地解决的审判方式称为"马锡五同志的审判方式"(见图2-1-1)。"马锡五同志的审判方式"在边区和各地推广,并被简称为"马锡五审判方式"。

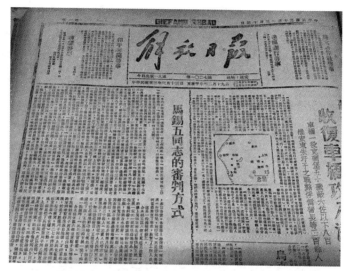

图 2-1-1　1944 年 3 月 13 日《解放日报》社论①

### 封捧儿与张柏婚姻案②

以马锡五为庭长处理的封捧儿与张柏婚姻案,是马锡五审判方式的典型代表。该案是一件因婚姻纠纷引起的刑事案件,在刑事案件的审判过程中涉及并解决了封捧儿与张柏的婚姻效力问题。因此,该案也具有民事案件的性质。

1928 年,华池县温台区四乡封家园子居民封彦贵将其女封捧儿许配给张金才之子张柏,双方订了婚约。1942 年,因觉聘

---

① 2018 年 8 月 5 日笔者拍摄于中国政法大学图书馆。
② 参见张希坡:《马锡五与马锡五审判方式》,法律出版社 2013 年版,第 174—177 页;杨正发:《马锡五传》,人民法院出版社 2014 年版,第 269—296 页。

礼太少，封彦贵以"婚姻自主"为由，提出解除婚约，并以法币2400元、硬币84元，暗中将封捧儿许给张宪川之子。张金才知悉后，向华池县告发。华池县判决撤销封彦贵与张宪川、封彦贵与张金才两家的婚约。

1943年2月，封捧儿与张柏相见。因觉得各方面都符合自己的心意，二人愿意结婚。同年3月，封彦贵又以法币8000元、硬币20元、哔叽4匹，将封捧儿许配给庆阳财主朱寿昌。张金才知道后，纠集了亲友张金贵等20多人，深夜从封家将封捧儿抢回与张柏成婚。

封彦贵起诉到华池县司法处。华池县司法处判决张金才犯"抢亲罪"，判处张金才有期徒刑6个月，张柏与封捧儿婚约无效。封捧儿不服，上诉到陕甘宁边区高等法院陇东分庭。马锡五负责审理了本案。

马锡五首先询问了区乡干部及附近群众，了解了事情的来龙去脉、一般舆论和群众的看法，并派平日与封捧儿相近的人与之谈话，再亲自征求她的意见。封捧儿表示确实不愿与朱姓结婚，"死也要与张柏结婚"。1943年7月，陇东分庭对本案进行了公开审理。审理最后阶段征求群众意见。群众一致认为，封姓屡卖女儿捣乱政府婚姻法令，应受处罚；张家黑夜抢亲，既伤风化，又碍治安；封捧儿与张柏的婚姻，不能拆散。于是，二审判决：(1) 撤销原判决；(2) 张金才犯聚众抢婚罪，判处有期徒刑2年6个月；(3) 张金贵犯实行抢婚罪，判处有期徒刑1年6个月；(4) 张得赐、张仲、张老五犯附和抢婚罪，判处苦役3个月；(5) 封彦贵犯施行出卖女儿包办婚姻罪，判处苦役3个月，出卖女儿获法币8000元没收；(6) 封捧儿与张柏婚姻自主有效。

二审宣判后，华池县抗日民主政府当场为封捧儿和张柏颁发了结婚证书。在判决执行过程中，马锡五觉得对张金才和张金贵的判决有些过重，对封彦贵应当立足教育而非惩罚。1943年7月

11日,陇东分庭向边区高等法院发出请示报告,要求减轻对张金才、张金贵的处罚。最后,陇东分庭根据边区高等法院给予的批示提前释放了张金才、张金贵和封彦贵。

封捧儿和张柏婚姻纠纷案的审理和判决,得到了群众的热烈拥护和广泛称赞,各方当事人也无不表示服判。后来,边区文艺工作者以此事为素材,创作了鼓词《刘巧儿团圆》和剧本《刘巧儿告状》,以后又改编成评剧《刘巧儿》。

马锡五深入群众调查研究,就地审判、不拘形式,调解与审判相结合解决问题的审判方式,深得群众拥护,符合当时社会实践的需要,后来总结成为"马锡五审判方式",对当时乃至中华人民共和国成立后的民事司法活动都产生了重大影响(见图2-1-2)。1955年中央领导人接见全国司法工作代表时,毛泽东主席握着马锡五的手,风趣地说:"马锡五,你来了,事情就办好了!"

图2-1-2　1958年2月,毛泽东接见中央政法干部学校学员时与马锡五亲切握手①

---

① 图片来源于杨正发:《马锡五传》,人民法院出版社2014年版,文前插图。

# 第 二 章
# 起步与探索：1949—1991 年

　　1949 年 2 月 22 日，中国共产党中央委员会发布《中共中央关于废除国民党的六法全书与确定解放区的司法原则的指示》指出："在无产阶级领导的工农联盟为主体的人民民主专政的政权下，国民党的六法全书应该废除，人民的司法工作不能再以国民党的六法全书为依据，而应当以人民的新的法律作为依据。"同年 4 月 1 日华北人民政府公开发布训令："兹决定：废除国民党的六法全书及其一切反动法律，各级人民政府的司法审制，不得再援引其条文。"9 月 29 日通过的《中国人民政治协商会议共同纲领》第 17 条规定："废除国民党反动政府一切压迫人民的法律、法令和司法制度，制定保护人民的法律、法令，建立人民司法制度。"废除六法全书，中国现代民事诉讼制度开始起步。

　　1950 年 12 月 31 日，中央人民政府法制委员会制定并公布《诉讼程序试行通则（草案）》。《诉讼程序试行通则（草案）》将民事诉讼程序和刑事诉讼程序规定在同一部规范性文件中，包括总则、案件的管辖、问事代书、回避、调解、审理、执行等共 24 部分内容，共有 82 个条文。尽管《诉讼程序试行通则（草案）》最终没有形成法律，但是对于民事诉讼实践还是有一定影响。

## 第二编 民事诉讼制度

1956年10月最高人民法院印发《各级人民法院民事案件审判程序总结》(以下简称《民事案件审判程序总结》)。内容涉及案件的接受、审理案件前的准备工作、审理、裁判、上诉、再审、执行7个方面。1956年《民事案件审判程序总结》的印发,表明中华人民共和国民事诉讼程序制度开始成型。在《民事案件审判程序总结》的基础上,1957年最高人民法院制定《民事案件审判程序(草稿)》,内容包括起诉、审理前的工作、审理、裁判、上诉、再审、执行7个方面,共84条。

1979年2月2日,最高人民法院印发《人民法院审判民事案件程序制度的规定(试行)》。《人民法院审判民事案件程序制度的规定(试行)》的内容大体与1957年制定的《民事案件审判程序(草稿)》相同,主要包括案件受理、审理前的准备工作、调查案情和采取保全措施、调解、开庭审理、裁判、上诉、执行、申诉与再审、回访和案卷归档,共11部分。

1982年3月8日,第五届全国人民代表大会常务委员会第22次会议通过《中华人民共和国民事诉讼法(试行)》(以下简称《民事诉讼法(试行)》),并规定自1982年10月1日试行。中华人民共和国第一部民事诉讼法典从此产生。《民事诉讼法(试行)》分为5编23章共计205条,其中5编分别为总则;第一审程序;第二审程序,审判监督程序;执行程序;涉外民事诉讼程序的特别规定(见图2-2-1)。

1984年8月30日,最高人民法院发布《最高人民法院关于贯彻执行〈中华人民共和国民事诉讼法(试行)〉若干问题的意见》,以便于《民事诉讼法(试行)》的统一适用。《最高人民法院关于贯彻执行〈中华人民共和国民事诉讼法(试行)〉若干问题的意见》共82条,包括管辖问题,诉讼参加人问题,调解问题,证据问题,强制措施问题,起诉与受理问题,普通程序问题,简易程序问题,特别程序问题,第二审程序和审判监督程序问题,执行问题,审理涉及港、澳同胞的案件问题,涉外诉讼程序问题等13个部分。

# 中国现代司法制度

全国政协常委举行座谈会

决不容许走私逃税损害国家利益

中纪委正继续调查彻底追究责任者

中华人民共和国第五届全国人民代表大会常务委员会令 第八号

## 中华人民共和国民事诉讼法（试行）
（一九八二年三月八日第五届全国人民代表大会常务委员会第二十二次会议通过）

## 第二编 民事诉讼制度

图 2-2-1　1982 年 3 月 11 日《人民日报》第 1 版刊登《第五届全国人民代表大会常务委员会令》和《中华人民共和国民事诉讼法(试行)》全文,在第 4 版刊登《加强法制建设,便利人民诉讼》的社论①

---

① 资料来源:人民日报数据库。参见 http://data.people.com.cn/rmrb/19820311/1 及 http://data.people.com.cn/rmrb/19820311/4,最后访问日期:2018 年 5 月 12 日。

《民事诉讼法(试行)》试行8年6个月零8天后，1991年4月9日，第七届全国人民代表大会第4次会议通过《民事诉讼法》，并自该日起施行。《民事诉讼法》的颁行，标志着中国现代民事诉讼制度的探索工作基本完成。

除了上述系统、完整地规范民事诉讼程序的规范性文件外，最高人民法院、司法部还通过作出解释、批复、复函、通知、指示、办法等方式，就民事诉讼和执行程序中的具体问题作出规定或者表明态度。在法典尚不完备的情况下，此类规范性文件数量巨大，对司法实践的影响重大，既是推动中国现代民事诉讼制度发展的重要方式，又是中国现代民事诉讼制度发展的重要标志。

总的来看，这一阶段是在吸收苏区、根据地和解放区时期民事诉讼经验的基础上，进一步探索符合中国社会主义建设需要的民事诉讼制度。尽管存在"文化大革命"的十年法制空白期，但是合议制度、公开审判制度、回避制度、两审终审制度等民事审判基本制度在此阶段已经基本定型化，并且具有中国特色的管辖、起诉条件、代理、送达、保全、先予执行、诉讼证据、再审等诉讼制度也逐步发展。同时，受政治因素和特殊国际关系的影响，这一时期的前段我国引进甚至照搬了苏联的一些民事诉讼制度，对中国传统民事诉讼模式和制度形成了较大冲击。根据最高人民法院统计，1950年至1962年的13年中，全国各级人民法院共收民事案件11910713件，平均每年都在90万件左右。实践的需要也是推动中国现代民事诉讼制度发展的重要因素。

## 一、民事审判基本方针的探索

中华人民共和国成立后，社会主要矛盾发生了根本变化。在新的时代背景下，民事审判工作应当坚持什么样的基本方针，是摆在司法决策者和司法实践者面前的、必须作出回答的重要问题。对这一问题的不同回答,将决定中国现代民事诉讼制度改革的不同方向。

1950年12月31日公布的《诉讼程序试行通则(草案)》第2条第1款规定,《诉讼程序试行通则(草案)》的制定目的在于"根除反动司法机关压迫人民的、繁琐迟缓的、形式主义的诉讼程序;实行便利人民的、简易迅速的、实事求是的诉讼程序"。1956年10月印发的《民事案件审判程序总结》没有涉及总则的问题,只是规定了从案件的接受到执行的具体规范。

1958年8月,在北戴河举行的中共中央政治局扩大会议上,在谈到我国法律建设问题时,毛泽东主席肯定了"马锡五审判方式",他说:"还是'马青天'那一套好,调查研究,就地解决问题。"

### 刘某与贾某离婚案①

1960年,原告刘某诉至山西省阳泉市人民法院,请求判决与被告贾某离婚。被告同意与原告离婚,但主张男方有过错且自己生活无着落,要求原告补偿生活费及路费,并带走被褥等。在审理过程中,法院不仅通过群众调查确认了女方主张的事实,还对女方提出的要求进行群众辩论:审判人员提出问题,群众现场发表意见。现场40余人签名认为女方的要求不高。经审理,法院认为,原告刘某由于存在资产阶级的婚姻观点,败坏工人阶级的道德品质,采取卑鄙手段玩弄妇女,因而激起民愤,影响极坏;女方提出的要求是合理的,群众认为要求不高。经调解无效,判决如下:(1)准予双方离婚;(2)被告要求原告补助生活费及路费70元,并带旧被、褥、褥单各一个,方格布18

---

① 李麒:《财产纠纷与诉讼实践——以阳泉市法院1950—1965年民事诉讼档案为中心的研究》,山西大学2012年博士论文。

尺、棉花证 2 斤、毛巾一块及带来的东西，原告要如数给付；（3）原告败坏社会主义道德风尚，欺骗玩弄妇女，建议矿行政给予适当处分。

1963 年最高人民法院副院长吴德峰在全国民事审判工作会议上的讲话指出："'调查研究，就地解决，调解为主'的方针是民事审判工作的基本方针，它体现了主席关于正确处理人民内部矛盾的思想，是党的群众路线在民事工作中的具体化。必须认真执行这一方针……各地经验证明，民事纠纷处理得正确与否，在很大程度上取决于是否全面认真地贯彻了这一方针。"关于这一基本方针的内容，吴德峰副院长指出："调查研究是正确执行这个方针的基础。调查研究的目的，是弄清事实，判明是非。因此，调查研究必须是全面的、系统的、细致的。切忌主观主义和形式主义。调查与研究必须紧密结合，要善于运用阶级分析的方法，对调查来的材料要分析、比较，辨明真假，去伪存真，去粗取精，由表及里，由此及彼，透过现象，找出本质。只有抓住了本质，才能得出正确的结论。""就地解决是这一方针的重要环节。就地解决是人民法院依靠群众解决民事纠纷，贯彻执行群众路线的优良传统。它便利群众，有利生产，便于依靠当地调解组织和其他基层组织，迅速查清案情，彻底解决纠纷。同时，也有利于开展政策和法律的宣传教育。""调解是处理民事案件的基本方法。调解是一项艰苦的、细致的思想工作。调解必须将双方当事人的亲友动员起来参加调解。调解的方法应当是辨明是非，依靠党和国家的政策、法律进行，既不能强制，也不能'和稀泥'，以调解代替调查。"

1963 年 8 月 28 日最高人民法院发布的《关于民事审判工作若干问题的意见（修正稿）》在"民事审判工作的方针和组织建设问题"一节提出，"'调查研究，就地解决，调解为主'的方针是民事审判工作的根本工作方法和工作作风，它体现了主席关于正确处理人民内部矛盾的思想,是党的群众路线在民事工作中的具体化。为了把案件处理的正确及时,必须全面地认真地贯彻这一方针。""调查研究是正确执行这一方针的基础,其目的是为了查清事实和分清是非。""就地解决是贯彻这一方针和依靠群众解决民事纠纷的重要环节。就地解决包括就地调查,就地公开审理,就地处理。""调解是处理民事案件的基本方法,也是处理婚姻案件的必经程序。凡能调解解决的,就不要用判决的方式……调解必须坚持双方自愿原则,坚持说服教育,既不能'和稀泥',更不能'强制调解'。如果经过认真调解,仍不能达成协议的,就应当依法进行判决。""为了认真贯彻'调查研究,就地解决,调解为主'的方针,必须加强人民法庭和调解委员会两道防线的工作。"

1978年12月22日最高人民法院副院长曾汉周在《在第二次全国民事审判工作会议上的报告》中指出,"群众路线是我们党的根本的政治路线和组织路线,也是人民法院根本的工作路线。在民事审判工作中群众路线就具体化为'依靠群众,调查研究,就地解决,调解为主'的民事审判工作方针。""依靠群众,调查研究,就地解决,调解为主是统一的,互相联系的。其中依靠群众是关键。"

1979年《人民法院审判民事案件程序制度的规定(试行)》明确规定:"凡可以调解解决的,就不要用判决,需要判决的,一般也要先经过调解。"

《民事诉讼法(试行)》第6条规定:"人民法院审理民事案件,应当着重进行调解;调解无效的,应当及时判决。"第7条规定:"人民法院审理民事案件,应当根据需要和可能,派出法庭巡回审理,就地办案。"第56条第2款规定:"人民法院应当按照法定程序,全面地、客观地收集和调查证据。"这些规定直接体现了"依靠群众、调查研究、就地解决、调解为主"的民事审判基本方针。

## 二、"客观真实"的诉讼真实观开始形成

中华人民共和国成立后,实事求是、追求客观真实成为民事诉讼的基本指导思想。《诉讼程序试行通则(草案)》明确指出要"根除形式主义的诉讼程序""实行实事求是的诉讼程序"。以客观真实的诉讼真实观为基础,民事诉讼实行职权探知主义,规定法院为发现案件真实,应当自行调查证据。《诉讼程序试行通则(草案)》第40条规定:刑事民事案件的诉讼人应就其所主张的事实,举出证明方法(书面证据、证物、证人、勘验、鉴定等),法院亦应自行调查事实,收集、调查证据……第41条第2款规定:"诉讼人未曾主张的事实或权利,法院亦得斟酌具体情况,予以裁判。"1956年《民事案件审判程序总结》则规定,法庭调查必须彻底查清案情,取得确凿的证据,以保证案件得到正确的处理。当事人提出的证据材料不齐全的时候,可告知他加以补充;人民法院为了查清案情,如果认为有必要,也应当主动地、全面地调查和收集证据,并可以进行鉴定。1979年《人民法院审判民事案件程序制度的规定(试行)》,则规定为"审判人员或合议庭接办案件后,要在认真审阅诉讼材料的基础上,深入基层,依靠群众和基层组织对案件情况进行调查研究"。《民事诉讼法(试行)》将"当事人对自己提出的主张,有责任提供证据"与"人民法院应当按照法定程序,全面地、客观地收集和调查证据"并列,法院在调查收集证据方面的职权作用开始有所弱化。

与职权探知主义相适应,当事人在诉讼程序中的主观能动性就比较低。例如,在开庭审理的程序方面,1956年《民事案件审判程序总结》规定,开庭审理时,在核对当事人、告知诉讼权利义务后,开始进行法庭调查时,"先由审判员或者由审判员指定的人民陪审员介绍原告人起诉的要求与理由及被告人的答辩内容。其次,由原告人

和被告人分别作补充陈述。再由审判人员就争执焦点向双方当事人进行讯问,接着讯问证人或鉴定人"。在第二审程序的审理范围方面,1956年《民事案件审判程序总结》规定:"上诉审人民法院应当就上诉或者抗议的请求进行审理。对未经提起上诉或者提出抗议的部分以及未提起上诉的与当事人有关的部分,如果发现原判决或者裁定适用政策、法律、法令有错误的时候,也应当进行全面审查。"

## 三、法院调解制度的探索

1950年《诉讼程序试行通则(草案)》强调,对于起诉的民事案件,法院应视具体情况,先行调解,"调解如不成立,应即进行审判。但调解非诉讼必经程序。法院进行调解,必须分清是非,不违反政策法令,且不得强使当事人接受"。先行调解不成的,在诉讼的任何阶段,人民法院仍可以再次进行调解。《诉讼程序试行通则(草案)》第31条规定:"人民法院进行调解,不论在声请时、审理时或执行时,院内或院外,均得为之。同类案件较多者,如法院认为适当时,亦得进行集体调解。"

1956年《民事案件审判程序总结》规定:"对那些案情已经明确而又有调解可能的案件(不是所有的案件),为增进人民内部团结以利发展生产,受理这种案件的审判人员可以试行调解,当事人也可以随时请求调解。但是,除婚姻案件外,调解不是诉讼必经程序,不是不经调解就不能审判……调解必须出于双方当事人的自愿,必须遵守政策、法律、法令。"

1973年最高人民法院研究室摘编的《一些省、市法院整顿健全民事审判程序制度的情况》(1973年11月7日发布)指出:"各地法院认为,处理民事案件,自始至终应体现'调解为主'的精神。凡是可以调解解决的,就不要用判决。需要判决的,也要先经过调解。"关于调解的指导思想,即"必须遵循毛主席一贯倡导的'团结—批评—团结'的方针,严格按照党和国家的政策、法律、法令办事。坚持阶级分析,分清是非,不就事论事,不和稀泥;坚持说服教育,以理服人,双方自愿,不强迫调解"。

1979年《人民法院审判民事案件程序制度的规定(试行)》则规定:"处理民事案件应坚持调解为主。凡可以调解解决的,就不要用判决,需要判决的,一般也要先经过调解。""法庭在查明案件事实的基础上,对可以调解解决的案件,应再次进行调解。"

《民事诉讼法(试行)》明确将"着重调解"规定为民事诉讼的一项基本原则,并在普通程序中专设"调解"一节,明确了法院调解在我国民事诉讼制度中的地位。可以说,这一做法继承了中国民事诉讼制度的传统,进一步突出了中国现代民事诉讼制度的中国特色。

关于调解的方法,1963年最高人民法院副院长吴德峰在全国民事审判工作会议上的讲话指出:"调解是处理民事案件的基本方法……调解的方法应当是辨明是非,依靠党和国家的政策、法律进行,既不能强制,也不能'和稀泥',以调解代替调查。调解必须有明确的指导思想,分清是非,必须从有利于社会主义所有制、有利于生产、团结和进步出发。婚姻案件更要强调调解为主。调解的目的是为了解决纠纷,不是为调解而调解。对那些调解无效,提起诉讼的,应当判决。"

法院调解制度的建立和完善是中国现代民事诉讼制度的重要特色。实践中,几乎每个司法人员都形成了重视调解的理念,几乎每个民事诉讼案件都会经过调解程序。

## 四、方便当事人诉讼的制度探索

方便当事人提起和进行民事诉讼,是司法民主的重要体现和保障。简化起诉方式,正是方便当事人提起民事诉讼的重要内容。中华人民共和国成立后制定和颁行的各种规范性文件都明确规定,原告起诉,原则上应当递交起诉状,但也可以口头起诉。1950年《诉讼程序试行通则(草案)》第2条第1款规定:"根除反动司法机关压迫人民的、繁琐迟缓的、形式主义的诉讼程序;实行便利人民的、简易迅速的、实事求是的诉讼程序。"第7条规定:"人民有法律问题,或不明了诉讼程序者,得向人民法院的问事处或有关人员询问。人民法院应尽可能设代书人员,为确系不能书写书状者,代书书状。"第18条规定:"刑事民事案件的原告起诉,应向有管辖权的人民法院提出起诉状,载明诉讼人、有关的事实及证明方法(民事起诉状并应载明请求法院如何判决),并照被告人数附具抄本。原告如不能书写书状,得以口头起诉,由法院人员记明笔录,或代为书写。"

1950年最高人民法院印发的《审判方式方法及其经验》也提道:"目前各大城市人民法院多采取值日收案制办法,以求及时处理问题,减少人民因诉讼而支付的人、财、时间的浪费,和法院内部案件积压的数量。如天津市人民法院规定每天由各个审判小组轮流担任值日收案工作,对于一般较简单而轻微的民刑案件,随即阅卷并与当事人面谈,进行说服教育,促成协议和解,争取当日收案中解决,有些急要案件,当日不能解决的,值日审判员即可留在自己手里,待次日(值日时)解决,以免统一分案(只在内收发登记即可),转移手续,拖延时间,这样收案工作后,当日解决的案件很多,有的一个值日收案组于收案中,一日曾结案40件,一般的每日可结10至20件。"

1956年《民事案件审判程序总结》规定:"今后不论个人起诉或者机关、企业、团体起诉,以及人民检察院对于有关国家和人民利益的重要民事案件提起诉讼,都应当用诉状,并按被告人人数提出诉状副本。机关、企业、团体起诉的,应当有代表人,同时也可以委托代理人代理诉讼；当事人不能写诉状的，可以由法律顾问处或者人民法院接待室代写。诉状格式可以参照司法部印发的格式试行，但对群众自写的诉状，目前还不宜强求使用一定格式的状纸。"

1978年12月22日，最高人民法院副院长曾汉周在《在第二次全国民事审判工作会议上的报告》中指出"要便利和充分保护人民群众行使诉讼的权利"，"各级人民法院要从有利于工农业生产出发，方便群众行使诉讼权，不能只图省事，更不能随着制定一些框框，将有问题要求法院解决的群众拒之门外。不要把单位、公社的介绍信作为收案的必备条件，以免影响人民群众行使诉讼权利，造成群众为了一件民事纠纷，到处奔波，劳民伤财的不良后果"。

1979年《人民法院审判民事案件程序制度的规定(试行)》规定："凡立案处理，应有当事人的起诉书或口诉笔录。"并明确"人民法院不得把基层组织、有关单位的调解和介绍信作为受理案件的必要条件"，以方便当事人提起诉讼。

1982年通过的《民事诉讼法(试行)》第82条规定："起诉应当向人民法院递交起诉状，并按被告人数提出副本。书写起诉状确有困难的，可以口诉，由人民法院记入笔录，并告知对方当事人。"

为了方便当事人进行民事诉讼，1950年《诉讼程序试行通则(草案)》规定了期间的扣除方法。《诉讼程序试行通则(草案)》第57条第2款规定："计算上诉期间，如诉讼人的住处离人民法院较远者，应扣除其在途时间。每50华里扣除一天。车船通达之处，按实际所需天数扣除。其上诉状系邮寄者，应扣除其邮寄期间。"

## 五、当事人制度的探索

为了落实方便当事人诉讼的原则，除了简化起诉和应诉方式外，当事人制度的探索与完善是重要内容。

## 第二编 民事诉讼制度

**1. 关于当事人的适格标准**

《民事诉讼法(试行)》第 81 条规定:"起诉必须符合以下条件:(1)原告是与本案有直接利害关系的个人、企业事业单位、机关、团体;(2)有明确的被告、具体的诉讼请求和事实根据;(3)属于人民法院管辖范围和受诉人民法院管辖。"由此可见,《民事诉讼法(试行)》对原告采取了实体适格的标准——只有与案件有直接利害关系的人才能作为原告提起诉讼。

**2. 关于诉讼当事人的更换与追加**

通常来说,只有确保适格的当事人参加和进行诉讼,诉讼才有实际意义。因此,中华人民共和国成立后,我国民事诉讼实行诉讼继受主义,人民法院可以裁定变更或者追加诉讼当事人。《民事诉讼法(试行)》第 90 条规定:"起诉或者应诉的人不符合当事人条件的,人民法院应当通知符合条件的当事人参加诉讼,更换不符合条件的当事人。"第 91 条规定:"必须共同进行诉讼的当事人没有参加诉讼的,人民法院应当通知其参加诉讼。"《最高人民法院关于贯彻执行〈中华人民共和国民事诉讼法(试行)〉若干问题的意见》规定,(1)人民法院在审查起诉时,应当对当事人是否符合条件进行审查。在诉讼进行中,发现当事人不符合条件的,应当根据《民事诉讼法(试行)》第 90 条的规定进行更换。通知更换后,不符合条件的原告不愿意退出诉讼的,以裁定驳回起诉;符合条件的原告全部不愿参加诉讼的,可终结案件的审理。被告不符合条件,原告不同意更换的,裁定驳回起诉(第 10 条)。(2)第二审人民法院在诉讼进行中发现需要更换、追加当事人的,在更换、追加后,经调解,当事人之间不能达成协议时,应当将案件发回重审(第 12 条)。(3)人民法院追加共同诉讼的原告时,应通知其他当事人。通知追加的原告,已明确表示放弃实体权利的,可不予追加;既不愿意参加诉讼,又不放弃实体权利的,仍追加其为原告,即使不来参加诉讼,也不影响人民法院对案件的审理和依法作出判决(第13条)。《最高人民法院公报》1989年第2号刊登的后营子供销社诉铁三中机械经销部产品责任纠纷案的裁判要旨就明确指出应当依法追加死者的继承人为本案原告共同参加诉讼。①

### 3. 多数当事人制度的实践探索

民事诉讼涉及的案件十分复杂,有些案件可能出现人数众多的情况。如果将人数众多的案件分开审理,不仅浪费司法资源,而且可能造成裁判不统一,破坏司法公正。在当时的法律和司法解释均没有明确规定的情况下,一些地方法院开展了多数当事人制度的实践探索。

1983年,四川省安岳县人民法院借鉴美国集团诉讼方式,审理了安岳县共计1569户农民与安岳县种子公司水稻稻种购销合同纠纷案;1990年,哈尔滨市道里区人民法院通过选取诉讼代表人审理了陈百谦、秋里焕等832人诉哈尔滨市道里区太平镇人民政府、东

---

① 原告内蒙古自治区包头市郊区后营子供销社(以下简称"后营子供销社")于1988年7月13日,从被告包头市铁路第三中学冷冻食品机械经销部(以下简称"铁三中机械经销部")购买苏北冷冻机厂生产的"白塔"牌冷藏柜1台。同年8月8日,被告派人调试后投入使用。8月31日6时许,原告单位职工王文海手握冷藏柜把手开箱取食物时,因箱体带电触电身亡。经内蒙古自治区标准局鉴定:冷藏柜在运行中,由于磁力起动器中接触回进线端有一相接触不良,造成该相断路,引起电机两相运行,电流增大。此时,热继电器本应在主回路电流增大的情况下动作,切断电源。但是,由于该机本应安装3.5安培的磁力起动器,错装成8安培的磁力起动器,在主回路中又未装螺旋式熔断器。在控制回路中也未装螺旋式熔断器和中间继电器,这样,在机器发生故障时,使电机得不到保护,继续运行,直至电机被烧毁,造成电机外壳及冷藏柜外壳带电,加之未接地线,致使王文海手握金属柜把手开启冷藏柜门时触电死亡。诉讼请求:原告要求被告退还不合格的产品,赔偿停业损失和承担王文海的抚恤费用等。裁判要旨:该案因产品质量不合格造成王文海死亡,东河区人民法院依据事实和法律,判决被告支付死者的继承人抚恤费等费用和赔偿后营子供销社的经济损失是正确的。但是,法院既将两个不同之诉合并审理,就应当依法追加死者的继承人为本案原告,共同参加诉讼,承担权利和义务。案例来源:《最高人民法院公报》1989年第2号。

北农学院香坊实验农场种子公司购销玉米种子质量纠纷案。① 在总结相关案件经验的基础上,我国1991年《民事诉讼法》明确规定了代表人诉讼制度。

# 六、起诉条件的制度探索与发展

根据1950年《诉讼程序试行通则(草案)》第18条的规定,民事起诉只要向有管辖权的人民法院提出起诉状,载明诉讼当事人、有关事实及证明方法、请求法院如何判决等内容,并按照被告人数附具抄本即可,起诉条件相当宽松。

1956年《民事案件审判程序总结》将对起诉的审查分为两个部分,一是原告是否具有诉讼请求权、案件是否应当由法院主管和受

---

① 陈百谦等人向哈尔滨市道里区人民法院提起诉讼称,1990年2—3月间,原告从黑龙江省哈尔滨市道里区太平镇人民政府种子站购买"四单八"玉米种,播种后出苗不齐,请求判令种子站赔偿经济损失。道里区人民法院受理案件后,认为该案涉及的人数众多,于是先进行公告,通知权利人在一定期间内登记权利,再推选出诉讼代表人进行诉讼。公告期满,要求种子站赔偿的人数共计832人。根据原告的分布状况,经过推选,共选出19名诉讼代表人,并办理了诉讼代表人手续。经过审理,法院认为,太平镇政府在不具备经营种子条件的情况下,擅自成立种子站经销种子,违反《中华人民共和国种子管理条例》的有关规定,系违法经营。种子站在出售种子前未按科学方法进行芽率检验,并擅自提高出芽率,又未向农民说明是陈种,对因玉米种子质量不合格给陈百谦等709人造成的经济损失,应负主要责任。因种子站不具备法人资格,其赔偿责任应由太平镇政府负担。种子公司在售种前亦未按科学方法进行芽率检验即提高芽率,供种时未向种子站提供质量合格证及检疫证,而且所供种子达不到黑龙江省规定的质量标准,又未经有关部门审批,违反国家及黑龙江省的有关规定。对给农民造成的经济损失也负有赔偿责任。秋里焕等123人在种子站购买"四单八"玉米种的证据不足,不予认定。陈百谦等709人在要求赔偿金额中,其不合理部分,本院不予支持。遂于1990年12月19日作出判决:(一)太平镇政府赔偿陈百谦等709人经济损失74204.01元;种子公司赔偿60712.37元,计赔偿134916.38元,于本判决生效后10日内付清。(二)太平镇政府于本判决生效后30日内给付种子公司货款28990.40元。如逾期不付,按延付金额每日万分之三计付赔偿金。(三)永和村于本判决生效后30日内给付太平镇政府货款9652.50元。如逾期不付,按延付金额每日万分之三计付赔偿金。(四)驳回秋里焕等123人的诉讼请求及陈百谦等709人和种子公司的其他诉讼请求。参见最高人民法院中国应用法学研究所编:《人民法院案例选》(1992年第1辑),人民法院出版社1992年版,第132—138页。

诉人民法院是否有管辖权；二是起诉的手续是否完备。其中，第一项内容在受理案件时进行审查，第二项内容在案件决定受理之后进行审查："在接受案件的时候，应当审查原告人有无诉讼请求权，案件是否应归人民法院处理和应否归本法院管辖。原告人没有诉讼请求权的，应当用裁定驳回，并将裁定书送达原告人；对依法应当由行政机关处理的或者不属于本法院管辖的案件，应当分别移送有关机关或者有管辖权的人民法院处理，移送案件的裁定书应当送达原告人。案件决定受理后，应当审查起诉手续是否完备，如原告人是否已经在诉状上签名或者盖章，双方当事人的住址是否明确、是否已经按对方人数提出诉状副本、所交的证物、附件的种类和件数是否与诉状所载相符等等。如有欠缺或不符，应当告知原告人补正。"1957年公布的《民事案件审判程序(草稿)》规定只要是请求保护权利，就可以向人民法院提起诉讼："请求保护自己权利，或者请求保护依法由他保护的人的权利，可以向有管辖权的人民法院起诉……原告人没有诉讼请求权的应当用裁定驳回。"

1963年最高人民法院《关于民事审判工作若干问题的意见(修正稿)》规定："凡有一定的原告、被告和有具体诉讼要求的民事纠纷，需要法院调查、审理和执行的，都应作为民事案件立案，正式受理。"

1973年最高人民法院研究室摘编的《一些省、市法院整顿健全民事审判程序制度的情况》(1973年11月7日发布)提道：广东、湖南两省高级人民法院都规定，对当事人要求处理的问题，应分别情况，确定是否登记收案。对有原告、被告和具体诉讼要求，需要法院调查处理和执行的婚姻、房屋、继承、债务等纠纷，都应收案处理；对事实简单清楚，不需要调查和制作法律文书，经过说服教育即可解决的纠纷，作为简易纠纷，处理后登记备案；对询问政策、法律和其他问题的，作为来信、来访处理。凡登记收案的，应有当事人的诉状或口诉笔录。

1979年《人民法院审判民事案件程序制度的规定(试行)》规定:"凡有明确的原告、被告和具体的诉讼要求,应由人民法院调查处理的民事纠纷,均应立案处理。人民法院不得把基层组织、有关单位的调解和介绍信作为受理案件的必要条件。凡立案处理,应有当事人的起诉书或口诉笔录。对简易纠纷和一般信、访可不予立案,但处理后要登记备查。"同时,将"审查起诉手续是否完备"置于"审理前的准备工作"部分,弱化案件受理审查。

1982年颁行的《民事诉讼法(试行)》第81条规定:"起诉必须符合以下条件:(1)原告是与本案有直接利害关系的个人、企业事业单位、机关、团体;(2)有明确的被告、具体的诉讼请求和事实根据;(3)属于人民法院管辖范围和受诉人民法院管辖。"

总的来看,《民事诉讼法(试行)》之前的规范性文件规定的起诉条件均为形式要件,即当事人明确、诉讼请求明确、应由法院主管和管辖。《民事诉讼法(试行)》规定的起诉条件则包括了实质要件,包括原告必须实体适格,且必须有"事实根据",明显提高了起诉要求,增加了对起诉进行审查的难度。这也是此后形成"起诉难"局面的重要原因。

## 七、管辖制度的探索

1950年《诉讼程序试行通则(草案)》规定了民事案件的地域管辖、级别管辖、指定管辖制度。根据《诉讼程序试行通则(草案)》规定:"民事案件:由被告居住地或营业所、事务所所在地的法院管辖……刑事民事的第一审案件由何级的人民法院管辖(受理),依中华人民共和国人民法院暂行组织条例的规定。"同时,《诉讼程序试行通则(草案)》还规定民事案件可以实行合意管辖,第6条第1款规定:"民事案件的原告与被告双方合意,不依照第 4 条、第 5 条的规定,而请由另一法院受理者,如有正当理由,该法院应受理之。"1956 年印发的《民事案件审判程序总结》没有涉及管辖问题。

1963 年最高人民法院《关于民事审判工作若干问题的意见(修正稿)》对地域管辖和级别管辖问题都作出了确定。《关于民事审判工作若干问题的意见(修正稿)》规定,民事案件一般应由被告所在地的基层人民法院受理;有的案件,如果由被告所在地的人民法院处理不便时,也可以由原告所在地人民法院受理。如因受理案件意见不一致时,可协商解决或由上一级人民法院指定受理。人民法庭是基层人民法院的组成部分,人民法庭审理一般的民事案件,有下列情形者应当移送基层人民法院处理:(1) 革命军人的婚姻案件;(2) 国家干部、华侨和当地知名人士的民事案件;(3) 需要判决离婚或不离婚的案件;(4) 人民法庭处理有困难的其他民事案件。下列案件可由中级人民法院作一审受理:(1) 县一级的主要负责干部的民事案件;(2) 有关省(市)级人民代表,政协委员和相当于大学教授的高级知识分子的民事案件;(3) 有省(市)范围内有关工商界、宗教界、民主党派、少数民族、华侨中的知名人士的民事案件;(4) 涉外案件。

1979 年《人民法院审判民事案件程序制度的规定(试行)》规定了地域管辖、级别管辖、指定管辖和移送管辖等制度。其中,《人民法院审判民事案件程序制度的规定(试行)》第一次明确规定了从基层人民法院到最高人民法院的级别管辖,但没有关于合意或者协议管辖的规定。

《民事诉讼法(试行)》以专章规定了管辖制度,明确了级别管辖、地域管辖、移送管辖和指定管辖等内容。其中地域管辖又包括一般地域管辖、特殊地域管辖、专属管辖等三类。管辖规定越来越细致,既便于当事人起诉和应诉,也便于人民法院及时行使审判权。

民事案件管辖制度的完善是民事诉讼制度完善的重要内容。但是，遗憾的是，《民事诉讼法(试行)》同样没有关于合意或者协议管辖制度的规定。

## 八、就地审判和巡回审判制度的继承与发扬

中华人民共和国成立后，在民事案件的审理地点方面，各级人民法院继承了抗日根据地和解放区的司法经验，强调就地办案和巡回审理。1950年《诉讼程序试行通则(草案)》第39条规定："人民法院得因便于调查事实，或便利人民，前往案件发生的地区，或案件较多的地区，或其他必要地区，就地调查，就地审判或巡回审判。"1950年最高人民法院材料研究组整理的《审判方式方法及其经验》的第一部分内容就是"就地审判(包括巡回就审)"，指出"就地审判是一种走出法院大门，深入群众，依靠群众，彻底解决问题的审判方式。实质上就是群众观点，群众路线的工作方法。因为只有如此才能实事求是的进行调查研究，不拘形式的进行群众性的调解和审理解决问题。就地审判的具体方式如：集体处理、公审，或邀请有关干部和群众中推选公正人士参加陪审等，均可因地、时制宜的灵活运用。从而不仅可以减少群众诉讼时间，以及人和财力的浪费，同时又是教育群众，贯彻政策，考察审判效果，教育和改造司法工作者本身的工作作风，思想观点的最有效的方法之一"，并明确提出"它是具体的和群众相结合的审判方式方法，是人民司法的工作路线和审判作风的发展方向"。

1956年《民事案件审判程序总结》指出："各级人民法院审理第一审民事案件，有的在法院内进行，有的到当事人所在地或者讼争标的所在地进行。这都是可以的。"1979年《人民法院审判民事案

件程序制度的规定(试行)》规定:"开庭审理案件可以就地进行,也可以在法院内进行。"

《民事诉讼法(试行)》第 104 条规定:"人民法院审理民事案件,应当根据需要和可能,派出法庭巡回就地开庭审理。人民法院派出法庭巡回审理时,除重大、复杂的案件以外,适用简易程序。"

## 九、证人出庭作证制度的起步与探索

1950 年《诉讼程序试行通则(草案)》第 43 条规定:"证人及鉴定人经人民法院合法传唤者,有到场据实陈述或鉴定的义务。经两次传唤,无正当理由而不到者,得强制其到场。"

1956 年《民事案件审判程序总结》规定:"证人的证言应当到庭陈述。证人在调查中作过陈述的,也应当到庭陈述。经法庭传唤未到庭而确实不能到庭的证人在调查中所作的陈述,需要当庭宣读,经法庭允许不出庭的证人所提出的书面证言,也需要当庭宣读。"

1957 年《民事案件审判程序(草稿)》第 33 条规定:"证人的证言应当到庭陈述。证人在调查中作过陈述的也应当到庭陈述。经法庭传唤未到庭的证人在调查中所作的陈述以及经法庭允许不出庭的证人所提出的书面证言,应当当庭宣读。"

1979 年《人民法院审判民事案件程序制度的规定(试行)》规定:"不能到庭的证人的证明材料要当庭宣读。"

《民事诉讼法(试行)》第 61 条第 1 款规定:"凡是知道案件情况的人,都有义务出庭作证。有关单位的负责人应当支持证人作证。证人确有困难不能出庭的,经人民法院许可,可以提交书面证言。"

从以上规定可以看出,各个时期的规范性文件都将出庭作证作为证人的一项义务加以规定,但是除 1950 年的《诉讼程序试行通则(草案)》规定可以强制证人到庭外,其他规范性文件都是在规定证人有出庭作证的义务的同时,强调证人的书面证言要当庭宣读。

## 十、检察机关提起民事诉讼的制度探索

1956年《民事案件审判程序总结》规定:"人民检察院对于有关国家和人民利益的重要民事案件提起诉讼,应当用诉状,并按被告人人数提出诉状副本。"

1957年《民事案件审判程序(草稿)》第1条第1款规定:人民检察院对于有关国家和人民利益的主要民事案件,也可以提起诉讼。

1979年《人民法院审判民事案件程序制度的规定(试行)》规定:"人民检察院提起诉讼的民事案件,由同级人民法院受理。"

总之,在《民事诉讼法(试行)》颁行前,有关民事诉讼程序的规范性文件多次提到人民检察院有权提起民事诉讼。

## 十一、民事再审制度的探索

1950年《诉讼程序试行通则(草案)》规定的再审分为两种:一种是因当事人提起再审之诉而引起,另一种是上级人民法院因人民检察署抗诉或者因其他原因启动监督审判程序而引起。《诉讼程序试行通则(草案)》第74条规定:判决确定后,诉讼人发现新证据或新事实足以使其得到较有利的判决者,得在发现此种证据或事实后30天内,提起再审之诉。再审之诉由确定判决的法院裁判。第75条规定:再审不停止执行,但法院认为有必要时得停止之,或在民事案件中命败诉人提供担保而停止之。第76条规定:合法成立的调解,发现新证据、新事实或违反政策法令者,准用前两条关于再审的规定。第77条至第81条规定了监督审判的条件与程序。其中对确

定判决启动监督审判程序,引起的就是再审。根据规定,上级人民法院因人民检察署抗诉或者其他原因启动再审的,可以自行再审或命下级法院再审。

1956年《民事案件审判程序总结》没有提到再审之诉,而仅提到人民法院按照审判监督程序进行再审和人民检察院按照审判监督程序提出抗议而进行再审两种。其中,人民法院按照审判监督程序进行再审分为本法院对已经发生法律效力的判决和裁定,发现在认定事实上或者在适用法律上确有错误而再审和上级人民法院对下级人民法院已经发生法律效力的判决和裁定,发现确有错误而提起或者指令下级人民法院再审;人民法院根据人民检察院按照审判监督程序提出的抗议而再审的,分为再审、提审和指令下级人民法院再审三种情形。

1957年的《民事案件审判程序(草稿)》规定的再审程序则仅有各级人民法院对本院、上级人民法院对下级人民法院已经发生法律效力的判决和裁定,如果发现在认定事实上,或者适用法律上确有错误的,可以按照审判监督程序进行再审的规定。既没有当事人提起的再审之诉,也没有人民检察院抗诉的规定。

1979年《人民法院审判民事案件程序制度的规定(试行)》规定了"申诉与再审",明确"当事人或与案件有利害关系的人不服各级人民法院已经发生法律效力的判决或裁定,可以提出申诉,但不能因申诉拒不执行判决或裁定","各级人民法院按照审判监督程序进行再审的案件,应由院长提交审判委员会作出决定,另行组成合议庭进行再审。"《人民法院审判民事案件程序制度的规定(试行)》明确了申诉的管辖、处理原则和程序,规定"决定再审后,应通知当事人停止执行原判决,离婚案件应通知当事人不得另行结婚。原经同级党委审批的案件,应报同级党委"。但是《人民法院审判民事案件程序制度的规定(试行)》并没有规定上级人民法院按照审判监督程序决定再审和人民检察院抗诉引起再审的问题。

《民事诉讼法(试行)》将第二审程序和审判监督程序并列为第三编。根据第 14 章审判监督程序的规定,审判监督程序的启动分为两种方式:一是人民法院依职权发动,包括本院决定再审和最高人民法院、上级人民法院提审或者指令再审等两种;二是当事人、法定代理人申诉引起再审。《民事诉讼法(试行)》并没有关于人民检察院抗诉引起再审的规定。

## 十二、保全和先予执行制度的起步

1950 年《诉讼程序试行通则(草案)》第 17 部分规定了"暂先处置"和"暂先执行"。第 52 条规定:"民事案件原告的请求确有日后难于执行之虞者,得向法院声请暂先扣押被告的财物或为其他处置。法院认为确有必要时,亦得自动宣告暂先处置。法院宣告暂先处置时,并得宣告非经原告预供担保,不予处置,或准被告预供担保而免予处置。"第 53 条规定:"民事案件,事实简单明确,在判决确定前有暂先执行之必要,而被告亦不至因此受到不能回复之损害者,法院得在判决主文内宣告暂先执行。暂先执行经原告的声请或由法院自动宣告。法院宣告暂先执行时,并得宣告非经原告预供担保,不予执行,或准被告预供担保而免予执行。"从上述内容看,暂先处置即为现行的财产保全,暂先执行而为大陆法系的假执行制度。

1956 年《民事案件审判程序总结》则明确提出了"保全措施"的概念。"案件经过初步调查后,如果认为被告人确有出卖、挥霍、转移和隐匿财产的可能,为了防止判决后执行发生困难,人民法院可以根据原告人的申请或者依职权主动地采取保全措施。"保全措施有"查封、扣押、冻结和必要时提供财产保证四种"。"此外,有些人民法院对案件中急待解决的有关工资、生活费、抚养费问题,在判决以前裁定先行给付；有的对于不能长久保管的物品，即将物品变卖，保存价款，这些做法也是可以采用的。对于查封、扣押、冻结、提供财产保证和先行给付的裁定，可以提起上诉，但在上诉审人民法院没有撤销裁定前，不能因提起上诉而停止执行。

1979年《人民法院审判民事案件程序制度的规定（试行）》也对保全措施作出了规定。"在案件审理过程中，如认为当事人对与案件有关的财物确有出卖、挥霍、转移或隐匿的可能，人民法院根据当事人一方的请求或依职权，可以裁定采取保全措施。保全措施可采用查封、扣押、冻结和提供现金、财物保证等方式。查封财物应通知当事人或其家属到场，邀请有关人员到场见证。查封时，对当事人及其家属的日常生活必需品和劳动工具不应查封。查封的财物应当场清点登记，由当事人及其家属和在场人员签名或盖章。查封和扣押的物品中如有不宜长久保管的，必要时可以变卖，保存价款。采取上述措施必须慎重，重大的应报请同级党委审批。""对某些案件中亟待解决的问题，如生活费、赡养费、抚养费等，可根据实际需要，在判决前裁定先行给付。""对采取保全措施和先行给付的裁定，当事人可以上诉，但在上诉审人民法院未撤销裁定前，不得因上诉而停止执行。"

《民事诉讼法（试行）》则在第一审普通程序中专设了"诉讼保全和先行给付"一节。第92条第1款规定："人民法院对于可能因当事人一方的行为或者其他原因，使判决不能执行或者难以执行的案件，可以根据对方当事人的申请，或者依职权作出诉讼保全的裁定。"第95条规定："人民法院对下列案件，必要时可以书面裁定先行给付，并立即执行：（1）追索赡养费、扶养费、抚育费、抚恤金的；（2）追索劳动报酬的；（3）其他需要先行给付的。"但是，不服诉讼保全和先行给付裁定的救济方式，由此前的上诉改为了申请复议。第96条规定："当事人不服诉讼保全或者先行给付裁定的，可以申请复议一次。复议期间,不停止裁定的执行。"

不但规范性文件对保全和先予执行制度作出规定,实践中保全和先予执行制度的运用也不乏其例。

### 上海供电局与巴拿马波罗的斯船务公司诉前保全案①

1984年11月23日,上海供电局向上海海事法院申请诉前保全,诉称:巴拿马波罗的斯船务公司所属"阿加米能"轮因在黄浦江中拖锚航行,钩断72—73号浮筒之间的过江电缆,造成申请人设备损失、供电损失、用户因停电造成的损失共计人民币30万元,要求被告提供银行担保,否则扣押"阿加米能"轮。上海海事法院接受了上海供电局的诉前保全申请,并通知申请人提供有关证据材料;通过与上海港务监督和港务局调度室进行联系,现场勘查,上船询问船长船员,调阅该轮航海日志等,基本查清了案件事实。11月26日晚,合议庭登"阿加米能"轮向该轮船长宣读并送达了民事裁定书,责令被申请人在收到裁定书后5日内,通过中国银行或中国人民保险公司向本院提供相当于人民币30万元的担保。在被申请人提供担保前,"阿加米能"轮不得离开中华人民共和国上海港;如届时不提供担保,本院将依法扣押被申请人所属的"阿加米能"轮。11月27日,上海供电局向上海海事法院提起诉讼,要求巴拿马波罗的斯船务公司赔偿经济损失共计人民币330,023.46元。同日,被申请人遵照法院裁定,通过人保上海分公司如数向法院提供了担保。为了不影响该轮船期,合议庭于11月28日上船宣读了"准予船舶离港通知书"。随即"阿加米能"轮驶离上海港。

---

① 上海海事法院(1984)沪海法海字第5号案,载《最高人民法院公报》1986年第1号。

## 十三、民事执行制度的起步与探索

1950年《诉讼程序试行通则(草案)》专门规定了"判决的确定与执行"。根据《诉讼程序试行通则(草案)》第72条的规定,民事案件的确定判决由第一审法院执行。执行程序的启动原则上应当经胜诉人声请,法院认为有必要的,也可以自动进行。执行措施主要是查封拍卖——"确定判决如系命败诉人交付金钱或可以金钱代替交付之物,法院实施强制执行有必要时,得斟酌具体情况,将其财产查封拍卖"。《诉讼程序试行通则(草案)》还规定:"暂先处置或暂先执行的裁判,裁判的法院认为有必要时,得不待声请,径予执行。"第73条规定:"人民法院调解合法成立者,当事人亦得声请实施强制执行。"由此可见,对于法院调解的结果,法院不得主动开始执行。

1956年《民事案件审判程序总结》同样将"执行"作为独立的一部分进行了总结。主要包括以下内容:(1)执行程序的启动方式包括债权人申请、人民检察院提出、审判人员主动提出。《民事案件审判程序总结》指出:"关于已经发生法律效力的民事给付判决或者裁定、先行给付的判决或者裁定、已经发生法律效力的刑事判决或者裁定中有关财产部分、以及在人民法院审判人员主持下成立的给付财产的调解的执行,除债务人已经自动履行外,可以由债权人申请或者由人民检察院提出,也可以由审判人员主动提出。"(2)执行案件由第一审人民法院管辖。"执行事项一般应当由第一审人民法院负责进行。"(3)执行的大致程序为:明确执行事项;了解债务人不履行判决或者裁定的原因和他的经济情况;作出查封、扣押财产的裁定;拍卖查封、扣押的财产。(4)执行依据不明确的处理。"遇有判决书或者裁定书内容含糊笼统无法执行或者数字错误不应当执行时,执行员应当提出书面意见送交原审判庭或者报告上诉审人民法院审查纠正。"(5)委托执行、终结执行、中止执行的事由和程序。其中,"如果发现债务人在外地或者财产在外地需要委托外地人民法院执行时,可以委托执行";"如果债务人死亡又无财产可供执行,可以由执行员提出书面意见,经审判庭裁定终止执行,并将裁定书送达申请人。"中止执行包括两种情形:一是"债务人确无给付能力短期内无法执行的,也可以由执行员提出书面意见,经审判庭裁定中止执行";二是对债务人的财产实施拍卖后,"如果不能出售,可以折价交给申请人,申请人拒收时,可以裁定中止执行"。1957年根据《民事案件审判程序总结》草拟的《民事案件审判程序(草稿)》关于执行程序的规定共有14条。

1979年《人民法院审判民事案件程序制度的规定(试行)》同样对执行程序作出了专门规定。《人民法院审判民事案件程序制度的规定(试行)》同样规定,已经发生法律效力的判决和裁定,一般应由第一审人民法院负责执行。当事人拒不执行,应当查明原因分析处理:"判决和裁定正确,当事人故意拖延或拒不执行的,应依靠有关单位和群众进行说服教育。如反复教育无效,可通知当事人所在单位强制执行。拒不执行交付生活费、赡养费、抚养费、偿还债务等,可委托其所在单位从工资、工分中扣除,法院也可查封、变卖其财物";"如属原判决和裁定不当的,应予再审纠正。如系上诉审人民法院处理的案件,应报上诉审人民法院审查纠正后执行";"如属判决、裁定含糊笼统无法执行的,应补充裁定。如系上诉审人民法院判决、裁定的案件,应由上诉审人民法院补充裁定后执行"。

《民事诉讼法(试行)》由把执行程序独立作为一编加以规定,总共24条,包括"一般规定""执行的移送和申请""执行措施""执行中止和终结"等四节。相对于此前已经公布的规范性文件,《民事诉讼法(试行)》增加了案外人异议、仲裁裁决和公证债权文书执行的管辖、申请执行期间及其计算方法、通知被执行人在指定的期限内履行、执行和解等内容,明确了中止执行和终结执行的事由与程序,此外还增加了对存款执行、强制迁出房屋和退出土地执行、法律文书指定交付的财物和票证、对行为执行等执行措施,明确了协助执行制度,规定了被执行人被执行的财产不能满足所有申请人要求时的分配顺序等。

尽管人民法院十分重视民事执行工作并不断完善相关制度,实践中抗拒执行、妨害执行的案件依然存在。湖北省黄石市中级人民法院对湖北省黄石市化纤针织厂有关人员作出的罚款决定一案,就具有一定的典型意义。

### 黄石市化纤针织厂工人妨害执行案[①]

湖北省黄石市化纤针织厂(以下简称"化纤厂")共计向中国工商银行黄石市中心支行石灰窑办事处(以下简称"石灰窑办事处")贷款35.2万元。因连年亏损,贷款逾期无力偿还。石灰窑办事处向湖北省黄石市中级人民法院提起诉讼。1989年4月20日,经黄石市中级人民法院调解,双方达成协议并由法院制作调解书。但是,化纤厂没有履行调解书确定的义务,石灰窑办事处向黄石市中级人民法院申请执行。黄石市中级人民法院向化纤厂发出《执行通知书》,又找该厂有关负责人谈话,敦促其主动依法履行协议。但是,化纤厂以资金困难,无力偿还为由拒不履行义务。在督促履行义务的过程中,黄石市中级人民法院得知化纤厂准备将厂房、生产设备等全部抵押财产有偿转让给其他企业,即前往依法制止。化纤厂对法院的制止不予理睬,将机械设备、办公用具等部分财产分别转移至黄石

---

① 案例来源:《最高人民法院公报》1991年第3期。

市儿童服务厂、柠檬酸厂等企业。黄石市中级人民法院依照《民事诉讼法(试行)》第172条第1、2款的规定,裁定查封化纤厂的厂房及未转移走的财产。1991年3月10日,化纤厂厂长漆耀超指使副厂长喻茂清带领10余名工人,强行砸开已被法院查封的厂门大锁,将所余物资转移到红光机械厂。法院执行人员闻讯前去制止,遭到漆耀超等人的围攻。工人陈克枝声称法院管不了,执意搬运未转移的财物。结果,被法院查封的财产,除厂房外其余全部被转移。3月11日,黄石市中级人民法院依照《民事诉讼法(试行)》第77条第1款第(3)、(4)项的规定,决定对漆耀超罚款200元,对喻茂清罚款200元,拘留15日,对陈克枝罚款200元,拘留15日。在拘留期间,被拘留人喻茂清、陈克枝承认错误,并表示改正错误。黄石市中级人民法院于1991年3月21日决定提前解除拘留。此后,化纤厂偿还了石灰窑办事处的贷款,纠纷得到解决。

## 十四、《民事诉讼法(试行)》的主要内容

1982年3月8日第五届全国人民代表大会常务委员会第22次会议通过的《民事诉讼法(试行)》,是中国现代第一部民事诉讼法典,也是中华人民共和国成立以来民事诉讼制度探索与发展的集大成者。尽管只是试行的法典,但是《民事诉讼法(试行)》在中国现代民事诉讼制度发展历史上具有十分重要的地位。这里特别介绍其主要内容。

### (一) 基本原则和基本制度

《民事诉讼法(试行)》明确规定了当事人平等原则、处分原则、审判独立原则、着重调解原则、辩论原则、检察监督原则、支持起诉

原则等基本原则,确立了两审终审制度、公开审判制度、合议制度和回避制度等民事审判的基本制度。

1. 处分原则

民事诉讼当事人有权在法律规定的范围内处分自己的民事权利和诉讼权利(第11条)。

2. 辩论原则

民事诉讼当事人有权对争议的问题进行辩论(第10条)。

3. 着重调解原则

人民法院审理民事案件,应当着重进行调解……(第6条)。

4. 合议制度

一审案件应当由审判员、陪审员共同组成合议庭或者由审判员组成合议庭,但简单案件,可由审判员一人独任审判;二审案件应当审判员组成合议庭(第35条和第36条)。合议庭评议案件,实行少数服从多数的原则,重大、疑难的民事案件由院长提交审判委员会讨论决定。审判委员会的决定,合议庭必须执行(第38条和第39条)。

5. 回避制度

回避的事由包括:是本案当事人或者当事人的近亲属;与本案有利害关系;与本案当事人有其他关系,可能影响对案件公正审理的(第40条第1款)。回避既可自行回避,也可由当事人申请回避。当事人申请回避的,原则上应当在案件开始审理时提出,回避事由得知或者发生在审理开始以后的,可以在法庭辩论终结前提出(第40条和第41条)。院长担任审判长时的回避,由审判委员会决定;审判人员的回避,由院长决定;其他人员的回避,由审判长决定(第42条)。当事人对回避决定不服的,可以申请复议一次。复议期间,不停止本案的审理(第43条)。

6. 公开审判制度

人民法院审理民事案件,除涉及国家机密、个人隐私或者法律另有规定的以外,一律公开进行。离婚案件当事人申请不公开审理的,可以不公开审理(第103条)。人民法院宣告判决,一律公开进行(第115条)。

**(二) 诉讼参加人**

1. 设立共同诉讼制度

当事人一方或者双方为二人以上,其诉讼标的是共同的,或者诉讼标的是同一种类、人民法院认为可以合并审理的,为共同诉讼。共同诉讼的一方当事人对诉讼标的有共同权利、义务的,其中一人的诉讼行为经全体承认,对全体发生效力;对诉讼标的没有共同权利、义务的,其中一人的诉讼行为对其他共同诉讼人不发生效力(第47条)。

2. 设立第三人制度,并将其分为有独立请求权第三人和无独立请求权第三人

对当事人争议的诉讼标的,第三人认为有独立请求权的,有权提起诉讼,成为诉讼当事人。对当事人争议的诉讼标的,第三人虽然没有独立请求权,但是案件的处理结果同他有法律上的利害关系的,可以申请参加诉讼,或者由人民法院通知他参加诉讼(第48条)。

3. 明确规定诉讼代理人的范围和代理权限

当事人的近亲属,律师、社会团体和当事人所在单位推荐的人,以及经人民法院许可的其他公民,都可以被委托为诉讼代理人(第50条第2款)。委托他人代为诉讼,必须向人民法院提交由委托人签名或者盖章的授权委托书。授权委托书必须记明委托事项和权限。诉讼代理人代为承认、放弃或者变更诉讼请求,进行和解,提起反诉或者上诉,必须有被代理人的特别授权(第51条第1款、第2款)。

**(三) 诉讼证据**

《民事诉讼法(试行)》将证据分为7种,即书证、物证、视听资

料、证人证言、当事人的陈述、鉴定结论和勘验笔录。《民事诉讼法(试行)》明确规定当事人对自己提出的主张,有责任提供证据。人民法院应当按照法定程序,全面地、客观地收集和调查证据(第 56 条)。凡是知道案件情况的人,都有义务出庭作证。有关单位的负责人应当支持证人作证。证人确有困难不能出庭的,经人民法院许可,可以提交书面证言。不能正确表达意志的人,不能作证(第 61 条)。在证据可能灭失或者以后难以取得的情况下,诉讼参加人可以申请证据保全,人民法院也可以主动采取保全措施(第 65 条)。

(四) 诉讼保障制度

《民事诉讼法(试行)》将送达方式分为 5 种,即直接送达、留置送达、邮寄送达、转交送达和公告送达。《民事诉讼法(试行)》规定的妨害民事诉讼的强制措施包括拘传、训诫、责令具结悔过、罚款、拘留等。关于诉讼保全和先行给付,《民事诉讼法(试行)》规定,"人民法院对于可能因当事人一方的行为或者其他原因,使判决不能执行或者难以执行的案件,可以根据对方当事人的申请,或者依职权作出诉讼保全的裁定。人民法院接受当事人诉讼保全申请后,对情况紧急的,必须在 48 小时内作出裁定,并开始执行。"(第 92 条)"人民法院对于下列案件,必要时可以书面裁定先行给付,并立即执行:(一) 追索赡养费、扶养费、抚育费、抚恤金的;(二) 追索劳动报酬的;(三) 其他需要先行给付的。"(第 95 条)"当事人不服诉讼保全或者先行给付裁定的,可以申请复议一次。复议期间,不停止裁定的执行。"(第 96 条)《民事诉讼法(试行)》没有规定诉前保全制度。

(五) 第一审普通程序

1. 起诉条件

《民事诉讼法(试行)》规定:起诉必须符合以下条件:(1) 原告

是与本案有直接利害关系的个人、企业事业单位、机关、团体；(2)有明确的被告、具体的诉讼请求和事实根据；(3)属于人民法院管辖范围和受诉人民法院管辖(第81条)。根据规定,起诉应当向人民法院递交起诉状,并按被告人数提出副本。书写起诉状确有困难的,可以口诉,由人民法院记入笔录,并告知对方当事人(第82条)。人民法院接到起诉状或者口头起诉,经审查,符合本法规定的受理条件的,应当在7日内立案；不符合本法规定的受理条件的,应当在7日内通知原告不予受理,并说明理由(第85条)。

2. 审理前准备

人民法院对追索赡养费、扶养费、抚育费、抚恤金和劳动报酬的案件,应当在受理后5日内将起诉状副本发送被告；被告在收到后10日内提出答辩状。其他案件的起诉状副本,应当在受理后5日内发送被告；被告在收到后15日内提出答辩状。被告不提出答辩状的,不影响人民法院审理(第86条)。审判人员必须认真审阅诉讼材料,进行调查研究,收集证据(第87条第1款)。人民法院在必要时可以委托外地人民法院调查(第89条第1款)。起诉或者应诉的人不符合当事人条件的,人民法院应当通知符合条件的当事人参加诉讼,更换不符合条件的当事人(第90条)。必须共同进行诉讼的当事人没有参加诉讼的,人民法院应当通知其参加诉讼(第91条)。

3. 诉讼调解

《民事诉讼法(试行)》将"着重调解"作为民事诉讼法的基本原则之一,规定人民法院在"查明事实、分清是非"的基础上,可以由审判员一人也可以由合议庭主持,尽可能就地进行调解(第98条)。调解达成协议,应当制作调解书,调解书由审判人员、书记员署名,并加盖人民法院印章,调解书送达后,即具有法律效力；不需要制作调解书的,应当记入笔录,由双方当事人、审判人员、书记员签名或者盖章后,即具有法律效力(第101条)。同时,调解未达成协议或者调解书送达前一方翻悔的,人民法院应当进行审判,不应久调不决(第102条)。

4. 开庭审理

《民事诉讼法(试行)》规定,法庭调查的顺序为:询问当事人和当事人陈述;告知证人的权利义务,询问证人,宣读未到庭的证人证言;询问鉴定人,宣读鉴定结论;出示书证、物证和视听资料;宣读勘验笔录(第107条)。当事人在法庭上可以提出新的证据(第108条),原告增加诉讼请求,被告提出反诉,第三人提出与本案有关的诉讼请求,可以合并审理(第109条)。法庭辩论的顺序为:原告及其诉讼代理人发言;被告及其诉讼代理人答辩;双方互相辩论。法庭辩论终结,由审判长按原告、被告的先后顺序征询双方最后意见(第110条)。

5. 撤诉和缺席判决

宣判前,原告申请撤诉的,是否准许,由人民法院裁定(第114条)。原告经人民法院两次合法传唤,无正当理由拒不到庭,或者未经法庭许可中途退庭的,可以按撤诉处理;被告反诉的,可以缺席判决(第112条)。被告经人民法院两次合法传唤,无正当理由拒不到庭,或者未经法庭许可中途退庭的,可以缺席判决(第113条)。

6. 延期审理、诉讼中止和终结

延期审理适用于下列情形:必须到庭的当事人和其他诉讼参与人没有到庭;因当事人申请回避不能进行审理;需要通知新的证人到庭,调取新的证据,重新鉴定、勘验,或者需要补充调查;其他应当延期审理的情况(第116条)。诉讼中止适用于下列情形:一方当事人死亡,需要等待继承人参加诉讼;一方当事人丧失诉讼行为能力,尚未确定法定代理人;一方当事人因不可抗拒的事由,不能参加诉讼;本案必须以另一案的审理结果为依据,而另一案尚未审结;其他应当中止诉讼的情况第18条第1款。诉讼终结适用于下列情形:原告死亡,没有继承人,或者继承人放弃诉讼权利;被告死亡,没有遗产,也没有应当承担义务的人;一方当事人死亡,中止诉讼满6个月没有继承人参加诉讼;离婚案件一方当事人死亡(第119条)。

7. 法院裁判

《民事诉讼法(试行)》规定,判决书应当包括以下内容:案由、诉讼请求、争议的事实和理由;判决认定的事实、理由和适用的法律;判决结果和诉讼费用的负担;上诉期限和上诉审法院(第120条第1款)。人民法院审理的案件,其中一部分事实已经清楚,可以就该部分先行判决(第121条)。裁定的适用范围包括:驳回起诉;关于诉讼保全和先行给付;准予或者不准撤诉;中止或者终结诉讼;补正判决书中的失误;其他需要裁定解决的事项(第122条第1款)。

(六) 简易程序

《民事诉讼法(试行)》规定,基层人民法院和它派出的法庭审理简单的民事案件,可以适用简易程序。适用简易程序的案件,可以口头起诉第125条第1款,由审判员一人独任审判(第127条)。当事人双方可以同时到基层人民法院或者它派出的法庭,请求解决争议,基层人民法院或者它派出的法庭可以当即审理,也可以另定日期审理(第125条第2款)。人民法院可以简便的方式随时传唤当事人、证人(第126条)。适用简易程序审理的案件,送达起诉状副本的时间和被告答辩的时间不受普通程序规定的限制,法庭调查和法庭辩论顺序不受普通程序规定的限制(第127条)。

(七) 特别程序

《民事诉讼法(试行)》规定了特别程序,以处理非讼案件,包括选民名单案件、宣告失踪人死亡案件、认定公民无行为能力案件和认定财产无主案件。适用特别程序审理的案件,实行一审终审。选民名单案件或者重大、疑难的案件,由审判员组成合议庭审判,其他案件由审判员一人独任审判(第 129 条)。

## (八) 第二审程序

当事人不服第一审判决的上诉期限为 15 日,不服第一审裁定的上诉期限为 10 日。第二审人民法院必须全面审查第一审人民法院认定的事实和适用的法律,不受上诉范围的限制(第 149 条)。第二审人民法院对上诉案件,应当组成合议庭,开庭审判。经过阅卷和调查,询问当事人,在事实核对清楚后,合议庭认为不需要开庭审判的,也可以径行判决(第 150 条第 1 款)。原判决认定事实清楚,适用法律正确的,判决驳回上诉,维持原判;原判决认定事实清楚,但是适用法律错误的,依法改判;原判决认定事实不清,证据不足,或者由于违反法定程序可能影响案件正确判决的,裁定撤销原判,发回原审人民法院重审,也可以查清事实后改判。第二审人民法院审理上诉案件,可以进行调解;调解达成协议,应当制作调解书,由审判人员、书记员署名,并加盖人民法院印章;调解书送达后,原审人民法院的判决即视为撤销。

## (九) 审判监督程序

《民事诉讼法(试行)》规定了审判监督程序的两种启动方式:人民法院依职权决定和当事人、法定代理人申诉。其中,对本院已经发生法律效力的判决、裁定,发现确有错误,需要再审的,由院长提交审判委员会讨论决定。最高人民法院对地方各级人民法院已经发生法律效力的判决、裁定,上级人民法院对下级人民法院已经发生法律效力的判决、裁定,发现确有错误的,有权提审或者指令下级人民法院再审(第 157 条)。当事人、法定代理人对已经发生法律效力的判决、裁定,认为确有错误的,可以向原审人民法院或者上级人民法院申诉,但是不停止判决、裁定的执行。人民法院对已经发生法律效力的判决、裁定的申诉,经过复查,认为原判决、裁定正确,申诉无理的,通知驳回;原判决、裁定确有错误的,由院长提交审判委员会讨论决定(第158条)。按照审判监督程序决定再审的案件,裁定中止原判决的执行。裁定由院长署名,加盖人民法院印章(第159条)。人民法院按照审判监督程序再审的案件,原来是第一审的,按照第一审程序审判,所作的判决、裁定,当事人可以上诉;原来是第二审的,或者是上级人民法院提审的,按照第二审程序审判,所作的判决、裁定,是发生法律效力的判决、裁定(第160条)。

## (十) 执行程序

发生法律效力的民事判决、裁定和调解协议以及刑事判决、裁定中的财产部分,由原第一审人民法院执行。法律规定由人民法院执行的其他法律文书,由有管辖权的人民法院执行(第161条)。执行工作由执行员、书记员进行;重大执行措施,应当有司法警察参加。采取强制执行措施时,执行员应当向被执行人或者他的成年家属出示证件;并将执行情况制作笔录,由在场的有关人员签名或者盖章(第163条)。发生法律效力的民事判决、裁定、调解协议和其他应当由人民法院执行的法律文书,当事人必须履行。一方拒绝履行的,由审判员移送执行员执行,对方当事人也可以向人民法院申请执行(第166条)。申请执行的期限,双方或者一方当事人是个人的为1年;双方是企业事业单位、机关、团体的为6个月(第169条第1款)。执行员接到申请执行书或者移交执行书,应当在10日内了解案情,并通知被执行人在指定的期限内履行。逾期不履行的,强制执行(第170条)。《民事诉讼法(试行)》规定的执行措施主要包括扣留、提取被执行人的储蓄存款或者劳动收入;查封、扣押、冻结、变卖被执行人的财产;强制迁出房屋或者强制退出土地;当面交付或者由执行员转交财物或者票证;委托有关单位或者其他人完成行为,费用由被执行人负担。被执行人被执行的财产,不能满足所有申请人要求的,按照下列清偿顺序:(1)工资、生活费;(2)国家税收;(3)国家银行和信用合作社贷款;(4)其他债务。不足清偿同一顺序的申请人要求的,按比例分配(第180条)。在执行中,双方当事人自行和解达成协议的,执行员应当将协议内容记入笔录,由双方当事人签名或者盖章(第181条)。有下列情形之一的,人民法院裁定中止执行:(1)申请人表示可以延期执行;(2)案外人对执行提出确有理由的异议;(3)被执行人短期内无偿付能力;(4)一方当事人死亡,需要等待继承人继承权利或者承担义务;(5)人民法院认为应当中止执行的其他情况。造成中止的情况消失后,恢复执行(第182条)。有下列情形之一的,人民法院裁定终结执行:(1)申请人撤销申请;(2)据以执行的法律文书被撤销;(3)被执行人死亡,无遗产可供执行,又无义务承担人;(4)追索赡养费、扶养费、抚育费案件的权利人死亡;(5)人民法院认为应当终结执行的其他情况(第183条)。

### (十一) 涉外民事诉讼程序的特别规定

《民事诉讼法(试行)》规定了涉外民事诉讼程序的一般原则、仲裁、期间和送达、诉讼保全、司法协助等内容。涉外民事诉讼程序的一般原则包括同等原则和对等原则、委托中国律师原则等。涉外民事诉讼中,人民法院裁定准许当事人的诉讼保全申请后,应当责令被申请人提供担保;拒不提供的,即发布扣押命令,扣押其财产。

# 第 三 章
# 转型与发展：1991—2007 年

1991年4月9日，第七届全国人民代表大会第4次会议通过《民事诉讼法》，并于当日由国家主席令第44号公布，自公布之日起施行，试行了8年6个月零8天的《民事诉讼法(试行)》同时废止。1991年《民事诉讼法》的颁行，标志着中国现代民事诉讼制度的探索阶段基本结束，进入民事诉讼制度新的发展阶段。

1992年7月14日，最高人民法院印发《关于适用〈中华人民共和国民事诉讼法〉若干问题的意见》(以下简称《民诉法适用意见》)的通知(法发〔1992〕22号)，条文总数达320条的《民诉法适用意见》开始施行，增强了1991年《民事诉讼法》的可操作性。

1992年10月，中国共产党第十四次全国代表大会明确提出建立社会主义市场经济体制的改革目标。经济体制的转型极大地增强了市场活力，利益格局也随之发生调整。人民法院受理的民事纠纷案件在数量显著增多的同时类型也发生变化，经济纠纷案件急剧增多，案多人少的矛盾开始凸显。为了适应案件类型和数量的变化，解决案多人少的矛盾，自20世纪90年代中期开始，一些地方基层人民法院自发地开展了民事经济审判方式改革，以落实举证责任和发挥庭审功能。在改革过程中，在某些地方人民法院出现了违反诉讼规律的做法。在民事诉讼理论界的参加下，最高人民法院及时地介入了这场改革，总结改革经验教训，颁行规范性文件，以确保改革的正确方向，实现民事诉讼公正与效率的平衡。这场民事审判方式改革为中国现代民事诉讼制度的转型和发展提供了强大的推动力，也成为中国现代民事诉讼体制转型和发展的重要标志。

1994年12月22日，最高人民法院公布《最高人民法院关于在经济审判工作中严格执行〈中华人民共和国民事诉讼法〉的若干规定》，对经济审判中的管辖、无独立请求权第三人的确定、财产保全和先予执行、审限等问题作出规定。针对当时在经济审判与民事审判关系问题上形成的争议，《最高人民法院关于在经济审判工作中严格执行〈中华人民共和国民事诉讼法〉的若干规定》明确经济审判应当适用《民事诉讼法》的规则。

1998年7月6日，最高人民法院公布《最高人民法院关于民事经济审判方式改革问题的若干规定》，对"关于当事人举证和法院调查收集证据问题""关于做好庭前必要准备及时开庭审理问题""关于改进庭审方式问题""关于对证据的审核和认定问题""关于加强合议庭和独任审判员职责问题""关于第二审程序中的有关问题"等作出了具体规定，以正确适用1991年《民事诉讼法》，建立与社会主义市场经济体制相适应的民事经济审判机制，保证依法、正确、及时地审理案件。尽管《最高人民法院关于民事经济审判方式改革问题的若干规定》没有突破1991年《民事诉讼法》的规定，但是其强调的内容和细化的规定，极大地推动了中国现代民事诉讼审判机制的转型。

2001年12月21日，最高人民法院公布《最高人民法院关于民事诉讼证据的若干规定》(法释〔2001〕33号，以下简称《民事诉讼证据规定》)，自2002年4月1日起施行。《民事诉讼证据规定》分为"当事人举证""人民法院调查收集证据""举证时限和证据交换"

"质证""证据的审核认定""其他"等6个部分,是当代中国第一部有关民事诉讼证据的规范性文件。《民事诉讼证据规定》确立了举证时限、证据交换等全新的民事诉讼证据制度,是中国现代民事诉讼制度发展的又一重要标志。

在进行民事审判方式改革的同时,最高人民法院通过颁布司法解释的方式,分别规范了民事案件的立案、案由、行为保全、审限、人民陪审、调解、简易程序的适用、再审、执行等具体的诉讼和执行制度。

其中,1997年4月21日,最高人民法院公布《最高人民法院关于人民法院立案工作的暂行规定》(法发〔1997〕7号),规定人民法院的立案工作遵循便利人民群众诉讼、便利人民法院审判的原则,任务是保障当事人依法行使诉讼权利,保证人民法院正确、及时审理案件;人民法院对当事人提起的诉讼依法进行审查,符合受理条件的应当及时立案;人民法院实行立案与审判分开的原则;人民法院的立案工作由专门机构负责,可以设在告诉申诉审判庭内;不设告诉申诉审判庭的,可以单独设立。

2000年10月30日,最高人民法院公布《最高人民法院关于印发〈民事案件案由规定(试行)〉的通知》(法发〔2000〕26号),《民事案件案由规定(试行)》将民事案件案由分为适用普通程序的案件案由和适用特别程序的案件案由。适用普通程序的案件案由一般包括当事人诉争的法律关系及其争议,当事人的争议部分由受理人民法院根据当事人的具体争议确定。第一审人民法院立案时可根据当事人的起诉确定案由。当事人起诉的法律关系与实际诉争的法律关系不符时,结案时以法庭查明的当事人之间实际存在的法律关系作为确定案由的依据。当事人在同一起诉讼中涉及不同法律关系,如某一案件涉及主从合同关系的,根据主合同所涉及的法律关系确定案由。当事人仅因为从合同发生争议,按照从合同涉及的法律关系及当事人的争议确定案由,如担保合同效力纠纷。适用特别程序的案件案由根据当事人的诉讼请求直接表述。

2000年9月22日,最高人民法院公布《最高人民法院关于严格执行案件审理期限制度的若干规定》,明确了各类案件的审理、执行期限、立案、结案时间及审理期限的计算方法,案件延长审理期限的报批程序,上诉、抗诉二审案件的移送期限,对案件审理期限的监督与检查等内容。2001年11月5日,最高人民法院公布《最高人民法院案件审限管理规定》(法〔2001〕164号),明确了最高人民法院案件的审理期限、立案、结案时间及审理期限的计算方法,案件延长审理期限的报批程序,对案件审理期限的监督和管理等内容。

2001年6月7日和2002年1月9日,最高人民法院先后公布《最高人民法院关于对诉前停止侵犯专利权行为适用法律问题的若干规定》(法释〔2001〕20号)和《最高人民法院关于诉前停止侵犯注册商标专用权行为和保全证据适用法律问题的解释》(法释〔2002〕2号),分别规定了诉前停止侵犯专利权行为和诉前停止侵犯注册商标专用权的程序,开创了中国现代诉讼行为保全的先河。

2004年至2005年期间,全国人民代表大会常务委员会和最高人民法院分别通过立法和司法解释,就完善人民陪审员制度作出规定。2004年8月28日,第十届全国人民代表大会常务委员会第11次会议通过《全国代表大会常务委员会关于完善人民陪审员制度的决定》,规定了人民陪审员选任条件、选任程序、人员资格限制、权利义务等内容。2004年12月13日,最高人民法院、司法部联合发布《最高人民法院、司法部关于印发〈关于人民陪审员选任、培训、考核工作的实施意见〉的通知》(法发〔2004〕22号)。2005年1月6日,最高人民法院公布《最高人民法院关于人民陪审员管理办法(试行)》(法发〔2005〕1号),规定了人民陪审员管理的原则、名额确定、选任、培训、考核与表彰、职务免除、补助与经费等内容。2005年6

月1日,最高人民法院发布《最高人民法院政治部关于人民陪审员选任工作若干问题的答复》(法政〔2005〕63号),就人民陪审员制度在实践运行中存在的问题作出统一答复。通过上述立法和司法解释规范,中国现代人民陪审制度更为完善。

2002年9月16日,最高人民法院公布《最高人民法院关于审理涉及人民调解协议的民事案件的若干规定》(法释〔2002〕29号);2004年9月16日又公布《最高人民法院关于人民法院民事调解工作若干问题的规定》(法释〔2004〕12号)。上述两个司法解释分别规范了人民法院审理涉及人民调解协议的民事案件和人民法院在审理民事案件的过程中如何进行调解的问题,对于规范涉及人民调解协议的案件的审理、实现诉讼调解的科学化和合理化,具有重大的现实意义。

最高人民法院先后于2001年10月29日公布《最高人民法院关于办理不服本院生效裁判案件的若干规定》(法发〔2001〕20号)、2002年7月31日公布《最高人民法院关于人民法院对民事案件发回重审和指令再审有关问题的规定》(法释〔2002〕24号)、2002年9月10日公布《最高人民法院关于规范人民法院再审立案的若干意见(试行)》(法发〔2002〕13号)、2003年11月13日发布《最高人民法院关于正确适用〈关于人民法院对民事案件发回重审和指令再审有关问题的规定〉的通知》(法〔2003〕169号),2003年10月15日最高人民法院审判监督庭发布《最高人民法院审判监督庭关于审理民事、行政抗诉案件几个具体程序问题的意见》(法审〔2003〕11号),从而逐步规范了民事案件审判监督程序的适用。

1993年11月16日,最高人民法院公布《经济纠纷案件适用简易程序开庭审理的若干规定》(法发〔1993〕35号)。2003年9月10日,最高人民法院公布《最高人民法院关于适用简易程序审理民事案件的若干规定》(法释〔2003〕15号,以下简称《适用简易程序规定》),规定了简易程序的适用范围、起诉和答辩、审理前的准备、开庭审理、宣判与送达等内容。《适用简易程序规定》对于人民法院规范适用简易程序发挥了重要作用。

1998年7月8日,最高人民法院公布《最高人民法院关于人民法院执行工作若干问题的规定(试行)》(法释〔1998〕15号,以下简称《执行规定》),分为执行机构及其职责,执行管辖,执行的申请和移送,执行前的准备和对被执行人财产状况的查明,金钱给付的执行,交付财产和完成行为的执行,被执行人到期债权的执行,对案外人异议的处理,被执行主体的变更和追加,执行担保和执行和解,多个债权人对一个债务人申请执行和参与分配,对妨害执行行为的强制措施的适用,执行的中止、终结、结案和执行回转,委托执行、协助执行和执行争议的协调,执行监督和附则等部分。在1991年《民事诉讼法》有关民事执行的条文数量严重不足的情况下,《执行规定》成为人民法院民事执行工作的基本规范依据。

2000年1月14日,最高人民法院公布《最高人民法院关于高级人民法院统一管理执行工作若干问题的规定》(法发〔2000〕3号);2003年9月18日,最高人民法院发布《最高人民法院关于在中国人民法院网公布民事案件被执行人名单的通知》(法明传〔2003〕247号);2004年11月4日,最高人民法院公布《最高人民法院关于人民法院民事执行中查封、扣押、冻结财产的规定》(法释〔2004〕15号);2004年11月15日,最高人民法院公布《最高人民法院关于人民法院民事执行中拍卖、变卖财产的规定》(法释〔2004〕16号)。通过上述司法解释和规范性文件,最高人民法院明确了民事执行机构的管理机制,确立了民事执行程序的一些重要制度。尤其是《最高人民法院关于人民法院民事执行中查封、扣押、冻结财产的规定》和《最高人民法院关于人民法院民事执行中拍卖、变卖财产的规定》规定的公布和实施,对于规范人民法院执行工作发挥了重大作用。

## 第二编 民事诉讼制度

2007年3月1日,最高人民法院印发《最高人民法院关于进一步发挥诉讼调解在构建社会主义和谐社会中积极作用的若干意见》的通知(法发〔2007〕9号),为了更好地适应新形势和新任务的要求,充分发挥人民法院化解矛盾、定分止争,保障经济发展,促进社会和谐的职能作用,就进一步加强人民法院诉讼调解工作提出意见,确立"能调则调,当判则判,调判结合,案结事了"的民事审判工作指导方针,要求强化调解,尊重规律,努力实现"案结事了"的目标。

可以说,1991年至2007年间,随着《民事诉讼法》和相关司法解释的颁行,包括民事诉讼模式、证据制度、调解制度、执行制度在内的中国现代民事诉讼制度实现了重大的转型和发展。

## 一、法典结构和内容的重大变化

相对于1982年开始试行的《民事诉讼法(试行)》而言,1991年《民事诉讼法》的结构和内容都发生了重大变化。主要体现为:一是增加条文数量。《民事诉讼法(试行)》共计5编23章205条,1991年《民事诉讼法》共计4编29章270条,新法比旧法增加了6章65条。二是调整了法典的结构体系,1991年《民事诉讼法》将《民事诉讼法(试行)》第2编第一审程序和第3编第二审程序、审判监督程序合并为审判程序,法典编数从原来的5编整合成4编;将调解从分则的一节调整为总则的一章,将诉讼保全和先行给付制度调整为财产保全和先予执行制度,将特别程序从第一审程序中独立出来,与第一审程序、简易程序、第二审程序等程序相并列,作为审判程序的一章。三是增加了三种非讼程序,即督促程序、公示催告程序和企业法人破产还债程序。四是增加了代表人诉讼制度和涉外民事诉讼管辖的规定,同时对不同程序的审理期限作出了具体规定。

## (一) 新设督促程序

在实践中有一部分以给付金钱和有价证券为内容的案件,债权债务关系明确,债务人逾期未履行债务又对债务无实质性争议。这种案件完全没有必要适用诉讼程序进行审理。为了减轻人民法院和当事人的负担,1991年《民事诉讼法》规定了督促程序。根据规定,以给付金钱和有价证券的内容的案件,债权人和债务人之间没有其他债务纠纷,也没有互付对待给付义务且支付令能够送达债务人的,债权人可以向有管辖权的基层人民法院申请支付令。人民法院经过审查债权人提供的事实、证据,认为申请成立的,裁定发出支付令,催促债务人在收到支付令之日起15日内履行给付义务或者向法院提出书面异议。债务人在该期间内提出书面异议的,督促程序终结,支付令自行失效,债权人可以通过起诉的方式维护自己的合法权益。债务人既不提出异议又不履行支付令的,债权人可以支付令为依据向人民法院申请强制执行。

## (二) 新设公示催告程序

随着经济交往日益频繁,票据作为支付工具和信贷工具在经济生活中产生并迅速发展,有时票据被盗、遗失或者灭失,使票据持有人无法实现票据利益,并对票据在经济交往中的流通造成不利影响。对此,1991年《民事诉讼法》规定了公示催告程序,由可以背书转让的票据持有人以及依照法律规定可以申请公示催告的其他事项如汇票、本票、支票、仓单、提单等持有人,向人民法院提出申请。人民法院经过形式审查,认为申请成立的,决定受理申请,同时通知付款人停止支付并发出公告,催促利害关系人在公示催告期间内申报权利。如利害关系人在公告期间申报债权,人民法院应作出裁定终结公示催告程序,并通知申请人和支付人。申请人或申报人可以向人民法院起诉,人民法院依照诉讼程序审理。如果没有利害关系人申报权利,公告期届满后人民法院依当事人的申请作出除权判决,宣告票据无效。利害关系人因正当理由不能在判决前向人民法院申报权利的,自知道或应当知道判决公告之次日起 1 年内,可以向作出判决的人民法院起诉,以保护自己的实体权利。

**(三)新设企业法人破产还债程序**

随着社会主义有计划的商品经济发展和经济体制改革的需要,1986 年 12 月 2 日通过颁布的《中华人民共和国企业破产法(试行)》仅适用于全民所有制企业法人,无法应对非全民所有制企业法人破产案件和解决经济生活中与此相关的新情况、新问题。对此,1991 年《民事诉讼法》增加了企业法人破产还债程序,通过否定性规定的方式确定了该程序的适用主体,即不是全民所有制企业和不是法人的企业、个体工商户、农村承包经营户、个人合伙之外的企业法人。简而言之,企业法人破产还债程序适用于集体所有制企业法人、私营企业法人和外商投资企业法人等。企业法人存在破产原因,即严重亏损,无力清偿到期债务的,人民法院依债权人或债务人的申请宣告进入破产还债程序,通知并发出公告催促债权人申报债权,依法成立清算组织清算其财产,根据债权人会议讨论通过的破产财产处理和分配方案,按照破产财产清偿顺序分配破产财产。若企业法人与债权人会议达成和解协议的,经人民法院认可后,由人民法院发布公告,中止破产还债程序。

**(四)新设代表人诉讼制度**

代表人诉讼是在结合共同诉讼制度和诉讼代理制度的基础上应对群体诉讼而产生的,既便于当事人诉讼,又便于人民法院审理案件。《民事诉讼法(试行)》未规定代表人诉讼制度,对于当事人众多的案件,特别是在起诉时当事人人数尚未确定的案件,依照共同诉讼制度审理在实践中容易造成审判秩序的混乱。1991年《民事诉讼法》在此基础上,借鉴国外群体诉讼的立法例,规定了代表人诉讼制度。该制度具体包括两种情形:一种是人数确定的代表人诉讼,一种是人数不确定的代表人诉讼。对这两种不同的情形,1991年《民事诉讼法》分别规定了不同的诉讼程序事项,同时对代表人诉讼行为的法律效力和人民法院裁判效力问题也予以了规定。

## (五) 明确规定审理期限

依照《民事诉讼法(试行)》的规定,人民法院审理民事案件,没有审理期限的限制,导致有些民事案件的审理期限过长,当事人的合法权益得不到及时保护,同时给当事人的生活和工作造成不必要的麻烦和损失。1991年《民事诉讼法》明确规定了审理案件的期限,主要包括适用简易程序、普通程序、第二审程序、特别程序审理的案件的审结期限。但是该审理期限并非是法定不可变期间,对于存在特殊情况需要延长的,1991年《民事诉讼法》规定了负责批准延长的主体及具体程序,对于保护当事人的合法权益、在保证办案质量的同时提高人民法院审理案件的效率具有重大意义。

## (六) 增加涉外民事诉讼的管辖规定

《民事诉讼法(试行)》对涉外民事诉讼程序作了特别规定,但对涉外管辖却未明确规定,只能适用本法有关国内管辖的规定。由于涉外民事案件的管辖与国内民事案件的管辖有本质上的差异,1991年《民事诉讼法》对涉外民事案件的管辖作了明确的规定。1991年《民事诉讼法》第243条规定了一方当事人在我国领域内没有住所的,对于以该当事人为被告提起的合同纠纷或其他财产权益纠纷,由合同签订地、合同履行地、诉讼标的物所在地、被告可供扣押的财产所在地和被告在我国设有的代表机构所在地人民法院管辖。第

244 条规定了协议管辖,对于涉外合同纠纷或涉外财产权益纠纷,允许当事人用书面协议选择与争议有实际联系的地点的法院管辖。对于选择我国国内法院管辖的,不得违反级别管辖与专属管辖的规定。第 245 条规定了应诉管辖,我国不具有管辖权的法院以涉外诉讼被告不提出管辖异议并应诉答辩作为具有管辖权的正当化依据。第 246 条规定了我国法院的专属管辖,主要适用于在我国履行的中外合资经营企业合同、中外合作经营企业合同、中外合作勘探开发自然资源合同发生纠纷提起的诉讼。以上这些为我国确定涉外民事诉讼案件的管辖提供了依据。

图 2-3-1　1991 年 4 月 6 日,七届全国人大四次会议主席团第 4 次会议就全国人大法律委员会《对〈中华人民共和国民事诉讼法(试行)〉(修改草案)审议结果的报告》进行表决①

## 二、民事诉讼模式开始转型

民事诉讼的模式就是指民事诉讼结构样式,即反映诉讼主体之

---

① 参见全国人民代表大会网:http://www.npc.gov.cn/npc/zgrdzz/2011-04/15/content_1668428.htm,最后访问日期:2017 年 5 月 2 日。

间基本关系特征的结构方式,其实质是诉权与审判权的不同配置方式,反映的是诉讼价值取向与目标定位。[①] 我国学者将民事诉讼的基本模式分为两种类型,即当事人主义和职权主义。当事人主义与职权主义的分野主要集中在对于以下三个方面的问题,是尊重和强调当事人的作用,还是尊重和强调法院的职权作用:(1) 程序的启动与继续;(2) 裁判对象的确定;(3) 证据资料的来源。其中,当事人主义诉讼模式尊重当事人的主体作用,法院或者法官在上述三个方面基本无所作为,而仅仅是被动地居中裁判;职权主义诉讼模式则强调法院或者法官的职权作用,法院或者法官在上述三个方面都处于主动、积极的地位,甚至具有决定权。

1992年10月,我国经济体制发生了重大变化,中央决定建立社会主义市场经济体制。经济体制的转型,导致了利益格局的显著变化,民事纠纷的类型和数量急剧增多。1991年《民事诉讼法》虽然较之《民事诉讼法(试行)》有许多重大的变革,但是无论从解决纠纷的数量还是质量来看,都难以满足市场经济体制的要求。在法律没有明确规定、理论没有充分准备的情况下,司法实践部门(主要是一些基层和部分中级人民法院)为了提高诉讼效率、解决人民法院人少案多的矛盾,陆续进行了从强化当事人的举证责任到庭审方式改革再到审判方式改革的讨论和实践。这场改革的核心是民事诉讼模式的转型。

一般认为,《民事诉讼法(试行)》试行期间以及此前,我国民事诉讼属于职权主义模式。从1991年颁行《民事诉讼法》开始,我国民事诉讼模式开始从职权主义向当事人主义转型。这种转型主要体现在以下几个方面:

---

[①] 张卫平:《民事诉讼基本模式:转换与选择之根据》,载《现代法学》1996年第6期。

## 第二编　民事诉讼制度

### (一) 1991 年《民事诉讼法》弱化法院职权的规定

相对于《民事诉讼法(试行)》而言,在处理法院职权和当事人诉讼权利的关系时,1991 年颁行的《民事诉讼法》更加重视当事人的诉讼权利,有意弱化法院的职权,它是民事诉讼模式转型的典型标志。

1. 调整诉讼调解与裁判的基本关系,防止强制调解

在 1991 年《民事诉讼法》颁行之前,我国法院审理民事案件具有过于依赖调解的倾向。无论是抗日战争时期的"厉行调解""必须先进行调解",解放战争时期的重视调解、就地解决,1979 年《人民法院审判民事案件程序制度规定(试行)》规定的"调解为主",还是《民事诉讼法(试行)》规定的"着重调解",尽管均强调不能强迫调解,但是现实中强迫调解、强制调解的现象难以避免。究其原因,主要还是法院的职权过于强大。1991 年颁行的《民事诉讼法》规定,人民法院审理民事案件,应当根据自愿和合法的原则进行调解;调解不成的,应当及时判决。明确发出了防止强制调解、强迫调解的信号。这也是弱化法院职权作用的重要体现与有效方法。

2. 增加协议管辖的规定

协议管辖是管辖中最能体现当事人意志的灵活性规定,有利于克服地方保护主义所产生的弊端。1991 年《民事诉讼法》对国内合同纠纷和涉外合同纠纷或其他财产权益纠纷分别规定了协议管辖。对国内合同纠纷案件,合同当事人可以在书面合同中,协议选择被告住所地、合同履行地、合同签订地、原告住所地、标的物所在地人民法院管辖;涉外合同纠纷或其他财产权益纠纷案件的当事人,可以用书面协议选择与争议有实际联系的地点的人民法院管辖。但是,协议管辖不得违反法律关于级别管辖和专属管辖的规定。

3. 明确规定普通共同诉讼必须经当事人同意

与《民事诉讼法(试行)》第 47 条相比,1991 年《民事诉讼法》第

53 条对普通共同诉讼的构成增加了"经当事人同意"这一条件。由于普通共同诉讼人之间的诉讼标的不是共同的而是同一种类的,当事人之间没有共同的诉讼权利和义务,人民法院既可以合并审理也可以分开审理。法律规定合并审理必须征得当事人的同意,切实尊重了当事人的诉讼权利,法院职权弱化的倾向十分明显。

**4. 弱化法院调查收集证据的权力**

尽管《民事诉讼法(试行)》第 56 条第 1 款规定"当事人对自己提出的主张,有责任提供证据",但是该条第 2 款又规定"人民法院应当按照法定程序,全面地、客观地收集和调查证据"。当事人提供证据与法院收集调查证据几乎处于同等重要的地位。在司法实践中,诉讼证据主要由人民法院依职权调查收集,当事人主动收集提供证据的情况很少,这样既加重人民法院的负担,又限制了当事人收集调查证据的积极性,不利于查明案件事实与提高审理案件的效率,与程序公正的价值相悖。1991 年《民事诉讼法》第 64 条对此作了修改。该条第 2 款规定:"当事人及其诉讼代理人因客观原因不能自行收集的证据,或者人民法院认为审理案件需要的证据,人民法院应当调查收集。"第 3 款规定:"人民法院应当按照法定程序,全面地、客观地审查核实证据。"1991 年《民事诉讼法》的上述修改,明确了当事人和人民法院在调查取证方面的主次关系:原则上由当事人提供证据,例外情况是在当事人及其诉讼代理人因客观原因不能自行收集证据或人民法院认为有必要时由人民法院调查收集证据。同时,1991 年《民事诉讼法》将人民法院的责任由全面地、客观地收集和调查证据转变为全面地、客观地审查核实证据。这一修改体现了人民法院在调查取证方面的职能逐渐弱化以及注重发挥当事人在民事诉讼中的主体性地位与激发其积极性。如果当事人不提供证据或无法举证,又不存在由人民法院调查取证的例外情形,或者属于该情形但是法院无法收集到证据,使得待证事实处于真伪不明的状态时,由负有举证责任的当事人承担结果意义上的举证责任。

5. 庭审程序规定的变化

与《民事诉讼法(试行)》的规定相比,1991年《民事诉讼法》规定的庭审程序发生了重大变化:一是增加了依申请可以不公开审理的案件类型,即涉及商业秘密的案件当事人申请不公开审理的,可以不公开审理;二是彻底改变了《民事诉讼法(试行)》第107条规定的法庭调查顺序,将法庭调查全部由审判人员询问当事人、证人、鉴定人调整为由当事人陈述和出示证据,这意味着人民法院的审判方式发生了革命性的转变,超职权主义的诉讼观念已经开始淡化,诉讼模式开始向当事人主义转型。

6. 第二审程序审理范围的调整

1991年《民事诉讼法》对第二审人民法院的审理范围作了重大修改。《民事诉讼法(试行)》第149条规定,第二审人民法院必须全面审查第一审人民法院认定的事实和适用的法律,不受上诉范围的限制。1991年《民事诉讼法》第151条规定:第二审人民法院应当对上诉请求的有关事实和适用法律进行审查。由此可见,1991年《民事诉讼法》将第二审程序的审理范围由全面审查改为针对上诉请求范围进行审查,尊重了当事人的处分权,弱化了法院职权。

(二)《最高人民法院关于民事经济审判方式改革问题的若干规定》弱化法院职权的规定

1998年颁行的《最高人民法院关于民事经济审判方式改革问题的若干规定》,是最高人民法院为了规范民事经济审判方式改革、确保正确适用《民事诉讼法》的一件重要的规范性文件。《最高人民法院关于民事经济审判方式改革问题的若干规定》,在强化当事人诉讼权利、弱化法院职权方面也有许多具体的规定。

1. 明确人民法院调查收集证据的范围

《最高人民法院关于民事经济审判方式改革问题的若干规定》

第3条规定,下列证据由人民法院调查收集:(1)当事人及其诉讼代理人因客观原因不能自行收集并已提出调取证据的申请和该证据线索的;(2)应当由人民法院勘验或者委托鉴定的;(3)当事人双方提出的影响查明案件主要事实的证据材料相互矛盾,经过庭审质证无法认定其效力的;(4)人民法院认为需要自行调查收集的其他证据。上述证据经人民法院调查,未能收集到的,仍由负有举证责任的当事人承担举证不能的后果。

2. 改进庭审方式

《最高人民法院关于民事经济审判方式改革问题的若干规定》明确规定,对当事人无争议的事实无须举证和质证;当事人向法院提出的证据,应当由当事人或者其诉讼代理人宣读,当事人及其诉讼代理人因客观原因不能宣读的证据,可以由审判人员代为宣读;未经庭审质证的证据,不能作为定案的根据;审判人员不得与当事人进行辩论。在举证、质证方面,显然限制了人民法院的职权。

3. 明确规定第二审程序应当围绕当事人上诉请求的范围进行审理

《最高人民法院关于民事经济审判方式改革问题的若干规定》明确规定,第二审案件的审理应当围绕当事人上诉请求的范围进行,当事人没有提出请求的,不予审查。但判决违反法律禁止性规定、侵害社会公共利益或者他人利益的除外;被上诉人在答辩中要求变更或者补充第一审判决内容的,第二审人民法院可以不予审查。

(三)《民事诉讼证据规定》弱化法院职权的规定

2001年最高人民法院颁布的《民事诉讼证据规定》同样体现了弱化法院职权的基本思路。

1. 落实举证责任,促使当事人举证

《民事诉讼证据规定》第2条规定:"当事人对自己提出的诉讼

请求所依据的事实或者反驳对方诉讼请求所依据的事实有责任提供证据加以证明。没有证据或者证据不足以证明当事人的事实主张的,由负有举证责任的当事人承担不利后果。"第3条规定:"人民法院应当向当事人说明举证的要求及法律后果,促使当事人在合理期限内积极、全面、正确、诚实地完成举证。当事人因客观原因不能自行收集的证据,可申请人民法院调查收集。"显然改变了"法院对诉讼证据大包大揽"的局面。

2. 限制法院依职权调查收集证据

《民事诉讼证据规定》第15条规定:"《民事诉讼法》第64条规定的'人民法院认为审理案件需要的证据',是指以下情形:(1)涉及可能有损国家利益、社会公共利益或者他人合法权益的事实;(2)涉及依职权追加当事人、中止诉讼、终结诉讼、回避等与实体争议无关的程序事项。"第16条规定:"除本规定第15条规定的情形外,人民法院调查收集证据,应当依当事人的申请进行。"显然严格限制了人民法院依职权调查收集证据的范围。

3. 明确法院工作的重心是审核认定证据

《民事诉讼证据规定》第63条规定:"人民法院应当以证据能够证明的案件事实为依据依法作出裁判。"第64条规定:"审判人员应当依照法定程序,全面、客观地审核证据,依据法律的规定,遵循法官职业道德,运用逻辑推理和日常生活经验,对证据有无证明力和证明力大小独立进行判断,并公开判断的理由和结果。"人民法院和审判人员的审理民事案件重心从调查收集证据转型为审核认定证据,法院职权终于回归理性。

正是由于法律和司法解释的明确规定,从事民事审判工作的法官的观念也不断变化,弱化法院职权、尊重当事人诉讼权利的观念逐渐深入人心并成为法官的基本理念,中国现代民事诉讼模式的转型十分明显。

## 三、民事经济审判方式改革

从20世纪80年代中后期开始,随着社会矛盾的增多和民众法律意识的增强,"大包大揽"的民事审判方式已经不能适应实践的需要,法院案多人少、审判工作负担过重的问题日益突出。一些地方的基层人民法院和中级人民法院陆续进行"减负"的讨论与改革。在讨论和改革的过程中,由于涉及的范围越来越宽广、问题越来越复杂,相关争议不断加大。1996年7月,最高人民法院召开了全国法院审判方式改革会议,肯定了改革经验,决定在全国各级人民法院推广。为正确适用《民事诉讼法》,建立与社会主义市场经济体制相适应的民事经济审判机制,1998年7月6日,最高人民法院发布《最高人民法院关于民事经济审判方式改革问题的若干规定》,自1998年7月11日起施行。这场最先由部分基层人民法院和中级人民法院自发开展、以举证责任为突破口的改革,被称为民事审判方式改革或者民事经济审判方式改革。它主要包括以下内容:

### (一)减少法院调查取证,落实举证责任

这场改革的最初动因就是要解决法院工作负担过重的问题,而造成法院工作负担过重的重要原因是法院"大包大揽"的办案方式。因此,民事审判方式改革的第一步就是"强调当事人举证责任"——减少法院的调查取证工作,改变"当事人一张嘴、法官跑断脚"的不正常局面,以便提高法院的工作效率。在总结各地经验的基础上,《最高人民法院关于民事经济审判方式改革问题的若干规定》就当事人举证和法院调查收集证据问题作了4条规定,确立了举证须知、举证告知、出具收到证据材料收条等制度,明确了人民法院调查收集证据的范围。根据规定,人民法院可以制定各类案件举证须

知,明确举证内容及其范围和要求;人民法院在送达受理案件通知书和应诉通知书时,应当告知当事人围绕自己的主张提供证据;下列证据由人民法院调查收集:(1)当事人及其诉讼代理人因客观原因不能自行收集并已提出调取证据的申请和该证据线索的;(2)应当由人民法院勘验或者委托鉴定的;(3)当事人双方提出的影响查明案件主要事实的证据材料相互矛盾,经过庭审质证无法认定其效力的;(4)人民法院认为需要自行调查收集的其他证据。上述证据经人民法院调查,未能收集到的,仍由负有举证责任的当事人承担举证不能的后果。审判人员收到当事人或者其诉讼代理人递交的证据材料应当出具收据。

## (二)改革庭审方式,确保程序公正

以减轻法院负担为目标的强调当事人举证责任的改革实施一段时间以后,法院发现,当事人提供的证据没有法院调查收集的证据的可信度高,当事人对证据的质疑也明显增多。同时,在以法院调查收集证据为主的阶段,法官在开庭审理之前已经对案件事实形成了自己的判断,庭审成为一种"走过场",经常引起当事人不满。为了确保证据的可信度并发挥法庭审理的功能,防止发生"先定后审"的问题,一些地方法院又开展了庭审方式改革:强调当庭质证、当庭认证、当庭判决,有的地方甚至实行法官事先不接触案件材料的"一步到庭""直接开庭"。当庭质证等措施有利于加强庭审功能、实现程序公正,但是"一步到庭""直接开庭"等做法必然增加开庭次数,降低了庭审和诉讼效率,于是一些地方进行了强化庭前准备程序的改革并取得了良好的效果。《最高人民法院关于民事经济审判方式改革问题的若干规定》关于庭前准备和庭审方式改革的内容主要有:(1)"做好庭前必要准备及时开庭审理",明确了庭前准备的具体内容,确立了争点整理、庭前证据交换制度,规定开庭前应当做好

8项准备工作。① 同时,为了防止"先定后审"、确保程序公正,明确规定"合议庭成员和独任审判员开庭前不得单独接触一方当事人及其诉讼代理人"。(2) 改进庭审方式,明确规定法庭调查的顺序、出示证据的方法和顺序、认证的时间、多次开庭的处理、辩论的发言顺序,明确规定对当事人无争议的事实无须举证和质证、审判人员不得与当事人进行辩论、适用简易程序审理的案件可以径行开庭调解。

## (三) 完善证据审核认定规范,初步确立基本的民事诉讼证据规则

落实举证责任的必然后果是审判人员的工作重心从调查收集证据向审核认定证据转移。为了规范审判人员审核认定证据的行为,一些试点法院开始制定证据审核认定的基本规范。《最高人民法院关于民事经济审判方式改革问题的若干规定》在总结各地经验的基础上,以10个条文的篇幅对证据审核和认定的基本规范作出了规定:当事人对自己的主张,只有本人陈述而不能提出其他相关证据的,除对方当事人认可外,其主张不予支持。一方当事人提出的证据,对方当事人认可或者不予反驳的,可以确认其证明力。一方当事人提出的证据,对方当事人举不出相应证据反驳的,可以综合全案情况对该证据予以认定。双方当事人对同一事实分别举出相反的证据,但都没有足够理由否定对方证据的,应当分别对当事人提出的证据进行审查,并结合其他证据综合认定。当事人在庭审质证时对证据表示认可,庭审后又反悔,但提不出相应证据的,不能推翻已认定的证据。对单一证据,应当注意从以下几个方面进行审查:

---

① (1) 在法定期限内,分别向当事人送达受理案件通知书、应诉通知书和起诉状、答辩状副本;(2) 通知必须共同进行诉讼的当事人参加诉讼;(3) 告知当事人有关的诉讼权利和义务,合议庭组成人员;(4) 审查有关的诉讼材料,了解双方当事人争议的焦点和应当适用的有关法律以及有关专业知识;(5) 调查收集应当由人民法院调查收集的证据;(6) 需要由人民法院勘验或者委托鉴定的,进行勘验或者委托有关部门鉴定;(7) 案情比较复杂、证据材料较多的案件,可以组织当事人交换证据;(8) 其他必要的准备工作。

(1) 证据取得的方式；(2) 证据形成的原因；(3) 证据的形式；(4) 证据提供者的情况及其与本案的关系；(5) 书证是否系原件，物证是否系原物，复印件或者复制品是否与原件、原物的内容、形式及其他特征相符合。判断数个证据的效力应当注意以下几种情况：(1) 物证、历史档案、鉴定结论、勘验笔录或者经过公证、登记的书证，其证明力一般高于其他书证、视听资料和证人证言；(2) 证人提供的对与其有亲属关系或者其他密切关系的一方当事人有利的证言，其证明力低于其他证人证言；(3) 原始证据的证明力大于传来证据；(4) 对证人的智力状况、品德、知识、经验、法律意识和专业技能等进行综合分析。下列证据，不能单独作为认定案件事实的依据：(1) 未成年人所作的与其年龄和智力状况不相当的证言；(2) 与一方当事人有亲属关系的证人出具的对该当事人有利的证言；(3) 没有其他证据印证并有疑点的视听资料；(4) 无法与原件、原物核对的复印件、复制品。当事人提供的证人在人民法院通知的开庭日期，没有正当理由拒不出庭的，由提供该证人的当事人承担举证不能的责任。有证据证明持有证据的一方当事人无正当理由拒不提供，如果对方当事人主张该证据的内容不利于证据持有人，可以推定该主张成立。

### (四) 强化审判员与合议庭职责，实现"审""判"合一

在改革庭审方式的过程中，除了案件和证据的复杂性导致当庭认证和当庭判决十分困难外，合议庭或者独任审判员与庭长、院长、审判委员会的权力配置不合理也是重要障碍。于是，审判委员会、院长、庭长下放权力，强化合议庭和独任审判员的职责，解决"审者不判、判者不审"的问题又成为这场改革的重要内容。在总结经验的基础上，《最高人民法院关于民事经济审判方式改革问题的若干规定》明确规定，合议庭组成人员必须共同参加对案件的审理，对案

件的事实、证据、性质、责任、适用法律以及处理结果等共同负责。经过开庭审理当庭达成调解协议的,由审判长或者独任审判员签发调解书。事实清楚、法律关系明确、是非责任分明、合议庭意见一致的裁判,可以由审判长或者独任审判员签发法律文书。但应当由院长签发的除外。合议庭、独任审判员审理决定的案件或者经院长提交审判委员会决定的案件,发现认定事实或者适用法律有重大错误并造成严重后果的,按照有关规定由有关人员承担相应责任。

按照学者的预期和设计,民事经济审判方式改革"将沿着强调当事人举证责任——庭审方式改革——审判方式改革——审判制度改革——诉讼制度改革——司法制度改革的轨迹发展"①。事实上,或许是审判方式改革无法涵盖诉讼制度改革和司法制度改革,或许是诉讼制度改革和司法制度改革更为困难和复杂,在诉讼制度改革和司法制度改革并没有取得庭审方式改革和审判方式改革那样明显成效的情况下,民事经济审判方式改革便淡出了人们的视野。但是,在从客观真实到法律真实的诉讼真实观的转型、从单纯的实体公正到实体公正与程序公正并重的诉讼价值观的转型、从超职权主义到当事人主义的诉讼模型的转型等方面,20 世纪 80 年代到 90 年代进行的民事经济审判方式改革发挥了重要的启蒙和推动作用。

## 四、诉讼调解制度的转型

诉讼调解是定分止争的重要方法,符合中华民族"以和为贵"的文化传统,在中国现代民事诉讼制度的发展历史中,调解总是与审判相伴而行,在司法实践中发挥了重要作用。当然,每一个时代的纠纷在数量和性质方面各不相同,解决这些纠纷面临的社会环境也

---

① 景汉朝、卢子娟:《经济审判方式改革若干问题研究》,载《法学研究》1997 年第 5 期。

不一样,诉讼调解制度也就需要适时进行调整和修正。1991年至2007年间,诉讼调解制度的发展主要体现在以下几个方面。

一是提升了诉讼调解的地位。《民事诉讼法(试行)》将调解作为一节,规定在第一审普通程序中。1991年《民事诉讼法》将调解作为一章,规定在第一编总则中。将调解从分则提到总则,说明其适用范围的扩大与地位的提高:首先,诉讼调解不仅是人民法院解决民事纠纷的方法,而且是人民法院解决民事纠纷的基本原则——凡是能够调解的,都应当调解结案。其次,诉讼调解不仅适用于第一审程序,还适用于第二审程序和审判监督程序。

二是调整了诉讼调解与审判的基本关系,从"着重调解"转变为"调判并重"。《民事诉讼法(试行)》有关诉讼调解原则的规定是"人民法院审理民事案件,应当着重进行调解;调解无效的,应当及时判决"。1991年颁行的《民事诉讼法》则将诉讼调解原则的条文修改为"人民法院审理民事案件,应当根据自愿和合法的原则进行调解;调解不成的,应当及时判决"。从"着重调解"到"自愿合法调解",调审关系从偏重调解发展成为调判并重。

三是从"着重调解"向"自愿合法调解"转型。针对实践中因"着重调解"而引起的强制调解、压迫调解的错误倾向,1991年《民事诉讼法》确立了诉讼调解的基本原则,即"应当根据自愿和合法的原则进行调解;调解不成的,应当及时判决"。自愿和合法调解原则成为诉讼调解的基本原则。这一原则要求:第一,人民法院在审理民事案件过程中应当尽可能采取调解的方式解决纠纷;第二,诉讼调解应当遵循自愿和合法原则,不得强迫或者变相强迫当事人接受调解;第三,调解不成的,应当及时判决,不得久拖不决或以拖延不判的方法强迫当事人接受调解。

四是逐步形成诉讼调解的基本司法政策。随着社会关系的不断变化,进入21世纪以后,诉讼调解在我国得到了前所未有的重视和发展。2004年,最高人民法院通过《最高人民法院关于人民法院民事调解工作若干问题的规定》,进一步细化了诉讼调解的工作规范。2006年,最高人民法院规定了新时期诉讼调解的目标:案结事了、胜败皆服、定分止争。2006年年底,全国政法工作会议提出"构建人民调解、行政调解和司法调解的大调解工作体系",进一步强调诉讼调解与其他调解的协调与对接。

## 五、民事诉讼管辖制度的发展

这一时期我国民事诉讼管辖制度的发展,除前文已经提及的增加了协议管辖制度之外,还有以下变化:

### (一)级别管辖的调整

《民事诉讼法(试行)》规定,涉外民事案件由中级人民法院管辖。随着对外开放方针的贯彻实施,对外经济往来日益频繁,涉外民事纠纷也随之剧增。若涉外民事案件一律由中级人民法院管辖,中级人民法院承受的负担过重。1991年《民事诉讼法》规定一般的涉外民事案件由基层人民法院管辖,只有重大的涉外民事案件才由中级人民法院管辖。至于何为"重大",由地方各高级人民法院根据本地实际情况作出具体规定。另外,1991年《民事诉讼法》对中级人民法院管辖的第一审民事案件增加了一项,即由最高人民法院确定由中级人民法院管辖的案件。这主要针对司法实践中出现的新类型案件,如知识产权案件,由于这类案件专业性、技术性要求较高等特点,最高人民法院确定由中级人民法院作为第一审法院审理,体现了最高人民法院对该类案件的重视,也便于总结司法经验。

### (二)地域管辖的变化

与《民事诉讼法(试行)》相比较而言,1991年《民事诉讼法》在地域管辖方面的变化主要有以下两点:一是新增了对因保险合同纠纷提起的诉讼、因票据纠纷提起的诉讼、因共同海损提起的诉讼等的管辖法院的规定;二是对因合同纠纷提起诉讼,因铁路、公路、水上、航空运输和联合运输合同纠纷提起的诉讼,因侵权行为引起的损害赔偿纠纷提起的诉讼等的管辖法院,作了相应的修改。这使得《民事诉讼法》关于地域管辖的规定更能适应民事案件审判的需要。

### (三) 完善裁定管辖

在实践中,经常发生受移送的人民法院在接受移送后,发现自己也没有管辖权的现象。根据《民事诉讼法(试行)》第32条的规定,受移送的人民法院不得再自行移送,遇到上述现象就无法处理。于是,1991年《民事诉讼法》第36条明确规定:受移送的人民法院认为受移送的案件依照规定不属于本院管辖的,应当报请上级人民法院指定管辖,不得再自行移送。这样就可以避免法院之间互相推诿致使当事人起诉权难以实现的现象。另外,相比较于《民事诉讼法(试行)》中关于指定管辖的规定,1991年《民事诉讼法》第37条明确了管辖权争议发生在人民法院之间时,才可以报请共同上级人民法院指定管辖。其他单位和当事人对管辖权有异议,可以在法定期限内向受理案件的人民法院提出管辖异议,但是不能适用指定管辖的规定。关于当事人提出管辖权异议的时间,《民事诉讼法(试行)》未作出规定,在司法实践中也没有限制。若案件已经审理了一段时间再提出,就会浪费之前审理的时间和花费的精力,影响审判效率。因此1991年《民事诉讼法》对提出管辖权异议的时间做出了规定,即应在提交答辩状期间提出管辖权异议。

## 六、回避制度的发展

《民事诉讼法(试行)》第41条第2款规定"被申请回避的人员,

应当暂停执行职务"。这一规定过于绝对,易于被滥用而影响案件的正常处理。1991年《民事诉讼法》第46条第2款对此作了补充性规定,即"被申请回避的人员在人民法院作出是否回避的决定前,应当暂停参与本案的工作"。这里除了对暂停执行职务的时间作出明文规定外,还把"暂停执行职务"修改为"暂停参与本案的工作"。这是因为执行职务这一概念涉及的范围较大,不仅包括审理本案的工作,还包括审理其他案件的工作。但实际上即使暂停本案的工作,被申请回避的人员还可以审理其他案件。因此,将"暂停执行职务"修改为"暂停参与本案的工作"更为恰当和准确。

## 七、民事诉讼当事人制度的发展

### (一) 修改普通共同诉讼的条件

1991年《民事诉讼法》根据普通共同诉讼涉及的法律关系的特殊性,增加了"经当事人同意"这一条件,从而使其区别于必要的共同诉讼,既完善了我国的当事人制度,又使我国的共同诉讼制度更为科学、合理。

### (二) 增加了无独立请求权第三人诉讼权利义务的规定

与《民事诉讼法(试行)》第48条相比,1991年《民事诉讼法》第56条增加了无独立请求权第三人诉讼权利的规定,即"人民法院判决承担民事责任的第三人,有当事人的诉讼权利义务"。这一规定在一定程度上限制了无独立请求权第三人的上诉权。

## 八、民事诉讼证据制度的转型与发展

1991年《民事诉讼法》对《民事诉讼法(试行)》有关证据规定进行了一些修改,《民诉意见》则对《民事诉讼法》中的相关内容进行了细化和明确,2001年《民事诉讼证据规定》对当事人举证、人民法院调查收集证据、举证时限与证据交换、质证和证据的审核认定等内容作出详细规定,我国民事诉讼证据制度开始转型。这种转型除了前文已经分析的调整了人民法院调查收集证据与当事人提供证据的主次关系外,还有以下体现:

### (一)落实当事人举证责任,明确举证不能的法律后果

1991年《民事诉讼法》明确了当事人的举证责任,第64条第1款规定"当事人对自己提出的主张,有责任提供证据",但没有明确举证不能的法律后果,《民事诉讼证据规定》在明确举证责任具体范围的同时明确了举证不能的法律后果。其中,关于举证责任的范围,《民事诉讼证据规定》第2条第1款规定:"当事人对自己提出的诉讼请求所依据的事实或者反驳对方诉讼请求所依据的事实有责任提供证据加以证明。"关于举证不能的法律后果,《民事诉讼证据规定》第2条第2款规定:"没有证据或者证据不足以证明当事人的事实主张的,由负有举证责任的当事人承担不利后果。"这是我国的规范性文件首次明确举证责任的具体含义。同时,《民事诉讼证据规定》首次规定了举证责任分配的一般规则(第2条)和特殊规则(第4条),以便于实践操作。

### (二)逐步理清了免证的具体范围

《民诉法适用意见》规定了5种当事人无须举证的事实,《民事

诉讼证据规定》对其进行了修订,将自认的事实从无须举证的事实中移除而单独规定,并将仲裁机构生效裁定确认的事实也作为无须举证的事实。《民事诉讼证据规定》还将无须举证的事实分为不能推翻的事实和有证据可以推翻的事实。除此以外,《民事诉讼证据规定》对自认制度进行了详细的规定,涉及自认的概念、自认的方式、自认的效果以及自认的撤回等。

**(三)限缩人民法院依职权调查取证的范围**

人民法院调查收集证据是 1991 年《民事诉讼法》增加的内容,《民诉法适用意见》罗列了 4 种由人民法院负责调查收集证据的情况,并对人民法院调查收集证据的人员以及调查材料的要求进行了规定。《民事诉讼证据规定》对人民法院调查收集证据制度进行了修订,明确将人民法院调查收集证据分为依职权调查收集证据和依申请调查收集证据两种情形。其中,人民法院依职权调查收集证据只限于两种情形,即(1)涉及可能有损国家利益、社会公共利益或者他人合法权益的事实;(2)涉及依职权追加当事人、中止诉讼、终结诉讼、回避等与实体争议无关的程序事项。人民法院依申请调查收集证据的情形仅限于:(1)申请调查收集的证据属于国家有关部门保存并须人民法院依职权调取的档案材料;(2)涉及国家秘密、商业秘密、个人隐私的材料;(3)当事人及其诉讼代理人确因客观原因不能自行收集的其他材料。

**(四)确立举证时限和证据交换制度**

《民事诉讼证据规定》首次规定了举证时限制度。举证期限可以由当事人协商一致,并经人民法院认可,也可以由人民法院指定。由人民法院指定举证期限的,指定的期限不得少于 30 日,自当事人收到案件受理通知书和应诉通知书的次日起计算。当事人应当在举证期限内向人民法院提交证据材料,当事人在举证期限内不提交的,视为放弃举证权利。对于当事人逾期提交的证据材料,人民法院审理时不组织质证,但对方当事人同意质证的除外。当事人增加、变更诉讼请求或者提起反诉的,应当在举证期限届满前提出。为了落实举证时限制度,《民事诉讼证据规定》还规定举证通知、证据交换等配套制度。根据规定,人民法院应当在送达案件受理通知书和应诉通知书的同时向当事人送达举证通知书,举证通知书应当载明举证责任的分配原则与要求、可以向人民法院申请调查取证的情形、人民法院根据案件情况指定的举证期限以及逾期提供证据的法律后果。经当事人申请,人民法院可以组织当事人在开庭审理前交换证据。人民法院对于证据较多或者复杂疑难的案件,应当组织当事人在答辩期届满后、开庭审理前交换证据。

**(五)确立了法律真实原则和法官依法独立判断证据规则**

《民事诉讼证据规定》第63条规定,人民法院应当以证据能够证明的案件事实为依据依法作出裁判,从而确立了法律真实原则,在客观真实与法律真实的长期争议中作出了较为科学的选择。第64条规定,审判人员应当依照法定程序,全面、客观地审核证据,依据法律的规定,遵循法官职业道德,运用逻辑推理和日常生活经验,对证据有无证明力和证明力大小独立进行判断,并公开判断的理由和结果。这一规定有人称之为法官依法独立判断证据规则。该规则既吸收了自由心证规则的合理内核,又与自由心证存在明显的区别,是符合诉讼规律又具有中国特色的证据判断规则。

**(六)细化了质证和认证的规则**

1991年《民事诉讼法》和1992年《民诉法适用意见》规定了质

证的基本内容,即证据应当在法庭上出示并由当事人互相质证。《民事诉讼证据规定》则规定了质证的客体、质证的内容、质证的程序等内容,细化了相关规定。《民事诉讼证据规定》还明确了证人的范围、证人出庭作证程序和要求等内容。《民事诉讼证据规定》第65条至第79条则明确了一些认证的规则,包括单一和全部证据的认定、非法证据的排除、证明力的确认规则等。其中,《民事诉讼证据规定》首次明确民事诉讼证据中的"非法证据"是指"以侵害他人合法权益或者违反法律禁止性规定的方法取得的证据",民事诉讼中对待非法证据的基本方法是"不能作为认定案件事实的依据",也就是予以排除。

## 九、民事诉讼保障制度的发展

### (一)财产保全制度的发展

《民事诉讼法(试行)》将"诉讼保全和先行给付"规定在第一审普通程序之中。1991年《民事诉讼法》将相关内容调整到第一编总则之中,并将"诉讼保全"改为"财产保全",以表明所有的诉讼程序均可适用这一制度。

除了提升地位,1991年《民事诉讼法》还调整了诉讼保全的内容。在修改《民事诉讼法(试行)》的过程中,有人认为《民事诉讼法(试行)》规定的诉讼保全的措施是针对财产进行的,应当将其更为准确地表述为财产保全。于是,1991年《民事诉讼法》将诉讼保全改为了财产保全。同时,《民事诉讼法(试行)》仅有诉讼财产保全的规定,1991年《民事诉讼法》新设了诉前财产保全的规定。

## (二) 先予执行制度的发展

1991年《民事诉讼法》将《民事诉讼法(试行)》规定的"先行给付"改称为"先予执行",将其从第一审普通程序调整到总则编之中。同时,为了切实保护有关主体的合法权益,1991年《民事诉讼法》放宽了先予执行制度适用范围,在《民事诉讼法(试行)》规定适用于赡养费、抚养费、抚育费、抚恤金、追索劳动报酬案件之外,明确规定可适用于追索医疗费用的案件。

为了明确1991年《民事诉讼法》第97条第(3)项规定的"因情况紧急需要先予执行的"情形,1992年颁行的《民诉法适用意见》第107条规定:"民事诉讼法第97条第(3)项规定的紧急情况,包括:(1)需要立即停止侵害、排除妨碍的;(2)需要立即制止某项行为的;(3)需要立即返还用于购置生产原料、生产工具货款的;(4)追索恢复生产、经营急需的保险理赔费的。"实质上进一步扩大了先予执行的适用范围。

## (三) 妨害民事诉讼强制措施的完善

与《民事诉讼法(试行)》相比,1991年《民事诉讼法》在妨害民事诉讼行为的构成方面规定得更为具体和详尽,特别是针对有义务协助执行的单位和个人所作的妨害民事诉讼的行为有了更加明确的规定。同时,1991年《民事诉讼法》规定了五种强制措施,分别是拘传、训诫、责令退出法庭、罚款和拘留。与《民事诉讼法(试行)》相比,1991年《民事诉讼法》删除了"责令具结悔过"的规定,增加了"责令退出法庭"的规定,并对罚款的数额和对象作了修改。

# 十、第一审普通程序制度的转型与发展

## (一) 明确起诉条件

首先,1991年《民事诉讼法》第108条对《民事诉讼法(试行)》第81条作了三处修改:一是将原条文第(1)项"个人、企业事业单位、机关、团体"改为"公民、法人和其他组织"。这样修改,与《民法通则》规定的民事主体即公民、法人和其他组织的称谓相一致,使民事诉讼主体规范化、统一化。二是将原条文第(2)项分成了两项,即第(2)项为有明确的被告和第(3)项为有具体的诉讼请求和事实、理由,并把"事实根据"改为"事实、理由"。《民事诉讼法(试行)》中只规定起诉要具有事实根据,而未明确起诉时要提交的证据属于程序性证据还是属于实体性证据。在司法实践中,有些人民法院在审查起诉时,就要求当事人提供证明其诉讼请求的证据,这样就会限制当事人行使起诉权。1991年《民事诉讼法》将起诉条件放宽,只要当事人的起诉有一定的事实、理由,法院就应当受理。三是《民事诉讼法(试行)》将案件属于法院主管和管辖都使用"管辖",不易区分。1991年《民事诉讼法》把原条文"属于人民法院管辖范围"改为"属于人民法院受理民事诉讼的范围",更恰当准确。该修改与总则部分增加的第3条关于人民法院受理案件范围的肯定性规定、第111条关于人民法院受理案件范围的否定性规定相呼应,增强了可操作性。

其次,对于人民法院裁定准许撤诉后当事人又起诉的,《民事诉讼法(试行)》未作出处理规定,1991年《民事诉讼法》规定人民法院应当依法受理,不能按照申诉处理。因为当事人撤诉,只是暂时放弃行使诉权,诉权并没有被消耗掉,其实体法上的请求权依然存在,仍享有向法院起诉的权利。

最后,与《民事诉讼法(试行)》第84条第(5)项相比,1991年《民事诉讼法》增加了对于调解和好的离婚案件,判决、调解维持收养关系的案件,没有新情况、新理由,原告在6个月内又起诉的,人民法院不予受理的规定。这是针对解除人身关系的案件,判决或调解维持其人身关系不予解除的,给予6个月的时间缓和矛盾、恢复关系。若缓和期内仍无法和好,则原告可以在缓和期满后向人民法院起诉。

### (二) 完善审理前准备程序

与《民事诉讼法(试行)》相比较,在审理前准备方面,1991年《民事诉讼法》的主要变化在:一是把《民事诉讼法(试行)》第86条追索赡养费、扶养费、抚育费、抚恤金和劳动报酬的案件与其他案件的被告答辩期限分别为10日和15日统一规定为15日。二是新增了人民法院应把被告答辩状发送原告、立案时应在受理案件通知书和应诉通知书中告知诉讼权利义务以及合议庭人员确定后应告知当事人的规定,这有利于保障当事人充分行使诉讼权利。三是删除了第90条将起诉或应诉的人不符合当事人条件的,人民法院依职权通知符合条件的当事人参加诉讼,更换不符合条件的当事人的规定,尊重当事人在诉讼中的主体性地位。

### (三) 完善庭审程序

如前所述,1991年《民事诉讼法》修改了法庭调查的顺序,同时规定涉及商业秘密的案件当事人可以申请不公开审理,既体现了当事人的主体地位,又有利于提高法庭调查的效率和实际效果,从而落实庭审实质化,也是我国诉讼模式从超职权主义向当事人主义转型的标志。

**(四) 扩大裁定的适用范围**

1991年《民事诉讼法》第140条在《民事诉讼法(试行)》第122条规定的基础上,增加了5项适用裁定的内容:不予受理、对管辖权有异议、中止或终结执行、不予执行仲裁裁决和不予执行公证机关赋予强制执行效力的债权文书,扩大了裁定的适用范围。《民事诉讼法(试行)》规定只有裁定驳回起诉可以上诉,这次修改新增了对不予受理和管辖权有异议的裁定可上诉的规定,切实保障当事人行使诉权。

## 十一、第二审程序制度的转型与发展

与《民事诉讼法(试行)》相比,1991年《民事诉讼法》在第二审程序主要修改了两个地方:一是对第二审人民法院审查的范围作了修改,《民事诉讼法(试行)》第149条规定第二审人民法院必须全面审查第一审人民法院认定的事实和适用的法律,不受上诉范围的限制。1991年《民事诉讼法》第151条修改为第二审人民法院应当对上诉请求的有关事实和适用法律进行审查。说明第二审人民法院由全面审查改为针对上诉请求范围进行审查,尊重了当事人的处分权。二是对第二审的审判结果作了调整,将《民事诉讼法(试行)》第151条中第(3)项分为两项规定在1991年《民事诉讼法》第153条的第(3)项和第(4)项,并且对于一审判决违反法定程序,可能影响案件正确判决的,强制性要求第二审人民法院撤销原判,发回重审,删去了查清事实后改判的规定。表明民事诉讼的程序性价值得到进一步的重视,并引导其发挥重要作用。

## 十二、特别程序制度的发展

与《民事诉讼法(试行)》相比,1991年《民事诉讼法》主要修改了三个地方:一是特别程序案件适用范围扩大,增加了宣告失踪和认定公民限制民事行为能力案件,明确了《民法通则》相关规定的程序制度。二是将选民名单案件改为选民资格案件,因为人民法院对选民名单的审查,实质上是对有无选民资格进行认定,这样修改更能反映案件的本质属性。三是在选民资格案件中增加了关于公民起诉的法定期限、案件审结期限及判决书送达期限的规定,从而更有利于及时保护公民的选举权和被选举权,保证选举顺利进行。

## 十三、审判监督程序制度的转型与发展

### (一)将申诉制度改造为申请再审制度

根据《民事诉讼法(试行)》第158条的规定,当事人、法定代理人对已经发生法律效力的判决、裁定,认为确有错误的,可以向原审人民法院或上级人民法院申诉,但是不停止判决、裁定的执行。人民法院经过复查,认为原判决、裁定正确,申诉无理的,通知驳回;认为原判决、裁定确有错误的,由院长提交审判委员会讨论决定。这一规定将作为诉权的再审申请权与作为民主权利的申诉权混同起来,且没有规定申诉的具体事由而不便于实践操作。1991年《民事诉讼法》在总结审判实践经验的基础上对此作了较大的修改。首先是将《民事诉讼法(试行)》规定的申诉改为申请再审,然后明确了申请再审的受理法院、事由、期限等内容。其中,1991年《民事诉讼法》第178条规定,当事人对已经发生法律效力的判决、裁定,认为

有错误的,可以向原审人民法院或者上一级人民法院申请再审。第179条第1款规定了对生效判决、裁定申请再审的事由,包括:(1)有新的证据,足以推翻原判决、裁定的;(2)原判决、裁定认定事实的主要证据不足的;(3)原判决、裁定适用法律确有错误的;(4)人民法院违反法定程序,可能影响案件正确判决、裁定的;(5)审判人员在审理该案件时有贪污受贿,徇私舞弊,枉法裁判行为的。第180条规定了对已经发生法律效力的调解书申请再审的事由:(1)调解违反自愿原则的;(2)调解协议的内容违反法律的。根据规定,当事人申请再审应当在原判决、裁定发生法律效力后的2年内提出;当事人对已经发生法律效力的解除婚姻关系的判决,不得申请再审。

## (二)增加检察监督制度

《民事诉讼法(试行)》第12条对人民检察院检察监督只作了原则性的规定,即人民检察院有权对人民法院的民事审判活动实行法律监督。为了落实该原则,便于实践操作,1991年《民事诉讼法》在审判监督程序中新增了检察监督的内容,规定最高人民检察院对各级人民法院已经发生了法律效力的判决、裁定,上级人民检察院对下级人民法院已经发生法律效力的判决、裁定,发现认定事实的主要证据不足、适用法律确有错误、人民法院违反法定程序可能影响案件正确裁判,以及审判人员在审理该案件时有贪污受贿、徇私舞弊、枉法裁判行为的,应当按照审判监督程序提出抗诉。地方各级人民检察院对同级人民法院已经发生法律效力的判决、裁定,发现有上述情形之一的,应当提请上级人民检察院按照审判监督程序提出抗诉。人民检察院提出抗诉的案件,人民法院应当再审。

## 十四、民事执行制度的转型与发展

1991年《民事诉讼法》和1992年《民诉法适用意见》对执行依据、执行主体、执行管辖、执行异议、执行和解、执行担保、执行的申请和移送、执行措施以及执行中止、终结等作出了规定,基本明确了执行程序的主要内容,但是由于条文数量少,规范的可操作性比较差。1998年最高人民法院发布《执行规定》,细化了执行程序规范,增加了执行监督等内容,此后又分别发布多个有关民事执行的单行司法解释,我国的民事执行制度逐步成型。

### (一)强化审执分立

《民事诉讼法(试行)》第163条第1款规定:"执行工作由执行员、书记员进行;重大执行措施,应当有司法警察参加。"1991年《民事诉讼法》第209条将上述条文修改为:"执行工作由执行员进行……基层人民法院、中级人民法院根据需要,可以设立执行机构。执行机构的职责由最高人民法院规定。"在《民事诉讼法(试行)》规定执行工作由执行员进行的基础上,强调执行机构可以与审判机构独立,"审执分立"更有了制度上的保障。

### (二)委托执行制度不断调整

中国现代委托执行制度的变迁经过主要体现为:一是1991年《民事诉讼法》第210条对《民事诉讼法(试行)》第165条的修改;二是2000年最高人民法院发布《关于加强和改进委托执行工作的若干规定》(法释〔2000〕9号);三是2011年最高人民法院发布《关于委托执行工作若干问题的规定》(法释〔2011〕11号)。

关于委托执行制度内容的变化,首先,是1991年《民事诉讼法》

强化了委托执行的程序衔接。与《民事诉讼法(试行)》第165条的规定相比,1991年《民事诉讼法》第210条的变化主要有三点:一是明确了受委托人民法院受到委托函件后,必须在15日内开始执行,不得拒绝,强化了受委托人民法院的执行职责。二是明确规定受委托人民法院在执行完毕后或在30日内还未执行完毕的,应将执行结果或情况函告委托人民法院,明确了受委托人民法院及时函复的职责,有利于促进委托人民法院与受委托人民法院之间及时沟通,避免信息阻塞造成执行案件被置之不理,久拖不执。三是明确了受委托人民法院在收到委托函件之日起15日内不执行的,委托人民法院可以请求受委托人民法院的上级人民法院指令受委托人民法院执行,这加强了上级人民法院对下级人民法院办理委托执行工作的监督与管理。

其次,是委托执行强制性的变化。1991年《民事诉讼法》规定了委托执行,但委托执行不是强制性规定。第210条规定:被执行人或者被执行的财产在外地的,可以委托当地人民法院代为执行。但是,2000年最高人民法院发布的《关于加强和改进委托执行工作的若干规定》则确立了委托执行为主原则。《关于加强和改进委托执行工作的若干规定》第1条规定:"被执行人或被执行的财产在本省、自治区、直辖市辖区以外的案件,除少数特殊情况之外,应当委托执行。被执行人或被执行的财产在本省、自治区、直辖市辖区内,需跨中级人民法院、基层人民法院辖区执行的案件,亦应以委托执行为主。直辖市内法院间的跨辖区的执行案件,以及设区的市内跨辖区的执行案件,是否以委托执行为主,由各高级人民法院根据情况自行确定。"2011年最高人民法院发布的《关于委托执行工作若干问题的规定》仍坚持委托执行为主的原则,第1条规定:"执行法院经调查发现被执行人在本辖区内已无财产可供执行,且在其他省、自治区、直辖市内有可供执行财产的,应当将案件委托异地的同级人民法院执行。执行案件中有3个以上被执行人或者3处以上被执行财产在本省、自治区、直辖市辖区以外,且分属不同异地的,执行法院根据案件具体情况,报经高级人民法院批准后可以异地执行。"

最后,是委托执行案件管理机制的变化。1991年《民事诉讼法》以及2000年《关于加强和改进委托执行工作的若干规定》均未明确委托法院与受托法院在委托执行中的关系,导致受托法院消极执行而造成"委托执行难"问题。2011年《关于委托执行工作若干问题的规定》第2条第1款规定:"案件委托执行后,受托法院应当依法立案,委托法院应当在收到受托法院的立案通知书后作委托结案处理。"该条明确了委托执行案件的管理机制,明确了委托法院和受托法院的职责,有利于克服"委托执行难"问题。

### (三)执行救济制度的修改

《民事诉讼法(试行)》第162条规定,案外人提出的执行异议,经执行员审查认为有理由的,报院长批准中止执行,由合议庭审查或审判委员会讨论决定。中止执行后合议庭或者审判委员会讨论决定什么,显然不清晰。1991年《民事诉讼法》第208条将此修改为执行员审查认为有理由的,由院长批准中止执行。如果发现判决、裁定确有错误,按照审判监督程序处理。这次修改明确了中止执行后,发现原判决、裁定确有错误的处理程序,比《民事诉讼法(试行)》的规定更为清晰。

### (四)执行和解制度的发展

与《民事诉讼法(试行)》第181条相比,1991年《民事诉讼法》第211条修改了两点:一是将执行和解的规定从"执行措施"一章改到执行程序的"一般规定"一章,提高了执行和解制度在执行程序中的地位,与执行和解的性质更为匹配,在逻辑上更为顺畅。二是增加规定"一方当事人不履行和解协议的,人民法院可以根据对方当事人的申请,恢复对原生效法律文书的执行",从而明确了执行和解的法律效力。1992年《民诉法适用意见》则明确规定"一方当事人不履行或者不完全履行在执行中双方自愿达成的和解协议,对方当事人申请执行原生效法律文书的,人民法院应当恢复执行,但和解协议已履行的部分应当扣除。和解协议已经履行完毕的,人民法院不予恢复执行",从而增强了可操作性。

**(五) 新的执行制度的出现和完善**

民事执行工作十分复杂,为了满足司法实践的需要,1991年修改的《民事诉讼法》增加了一些新的执行制度,使中国现代执行制度不断发展。

1. 增加执行担保制度

在执行中,被执行人向执行法院提供担保,申请执行人同意的,人民法院可以决定暂缓执行及暂缓执行的期限。在暂缓执行期届满后被申请人仍不执行的,法院可以对被执行人的担保财产或担保人的财产进行强制执行。这意味着执行担保制度存在的目的在于被执行人提供担保为获得执行法院在一定期限内暂缓对其财产的强制执行,同时为申请执行人增加了将来被执行人不履行时可执行标的,保证将来执行时其利益得到满足。该制度兼顾了申请执行人与被执行人的利益,避免因强制执行给被执行人的财产造成重大损失。

2. 增加执行回转制度

执行回转是指执行完毕后,原据以执行的判决书、裁定书和其他法律文书因确有错误而被人民法院撤销,对已被执行的财产,人民法院重新采取措施恢复至执行开始前的状态的行为。它是在执行依据被撤销之后对被执行人的一项必要的补救措施,目的在于纠正因生效法律文书错误而造成的执行错误,保护被执行人的合法权益。

3. 增加公证债权文书的申请执行和不予执行的规定

1991年《民事诉讼法》第218条相比较《民事诉讼法(试行)》第168条,增加了以下内容:一是明确了对公证机关依法赋予强制执行效力的债权文书,一方当事人不履行的,受申请的人民法院应当执行,强调了受申请的人民法院的执行义务;二是对确有错误的公证债权文书,人民法院裁定不予执行,并将裁定书送达当事人和公证机关。对该裁定当事人和公证机关均不得上诉。这完善了不予执行公证债权文书的程序,保障了申请执行人的合法权益。

## (六) 具体执行制度的完善

1. 完善执行管辖制度

《民事诉讼法(试行)》第161条依执行依据不同将执行案件的管辖分为:第一,发生法律效力的民事判决、裁定和调解协议,以及刑事判决、裁定中的财产部分,由原第一审人民法院执行;第二,法律规定由人民法院执行的其他法律文书,由有管辖权的人民法院执行。第二类执行管辖显然并不清晰,容易形成司法实践中人民法院对其他法律文书执行管辖方面的扯皮推诿。1991年《民事诉讼法》第207条将第二类有管辖权的人民法院明确为由被执行人住所地或被执行的财产所在地的人民法院执行,这使其他法律文书的执行管辖问题有法可依,便于当事人申请人民法院执行。

2. 完善民事执行程序的启动制度

《民事诉讼法(试行)》第166条的规定有两点值得注意的问题:一是"一方拒绝履行的,由审判员移送执行员执行,对方当事人也可以向人民法院申请执行"。这条规定把移送执行放在前,申请执行放在后，显然存在不恰当之处。二是当事人一方在调解协议生效后不履行协议内容的，由审判员移送执行员执行或者对方当事人向法院申请执行，不符合调解的本质特征，也是对调解协议双方当事人处分权的不尊重。1991年《民事诉讼法》第216条将原条文拆分为两款，并增加了部分内容。首先，第1款明确了发生法律效力的民事判决、裁定，当事人申请执行为原则，移送执行为例外。其次，第2款明确了调解书和其他应当由人民法院执行的法律文书的执行启动程序，只能由当事人向人民法院申请执行，不存在法院依职权移送执行的情况。

3. 完善执行阻却制度

1991年《民事诉讼法》关于执行中止和终结在《民事诉讼法（试行）》的基础上修改了三点：一是在人民法院裁定中止执行的情形中增加一项，即"作为一方当事人的法人或其他组织终止，尚未确定权利义务承受人的"。二是删除了"被执行人短期内无偿还能力"的可以裁定中止执行的规定，因该规定无明确的标准，在实践中不容易把握，容易造成执行人员权力滥用。三是在人民法院裁定终结执行的情形中增加一项，即"作为被执行人的公民因生活困难无力偿还借款，无收入来源，又丧失劳动能力的"。为了满足司法实践的需要，2002年，最高人民法院发布《关于正确适用暂缓执行措施若干问题的规定》（法发〔2002〕16号），主要规定了以下内容：其一，法院依职权或当事人依申请暂缓执行的情形；其二，暂缓执行决定的法院以及处理期限；其三，暂缓执行的担保要求；其四，暂缓执行的审查；其五，暂缓执行与继续执行、恢复执行的关系。

但是，为了防止被执行人以申诉等方式恶意拖延执行，我国基本确立了申诉不停止执行的原则。《最高人民法院公报》刊登的一则案例的裁判要旨指出：《民事诉讼法》第216条规定："发生法律效力的民事判决、裁定，当事人必须履行。一方拒绝履行的，对方当事人可以向人民法院申请执行,也可以由审判员移送执行员执行。调解书和其他应当由人民法院执行的法律文书,当事人必须履行。一方拒绝履行的,对方当事人可以向人民法院申请执行。"由此可见,发生法律效力的判决、裁定和调解协议,当事人必须执行。在人民法院判决发生法律效力后,当事人对判决不服的,可以申诉,但不能停止判决的执行。因此,当事人在申诉期间,拒不执行人民法院的判决,是违反法律规定的,人民法院可以依法强制执行。

4. 执行措施体系的完善

针对"执行难"问题,1991年《民事诉讼法》在《民事诉讼法(试行)》的基础上,增加了查询、冻结、划拨银行存款,拍卖、变卖财产,搜查隐匿财产,办理有关财产权证照转移等措施;规定了对被执行人不履行法律文书指定行为的,人民法院可以强制执行或者委托有关单位或个人完成;增加规定了迟延履行责任制度以及继续执行制度等。立法完善执行措施,以维护生效法律文书的严肃性和增强人民法院的权威。

然而,"查封、扣押、冻结、拍卖、变卖被执行人财产"的规定过于笼统,可操作性差,尤其是对于如何采取查封、扣押、冻结措施,两个以上法院执行同一财产时如何采取查封、扣押、冻结措施以及由哪一法院对该财产进行处分,如何确定豁免执行的财产范围,对被执行的财产可以变价几次等诸如此类的问题,规定缺乏可操作性以至于经常引发争议,无法满足实践的需要。2004年11月4日和同年11月15日,最高人民法院先后发布《最高人民法院关于人民法院民事执行中查封、扣押、冻结财产的规定》和《最高人民法院关于人民法院民事执行中拍卖、变卖财产的规定》细化了民事执行控制性措施和处分性措施。

其中,关于控制性执行措施,主要增加了以下内容:(1)明确了可以查封、扣押、冻结的财产类型以及不得查封、扣押、冻结的财产类型;(2)明确了查封、扣押、冻结动产、不动产或其他财产权益的方式方法、相关财产的保管以及毁损的处理;(3)明确了查封、扣押、冻结财产涉及共有人、第三人以及其他主体的处理方式;(4)明确了法院查封、扣押、冻结财产的要求以及各类财产可查封、扣押、冻结的期限、轮候查封的要求等;(5)明确了查封、扣押、冻结财产的解除程序。

关于处分性执行措施,主要增加了以下规定:(1)拍卖、变卖的适用情形,同时处分被执行的财产,应当优先适用拍卖的方式;(2)拍卖机构的选择与拍卖财产价格评估的程序与方式;(3)拍卖物保留价的确定、拍卖的公告以及保证金的缴纳等程序问题;(4)拍卖的过程与成交的规则;(5)撤回与停止拍卖的条件与程序;(6)拍卖成交的法律效力。

5. 执行款物的管理工作规范化

2006年,最高人民法院发布《最高人民法院关于执行款物管理工作的规定(试行)》(法发〔2006〕11号),主要规定了如下内容:其一,执行款物账户的管理;其二,执行款物的收入与支出管理;其三,执行款物的禁止性规定。

# 第 四 章
# 改革与完善：2007—2014 年

2007 年 10 月 28 日，第十届全国人民代表大会常务委员会第 30 次会议作出《关于修改〈中华人民共和国民事诉讼法〉的决定》，修改后的《民事诉讼法》自 2008 年 4 月 1 日起实施。1991 年《民事诉讼法》施行 16 年 11 个月 4 日之后，进行了第一次修改并开始生效。

图 2-4-1　2007 年 10 月 24 日，第十届全国人民代表大会常务委员会第 30 次会议关于修改《民事诉讼法》的决定表决现场①

---

① 图片来源：网易新闻，2007 年 10 月 24 日。新华社记者 庞兴雷摄，网址：http://news.163.com/07/1024/21/3RJON8PV000120GU.html，最后访问日期：2018 年 5 月 20 日。

2008年11月3日，最高人民法院发布《最高人民法院关于适用〈中华人民共和国民事诉讼法〉执行程序若干问题的解释》（法释〔2008〕13号，以下简称《执行程序适用解释》），自2009年1月1日起施行。2008年11月25日，最高人民法院发布《最高人民法院关于适用〈中华人民共和国民事诉讼法〉审判监督程序若干问题的解释》（法释〔2008〕14号，以下简称《审判监督程序适用解释》），自2008年12月1日起施行。该两部司法解释分别对2007年全国人民代表大会常务委员会修改的《民事诉讼法》执行程序和审判监督程序的适用问题作出了具体规定。

2008年2月4日，最高人民法院发布《最高人民法院关于印发〈民事案件案由规定〉的通知》（法发〔2008〕11号），规定《民事案件案由规定》自2008年4月1日起施行，《民事案件案由规定（试行）》（法发〔2000〕26号）同时废止。《民事案件案由规定》以民法理论对民事法律关系的分类为基础，结合当时立法及审判实践，将案由的编排体系划分为人格权纠纷，婚姻家庭、继承纠纷，物权纠纷，债权纠纷，知识产权纠纷，劳动争议、人事争议，海事海商纠纷，与铁路运输有关的民事纠纷以及与公司、证券、票据等有关的民事纠纷、适用特殊程序案件案由等共10大部分，作为第一级案由。为保持体系的相对完整，并考虑规范民事审判业务分工，对某些案由进行了合并和拆分。如知识产权纠纷类中，既包括知识产权相关的合同纠纷案件，也包括知识产权权属和侵权纠纷案件。在第一级案由项下，细分为30类案由，作为第二级案由（以大写数字表示）；在第二级案由项下列出了361种案由，作为第三级案由（以阿拉伯数字表示），第三级案由是实践中最常见和广泛使用的案由。基于审判工作指导、调研和司法统计的需要，在部分第三级案由项下列出了一些第四级案由[以阿拉伯数字加( )表示]。2011年2月18日，最高人民法院发布《最高人民法院关于印发修改后的〈民事案件案由规定〉的通知》(法〔2011〕42号),对2008年颁行的《民事案件案由规定》进行了第一次修正,自2011年4月1日起施行。修改后的《民事案件案由规定》在2008年《民事案件案由规定》关于案由的编排体系划分的基础上,将侵权责任纠纷案由提升为第一级案由,将案由的编排体系重新划分为人格权纠纷、婚姻家庭、继承纠纷、物权纠纷,合同、无因管理、不当得利纠纷,知识产权与竞争纠纷、劳动争议、人事争议、海事海商纠纷,与公司、证券、保险、票据等有关的民事纠纷,侵权责任纠纷,适用特殊程序案件案由,共10大部分,作为第一级案由。在第一级案由项下,细分为43类案由,作为第二级案由(以大写数字表示);在第二级案由项下列出了424种案由,作为第三级案由(以阿拉伯数字表示),第三级案由是司法实践中最常见和广泛使用的案由。基于审判工作指导、调研和司法统计的需要,在部分第三级案由项下又列出了一些第四级案由[以阿拉伯数字加()表示]。《民事案件案由规定》的正式颁行和修正,标志着我国的民事案件案由制度日渐完善。

2008年4月11日,最高人民法院发布《最高人民法院关于开展〈人民法院统一证据规定(司法解释建议稿)〉试点工作的通知》(法〔2008〕129号),决定在全国范围内选择四个中级人民法院和三个基层人民法院就最高人民法院研究室委托中国政法大学证据科学研究院起草的《人民法院统一证据规定(司法解释建议稿)》进行试点工作。经研究,确定云南省昆明市中级人民法院、山东省东营市中级人民法院、吉林省延边朝鲜族自治州中级人民法院、广东省深圳市中级人民法院及佛山市顺德区人民法院、北京市海淀区人民法院、北京市东城区人民法院为试点法院,以进一步修改完善《人民法院统一证据规定》,使之更加适应人民法院审判工作需要。

2008年8月21日,最高人民法院发布《最高人民法院关于审理民事案件适用诉讼时效制度若干问题的规定》(法释〔2008〕11号),

明确规定了诉讼时效抗辩审查与认定的基本规则。《最高人民法院关于审理民事案件适用诉讼时效制度若干问题的规定》自 2008 年 9 月 1 日起施行。

2008 年 11 月 28 日，最高人民法院发布《最高人民法院关于执行工作中正确适用修改后民事诉讼法第 202 条、第 204 条规定的通知》(法明传〔2008〕1223 号)，对执行行为异议和执行标的异议的适用时间范围、案件范围、执行行为异议与执行复议的关系等作出具体规定，以准确适用《民事诉讼法》。

2008 年 12 月 11 日，最高人民法院发布《最高人民法院关于适用〈关于民事诉讼证据的若干规定〉中有关举证时限规定的通知》(法发〔2008〕42 号)，对关于《民事诉讼证据规定》第 33 条第 3 款规定的举证期限问题、适用简易程序审理案件的举证期限问题、当事人提出管辖权异议后的举证期限问题、对人民法院依职权调查收集的证据提出相反证据的举证期限问题、增加当事人时的举证期限问题、当事人申请延长举证期限的问题、增加或者变更诉讼请求以及提出反证时的举证期限问题、第二审程序中新的证据举证期限的问题、发回重审案件举证期限问题及新的证据的认定问题分别作出了规定，从而丰富了举证期限的内容，也使得举证期限更为灵活、更符合司法实践的客观规律。

2009 年 2 月 18 日，最高人民法院发布《最高人民法院印发〈关于进一步加强司法便民工作的若干意见〉的通知》(法发〔2009〕6 号)，要求人民法院设立立案大厅或者诉讼服务中心提供便民诉讼服务、做好诉讼风险提示工作、建立健全案件繁简分流和速裁工作机制、严格执行法律关系适用简易程序审理案件的规定、开展巡回审判、依法接受调查取证申请、邀请有关人员协助案件调解和执行、完善群众旁听案件庭审制度、逐步建立裁判文书和诉讼档案公开查询制度、推行公开听证接受监督、加强审判管理实行审限监督制度、

## 第二编 民事诉讼制度

改革裁判文书写作、建立科学的司法统计指标评价体系、推进建立司法救助基金、建立案件监督卡制度、指定专门机构和人员负责信访事务等,以加强司法便民工作。

2009年3月17日,最高人民法院发布《最高人民法院关于印发〈人民法院第三个五年改革纲要(2009—2013)〉的通知》(法发〔2009〕14号),明确了深化人民法院司法改革的指导思想、目标和原则,2009—2013年人民法院司法改革的主要任务以及深化人民法院司法体制和工作机制改革的工作要求。其中,明确提出要改革和完善民事案件的审判制度、再审制度、执行体制、审判管理制度、接受外部制约与监督机制等内容,为民事诉讼制度的改革与完善指明了方向。

2009年4月27日,最高人民法院发布《最高人民法院印发〈关于受理审查民事申请再审案件的若干意见〉的通知》(法发〔2009〕26号),明确了再审申请案件的受理和审查的相关内容。2011年1月6—7日,最高人民法院召开了第一次全国民事再审审查工作会议。同年4月21日,最高人民法院向全国各级人民法院印发《第一次全国民事再审审查工作会议纪要》,要求各地人民法院结合审判工作实际遵照执行。《第一次全国民事再审审查工作会议纪要》明确了民事再审审查工作的指导思想和原则、申请再审案件的受理与审查、再审事由的认定、再审审查工作的监督指导等内容。

2009年7月17日,最高人民法院发布《最高人民法院印发〈关于进一步加强和规范执行工作的若干意见〉的通知》(法发〔2009〕43号),从进一步加大执行工作力度、加快执行工作长效机制建设、继续推进执行改革、强化执行监督制约机制、进一步加强队伍建设等5个方面对执行工作提出新要求。

2009年7月24日,最高人民法院发布《最高人民法院印发〈关于建立健全诉讼与非诉讼相衔接的矛盾纠纷解决机制的若干意见〉

的通知》(法发〔2009〕45号),首次以规范性文件的方式明确建立健全诉讼与非诉讼相衔接的矛盾纠纷解决机制。

为规范人民法院委托评估、拍卖和变卖工作,保障当事人的合法权益,维护司法公正,2009年11月12日,最高人民法院发布《最高人民法院关于人民法院委托评估、拍卖和变卖工作的若干规定》(法释〔2009〕16号)。根据《最高人民法院关于人民法院委托评估、拍卖和变卖工作的若干规定》,人民法院司法技术管理部门负责本院的委托评估、拍卖和流拍财产的变卖工作,依法对委托评估、拍卖机构的评估、拍卖活动进行监督。《最高人民法院关于人民法院委托评估、拍卖和变卖工作的若干规定》自2009年11月20日起施行。2011年9月7日,最高人民法院发布《最高人民法院关于人民法院委托评估、拍卖工作的若干规定》(法释〔2011〕21号)。与2009年《最高人民法院关于人民法院委托评估、拍卖和变卖工作的若干规定》不同的是,2011年《最高人民法院关于人民法院委托评估、拍卖工作的若干规定》规定委托评估、拍卖工作由人民法院司法辅助部门负责统一管理和协调,取得政府管理部门行政许可并达到一定资质等级的评估、拍卖机构,可以自愿报名参加人民法院委托的评估、拍卖活动,人民法院不再编制委托评估、拍卖机构名册。《最高人民法院关于人民法院委托评估、拍卖工作的若干规定》自2012年1月1日起施行。

为进一步加大执行力度,推动社会信用机制建设,最大限度保护申请执行人和被执行人的合法权益,2010年7月1日最高人民法院发布《最高人民法院关于限制被执行人高消费的若干规定》(法释〔2010〕8号),明确被执行人未按执行通知书指定的期间履行生效法律文书确定的给付义务的,人民法院可以限制其实施九类高消费行为。《最高人民法院关于限制被执行人高消费的若干规定》自2010年10月1日起施行。

## 第二编 民事诉讼制度

2009年11月13日,最高人民检察院发布《最高人民检察院关于印发〈人民检察院检察建议工作规定(试行)〉的通知》(高检发〔2009〕24号),规定同级人民检察院可以通过发出检察建议的方式对同级人民法院的民事诉讼活动实行法律监督。《最高人民检察院关于印发〈人民检察院检察建议工作规定(试行)〉的通知》自公布之日起实施。

2010年12月28日,最高人民法院发布《最高人民法院印发〈关于规范上下级人民法院审判业务关系的若干意见〉的通知》(法发〔2010〕61号),以进一步规范上下级人民法院之间的审判业务关系,明确监督指导的范围与程序,保障各级人民法院依法独立行使审判权。2012年2月28日,最高人民法院发布《最高人民法院印发〈关于在审判执行工作中切实规范自由裁量权行使保障法律统一适用的指导意见〉的通知》(法发〔2012〕7号)。《最高人民法院印发〈关于在审判执行工作中切实规范自由裁量权行使保障法律统 适用的指导意见〉的通知》的实施为民事诉讼制度的完善提供了良好的环境和基础。

2010年1月12日,最高人民法院发布《最高人民法院关于人民陪审员参加审判活动若干问题的规定》(法释〔2010〕2号),自2010年1月14日起施行。2010年1月13日,最高人民法院政治部作出《最高人民法院政治部关于人民陪审员工作若干问题的答复》(法政〔2010〕11号),就人民陪审员名额、参加诉讼审理的方式等内容作出答复。2010年6月29日,最高人民法院发布《最高人民法院印发〈关于进一步加强和推进人民陪审工作的若干意见〉的通知》(法发〔2010〕24号)。这些规范性文件的颁布和实施,进一步细化了中国现代人民陪审制度的内容。

2010年6月7日,最高人民法院发布了《最高人民法院印发〈关于进一步贯彻"调解优先、调判结合"工作原则的若干意见〉的通知》

（法发〔2010〕16号），强调牢固树立调解意识，进一步增强贯彻"调解优先、调判结合"工作原则的自觉性。

2010年7月7日，中央纪律检查委员会、中央组织部、中央宣传部等19个单位联合发布《关于建立和完善执行联动机制若干问题的意见》（法发〔2010〕15号），以深入贯彻落实中央关于解决执行难问题的指示精神，形成党委领导、人大监督、政府支持、社会各界协作配合的执行工作新格局，建立健全解决执行难问题长效机制，确保生效法律文书得到有效执行，切实维护公民、法人和其他组织的合法权益，维护法律权威和尊严，推进社会诚信体系建设。

2010年11月26日，最高人民法院发布《最高人民法院印发〈关于案例指导工作的规定〉的通知》（法发〔2010〕51号），通过开展案例指导工作，总结审判经验，统一法律适用，提高审判质量，维护司法公正。基本方法是由最高人民法院确定并统一发布指导性案例，各级人民法院审判类似案例时应当参照指导性案例进行裁判。

2011年3月10日，最高人民法院、最高人民检察院发布《最高人民法院、最高人民检察院关于印发〈关于对民事审判活动与行政诉讼实行法律监督的若干意见（试行）〉的通知》（高检会〔2011〕1号），以落实中央关于"完善检察机关对民事、行政诉讼实施法律监督的范围和程序"的改革任务，明确了人民检察院对民事审判活动进行法律监督的范围、方式与效力。2013年11月18日，最高人民检察院发布《人民检察院民事诉讼监督规则（试行）》（高检发释字〔2013〕3号），明确了人民检察院民事诉讼监督的总则、管辖、回避、受理、审查、案件管理等内容，首次明确区分了对生效判决、裁定、调解书的监督和对审判程序中审判人员违法行为的监督以及对执行活动的监督三种不同的监督类型。

2011年3月10日，最高人民法院、最高人民检察院发布了《最高人民法院、最高人民检察院关于在部分地方开展民事执行活动法律监督试点工作的通知》(高检会〔2011〕2号),决定在山西、内蒙古、上海、浙江、福建、江西、山东、湖北、广东、陕西、甘肃、宁夏等省(自治区、直辖市)部分地方开展民事执行活动法律监督的试点工作。

2011年3月17日,最高人民法院发布《最高人民法院印发〈关于部分基层人民法院开展小额速裁试点工作的指导意见〉的通知》(法〔2011〕129号),决定由北京、天津、上海、广东、江苏、浙江、安徽、江西、湖北、四川、贵州、甘肃、青海等十三个省、直辖市高级人民法院在本辖区内各指定两个基层人民法院作为最高人民法院的试点单位,开展小额速裁试点工作,以进一步合理配置审判资源,便利人民群众诉讼,提高办案效率,维护司法公正,最大限度地满足人民群众的司法需求。

2011年5月27日,最高人民法院发布《最高人民法院印发〈关于依法制裁规避执行行为的若干意见〉的通知》(法〔2011〕195号),以依法制裁规避执行行为,最大限度地实现生效法律文书确认的债权,提高执行效率,强化执行效果,维护司法权威。

2011年10月19日,最高人民法院发布《最高人民法院印发〈关于执行权合理配置和科学运行的若干意见〉的通知》(法发〔2011〕15号),以促进执行权的公正、高效、规范、廉洁运行,实现立案、审判、执行等机构之间的协调配合,完善执行工作的统一管理。

2012年8月31日,第十一届全国人民代表大会常务委员会第28次会议作出《关于修改〈中华人民共和国民事诉讼法〉的决定》,对1991年《民事诉讼法》进行了第二次修正。此次修正比2007年的第一次修正更为全面,几乎涉及《民事诉讼法》的所有章节。经过此次修正,中国现代民事诉讼制度更为完善。修正后的《民事诉讼法》自2013年1月1日起施行。

图 2-4-2　2012 年 8 月 31 日第十一届全国人民代表大会常务委员会第 28 次会议关于修改《民事诉讼法》的决定表决现场①

2013 年 11 月 21 日,最高人民法院发布《最高人民法院关于人民法院在互联网公布裁判文书的规定》(法释〔2013〕26 号),自 2014 年 1 月 1 日起施行。通过互联网公布裁判文书,是我国诉讼制度的重大变革,对于推进司法公正具有十分重大的意义。

总之,由于 2007 年和 2012 年《民事诉讼法》的两次修正,加上最高人民法院在 2007—2014 年间颁行的一系列关于民事诉讼程序的司法解释,在改革的过程中,中国现代民事诉讼制度日趋完善。

## 一、确立民事诉讼诚实信用原则

2012 年修正《民事诉讼法》时,在 2007 年《民事诉讼法》第 13 条增加一款,作为第 1 款:"民事诉讼应当遵循诚实信用原则。"针对民事虚假诉讼、恶意诉讼、债务人规避执行情况严重的现实,为打击虚假诉讼、规避执行、建设诚信社会,2012 年《民事诉讼法》新增诚

---

① 参见全国人民代表大会网:http://www.npc.gov.cn/npc/xinwen/syxw/2012-08/28/content_1734333.htm,最后访问日期:2018 年 5 月 23 日。

实信用原则。为了落实该原则,2012年《民事诉讼法》新增了对虚假诉讼和规避执行的制裁措施,并规定了执行和解中违背诚实信用原则的处理办法。

## (一) 规定虚假诉讼的制裁措施

2012年《民事诉讼法》第112条规定:当事人之间恶意串通,企图通过诉讼、调解等方式侵害他人合法权益的,人民法院应当驳回其请求,并根据情节轻重予以罚款、拘留;构成犯罪的,依法追究刑事责任。

## (二) 规定规避执行的制裁措施

2012年《民事诉讼法》第113条规定:被执行人与他人恶意串通,通过诉讼、仲裁、调解等方式逃避履行法律文书确定的义务的,人民法院应当根据情节轻重予以罚款、拘留;构成犯罪的,依法追究刑事责任。

## (三) 规定执行和解中违背诚实信用原则的处理办法

为了贯彻落实诚实信用原则,在原有的当事人不履行执行和解协议可以申请恢复执行原生效法律文书的规定的基础上,2012年《民事诉讼法》增设了民事执行中债权人因受到欺诈、胁迫与债务人达成和解协议的,可以申请恢复执行的规定。2012年《民事诉讼法》230条第2款规定:申请执行人因受欺诈、胁迫与被执行人达成和解协议,或者当事人不履行和解协议的,人民法院可以根据当事人的申请,恢复对原生效法律文书的执行。

# 二、回避制度的完善

2007年《民事诉讼法》第45条规定:"审判人员有下列情形之

一的,必须回避,当事人有权用口头或者书面方式申请他们回避：(1)是本案当事人或者当事人、诉讼代理人的近亲属；(2)与本案有利害关系；(3)与本案当事人有其他关系,可能影响对案件公正审理的。前款规定,适用于书记员、翻译人员、鉴定人、勘验人。"2012年《民事诉讼法》将上述条文修改为"审判人员有下列情形之一的,应当自行回避,当事人有权用口头或者书面方式申请他们回避：(1)是本案当事人或者当事人、诉讼代理人近亲属的；(2)与本案有利害关系的；(3)与本案当事人、诉讼代理人有其他关系,可能影响对案件公正审理的。审判人员接受当事人、诉讼代理人请客送礼,或者违反规定会见当事人、诉讼代理人的,当事人有权要求他们回避。审判人员有前款规定的行为的,应当依法追究法律责任。前三款规定,适用于书记员、翻译人员、鉴定人、勘验人"。

从上述规定的改变可以看出：(1)确立主动回避的原则,明确规定审判人员具有应回避情形的,"应当自行回避",从而将当事人申请回避作为自行回避的补充,这是我国回避制度的重大改革。(2)扩大了作为回避理由的利害关系人的范围,从原来的"当事人"扩大到"当事人、诉讼代理人"。(3)明确规定审判人员实施有损审判行为廉洁性与公正性的行为的,即"接受当事人、诉讼代理人请客送礼,或者违反规定会见当事人、诉讼代理人",应当依法追究法律责任。

## 三、民事诉讼检察监督制度改革

2012年《民事诉讼法》将2007年《民事诉讼法》第14条由原来的"人民检察院有权对民事审判活动实行法律监督"修改为"人民检察院有权对民事诉讼实行法律监督"。将"民事审判活动"修改为"民事诉讼",扩大了民事诉讼检察监督的范围。为了落实该条规

定,2012年《民事诉讼法》新增了下列民事检察监督事项:

**(一) 增设检察建议制度**

2012年《民事诉讼法》第208条第2款规定:"地方各级人民检察院对同级人民法院已经发生法律效力的判决、裁定,发现有本法第200条规定情形之一的,或者发现调解书损害国家利益、社会公共利益的,可以向同级人民法院提出检察建议,并报上级人民检察院备案;也可以提请上级人民检察院向同级人民法院提出抗诉。"第3款规定:"各级人民检察院对审判监督程序以外的其他审判程序中审判人员的违法行为,有权向同级人民法院提出检察建议。"在此之前,法律规定的民事检察监督的方式只有抗诉。但是实践中,最高人民检察院在2009年根据实践的需要,增设了检察建议方式。[①] 2012年《民事诉讼法》将检察建议作为法定的民事检察监督方式,并将其分为审判监督程序中的检察建议和审判监督程序外的检察建议。

**(二) 增设同级检察监督制度**

2012年修改《民事诉讼法》之前,民事检察监督实行的是上级抗诉,即作出生效裁判的人民法院的上级人民检察院向其同级人民法院提起抗诉。2012年《民事诉讼法》第208条第2款和第3款则规定地方各级人民检察院有权向同级人民法院发出检察建议,从而确立了同级检察监督制度。

**(三) 明确规定人民检察院在提出检察建议和抗诉时的调查权**

2012年《民事诉讼法》第210条规定:人民检察院因履行法律监

---

[①] 最高人民检察院《人民检察院检察建议工作规定(试行)》(高检发【2009】24号)。

督职责提出检察建议或者抗诉的需要,可以向当事人或者案外人调查核实有关情况。

### (四) 增加对民事调解书的检察监督

2012年修改《民事诉讼法》之前,民事检察监督的对象只有判决、裁定,调解书不是检察监督的对象。2012年《民事诉讼法》第208条将"调解书损害国家利益、社会公共利益"作为人民检察院提起抗诉和检察建议的法定事由,从而将民事调解书增加为民事检察监督的对象。

### (五) 增加对审判行为的检察监督制度

2012年修改《民事诉讼法》之前,民事检察监督仅为结果监督,即生效裁判确有错误的,人民检察院才能进行监督。2012年《民事诉讼法》第208条第3款规定:"各级人民检察院对审判监督程序以外的其他审判程序中审判人员的违法行为,有权向同级人民法院提出检察建议。"增加对审判监督程序以外的其他审判程序中审判人员的违法行为的监督,从而扩大了民事检察监督的范围。

### (六) 增设民事执行检察监督制度

2012年《民事诉讼法》第235条规定:人民检察院有权对民事执行活动实行法律监督。从而明确将民事执行活动列入民事检察监督的对象和范围。尽管对民事执行检察监督的范围和方式没有作出明确具体的规定,但是上述原则规定对于完善我国民事检察监督制度具有重大而现实的意义。

## 四、设立民事公益诉讼制度

随着社会的发展和利益格局的变化,实践中新类型民事纠纷案件不断增多。自 21 世纪初开始，涉及不特定多数人利益的纠纷案件，如公共场所如厕收费案、铁路运输高峰期提高票价案、环境污染案、生产销售不合格商品案等，多次被诉至人民法院。根据 1991 年《民事诉讼法》第 108 条的规定，原告必须是"与本案有直接利害关系的公民、法人和其他组织"，一些涉及不特定多数人利益的案件就因原告不符合该条件而不能起诉，即使起诉了，人民法院也只能裁定不予受理。即使诸如公共场所如厕收费、铁路运输高峰期提高票价等案件获得立案并作出判决，也只是作为私益案件按照通常民事诉讼案件处理。这种状况显然不利于保护涉及不特定多数人利益的公共利益，设立专门保护公共利益的公益诉讼制度的呼声日益高涨。2012 年《民事诉讼法》第 55 条规定：对污染环境、侵害众多消费者合法权益等损害社会公共利益的行为，法律规定的机关和有关组织可以向人民法院提起诉讼。这样，具有中国特色的民事公益诉讼制度宣告设立。尽管《民事诉讼法》第 55 条的可操作性不强，且将自然人排除在公益诉讼原告范围之外显然不合理，但是毕竟有了法律依据，奠定了民事公益诉讼制度发展和完善的基础。

## 五、设立第三人撤销之诉制度

针对实践中虚假诉讼情况严重的问题，为维护第三人的合法权益，2012 年《民事诉讼法》第 56 条新增一款作为第 3 款："前两款规定的第三人，因不能归责于本人的事由未参加诉讼，但有证据证明发生法律效力的判决、裁定、调解书的部分或者全部内容错误，损害其民事权益的，可以自知道或者应当知道其民事权益受到损害之日起 6 个月内，向作出该判决、裁定、调解书的人民法院提起诉讼。人民法院经审理，诉讼请求成立的，应当改变或者撤销原判决、裁定、调解书；诉讼请求不成立的，驳回诉讼请求。"

# 六、民事诉讼证据制度的改革与完善

## （一）完善证据类型

2012年《民事诉讼法》将电子数据作为独立的证据类型加以规定，将原有的"鉴定结论"证据类型改为"鉴定意见"，并将"当事人的陈述"由第五项调至第一项。2012年《民事诉讼法》第63条第1款规定："证据包括：（1）当事人的陈述；（2）书证；（3）物证；（4）视听资料；（5）电子数据；（6）证人证言；（7）鉴定意见；（8）勘验笔录。"

## （二）完善举证时限制度

2008年12月11日，最高人民法院发布《最高人民法院关于适用〈关于民事诉讼证据的若干规定〉中有关举证时限规定的通知》，对一审程序案件、简易程序案件、管辖权异议案件、人民法院依职权调查收集的证据提出相反证据、增加当事人、当事人申请延长举证时限、增加或者变更诉讼请求以及提出反诉、第二审新证据和发回重审案件等情形下的举证时限进行了详细的规定。

《最高人民法院关于适用〈关于民事诉讼证据的若干规定〉中有关举证时限规定的通知》明确规定，《民事诉讼证据规定》第33条第3款规定的举证期限是指在适用一审普通程序审理民事案件时，人民法院指定当事人提供证据证明其主张的基础事实的期限，该期限不得少于30日。但是人民法院在征得双方当事人同意后，指定的举证期限可以少于30日。前述规定的举证期限届满后，针对某一特定事实或特定证据或者基于特定原因，人民法院可以根据案件的具体情况，酌情指定当事人提供证据或者反证的期限，该期限不受

"不得少于30日"的限制。

适用简易程序审理的案件,人民法院指定的举证期限不受《民事诉讼证据规定》第33条第3款规定的限制,可以少于30日。简易程序转为普通程序审理,人民法院指定的举证期限少于30日的,人民法院应当为当事人补足不少于30日的举证期限。但在征得当事人同意后,人民法院指定的举证期限可以少于30日。

当事人在一审答辩期内提出管辖权异议的,人民法院应当在驳回当事人管辖权异议的裁定生效后,依照《民事诉讼证据规定》第33条第3款的规定,重新指定不少于30日的举证期限。但在征得当事人同意后,人民法院可以指定少于30日的举证期限。

人民法院依照《民事诉讼证据规定》第15条调查收集的证据在庭审中出示后,当事人要求提供相反证据的,人民法院可以酌情确定相应的举证期限。

人民法院在追加当事人或者有独立请求权的第三人参加诉讼的情况下,应当依照《民事诉讼证据规定》第33条第3款的规定,为新参加诉讼的当事人指定举证期限。该举证期限适用于其他当事人。

当事人申请延长举证期限经人民法院准许的,为平等保护双方当事人的诉讼权利,延长的举证期限适用于其他当事人。

当事人在一审举证期限内增加、变更诉讼请求或者提出反诉,或者人民法院依照《民事诉讼证据规定》第35条的规定告知当事人可以变更诉讼请求后,当事人变更诉讼请求的,人民法院应当根据案件的具体情况重新指定举证期限。当事人对举证期限有约定的,依照《民事诉讼证据规定》第33条第2款的规定处理。

在第二审人民法院审理中,当事人申请提供新的证据的,人民法院指定的举证期限,不受"不得少于30日"的限制。

发回重审的案件,第一审人民法院在重新审理时,可以结合案件的具体情况和发回重审的原因等情况,酌情确定举证期限。如果案件是因违反法定程序被发回重审的,人民法院在征求当事人的意见后,可以不再指定举证期限或者酌情指定举证期限。但案件因遗漏当事人被发回重审的,应当依照《民事诉讼证据规定》第33条第3款的规定,为新参加诉讼的当事人指定举证期限,该举证期限适用于其他当事人。如果案件是因认定事实不清、证据不足发回重审的,人民法院可以要求当事人协商确定举证期限,或者酌情指定举证期限。上述举证期限不受"不得少于30日"的限制。

人民法院对于"新的证据",应当依照《民事诉讼证据规定》第41条、第42条、第43条、第44条的规定,结合以下因素综合认定:(1)证据是否在举证期限或者《民事诉讼证据规定》第41条、第44条规定的其他期限内已经客观存在;(2)当事人未在举证期限或者司法解释规定的其他期限内提供证据,是否存在故意或者重大过失的情形。

2012年《民事诉讼法》新增第65条,从立法上确立了举证时限制度。第65条规定:"当事人对自己提出的主张应当及时提供证据。人民法院根据当事人的主张和案件审理情况,确定当事人应当提供的证据及其期限。当事人在该期限内提供证据确有困难的,可以向人民法院申请延长期限,人民法院根据当事人的申请适当延长。当事人逾期提供证据的,人民法院应当责令其说明理由;拒不说明理由或者理由不成立的,人民法院根据不同情形可以不予采纳该证据,或者采纳该证据但予以训诫、罚款。"

## (三)增设证据收取程序规定

2012年《民事诉讼法》第66条规定:人民法院收到当事人提交的证据材料,应当出具收据,写明证据名称、页数、份数、原件或者复印件以及收到时间等,并由经办人员签名或者盖章。该条实际上是吸收了《最高人民法院关于适用〈中华人民共和国民事诉讼法〉若干问题的意见》第71条和《民事诉讼证据规定》第14条第2款的规定。

### (四) 强化证人出庭作证

2012年《民事诉讼法》第73条规定:"经人民法院通知,证人应当出庭作证。有下列情形之一的,经人民法院许可,可以通过书面证言、视听传输技术或者视听资料等方式作证:(1)因健康原因不能出庭的;(2)因路途遥远,交通不便不能出庭的;(3)因自然灾害等不可抗力不能出庭的;(4)其他有正当理由不能出庭的。"由此可见,出庭作证是证人作证的基本形式,出具书面证言是例外且必须具有法定的事由。尽管1991年《民事诉讼法》规定"凡是知道案件情况的单位和个人,都有义务出庭作证",但是没有明确不出庭作证的后果,更没有明确不出庭作证的法定事由。2012年《民事诉讼法》将证人出庭作证的义务规定得更为具体,更加具有可操作性。

### (五) 设立证人出庭补偿垫付制度

2012年《民事诉讼法》第74条规定:"证人因履行出庭作证义务而支出的交通、住宿、就餐等必要费用以及误工损失,由败诉一方当事人负担。当事人申请证人作证的,由该当事人先行垫付;当事人没有申请,人民法院通知证人作证的,由人民法院先行垫付。"

### (六) 增设鉴定人出庭作证制度

2012年《民事诉讼法》第78条规定:"当事人对鉴定意见有异议或者人民法院认为鉴定人有必要出庭的,鉴定人应当出庭作证。经人民法院通知,鉴定人拒不出庭作证的,鉴定意见不得作为认定事实的根据;支付鉴定费用的当事人可以要求返还鉴定费用。"该条规定其实是吸收了2005年通过的《全国人民代表大会常务委员会关于司法鉴定管理问题的决定》第11条和《民事诉讼证据规定》第

59 条的规定。①

(七) 增设了专家辅助人制度

2012 年《民事诉讼法》第 79 条规定:"当事人可以申请人民法院通知有专门知识的人出庭,就鉴定人作出的鉴定意见或者专业问题提出意见。"这一规定吸收了《民事诉讼证据规定》第 61 条第 1 款的经验②,对于合理解决涉及专业问题的民事案件,具有十分重要的意义。

(八) 证据保全制度的完善

1991 年《民事诉讼法》只有诉讼证据保全制度。1991 年《民事诉讼法》第 74 条规定:"在证据可能灭失或者以后难以取得的情况下,诉讼参加人可以向人民法院申请保全证据,人民法院也可以主动采取保全措施。"2012 年《民事诉讼法》第 81 条第 2 款规定:"因情况紧急,在证据可能灭失或者以后难以取得的情况下,利害关系人可以在提起诉讼或者申请仲裁前向证据所在地、被申请人住所地或者对案件有管辖权的人民法院申请保全证据。"上述规定区分了诉前证据保全和诉讼证据保全,新设了诉前和仲裁前保全制度,并且对诉前证据保全的管辖法院作出了规定。

尽管民事诉讼证据制度不断进行改革和完善,但是实践中民事诉讼证据制度的贯彻执行却仍然总是引起争议。2007 年南京市鼓楼区人民法院对徐某诉彭宇人身损害赔偿纠纷案作出(2007)鼓民一初字第 212 号民事判决,就引起了广泛争议(见图 2-4-3)。

---

① 《全国人民代表大会常务委员会关于司法鉴定管理问题的决定》第 11 条规定:在诉讼中,当事人对鉴定意见有异议,经人民法院依法通知,鉴定人应当出庭作证。《民事诉讼证据规定》第 59 条规定:鉴定人应当出庭接受当事人质询。鉴定人确因特殊原因无法出庭的,经人民法院准许,可以书面答复当事人的质询。

② 《民事诉讼证据规定》第 61 条第 1 款规定:当事人可以向人民法院申请由一至二名具有专门知识的人员出庭就案件的专门性问题进行说明。人民法院准许其申请的,有关费用由提出申请的当事人负担。

## 第二编 民事诉讼制度

### 徐某诉彭宇人身损害赔偿纠纷案[①]

2006年11月20日上午,徐某在南京市水西门公交车站等候83路车,大约9时30分左右有2辆83路公交车同时进站。徐某准备乘坐后面的83路公交车,在行至前一辆公交车后门时摔倒。从该门下车的彭宇将徐某扶至旁边休息。徐某的亲属到来后,彭宇又与徐某亲属等人将徐某送往医院治疗。徐某被诊断为左股骨颈骨折。经住院施行髋关节置换术,产生医疗费、护理费、营养费若干。

因认为其受伤是彭宇碰撞所致,且双方未能就赔偿问题达成协议,徐某遂诉至法院,要求彭宇赔偿医疗费、护理费、营养费、住院伙食补助费等损失,并承担本案诉讼费用。彭宇否认与原告相撞,且在第二次庭审时提出其扶起徐某并送其就医、垫付200余元医疗费的行为是见义勇为。

法院经审理认为,本案的争议焦点是彭宇是否与徐某相撞以及双方的责任划分问题。法院认定徐某系与彭宇相撞后受伤,主要理由是:

第一,根据日常生活经验分析,徐某倒地的原因除了被他人的外力因素撞倒之外,还有绊倒或滑倒等自身原因情形,但双方在庭审中均未陈述存在徐某绊倒或滑倒等事实,彭宇也未对此提供反证证明,故根据本案现有证据,应着重分析徐某被撞倒之外力情形。人被外力撞倒后,一般首先会确定外力来源、辨认相撞之人,如果相撞之人逃逸,作为被撞倒之人的第一反应是呼救并请人帮忙阻止。本案事发地点在人员较多的公交车

---

[①] 本案案情根据《现代快报》2007年9月5日的报道、南京市鼓楼区人民法院民事判决书[(2007)鼓民一初字第212号]以及2008年3月15日时任江苏省高级人民法院院长公丕祥在第十一届全国人民代表大会第1次会议大会新闻中心接受中外记者采访时就该案所作回答整理而成。其中答记者问参见 http://npc.people.com.cn/GB/28320/116286/116574/7004001.html,最后访问日期:2018年5月25日。

站,是公共场所,事发时间在视线较好的上午,事故发生的过程非常短促,故撞倒徐某的人不可能轻易逃逸。根据彭宇自认,其是第一个下车之人,从常理分析,其与徐某相撞的可能性较大。如果彭宇是见义勇为做好事,更符合实际的做法应是抓住撞倒徐某的人,而不仅仅是好心相扶;如果彭宇是做好事,根据社会情理,在徐某的家人到达后,其完全可以言明事实经过并让徐某的家人将徐某送往医院,然后自行离开,但彭宇未作此等选择,其行为显然与情理相悖。

第二,从现有证据看,彭宇在法院庭审前及第一次庭审中均未提及其是见义勇为的情节,而是在第二次庭审时方才陈述。如果真是见义勇为,在争议期间不可能不首先作为抗辩理由,陈述的时机不能令人信服。因此,对其自称是见义勇为的主张不予采信。

第三,彭宇在事发当天给付徐某二百多元钱款且一直未要求徐某返还。原告、彭宇一致认可上述给付钱款的事实,但关于给付原因陈述不一:徐某认为是先行垫付的赔偿款,彭宇认为是借款。根据日常生活经验,原告、彭宇素不认识,一般不会贸然借款,即便如彭宇所称为借款,在有承担事故责任之虞时,也应请公交站台上无利害关系的其他人证明,或者向徐某亲属说明情况后索取借条(或说明)等书面材料。但是彭宇在本案中并未存在上述情况,而且在徐某家属陪同前往医院的情况下,由其借款给徐某的可能性不大;而如果撞伤他人,则最符合情理的做法是先行垫付款项。彭宇证人证明原告、彭宇双方到派出所处理本次事故,从该事实也可以推定出徐某当时即以为是被彭宇撞倒而非被他人撞倒,在此情况下彭宇予以借款更不可能。

综合以上事实及分析,可以认定该款并非借款,而应为赔偿款。

第二编　民事诉讼制度

图 2-4-3　2007 年 9 月 5 日《现代快报》报道彭宇一审败诉①

2007年9月3日,南京市鼓楼区人民法院作出(2007)鼓民一初字第212号民事判决,判决彭宇于判决生效之日起10日内

---

① 彭宇一审败诉引起媒体的广泛关注。其中《现代快报》于 2007 年 9 月 5 日在 A1 版刊登了彭宇败诉后站在法院门口的照片,在 A2、A3、A4 版刊发了《他是帮人还是撞人？彭宇一审被判承担老太太 4 万多元损失》的详细报道。本图系 2018 年 8 月 6 日笔者拍摄的藏于国家图书馆的 2007 年 9 月 5 日《现代快报》A1 版(部分),报道中的原图摄影为《现代快报》记者泱波。

一次性给付徐某人民币45876.36元。彭宇和徐某均不服,向南京市中级人民法院提起上诉。彭宇通过媒体公布了案情,引起了广泛争议。经南京市中级人民法院调解,双方当事人在二审期间达成和解协议,并且申请撤回上诉。南京市中级人民法院裁定准予双方当事人撤回上诉。

从表面来看,本案似乎已经解决。但是,二审法院进行的调解和当事人撤回上诉,使本案失去了通过二审裁判澄清相关问题的机会,本案证明责任的分配和经验法则的适用引起的争议并没有真正平息。该案一审裁判结果造成的伦理困惑效应在很长时间内都没有消除。

# 七、送达制度的完善

针对实践中存在的"送达难"问题,2012年《民事诉讼法》增强了法院的送达手段,完善了留置送达措施。

## (一)改革留置送达见证制度

根据1991年《民事诉讼法》的规定,受送达人或者他的同住成年家属拒绝接收诉讼文书的,送达人应当邀请有关基层组织或者所在单位的代表到场,说明情况,在送达回证上记明拒收事由和日期,由送达人、见证人签名或者盖章,把诉讼文书留在受送达人的住所,即视为送达。2012年《民事诉讼法》将上述"应当邀请"改为"可以邀请",并规定"也可以把诉讼文书留在受送达人的住所,并采用拍照、录像等方式记录送达过程,即视为送达"。可见,"邀请有关基层组织或者所在单位的代表到场"不再是留置送达的"规定动作",以适应基层组织和所在单位代表不愿到场、到场不愿签字的现实情况。

## （二）确立电子送达制度

2012年《民事诉讼法》第87条规定："经受送达人同意，人民法院可以采用传真、电子邮件等能够确认其收悉的方式送达诉讼文书，但判决书、裁定书、调解书除外。采用前款方式送达的，以传真、电子邮件等到达受送达人特定系统的日期为送达日期。"2008年发布的《最高人民法院关于适用〈中华人民共和国海事诉讼特别程序法〉若干问题的解释》第55条规定："海事诉讼特别程序法第80条第1款第(3)项规定的其他适当方式包括传真、电子邮件(包括受送达人的专门网址)等送达方式。通过以上方式送达的，应确认受送达人确已收悉。"2012年《民事诉讼法》显然吸收了上述规定。

## （三）缩短涉外民事诉讼公告送达的公告期

根据1991年《民事诉讼法》的规定，涉外民事诉讼案件公告送达的，"自公告之日起满6个月，即视为送达"。2012年《民事诉讼法》第267条规定："人民法院对在中华人民共和国领域内没有住所的当事人送达诉讼文书，可以采用下列方式……（八）不能用上述方式送达的，公告送达，自公告之日起满3个月，即视为送达。"

# 八、诉讼保障制度的改革与完善

## （一）完善保全制度

### 1. 增设行为保全制度

2012年《民事诉讼法》将1991年《民事诉讼法》第9章的章名由"财产保全和先予执行"改为"保全和先予执行"，删除"财产"二字，并在第100条第1款明确规定行为保全："人民法院对于可能因当事人一方的行为或者其他原因,使判决难以执行或者造成当事人其他损害的案件,根据对方当事人的申请,可以裁定对其财产进行保全、责令其作出一定行为或者禁止其作出一定行为;当事人没有提出申请的,人民法院在必要时也可以裁定采取保全措施。"

**2. 明确规定诉前保全的管辖法院**

2012年《民事诉讼法》第101条第1款规定:"利害关系人因情况紧急,不立即申请保全将会使其合法权益受到难以弥补的损害的,可以在提起诉讼或者申请仲裁前向被保全财产所在地、被申请人住所地或者对案件有管辖权的人民法院申请采取保全措施。申请人应当提供担保,不提供担保的,裁定驳回申请。"第272条规定:"当事人申请采取保全的,中华人民共和国的涉外仲裁机构应当将当事人的申请,提交被申请人住所地或者财产所在地的中级人民法院裁定。"

**3. 延长诉前保全的起诉期限**

诉前保全的起诉期限由1991年《民事诉讼法》规定的15日延长至30日,统一了国内和涉外民事案件诉前保全的期限。

**4. 明确规定只有财产纠纷案件才能通过提供担保解除保全措施**

1991年《民事诉讼法》第95条规定:"被申请人提供担保的,人民法院应当解除财产保全。"2012年《民事诉讼法》第104条规定:"财产纠纷案件,被申请人提供担保的,人民法院应当裁定解除保全。"

## (二) 新增对虚假诉讼和恶意串通逃避执行的制裁措施

2012年《民事诉讼法》第112条和第113条,规定对虚假诉讼和恶意串通逃避执行的行为应当根据情节轻重予以罚款、拘留;构成犯罪的,依法追究刑事责任。第112条规定:"当事人之间恶意串通,企图通过诉讼、调解等方式侵害他人合法权益的,人民法院应当驳回其请求,并根据情节轻重予以罚款、拘留;构成犯罪的,依法追究刑事责任。"第113条规定:"被执行人与他人恶意串通,通过诉讼、仲裁、调解等方式逃避履行法律文书确定的义务的,人民法院应当根据情节轻重予以罚款、拘留;构成犯罪的,依法追究刑事责任。"

### (三) 加大对妨害诉讼和执行行为的罚款制裁力度

对于妨害民事诉讼和执行的行为,2007年和2012年《民事诉讼法》不断加大制裁力度。其中,2007年《民事诉讼法》将1991年《民事诉讼法》规定的对个人的罚款金额由人民币1000元以下提高至1万元以下,对单位的罚款金额由人民币1000元以上3万元以下提高到1万元以上30万元以下。2012年《民事诉讼法》将对个人的罚款金额由人民币1万元以下提高至10万元以下,对单位的罚款金额由人民币1万元以上30万元以下提高到5万元以上100万元以下。

### (四) 制定《诉讼费用交纳办法》

2006年12月8日,国务院第159次常务会议通过《诉讼费用交纳办法》,并于同年12月19日以第481号国务院令公布,自2007年4月1日起施行。在此之前,诉讼收费适用的是最高人民法院于1989年7月12日印发的《人民法院诉讼收费办法》[法(司)发〔1989〕14号]的规定。相较于《人民法院诉讼收费办法》的规定,《诉讼费用交纳办法》降低了诉讼费用的收取标准,在一定程度上减轻了诉讼当事人的诉讼费用负担。

## 九、 诉讼调解制度的改革与完善

为了强化诉讼调解工作,2007年3月1日,最高人民法院发布

《最高人民法院印发〈最高人民法院关于进一步发挥诉讼调解在构建社会主义和谐社会中积极作用的若干意见〉的通知》(法发〔2007〕9号)。

《最高人民法院关于进一步发挥诉讼调解在构建社会主义和谐社会中积极作用的若干意见》强调,诉讼调解是我国诉讼制度的重要组成部分,是人民法院行使审判权的重要方式,是和谐司法的重要内容,在构建和谐社会中具有重大意义。近年来,人民法院的审判工作取得了重大发展,积累了宝贵经验,确立了"能调则调,当判则判,调判结合,案结事了"的民事审判工作指导方针。各级人民法院要以"案结事了"作为审判工作追求的目标,正确认识诉讼调解在人民法院审判工作中的地位和作用,大力推进诉讼调解工作。充分发挥各级人民法院诉讼调解工作的主动性和积极性,充分发挥广大法官的聪明才智,创造性地开展诉讼调解工作。各级人民法院应当根据法律以及司法解释的规定,按照"公正司法,一心为民"的要求,密切结合本地实际情况,积极探索诉讼调解机制创新,完善诉讼调解制度,创新调解方法,提高调解艺术,全面推动诉讼调解工作发展。

《最高人民法院关于进一步发挥诉讼调解在构建社会主义和谐社会中积极作用的若干意见》要求,各级人民法院要正确处理调解和裁判的关系,既要进一步加强诉讼调解工作力度,增加调解结案的数量,尽力提高调解结案的比例,也要避免片面追求调解率的倾向,努力实现"案结事了"。对有调解可能的案件,应当尽量创造条件进行调解。对不适宜进行调解、通过努力不可能达成调解协议的案件,应当及时作出裁判。人民法院对适合调解结案的民事案件,应当调解,并重点做好以下案件的调解工作:涉及群体利益,需要政府和相关部门配合的案件;人数众多的共同诉讼、集团诉讼案件;案情复杂,当事人之间情绪严重对立,且双方都难以形成证据优势的案件;相关法律法规没有规定或者规定不明确,在适用法律方面有一定困难的案件;敏感性强、社会关注程度大的案件;申诉复查案件和再审案件。人民法院在诉讼调解中要采取积极措施,充分保障当事人能够真实地表达自己的意愿,依法行使其处分权利。在诉讼调解中,应当注重调解程序的正当性、简易性和可操作性,避免调解的随意性。

《最高人民法院关于进一步发挥诉讼调解在构建社会主义和谐社会中积极作用的若干意见》要求,人民法院应当创新机制,完善制度,充分发挥诉讼调解化解矛盾、平息纠纷的作用。应当进一步完善立案阶段的调解制度。立案后并经当事人同意后,人民法院可以在立案阶段对案件进行调解。对于案情复杂并且当事人不同意调解的,或者找不到当事人的案件,应当及时移送审判庭审理。适用简易程序的一审案件,立案阶段调解期限原则上不超过立案后 10 日;适用普通程序的一审案件,立案阶段调解期限原则上不超过 20 日。二审案件原则上不搞立案调解,或者对二审案件规定更为合理的调解期限。人民法院可以根据法律以及司法解释的规定,建立和完善引入社会力量进行调解的工作机制。当事人愿意进行调解,但审理期限即将届满的,可以由当事人协商确定继续调解的期限,经人民法院审查同意后,由办案法官记录在卷。案件有达成调解协议的可能,当事人不能就继续调解的期限达成一致的,经本院院长批准,可以合理延长调解期限。当事人同意由办案法官之外的社会组织或者个人主持调解,达成调解协议的,主持调解的社会组织或者个人应当在调解协议上签名或者盖章。但是人民法院根据调解协议制作的调解书,主持调解的社会组织或者个人不签名或者盖章。当事人申诉、申请再审的案件,在审查立案或者听证过程中,双方当事人同意调解的,人民法院可以调解,达成一致意见的,可以按照执行和解处理,终结审查程序。当事人自行达成和解协议的,人民法院审查确认后,可以按照执行和解处理。调解工作成绩应当纳入个人考评的范围。调解激励机制既要体现对调解工作的肯定和鼓励,也要注意避免片面追求调解率。各高级人民法院、中级人民法院应当重视并加大对基层人民法院诉讼调解工作的指导、支持和帮助,在人、财、物等各方面加大对基层人民法院的扶持力度,力争把大多数矛盾消化在基层,把问题解决在基层,确保矛盾不扩大、不激化、不上交。

《最高人民法院关于进一步发挥诉讼调解在构建社会主义和谐社会中积极作用的若干意见》要求人民法院应当加强培训,促进交流,大力提高法官的诉讼调解能力。要加大法官调解能力的培训力度,制定长期的培训计划,建立法官轮训制度。各级人民法院要加强对诉讼调解经验的总结和交流。近年来全国法院在诉讼调解机制创新、制度完善、调解方法方式改革等方面取得了大量宝贵经验,涌现了一大批诉讼调解能手。要加大对这些宝贵经验的总结和推广工作力度,特别是要注重对某一类疑难、复杂案件的调解工作经验的总结和交流,推动诉讼调解工作不断发展。

2010年6月7日,最高人民法院发布《最高人民法院印发〈关于进一步贯彻"调解优先、调判结合"工作原则的若干意见〉的通知》(法发〔2010〕16号),将原来的"能调则调,当判则判,调判结合"改为"调解优先、调判结合"。

《关于进一步贯彻"调解优先、调判结合"工作原则的若干意见》首先要求牢固树立调解意识,进一步增强贯彻"调解优先、调判结合"工作原则的自觉性。各级人民法院要深刻认识调解在有效化解矛盾纠纷、促进社会和谐稳定中所具有的独特优势和重要价值,切实转变重裁判、轻调解的观念,把调解作为处理案件的首要选择,自觉主动地运用调解方式处理矛盾纠纷,把调解贯穿于立案、审判和执行的各个环节,贯穿于一审、二审、执行、再审、申诉、信访的全过

## 第二编 民事诉讼制度

程,把调解主体从承办法官延伸到合议庭所有成员、庭领导和院领导,把调解、和解和协调案件范围从民事案件逐步扩大,建立覆盖全部审判执行领域的立体调解机制。要紧紧围绕"案结事了"目标,正确处理好调解与裁判这两种审判方式的关系。在处理案件过程中,首先要考虑用调解方式进行处理;要做到调解与裁判两手都要抓,两手都要硬;不论是调解还是裁判,都必须立足于有效化解矛盾纠纷、促进社会和谐,定分止争,实现法律效果与社会效果的有机统一。

《关于进一步贯彻"调解优先、调判结合"工作原则的若干意见》要求完善调解工作制度,抓好重点环节,全面推进调解工作。各级人民法院特别是基层人民法院要把调解作为处理民事案件的首选结案方式和基本工作方法。对依法和依案件性质可以调解的所有民事案件都要首先尝试通过运用调解方式解决,将调解贯穿于民事审判工作的全过程和所有环节。要进一步改进执行方式,充分运用调解手段和执行措施,积极促成执行和解,有效化解执行难题。对被执行财产难以发现的,要充分发挥执行联动威慑机制的作用,通过限制高消费措施、被执行人报告财产制度,以及委托律师调查、强制审计、公安机关协查等方式方法,最大限度地发现被执行人的财产,敦促被执行人提出切实可行的还款计划。在收到当事人起诉状或者口头起诉之后、正式立案之前,对于未经人民调解等非诉讼纠纷解决方式调处的案件,要积极引导当事人先行就近、就地选择非诉讼调解组织解决纠纷,力争将矛盾纠纷化解在诉前。在案件立案之后、移送审判业务庭之前,对事实清楚、权利义务关系明确、争议不大的简单民事案件,在立案后应当及时调解;对可能影响社会和谐稳定的群体性案件、集团诉讼案件,敏感性强、社会广泛关注的案件,在立案后也要尽可能调解。立案阶段的调解应当坚持以效率、快捷为原则,避免案件在立案阶段积压。在案件受理后、裁判作出前，经当事人同意，可以委托有利于案件调解解决的人民调解、行政调解、行业调解等有关组织或者人大代表、政协委员等主持调解，或者邀请有关单位或者技术专家、律师等协助人民法院进行调解。对历时时间长、认识分歧较大的再审案件，当事人情绪激烈、矛盾激化的再审案件，改判和维持效果都不理想的再审案件，要多做调解、协调工作，尽可能促成当事人达成调解、和解协议。对抗诉再审案件，可以邀请检察机关协助人民法院进行调解；对一般再审案件，可以要求原一、二审法院配合进行调解；对处于执行中的再审案件，可以与执行部门协调共同做好调解工作。

《关于进一步贯彻"调解优先、调判结合"工作原则的若干意见》要求规范调解活动，创新调解工作机制，提高调解工作质量。在调解过程中，切实贯彻当事人自愿调解原则，切实贯彻合法调解原则，科学把握当判则判的时机，加强对调解工作的监督管理，进一步加强对法官在调解工作中的职业行为约束。并且，进一步规范调解协议督促条款、担保履行条款的适用，要不断总结调解经验，努力探索调解规律，建立健全以调解案件分类化、调解法官专业化、调解方法特定化为内容的类型化调解机制。建立健全调解工作激励机制，建立健全调解能力培养长效机制，建立健全调解保障机制。

《关于进一步贯彻"调解优先、调判结合"工作原则的若干意见》还要求进一步推动"大调解"工作体系建设，不断完善中国特色纠纷解决机制。各级人民法院要紧紧依靠党委领导，积极争取政府支持，鼓励社会各界参与，充分发挥司法的推动作用，将人民调解、行政调解、司法调解"大调解"工作体系建设纳入推进三项重点工作的整体部署。各级人民法院要与村委会、居委会、工会、共青团、妇联、侨联等组织密切配合，形成化解社会矛盾的合力。要充分利用自身的资源来支持其他调解组织开展工作，有条件的地方可以在基层人民法院和人民法庭设立人民调解工作室等必要的办公场所，为其他组织调处纠纷提供支持,同时也要注意利用其他社会组织和有关部门的调解资源。可以在处理纠纷比较多的派出所、交警队、妇联、工会等单位设立巡回调解点。要建立以人大代表、政协委员、基层干部、人民陪审员、离退休干部以及社会各界人士组成的覆盖各级、各部门、各行业的特邀调解员、调解志愿者网络库,加强与人民调解、行政调解组织网络的对接,逐步形成资源共享、力量共用、良性互动的"大调解"工作网络体系。

2012年《民事诉讼法》增设诉讼调解的类型,将先行调解作为诉讼调解的类型之一,并增设庭前调解制度。2012年《民事诉讼法》第122条规定:"当事人起诉到人民法院的民事纠纷,适宜调解的,先行调解,但当事人拒绝调解的除外。"第133条第(2)项规定:"开庭前可以调解的,采取调解方式及时解决纠纷。"

## 十、第一审程序制度的改革与完善

### (一) 完善审前程序

2012年《民事诉讼法》明确规定了起诉状、答辩状应当载明的事项,并且完善了审前准备程序的内容。2012年《民事诉讼法》第133条规定:"人民法院对受理的案件,分别情形,予以处理:(1) 当事人没有争议,符合督促程序规定条件的,可以转入督促程序;(2) 开庭前可以调解的,采取调解方式及时解决纠纷;(3) 根据案件情况,确定适用简易程序或者普通程序;(4) 需要开庭审理的,通过要求当事人交换证据等方式,明确争议焦点。"

### (二) 完善简易程序

2012年《民事诉讼法》第157条明确规定当事人可以约定适用

简易程序,同时规定,适用简易程序审理的案件,除了可以采用简便方式传唤当事人和证人外,还可以用简便方式送达文书和审理案件,但应当保证当事人陈述意见的权利。

### (三) 增设小额诉讼程序

2012年《民事诉讼法》第162条规定:"基层人民法院和它派出的法庭审理符合本法第157条第1款规定的简单的民事案件,标的额为各省、自治区、直辖市上年度就业人员年平均工资30%以下的,实行一审终审。"

## 十一、第二审程序制度的改革与完善

### (一) 明确二审不开庭审理的适用条件

2012年《民事诉讼法》第169条第1款规定:第二审人民法院对上诉案件,应当组成合议庭,开庭审理。经过阅卷、调查和询问当事人,对没有提出新的事实、证据或者理由,合议庭认为不需要开庭审理的,可以不开庭审理。相对于1991年《民事诉讼法》规定的经过阅卷和调查,询问当事人,在事实核对清楚后,合议庭认为不需要开庭审理的,也可以径行判决、裁定,2012年《民事诉讼法》的规定更为明确、具体、可操作。

### (二) 调整改判和发回重审的适用事由

2012年《民事诉讼法》调整了第二审人民法院改判和发回重审的适用条件:根据2007年《民事诉讼法》的规定,第二审人民法院"依法改判"的事由为"原判决适用法律错误",应当"发回重审"的事由为"原判决违反法定程序",可能"影响案件正确判决";对于

"原判决认定事实错误,或原判决认定事实不清、证据不足"的,第二审人民法院可以裁定发回重审,也可以查清事实后改判。2012年《民事诉讼法》在保留"适用法律错误"作为"依法改判"的事由的基础上,将"认定事实错误"由"可以发回重审"改为"依法改判";将"认定事实不清、证据不足"改为"认定基本事实不清"并作为可以"发回重审"的事由,将"原判决违反法定程序,可能影响案件正确判决"改为"原判决遗漏当事人或违法缺席判决等严重违反法定程序"作为"发回重审"的事由。显然,2012年《民事诉讼法》限制了发回重审的适用、扩大了改判的适用。

### (三) 明确规定发回重审只能适用一次

2012年《民事诉讼法》增加了一款,作为第170条第2款,规定:"原审人民法院对发回重审的案件作出判决后,当事人提起上诉的,第二审人民法院不得再次发回重审。"根据该规定,一个案件只能发回重审一次,以防止反复发回重审,损害诉讼效率。

## 韩凤彬诉内蒙古九郡药业有限责任公司等
## 产品责任纠纷管辖权异议案[①]

原告韩凤彬诉被告内蒙古九郡药业有限责任公司(以下简称"九郡药业")、上海云洲商厦有限公司(以下简称"云洲商厦")、上海广播电视台(以下简称"上海电视台")、大连鸿雁大药房有限公司(以下简称"鸿雁大药房")产品质量损害赔偿纠纷一案,辽宁省大连市中级人民法院于2008年9月3日作出(2007)大民权初字第4号民事判决。九郡药业、云洲商厦、上海电视台不服,向辽宁省高级人民法院提起上诉。该院于2010年5月24日作出(2008)辽民一终字第400号民事判决。该判

---

[①] 指导案例56号。最高人民法院审判委员会讨论通过,2015年11月19日发布。

决发生法律效力后,再审申请人九郡药业、云洲商厦向最高人民法院申请再审。

最高人民法院于同年 12 月 22 日作出(2010)民申字第 1019 号民事裁定,提审本案,并于 2011 年 8 月 3 日作出(2011)民提字第 117 号民事裁定,撤销一、二审民事判决,发回辽宁省大连市中级人民法院重审。在重审中,九郡药业和云洲商厦提出管辖异议。

辽宁省大连市中级人民法院于 2012 年 2 月 29 日作出(2011)大审民再初字第 7 号民事裁定,驳回九郡药业和云洲商厦对管辖权提出的异议。九郡药业、云洲商厦提起上诉,辽宁省高级人民法院于 2012 年 5 月 7 日作出(2012)辽立一民再终字第 1 号民事裁定,认为原告韩凤彬在向大连市中级人民法院提起诉讼时,即将住所地在大连市的鸿雁大药房列为被告之一,且在原审过程中提交了在鸿雁大药房购药的相关证据并经庭审质证,鸿雁大药房属适格被告,大连市中级人民法院对该案有管辖权,遂裁定驳回上诉,维持原裁定。九郡药业、云洲商厦分别向最高人民法院申请再审。

最高人民法院认为,《民事诉讼法》第 127 条明确规定:当事人对管辖权有异议的,应当在提交答辩状期间提出。当事人未提出管辖异议,并应诉答辩的,视为受诉人民法院有管辖权。由此可知,当事人在一审提交答辩状期间未提出管辖异议,在案件二审或者再审时才提出管辖异议的,根据管辖恒定原则,案件管辖权已经确定,人民法院对此不予审查。本案中,九郡药业和云洲商厦是案件被通过审判监督程序裁定发回一审法院重审,在一审法院的重审中才就管辖权提出异议的。最初一审时原告韩凤彬的起诉状送达给九郡药业和云洲商厦,九郡药业和云洲商厦在答辩期内并没有对管辖权提出异议,说明其已接受了一审法院的管辖,管辖权已确定。本案是经审判监督程序发回一审法院重审的案件,虽然按照第一审程序审理,但是发回重审的案件并非一个初审案件,案件管辖权早已确定。民事诉讼程序的启动始于当事人的起诉,确定案件的管辖权,应以起诉时为标准,起诉时对案件有管辖权的法院,不因确定管辖的事实在诉讼过程中发生变化而影响其管辖权。当案件诉至人民法院,经人民法院立案受理,诉状送达给被告,被告在答辩期内未提出管辖异议,表明案件已确定了管辖法院,此后不因当事人住所地、经常居住地的变更或行政区域的变更而改变案件的管辖法院。在管辖权已确定的前提下,当事人无权再就管辖权提出异议。如果在重审中当事人仍可就管辖权提出异议,无疑会使已稳定的诉讼程序处于不确定的状态,破坏了诉讼程序的安定、有序,拖延诉讼,不仅降低诉讼效率,浪费司法资源,而且不利于纠纷的解决。因此,基于管辖恒定原则、诉讼程序的确定性以及公正和效率的要求,不能支持重审案件当事人再就管辖权提出的异议。据此,九郡药业和云洲商厦就本案管辖权提出异议,没有法律依据,原审裁定驳回其管辖异议并无不当,九郡药业和云洲商厦的再审申请不符合《民事诉讼法》第200条第(六)项规定的应当再审情形。

2013年3月27日,最高人民法院作出(2013)民再审字第27号《民事裁定书》,驳回九郡药业和云洲商厦的再审申请。

## 十二、特别程序制度的改革

### (一) 增设确认调解协议案件程序

2012年《民事诉讼法》在"特别程序"一章增设了"确认调解协

议案件"一节,共两个条文。第 194 条规定:"申请司法确认调解协议,由双方当事人依照人民调解法等法律,自调解协议生效之日起 30 日内,共同向调解组织所在地基层人民法院提出。"第 195 条规定:"人民法院受理申请后,经审查,符合法律规定的,裁定调解协议有效,一方当事人拒绝履行或者未全部履行的,对方当事人可以向人民法院申请执行;不符合法律规定的,裁定驳回申请,当事人可以通过调解方式变更原调解协议或者达成新的调解协议,也可以向人民法院提起诉讼。"

### (二) 增设实现担保物权案件程序

2012 年《民事诉讼法》在"特别程序"一章还增设了"实现担保物权案件"一节,共两个条文。第 196 条规定:"申请实现担保物权,由担保物权人以及其他有权请求实现担保物权的人依照物权法等法律,向担保财产所在地或者担保物权登记地基层人民法院提出。"第 197 条规定:"人民法院受理申请后,经审查,符合法律规定的,裁定拍卖、变卖担保财产,当事人依据该裁定可以向人民法院申请执行;不符合法律规定的,裁定驳回申请,当事人可以向人民法院提起诉讼。"

## 十三、 审判监督制度的改革与完善

### (一) 改革当事人申请再审的事由

2007 年《民事诉讼法》将 1991 年《民事诉讼法》第 179 条第 1 款规定的 5 项申请再审事由改为 13 项。1991 年《民事诉讼法》第 179 条第 1 款规定:"当事人的申请符合下列情形之一的,人民法院应当再审:(1) 有新的证据,足以推翻原判决、裁定的;(2) 原判决、裁定认定事实的主要证据不足的;(3)原判决、裁定适用法律确有错误的;(4)人民法院违反法定程序,可能影响案件正确判决、裁定的;(5)审判人员在审理该案件时有贪污受贿,徇私舞弊,枉法裁判行为的。"2007年《民事诉讼法》第179条规定:"当事人的申请符合下列情形之一的,人民法院应当再审:(1)有新的证据,足以推翻原判决、裁定的;(2)原判决、裁定认定的基本事实缺乏证据证明的;(3)原判决、裁定认定事实的主要证据是伪造的;(4)原判决、裁定认定事实的主要证据未经质证的;(5)对审理案件需要的证据,当事人因客观原因不能自行收集,书面申请人民法院调查收集,人民法院未调查收集的;(6)原判决、裁定适用法律确有错误的;(7)违反法律规定,管辖错误的;(8)审判组织的组成不合法或者依法应当回避的审判人员没有回避的;(9)无诉讼行为能力人未经法定代理人代为诉讼或者应当参加诉讼的当事人,因不能归责于本人或者其诉讼代理人的事由,未参加诉讼的;(10)违反法律规定,剥夺当事人辩论权利的;(11)未经传票传唤,缺席判决的;(12)原判决、裁定遗漏或者超出诉讼请求的;(13)据以作出原判决、裁定的法律文书被撤销或者变更的。对违反法定程序可能影响案件正确判决、裁定的情形,或者审判人员在审理该案件时有贪污受贿,徇私舞弊,枉法裁判行为的,人民法院应当再审。"修改后的再审事由更为具体、可操作。

2008年11月25日,最高人民法院公布的《审判监督程序适用解释》明确规定,《民事诉讼法》第179条第1款第(1)项规定的"新的证据"包括:(1)原审庭审结束前已客观存在、庭审结束后新发现的证据;(2)原审庭审结束前已经发现,但因客观原因无法取得或在规定的期限内不能提供的证据;(3)原审庭审结束后原作出鉴定结论、勘验笔录者重新鉴定、勘验,推翻原结论的证据。当事人在原审中提供的主要证据,原审未予质证、认证,但足以推翻原判决、裁定的,应当视为新的证据。《民事诉讼法》第 179 条第 1 款第(2)项规定的"基本事实"是指对原判决、裁定的结果有实质影响、用以确定当事人主体资格、案件性质、具体权利义务和民事责任等主要内容所依据的事实。

2012 年《民事诉讼法》删除了 2007 年《民事诉讼法》第 179 条第 1 款第(7)项"违反法律规定,管辖错误的"和该条第 2 款"对违反法定程序可能影响案件正确判决、裁定的情形,或者审判人员在审理该案件时有贪污受贿,徇私舞弊,枉法裁判行为的,人民法院应当再审"中前段的内容,即"对违反法定程序可能影响案件正确判决、裁定的情形",将后段内容作为一种申请再审的事由予以规定。2012 年《民事诉讼法》第 200 条规定:"当事人的申请符合下列情形之一的,人民法院应当再审:(1)有新的证据,足以推翻原判决、裁定的;(2)原判决、裁定认定的基本事实缺乏证据证明的;(3)原判决、裁定认定事实的主要证据是伪造的;(4)原判决、裁定认定事实的主要证据未经质证的;(5)对审理案件需要的主要证据,当事人因客观原因不能自行收集,书面申请人民法院调查收集,人民法院未调查收集的;(6)原判决、裁定适用法律确有错误的;(7)审判组织的组成不合法或者依法应当回避的审判人员没有回避的;(8)无诉讼行为能力人未经法定代理人代为诉讼或者应当参加诉讼的当事人,因不能归责于本人或者其诉讼代理人的事由,未参加诉讼的;(9)违反法律规定,剥夺当事人辩论权利的;(10)未经传票传唤,缺席判决的;(11)原判决、裁定遗漏或者超出诉讼请求的;(12)据以作出原判决、裁定的法律文书被撤销或者变更的;(13)审判人员审理该案件时有贪污受贿,徇私舞弊,枉法裁判行为的。

**(二) 改革当事人申请再审的期限**

1991 年《民事诉讼法》第 182 条规定,当事人申请再审,"应当在判决、裁定发生法律效力后2年内提出"。2007年《民事诉讼法》第184条规定："当事人申请再审,应当在判决、裁定发生法律效力后2年内提出;2年后据以作出原判决、裁定的法律文书被撤销或者变更,以及发现审判人员在审理该案件时有贪污受贿,徇私舞弊,枉法裁判行为的,自知道或者应当知道之日起3个月内提出。"

2012年《民事诉讼法》第205条规定:"当事人申请再审,应当在判决、裁定发生法律效力后6个月内提出;有本法第200条第(1)项、第(3)项、第(12)项、第(13)项规定情形的,自知道或者应当知道之日起6个月内提出。"

## (三)改革再审案件的管辖制度

1991年《民事诉讼法》第178条规定:"当事人对已经发生法律效力的判决、裁定,认为有错误的,可以向原审人民法院或者上一级人民法院申请再审,但不停止判决、裁定的执行。"2007年《民事诉讼法》第178条规定:"当事人对已经发生法律效力的判决、裁定,认为有错误的,可以向上一级人民法院申请再审,但不停止判决、裁定的执行。"规定当事人向上一级人民法院申请再审,既可以避免多头申诉、重复申诉,又可以保障人民法院公平地审理案件。

根据《审判监督程序适用解释》的规定,上一级人民法院经审查认为申请再审事由成立的,一般由本院提审。最高人民法院、高级人民法院也可以指定与原审人民法院同级的其他人民法院再审,或者指令原审人民法院再审。上一级人民法院可以根据案件的影响程度以及案件参与人等情况,决定是否指定再审。需要指定再审的,应当考虑便利当事人行使诉讼权利以及便利人民法院审理等因素。接受指定再审的人民法院,应当按照2007年《民事诉讼法》第186条第1款规定的程序审理。有下列情形之一的,不得指令原审人民法院再审:(1)原审人民法院对该案无管辖权的;(2)审判人员在审理该案件时有贪污受贿、徇私舞弊、枉法裁判行为的;(3) 原判决、裁定系经原审人民法院审判委员会讨论作出的;(4) 其他不宜指令原审人民法院再审的。

2012年《民事诉讼法》对2007年《民事诉讼法》规定的再审申请管辖法院再次进行了调整。2012年《民事诉讼法》第199条前半段规定:"当事人对已经发生法律效力的判决、裁定,认为有错误的,可以向上一级人民法院申请再审;当事人一方人数众多或者当事人双方为公民的案件,也可以向原审人民法院申请再审。"

### (四) 改革和完善再审申请审查制度

1991年《民事诉讼法》没有规定再审申请的审查期限和程序。2007年《民事诉讼法》第181条规定:"人民法院应当自收到再审申请书之日起3个月内审查,符合本法第179条规定情形之一的,裁定再审;不符合本法第179条规定的,裁定驳回申请。有特殊情况需要延长的,由本院院长批准。因当事人申请裁定再审的案件由中级人民法院以上的人民法院审理。最高人民法院、高级人民法院裁定再审的案件,由本院再审或者交其他人民法院再审,也可以交原审人民法院再审。"

2009年4月27日,最高人民法院发布的《关于受理审查民事申请再审案件的若干意见》,对当事人或案外人申请再审应当提交的材料作出了详细的规定。申请再审人申请再审,除应提交符合法律规定的再审申请书外,还应当提交以下材料:(1) 申请再审人是自然人的,应提交身份证明复印件;申请再审人是法人或其他组织的,应提交营业执照复印件、法定代表人或主要负责人身份证明书。委托他人代为申请的,应提交授权委托书和代理人身份证明。(2) 申请再审的生效裁判文书原件,或者经核对无误的复印件;生效裁判系二审、再审裁判的,应同时提交一审、二审裁判文书原件,或者经核对无误的复印件。(3)在原审诉讼过程中提交的主要证据复印件。(4)支持申请再审事由和再审诉讼请求的证据材料。

《关于受理审查民事申请再审案件的若干意见》还规定了法院受理再审的期限和送达程序。申请再审人提出的再审申请符合以下条件的,人民法院应当在5日内受理并向申请再审人发送受理通知书,同时向被申请人及原审其他当事人发送受理通知书、再审申请书副本及送达地址确认书:(1)申请再审人是生效裁判文书列明的当事人,或者符合法律和司法解释规定的案外人;(2)受理再审申请的法院是作出生效裁判法院的上一级法院;(3)申请再审的裁判属于法律和司法解释允许申请再审的生效裁判;(4)申请再审的事由属于2007年《民事诉讼法》第179条规定的情形。再审申请不符合上述条件的,应当及时告知申请再审人。

《关于受理审查民事申请再审案件的若干意见》对申请再审案件的审查范围、审查方式也作出了详细的规定。根据《关于受理审查民事申请再审案件的若干意见》,人民法院审查申请再审案件,应当审查当事人诉讼主体资格的变化情况。人民法院审查申请再审案件,采取以下方式:(1)审查当事人提交的再审申请书、书面意见等材料;(2)审阅原审卷宗;(3)询问当事人;(4)组织当事人听证。人民法院对以下列事由申请再审的案件,可以组织当事人进行听证:(1)有新的证据,足以推翻原判决、裁定的;(2)原判决、裁定认定的基本事实缺乏证据证明的;(3)原判决、裁定认定事实的主要证据是伪造的;(4)原判决、裁定适用法律确有错误的。合议庭决定听证的案件,应在听证5日前通知当事人。听证由审判长主持,围绕申请再审事由是否成立进行。申请再审人经传票传唤,无正当理由拒不参加询问、听证或未经许可中途退出的,裁定按撤回再审申请处理。被申请人及原审其他当事人不参加询问、听证或未经许可中途退出的,视为放弃在询问、听证过程中陈述意见的权利。

## （五）建立案外人申请再审制度

1991年《民事诉讼法》仅规定当事人可以申请再审,没有关于案外人申请再审的规定,所以在实践中案外人无法申请再审。2007年《民事诉讼法》第204条规定:"执行过程中,案外人对执行标的提出书面异议的,人民法院应当自收到书面异议之日起15日内审查,理由成立的,裁定中止对该标的的执行;理由不成立的,裁定驳回。案外人、当事人对裁定不服,认为原判决、裁定错误的,依照审判监督程序办理;与原判决、裁定无关的,可以自裁定送达之日起15日内向人民法院提起诉讼。"其中"案外人、当事人对裁定不服,认为原判决、裁定错误的,依照审判监督程序办理"的规定,明确案外人按照审判监督程序对生效判决、裁定声明不服,从而确立了案外人申请再审制度。《审判监督程序适用解释》规定,案外人对原判决、裁定、调解书确定的执行标的物主张权利,且无法提起新的诉讼解决争议的,可以在判决、裁定、调解书发生法律效力后2年内,或者自知道或应当知道利益被损害之日起3个月内,向作出原判决、裁定、调解书的人民法院的上一级人民法院申请再审。

## （六）完善民事检察监督制度

1991年《民事诉讼法》第185条第1款规定,最高人民检察院对各级人民法院已经发生法律效力的判决、裁定,上级人民检察院对下级人民法院已经发生法律效力的判决、裁定,发现有下列情形之一的,应当按照审判监督程序提出抗诉:(1)原判决、裁定认定事实的主要证据不足的;(2)原判决、裁定适用法律确有错误的;(3)人民法院违反法定程序,可能影响案件正确判决、裁定的;(4)审判人员在审理该案件时有贪污受贿、徇私舞弊、枉法裁判行为的。2007年《民事诉讼法》将人民检察院提出抗诉的事由与当事人申请再审的事由等同起来,即抗诉事由由4项扩展为13项,再加"违反法定程序可能影响案件正确判决、裁定的情形,或者审判人员在审理该案件时有贪污受贿,徇私舞弊,枉法裁判行为的"。同时规定,人民法院收到人民检察院的抗诉书之日起30日内应当作出再审的裁定。

2012年《民事诉讼法》增设了检察建议制度,并且将调解书作为人民检察院提出检察建议和抗诉的对象,明确规定人民检察院在提出检察建议和抗诉时的调查权。2012年《民事诉讼法》第208条规定:"最高人民检察院对各级人民法院已经发生法律效力的判决、裁定,上级人民检察院对下级人民法院已经发生法律效力的判决、裁定,发现有本法第200条规定情形之一的,或者发现调解书损害国家利益、社会公共利益的,应当提出抗诉。地方各级人民检察院对同级人民法院已经发生法律效力的判决、裁定,发现有本法第200条规定情形之一的,或者发现调解书损害国家利益、社会公共利益的,可以向同级人民法院提出检察建议,并报上级人民检察院备案;也可以提请上级人民检察院向同级人民法院提出抗诉。各级人民检察院对审判监督程序以外的其他审判程序中审判人员的违法行为,有权向同级人民法院提出检察建议。"第209条规定:"有下列情形之一的,当事人可以向人民检察院申请检察建议或者抗诉:(1)人民法院驳回再审申请的;(2)人民法院逾期未对再审申请作出裁定的;(3)再审判决、裁定有明显错误的。人民检察院对当事人的申请应当在3个月内进行审查,作出提出或者不予提出检察建议或者抗诉的决定。当事人不得再次向人民检察院申请检察建议或者抗诉。"第210条规定:"人民检察院因履行法律监督职责提出检察建议或者抗诉的需要,可以向当事人或者案外人调查核实有关情况。"

## (七) 确定终结再审审查或再审诉讼制度

在再审审查或者诉讼过程中,若出现特定案由,致使没有必要进行再审的,人民法院该如何处理,此前没有明确规定。自 2008 年 12 月 1 日起实施的《审判监督程序适用解释》第 25 条规定:"有下列情形之一的,人民法院可以裁定终结审查:(1)申请再审人死亡或者终止,无权利义务承受人或权利义务承受人声明放弃再审申请的;(2)在给付之诉中,负有给付义务的被申请人死亡或者终止,无可供执行的财产,也没有应当承担义务的人的;(3)当事人达成执行和解协议且已履行完毕的,但当事人在执行和解协议中声明不放弃申请再审权利的除外;(4)当事人之间的争议可以另案解决的。"第 34 条规定:"申请再审人在再审期间撤回再审申请的,是否准许由人民法院裁定。裁定准许的,应终结再审程序。申请再审人经传票传唤,无正当理由拒不到庭的,或者未经法庭许可中途退庭的,可以裁定按自动撤回再审申请处理。人民检察院抗诉再审的案件,申请抗诉的当事人有前款规定的情形,且不损害国家利益、社会公共利益或第三人利益的,人民法院应当裁定终结再审程序;人民检察院撤回抗诉的,应当准予。终结再审程序的,恢复原判决的执行。"

### 牡丹江市宏阁建筑安装有限责任公司诉牡丹江市华隆房地产开发有限责任公司、张继增建设工程施工合同纠纷案[①]

2009 年 6 月 15 日,黑龙江省牡丹江市华隆房地产开发有限责任公司(简称"华隆公司")因与牡丹江市宏阁建筑安装有限责任公司(简称"宏阁公司")、张继增建设工程施工合同纠纷一案,不服黑龙江省高级人民法院同年 2 月 11 日作出的(2008)黑民一终字第 173 号民事判决,向最高人民法院申请再

---

① 指导案例 7 号。最高人民法院审判委员会讨论通过,2012 年 4 月 9 日发布。

审。最高人民法院于同年12月8日作出(2009)民申字第1164号民事裁定,按照审判监督程序提审本案。在最高人民法院民事审判第一庭提审期间,华隆公司鉴于当事人之间已达成和解且已履行完毕,提交了撤回再审申请书。最高人民法院经审查,于2010年12月15日以(2010)民提字第63号民事裁定准许其撤回再审申请。

申诉人华隆公司在向法院申请再审的同时,也向检察院申请抗诉。2010年11月12日,最高人民检察院受理后决定对本案按照审判监督程序提出抗诉。2011年3月9日,最高人民法院立案一庭收到最高人民检察院高检民抗[2010]58号民事抗诉书后进行立案登记,同月11日移送审判监督庭审理。最高人民法院审判监督庭经审查发现,华隆公司曾向本院申请再审,其纠纷已解决,且申请检察院抗诉的理由与申请再审的理由基本相同,遂与最高人民检察院沟通并建议其撤回抗诉,最高人民检察院不同意撤回抗诉。再与华隆公司联系,华隆公司称当事人之间已就抗诉案达成和解且已履行完毕,纠纷已经解决,并于同年4月13日再次向最高人民法院提交了撤诉申请书。

最高人民法院于2011年7月6日以(2011)民抗字第29号民事裁定书,裁定本案终结审查。

最高人民法院认为:对于人民检察院抗诉再审的案件,或者人民法院依据当事人申请或依据职权裁定再审的案件,如果再审期间当事人达成和解并履行完毕,或者撤回申诉,且不损害国家利益、社会公共利益的,为了尊重和保障当事人在法定范围内对本人合法权利的自由处分权,实现诉讼法律效果与社会效果的统一,促进社会和谐,人民法院应当根据《最高人民法院关于适用〈中华人民共和国民事诉讼法〉审判监督程序若干问题的解释》第34条的规定,裁定终结再审诉讼。

本案中，申诉人华隆公司不服原审法院民事判决，在向最高人民法院申请再审的同时，也向检察机关申请抗诉。在本院提审期间，当事人达成和解，华隆公司向本院申请撤诉。由于当事人有权在法律规定的范围内自由处分自己的民事权益和诉讼权利，其撤诉申请意思表示真实，已裁定准许其撤回再审申请，本案当事人之间的纠纷已得到解决，且本案并不涉及国家利益、社会公共利益或第三人利益，故检察机关抗诉的基础已不存在，本案已无按抗诉程序裁定进入再审的必要，应当依法裁定本案终结审查。

## （八）设立人民法院依职权对调解书提起再审制度

2012年修改前的《民事诉讼法》规定的人民法院依职权提起再审对象仅为"已经发生法律效力的判决、裁定"，不能依职权对调解书提起再审。2012年《民事诉讼法》将"调解书"也作为人民法院可依职权提起再审的对象。

## （九）增设申请再审中止执行的例外情形

2012年修改前的《民事诉讼法》规定："按照审判监督程序决定再审的案件，裁定中止原判决的执行。"2012年《民事诉讼法》第206条规定："按照审判监督程序决定再审的案件，裁定中止原判决、裁定、调解书的执行，但追索赡养费、扶养费、抚育费、抚恤金、医疗费用、劳动报酬等案件，可以不中止执行。"对再审中止执行作出例外规定，有利于维护特殊主体合法权益，在一定程度上还可以遏制相关类型的案件当事人恶意申请再审。

## 十四、督促程序制度的改革

2012年《民事诉讼法》对督促程序进行了改造。首先,明确规定对债务人异议应当进行审查。1991年《民事诉讼法》第192条规定:"人民法院收到债务人提出的书面异议后,应当裁定终结督促程序,支付令自行失效,债权人可以起诉。"2012年《民事诉讼法》第217条第1款规定:"人民法院收到债务人提出的书面异议后,经审查,异议成立的,应当裁定终结督促程序,支付令自行失效。"其次,建立了督促程序与通常诉讼程序的转换制度。2012年《民事诉讼法》删除了1991年《民事诉讼法》第192条"债权人可以起诉"一句,并增加一款规定:"支付令失效的,转入诉讼程序,但申请支付令的一方当事人不同意提起诉讼的除外。"从而建立起督促程序转通常诉讼程序的程序转换制度。结合2012年《民事诉讼法》第133条第(1)项"当事人没有争议,符合督促程序规定条件的,可以转入督促程序"的规定,事实上建立了督促程序与通常诉讼程序的双向转换制度,以灵活应对案件的需要。程序转换制度的建立,是督促程序制度改革的显著标志。

## 十五、民事执行制度的改革与完善

### (一)改革执行管辖制度

2007年《民事诉讼法》将1991年《民事诉讼法》规定的"发生法律效力的民事判决、裁定,以及刑事判决、裁定中的财产部分由第一审人民法院执行"修改为"发生法律效力的民事判决、裁定,以及刑事判决、裁定中的财产部分,由第一审人民法院或者与第一审人民法院同级的被执行的财产所在地人民法院执行"。增加"与第一审人民法院同级的被执行的财产所在地人民法院"作为执行管辖法院,既便于申请执行人申请执行,也有利于提高执行的效率和效益。

根据 2008 年 11 月 3 日最高人民法院公布的《执行程序适用解释》的规定,申请执行人向被执行的财产所在地人民法院申请执行的,应当提供该人民法院辖区有可供执行财产的证明材料。对两个以上人民法院都有管辖权的执行案件,人民法院在立案前发现其他有管辖权的人民法院已经立案的,不得重复立案。立案后发现其他有管辖权的人民法院已经立案的,应当撤销案件;已经采取执行措施的,应当将控制的财产交先立案的执行法院处理。人民法院受理执行申请后,当事人对管辖权有异议的,应当自收到执行通知书之日起 10 日内提出。人民法院对当事人提出的异议,应当审查。异议成立的,应当撤销执行案件,并告知当事人向有管辖权的人民法院申请执行;异议不成立的,裁定驳回。当事人对裁定不服的,可以向上一级人民法院申请复议。管辖权异议审查和复议期间,不停止执行。对人民法院采取财产保全措施的案件,申请执行人向采取保全措施的人民法院以外的其他有管辖权的人民法院申请执行的,采取保全措施的人民法院应当将保全的财产交执行法院处理。

(二) 改革和完善执行通知制度

1991 年《民事诉讼法》第 220 条规定,执行员接到申请执行书或者移交执行书,应当向被执行人发出执行通知,责令其在指定的期间履行,逾期不履行的,强制执行。在实践中,有的被执行人接到执行通知以后,不但不主动履行义务,反而转移隐匿财产,执行通知成为被执行人转移隐匿财产的通知。2007 年《民事诉讼法》在保留 1991 年《民事诉讼法》第 220 条内容的基础上,增加了一款规定,即"被执行人不履行法律文书确定的义务,并有可能隐匿、转移财产的,执行员可以立即采取强制执行措施"。"立即执行"制度对于打击规避和逃避执行、提高执行效率和效益具有重要意义。

2012年《民事诉讼法》删除了2007年《民事诉讼法》第216条第1款"责令其在指定的期间履行,逾期不履行的,强制执行"的内容,并且将"被执行人不履行法律文书确定的义务,并有可能隐匿、转移财产的,执行员可以立即采取强制执行措施"修改为"执行员接到申请执行书或者移交执行书,应当向被执行人发出执行通知,并可以立即采取强制执行措施",从而强化了法院的立即执行权。

## (三) 增设财产报告制度

1991年《民事诉讼法》没有关于被执行人报告财产的规定。2007年《民事诉讼法》第217条规定:"被执行人未按执行通知履行法律文书确定的义务,应当报告当前以及收到执行通知之日前1年的财产情况。被执行人拒绝报告或者虚假报告的,人民法院可以根据情节轻重对被执行人或者其法定代理人、有关单位的主要负责人或者直接责任人员予以罚款、拘留。"

《执行程序适用解释》规定,人民法院依照规定责令被执行人报告财产情况的,应当向其发出报告财产令。报告财产令中应当写明报告财产的范围、报告财产的期间、拒绝报告或者虚假报告的法律后果等内容。被执行人依照规定,应当书面报告下列财产情况:(1) 收入、银行存款、现金、有价证券;(2) 土地使用权、房屋等不动产;(3) 交通运输工具、机器设备、产品、原材料等动产;(4) 债权、股权、投资权益、基金、知识产权等财产性权利;(5) 其他应当报告的财产。被执行人自收到执行通知之日前1年至当前财产发生变动的,应当对该变动情况进行报告。被执行人在报告财产期间履行全部债务的,人民法院应当裁定终结报告程序。被执行人报告财产后,其财产情况发生变动,影响申请执行人债权实现的,应当自财产变动之日起 10 日内向人民法院补充报告。对被执行人报告的财产情况,申请执行人请求查询的,人民法院应当准许。申请执行人对查询的被执行人财产情况,应当保密。对被执行人报告的财产情况,执行法院可以依申请执行人的申请或者依职权调查核实。

### (四) 建立和完善执行威慑机制

#### 1. 建立限制出境制度

1991 年《民事诉讼法》没有关于对被执行人进行信用惩戒的规定。2007 年《民事诉讼法》第 231 条规定:"被执行人不履行法律文书确定的义务的,人民法院可以对其采取或者通知有关单位协助采取限制出境,在征信系统记录、通过媒体公布不履行义务信息以及法律规定的其他措施。"通过采取限制出境、在征信系统记录、通过媒体公布不履行义务信息等措施,目的在于对被执行人进行信用惩戒,促使其自觉履行义务,也称为执行威慑机制。实践证明,执行威慑机制在解决执行难问题上能够发挥积极作用。

《执行程序适用解释》规定,对被执行人限制出境的,应当由申请执行人向执行法院提出书面申请;必要时,执行法院可以依职权决定。被执行人为单位的,可以对其法定代表人、主要负责人或者影响债务履行的直接责任人员限制出境。被执行人为无民事行为能力人或者限制民事行为能力人的,可以对其法定代理人限制出境。在限制出境期间,被执行人履行法律文书确定的全部债务的,执行法院应当及时解除限制出境措施;被执行人提供充分、有效的担保或者申请执行人同意的,可以解除限制出境措施。依照 2007 年《民事诉讼法》第 231 条的规定,执行法院可以依职权或者依申请执行人的申请,将被执行人不履行法律文书确定义务的信息,通过报纸、广播、电视、互联网等媒体公布。媒体公布的有关费用,由被执行人负担;申请执行人申请在媒体公布的,应当垫付有关费用。

## 2. 建立限制被执行人高消费及有关消费制度

2010年7月1日,最高人民法院发布的《最高人民法院关于限制被执行人高消费的若干规定》建立了限制被执行人高消费制度。

根据《最高人民法院关于限制被执行人高消费的若干规定》,被执行人未按执行通知书指定的期间履行生效法律文书确定的给付义务的,人民法院可以限制其高消费。人民法院决定采取限制高消费措施时,应当考虑被执行人是否有消极履行、规避执行或者抗拒执行的行为以及被执行人的履行能力等因素。被执行人为自然人的,被限制高消费后,不得有以下以其财产支付费用的行为:(1)乘坐交通工具时,选择飞机、列车软卧、轮船二等以上舱位;(2)在星级以上宾馆、酒店、夜总会、高尔夫球场等场所进行高消费;(3)购买不动产或者新建、扩建、高档装修房屋;(4)租赁高档写字楼、宾馆、公寓等场所办公;(5)购买非经营必需车辆;(6)旅游、度假;(7)子女就读高收费私立学校;(8)支付高额保费购买保险理财产品;(9)其他非生活和工作必需的高消费行为。被执行人为单位的,被限制高消费后,禁止被执行人及其法定代表人、主要负责人、影响债务履行的直接责任人员以单位财产实施上述行为。

限制高消费一般由申请执行人提出书面申请,经人民法院审查决定;必要时人民法院可以依职权决定。人民法院决定限制高消费的,应当向被执行人发出限制高消费令。限制高消费令由人民法院院长签发。限制高消费令应当载明限制高消费的期间、项目、法律后果等内容。人民法院根据案件需要和被执行人的情况可以向有义务协助调查、执行的单位送达协助执行通知书,也可以在相关媒体上进行公告。限制高消费令的公告费用由被执行人负担;申请执行人申请在媒体公告的,应当垫付公告费用。被限制高消费的被执行人因生活或者经营必需而进行本规定禁止的消费活动的,应当向人民法院提出申请,获批准后方可进行。在限制高消费期间,被执行人提供确实有效的担保或者经申请执行人同意的,人民法院可以解除限制高消费令;被执行人履行完毕生效法律文书确定的义务的,人民法院应当在《最高人民法院关于限制被执行人高消费的若干规定》第6条通知或者公告的范围内及时以通知或者公告解除限制高消费令。人民法院应当设置举报电话或者邮箱,接受申请执行人和社会公众对被限制高消费的被执行人违反《最高人民法院关于限制被执行人高消费的若干规定》的举报,并进行审查认定。被执行人违反限制高消费令进行消费的行为属于拒不履行人民法院已经发生法律效力的判决、裁定的行为,经查证属实的,依照2007年《民事诉讼法》第102条的规定,予以拘留、罚款;情节严重,构成犯罪的,追究其刑事责任。有关单位在收到人民法院协助执行通知书后,仍允许被执行人高消费的,人民法院可以依照规定,追究其法律责任。

3. 建立执行联动机制

2010年7月7日,为了解决执行难问题,中央纪律检查委员会、中央组织部、中央宣传部等19个单位联合发布了《关于建立和完善执行联动机制若干问题的意见》,强调纪检监察机关、组织人事部门、新闻宣传部门、综合治理部门、检察机关、公安机关、政府法制部门、民政部门、住房和城乡建设管理部门、发展和改革部门、司法行政部门、国土资源管理部门、住房和城乡建设管理部门、人民银行、银行业监管部门、证券监管部门、税务机关、工商行政管理部门等要协作配合执行工作,并且成立执行联动机制工作领导小组,领导小组下设办公室,具体负责执行联动机制建立和运行中的组织、协调、督促、指导等工作。执行联动机制其实是执行威慑机制的基础。

4. 建立公布失信被执行人名单信息制度

2013年7月16日,最高人民法院公布《最高人民法院关于公布失信被执行人名单信息的若干规定》(法释〔2013〕17号)。《最高人民法院关于公布失信被执行人名单信息的若干规定》共 7 条,对于应纳入失信被执行人名单范围、将被执行人纳入失信名单启动、失信被执行人名单内容以及失信被执行人名单的公布和通报都作出了详细的规定。

被执行人具有履行能力而不履行生效法律文书确定的义务,并具有下列情形之一的,人民法院应当将其纳入失信被执行人名单,依法对其进行信用惩戒:(1)以伪造证据、暴力、威胁等方法妨碍、抗拒执行的;(2)以虚假诉讼、虚假仲裁或者以隐匿、转移财产等方法规避执行的;(3)违反财产报告制度的;(4)违反限制高消费令的;(5)被执行人无正当理由拒不履行执行和解协议的;(6)其他有履行能力而拒不履行生效法律文书确定义务的。

人民法院向被执行人发出的执行通知书中,应当载明有关纳入失信被执行人名单的风险提示内容。申请执行人认为被执行人存在本失信行为之一的,可以向人民法院提出申请将该被执行人纳入失信被执行人名单,人民法院经审查后作出决定。人民法院认为被执行人存在《最高人民法院关于公布失信被执行人名单信息的若干规定》第 1 条所列失信行为之一的,也可以依职权作出将该被执行人纳入失信被执行人名单的决定。人民法院决定将被执行人纳入失信被执行人名单的,应当制作决定书,决定书自作出之日起生效。决定书应当按照《民事诉讼法》规定的法律文书送达方式送达当事人。被执行人认为将其纳入失信被执行人名单错误的,可以向人民法院申请纠正。被执行人是自然人的,一般应由被执行人本人到人民法院提出并说明理由;被执行人是法人或者其他组织的,一般应由被执行人的法定代表人或者负责人本人到人民法院提出并说明理由。人民法院经审查认为理由成立的,应当作出决定予以纠正。

各级人民法院应当将失信被执行人名单信息录入最高人民法院失信被执行人名单库,并通过该名单库统一向社会公布。各级人民法院可以根据各地实际情况,将失信被执行人名单通过报纸、广播、电视、网络、法院公告栏等其他方式予以公布,并可以采取新闻发布会或者其他方式对本院及辖区法院实施失信被执行人名单制度的情况定期向社会公布。人民法院应当将失信被执行人名单信息,向政府相关部门、金融监管机构、金融机构、承担行政职能的事业单位及行业协会等通报,供相关单位依照法律、法规和有关规定,在政府采购、招标投标、行政审批、政府扶持、融资信贷、市场准入、资质认定等方面,对失信被执行人予以信用惩戒。人民法院应当将失信被执行人名单信息向征信机构通报,并由征信机构在其征信系统中记录。失信被执行人是国家工作人员的,人民法院应当将其失信情况通报其所在单位。失信被执行人是国家机关、国有企业的,人民法院应当将其失信情况通报其上级单位或者主管部门。失信被执行人符合下列情形之一的,人民法院应当将其有关信息从失信被执行人名单库中删除:(1)全部履行了生效法律文书确定义务的;(2)与申请执行人达成执行和解协议并经申请执行人确认履行完毕的;(3)人民法院依法裁定终结执行的。

## (五) 完善执行救济制度

2007年《民事诉讼法》建立了执行行为异议、执行复议、案外人异议之诉、许可执行之诉等执行救济制度,并修改了1991年《民事诉讼法》规定的案外人异议制度。

其中,关于执行行为异议和执行复议规定在2007年《民事诉讼法》第202条。该条规定,当事人、利害关系人认为执行行为违反法律规定的,可以向负责执行的人民法院提出书面异议。当事人、利害关系人提出书面异议的,人民法院应当自收到书面异议之日起15日内审查,理由成立的,裁定撤销或者改正;理由不成立的,裁定驳回。当事人、利害关系人对裁定不服的,可以自裁定送达之日起10

日内向上一级人民法院申请复议。

关于案外人异议和案外人异议之诉、许可执行之诉规定在2007年《民事诉讼法》第204条。1991年《民事诉讼法》第208条规定："执行过程中,案外人对执行标的提出异议的,执行员应当按照法定程序进行审查。理由不成立的,予以驳回;理由成立的,由院长批准中止执行。如果发现判决、裁定确有错误,按照审判监督程序处理。"2007年修改《民事诉讼法》时,将该条进行了修改并作为第204条。修改后的条文为："执行过程中,案外人对执行标的提出书面异议的,人民法院应当自收到书面异议之日起15日内审查,理由成立的,裁定中止对该标的的执行;理由不成立的,裁定驳回。案外人、当事人对裁定不服,认为原判决、裁定错误的,依照审判监督程序办理;与原判决、裁定无关的,可以自裁定送达之日起15日内向人民法院提起诉讼。"

《执行程序适用解释》规定,执行过程中,当事人、利害关系人认为执行法院的执行行为违反法律规定的,可以依照2007年《民事诉讼法》第202条的规定提出异议。执行法院审查处理执行异议,应当自收到书面异议之日起15日内作出裁定。当事人、利害关系人依照《民事诉讼法》第202条规定申请复议的,应当采取书面形式。当事人、利害关系人申请复议的书面材料,可以通过执行法院转交,也可以直接向执行法院的上一级人民法院提交。执行法院收到复议申请后,应当在5日内将复议所需的案卷材料报送上一级人民法院;上一级人民法院收到复议申请后,应当通知执行法院在5日内报送复议所需的案卷材料。上一级人民法院对当事人、利害关系人的复议申请,应当组成合议庭进行审查。当事人、利害关系人依照2007年《民事诉讼法》第202条规定申请复议的,上一级人民法院应当自收到复议申请之日起30日内审查完毕,并作出裁定。有特殊情况需要延长的,经本院院长批准,可以延长,延长的期限不得超过

30日。执行异议审查和复议期间,不停止执行。被执行人、利害关系人提供充分、有效的担保请求停止相应处分措施的,人民法院可以准许;申请执行人提供充分、有效的担保请求继续执行的,应当继续执行。

《执行程序适用解释》规定,案外人对执行标的主张所有权或者有其他足以阻止执行标的转让、交付的实体权利的,可以依照2007年《民事诉讼法》第204条的规定,向执行法院提出异议。案外人异议审查期间,人民法院不得对执行标的进行处分。案外人向人民法院提供充分、有效的担保请求解除对异议标的的查封、扣押、冻结的,人民法院可以准许;申请执行人提供充分、有效的担保请求继续执行的,应当继续执行。因案外人提供担保解除查封、扣押、冻结有错误,致使该标的无法执行的,人民法院可以直接执行担保财产;申请执行人提供担保请求继续执行有错误,给对方造成损失的,应当予以赔偿。案外人依照2007年《民事诉讼法》第204条规定提起诉讼,对执行标的主张实体权利,并请求对执行标的停止执行的,应当以申请执行人为被告;被执行人反对案外人对执行标的所主张的实体权利的,应当以申请执行人和被执行人为共同被告。案外人依照2007年《民事诉讼法》第204条规定提起诉讼的,由执行法院管辖。案外人依照2007年《民事诉讼法》第204条规定提起诉讼的,执行法院应当依照诉讼程序审理。经审理,理由不成立的,判决驳回其诉讼请求;理由成立的,根据案外人的诉讼请求作出相应的裁判。案外人依照2007年《民事诉讼法》第204条规定提起诉讼的,诉讼期间,不停止执行。案外人的诉讼请求确有理由或者提供充分、有效的担保请求停止执行的,可以裁定停止对执行标的进行处分;申请执行人提供充分、有效的担保请求继续执行的,应当继续执行。案外人请求停止执行,请求解除查封、扣押、冻结或者申请执行人请求继续执行有错误,给对方造成损失的,应当予以赔偿。

《执行程序适用解释》规定,申请执行人依照规定提起诉讼,请求对执行标的许可执行的,应当以案外人为被告;被执行人反对申请执行人请求的,应当以案外人和被执行人为共同被告。由执行法院管辖。人民法院依照2007年《民事诉讼法》第204条规定裁定对异议标的中止执行后,申请执行人自裁定送达之日起15日内未提起诉讼的,人民法院应当裁定解除已经采取的执行措施。申请执行人依照2007年《民事诉讼法》第204条规定提起诉讼的,执行法院应当依照诉讼程序审理。经审理,理由不成立的,判决驳回其诉讼请求;理由成立的,根据申请执行人的诉讼请求作出相应的裁判。

## (六)增设申请变更执行法院制度

2007年《民事诉讼法》新增一条,作为第203条,规定:"人民法院自收到申请执行书之日起超过6个月未执行的,申请执行人可以向上一级人民法院申请执行。上一级人民法院经审查,可以责令原人民法院在一定期限内执行,也可以决定由本院执行或者指令其他人民法院执行。"该条规定完善了人民法院对执行工作的内部监督制度。

《执行程序适用解释》规定,有下列情形之一的,上一级人民法院可以根据申请执行人的申请,责令执行法院限期执行或者变更执行法院:(1)债权人申请执行时被执行人有可供执行的财产,执行法院自收到申请执行书之日起超过6个月对该财产未执行完结的;(2)执行过程中发现被执行人可供执行的财产,执行法院自发现财产之日起超过6个月对该财产未执行完结的;(3)对法律文书确定的行为义务的执行,执行法院自收到申请执行书之日起超过6个月未依法采取相应执行措施的;(4)其他有条件执行超过6个月未执行的。上一级人民法院依照规定责令执行法院限期执行的,应当向其发出督促执行令,并将有关情况书面通知申请执行人。上一级人民法院决定由本院执行或者指令本辖区其他人民法院执行的,应当作出裁定,送达当事人并通知有关人民法院。上一级人民法院责令执行法院限期执行,执行法院在指定期间内无正当理由仍未执行完结的,上一级人民法院应当裁定由本院执行或者指令本辖区其他人民法院执行。

**(七) 改革申请执行期间制度**

1991年《民事诉讼法》第219条规定:"申请执行的期限,双方或者一方当事人是公民的为1年,双方是法人或者其他组织的为6个月。前款规定的期限,从法律文书规定履行期间的最后一日起计算;法律文书规定分期履行的,从规定的每次履行期间的最后一日起计算。"2007年《民事诉讼法》第215条规定:"申请执行的期间为2年。申请执行时效的中止、中断,适用法律有关诉讼时效中止、中断的规定。前款规定的期间,从法律文书规定履行期间的最后一日起计算;法律文书规定分期履行的,从规定的每次履行期间的最后一日起计算;法律文书未规定履行期间的,从法律文书生效之日起计算。"一方面将申请执行期间制度改造为时效制度,另一方面延长了申请执行的时效期间。

**(八) 改革民事执行委托评估、拍卖和变卖工作**

2009年11月20日,最高人民法院发布《最高人民法院关于人民法院委托评估、拍卖和变卖工作的若干规定》。根据《最高人民法院关于人民法院委托评估、拍卖和变卖工作的若干规定》,人民法院司法技术管理部门负责本院的委托评估、拍卖和流拍财产的变卖工作。人民法院按照公开、公平、择优的原则编制人民法院委托评估、拍卖机构名册。人民法院选择评估、拍卖机构,应当在人民法院委托评估、拍卖机构名册内采取公开随机的方式选定。人民法院选择评估、拍卖机构,应当通知审判、执行人员到场,视情况可邀请社会有关人员到场监督。人民法院选择评估、拍卖机构,应当提前通知各方当事人到场;当事人不到场的,人民法院可将选择机构的情况,以书面形式送达当事人。评估、拍卖机构选定后,人民法院应当向选定的机构出具委托书,委托书中应当载明本次委托的要求和工作完成的期限等事项。评估、拍卖机构接受人民法院的委托后,在规定期限内无正当理由不能完成委托事项的,人民法院应当解除委托,重新选择机构,并对其暂停备选资格或从委托评估、拍卖机构名册内除名。评估机构在工作中需要对现场进行勘验的,人民法院应当提前通知审判、执行人员和当事人到场。当事人不到场的,不影响勘验的进行,但应当有见证人见证。评估机构勘验现场,应当制作现场勘验笔录。勘验现场人员、当事人或见证人应当在勘验笔录上签字或盖章确认。拍卖财产经过评估的,评估价即为第一次拍卖的保留价;未作评估的,保留价由人民法院参照市价确定,并应当征询有关当事人的意见。审判、执行部门未经司法技术管理部门同意擅自委托评估、拍卖,或对流拍财产进行变卖的,按照有关纪律规定追究责任。人民法院司法技术管理部门,在组织评审委员会审查评估、拍卖入册机构,或选择评估、拍卖机构,或对流拍财产进行变卖时,应当通知本院纪检监察部门。纪检监察部门可视情况派员参加。

2011年9月7日,最高人民法院发布了《最高人民法院关于人民法院委托评估、拍卖工作的若干规定》。根据《最高人民法院关于人民法院委托评估、拍卖工作的若干规定》,人民法院司法辅助部门负责统一管理和协调司法委托评估、拍卖工作。取得政府管理部门行政许可并达到一定资质等级的评估、拍卖机构,可以自愿报名参加人民法院委托的评估、拍卖活动。人民法院不再编制委托评估、拍卖机构名册。人民法院采用随机方式确定评估、拍卖机构。高级人民法院或者中级人民法院可以根据本地实际情况统一实施对外委托。人民法院委托的拍卖活动应在有关管理部门确定的统一交易场所或网络平台上进行，另有规定的除外。受委托的拍卖机构应通过管理部门的信息平台发布拍卖信息，公示评估、拍卖结果。

### （九）明确迟延履行利息计算方法

2009年5月11日，最高人民法院在给四川省高级人民法院的《最高人民法院关于在执行工作中如何计算迟延履行期间的债务利息等问题的批复》（法释〔2009〕6号）中认为：人民法院根据规定计算"迟延履行期间的债务利息"时，应当按照中国人民银行规定的同期贷款基准利率计算。执行款不足以偿付全部债务的，应当根据并还原则按比例清偿法律文书确定的金钱债务与迟延履行期间的债务利息，但当事人在执行和解中对清偿顺序另有约定的除外。具体计算方法为：（1）执行款＝清偿的法律文书确定的金钱债务＋清偿的迟延履行期间的债务利息。（2）清偿的迟延履行期间的债务利息＝清偿的法律文书确定的金钱债务×同期贷款基准利率×2×迟延履行期间。《最高人民法院关于在执行工作中如何计算迟延履行期间的债务利息等问题的批复》自2009年5月18日起施行。

2014年7月7日，最高人民法院发布《最高人民法院关于执行程序中计算迟延履行期间的债务利息适用法律若干问题的解释》（法释〔2014〕8号）。《最高人民法院关于执行程序中计算迟延履行期间的债务利息适用法律若干问题的解释》规定，根据2012年《民事诉讼法》第253条规定加倍计算之后的迟延履行期间的债务利息，包括迟延履行期间的一般债务利息和加倍部分债务利息。迟延履行期间的一般债务利息，根据生效法律文书确定的方法计算；生效法律文书未确定给付该利息的，不予计算。加倍部分债务利息的计算方法为：加倍部分债务利息＝债务人尚未清偿的生效法律文书确定的除一般债务利息之外的金钱债务×日万分之一点七五×迟延履行期间。加倍部分债务利息自生效法律文书确定的履行期间届满之日起计算;生效法律文书确定分期履行的,自每次履行期间届满之日起计算;生效法律文书未确定履行期间的,自法律文书生效之日起计算。加倍部分债务利息计算至被执行人履行完毕之日;被执行人分次履行的,相应部分的加倍部分债务利息计算至每次履行完毕之日。人民法院划拨、提取被执行人的存款、收入、股息、红利等财产的,相应部分的加倍部分债务利息计算至划拨、提取之日;人民法院对被执行人财产拍卖、变卖或者以物抵债的,计算至成交裁定或者抵债裁定生效之日;人民法院对被执行人财产通过其他方式变价的,计算至财产变价完成之日。非因被执行人的申请,对生效法律文书审查而中止或者暂缓执行的期间及再审中止执行的期间,不计算加倍部分债务利息。

《最高人民法院关于执行程序中计算迟延履行期间的债务利息适用法律若干问题的解释》规定,生效法律文书确定给付外币的,执行时以该种外币按日万分之一点七五计算加倍部分债务利息,但申请执行人主张以人民币计算的,人民法院应予准许。以人民币计算加倍部分债务利息的,应当先将生效法律文书确定的外币折算或者套算为人民币后再进行计算。外币折算或者套算为人民币的,按照加倍部分债务利息起算之日的中国外汇交易中心或者中国人民银行授权机构公布的人民币对该外币的中间价折合成人民币计算;中国外汇交易中心或者中国人民银行授权机构未公布汇率中间价的外币,按照该日境内银行人民币对该外币的中间价折算成人民币,或者该外币在境内银行、国际外汇市场对美元汇率,与人民币对美元汇率中间价进行套算。

《最高人民法院关于执行程序中计算迟延履行期间的债务利息适用法律若干问题的解释》还规定,被执行人的财产不足以清偿全部债务的,应当先清偿生效法律文书确定的金钱债务,再清偿加倍部分债务利息,但当事人对清偿顺序另有约定的除外。执行回转程序中,原申请执行人迟延履行金钱给付义务的,应当按照《最高人民法院关于执行程序中计算迟延履行期间的债务利息适用法律若干问题的解释》的规定承担加倍部分债务利息。《最高人民法院关于执行程序中计算迟延履行期间的债务利息适用法律若干问题的解释》施行时尚未执行完毕部分的金钱债务,《最高人民法院关于执行程序中计算迟延履行期间的债务利息适用法律若干问题的解释》施行前的迟延履行期间债务利息按照之前的规定计算,施行后的迟延履行期间债务利息按照《最高人民法院关于执行程序中计算迟延履行期间的债务利息适用法律若干问题的解释》计算。

### (十) 完善执行措施

#### 1. 增加对金融性财产的执行措施

2012年《民事诉讼法》第242条第1款规定:被执行人未按执行通知履行法律文书确定的义务,人民法院有权向有关单位查询被执行人的存款、债券、股票、基金份额等财产情况。人民法院有权根据不同情形扣押、冻结、划拨、变价被执行人的财产。人民法院查询、扣押、冻结、划拨、变价的财产不得超出被执行人应当履行义务的范围。这是适应财产类型的变化而增加的一种执行措施。在金融性财产成为人们的重要的财产类型的背景下,增加该执行措施是十分必要的。

#### 2. 确立拍卖优先的执行财产变价原则

2007年《民事诉讼法》第223条规定:"……被执行人逾期不履行的,人民法院可以按照规定交有关单位拍卖或者变卖被查封、扣押的财产……"2012年《民事诉讼法》第247条将其修改为:"……被执行人逾期不履行的,人民法院应当拍卖被查封、扣押的财产;不适于拍卖或者当事人双方同意不进行拍卖的,人民法院可以委托有关单位变卖或者自行变卖……"一方面,明确规定了执行拍卖应当由人民法院进行;另一方面,明确了变价方式的拍卖的优先适用。

3. 建立网络查控被执行人财产制度

2013年8月29日,最高人民法院发布《最高人民法院关于网络查询、冻结被执行人存款的规定》(法释〔2013〕20号),规定人民法院与金融机构已建立网络执行查控机制的,可以通过网络实施查询、冻结被执行人存款等措施。人民法院通过网络查询被执行人存款时,应当向金融机构传输电子协助查询存款通知书。多案集中查询的,可以附汇总的案件查询清单。对查询到的被执行人存款需要冻结或者续行冻结的,人民法院应当及时向金融机构传输电子冻结裁定书和协助冻结存款通知书。对冻结的被执行人存款需要解除冻结的,人民法院应当及时向金融机构传输电子解除冻结裁定书和协助解除冻结存款通知书。人民法院向金融机构传输的法律文书,应当加盖电子印章。作为协助执行人的金融机构在完成查询、冻结等事项后,应当及时通过网络向人民法院回复加盖电子印章的查询、冻结等结果。人民法院出具的电子法律文书、金融机构出具的电子查询、冻结等结果,与纸质法律文书及反馈结果具有同等效力。人民法院通过网络查询、冻结、续冻、解冻被执行人存款,与执行人员赴金融机构营业场所查询、冻结、续冻、解冻被执行人存款具有同等效力。《最高人民法院关于网络查询、冻结被执行人存款的规定》明确规定,人民法院具备相应网络扣划技术条件,并与金融机构协商一致的,可以通过网络执行查控系统采取扣划被执行人存款措施。人民法院与工商行政管理、证券监管、土地房产管理等协助执行单位已建立网络执行查控机制,通过网络执行查控系统对被执行人股权、股票、证券账户资金、房地产等其他财产采取查控措施的,参照《最高人民法院关于网络查询、冻结被执行人存款的规定》

执行。

## （十一）完善执行和解制度

2012年《民事诉讼法》第230条第2款规定："申请执行人因受欺诈、胁迫与被执行人达成和解协议，或者当事人不履行和解协议的，人民法院可以根据当事人的申请，恢复对原生效法律文书的执行。"实践中，部分被执行人采取欺诈、胁迫手段与申请执行人达成执行和解协议，严重损害申请执行人的合法权益，也违反诚实信用原则的要求。此次修正增加了"申请执行人因受欺诈、胁迫与被执行人达成和解协议"的内容，既能落实诚实信用原则的要求，又有利于维护申请执行人的合法权益。

## （十二）确立民事执行检察监督制度

对于人民检察院是否有权对民事执行工作进行监督，理论上一直争议不断，实践中检察院、法院两家的观点也是针锋相对。2012年《民事诉讼法》第235条规定："人民检察院有权对民事执行活动实行法律监督。"尽管没有规定具体的监督措施与程序，但是该条规定既结束了理论以及检法两家的争议，也完善了民事执行制度。

其实，在2012年修改《民事诉讼法》之前，最高人民检察院即开始进行民事执行检察监督的试点工作，并与最高人民法院在一些问题上达成一致意见。2011年3月10日，最高人民法院、最高人民检察院发布了《最高人民法院、最高人民检察院关于在部分地方开展民事执行活动法律监督试点工作的通知》（高检会〔2011〕2号），决定在山西、内蒙古、上海、浙江、福建、江西、山东、湖北、广东、陕西、甘肃、宁夏等省（自治区、直辖市）部分地方开展民事执行活动法律监督的试点工作。并且对实施法律监督的民事执行活动范围、监督方式作出了规定。

根据《最高人民法院、最高人民检察院关于在部分地方开展民事执行活动法律监督试点工作的通知》规定,人民检察院可以依当事人、利害关系人的申请,对下列民事执行活动实施法律监督:(1)人民法院收到执行案款后超过规定期限未将案款支付给申请执行人的,有正当理由的除外;(2)当事人、利害关系人依据2007年《民事诉讼法》第202条之规定向人民法院提出书面异议或者复议申请,人民法院在收到书面异议、复议申请后,无正当理由未在法定期限内作出裁定的;(3)人民法院自立案之日起超过两年未采取适当执行措施,且无正当理由的;(4)被执行人提供了足以保障执行的款物,并经申请执行人认可后,人民法院无正当理由仍然执行被执行人其他财产,严重损害当事人合法权益的;(5)人民法院的执行行为严重损害国家利益、社会公共利益的。人民检察院对符合规定的民事执行活动,应当经检察委员会决定并通过提出书面检察建议的方式对同级或者下级人民法院的民事执行活动实施法律监督。人民法院应当在收到检察建议后1个月内作出处理并将处理情况书面回复人民检察院。人民检察院对人民法院的回复意见有异议的,可以通过上一级人民检察院向上一级人民法院提出。上一级人民法院认为人民检察院的意见正确的,应当监督下级人民法院及时纠正。当事人或者利害关系人认为人民法院的民事执行活动违法,损害了自己合法权益,直接向人民检察院申诉的,人民检察院应当告知其依照法律规定向人民法院提出异议、申请复议或者申诉。对于国家机关等特殊主体为被执行人的执行案件,人民法院因不当干预难以执行的,人民检察院应当向相关国家机关等提出检察建议。

2013年11月18日,最高人民检察院发布《人民检察院民事诉讼监督规则(试行)》,共11章,分别为总则,管辖,回避,受理,审查,对生效判决、裁定、调解书的监督,对审判程序中审判人员违法行为的监督、对执行活动的监督、案件管理、其他规定和附则。

《人民检察院民事诉讼监督规则(试行)》规定,人民检察院依法独立行使检察权,通过办理民事诉讼监督案件,维护司法公正和司法权威,维护国家利益和社会公共利益,维护公民、法人和其他组织的合法权益,保障国家法律的统一正确实施。人民检察院通过抗诉、检察建议等方式,对民事诉讼活动实行法律监督。人民检察院办理民事诉讼监督案件,实行检察官办案责任制。最高人民检察院领导地方各级人民检察院和专门人民检察院的民事诉讼监督工作,上级人民检察院领导下级人民检察院的民事诉讼监督工作。

《人民检察院民事诉讼监督规则(试行)》规定,对已经发生法律效力的民事判决、裁定、调解书的监督案件,最高人民检察院、作出该生效法律文书的人民法院所在地同级人民检察院和上级人民检察院均有管辖权。对民事审判程序中审判人员违法行为的监督案件,由审理案件的人民法院所在地同级人民检察院管辖。对民事执行活动的监督案件,由执行法院所在地同级人民检察院管辖。

关于受理案件范围,《人民检察院民事诉讼监督规则(试行)》规定,民事诉讼监督案件的来源包括:(1)当事人向人民检察院申请监督;(2)当事人以外的公民、法人和其他组织向人民检察院控告、举报;(3)人民检察院依职权发现。有下列情形之一的,当事人可以向人民检察院申请监督:(1)已经发生法律效力的民事判决、裁定、调解书符合2012年《民事诉讼法》第209条第1款规定的;(2)认为民事审判程序中审判人员存在违法行为的;(3)认为民事执行活动存在违法情形的。

关于审查方面,《人民检察院民事诉讼监督规则(试行)》规定,民事检察部门负责对受理后的民事诉讼监督案件进行审查。人民检察院审查民事诉讼监督案件,应当围绕申请人的申请监督请求以及发现的其他情形,对人民法院民事诉讼活动是否合法进行审查。其他当事人也申请监督的,应当将其列为申请人,对其申请监督请求一并审查。人民检察院审查案件,应当听取当事人意见,必要时可以听证或者调查核实有关情况,也可以依照有关规定调阅人民法院的诉讼卷宗。承办人审查终结后,应当制作审查终结报告。审查终结报告应当全面、客观、公正地叙述案件事实,依据法律提出处理建议。人民检察院对审查终结的案件,应当区分情况作出下列决定:(1)提出再审检察建议;(2)提请抗诉;(3)提出抗诉;(4)提出检察建议;(5)终结审查;(6)不支持监督申请。控告检察部门受理的案件,民事检察部门应当将案件办理结果书面告知控告检察部门。

关于生效判决、裁定、调解书的监督,《人民检察院民事诉讼监督规则(试行)》规定,人民检察院发现人民法院已经发生法律效力的民事判决、裁定有2012年《民事诉讼法》第200条规定情形之一的,依法向人民法院提出再审检察建议或者抗诉。人民检察院发现民事调解书损害国家利益、社会公共利益的,依法向人民法院提出再审检察建议或者抗诉。《人民检察院民事诉讼监督规则(试行)》对2012年《民事诉讼法》第200条作出了详细的解释。如下列证据,应当认定为2012年《民事诉讼法》第200条第(1)项规定的"新的证据":(1)原审庭审结束前已客观存在但庭审结束后新发现的证据;(2)原审庭审结束前已经发现,但因客观原因无法取得或者在规定的期限内不能提供的证据;(3)原审庭审结束后原作出鉴定意见、勘验笔录者重新鉴定、勘验,推翻原意见的证据;(4)当事人在原审中提供的,原审未予质证、认证,但足以推翻原判决、裁定的主要证据。

关于执行活动的监督,《人民检察院民事诉讼监督规则(试行)》规定,人民检察院对民事执行活动提出检察建议的,应当经检察委员会决定,制作《检察建议书》,在决定之日起15日内将《检察建议书》连同案件卷宗移送同级人民法院,并制作决定提出检察建议的

《通知书》，发送当事人。人民检察院认为当事人申请监督的人民法院执行活动不存在违法情形的，应当作出不支持监督申请的决定，并在决定之日起 15 日内制作《不支持监督申请决定书》，发送申请人。

### （十三）完善制裁规避执行行为的相关规范

2011 年 5 月 27 日，最高人民法院发布《最高人民法院印发〈关于依法制裁规避执行行为的若干意见〉的通知》。

《关于依法制裁规避执行行为的若干意见》要求，强化财产报告和财产调查，多渠道查明被执行人财产。要严格落实财产报告制度，强化申请执行人提供财产线索的责任，加强人民法院依职权调查财产的力度，适当运用审计方法调查被执行人财产，建立财产举报机制。强化财产保全措施，加大对保全财产和担保财产的执行力度。加大对当事人的风险提示，加大财产保全力度，对保全财产和担保财产及时采取执行措施。

《关于依法制裁规避执行行为的若干意见》要求，依法防止恶意诉讼，保障民事审判和执行活动有序进行。严格执行关于案外人异议之诉的管辖规定，加强对破产案件的监督，对于当事人恶意诉讼取得的生效裁判应当依法再审。完善对被执行人享有债权的保全和执行措施，运用代位权、撤销权诉讼制裁规避行为。充分运用民事和刑事制裁手段，依法加强对规避执行行为的刑事处罚力度。对规避执行行为加大民事强制措施的适用，对构成犯罪的规避执行行为加大刑事制裁力度。在执行案件过程中，在行为人存在拒不执行判决裁定或者妨害公务行为的情况下，应当注意收集证据。认为构成犯罪的，应当及时将案件及相关证据材料移送犯罪行为发生地的公安机关立案查处。依法采取多种措施，有效防范规避执行行为。依法变更追加被执行主体或者告知申请执行人另行起诉，建立健全征信体系。各地人民法院应当充分运用新闻媒体曝光、公开执行等手段,将被执行人因规避执行被制裁或者处罚的典型案例在新闻媒体上予以公布,以维护法律权威,提升公众自觉履行义务的法律意识。各地人民法院应当充分运用限制高消费手段,逐步构建与有关单位的协作平台,明确有关单位的监督责任,细化协作方式,完善协助程序。加强与公安机关的协作查找被执行人。对于因逃避执行而长期下落不明或者变更经营场所的被执行人,各地人民法院应当积极与公安机关协调,加大查找被执行人的力度。

## (十四)合理配置和科学运行执行权

2011年10月19日,最高人民法院发布《最高人民法院印发〈关于执行权合理配置和科学运行的若干意见〉的通知》,就民事执行权的配置和运行问题提出了指导性意见。

《关于执行权合理配置和科学运行的若干意见》对执行权的概念和类型作出了规定,执行权是人民法院依法采取各类执行措施以及对执行异议、复议、申诉等事项进行审查的权力,包括执行实施权和执行审查权。执行实施权的范围主要是财产调查、控制、处分、交付和分配以及罚款、拘留措施等实施事项。执行实施权由执行员或者法官行使。执行审查权的范围主要是审查和处理执行异议、复议、申诉以及决定执行管辖权的移转等审查事项。执行审查权由法官行使。执行实施事项的处理应当采取审批制,执行审查事项的处理应当采取合议制。

《关于执行权合理配置和科学运行的若干意见》强调,执行局与立案、审判等机构之间需分工协作。执行权由人民法院的执行局行使;人民法庭可根据执行局授权执行自审案件,但应接受执行局的管理和业务指导。办理执行实施、执行异议、执行复议、执行监督、执行协调、执行请示等执行案件和案外人执行异议之诉、申请执行人执行异议之诉、执行分配方案异议之诉、代位析产之诉等涉执行的诉讼案件,由立案机构进行立案审查,并纳入审判和执行案件统一管理体系。人民法庭经授权执行自审案件,可由其自行办理立案登记手续,并纳入执行案件的统一管理。案外人执行异议之诉、申请执行人执行异议之诉、执行分配方案异议之诉、代位析产之诉等涉执行的诉讼,由人民法院的审判机构按照民事诉讼程序审理。逐步促进涉执行诉讼审判的专业化,具备条件的人民法院可以设立专门审判机构,对涉执行的诉讼案件集中审理。

**(十五) 改革和完善不予执行仲裁裁决制度**

2012年《民事诉讼法》删除2007年《民事诉讼法》第213条第2款第(4)项"认定事实的主要证据不足"和第(5)项"适用法律确有错误的",增加"裁决所根据的证据是伪造的"和"对方当事人向仲裁机构隐瞒了足以影响公正裁决的证据的"两项,实现了不予执行仲裁裁决与撤销仲裁裁决的事由一致。

# 第 五 章
# 深化改革：2014—2018 年

2014年10月23日，党的十八届四中全会通过十八届四中全会《决定》，就全面推进依法治国若干重大问题作出决策。为了保证公正司法、提高司法公信力，十八届四中全会《决定》提出必须完善司法管理体制和司法权力运行机制，规范司法行为，加强对司法活动的监督，努力让人民群众在每一个司法案件中感受到公平正义。为了落实上述目标，十八届四中全会《决定》规定了6个方面的内容：一是完善确保依法独立公正行使审判权和检察权的制度，包括建立领导干部干预司法活动、插手具体案件处理的记录、通报和责任追究制度，建立健全司法人员履行法定职责保护机制等。二是优化司法职权配置，包括健全公安机关、检察机关、审判机关、司法行政机关各司其职，侦查权、检察权、审判权、执行权相互配合、相互制约的体制机制。完善司法体制，推动实行审判权和执行权相分离的体制改革试点，改革法院案件受理制度，变立案审查制为立案登记制；完善审级制度、合理界定各个审级的功能；等等。三是推进严格司法，坚持以事实为根据、以法律为准绳，健全事实认定符合客观真相、办案结果符合实体公正、办案过程符合程序公正的法律制度，推进以审判为中心的诉讼制度改革，全面贯彻证据裁判规则。四是保障人民群众参与司法,包括完善人民陪审员制度、扩大参审范围,构建开放、动态、透明、便民的阳光司法机制等。五是加强人权司法保障,强化诉讼过程中当事人和其他诉讼参与人的知情权、陈述权、辩护辩论权、申请权、申诉权的制度保障。切实解决执行难的问题,制定强制执行法,规范查封、扣押、冻结、处理涉案财物的司法程序,落实终审和诉讼终结制度,实行诉访分离等。六是加强对司法活动的监督,完善检察机关行使监督权的法律制度,加强对刑事诉讼、民事诉讼、行政诉讼的法律监督。十八届四中全会《决定》明确了我国司法体制和机制改革的基本方向,对于我国民事诉讼制度的发展具有重要的指导作用。

2014年12月17日,最高人民法院发布《最高人民法院印发〈关于执行案件立案、结案若干问题的意见〉的通知》(法发〔2014〕26号),自2015年1月1日起施行。《关于执行案件立案、结案若干问题的意见》对执行案件立案、结案等具体问题作出了细致规定。

2014年12月26日,最高人民法院、民政部、环境保护部联合公布《最高人民法院、民政部、环境保护部关于贯彻实施环境民事公益诉讼制度的通知》(法〔2014〕352号),就贯彻实施环境民事公益诉讼制度有关事项进行了规定。2015年1月6日,最高人民法院发布《最高人民法院关于审理环境民事公益诉讼案件适用法律若干问题的解释》(法释〔2015〕1号),自2015年1月7日起施行。

2015年1月30日,最高人民法院公布《最高人民法院关于适用〈中华人民共和国民事诉讼法〉的解释》(法释〔2015〕5号,以下简称《民事诉讼法解释》),自同年2月4日起施行。《民事诉讼法解释》以1992年7月14日颁行的《最高人民法院关于适用〈中华人民共和国民事诉讼法〉若干问题的意见》为基础,同时吸收、整合其他200多件当时有效的相关司法解释和规范性文件的内容,全面系统、明确具体地规定人民法院适用2012年《民事诉讼法》的相关问题,是最高人民法院有史以来条文数量最多、篇幅最长的司法解释。该司法解释对原有司法解释内容的修改,比较全面地体现了我国民事诉讼制度的发展。

为了规范民事案件指令再审和再审发回重审,提高审判监督质量和效率,最高人民法院于2015年2月16日发布《最高人民法院关于民事审判监督程序严格依法适用指令再审和发回重审若干问题的规定》(法释〔2015〕7号),自2015年3月15日起施行。

2015年4月15日,最高人民法院发布《最高人民法院关于人民法院登记立案若干问题的规定》(法释〔2015〕8号),自2015年5月1日起施行。《最高人民法院关于人民法院登记立案若干问题的规定》明确规定,人民法院对依法应该受理的一审民事起诉、行政起诉和刑事自诉,实行立案登记制,对起诉、自诉,人民法院应当一律接收诉状,出具书面凭证并注明收到日期。对符合法律规定的起诉、自诉,人民法院应当当场予以登记立案。对不符合法律规定的起诉、自诉,人民法院应当予以释明。

2015年5月5日,最高人民法院公布《最高人民法院关于人民法院办理执行异议和复议案件若干问题的规定》(法释〔2015〕10号),自2015年5月5日起施行。就人民法院办理执行异议和复议案件的程序、相关权利冲突的判断规则等作出了较为明确的规定。

2015年7月1日,第十二届全国人民代表大会常务委员会第15次会议通过《全国人民代表大会常务委员会关于授权最高人民检察院在部分地区开展公益诉讼试点工作的决定》,授权最高人民检察院在生态环境和资源保护、国有资产保护、国有土地使用权出让、食品药品安全等领域开展提起公益诉讼试点,试点地区为北京、内蒙古、吉林、江苏、安徽、福建、山东、湖北、广东、贵州、云南、陕西、甘肃等十三个省、自治区、直辖市。2015年12月24日,最高人民检察院发布并施行的《人民检察院提起公益诉讼试点工作实施办法》(高检发释字〔2015〕6号)就人民检察院提起民事公益诉讼、行政公益诉讼等事项作出规定。2016年2月25日,最高人民法院发布《最高人民法院关于印发〈人民法院审理人民检察院提起公益诉讼案件试点工作实施办法〉的通知》(法发〔2016〕6号),其中规定了人民法院审理人民检察院提起的民事公益诉讼案件的审判程序的相关问题。

2015年7月6日,最高人民法院审判委员会第1657次会议通过《最高人民法院关于修改〈最高人民法院关于限制被执行人高消费的若干规定〉的决定》(法释〔2015〕17号)。将限制被执行人"高消费"扩大到"高消费及非生活或者经营必需的有关消费",司法解释的名称也修改为《最高人民法院关于限制被执行人高消费及有关消费的若干规定》。在增加一项限制消费措施——限制被执行人"乘坐G字头动车组列车全部座位、其他动车组列车一等以上座位等其他非生活和工作必需的消费行为"的同时,将限制高消费令改为了限制消费令。同时规定,"纳入失信被执行人名单的被执行人,人民法院应当对其采取限制消费措施。"

2016年4月24日,最高人民法院发布《最高人民法院关于审理消费民事公益诉讼案件适用法律若干问题的解释》(法释〔2016〕10号),自2016年5月1日起施行。《最高人民法院关于审理消费民事公益诉讼案件适用法律若干问题的解释》对消费民事公益诉讼案件的适用范围、管辖、当事人、证明等程序问题作出了具体规定。

2016年6月20日,最高人民法院发布《最高人民法院关于防范和制裁虚假诉讼的指导意见》(法发〔2016〕13号),对虚假诉讼的识别、预防、制裁等作出了较为明确的规定。

2016年6月28日,最高人民法院发布《最高人民法院关于人民法院特邀调解的规定》(法释〔2016〕14号),以健全多元化纠纷解决机制,加强诉讼与非诉讼解决方式的有效衔接,规范人民法院特邀调解工作,维护当事人合法权益。

2016年8月2日,为了规范网络司法拍卖行为,保障网络司法拍卖公开、公平、公正、安全、高效,维护当事人的合法权益,最高人民法院发布《最高人民法院关于人民法院网络司法拍卖若干问题的规定》(法释〔2016〕18号),自2017年1月1日起施行。

2016年11月7日,最高人民法院发布《最高人民法院关于民事执行中变更、追加当事人若干问题的规定》(法释〔2016〕21号),自2016年12月1日起施行。

2016年11月7日,最高人民法院发布《最高人民法院关于人民法院办理财产保全案件若干问题的规定》(法释〔2016〕22号),自2016年12月1日起施行。

2016年11月2日,为促进人民法院依法执行,规范人民检察院民事执行法律监督活动,最高人民法院、最高人民检察院联合制定了《关于民事执行活动法律监督若干问题的规定》(法发〔2016〕30号),自2017年1月1日起施行。

2017年1月16日,最高人民法院审判委员会第1707次会议通过《最高人民法院关于修改〈最高人民法院关于公布失信被执行人名单信息的若干规定〉的决定》,对2013年7月1日最高人民法院审判委员会第1582次会议通过的《最高人民法院关于公布失信被执行人名单信息的若干规定》进行了修改。

2017年2月27日,最高人民法院发布《关于执行款物管理工作的规定》(法发〔2017〕6号),自2017年5月1日起施行。原《最高人民法院关于执行款物管理工作的规定(试行)》同时废止。

2017年2月28日,最高人民法院发布《最高人民法院关于民事执行中财产调查若干问题的规定》(法释〔2017〕8号),自2017年5月1日起施行。

2017年6月27日,第十二届全国人民代表大会常务委员会第28次会议通过《全国人民代表大会常务委员会关于修改〈中华人民共和国民事诉讼法〉和〈中华人民共和国行政诉讼法〉的决定》,对我国《民事诉讼法》和《行政诉讼法》进行了修改。其中《民事诉讼法》的修改内容为在第55条增加一款,正式确立检察民事公益诉讼制度修改后的《民事诉讼法》自2017年7月1日起施行。

2017年7月19日,最高人民法院发布《关于进一步加强民事送达工作的若干意见》(法发〔2017〕19号),要求各级人民法院切实改进和加强送达工作,在法律和司法解释的框架内,创新工作机制和方法,全面推进当事人送达地址确认制度,统一送达地址确认书格式,规范送达地址确认书内容,提升民事送达的质量和效率,将司法为民理念落到实处。

2017年8月1日,最高人民法院发布《最高人民法院关于因申请诉中财产保全损害责任纠纷管辖问题的批复》(法释〔2017〕14号),明确为便于当事人诉讼,诉讼中财产保全的被申请人、利害关系人依照《民事诉讼法》第105条规定提起的因申请诉中财产保全损害责任纠纷之诉,由作出诉中财产保全裁定的人民法院管辖。《最高人民法院关于因申请诉中财产保全损害责任纠纷管辖问题的批复》自2017年8月10日起施行。

2017年12月26日,最高人民法院发布《最高人民法院关于仲裁司法审查案件报核问题的有关规定》(法释〔2017〕21号)和《最高人民法院关于审理仲裁司法审查案件若干问题的规定》(法释〔2017〕22号),均自2018年1月1日起施行。

2017年12月29日,最高人民法院发布《最高人民法院关于认

## 第二编 民事诉讼制度

真贯彻实施民事诉讼法及相关司法解释有关规定的通知》(法〔2017〕369号),对民事诉讼和执行程序中适用拘传措施应当注意的问题以及执行到期债权程序中次债务人合法权益的保护问题作出规定,以保障当事人合法权益,切实提升民事审判和执行工作水平。

2018年2月22日,最高人民法院发布《最高人民法院关于执行和解若干问题的规定》(法释〔2018〕3号)、《最高人民法院关于执行担保若干问题的规定》(法释〔2018〕4号)、《最高人民法院关于人民法院办理仲裁裁决执行案件若干问题的规定》(法释〔2018〕5号),均自2018年3月1日起施行。

2018年2月23日,最高人民法院审判委员会第1734次会议、2018年2月11日最高人民检察院第十二届检察委员会第73次会议通过《最高人民法院、最高人民检察院关于检察公益诉讼案件适用法律若干问题的解释》(法释〔2018〕6号)。2018年3月1日,最高人民法院、最高人民检察院联合发布《最高人民法院、最高人民检察院关于检察公益诉讼案件适用法律若干问题的解释》,并规定自2018年3月2日起施行。

2018年5月28日,最高人民法院发布《最高人民法院关于人民法院立案、审判与执行工作协调运行的意见》(法发〔2018〕9号),规定立案、审判、执行、保全程序中的衔接问题,以进一步明确人民法院内部分工协作的工作职责,促进立案、审判与执行工作的顺利衔接和高效运行,保障当事人及时实现合法权益。

2018年6月5日,最高人民法院发布《最高人民法院关于仲裁机构"先予仲裁"裁决或者调解书立案、执行等法律适用问题的批复》(以下简称《批复》)。《批复》明确"仲裁机构未依照仲裁法规定的程序审理纠纷或者主持调解,径行根据网络借贷合同当事人在纠纷发生前签订的和解或者调解协议作出仲裁裁决、仲裁调解书的"以及"仲裁机构在仲裁过程中未保障当事人申请仲裁员回避、提供证据、答辩等仲裁法规定的基本程序权利的",均应当认定为《民事诉讼法》第237条第2款第(3)项规定的"仲裁庭的组成或仲裁的程序违反法定程序"的情形。同时,网络借贷合同当事人以约定弃权条款为由,主张仲裁程序未违反法定程序的,人民法院不予支持。《批复》自2018年6月12日起施行。

总的来看,2014年以后,中国现代民事诉讼制度在已基本完善的情况下,进入了深化改革、迎接更大发展的新阶段。

## 一、审执分离体制改革

根据党的十八届四中全会《决定》提出的"完善司法体制,推动实行审判权和执行权相分离的体制改革试点"的要求,2015年2月至5月,最高人民法院先后批准了广西壮族自治区高级人民法院、广东省高级人民法院、深圳市中级人民法院、浙江省高级人民法院、唐山市中级人民法院等五个高(中)级人民法院的"审执分离体制改革"试点方案,后来又批准了江苏省高级人民法院、上海市高级人民法院的"审执分离体制改革"试点方案。

### (一) 广西壮族自治区高级人民法院方案

1. 改革思路:在法院内部深化内分,探索将执行裁判权从执行权中分离出来,实行执行裁判权和执行实施权分别由不同的部门实施,探索新的执行机构管理体制,对执行案件集中管辖,执行人员统一调度,实现执行机构与诉讼法院适度分离。

2. 改革目标:"深化执行体制改革,推动实行机构分离、人员分离、制度分离、职责分离、监管分离。"

3. 改革措施:(1) 机构分离——从执行局分出执行一庭。将现有的执行局内设机构执行一庭改为执行裁判庭并分离出执行局,专门负责行使执行裁判权,与同级人民法院的民事审判庭、刑事审判庭等审判机构具有同等性质和地位,按照《民事诉讼法》规定的程序处理执行程序中需要裁决的争议。执行裁判庭与下级法院执行裁判庭为业务指导关系。执行指挥中心将作为相对独立的二级法人机构(广西执行总局)归口法院管理,人、财、物相对独立,垂直管理。广西壮族自治区高级人民法院设立广西执行总局,各中级人民法院设立执行分局,各基层人民法院设立执行支局。执行指挥中心内设执行实施处、协调处、申诉处、执行督查处、综合处等部门。法警总队划归执行指挥中心,共同行使执行;实施权,统一调配管理,下设执行支队、直属支队、保卫处、警务警政处等。

(2) 职责分离——执行裁判庭主要负责执行异议、复议的审查以及执行异议之诉、许可执行之诉、分配方案异议之诉等的审理,还行使非诉行政执行裁判权、公证债权文书执行裁判权、变更追加执行主体审查权等;执行指挥中心负责发布执行命令和进行执行程序性审查,如处理执行请示、协调、申诉、执行程序中止、终结和决定执行管辖权的转移等审查事项;由同级人民法院立案部门对执行案件统一登记立案,根据执行实施和执行裁判事项的划分,将案件分别分配给执行指挥中心和执行裁判庭。

(3) 人员分离——执行裁判庭人员构成为法官、法官助理、书记员等;执行指挥中心保留少数法官发布执行命令,如作出查封、扣押、冻结、拍卖、变卖等裁定或者决定,并相应配备法官助理、书记员等;执行指挥中心建立警务化的执行实施队伍,将现有的执行人员、书记员等按照法警的待遇警务化,建立司法警察序列的执行实施队伍。

(4) 制度分离——按照执行裁判权和执行实施权分离运行机制,进一步健全和完善相应的规章制度,分别规范执行裁判和执行实施程序,分别制定相应的工作规范,明确各部门的工作职能与范围,细化不同类别的工作人员的工作职责。

(5) 监管分离——执行裁判和执行实施部门不同的职责和人员构成,分别进行监督和管理,改造升级现有的执行案件信息管理系统,使之适应审执分离工作机制的需求,增强监督、管理的针对性和有效性。

## (二) 广东省高级人民法院方案

1. 改革目标:(1) 在原来人民法院内部审判权与执行权分离的基础上,继续探索将执行裁判权从执行权中分离出来,实行裁判权和执行权分别由法院内部不同的部门实施;(2) 探索新的执行机构管理体制,对执行案件集中管辖,执行人员统一调度,实现执行机构与诉讼法院适度分离,在法院和法院之间强化两权分离;(3) 推行执行立案由审查制改为登记制、探索建立单独执行员序列、落实法官员额制等改革措施。

2. 基本原则:(1) 坚持执行裁判权与执行权在法院内部分离原则。建立明晰的执行裁判权和执行权清单,在法院内部实现更加彻底的执行裁判权与执行权分离。(2) 坚持有利于促进执行公正、提高执行效率的原则。通过理顺体制机制,实现对执行行为的外部监督和制约,促进执行公正,减少地方干预,切实提高执行效率。(3) 坚持问题导向,有利于破解执行难的原则。找准束缚执行工作科学发展的症结,以是否解决执行难作为检验改革成效的标准。(4) 坚持"撤一建一",不增加机构、编制原则。通过合理调配现有编制资源,在审判权和执行权相分离的改革中,严格落实中央有关不增加机构编制的相关规定。

3. 改革措施:(1)设立执行裁判庭(裁判团队),实行执行裁判权与执行权分离——设立执行裁判庭(裁判团队),负责对执行争议、涉执行诉讼案件的裁判。执行裁判庭(裁判团队)与法院内的其它审判庭(审判团队)规格相同;执行裁判庭(裁判团队)的权力清单为:办理执行异议之诉、许可执行之诉、分配方案异议之诉等执行诉讼案件,办理执行异议、执行复议、执行监督等案件;执行裁判庭(裁判团队)的裁判权运行遵照《广东省健全审判权运行机制完善审判责任制改革试点方案》实施;上下级法院的执行裁判庭(裁判团队)之间为业务监督关系。

(2)实现执行工作的统筹管理——在司法体制改革调整优化试点法院内设机构的总体框架内,按照执行裁判权和执行权相分离原则调整执行机构设置,探索在中级人民法院辖区设立统一的市人民法院执行局,并根据案件情况在部分基层人民法院设立跨行政区划的执行分局。具体模式由试点中级人民法院在省高级人民法院指导下根据自身实际情况提出方案,报机构编制部门按规定程序办理。执行局负责发布执行命令和组织执行实施工作:执行命令包括采取控制性措施、处分性措施、制裁性措施的裁定以及裁定终结执行、终结本次执行、中止执行、不予执行等程序性事项。根据《民事诉讼法》的规定,上述裁定应由法官做出,为此,执行局应在过渡期内保留少量法官;执行实施包括采取控制性措施、处分性措施、制裁性措施以及出具决定书、通知书等或者不需要出具法律文书、由执行员直接为之的事项。执行实施工作由执行员负责。上级法院执行局对辖区法院的执行工作实行统一管理、统一指挥和统一调度。在试点法院同时推行执行立案由审查制转变为登记制,由实体审查转向形式审查。

(3)探索建立执行员单独序列,落实法官员额制——执行裁判庭(裁判团队)按照规定配置法官、法官助理和书记员。法官、法官助理和书记员主要从执行局转任;探索建立执行员序列。探索确定执行员的任职条件、职务晋升、职责权限和薪酬待遇。执行局主要配置执行员、法警、书记员和其他执行辅助人员。

(三) 深圳市中级人民法院方案

1. 总体目标:界定执行案件办理中的实施权与审查权,确定由不同的机构和主体行使,进一步实现审判权与执行权相分离的改革目标;形成更加符合执行工作规律、更科学合理的执行权运行机制,最终实现基本解决执行难问题的总目标。

2. 改革原则:(1) 法院内部分离原则;(2) 依法原则;(3) 符合司法改革精神原则;(4) 三统一原则:深化执行实施工作统一管理体制,市中级人民法院对全市执行事务性工作统一管理、统一协调、统一指挥,条件成熟时设立全市统一的执行实施机构。

3. 改革思路:(1) 明确界定执行权中的实施权和审查权。执行实施权涉及的事项包括:审查执行依据,即确定执行机构是否具有可执行的内容;制作各类财产查控法律文书;制作各类财产处分法律文书;制作各类制裁性法律文书;制作各类结案文书;查找执行财产、被执行人的下落;法律文书的送达;为财产拍卖而需要事前完成的财产现场勘查、产权异议公告张贴、强制清场、机器搬迁等;财产及票证的交付;边控、布控、发布悬赏公告、限制高消费、纳入失信被执行人名单库工作的手续办理;拘传、拘留、移送公安机关追究拒执罪的手续办理;执行案卷的整理、归档及报结。执行审查权涉及的事项包括:审查案外人异议;审查执行行为异议、复议;审查执行申诉、请示、协调;对执行管辖权的移转作出决定。(2) 明确界定执行实施权和执行审查权的行使主体。执行审查权由法官行使;执行实施权由不同主体行使,有两种意见:一种意见认为,涉及执行实施权中的命令、决定类事项,应当由法官行使,涉及执行实施权中的事务办理类事项,应当委由执行员行使;另一种意见认为,执行实施权(制作制裁性法律文书除外)可委由执行员行使。(3)执行员单独序列管理。

4. 实施方案:将深圳市中级人民法院执行局现负责办理执行审查类案件的"执行监督处"更名为"执行裁判庭(执行裁决庭)"并剥离出执行局;由深圳市中级人民法院统筹深圳市两级人民法院的强制执行事务,包括执行联动、执行管理、归口执行、送达以及全市的送达和诉讼保全工作。关于执行局的名称和职能,有两种思路:一种是将深圳市中级人民法院执行局现在办理执行实施权中的命令、决定类事项的"执行裁决处"更名为"执行裁决庭"并剥离出执行局,将深圳市中级人民法院执行局的职能转变为专司全市执行实施事务并更名为"深圳中院强制执行局",其人员组成为执行员;二是保留深圳市中级人民法院执行局,取消现有的执行裁决处和执行监督处,执行局改设两个机构,分别为执行实施处和执行管理处(加挂执行指挥中心牌子),执行实施处的人员组成为执行员,行使执行实施权。在执行局外设执行裁决庭,行使执行审查权。

(四) 浙江省高级人民法院方案

1. 改变执行局既行使执行实施权又行使执行裁决权的现状,实行执行实施权与裁决权相分离。执行局仅负责执行实施,非诉行政执行审查权,仲裁裁决执行审查权,公证债权文书执行审查权,变更追加执行主体审查权及其他执行异议、复议审查权均由另行组建的执行裁决庭行使。

2. 允许执行局内具有审判职称的人员提出选择意向。执行局内具有助理审判员以上职称的人员,可以选择去包括执行裁决庭在内的审判庭,也可以选择留在执行局,并经组织根据工作需要审核确定。

3. 留在执行局专司执行实施的人员纳入司法警察序列。法院政法编制内行使执行实施权的人员成建制转为法警,此后新进执行实施的人员按招录司法警察的规定录用。

## (五) 唐山市中级人民法院方案

1. 改革目标:(1) 实现执行裁判权与执行实施权在中级人民法院内部相分离,执行实施机构、职能和人员与基层人民法院彻底分离;(2) 实现市中级人民法院执行局对全市执行工作人、财、物、案统一管理,探索执行工作警务化模式;(3) 撤销基层人民法院执行局,打造跨行政区域的执行格局,着力破解案件执行难。

2. 改革原则:(1) 统分适度原则。实行审判权与执行权在市中级人民法院深化"内分",在基层人民法院彻底"外分",优化机构配置,建立明晰的执行裁判权和执行实施权清单,强化集中统管,确保统分适度。(2) 公正与效率原则。通过进一步理顺体制机制实现对执行行为的外部监督和制约,促进执行公正,减少地方干预,提高执行效率。(3) 坚持机构编制不增加原则。在保持现有执行机构规格(市中级人民法院执行局规格副处级,局长高配正处级,执行分局规格正科级,分局长高配副处级)、保留适当数量的法官员额基础上,合理调整机构和职能,确保机构编制不增,机构规格和人员职能不变。

3. 机构设置:(1) 中、基层人民法院设立执行裁决庭。市中级人民法院执行局原执行一庭脱离执行局,设立市中级人民法院执行裁决庭,纳入审判机构序列。撤销基层人民法院执行局,设立执行裁决庭,纳入审判机构序列。市中级人民法院执行裁决庭的职能:负责审理由本院管辖的涉执诉讼一审和二审案件;负责审查处理执行异议、复议案件;审查处理涉及执行裁决的申诉案件,承办领导交办的其他工作任务。基层人民法院执行裁决庭的职责:负责依法审理由本院管辖的涉执诉讼一审案件;负责审查处理执行异议案件;审查处理涉及执行裁决的申诉案件;承办领导交办的其他工作任务。(2)市中级人民法院执行局机构设置。市中级人民法院执行局与市执行指挥中心一套人马两块牌子,实行合署办公,负责全市人民法院执行工作,对执行人、财、物、案实施统一管理。市中级人民法院执行局内设办公室、政治处、执行督导处和执行实施处,下设五个执行分局。五个执行分局分别内设办公室,下设三个县(市)区执行大队。

4. 案件办理机制:(1)执行案件管辖。市中级人民法院制定实施规范性文件,采取统一提级、概括授权方式,将现行法律规定由基层人民法院执行的案件,统一提交由各执行分局管辖;将各执行分局办理执行实施案件过程中发生的裁决事项,统一指定交由作出执行依据的基层人民法院管辖。(2)执行实施案件办理。现行法律规定由基层人民法院执行的法律文书,统一移送执行分局登记立案;执行分局统一使用市中级人民法院案号、公章和文书办理执行实施案件。(3)执行裁决案件办理。执行分局办理执行实施案件过程中发生的执行裁决事项,由执行大队移送驻地基层人民法院执行裁决庭审理;当事人不服裁决的,向市中级人民法院执行裁决庭提起复议和上诉。

除此之外,上海市高级人民法院、江苏省高级人民法院也提出了审执分离体制改革试点方案。

2016年9月12日,全国法院审执分离体制改革试点工作经验交流会在唐山市中级人民法院召开,最高人民法院院长周强出席会议并讲话。北京、上海、江苏、四川等四省(市)高级人民法院和唐山市中级人民法院有关负责人作了交流发言,全国部分高级人民法院分管执行工作的院领导和各高级人民法院执行局局长参加会议。从试点法院的交流发言来看,审执分离体制改革试点工作有序展开,并积累了可复制、可推广的成功经验,为全国法院全面推行审执分离体制改革提供了有益借鉴。

图 2-5-1　最高人民法院执行指挥办公室外景(上图)
和广西壮族自治区高级人民法院执行指挥中心内景(下图)①

---

①　从 2012 年开始,为了适应执行信息化和执行联动的需要,最高人民法院启动执行指挥中心建设。广西壮族自治区高级人民法院执行指挥中心成为全国最早启用的执行指挥中心,2015 年最高人民法院成立执行指挥中心和执行指挥办公室。上图系笔者于 2018 年 8 月 9 日拍摄,下图来源于广西高院官网:http://www.gxcourt.gov.cn/info/1076/135183.htm,最后访问日期:2018 年 3 月 10 日。

最高人民法院院长周强指出,在全面依法治国背景下,在司法体制改革进入攻坚阶段,探索实行审执分离,加快推进执行体制机制改革,是实现国家治理体系和治理能力现代化的重要举措,是提高司法公信力的现实需要,是解决执行难的内在要求。改革执行体制机制,进一步理顺审判权与执行权的关系,优化执行队伍结构及内部运行模式,有利于强化横向制约和纵向监督,从体制机制上构筑抵御干扰的防线,提升执行体系和执行能力现代化水平,更好地维护人民群众合法权益。要通过改革优化资源配置,整合执行力量,强化执行保障,加强执行管理,不断提高执行效率,为破解执行难打下坚实基础。

由最高人民法院批准的审执分离体制改革试点方案,实行的都是"法院内分"模式——在法院内部实现审判权和执行权的深度分离。2017年5月,湖南省汨罗市人民法院被选取开展"法院外分"模式试点——将执行实施权交由司法行政机关行使,但至本书成稿时,关于该试点进展情况公开的资料极少。

## 二、深化立案制度改革

党的十八届四中全会《决定》提出:"改革法院案件受理制度,变立案审查制为立案登记制,对人民法院依法应该受理的案件,做到有案必立、有诉必理,保障当事人诉权。"为了落实上述内容,2015年4月1日,中央全面深化改革领导小组第11次会议审议通过《关于人民法院推行立案登记制改革的意见》(法发〔2015〕6号),经最高人民法院发布,自2015年5月1日起施行。

《关于人民法院推行立案登记制改革的意见》规定了涉及民事诉讼和民事执行案件应当登记立案的情形。其中,与本案有直接利害关系的公民、法人和其他组织提起的民事诉讼,有明确的被告、具体的诉讼请求和事实依据,属于人民法院主管和受诉人民法院管辖的,人民法院应当登记立案;生效法律文书有给付内容且执行标的和被执行人明确,权利人或其继承人、权利承受人在法定期限内提出申请,属于受申请人民法院管辖的,人民法院应当登记立案。

《关于人民法院推行立案登记制改革的意见》规定,有下列情形之一的,不予登记立案:(1)违法起诉或者不符合法定起诉条件的;(2)诉讼已经终结的;(3)涉及危害国家主权和领土完整、危害国家安全、破坏国家统一和民族团结、破坏国家宗教政策的;(4)其他不属于人民法院主管的所诉事项。

《关于人民法院推行立案登记制改革的意见》规定,对符合法律规定的起诉、自诉和申请,一律接收诉状,当场登记立案,对当场不能判定是否符合法律规定的,应当在法律规定的期限内决定是否立案;起诉、自诉和申请材料不符合形式要件的,应当及时释明,以书面形式一次性全面告知应当补正的材料和期限,在指定期限内经补正符合法律规定条件的,人民法院应当登记立案;对不符合法律规定的起诉、自诉和申请,应当依法裁决不予受理或者不予立案,并载明理由,当事人不服的,可以提起上诉或者申请复议,禁止不收材料、不予答复、不出具法律文书;禁止在法律规定之外设定受理条件,全面清理和废止不符合法律规定的立案"土政策"。

《关于人民法院推行立案登记制改革的意见》还规定了加强立案监督的具体措施:(1)加强内部监督。规定人民法院应当公开立案程序,规范立案行为,加强对立案流程的监督;上级人民法院应充分发挥审级监督职能,对下级法院有案不立的,责令其及时纠正;必要时,可提级管辖或者指定其他下级法院立案审理。(2)加强外部监督。规定人民法院要自觉接受监督,对各级人民代表大会及其常务委员会督查法院登记立案工作反馈的问题和意见,要及时提出整改和落实措施;对检察机关针对不予受理、不予立案、驳回起诉的裁定依法提出的抗诉,要依法审理,对检察机关提出的检察建议要及时处理,并书面回复;自觉接受新闻媒体和人民群众的监督,对反映和投诉的问题,要及时回应,确实存在问题的,要依法纠正。(3)强化责任追究。规定人民法院监察部门对立案工作应加大执纪监督力度;发现有案不立、拖延立案、人为控制立案、"年底不立案"、干扰依法立案等违法行为,对有关责任人员和主管领导,依法依纪严肃追究责任;造成严重后果或者恶劣社会影响,构成犯罪的,依法追究刑事责任。

为了落实中央全面深化改革领导小组审议通过的《关于人民法院推行立案登记制改革的意见》,2015年4月13日,最高人民法院审判委员会第1647次会议通过《最高人民法院关于人民法院登记立案若干问题的规定》,并于2015年4月15日以"法释〔2015〕8号"公告公布,自2015年5月1日起施行。

《最高人民法院关于人民法院登记立案若干问题的规定》共20条,具体规定了人民法院实行立案登记制的适用范围、实施办法、不予登记立案的条件、违反规定不予登记立案的处理办法等内容。

根据《最高人民法院关于人民法院登记立案若干问题的规定》,实行立案登记制的案件为人民法院依法应该受理的一审民事起诉、行政起诉和刑事自诉案件。起诉、自诉,人民法院应当一律接收诉状,出具书面凭证并注明收到日期。对符合法律规定的起诉、自诉,人民法院应当当场予以登记立案。对不符合法律规定的起诉、自诉,人民法院应当予以释明。当事人提交的诉状和材料不符合要求的,人民法院应当一次性书面告知在指定期限内补正。当事人在指定期限内补正的,人民法院决定是否立案的期间,自收到补正材料之日起计算。当事人在指定期限内没有补正的,退回诉状并记录在册;坚持起诉、自诉的,裁定或者决定不予受理、不予立案。经补正仍不符合要求的,裁定或者决定不予受理、不予立案。人民法院对起诉、自诉不予受理或者不予立案的,应当出具书面裁定或者决定,并载明理由。

对当事人提出的起诉、自诉,人民法院当场不能判定是否符合法律规定的,《最高人民法院关于人民法院登记立案若干问题的规定》明确规定了处理办法:(1) 对民事、行政起诉,应当在收到起诉状之日起 7 日内决定是否立案;(2) 对刑事自诉,应当在收到自诉状次日起 15 日内决定是否立案;(3) 对第三人撤销之诉,应当在收到起诉状之日起 30 日内决定是否立案;(4) 对执行异议之诉,应当在收到起诉状之日起 15 日内决定是否立案。人民法院在法定期间内不能判定起诉、自诉是否符合法律规定的,应当先行立案。

《最高人民法院关于人民法院登记立案若干问题的规定》明确规定了不予登记立案的情形:(1) 违法起诉或者不符合法律规定的;(2) 涉及危害国家主权和领土完整的;(3) 危害国家安全的;(4) 破坏国家统一和民族团结的;(5) 破坏国家宗教政策的;(6) 所诉事项不属于人民法院主管的。

《最高人民法院关于人民法院登记立案若干问题的规定》第 13 条规定:对立案工作中存在的不接收诉状、接收诉状后不出具书面凭证,不一次性告知当事人补正诉状内容,以及有案不立、拖延立案、干扰立案、既不立案又不作出裁定或者决定等违法违纪情形,当事人可以向受诉人民法院或者上级人民法院投诉。人民法院应当在受理投诉之日起 15 日内,查明事实,并将情况反馈当事人。发现违法违纪行为的,依法依纪追究相关人员责任;构成犯罪的,依法追究刑事责任。

立案登记制的实行,是中国司法体制改革的重大成果,对于充分保障当事人诉权,切实解决"立案难"问题,具有十分重大的意义,在中国司法制度历史上具有里程碑意义。

## 三、深化民事公益诉讼制度改革

### (一) 建立检察民事公益诉讼制度

为了保护社会公共利益,2012年《民事诉讼法》第55条规定:"对污染环境、侵害众多消费者合法权益等损害社会公共利益的行为,法律规定的机关和有关组织可以向人民法院提起诉讼。"2012年修正《民事诉讼法》时,在是否应当规定人民检察院可以提起民事公益诉讼的问题上,有关部门形成了不同的看法并引起较为激烈的争议。立法最终没有赋予人民检察院提起民事公益诉讼的主体资格。事实上,从1997年起,河南、湖南、山东等地方的人民检察院开始在生态环境和资源保护、国有资产保护等领域开展以原告身份提起民事公益诉讼的试点工作,取得了较好的法律效果和社会效果,也得到了理论上的支持。

2014年10月23日,十八届四中全会《决定》提出"探索建立检察机关提起公益诉讼制度"。2015年7月1日,第十二届全国人民代表大会常务委员会第15次会议通过《全国人民代表大会常务委员会关于授权最高人民检察院在部分地区开展公益诉讼试点工作的决定》,授权最高人民检察院在生态环境和资源保护、国有资产保护、国有土地使用权出让、食品药品安全等领域开展提起公益诉讼试点。试点地区为北京等13个省、自治区、直辖市,试点期限为2年。《全国人民代表大会常务委员会关于授权最高人民检察院在部分地区开展公益诉讼试点工作的决定》明确要求,试点期满后,对实践证明可行的,应当修改完善有关法律。

为了落实《全国人民代表大会常务委员会关于授权最高人民检察院在部分地区开展公益诉讼试点工作的决定》,2015年7月2日,最高人民检察院发布《检察机关提起公益诉讼改革试点方案》。2015年12月16日,最高人民检察院第十二届检察委员会第45次会议通过《人民检察院提起公益诉讼试点工作实施办法》,并于2015年12月24发布施行。2016年2月22日最高人民法院审判委员会第1679次会议通过《人民法院审理人民检察院提起公益诉讼案件试点工作实施办法》,12月25日最高人民法院以法发〔2016〕6号公告公布,规定自2016年3月1日起施行。最高人民检察院和最高人民法院的实施办法分别对相关具体程序作出了具体规定。

2016年4月11日,江苏省徐州市人民检察院以公益诉讼人身份诉徐州市鸿顺造纸有限公司环境污染民事公益诉讼案在徐州中级人民法院开庭审理(见图2-5-2)。这是全国人民代表大会授权检察机关开展公益诉讼试点以来,全国首例检察机关直接提起环境民事公益诉讼案件。徐州市中级人民法院一审判决,被告鸿顺造纸有限公司赔偿生态环境修复费用、生态环境受损害至恢复原状期间服务功能损失费共计105.82万元,支付至徐州市环境保护公益金专项资金账户。

图2-5-2　全国首例开庭的检察民事公益诉讼案庭审现场①

---

① 图片来源:https://www.sc115.com/hb/133698.html,最后访问日期:2016年7月1日。

截止到 2017 年 5 月,各试点地区检察机关共办理公益诉讼案件 7886 件,其中诉前程序案件 6952 件,提起诉讼案件 934 件。其中生态环境和资源保护领域案件 5579 件、食品药品安全领域案件 62 件、国有资产保护领域案件 1387 件、国有土地使用权出让领域案件 858 件,覆盖所有授权领域。全部试点市(分、州)检察院和 91% 的基层检察院办理了诉讼案件,涵盖民事公益诉讼、行政公益诉讼、行政公益附带民事公益诉讼、刑事附带民事公益诉讼等案件类型。提起诉讼的案件中,人民法院审结 236 件,一、二审程序所有环节都有涉及,判决、调解、撤诉等结果方式多样。判决结案的 222 件案件,全部支持检察机关的诉讼请求。

人民检察院提起公益诉讼的试点工作得到了各方面的肯定和认可,党中央、国务院及江西、贵州、福建等省通过的规范性文件,均明确要求积极推动检察机关提起公益诉讼。人民群众和社会各界对检察机关提起公益诉讼的做法和成效予以肯定。在 2017 年的全国两会上,240 余位代表、委员提出议案、建议,积极评价检察机关提起公益诉讼在保护国家利益和社会公共利益方面取得的成效,认为试点完善了公益保护体系,达到了预期目标,具有可行性和优越性,建议在全国推广。

2017 年 5 月 23 日,中央全面深化改革领导小组第 35 次会议审议通过了《关于检察机关提起公益诉讼试点情况和下一步工作建议的报告》。会议指出,试点检察机关在生态环境和资源保护、食品药品案件、国有资产保护、国有土地使用权出让等领域,办理了一大批公益诉讼案件,积累了丰富的案件样本,制度设计得到充分检验,正式建立检察机关提起公益诉讼制度的时机已经成熟;要在总结试点工作的基础上,为检察机关提起公益诉讼提供法律保障。

按照全国人民代表大会常务委员会授权决定和中央全面深化改革领导小组第 35 次会议精神,最高人民检察院在总结检察机关提起公益诉讼试点工作经验的基础上，会同有关部门反复研究，形成了《中华人民共和国行政诉讼法修正案（草案）》和《中华人民共和国民事诉讼法修正案（草案）》。2017年6月2日，最高人民检察院向全国人民代表大会常务委员会提出《最高人民检察院关于提请审议〈中华人民共和国行政诉讼法修正案（草案）〉和〈中华人民共和国民事诉讼法修正案（草案）〉的议案》。2017年6月9日，全国人民代表大会法律委员会向全国人民代表大会党组提交《全国人民代表大会法律委员会关于〈中华人民共和国行政诉讼法修正案（草案）〉和〈中华人民共和国民事诉讼法修正案（草案）〉有关情况的汇报》，建议将《最高人民检察院关于提请审议〈中华人民共和国行政诉讼法修正案（草案）〉和〈中华人民共和国民事诉讼法修正案（草案）〉的议案》列入第十二届全国人民代表大会常务委员会第28次会议议程，根据全国人民代表大会常务委员会组成人员的审议意见和各方面的意见，对修正案草案进行修改完善后，作出相应决定。在第十二届全国人民代表大会常务委员会第28次会议上，最高人民检察院检察长曹建明作了《关于〈中华人民共和国行政诉讼法修正案（草案）〉和〈中华人民共和国民事诉讼法修正案（草案）〉的说明》。经审议，2017年6月27日，第十二届全国人民代表大会常务委员会第28次会议通过《全国人民代表大会常务委员会关于修改〈中华人民共和国民事诉讼法〉和〈中华人民共和国行政诉讼法〉的决定》，对《民事诉讼法》和《行政诉讼法》进行了修改。其中《民事诉讼法》的修改内容为增加一款，作为第55条第2款："人民检察院在履行职责中发现破坏生态环境和资源保护、食品药品安全领域侵害众多消费者合法权益等损害社会公共利益的行为，在没有前款规定的机关和组织或者前款规定的机关和组织不提起诉讼的情况下，可以向人民法院提起诉讼。前款规定的机关或者组织提起诉讼的，人民检察院可以支持起诉。"同日，中华人民共和国主席习近平发布第 71 号主席令,公布了上述决定。修改后的《民事诉讼法》自 2017 年 7 月 1 日起施行。至此,检察机关提起民事公益诉讼的立法工作最终完成。

2017 年《民事诉讼法》的修改,为人民检察院提起民事公益诉讼提供了法律依据。检察民事公益诉讼制度的建立,是我国民事公益诉讼制度深化改革的重要标志,也是我国民事公益诉讼制度更加完善的重要标志。

## (二) 完善环境民事公益诉讼制度

2014 年 12 月 8 日,最高人民法院审判委员会第 1631 次会议通过《最高人民法院关于审理环境民事公益诉讼案件适用法律若干问题的解释》,2015 年 1 月 6 日公布,自 2015 年 1 月 7 日起施行。《最高人民法院关于审理环境民事公益诉讼案件适用法律若干问题的解释》共 35 条,从原告主体资格、管辖、应当提交的诉讼材料、审判程序、举证责任和认证的特殊规则、对原告诉讼请求的处理、环境公益诉讼与普通民事诉讼的关系、诉讼费用的缓交与负担、强制执行程序的启动等方面,对人民法院审理环境民事公益诉讼案件适用法律的相关问题作出了具体规定。

关于环境民事公益诉讼的原告资格,《中华人民共和国环境保护法》(以下简称《环境保护法》)第 58 条第 1 款规定:"对污染环境、破坏生效,损害社会公共利益的行为,符合下列条件的社会组织可以向人民法院提起诉讼:(1) 依法在设区的市级以上人民政府民政部门登记;(2) 专门从事环境保护公益活动连续 5 年以上且无违法记录。"对此,《最高人民法院关于审理环境民事公益诉讼案件适用法律若干问题的解释》规定:《环境保护法》规定的"社会组织"包括社会团体、民办非企业单位以及基金会等;《环境保护法》规定的"设区的市级以上人民政府民政部门"包括设区的市,自治州、盟、地区,不设区的地级市,直辖市的区以上人民政府民政部门;《环境保护法》规定的"专门从事环境保护公益活动"是指社会组织章程确定的宗旨和主要业务范围是维护社会公共利益,且从事环境保护公益活动;《环境保护法》规定的"无违法记录"是指社会组织在提起诉讼前 5 年内未因从事业务活动违反法律、法规的规定受过行政、刑事处罚。通过上述规定,《最高人民法院关于审理环境民事公益诉讼案件适用法律若干问题的解释》明确了有权提起环境民事公益诉讼的主体范围,增强了《环境保护法》第 58 条第 1 款规定的可操作性。

  关于环境民事公益诉讼的管辖,在级别管辖上,《最高人民法院关于审理环境民事公益诉讼案件适用法律若干问题的解释》规定环境民事公益诉讼案件由中级人民法院一审,在地域管辖上,《最高人民法院关于审理环境民事公益诉讼案件适用法律若干问题的解释》规定由污染环境、破坏生态行为发生地、损害结果地或者被告住所地中级人民法院审理。中级人民法院认为确有必要的,可以在报请高级人民法院批准后,裁定将本院管辖的第一审环境民事公益诉讼案件交由基层人民法院审理。同一原告或者不同原告对同一污染环境、破坏生态行为分别向两个以上有管辖权的人民法院提起环境民事公益诉讼的,由最先立案的人民法院管辖,必要时由共同上级人民法院指定管辖。经最高人民法院批准,高级人民法院可以根据本辖区环境和生态保护的实际情况,在辖区内确定部分中级人民法院受理第一审环境民事公益诉讼案件。显然,关于环境民事公益诉讼案件的管辖,《最高人民法院关于审理环境民事公益诉讼案件适用法律若干问题的解释》在方便当事人的基础上,提高了环境民事公益诉讼案件的管辖法院的级别,并有意实现环境民事公益诉讼案件审理的专业化。

  关于环境民事公益诉讼案件的受理程序,《最高人民法院关于审理环境民事公益诉讼案件适用法律若干问题的解释》主要规定以下几个特殊规则：一是人民法院受理环境民事公益诉讼案件后，应当在立案之日起5日内将起诉状副本发送被告，并公告案件受理情况，在10日内告知对被告行为负有环境保护监督管理职责的部门；二是有权提起诉讼的其他机关和社会组织在人民法院发出受理公告之日起30日内申请参加诉讼，经审查符合法定条件的，人民法院应当将其列为共同原告，逾期申请的，不予准许，公民、法人和其他组织以人身、财产受到损害为由申请参加诉讼的，告知其另行起诉；三是检察机关、负有环境保护监督管理职责的部门及其他机关、社会组织、企业事业单位依据2012年《民事诉讼法》第15条的规定，可以通过提供法律咨询、提交书面意见、协助调查取证等方式支持社会组织依法提起环境民事公益诉讼。

关于环境民事公益诉讼案件的证据规则，《最高人民法院关于审理环境民事公益诉讼案件适用法律若干问题的解释》规定：第一，原告请求被告提供其排放的主要污染物名称、排放方式、排放浓度和总量、超标排放情况以及防治污染设施的建设和运行情况等环境信息，法律、法规、规章规定被告应当持有或者有证据证明被告持有而拒不提供，如果原告主张相关事实不利于被告的，人民法院可以推定该主张成立。第二，对于审理环境民事公益诉讼案件需要的证据，人民法院认为必要的，应当调查收集。对于应当由原告承担举证责任且为维护社会公共利益所必要的专门性问题，人民法院可以委托具备资格的鉴定人进行鉴定。第三，当事人申请通知有专门知识的人出庭，就鉴定人作出的鉴定意见或者就因果关系、生态环境修复方式、生态环境修复费用以及生态环境受到损害至恢复原状期间服务功能的损失等专门性问题提出意见的，人民法院可以准许。专家意见经质证，可以作为认定事实的根据。第四，原告在诉讼过程中承认的对己方不利的事实和认可的证据，人民法院认为损害社会公共利益的，应当不予确认。

关于环境民事公益诉讼的调解、和解与撤诉,《最高人民法院关于审理环境民事公益诉讼案件适用法律若干问题的解释》也规定了特殊规则。首先,环境民事公益诉讼当事人达成调解协议或者自行达成和解协议后,人民法院应当将协议内容公告,公告期间不少于30日。公告期满后,人民法院审查认为调解协议或者和解协议的内容不损害社会公共利益的,应当出具调解书。当事人以达成和解协议为由申请撤诉的,不予准许。调解书应当写明诉讼请求、案件的基本事实和协议内容,并应当公开。其次,负有环境保护监督管理职责的部门依法履行监管职责而使原告诉讼请求全部实现,原告申请撤诉的,人民法院应予准许。最后,法庭辩论终结后,原告申请撤诉的,人民法院不予准许,但负有环境保护监督管理职责的部门依法履行监管职责而使原告诉讼请求全部实现,原告申请撤诉的除外。

## 江苏省泰州市环保联合会诉泰兴锦汇化工有限公司等水污染民事公益诉讼案[①]

2012年1月至2013年2月,被告泰兴锦汇化工有限公司(以下简称"锦汇公司")等六家企业将生产过程中产生的危险废物废盐酸、废硫酸总计2.5万余吨,以每吨20~100元不等的价格,交给无危险废物处理资质的相关公司偷排进泰兴市如泰运河、泰州市高港区古马干河中,导致水体严重污染。泰州市环保联合会诉请法院判令六家被告企业赔偿环境修复费1.6亿余元、鉴定评估费用10万元。

江苏省泰州市中级人民法院一审认为,泰州市环保联合会作为依法成立的参与环境保护事业的非营利性社团组织,有权

---

[①] 该案被中国案例法学研究会评为"2014年中国十大公益诉讼"之一。参见《环境公益诉讼典型案例》(上),载《人民法院报》2017年3月8日第3版。

## 第二编 民事诉讼制度

提起环境公益诉讼。六家被告企业将副产酸交给无处置资质和处置能力的公司,支付的款项远低于依法处理副产酸所需费用,导致大量副产酸未经处理倾倒入河,造成严重环境污染,应当赔偿损失并恢复生态环境。2万多吨副产酸倾倒入河必然造成严重环境污染,由于河水流动,即使倾倒地点的水质好转,并不意味着河流的生态环境已完全恢复,依然需要修复。在修复费用难以计算的情况下,应当以虚拟治理成本法计算生态环境修复费用。遂判决六家被告企业赔偿环境修复费用共计1.6亿余元,并承担鉴定评估费用10万元及诉讼费用。江苏省高级人民法院二审判决维持一审法院关于六家被告企业赔偿环境修复费用共计1.6亿余元的判项,并对义务的履行方式进行了调整。如六家被告企业能够通过技术改造对副产酸进行循环利用,明显降低环境风险,且1年内没有因环境违法行为受到处罚的,其已支付的技术改造费用可经验收后在判令赔偿环境修复费用的40%额度内抵扣。六家被告企业中的三家在二审判决后积极履行了判决的全部内容。锦汇公司不服二审判决,向最高人民法院申请再审。最高人民法院认为,环境污染案件中,危险化学品和化工产品生产企业对其主营产品及副产品均需具有较高的注意义务,需要全面了解其主营产品和主营产品生产过程中产生的副产品是否具有高度危险性,是否会造成环境污染;需要使其主营产品的生产、出售、运输、储存和处置符合相关法律规定,亦需使其副产品的生产、出售、运输、储存和处置符合相关法律规定,避免对生态环境造成损害或者产生造成生态环境损害的重大风险。虽然河水具有流动性和自净能力,但在环境容量有限的前提下,向水体大量倾倒副产酸,必然对河流的水质、水体动植物、河床、河岸以及河流下游的生态环境造成严重破坏。如不及时修复,污染的累积必然会超出环境承载能力,最终造成不可逆转的环境损害。因此，不能以部分水域的水质得到恢复为由免除污染者应当承担的环境修复责任。最高人民法院最终裁定驳回锦汇公司的再审申请。

### （三）完善消费民事公益诉讼制度

2012年《民事诉讼法》新设了消费民事公益诉讼制度，但是并没有规定消费民事公益诉讼的具体程序。为了满足司法实践的需要，正确审理消费民事公益诉讼案件，2016年2月1日，最高人民法院审判委员会第1677次会议通过了《最高人民法院关于审理消费民事公益诉讼案件适用法律若干问题的解释》，2016年4月24日，最高人民法院以"法释〔2016〕10号"公告公布，并规定自2016年5月1日起施行。

《最高人民法院关于审理消费民事公益诉讼案件适用法律若干问题的解释》共19条，分别规定了消费民事公益诉讼的适用范围、案件管辖、提起诉讼应当提交的材料、诉讼请求的释明、受理案件的公告、其他具有原告资格的主体申请参加诉讼的处理、证据保全、消费民事公益诉讼与消费民事私益诉讼案件关系的处理、被告反诉和原告承认的限制、审理法院告知相关行政主管部门的义务、消费民事公益诉讼裁判认定的事实的预决效力及例外、原告主张的合理费用的处理等内容。

《最高人民法院关于审理消费民事公益诉讼案件适用法律若干问题的解释》对于人民法院规范审理消费民事公益诉讼案件、引导具有法定主体资格的原告依法提起消费民事公益诉讼、发挥消费民事公益诉讼在社会生活中的作用发挥了重要作用。

## 四、深化多元化纠纷解决机制改革

随着民事纠纷案件的日益增多,深化多元化纠纷解决机制改革、提高纠纷解决的效率、维护社会和谐稳定已经成为司法改革的一项重要任务。2016年,最高人民法院将深化多元化纠纷解决机制改革作为一项重要的司法政策。

2016年6月28日,最高人民法院发布《最高人民法院关于人民法院进一步深化多元化纠纷解决机制改革的意见》(法发〔2016〕14号),就人民法院进一步深化多元化纠纷解决机制改革、完善诉讼与非诉讼相衔接的纠纷解决机制提出具体要求和操作办法。《最高人民法院关于人民法院进一步深化多元化纠纷解决机制改革的意见》共40条,分为五个部分:指导思想、主要目标和基本原则,加强平台建设,健全制度建设,完善程序安排,加强工作保障。《最高人民法院关于人民法院进一步深化多元化纠纷解决机制改革的意见》要求,人民法院要主动与诉讼外的纠纷解决机制建立对接关系,指导其他纠纷解决机制发挥有效作用;要通过诉调对接、业务指导、人员培训、参与立法等途径,让更多的矛盾纠纷通过非诉解纷渠道解决;要通过诉前导诉、案件分流、程序衔接,把纠纷有序分流至诉讼和非诉讼解纷渠道;要通过司法确认,提高非诉讼纠纷解决方式的效力和权威性。

2016年6月28日,最高人民法院公布《最高人民法院关于人民法院特邀调解的规定》,自2016年7月1日起施行。《最高人民法院关于人民法院特邀调解的规定》共30条,分别规定了特邀调解的概念和原则,人民法院在特邀调解工作中的职责,特邀调解组织和特邀调解员名册的建立和管理,特邀调解程序的启动、进行,特邀调解的地点,特邀调解中的回避,委派调解协议和委托调解协议的效力,委派或者委托调解未达成协议的处理,调解协议书的内容、制作程序和效力,特邀调解程序的终止,特邀调解的期间,特邀调解员的权利和义务等内容。

调解是适合中国文化传统的一种纠纷解决方式,不仅历史悠久而且法律效果和社会效果好。2012年《民事诉讼法》确立了先行调解制度,但是没有规定具体可操作的程序,实践中一些地方法院尝试借鉴美国的ADR制度,吸收法官以外的人员参与法院调解工作,并取得了一定的效果。《最高人民法院关于人民法院特邀调解的规定》将实践中的一些试点工作系统化、规范化,形成了特邀调解制度。特邀调解制度的建立和完善,对于我国构建多元化纠纷解决机制、推动调解制度的发展,具有重大的理论和实践意义。

2016年11月4日,最高人民法院、中国保险监督管理委员会联合发布《关于全面推进保险纠纷诉讼与调解对接机制建设的意见》(法〔2016〕374号),要求充分发挥人民法院、保险监管机构、保险行业组织预防和化解社会矛盾的积极作用,依法、公正、高效化解保险纠纷,不断提高调解公信力,为保险纠纷当事人提供便捷、高效、低成本的纠纷解决途径。

## 五、家事审判方式改革

家庭是社会的细胞,家庭治理是社会治理的基础。随着我国经济社会发展进入新常态,婚姻家庭关系中的新情况和新问题不断显现,家事案件数量不断增长,类型日益多样,处理难度不断增大。家事案件涉及的亲属关系具有不同于普通财产案件的人身性、敏感性和复杂性,家事纠纷的解决不但关乎个人和家庭幸福,同时也关系到社会和谐稳定与文明进步。为满足群众关切、提高审判质量、积极参与社会治理创新、促进良好家庭家风建设,最高人民法院积极探索家事审判方式和工作机制改革。

2016年4月5日,最高人民法院召开专题会议研究部署家事审判方式和工作机制改革。最高人民法院院长周强主持会议并讲话。周强强调,要大力弘扬社会主义核心价值观,积极推进家事审判方式和工作机制改革,充分发挥家事审判职能作用,维护家庭和谐,保障未成年人、妇女和老年人合法权益,促进社会公平正义,维护社会大局稳定。

2016年4月21日,最高人民法院发布《最高人民法院关于开展家事审判方式和工作机制改革试点工作的意见》(法〔2016〕128号),确立了家事审判方式和工作机制改革的目标、基本原则、工作理念、工作机制、试点案件范围、试点模式、试点法院、试点期间、试点指导等内容。提出通过家事审判方式和工作机制改革试点,转变家事审判理念,推进家事审判方式和工作机制创新,加强家事审判队伍及硬件设施建设,探索家事诉讼程序制度,开展和推动国内外法院之间家事审判经济交流和合作,探索家事审判专业化,维护婚姻家庭关系稳定,依法保护未成年人、妇女和老年人合法权益,弘扬社会主义核心价值观,促进社会建设健康和谐发展。要求通过试点工作,探索引入家事调查员、社工陪护及儿童心理专家等多种方式,不断提高家事审判的司法服务和保障水平;探索家事纠纷的专业化、社会化和人性化解决方式。

2016年4月21日,最高人民法院发布《关于在部分法院开展家事审判方式和工作机制改革试点工作的通知》(法〔2016〕129号),决定在北京市东城区人民法院等100个左右基层人民法院和中级人民法院,自2016年6月1日起,开展为期两年的家事审判方式和工作机制改革试点工作。

2016年5月11日,最高人民法院召开视频会议,具体部署在部分法院开展家事审判方式和工作机制改革试点工作。最高人民法院党组副书记、常务副院长沈德咏出席会议。沈德咏强调,要加强组织领导,加大对试点工作的监督指导和支持力度,认真研究改革过程中显现的突出问题,及时完善相关制度设计,确保改革试点工作平稳有序推进。要妥善处理家事审判与少年审判的关系,着力打造家事审判与少年审判的"强强联合"。要坚持于法有据的基本原则,由点到面、由易到难,积极、稳妥、协调推进各项家事审判方式和工作机制改革措施,坚持将家事审判方式和工作机制改革的顶层设计与基层的实践探索有机结合起来,形成可复制、可推广的经验,推动全国法院家事审判方式和工作机制改革。要立足国情、社情、民情,从我国司法制度和经济社会发展实际出发,加强交流与合作,积极吸收借鉴其他国家、地区的成功经验和做法。要凝聚各方力量,加强对家事审判改革、家事诉讼程序、家事审判制度的理论研究,推动研究成果切实转化为制度、规范,更好地指导和推动家事审判事业的科学发展。

为加强对家事审判方式和工作机制改革的组织领导和统筹协调,强化部门间协作配合,及时研究解决工作中面临的重大问题,最高人民法院与中央综治办等15家单位联合决定建立家事审判方式和工作机制改革联席会议(以下简称"联席会议")制度,并于2017年7月19日发布《最高人民法院、中央综治办、最高人民检察院、教育部、公安部、民政部、司法部、国家卫生计生委、新闻出版广电总局、国务院妇儿工委办公室、全国总工会、共青团中央、全国妇联、中国关工委、全国老龄办关于建立家事审判方式和工作机制改革联席会议制度的意见》(法〔2017〕18号,以下简称《关于建立家事审判方式和工作机制改革联席会议制度的意见》)。

《关于建立家事审判方式和工作机制改革联席会议制度的意见》明确了联席会议的主要职能、成员单位、工作规则、工作要求等内容。联席会议由最高人民法院、中央综治办、最高人民检察院、教育部、公安部、民政部、司法部、国家卫生计生委、新闻出版广电总局、国务院妇儿工委办公室、全国总工会、共青团中央、全国妇联、中国关工委、全国老龄办等 15 个部门和单位组成,最高人民法院为牵头单位。每个单位都有明确分工。

根据《关于建立家事审判方式和工作机制改革联席会议制度的意见》,联席会议的主要职能是:在中央政法委领导下,统筹协调推进家事审判方式和工作机制改革工作。研究制定家事案件纠纷化解政策措施和年度工作计划,探索家事审判程序改革,向全国人大提出家事特别程序立法建议;推动部门沟通与协作,明确职责任务分工,加强政策衔接和工作对接,推进多元化纠纷解决机制完善;推进家事审判工作专业化和群众路线相结合;督促、检查婚姻家庭纠纷化解工作落实,及时通报工作进展情况;完成中央交办的其他事项。

联席会议原则上每年召开一次全体会议,由召集人或召集人委托的同志主持。根据工作需要,可以召开临时会议。在全体会议召开之前,召开联络员会议,研究讨论联席会议议题和需提交联席会议议定的事项。联席会议以会议纪要形式明确会议议定事项。会议纪要经与会单位同意后印发有关方面,同时抄报国务院和中央政法委。重大问题经联席会议讨论后,由联席会议牵头单位报中央政法委决定。

各成员单位要按照职责分工,主动研究家事审判方式和工作机制改革工作及婚姻家庭纠纷化解工作的有关问题,及时向牵头单位提出需联席会议讨论的议题;积极参加联席会议,认真落实联席会议确定的工作任务和议定事项,及时处理需要跨部门协调解决的问题。各成员单位要互通信息,相互配合,相互支持,形成合力,充分发挥联席会议的作用,共同做好家事审判方式和工作机制改革有关工作。

## 六、深化民事送达制度改革

送达是民事案件审理过程中的重要程序事项,是保障人民法院依法公正审理民事案件、及时维护当事人合法权益的基础。近年来,随着我国社会经济的发展和人民群众司法需求的提高,送达问题已经成为制约民事审判公正与效率的瓶颈之一,"送达难"的问题不但没有解决反而呈愈发严重的态势。深化送达制度改革势在必行。

2015年最高人民法院颁行的《民事诉讼法解释》第131条规定:"人民法院直接送达诉讼文书的,可以通知当事人到人民法院领取。当事人到达人民法院,拒绝签署送达回证的,视为送达。审判人员、书记员应当在送达回证上注明送达情况并签名。人民法院可以在当事人住所地以外向当事人直接送达诉讼文书。当事人拒绝签署送达回证的,采用拍照、录像等方式记录送达过程即视为送达。审判人员、书记员应当在送达回证上注明送达情况并签名。"该条第1款扩大了推定送达的适用范围,第2款则规定了"偶遇送达"规则,均为简化送达程序的体现。

2017年7月19日,最高人民法院发布《关于进一步加强民事送达工作的若干意见》,要求各级人民法院要切实改进和加强送达工作,在法律和司法解释的框架内,创新工作机制和方法,全面推进当事人送达地址确认制度,统一送达地址确认书格式,规范送达地址确认书内容,提升民事送达的质量和效率,将司法为民切实落到实处。

《关于进一步加强民事送达工作的若干意见》共17条,分别规定了送达地址确认书应当包括的内容,当事人填写送达地址确认书时人民法院的告知义务以及应当告知的内容,当事人确认送达地址的时间及其适用的范围,当事人提供的送达地址不准确、拒不提供送达地址、送达地址变更未书面告知人民法院的法律后果,当事人拒绝确认送达地址或以拒绝应诉、拒接电话、避而不见送达人员、搬离原住所等躲避、规避送达,人民法院不能或无法要求其确认送达地址的处理办法,送达地址推定,电子送达的要求等内容。《关于进一步加强民事送达工作的若干意见》明确规定,人民法院可以根据实际情况,有针对性地探索提高送达质量和效率的工作机制,确定由专门的送达机构或者由各审判、执行部门进行送达,在不违反法律、司法解释规定的前提下,可以积极探索创新行之有效的工作方法;在送达工作中,可以借助基层组织的力量和社会力量,加强与基层组织和有关部门的沟通、协调,为做好送达工作创造良好的外部环境;要树立全国法院一盘棋意识,对于其他法院委托送达的诉讼文书,要认真、及时进行送达。鼓励法院之间建立委托送达协作机制,节约送达成本,提高送达效率。有条件的地方可以要求基层组织协助送达,并可适当支付费用。《关于进一步加强民事送达工作的若干意见》明确规定,要严格适用《民事诉讼法》关于公告送达的规定,加强对公告送达的管理,充分保障当事人的诉讼权利。只有在受送达人下落不明,或者用《民事诉讼法》第一编第七章第二节规定的其他方式无法送达的,才能适用公告送达。

## 七、深化民事执行制度改革

### (一) 用两到三年时间基本解决执行难问题

执行难问题长期困扰我国司法实践。《民事诉讼法》还在试行期间,执行难的问题就已经存在,修改1982年《民事诉讼法(试行)》时就将解决执行难作为重要任务,1991年《民事诉讼法》在执行制度改革方面也确有突破。但是,这个问题并没有从根本上解决。

2014年10月23日,党的十八届四中全会《决定》提出:"切实解决执行难,制定强制执行法,规范查封、扣押、冻结、处理涉案财物的司法程序。加快建立失信被执行人信用监督、威慑和惩戒法律制度。依法保障胜诉当事人及时实现权益。"

2016年3月13日,最高人民法院院长周强在第十二届全国人民代表大会第四次全体会议上报告最高人民法院工作时,提出"用两到三年时间基本解决执行难问题"。从此"用两到三年时间基本解决执行难问题"成为人民法院执行工作的重心,最高人民法院为此推出一系列重大举措。

2016年4月20日,最高人民法院召开"基本解决执行难"暨执行案款清理工作动员部署视频会,最高人民法院院长周强出席会议

图 2-5-3　当街拍卖法律白条①

---

① 图片说明:"法律白条"何日兑现?2004年2月,湖南长沙天心区刘旺青老人在火车站广场设摊拍卖法律文书。刘旺青,66岁,1998年5月与湘直实业开发总公司(以下简称"湘直总公司")签订了一份施工合同书,并于同年6月8日向湘直总公司交纳挂靠费5万元。刘旺青要求按约进场施工,而该工程实际上已由湘直总公司交给了其他单位承建。此后,刘旺青又与湘直房产公司签订了一份承建合同,要求湘直总公司将其所交的5万元转付给湘直房产公司作为质量保证金,湘直总公司未予转付。于是,这两项工程一直无法动工,刘旺青与湘直总公司遂于1999年11月4日签订了退款协议,约定由湘直总公司退赔6万元,但该公司一直未履行付款义务。刘旺青将湘直总公司告上法庭。2000年11月30日,天心区人民法院一审判决湘直总公司偿还刘旺青6万元,并支付逾期付款利息7920元,后段利息按每日万分之四的标准支付。双方均未上诉。在法院的判决书生效后的3年多时间里,这份判决书在他手中成了名副其实的"法律白条"。因此,他把"拍卖"法律白条"字样的大纸在向过往群众求卖。

图片来源:网易新闻中心:http://news.163.com/2004w02/12453/2004w02_1075952784067.html 2004-02-05 11:46:2,最后访问日期:2017年5月25日。

并讲话。会议强调,"用两到三年时间基本解决执行难问题"就是要在两到三年时间内,实现被执行人规避执行、抗拒执行和外界干预执行现象基本得到遏制;人民法院消极执行、选择性执行、乱执行情形基本消除;无财产可供执行案件终结本次执行的程序标准和实质标准把握不严、恢复执行等相关配套机制应用不畅的问题基本解决;有财产可供执行案件在法定期限内基本执行完毕。会议提出要引入第三方机构,建立科学的评价体系,对解决执行难的效果进行客观、公正、科学的评估。

2016年4月29日,最高人民法院印发《关于落实"用两到三年时间基本解决执行难问题"的工作纲要》(法发〔2016〕10号,以下简称《纲要》),明确了基本解决执行难的总体目标与评价体系、应坚持的原则、主要任务、组织保障等内容。

《纲要》明确了"基本解决执行难"的总体目标:全面推进执行体制、执行机制、执行模式改革,加强正规化、专业化、职业化执行队伍建设,建立健全信息化执行查控体系、执行管理体系、执行指挥体系及执行信用惩戒体系,不断完善执行规范体系及各种配套措施,破解执行难题,补齐执行短板,在两到三年内实现以下目标:被执行人规避执行、抗拒执行和外界干预执行现象基本得到遏制;人民法院消极执行、选择性执行、乱执行的情形基本消除;无财产可供执行案件终结本次执行的程序标准和实质标准把握不严、恢复执行等相关配套机制应用不畅的问题基本解决;有财产可供执行案件在法定期限内基本执行完毕,人民群众对执行工作的满意度显著提升,人民法院执行权威有效树立,司法公信力进一步增强。

《纲要》指出,基本解决执行难应坚持四项原则,一是坚持党的领导,确保正确方向;二是加强顶层设计,鼓励改革创新;三是实行整体推进,强调重点突破;四是坚持标本兼治,注重长远发展。

《纲要》提出,要以信息化建设为抓手,完善执行体制机制,努力实现执行工作八个领域的深刻变革：一是实现执行模式改革，畅通被执行人及其财产发现渠道，基本改变"登门临柜"查人找物的传统模式，实现网络执行查控系统全覆盖，不断拓展对失信被执行人联合信用惩戒的范围和深度；二是实现执行体制改革，强化执行工作统一管理体制，探索改革基层人民法院执行机构设置，推动实行审判权和执行权相分离的体制改革试点；三是实现执行管理改革，以全国法院执行案件信息管理系统为依托，强化对执行程序各个环节的监督制约，严格规范执行行为，切实提高执行效率；四是实现财产处置改革，推行网络司法评估管理，推广网络司法拍卖，加大被执行财产的处置力度，及时、有效兑现债权人权益；五是完善执行工作机制，在无财产可供执行案件退出和恢复执行程序、执行与破产衔接、保全和先予执行协调配合、异地执行协作等工作机制方面进行完善，努力提高执行工作效率；六是完善执行规范体系，及时制定出台相关司法解释、规范性文件、指导意见，推动强制执行单独立法进程；七是完善执行监督体系，从内到外、从上至下全方位加强对执行工作的监督制约，确保执行权高效、廉洁、有序运行；八是完善专项治理机制，持续深入开展反消极执行、反干扰执行、反规避执行、反抗拒执行等整治行动，将行动要求转变为长期性、常态化工作机制。

《纲要》强调，要切实做好基本解决执行难相关组织保障工作，各级人民法院党组要加强组织领导，将解决执行难工作作为"一把手工程"来抓；要加强力量配备，合理确定和配备从事执行工作的人员比例，积极推动现有执行人员的分类管理改革，强化教育培训，努力建设一支专业化、职业化、清正廉明的执行队伍；要强化对执行工作的物质装备建设，抓好技术、经费、设备三大保障，全面完成执行指挥系统建设，加强执行队伍装备建设；要加大执行工作宣传力度，不断宣传执行工作新成效，宣传对执行难的理性认识，凝聚全社会理解执行、尊重执行、协助执行的广泛共识。

为了客观评价基本解决执行难的目标是否如期实现,最高人民法院决定引入第三方评估机制,由中国社会科学院牵头,协调中国法学会、中华全国律师协会、中国人民大学诉讼制度及司法改革研究中心以及人民日报社、新华社、中央电视台等13家新闻媒体,并邀请15位知名学者作为特聘专家,共同参加第三方评估工作。2016年8月23日,中国社会科学院法学研究所举办"基本解决执行难第三方评估指标体系论证会"。承担此次评估工作的中国社会科学院法学研究所国家法治指数研究中心经调研论证,并在征求专家学者、律师、法官等各方面意见的基础上,形成了《基本解决执行难第三方评估指标体系(征求意见稿)》,提交论证会讨论。

2016年9月28日至29日,全国法院执行工作会议在北京召开。最高人民法院作了关于"用两到三年时间基本解决执行难"的整体布局和下一阶段工作重点的情况介绍,各高级人民法院和新疆维吾尔自治区高级人民法院生产建设兵团分院在本次会议上现场演示汇报了辖区法院解决执行难工作情况。会议要求坚定信心,攻坚克难,坚决打赢"基本解决执行难"这场硬仗,切实维护人民群众的合法权益,努力让人民群众在每一个司法案件中感受到公平正义。

为了给"基本解决执行难问题"提供制度支撑与制度保障,最高人民法院制定了一系列有关民事执行的司法解释和规范性文件,并委托中国社会科学院法学研究所对人民法院基本解决执行难问题进行第三方评估。

**(二)完善办理执行异议和复议案件程序**

2014年12月29日,由最高人民法院审判委员会第1638次会议通过,2015年5月5日,以"法释〔2015〕10号"公布的《最高人民法院关于人民法院办理执行异议和复议案件若干问题的规定》,自

2015 年 5 月 5 日起施行。

关于执行异议的立案,《最高人民法院关于人民法院办理执行异议和复议案件若干问题的规定》体现了立案登记制的要求,要求做到尽量当场立案,人民法院不依法立案的,当事人可以向上一级人民法院提出异议。执行异议和复议案件的管辖,以执行法院管辖为原则,以原执行法院审查处理为例外。

关于执行行为异议的利害关系人的范围,《最高人民法院关于人民法院办理执行异议和复议案件若干问题的规定》第 5 条作出了明确规定,即:(1) 认为人民法院的执行行为违法,妨碍其轮候查封、扣押、冻结的债权受偿的;(2) 认为人民法院的拍卖措施违法,妨碍其参与公平竞价的;(3) 认为人民法院的拍卖、变卖或者以物抵债措施违法,侵害其对执行标的的优先购买权的;(4) 认为人民法院要求协助执行的事项超出其协助范围或者违反法律规定的;(5) 认为其他合法权益受到人民法院违法执行行为侵害的。

关于提出执行异议的期限,《最高人民法院关于人民法院办理执行异议和复议案件若干问题的规定》第 6 条规定为:执行行为异议应当在执行程序终结之前提出;案外人提出异议应当在异议指向的执行标的执行终结之前提出,执行标的由当事人受让的,应当在执行程序终结之前提出。

关于执行行为的范围,《最高人民法院关于人民法院办理执行异议和复议案件若干问题的规定》第 7 条规定:(1) 查封、扣押、冻结、拍卖、变卖、以物抵债、暂缓执行、中止执行、终结执行等执行措施;(2) 执行的期间、顺序等应当遵守的法定程序;(3) 人民法院作出的侵害当事人、利害关系人合法权益的其他行为。被执行人以债权消灭、丧失强制执行效力等执行依据生效之后的实体事由提出排除执行异议的,人民法院应当参照《民事诉讼法》第 225 条规定进行审查。除当事人互负到期债务,被执行人请求抵销外,被执行人以执行依据生效之前的实体事由提出排除执行异议的,人民法院应当告知其依法申请再审或者通过其他程序解决。

关于执行异议请求竞合的处理,《最高人民法院关于人民法院办理执行异议和复议案件若干问题的规定》第 8 条规定的基本规则是:涉及实体权利的,实体吸收程序;不涉及实体权利的,分别审查,即案外人基于实体权利既对执行标的提出排除执行异议又作为利害关系人提出执行行为异议的,人民法院应当依照《民事诉讼法》第 227 条规定进行审查。案外人既基于实体权利对执行标的提出排除执行异议又作为利害关系人提出与实体权利无关的执行行为异议的,人民法院应当分别依照《民事诉讼法》第 227 条和第 225 条规定进行审查。

关于执行异议和复议案件的审查组织,《最高人民法院关于人民法院办理执行异议和复议案件若干问题的规定》第 11 条规定了合议审查的原则,并规定指令重新审查的执行异议案件,应当另行组成合议庭。同时,办理执行实施案件的人员不得参与相关执行异议和复议案件的审查。

关于执行行为异议的处理方式,《最高人民法院关于人民法院办理执行异议和复议案件若干问题的规定》规定以书面审查为原则,案情复杂、争议较大的,应当进行听证;异议人申请撤回异议、复议申请,由执行法院裁定是否准许;异议人或者复议申请人无正当理由拒不参加听证、未经许可中途退出听证,致使人民法院无法查清相关事实的,由其自行承担不利后果。

《最高人民法院关于人民法院办理执行异议和复议案件若干问题的规定》最为重要的内容是明确了办理执行异议和复议案件时,处理以下几种权利冲突的规则:(1)对登记在被执行人名下唯一住房的执行——居住权与债权的冲突;(2)执行程序中的债务抵销问题——债权人与债务人的债权债务冲突;(3)因执行拍卖形成的权利冲突的处理——当事人与拍定人的权利冲突;(4) 执行标的权属判断标准——实际权利人与登记名义权利人的权利冲突;(5) 案外人依据另案生效法律文书主张异议——不同生效法律文书内容的冲突;(6) 申请执行人优先受偿权与案外人的实体权利的冲突;(7) 关于申请执行人的债权与不动产买受人之间的权利冲突——不动产受让人物权期待权的保护。《最高人民法院关于人民法院办理执行异议和复议案件若干问题的规定》规定的处理权利冲突的规则较为复杂,大部分内容具有实体法规范的性质。

## 钟永玉与王光、林荣达案外人执行异议纠纷案[①]

王光与林荣达股权转让合同纠纷一案中,王光向福建省高级人民法院提出财产保全申请,请求对林荣达的财产进行诉讼保全。2011 年 7 月 15 日,福建省高级人民法院作出(2011)闽民初字第 22-2 号民事裁定,冻结林荣达银行存款 5723 万元或查封、扣押等值的财产,并于 2011 年 7 月 21 日向上杭县房地产交易管理所发出(2011)闽民初字第 22-2 号《协助执行通知书》,查封了林荣达所有的坐落于上杭县和平路 121 号的房产一幢(以下简称"诉争房产"),查封期限自 2011 年 7 月 21 日至 2013 年 7 月 20 日。

2011 年 12 月 15 日,福建省高级人民法院作出(2011)闽民初字第 22 号民事判决,判令林荣达应返还王光已支付的转让款 750.681 万美元(合人民币 5000 万元)。王光于 2012 年 12 月 23 日向福建省高级人民法院申请强制执行,福建省高级人民法院于 2013 年 12 月 24 日立案执行,并于 2013 年 6 月 19 日作出(2013)闽执行字第 1-4 号执行裁定:继续查封林荣达所有的坐

---

[①] 案例来源:《最高人民法院公报》2016 年第 6 期。

落于上杭县和平路121号的房产,查封期限自2013年7月21日至2014年7月20日止。

2013年12月5日,钟永玉以诉争房产系其所有为由,向福建省高级人民法院提起执行异议,请求中止对该房产的执行并解除对该房产的查封措施。福建省高级人民法院认为,讼争房产至今仍登记在林荣达名下,尚未变更登记为案外人钟永玉,故上述房产的物权未发生变动,应仍为林荣达所有。案外人钟永玉认为讼争房产系其合法财产之理由无事实和法律依据,查封并无不当,作出(2013)闽执外异字第3号执行裁定,驳回钟永玉异议。钟永玉不服,遂提起本案诉讼。

2015年3月2日,福建省高级人民法院作出(2014)闽民初字第7号民事判决书:1. 停止对位于福建省上杭县和平路121号房产的执行;2. 驳回钟永玉的其他诉讼请求。案件受理费100元,由王光负担。

王光不服一审判决,向最高人民法院提起上诉,请求:1. 撤销福建省高级人民法院(2014)闽民初字第7号民事判决第一项,改判驳回钟永玉的全部诉讼请求。2. 本案诉讼费用由钟永玉承担。

本案系案外人钟永玉在王光与林荣达股权转让纠纷一案生效判决的执行中,对执行标的(讼争房产)提起的执行异议之诉,请求排除执行的理由为股权转让关系发生之前该讼争房产已在离婚协议中作为其与林荣达夫妻共同财产进行处分归其和四名子女所有,因此,钟永玉对本案讼争房产是否享有足以阻止执行的实体权利是本案争议的焦点。

最高人民法院认为,钟永玉对诉争房产享有足以阻却执行的权利。主要理由是:

1. 现有证据不能证明钟永玉与林荣达之间存在恶意串通

逃避债务的主观故意,钟永玉与林荣达解除婚姻关系及有关财产约定的意思表示真实。

2. 钟永玉对讼争房产的请求权并非讼争房屋173平方米部分而是讼争房产的用地面积172.8平方米上的所有房屋。

3. 钟永玉依据《离婚协议书》对讼争房产享有的权利足以排除执行。

在本案中,钟永玉与林荣达于1996年7月22日签订《离婚协议书》,约定讼争房产归钟永玉及其所生子女所有,该约定是就婚姻关系解除时财产分配的约定,在诉争房产办理过户登记之前,钟永玉及其所生子女享有的是将讼争房产的所有权变更登记至其名下的请求权。该请求权与王光的请求权在若干方面存在不同,并因此具有排除执行的效力。

首先,从成立时间上看,该请求权要远远早于王光因与林荣达股权转让纠纷所形成的金钱债权。

其次,从内容上看,钟永玉的请求权系针对诉争房屋的请求权,而王光的债权为金钱债权,并未指向特定的财产,诉争房屋只是作为林荣达的责任财产成为王光的债权的一般担保。在钟永玉占有诉争房屋的前提下,参考最高人民法院《关于审理买卖合同纠纷案件适用法律问题的解释》第10条规定的精神可知,其要求将讼争房产的所有权变更登记至其名下的请求权,也应当优于王光的金钱债权。

再次,从性质上看,王光与林荣达之间的金钱债权,系林荣达与钟永玉的婚姻关系解除后发生的,属于林荣达的个人债务。在该债权债务发生之时,诉争房屋实质上已经因钟永玉与林荣达之间的约定而不再成为林荣达的责任财产。因此,在王光与林荣达交易时以及最终形成金钱债权的过程中,诉争房产都未影响到林荣达的责任财产。

最后，从功能上看，该房产具有为钟永玉及其所生子女提供生活保障的功能。与王光的金钱债权相比，钟永玉及其子女享有的请求权在伦理上具有一定的优先性。

最高人民法院认为，基于钟永玉与王光各自债权产生的时间、内容、性质以及根源等方面来看，钟永玉对诉争房产所享有的权利应当能够阻却对本案讼争房产的执行，钟永玉提起执行异议请求阻却对本案讼争房产执行的理由成立，一审法院判决停止对讼争的位于福建省上杭县和平路121号房产的执行正确，应予维持。

基于以上理由，2016年1月10日，最高人民法院作出(2015)民一终字第150号《民事判决书》，判决驳回上诉，维持原判。

## （三）深化司法拍卖机制改革

司法拍卖是民事执行程序中的重要环节，涉及执行当事人、优先权人、竞拍人等多方的权利。2004年最高人民法院颁布并实施的《最高人民法院关于人民法院民事执行中拍卖、变卖财产的规定》第3条规定："人民法院拍卖被执行人财产，应当委托具有相应资质的拍卖机构进行，并对拍卖机构的拍卖进行监督，但法律、司法解释另有规定的除外。"但是，在实践中，委托拍卖存在的问题很多，不但成本高，而且存在拍卖机构操纵拍卖的现象，严重损害了执行当事人、竞买人的合法权益，损害了人民法院执行工作的权威性。为了克服委托拍卖机构拍卖存在的问题，2012年浙江省宁波市北仑区和鄞州区人民法院率先尝试通过淘宝网进行司法拍卖，并于当年7月9日举行了第一次拍卖并取得了成功。实践证明，通过网络进行司法拍卖，不但可以节省拍卖佣金，而且可以克服现场拍卖可能发生的串标、操纵拍卖等严重损害司法拍卖公平公正的问题。于是，浙江和江苏省高级人民法院在全省范围内推广通过淘宝网进行司法拍卖的模式，其他一些地方的人民法院也相继开始推广淘宝网络司法拍卖模式。此后，即使在委托拍卖机构进行的司法拍卖或者通过产权交易所进行的司法拍卖中，也增加了通过网络出价的竞买方式。

网络司法拍卖存在巨大优势，但是也存在一些问题。为了规范网络司法拍卖行为，保障网络司法拍卖公开、公平、公正、安全、高效，维护当事人的合法权益，2016年5月30日最高人民法院第1685次会议通过《最高人民法院关于人民法院网络司法拍卖若干问题的规定》，2016年8月2日最高人民法院公告公布并规定于2017年1月1日起施行。《最高人民法院关于人民法院网络司法拍卖若干问题的规定》对法释〔2004〕16号司法解释规定的拍卖规则进行了一些修改，包括保留价的确定标准、拍卖次数等。

为了落实《最高人民法院关于人民法院网络司法拍卖若干问题的规定》，科学建立和管理全国性网络服务提供者名单库，确保网络司法拍卖工作依法有序进行，2016年9月19日，最高人民法院发布《关于建立和管理网络服务提供者名单库的办法》（法发〔2016〕23号）并规定于2016年9月20日起施行。2016年9月20日，最高人民法院发布《最高人民法院关于自愿申请加入网络服务提供者名单库的公告》，开始接受网络服务提供者自愿报名进入最高人民法院网络服务提供者名单库。截至2016年9月30日，共有48家网络服务提供者递交了申请材料。最高人民法院司法网络拍卖网络服务提供者名单库评审委员会经委托第三方评估机构对全部申报材料进行评审后，根据评审结果进行了投票，最终确定了五家网络服务提供者进入名单库，即淘宝网、京东网、人民法院诉讼资产网、公拍网、中国拍卖行业协会网。2016年11月25日，最高人民法院发布《最高人民法院关于司法拍卖网络服务提供者名单库的公告》，对评审和投票结果予以公告。

随着相关规范的日益完善,网络司法拍卖逐渐成为司法拍卖的主要方式。据最高人民法院统计,截至 2018 年 7 月,网络司法拍卖已为当事人节省佣金支出 250 亿元。

### (四) 深化变更追加当事人制度改革

为正确处理民事执行中变更、追加当事人问题,维护当事人、利害关系人的合法权益,根据《民事诉讼法》等法律规定,结合执行实践,2016 年 8 月 29 日最高人民法院审判委员会第 1691 次会议通过《最高人民法院关于民事执行中变更、追加当事人若干问题的规定》,2016 年 11 月 7 日最高人民法院以"法释〔2016〕21 号"公布并规定自 2016 年 12 月 1 日起施行。

《最高人民法院关于民事执行中变更、追加当事人若干问题的规定》共 35 条,分别规定了申请执行人、被执行人的变更或者追加的事由,申请变更或者追加当事人应当提交的材料、审查方式、救济方式与程序等。

《最高人民法院关于民事执行中变更、追加当事人若干问题的规定》首先规定了可以变更、追加申请执行人的 9 种情形:(1) 作为申请执行人的公民死亡或被宣告死亡,该公民的遗嘱执行人、受遗赠人、继承人或其他因该公民死亡或被宣告死亡依法承受生效法律文书确定权利的主体,申请变更、追加其为申请执行人的;(2) 作为申请执行人的公民被宣告失踪,该公民的财产代管人申请变更、追加其为申请执行人的;(3) 作为申请执行人的公民离婚时,生效法律文书确定的权利全部或部分分割给其配偶,该配偶申请变更、追加其为申请执行人的;(4) 作为申请执行人的法人或其他组织终止,因该法人或其他组织终止依法承受生效法律文书确定权利的主体,申请变更、追加其为申请执行人的;(5) 作为申请执行人的法人或其他组织因合并而终止,合并后存续或新设的法人、其他组织申请变更其为申请执行人的;(6)作为申请执行人的法人或其他组织分立,依分立协议约定承受生效法律文书确定权利的新设法人或其他组织,申请变更、追加其为申请执行人的;(7)作为申请执行人的法人或其他组织清算或破产时,生效法律文书确定的权利依法分配给第三人,该第三人申请变更、追加其为申请执行人的;(8)作为申请执行人的机关法人被撤销,继续履行其职能的主体申请变更、追加其为申请执行人的,但生效法律文书确定的权利依法应由其他主体承受的除外;没有继续履行其职能的主体,且生效法律文书确定权利的承受主体不明确,作出撤销决定的主体申请变更、追加其为申请执行人的;(9)申请执行人将生效法律文书确定的债权依法转让给第三人,且书面认可第三人取得该债权,该第三人申请变更、追加其为申请执行人的。

《最高人民法院关于民事执行中变更、追加当事人若干问题的规定》规定了18种可以变更、追加被执行人的情形:(1)作为被执行人的公民死亡或被宣告死亡,申请执行人申请变更、追加该公民的遗嘱执行人、继承人、受遗赠人或其他因该公民死亡或被宣告死亡取得遗产的主体为被执行人,在遗产范围内承担责任的;(2)作为被执行人的公民被宣告失踪,申请执行人申请变更该公民的财产代管人为被执行人,在代管的财产范围内承担责任的;(3)作为被执行人的法人或其他组织因合并而终止,申请执行人申请变更合并后存续或新设的法人、其他组织为被执行人的;(4)作为被执行人的法人或其他组织分立,申请执行人申请变更、追加分立后新设的法人或其他组织为被执行人,对生效法律文书确定的债务承担连带责任的,但被执行人在分立前与申请执行人就债务清偿达成的书面协议另有约定的除外;(5)作为被执行人的个人独资企业,不能清偿生效法律文书确定的债务,申请执行人申请变更、追加其投资人为被执行人的;(6)作为被执行人的合伙企业,不能清偿生效法律文书确定的债务,申请执行人申请变更、追加普通合伙人为被执行人的;(7)作为被执行人的有限合伙企业,财产不足以清偿生效法律文书确定的债务,申请执行人申请变更、追加未按期足额缴纳出资的有限合伙人为被执行人,在未足额缴纳出资的范围内承担责任的;(8)作为被执行人的法人分支机构,不能清偿生效法律文书确定的债务,申请执行人申请变更、追加该法人为被执行人的;(9)个人独资企业、合伙企业、法人分支机构以外的其他组织作为被执行人,不能清偿生效法律文书确定的债务,申请执行人申请变更、追加依法对该其他组织的债务承担责任的主体为被执行人的;(10)作为被执行人的企业法人,财产不足以清偿生效法律文书确定的债务,申请执行人申请变更、追加未缴纳或未足额缴纳出资的股东、出资人或依《公司法》规定对该出资承担连带责任的发起人为被执行人,在尚未缴纳出资的范围内依法承担责任的;(11)作为被执行人的企业法人,财产不足以清偿生效法律文书确定的债务,申请执行人申请变更、追加抽逃出资的股东、出资人为被执行人,在抽逃出资的范围内承担责任的;(12)作为被执行人的公司,财产不足以清偿生效法律文书确定的债务,其股东未依法履行出资义务即转让股权,申请执行人申请变更、追加该原股东或依《公司法》规定对该出资承担连带责任的发起人为被执行人,在未依法出资的范围内承担责任的;(13)作为被执行人的一人有限责任公司,财产不足以清偿生效法律文书确定的债务,股东不能证明公司财产独立于自己的财产,申请执行人申请变更、追加该股东为被执行人,对公司债务承担连带责任的;(14)作为被执行人的公司,未经清算即办理注销登记,导致公司无法进行清算,申请执行人申请变更、追加有限责任公司的股东、股份有限公司的董事和控股股东为被执行人,对公司债务承担连带清偿责任的;(15)作为被执行人的法人或其他组织,被注销或出现被吊销营业执照、被撤销、被责令关闭、歇业等解散事由后，其股东、出资人或主管部门无偿接受其财产，致使该被执行人无遗留财产或遗留财产不足以清偿债务，申请执行人申请变更、追加该股东、出资人或主管部门为被执行人，在接受的财产范围内承担责任的；(16) 作为被执行人的法人或其他组织，未经依法清算即办理注销登记，在登记机关办理注销登记时，第三人书面承诺对被执行人的债务承担清偿责任，申请执行人申请变更、追加该第三人为被执行人，在承诺范围内承担清偿责任的；(17) 执行过程中，第三人向执行法院书面承诺自愿代被执行人履行生效法律文书确定的债务，申请执行人申请变更、追加该第三人为被执行人，在承诺范围内承担责任的；(18) 作为被执行人的法人或其他组织，财产依行政命令被无偿调拨、划转给第三人，致使该被执行人财产不足以清偿生效法律文书确定的债务，申请执行人申请变更、追加该第三人为被执行人，在接受的财产范围内承担责任的。

根据《最高人民法院关于民事执行中变更、追加当事人若干问题的规定》，申请人申请变更、追加执行当事人，应当向执行法院提交书面申请及相关证据材料。除事实清楚、权利义务关系明确、争议不大的案件外，执行法院应当组成合议庭审查并公开听证。经审查，理由成立的，裁定变更、追加；理由不成立的，裁定驳回。执行法院应当自收到书面申请之日起60日内作出裁定。有特殊情况需要延长的，由本院院长批准。执行法院审查变更、追加被执行人申请期间，申请人申请对被申请人的财产采取查封、扣押、冻结措施的，执行法院应当参照《民事诉讼法》第100条的规定办理。申请执行人在申请变更、追加第三人前，向执行法院申请查封、扣押、冻结该第三人财产的，执行法院应当参照《民事诉讼法》第101条的规定办理。

《最高人民法院关于民事执行中变更、追加当事人若干问题的规定》明确了变更、追加执行当事人的两种救济方式：执行复议和执行异议之诉。执行复议就是除依据规定应当提起执行异议之诉的外,被申请人、申请人或其他执行当事人对执行法院作出的变更、追加裁定或驳回申请裁定不服的,可以自裁定书送达之日起10日内向上一级人民法院申请复议;上一级人民法院对复议申请应当组成合议庭审查,并自收到申请之日起60日内作出复议裁定。有特殊情况需要延长的,由本院院长批准。被裁定变更、追加的被申请人申请复议的,复议期间,人民法院不得对其争议范围内的财产进行处分。申请人请求人民法院继续执行并提供相应担保的,人民法院可以准许。

被申请人或申请人对执行法院依据上述变更、追加被执行人的第(7)种、第(10)种至第(14)种事由作出的变更、追加裁定或驳回申请裁定不服的,可以自裁定书送达之日起15日内,向执行法院提起执行异议之诉。被申请人提起执行异议之诉的,以申请人为被告;申请人提起执行异议之诉的,以被申请人为被告。被申请人提起的执行异议之诉,人民法院经审理,按照下列情形分别处理:(1)理由成立的,判决不得变更、追加被申请人为被执行人或者判决变更责任范围;(2)理由不成立的,判决驳回诉讼请求。诉讼期间,人民法院不得对被申请人争议范围内的财产进行处分。申请人请求人民法院继续执行并提供相应担保的,人民法院可以准许。申请人提起的执行异议之诉,人民法院经审理,按照下列情形分别处理:(1)理由成立的,判决变更、追加被申请人为被执行人并承担相应责任或者判决变更责任范围;(2)理由不成立的,判决驳回诉讼请求。

在民事执行程序中裁定变更、追加申请执行人,一直是我国民事执行实践的一道难题,理论上争议也很大。最高人民法院公布施行的《最高人民法院关于民事执行中变更、追加当事人若干问题的规定》,尽管仍有不完善之处,但还是能够满足实践的部分需要,对于规范执行行为、解决部分执行难问题具有重大的现实意义。

### (五) 深化民事执行检察监督制度改革

为促进人民法院依法执行,规范人民检察院民事执行法律监督活动,根据《民事诉讼法》和其他有关法律规定,结合人民法院民事执行和人民检察院民事执行法律监督工作实际,2016年11月2日,最高人民法院、最高人民检察院联合制定了《关于民事执行活动法律监督若干问题的规定》,并于2017年1月1日起施行。

《关于民事执行活动法律监督若干问题的规定》共22条,分别规定了民事执行检察监督的基本原则、范围、管辖,当事人、利害关系人、案外人申请民事执行检察监督的条件、应当提交的材料,人民检察院依职权监督的范围,人民检察院办理执行监督案件的调卷程序,提起民事执行检察建议的程序,人民法院对民事执行检察建议的处理程序,人民检察院对有关国家机关不依法履行生效法律文书确定的执行义务或者协助执行义务的处理方法与程序,人民检察院民事检察部门在办案中发现被执行人涉嫌构成拒不执行判决、裁定罪且公安机关不予立案侦查的处理方法与程序等内容。

根据《关于民事执行活动法律监督若干问题的规定》,人民检察院办理民事执行监督案件,应当以事实为依据,以法律为准绳,坚持公开、公平、公正和诚实信用原则,尊重和保障当事人的诉讼权利,监督和支持人民法院依法行使执行权。

关于民事执行检察监督的范围,《关于民事执行活动法律监督若干问题的规定》第3条规定,人民检察院对人民法院执行生效民事判决、裁定、调解书、支付令、仲裁裁决以及公证债权文书等法律文书的活动实施法律监督。这也就是说人民检察院有权对人民法院所有的民事执行活动实行法律监督。

关于管辖,根据《关于民事执行活动法律监督若干问题的规定》

第 4 条的规定,民事执行检察监督以同级监督为原则,即由执行法院所在地的同级人民检察院进行监督。但是,上级人民检察院认为确有必要的,可以办理下级人民检察院管辖的民事执行监督案件;下级人民检察院对有管辖权的民事执行监督案件,认为需要上级人民检察院办理的,可以报请上级人民检察院办理。

根据《关于民事执行活动法律监督若干问题的规定》第 5 条的规定,当事人、利害关系人、案外人认为人民法院的民事执行活动存在违法情形向人民检察院申请监督,应当提交监督申请书、身份证明、相关法律文书及证据材料。提交证据材料的,应当附证据清单。申请监督材料不齐备的,人民检察院应当要求申请人限期补齐,并明确告知应补齐的全部材料。申请人逾期未补齐的,视为撤回监督申请。《关于民事执行活动法律监督若干问题的规定》第 6 条规定,当事人、利害关系人、案外人认为民事执行活动存在违法情形,向人民检察院申请监督,法律规定可以提出异议、复议或者提起诉讼,当事人、利害关系人、案外人没有提出异议、申请复议或者提起诉讼的,人民检察院不予受理,但有正当理由的除外。当事人、利害关系人、案外人已经向人民法院提出执行异议或者申请复议,人民法院审查异议、复议期间,当事人、利害关系人、案外人又向人民检察院申请监督的,人民检察院不予受理,但申请对人民法院的异议、复议程序进行监督的除外。

《关于民事执行活动法律监督若干问题的规定》第 7 条规定,具有下列情形之一的民事执行案件,人民检察院应当依职权进行监督:(1) 损害国家利益或者社会公共利益的;(2) 执行人员在执行该案时有贪污受贿、徇私舞弊、枉法执行等违法行为、司法机关已经立案的;(3) 造成重大社会影响的;(4) 需要跟进监督的。

《关于民事执行活动法律监督若干问题的规定》第 11 条规定,人民检察院向人民法院提出民事执行监督检察建议,应当经检察长批准或者检察委员会决定，制作检察建议书，在决定之日起 15 日内将检察建议书连同案件卷宗移送同级人民法院。检察建议书应当载明检察机关查明的事实、监督理由、依据以及建议内容等。根据《关于民事执行活动法律监督若干问题的规定》，人民检察院提出的民事执行监督检察建议，统一由同级人民法院立案受理。人民法院收到人民检察院的检察建议书后，应当在 3 个月内将审查处理情况以回复意见函的形式回复人民检察院，并附裁定、决定等相关法律文书。有特殊情况需要延长的，经本院院长批准，可以延长 1 个月。回复意见函应当载明人民法院查明的事实、回复意见和理由并加盖院章。不采纳检察建议的，应当说明理由。人民法院收到检察建议后逾期未回复或者处理结果不当的，提出检察建议的人民检察院可以依职权提请上一级人民检察院向其同级人民法院提出检察建议。上一级人民检察院认为应当跟进监督的，应当向其同级人民法院提出检察建议。人民法院应当在 3 个月内提出审查处理意见并以回复意见函的形式回复人民检察院，认为人民检察院的意见正确的，应当监督下级人民法院及时纠正。

《关于民事执行活动法律监督若干问题的规定》第 17 条规定，人民法院认为检察监督行为违反法律规定的，可以向人民检察院提出书面建议。人民检察院应当在收到书面建议后 3 个月内作出处理并将处理情况书面回复人民法院；人民法院对于人民检察院的回复有异议的，可以通过上一级人民法院向上一级人民检察院提出。上一级人民检察院认为人民法院建议正确的，应当要求下级人民检察院及时纠正。

根据《关于民事执行活动法律监督若干问题的规定》第 18 条和第 19 条的规定，有关国家机关不依法履行生效法律文书确定的执行义务或者协助执行义务的，人民检察院可以向相关国家机关提出检察建议。人民检察院民事检察部门在办案中发现被执行人涉嫌构成拒不执行判决、裁定罪且公安机关不予立案侦查的,应当移送侦查监督部门处理。

《关于民事执行活动法律监督若干问题的规定》第20条规定,人民法院、人民检察院应当建立完善沟通联系机制,密切配合,互相支持,促进民事执行法律监督工作依法有序稳妥开展。

2012年《民事诉讼法》第235条规定,人民检察院有权对民事执行活动实行法律监督,但是《民事诉讼法》并没有规定民事执行检察监督的具体程序。与《人民检察院民事诉讼监督规则(试行)》规定的执行活动监督规则相比,《关于民事执行活动法律监督若干问题的规定》在管辖、监督程序、对其他机关的监督等方面有了较大的发展。《关于民事执行活动法律监督若干问题的规定》的公布与施行,对于落实《民事诉讼法》的规定、规范民事执行检察监督活动、发挥检察机关在民事执行活动中的职能作用具有重要的现实意义。

**(六) 深化执行财产调查制度改革**

为规范民事执行财产调查,维护当事人及利害关系人的合法权益,2017年1月25日最高人民法院审判委员会第1708次会议通过《最高人民法院关于民事执行中财产调查若干问题的规定》,并于2017年2月28日以法释〔2017〕8号公告公布,自2017年5月1日起施行。

《最高人民法院关于民事执行中财产调查若干问题的规定》共26条,分别规定了执行过程中财产调查的途径,申请执行人提供被执行人财产线索的程序和效力,被执行人财产报告的程序以及被执行人拒绝报告、虚假报告或者逾期报告的后果,人民法院调查被执行人财产的方式、程序和效力,审计调查和悬赏调查的程序与效力等内容。

关于执行过程中财产调查的途径,《最高人民法院关于民事执行中财产调查若干问题的规定》第 1 条规定了三种基本途径:申请执行人提供被执行人财产线索、被执行人报告财产状况、人民法院调查。其中,人民法院调查又分为通过网络执行查控系统调查和通过其他方式调查两种。"执行过程中,申请执行人应当提供被执行人的财产线索;被执行人应当如实报告财产;人民法院应当通过网络执行查控系统进行调查,根据案件需要应当通过其他方式进行调查的,同时采取其他调查方式。"

关于申请执行人提供被执行人财产线索的程序与效力,《最高人民法院关于民事执行中财产调查若干问题的规定》第 2 条规定:"申请执行人提供被执行人财产线索,应当填写财产调查表。财产线索明确、具体的,人民法院应当在 7 日内调查核实;情况紧急的,应当在 3 日内调查核实。财产线索确实的,人民法院应当及时采取相应的执行措施。申请执行人确因客观原因无法自行查明财产的,可以申请人民法院调查。"

关于被执行人财产报告程序,《最高人民法院关于民事执行中财产调查若干问题的规定》规定了财产报告令的发出时间、内容、被执行人报告财产的内容和形式、拒绝报告或者虚假报告或者逾期报告的法律后果等。第 3 条规定:"人民法院依申请执行人的申请或依职权责令被执行人报告财产情况的,应当向其发出报告财产令。金钱债权执行中,报告财产令应当与执行通知同时发出。人民法院根据案件需要再次责令被执行人报告财产情况的,应当重新向其发出报告财产令。"第 4 条规定:"报告财产令应当载明下列事项:(1)提交财产报告的期限;(2)报告财产的范围、期间;(3)补充报告财产的条件及期间;(4)违反报告财产义务应承担的法律责任;(5)人民法院认为有必要载明的其他事项。报告财产令应附财产调查表,被执行人必须按照要求逐项填写。"第 5 条规定:"被执行人应当在报告财产令载明的期限内向人民法院书面报告下列财产情况:(1) 收入、银行存款、现金、理财产品、有价证券;(2) 土地使用权、房屋等不动产;(3) 交通运输工具、机器设备、产品、原材料等动产;(4) 债权、股权、投资权益、基金份额、信托受益权、知识产权等财产性权利;(5) 其他应当报告的财产。被执行人的财产已出租、已设立担保物权等权利负担,或者存在共有、权属争议等情形的,应当一并报告;被执行人的动产由第三人占有,被执行人的不动产、特定动产、其他财产权等登记在第三人名下的,也应当一并报告。被执行人在报告财产令载明的期限内提交书面报告确有困难的,可以向人民法院书面申请延长期限;申请有正当理由的,人民法院可以适当延长。"第 6 条规定:"被执行人自收到执行通知之日前一年至提交书面财产报告之日,其财产情况发生下列变动的,应当将变动情况一并报告:(1) 转让、出租财产的;(2) 在财产上设立担保物权等权利负担的;(3) 放弃债权或延长债权清偿期的;(4) 支出大额资金的;(5) 其他影响生效法律文书确定债权实现的财产变动。"第 7 条规定:"被执行人报告财产后,其财产情况发生变动,影响申请执行人债权实现的,应当自财产变动之日起 10 日内向人民法院补充报告。"第 8 条规定:"对被执行人报告的财产情况,人民法院应当及时调查核实,必要时可以组织当事人进行听证。申请执行人申请查询被执行人报告的财产情况的,人民法院应当准许。申请执行人及其代理人对查询过程中知悉的信息应当保密。"第 9 条规定:"被执行人拒绝报告、虚假报告或者无正当理由逾期报告财产情况的,人民法院可以根据情节轻重对被执行人或者其法定代理人予以罚款、拘留;构成犯罪的,依法追究刑事责任。人民法院对有前款规定行为之一的单位,可以对其主要负责人或者直接责任人员予以罚款、拘留;构成犯罪的,依法追究刑事责任。"第 10 条规定:"被执行人拒绝报告、虚假报告或者无正当理由逾期报告财产情况的,人民法院应当依照相关规定将其纳入失信被执行人名单。"第 11 条规定:"有下列情形之一的,财产报告程序终结:(1)被执行人履行完毕生效法律文书确定义务的;(2)人民法院裁定终结执行的;(3)人民法院裁定不予执行的;(4)人民法院认为财产报告程序应当终结的其他情形。发出报告财产令后,人民法院裁定终结本次执行程序的,被执行人仍应依照本规定第 7 条的规定履行补充报告义务。"

关于人民法院在民事执行中的财产调查方法,《最高人民法院关于民事执行中财产调查若干问题的规定》第 12 条规定:"被执行人未按执行通知履行生效法律文书确定的义务,人民法院有权通过网络执行查控系统、现场调查等方式向被执行人、有关单位或个人调查被执行人的身份信息和财产信息,有关单位和个人应当依法协助办理。人民法院对调查所需资料可以复制、打印、抄录、拍照或以其他方式进行提取、留存。申请执行人申请查询人民法院调查的财产信息的,人民法院可以根据案件需要决定是否准许。申请执行人及其代理人对查询过程中知悉的信息应当保密。"第 13 条规定:"人民法院通过网络执行查控系统进行调查,与现场调查具有同等法律效力。人民法院调查过程中作出的电子法律文书与纸质法律文书具有同等法律效力;协助执行单位反馈的电子查询结果与纸质反馈结果具有同等法律效力。"

《最高人民法院关于民事执行中财产调查若干问题的规定》还规定,人民法院在民事执行中进行财产调查的,可以依法采取强制措施。其中,第 14 条规定:"被执行人隐匿财产、会计账簿等资料拒不交出的,人民法院可以依法采取搜查措施。人民法院依法搜查时,对被执行人可能隐匿财产或者资料的处所、箱柜等,经责令被执行人开启而拒不配合的,可以强制开启。"第 15 条规定:"为查明被执行人的财产情况和履行义务的能力,可以传唤被执行人或被执行人的法定代表人、负责人、实际控制人、直接责任人员到人民法院接受调查询问。对必须接受调查询问的被执行人、被执行人的法定代表人、负责人或者实际控制人,经依法传唤无正当理由拒不到场的,人民法院可以拘传其到场;上述人员下落不明的,人民法院可以依照相关规定通知有关单位协助查找。"第 25 条规定:"执行人员不得调查与执行案件无关的信息,对调查过程中知悉的国家秘密、商业秘密和个人隐私应当保密。"

《最高人民法院关于民事执行中财产调查若干问题的规定》首次将审计作为民事执行中的财产调查方法加以规定,并规定了审计程序的启动、审计机构的确定、审计需要的资料的强制提交、审计费用的预交和负担等内容。第 17 条规定:"作为被执行人的法人或其他组织不履行生效法律文书确定的义务,申请执行人认为其有拒绝报告、虚假报告财产情况,隐匿、转移财产等逃避债务情形或者其股东、出资人有出资不实、抽逃出资等情形的,可以书面申请人民法院委托审计机构对该被执行人进行审计。人民法院应当自收到书面申请之日起 10 日内决定是否准许。"第 18 条规定:"人民法院决定审计的,应当随机确定具备资格的审计机构,并责令被执行人提交会计凭证、会计账簿、财务会计报告等与审计事项有关的资料。被执行人隐匿审计资料的,人民法院可以依法采取搜查措施。"第 19 条规定:"被执行人拒不提供、转移、隐匿、伪造、篡改、毁弃审计资料,阻挠审计人员查看业务现场或者有其他妨碍审计调查行为的,人民法院可以根据情节轻重对被执行人或其主要负责人、直接责任人员予以罚款、拘留;构成犯罪的,依法追究刑事责任。"第 20 条规定:"审计费用由提出审计申请的申请执行人预交。被执行人存在拒绝报告或虚假报告财产情况,隐匿、转移财产或者其他逃避债务情形的,审计费用由被执行人承担;未发现被执行人存在上述情形的,审计费用由申请执行人承担。"

《最高人民法院关于民事执行中财产调查若干问题的规定》明确将悬赏查找作为民事执行中的财产调查方法,并规定了悬赏查找的启动程序、悬赏公告的发布、悬赏金的发放等内容。第21条规定:"被执行人不履行生效法律文书确定的义务,申请执行人可以向人民法院书面申请发布悬赏公告查找可供执行的财产。申请书应当载明下列事项:(一)悬赏金的数额或计算方法;(二)有关人员提供人民法院尚未掌握的财产线索,使该申请执行人的债权得以全部或部分实现时,自愿支付悬赏金的承诺;(三)悬赏公告的发布方式;(四)其他需要载明的事项。人民法院应当自收到书面申请之日起10日内决定是否准许。"第22条规定:"人民法院决定悬赏查找财产的,应当制作悬赏公告。悬赏公告应当载明悬赏金的数额或计算方法、领取条件等内容。悬赏公告应当在全国法院执行悬赏公告平台、法院微博或微信等媒体平台发布,也可以在执行法院公告栏或被执行人住所地、经常居住地等处张贴。申请执行人申请在其他媒体平台发布,并自愿承担发布费用的,人民法院应当准许。"第23条规定:"悬赏公告发布后,有关人员向人民法院提供财产线索的,人民法院应当对有关人员的身份信息和财产线索进行登记;两人以上提供相同财产线索的,应当按照提供线索的先后顺序登记。人民法院对有关人员的身份信息和财产线索应当保密,但为发放悬赏金需要告知申请执行人的除外。"第24条规定:"有关人员提供人民法院尚未掌握的财产线索,使申请发布悬赏公告的申请执行人的债权得以全部或部分实现的,人民法院应当按照悬赏公告发放悬赏金。悬赏金从前款规定的申请执行人应得的执行款中予以扣减。特定物交付执行或者存在其他无法扣减情形的,悬赏金由该申请执行人另行支付。有关人员为申请执行人的代理人、有义务向人民法院提供财产线索的人员或者存在其他不应发放悬赏金情形的,不予发放。"

财产调查是民事执行程序中的重要环节和内容,《最高人民法院关于民事执行中财产调查若干问题的规定》完善了我国民事执行程序中的财产调查制度,有利于规范民事执行行为、提高民事执行效益。

### (七) 进一步完善执行威慑机制

2017年1月16日,最高人民法院审判委员会第1707次会议通过《最高人民法院关于修改〈最高人民法院关于公布失信被执行人名单信息的若干规定〉的决定》,对2013年7月1日最高人民法院审判委员会第1582次会议通过的《最高人民法院关于公布失信被执行人名单信息的若干规定》进行了修改。2017年2月28日,最高人民法院以法释〔2017〕7号公告公布,自2017年5月1日起施行。

2017年《最高人民法院关于公布失信被执行人名单信息的若干规定》共13条,相对于2013年10月1日起施行的《最高人民法院关于公布失信被执行人名单信息的若干规定》增加了6个条文,内容变化主要体现为:

1. 更改了纳入失信被执行人名单的条件。2017年《最高人民法院关于公布失信被执行人名单信息的若干规定》第1条更改了纳入失信被执行名单的条件。2013年施行的《最高人民法院关于公布失信被执行人名单信息的若干规定》将纳入失信被执行人名单的条件分为一般条件和选择性条件两类。其中"被执行人具有履行能力而不履行生效法律文书确定的义务"为一般条件,选择性条件则包括以下六种:(1) 以伪造证据、暴力、威胁等方法妨碍、抗拒执行的;(2) 以虚假诉讼、虚假仲裁或者以隐匿、转移财产等方法规避执行的;(3) 违反财产报告制度的;(4) 违反限制消费令的;(5) 被执行人无正当理由拒不履行执行和解协议的;(6) 其他有履行能力而拒不履行生效法律文书确定义务的。根据2013年《最高人民法院关于公布失信被执行人名单信息的若干规定》的规定,只有"具有履行能力而不履行生效法律文书确定的义务"并具有选择性条件之一的,才能被纳入失信被执行人名单。2017年修改以后的《最高人民法院关于公布失信被执行人名单信息的若干规定》则是将"被执行人未履行生效法律文书确定的义务"作为纳入失信被执行人名单的基本条件,将"有履行能力而拒不履行生效法律文书确定的义务"作为纳入失信被执行人名单的选择性条件之一,并将2013年《最高人民法院关于公布失信被执行人名单信息的若干规定》作为选择性条件之一的"被执行人无正当理由拒不履行执行和解协议"修改为"无正当理由拒不履行执行和解协议",逻辑上更顺畅。修改后的《最高人民法院关于公布失信被执行人名单信息的若干规定》第1条规定:被执行人未履行生效法律文书确定的义务,并具有下列情形之一的,人民法院应当将其纳入失信被执行人名单,依法对其进行信用惩戒:(1)有履行能力而拒不履行生效法律文书确定义务的;(2)以伪造证据、暴力、威胁等方法妨碍、抗拒执行的;(3)以虚假诉讼、虚假仲裁或者以隐匿、转移财产等方法规避执行的;(4)违反财产报告制度的;(5)违反限制消费令的;(6)无正当理由拒不履行执行和解协议的。

2. 明确规定了纳入失信被执行名单的期限。2017年修改后的《最高人民法院关于公布失信被执行人名单信息的若干规定》第2条新增了纳入失信被执行人名单的期限的规定。"被执行人具有本规定第1条第(2)项至第(6)项规定情形的,纳入失信被执行人名单的期限为2年。被执行人以暴力、威胁方法妨碍、抗拒执行情节严重或具有多项失信行为的,可以延长1至3年。失信被执行人积极履行生效法律文书确定义务或主动纠正失信行为的,人民法院可以决定提前删除失信信息。"

3. 新增了不得纳入失信被执行人名单的情形。2017年修改后的《最高人民法院关于公布失信被执行人名单信息的若干规定》第3条规定:"具有下列情形之一的,人民法院不得依据本规定第1条第

(1)项的规定将被执行人纳入失信被执行人名单:(1) 提供了充分有效担保的;(2) 已被采取查封、扣押、冻结等措施的财产足以清偿生效法律文书确定债务的;(3) 被执行人履行顺序在后,对其依法不应强制执行的;(4) 其他不属于有履行能力而拒不履行生效法律文书确定义务的情形。"第4条规定:"被执行人为未成年人的,人民法院不得将其纳入失信被执行人名单。"

4. 细化了纳入失信被执行人名单的程序,新增了人民法院对申请执行人申请将被执行人纳入失信被执行人名单的审查期间,细化了人民法院将被执行人纳入失信被执行人名单的决定程序。根据2017年修改后的《最高人民法院关于公布失信被执行人名单信息的若干规定》,申请执行人认为被执行人具有依法应当纳入失信被执行人名单的情形之一的,可以向人民法院申请将其纳入失信被执行人名单。人民法院应当自收到申请之日起15日内审查并作出决定。人民法院认为被执行人具有依法应当将其纳入失信被执行人名单的情形之一的,也可以依职权决定将其纳入失信被执行人名单。人民法院决定将被执行人纳入失信被执行人名单的,应当制作决定书,决定书应当写明纳入失信被执行人名单的理由,有纳入期限的,应当写明纳入期限。决定书由院长签发,自作出之日起生效。决定书应当按照《民事诉讼法》规定的法律文书送达方式送达当事人。

5. 新增了定向通报所列举的情形。2017年修改后的《最高人民法院关于公布失信被执行人名单信息的若干规定》第8条在2013年规定"失信被执行人是国家工作人员的,人民法院应当将其失信情况通报其所在单位"修改为"国家工作人员、人大代表、政协委员等被纳入失信被执行人名单的,人民法院应当将失信情况通报其所在单位和相关部门",通报的情形增加了"人大代表、政协委员",通报的对象增加了"相关部门";将向上级单位或者主管部门通报的情形在2013年《最高人民法院关于公布失信被执行人名单信息的若干规定》规定的"国家机关、国有企业"的基础上,增加了"事业单位",通报的机关也由"上级单位或者主管部门"修改为"上级单位、主管部门或者履行出资人职责的机构"。

6. 增加了撤销、更正、删除失信信息制度。2017年修改后的《最高人民法院关于公布失信被执行人名单信息的若干规定》第9条规定:"不应纳入失信被执行人名单的公民、法人或其他组织被纳入失信被执行人名单的,人民法院应当在3个工作日内撤销失信信息。记载和公布的失信信息不准确的,人民法院应当在3个工作日内更正失信信息。"第10条规定:"具有下列情形之一的,人民法院应当在3个工作日内删除失信信息:(1)被执行人已履行生效法律文书确定的义务或人民法院已执行完毕的;(2)当事人达成执行和解协议且已履行完毕的;(3)申请执行人书面申请删除失信信息,人民法院审查同意的;(4)终结本次执行程序后,通过网络执行查控系统查询被执行人财产两次以上,未发现有可供执行财产,且申请执行人或者其他人未提供有效财产线索的;(5)因审判监督或破产程序,人民法院依法裁定对失信被执行人中止执行的;(6)人民法院依法裁定不予执行的;(7)人民法院依法裁定终结执行的。有纳入期限的,不适用前款规定。纳入期限届满后3个工作日内,人民法院应当删除失信信息。依照本条第1款规定删除失信信息后,被执行人具有本规定第1条规定情形之一的,人民法院可以重新将其纳入失信被执行人名单。依照本条第1款第(3)项规定删除失信信息后6个月内,申请执行人申请将该被执行人纳入失信被执行人名单的,人民法院不予支持。"

7. 增加了纳入失信被执行人名单信息的救济制度。2017年修改后的《最高人民法院关于公布失信被执行人名单信息的若干规定》第11条规定:"被纳入失信被执行人名单的公民、法人或其他组织认为有下列情形之一的,可以向执行法院申请纠正:(1)不应将其纳入失信被执行人名单的;(2)记载和公布的失信信息不准确的;(3)失信信息应予删除的。"第 12 条规定:"公民、法人或其他组织对被纳入失信被执行人名单申请纠正的,执行法院应当自收到书面纠正申请之日起 15 日内审查,理由成立的,应当在 3 个工作日内纠正;理由不成立的,决定驳回。公民、法人或其他组织对驳回决定不服的,可以自决定书送达之日起 10 日内向上一级人民法院申请复议。上一级人民法院应当自收到复议申请之日起 15 日内作出决定。复议期间,不停止原决定的执行。"

8. 新增了人民法院工作人员责任追究规定。2017 年修改后的《最高人民法院关于公布失信被执行人名单信息的若干规定》第 13 条规定:"人民法院工作人员违反本规定公布、撤销、更正、删除失信信息的,参照有关规定追究责任。"

2017 年修改后的《最高人民法院关于公布失信被执行人名单信息的若干规定》,使我国公布失信被执行人名单信息制度在逻辑上更加顺畅、规范上更加完善、更加具有可操作性。

### (八) 建立民事执行程序与破产程序的衔接机制

民事执行程序与破产程序的衔接是解决民事执行程序中的"僵尸案件"的重要手段。自 2015 年 2 月 4 日起实施的《民事诉讼法解释》第 513 条至第 516 条就执行程序与破产程序的衔接问题作出了规定。

在 2016 年 2 月 24 日至 25 日最高人民法院召开的"全国部分法院依法处置僵尸企业调研及工作座谈会"上,最高人民法院审判委员会专职委员杜万华指出,要做好执行程序转入破产程序工作并注意以下四个问题:一是要充分利用已有的执行信息平台和信息资源,及时发现、整合分散在不同法院的针对同一"僵尸企业"的多起执行案件信息。执行法院及其上级法院要依法尽力创造集中管辖、集中执行等有利条件,促进"僵尸企业"及时、顺畅转入破产程序。二是判断当事人同意移送破产的时间点,既可以是执行不能时,也可以是当事人申请执行时。同时，不仅要考虑债权人的同意，也要关注债务人的申请，尤其要充分考虑债务人对企业重整的申请。在同意的形式上，应采取书面形式。三是要注意克服地方保护主义。执行法院对依法应当移送破产的执行案件要及时移送，不得故意拖延。破产法院要克服对破产案件的"畏难情绪"，应当依法受理的破产案件要及时受理，切实避免在受理破产案件上"踢皮球"。四是执行法院将案件移送破产时，应当中止执行程序。《中华人民共和国企业破产法》第 19 条已对此作了明确规定，最高人民法院《关于适用〈中华人民共和国企业破产法〉若干问题的规定（二）》也作了规定。但是司法实践中还有相当一些地方法院未严格遵守法律和司法解释规定，在破产程序启动后继续对被执行人进行执行和保全。这种情况要坚决予以禁止，严格依法办事。

2016 年 12 月 11 日，最高人民法院审判委员会专职委员杜万华在《人民法院报》第 2 版发表《充分认识执行案件依法移送破产审查工作重要意义》一文，指出"人民法院开展执行案件移送破产审查工作，是一次重大的理论创新，也是一次必要和有益的司法实践"。文章从四个方面指出了执行程序转破产程序的必要性：执转破工作是贯彻中央供给侧结构性改革部署，推动建立和完善市场主体救治和退出机制的需要；执转破工作是完善民事商事司法机制，从制度上打通解决部分执行难问题"最后一公里"的需要；执转破工作是公平保护债权人和债务人合法权益，维护司法公正和司法公信力的需要；执转破工作是解决破产程序启动难问题，践行正当法律程序的需要。

2017 年 1 月 20 日，最高人民法院印发《关于执行案件移送破产审查若干问题的指导意见》（法发〔2017〕2 号），以促进和规范执行案件移送破产审查工作，保障执行程序与破产程序的有序衔接。《关于执行案件移送破产审查若干问题的指导意见》共 21 条，分别规定了执行案件移送破产审查的工作原则、条件与管辖，执行法院的征询、决定程序,移送材料及受移送法院的接收义务,受移送法院破产审查与受理,受移送法院不予受理或驳回申请的处理,执行案件移送破产审查的监督等内容。《关于执行案件移送破产审查若干问题的指导意见》对于规范执行程序与破产程序衔接的审查,发挥衔接机制的应有功能具有重要的意义。

# 第三编
# 行政诉讼制度

# 第 一 章
# 分散立法起步阶段：1949—1989 年

1949 年中华人民共和国成立后,废除了民国时期的司法制度,民国时期已经建立的行政诉讼制度相应废止,旧制度废止后新的行政诉讼制度并没有建立起来,直至 1978 年十一届三中全会吹响市场经济改革的号角,开始有单行法就企业能否向法院针对行政机关作出的行政决定提起行政诉讼作出规定,如 1980 年《中华人民共和国中外合资经营企业所得税法》(以下简称《中外合资经营企业所得税法》)第 15 条规定:"合营企业同税务机关在纳税问题上发生争议时,必须先按照规定纳税,然后再向上级税务机关申请复议。如果不服复议后的决定,可以向当地人民法院提起诉讼。"在 1989 年《行政诉讼法》颁布之前,公民、法人或其他组织只有在单行法有明确诉权规定的情形下,才能提起行政诉讼。在分散立法阶段,行政诉讼制度呈现出的基本特点是:行政诉讼案件范围以单行立法方式规定,行政诉讼程序制度主要适用《民事诉讼法》的规定。部分单行法对起诉期限、原告资格、复议与行政诉讼关系等行政诉讼制度作出概括性规定,分散在单行立法中的零星行政诉讼制度尽管内容较为单薄,但为 1989 年《行政诉讼法》的出台奠定了实践基础。

## 一、1949 年至 1989 年行政诉讼单行立法概况

1949 年《共同纲领》第 19 条第 2 款规定:"人民和人民团体有权向人民监察机关或人民司法机关控告任何国家机关和任何公务人员的违法失职行为。"1954 年《宪法》第 97 条规定:"中华人民共和国公民对于任何违法失职的国家机关工作人员,有向各级国家机关提出书面控告或者口头控告的权利。由于国家机关工作人员侵犯公民权利而受到损失的人,有取得赔偿的权利。"《共同纲领》与 1954《宪法》为行政诉讼奠定宪法基础,但是法律层面并没有能够对接建立起行政诉讼制度,仅在 1950 年《土地改革法》第 31 条规定:农民对乡政府、区政府批准评定的成分有不同意见,可以向县人民法院提出申诉,由县人民法院判决。

1978 年召开的党的十一届三中全会在吹响中国市场经济改革的号角之时,也拉开了重构政府与公民关系结构的社会转型序幕,民亦可告官的行政诉讼制度悄然登上中国历史舞台。1979 年《中华人民共和国全国人民代表大会和地方各级人民代表大会选举法》(以下简称《选举法》)第 25 条首次规定公法意义上的诉讼制度[1],规定可以提起行政诉讼的立法数量在 1987 年达到最高峰值,当年出台了 26 部规定可以提起行政诉讼的法律、行政法规。1979 年至 1989 年十年的立法尝试与积淀既为统一立法的出台奠定了文本基础,也深刻影响了《行政诉讼法》的结构与内容。关于单行立法的具体数量,时任全国人大常委会副委员长、法制工作委员会主任王汉斌于 1989 年 3 月 28 日在第七届全国人民代表大会第 2 次会议上所

---

[1] 《选举法》第 25 条规定:对于公布的选民名单有不同意见的,可以向选举委员会提出申诉。选举委员会对申诉意见,应在 3 日内作出处理决定。申诉人如果对处理决定不服,可以向人民法院起诉,人民法院的判决为最后决定。

## 第三编 行政诉讼制度

做的《关于〈中华人民共和国行政诉讼法（草案）〉的说明》中提到"已有130多个法律和行政法规规定了公民和组织对行政案件可以向人民法院起诉"的提法①，但是本书在写作过程中通过多种途径检索到的法律和行政法规数量只有104部②，不到130部，占比80%。考虑到早期不同立法之间制度的相似度很高，以搜索到的104部法律、行政法规为基础展开梳理、分析亦应能基本把握早期立法与制度。104部法律、行政法规有的已被废止，有的已被修改，有的已被新法完全替代，本章是对1989年《行政诉讼法》之前的行政诉讼制度的分析，因而引用的相关法律条文是该项立法1989年之前的规定。

### （一）104部法律、行政法规立法位阶分布

104部法律和行政法规中法律的数量为31部，约占全部单行法的30%；行政法规的数量为73部，约占全部单行法的70%。法律与行政法规的比例分布与我国立法体系是吻合的，行政法规的数量大于法律的数量。二者分别所占比例如图3-1-1所示。

---

① 王汉斌主任在《关于〈中华人民共和国行政诉讼法（草案）〉的说明》中提道：我国于1982年开始建立行政诉讼制度。1982年制定的《民事诉讼法（试行）》规定，人民法院受理法律规定可以起诉的行政案件。现在，已有130多部法律和行政法规规定了公民、组织对行政案件可以向人民法院起诉。

② 在写作本书过程中，宋烁博士先通过北大法宝检索关键词"行政诉讼""行政案件""行政""民事诉讼"等关键词均未查到相关法律规范，后到图书馆查询行政诉讼相关书籍，找到有关"我国行政诉讼历史发展"的叙述，各书中均提到了130多部法律和行政法规，但都是单个列举，最多不超过10部。宋烁博士将书中列举的法律、法规检索出来，发现使用关键词"起诉"能够搜索到更多的规范，于是又通过北大法宝高级检索1982年1月1日—1989年4月4日全文包含"起诉"二字的规范，筛选过后共检索到法律28部，行政法规66部，共计94部法律和行政法规。之后，宋烁博士又尝试用百度补充检索，仍旧只搜索到94部法律和行政法规。之后，查阅了1990年以前出版的行政诉讼相关书籍，从以下三本书中又补充了10个法律和行政法规：(1)《行政诉讼法讲话》编写组编写：《中华人民共和国行政诉讼法讲话》，中国财政经济出版社1989年版，第164—249页。(2) 陆德山、李锦斌主编：《行政诉讼法概要》，吉林大学出版社1990年版。(3) 最高人民法院研究室编：《行政审判手册》，人民法院出版社1987年版。

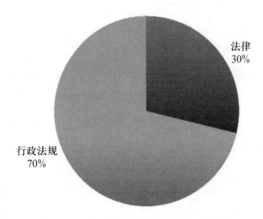

图 3-1-1　法律和行政法规所占的比例

## （二）104 部法律、行政法规发布的年份分布

1979 年 7 月 4 日发布的《选举法》是我们搜索到的最早针对公法行为可以向法院提起诉讼的法律。《选举法》第 25 条规定：对于公布的选民名单有不同意见的，可以向选举委员会提出申诉。选举委员会对申诉意见，应在 3 日内作出处理决定。申诉人如果对处理决定不服，可以向人民法院起诉，人民法院的判决为最后决定。该条规定在第六章"选民登记"中，该条规定欠缺申诉主体的规定，申诉人是仅能针对自己未出现在选民名单中提出申诉，还是可以针对选民名单中其他选民不符合条件提出申诉，并不明晰。《选举法》历经六次修正，但关于这一点，之后的修改仅明确了期间，但是申诉主体仍然不明确。①

---

① 2015 年《选举法》第 28 条规定：对于公布的选民名单有不同意见的，可以在选民名单公布之日起 5 日内向选举委员会提出申诉。选举委员会对申诉意见，应在 3 日内作出处理决定。申诉人如果对处理决定不服，可以在选举日的 5 日以前向人民法院起诉，人民法院应在选举日以前作出判决。人民法院的判决为最后决定。

王汉斌主任在《关于〈中华人民共和国行政诉讼法（草案）〉的说明》中提到我国 1982 年开始建立行政诉讼制度，主要依据 1982 年《民事诉讼法（试行）》第 3 条第 2 款之规定，但在 1982 年之前，已经有三部法律规定可以向法院提起行政诉讼，这三部法律分别是：1980 年 9 月 10 日发布的《中外合资经营企业所得税法》《中华人民共和国个人所得税法》、1981 年 12 月 13 日发布的《中华人民共和国外国企业所得税法》。《中外合资经营企业所得税法》第 15 条、《中华人民共和国个人所得税法》第 13 条规定个人和企业同税务机关在纳税问题上发生争议时，必须先按照规定纳税，然后再向上级税务机关申请复议。如果不服复议后的决定，可以向当地人民法院提起诉讼。《中华人民共和国外国企业所得税法》第 16 条规定外国企业同税务机关在纳税问题上发生争议时，必须先按照规定纳税，然后再向上级税务机关申请复议。如果不服复议后的决定，可以向当地人民法院提起诉讼。三部法律均为所得税法，其中二部税法涉及外国投资者。104 部单行法出台时间年份分布图如图 3-1-2 所示。

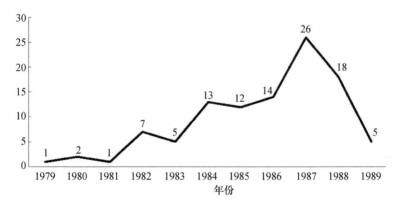

图 3-1-2　法律和行政法规发布的年份分布

1980年与1981年的三部税法明确规定了不服税务机关行政决定的,个人和企业可以向人民法院起诉。但是,起诉与审理的程序规则缺乏相应的法律规定。1982年3月8日出台的《民事诉讼法(试行)》则解决了这类案件所适用的程序,同时为未来更多立法规定行政诉讼预留了空间。《民事诉讼法(试行)》第3条第2款规定:"法律规定由人民法院审理的行政案件,适用本法规定。"[1]从曲线图上我们可以看到1982年迎来立法的第一个小高峰,该年度规定可以提起行政诉讼的立法达到7部。[2] 1984年,规定可以提起行政诉讼的单行立法的数量首次突破两位数,1985年、1986年持续维持为两位数,1987年达到最高值,当年出台的规定可以提起行政诉讼的立法达到26部。1988年仍然保持了18部立法的数量,位列第二位。1987年与1988年两年的立法数量达到44部,占104部立法的42.3%。1989年随着《行政诉讼法》出台,单行法立法数量回落到5部。

1982年以7部的立法数量成为第一个小高峰,1987年以26部的立法数量成为十年间立法最高峰,而这5年间立法保留了年度两位数的平稳增长事态。1982年与1987年分别对应党的十二大与党

---

[1] 在一篇回忆行政诉讼法诞生过程的文章中记载了为何得以在1982年《民事诉讼法(试行)》中为行政诉讼预留空间:与"八二宪法"出台几乎同年,民事诉讼法的起草工作也在有条不紊地进行中。在听取该法制定情况的汇报时,地方和群众反映的一个问题引起了时任全国人大常委会副委员长彭真的注意。据全国人大常委会法工委原主任顾昂然回忆,当时有一种说法是:"官告民一告一个准,民告官没门。"彭真认为这不行。他说,行政机关不能随便侵犯公民权利,侵犯了公民权利,公民要有告状的渠道。这也就是要把民主制度化、法律化,建立民告官的制度。"彭真同志指示我们要对行政诉讼问题进行研究。"顾昂然说。后来1982年3月公布的《民事诉讼法(试行)》为行政诉讼开了一个窗口,规定:"法律规定由人民法院审理的行政案件,适用本法规定。"如今看来,这一看似过渡性质的规定,为法院审理行政案件提供了法律依据,也为以后行政诉讼制度的建立和完善奠定了基础。张维炜:《一场颠覆"官贵民贱"的立法革命——行政诉讼法诞生录》,载《中国人大》2014年第2期。

[2] 这7部立法分别是:《民事诉讼法(试行)》《中华人民共和国海洋环境保护法》《中华人民共和国商标法》《中华人民共和国海上交通安全法》《中华人民共和国食品卫生法(试行)》《中华人民共和国对外合作开采海洋石油资源条例》《国家建设征用土地条例》。

的十三大,这一时期,对"文化大革命"的处理已经结束①,国家政治生活开始走向正常②,社会主义民主与社会主义法制建设提上议程,为解决有法可依的问题,大量立法迅速得以出台,为国家治理建构基本法律体系。③ 对"文化大革命"教训的集体反思和市场经济的推行都使得公民权利保障成为社会主义民主建设的重要内容④,1982年《宪法》第41条重申1954年《宪法》的规定:中华人民共和国公民对于任何国家机关和国家工作人员的违法失职行为,有向国家机关提出申诉、控告或者检举的权利,为行政诉讼写进单行立法奠定宪法基础。同年出台的《民事诉讼法(试行)》则为行政案件的审理扫清程序障碍。随着经济体制改革的深入推进,系统的政治体制改革方案开始提出。⑤ 在政府法治推进领域,政府法制工作开始恢复并得到迅速发展⑥,通过立法规范行政管理在十三大报告中明确下来,

---

① 1981年,党的十一届六中全会通过《关于建国以来党的若干历史问题的决议》。

② 胡耀邦在党的十二大报告开篇即指出:自从1976年10月粉碎江青反革命集团以来,特别是党的十一届三中全会以来,经过全党全军全国各族人民的艰苦努力,我们已经在指导思想上完成了拨乱反正的艰巨任务,在各条战线的实际工作中取得了拨乱反正的重大胜利,实现了历史性的伟大转变。这次代表大会的使命,就是要通过对过去6年历史性胜利的总结,为进一步肃清十年内乱所遗留的消极后果,全面开创社会主义现代化建设的新局面,确定继续前进的正确道路、战略步骤和方针政策。

③ 党的十二大报告提出:社会主义民主的建设必须同社会主义法制的建设紧密结合起来,使社会主义民主制度化、法律化。在党的领导下,国家继续制定了刑法、刑事诉讼法、民事诉讼法试行草案、新婚姻法等一系列重要法律,特别是不久即将提交全国人民代表大会通过的新宪法草案……这部宪法的通过,将使我国社会主义民主的发展和法制建设进入一个新的阶段。

④ 党的十二大报告中提出:应当根据社会主义民主的原则,建立人与人之间的平等关系和个人与社会之间的正确关系。国家和社会保障公民正当的自由和权利,公民履行对国家和社会应尽的义务。

⑤ 党的十三大报告第五部分"五、关于政治体制改革"包括七个组成部分,分别是:实行党政分开、进一步下放权力、改革政府工作机构、改革干部人事制度、建立社会协商对话制度、完善社会主义民主政治若干制度、加强社会主义法制建设,内容丰富。

⑥ 1979年7月,国务院办公室值班室设立第五组,主要任务是负责审查各部门报送国务院的法律、法规草案。1980年5月,在值班室第五组的基础上成立国务院办公厅法制局,1981年成立国务院经济法规研究中心。1986年4月两机构合并成立国务院法制局,国务院法制局为国务院直属机构。见国务院法制办官方网站之历史沿革。http://www.chinalaw.gov.cn/article/jgzn/lsyg/,最后访问日期:2017年4月27日。

报告提出:"为了巩固机构改革的成果并使行政管理走上法制化的道路,必须加强行政立法,为行政活动提供基本的规范和程序。……要制定行政诉讼法,加强对行政工作和行政人员的监察,追究一切行政人员的失职、渎职和其他违法违纪行为。"两年后,《行政诉讼法》出台。

## (三) 104 部法律、行政法规分布的行政管理领域

1996年《中华人民共和国行政处罚法》(以下简称《行政处罚法》)出台之前,行政法规范以部门行政法为基本立法形态。104部法律、行政法规分布在十二个管理领域,分布情况如图 3-1-3、表 3-1-1 所示。

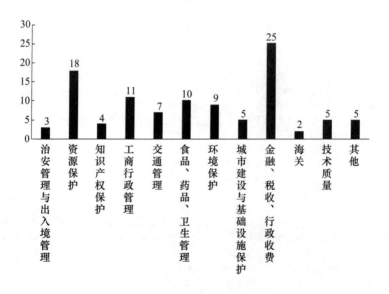

图 3-1-3　104 部法律行政法规分布的行政管理领域

## 第三编 行政诉讼制度

**表 3-1-1　104 部法律行政法规对应行政管理部门**

| 治安管理与出入境管理(3 部) | 《治安管理处罚条例》《公民出境入境管理法》《外国人入境出境管理法》 |
|---|---|
| 资源保护<br>(18 部) | 《土地管理法》《土地复垦规定》《国家建设征用土地条例》《森林法》《森林法实施细则》《森林防火条例》《草原法》《渔业法》《矿产资源法》《水法》《城市节约用水管理规定》《野生动物保护法》《野生药材资源保护管理条例》《对外合作开采海洋石油资源条例》《全国地质资料汇交管理办法》《全民所有制矿山企业采矿登记管理暂行办法》《矿产资源勘查登记管理暂行办法》《矿产资源监督管理暂行办法》 |
| 知识产权保护<br>(4 部) | 《专利法》《专利法实施细则》《商标法》《商标法实施细则》 |
| 工商行政管理<br>(11 部) | 《技术合同法实施条例》《广告管理条例》《企业法人登记管理条例》《国务院关于城镇劳动者合作经营的若干规定》《种子管理条例》《国务院关于城镇非农业个体经济若干政策性规定的补充规定》《国务院关于农村个体工商业的若干规定》《全民所有制工业企业法》《城乡个体工商户管理暂行条例》《私营企业暂行条例》《投机倒把行政处罚暂行条例》 |
| 交通管理<br>(7 部) | 《海上交通安全法》《水路运输管理条例》《内河交通安全管理条例》《河道管理条例》《民用航空器适航管理条例》《航道管理条例》《公路管理条例》 |
| 食品、药品、卫生管理<br>(10 部) | 《食品卫生法(试行)》《国境卫生检疫法》《公共场所卫生管理条例》《药品管理法》《麻醉药品管理办法》《精神药品管理办法》《医疗用毒性药品管理办法》《兽药管理条例》《医疗事故处理办法》《尘肺病防治条例》 |
| 环境保护<br>(9 部) | 《海洋环境保护法》《海洋石油勘探开发环境保护管理条例》《海洋倾废管理条例》《防止船舶污染海域管理条例》《水污染防治法》《防止拆船污染环境管理条例》《大气污染防治法》《对外经济开放地区环境管理暂行规定》《开发建设晋陕蒙接壤地区水土保持规定》 |

(续表)

| | |
|---|---|
| 城市建设与基础设施保护(5部) | 《城市规划条例》《广播电视设施保护条例》《电力设施保护条例》《民用核设施安全监督管理条例》《石油、天然气管道保护条例》 |
| 金融、税收、行政收费(25部) | 《中外合资经营企业所得税法》《外国企业所得税法》《个人所得税法》《产品税条例(草案)》《盐税条例(草案)》《国营企业调节税征收办法》《国营企业所得税条例(草案)》《增值税条例(草案)》《资源税条例(草案)》《集体企业所得税暂行条例》《国营企业奖金税暂行规定》《国营企业工资调节税暂行规定》《事业单位奖金税暂行规定》《城乡个体工商业户所得税暂行条例》《营业税条例(草案)》《税收征收管理暂行条例》《耕地占用税暂行条例》《进出口关税条例》《房产税暂行条例》《长江干线航道养护费征收办法》《港口建设费征收办法》《国务院关于坚决制止向企业乱摊派的通知》《价格管理条例》《现金管理暂行条例》《违反外汇管理处罚施行细则》 |
| 海关(2部) | 《海关法》《海关法行政处罚实施细则》 |
| 技术质量(5部) | 《标准化法》《进出口商品检验法》《计量法》《测绘成果管理规定》《核材料管制条例》 |
| 其他(5部) | 《选举法》《统计法》《邮政法》《女职工劳动保护规定》《民事诉讼法(试行)》 |

十二类管理事项中位于前三位的分别是①：

1. 金融、税收、行政收费领域。相关立法数量为25部，位列第一位，占全部立法数量的24%，其中涉及税收的为18部。这与党的十一届三中全会之后开始启动的市场经济改革相对应，企业独立市场主体地位逐步确立，国家在加强税收、收费立法的同时，也需要为企业权益受到侵害时提供司法救济。25部立法涵盖对各类市场主

---

① 在十二大类行政管理领域中，环境保护以9部居于第五位，这一现象亦值得我们关注。《海洋环境保护法》1982年即已制定通过，《水污染防治法》于1984年、《大气污染防治法》于1987年相继出台，但是，在经济快速发展过程中，环境仍遭受到不可逆的严重破坏，有法不依、执法不严在环境保护领域十分突出。

体的司法救济保护,包括中外合资企业、外国企业、国营企业、集体企业、城乡个体工商户、个人等。

2. 资源保护领域。相关立法数量为 18 部,位列第二位,占全部立法数量 17%。资源保护涉及土地、森林、草原、矿藏、渔业、石油、水等。土地资源及其他资源性财产是四大生产要素之一,随着计划经济向市场经济转型,资源具有巨大市场价值,因资源而产生的民事争议与行政争议都日益增多,资源保护类单行立法都回应了解决与资源相关的行政争议的现实需求。

3. 工商行政管理领域。相关立法数量为 11 部,约占 11%,位列第三位。市场经济改革启动后对经营行为的管理活动日益增多,工商行政管理机关作为市场活动的主管行政机关,在行政管理中与市场主体之间形成的争议也逐渐增多,单行立法为市场主体因工商行政管理机关对其权益造成的损害提供了司法救济。

## 二、行政审判组织建设概况

1982 年《民事诉讼法(试行)》仅规定人民法院审理行政案件适用该法的规定,并未规定设立专门的行政审判组织,当时治安行政案件由民庭审理,经济行政案件由经济庭审理。1986 年 10 月 6 日,湖北省武汉市中级人民法院和湖南省汨罗市(原汨罗县)人民法院同时成立了全国第一个中级人民法院的行政审判庭和第一个基层人民法院的行政审判庭。

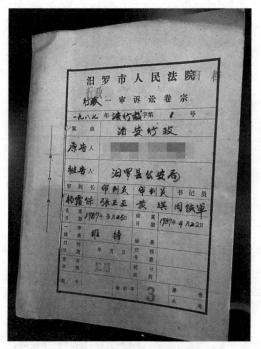

图 3-1-4　汨罗市人民法院行政审判庭建立后受理的第一件行政案件：收案日期为 1987 年 3 月 25 日，结案日期为 1987 年 4 月 22 日；被告为汨罗县公安局；案由为治安行政①

1988 年 8 月浙江省苍南县农民包郑照父子诉苍南县人民政府房屋强拆一案，由于媒体进行了广泛深度报道，在社会上引起极其强烈的反响，被称为"新中国民告官第一案"。

1987 年 7 月，苍南县人民政府认定舥艚乡农民包郑照所建三层房屋未经合法审批、占用河道，将之予以强制拆除。包郑照不服县政府的强拆行为，于 1988 年 8 月向人民法院起诉，请求确认其所建房屋合法，并赔偿其经济损失。温州市中级人民法院受理后进行了公开审理，时任苍南县人民政府县长黄德余亲自出庭，他也被认为

---

① 图片来源：汨罗市人民法院。

是"新中国第一个出庭应诉行政案件的县长"(见图3-1-5)。温州市中级人民法院经审理后驳回了原告的诉讼请求,包郑照不服一审判决向浙江省高级人民法院提出上诉,浙江省高级人民法院二审审理后驳回其上诉,维持了原判。

图3-1-5　1988年8月25日,温州市中级人民法院在苍南县影剧院举行公开审判大会,庭审休息时,县长黄德余(图右)走到原告包郑照旁边与他握手①

尽管本案以原告包郑照败诉终结,但是本案对人们的观念形成了很大冲击,各地加快了行政审判庭的建设,也进一步推动了《行政诉讼法》的尽快出台。1988年10月4日,最高人民法院成立行政审判庭(见图3-1-6),分为两个审判组:第一组负责审理土地、治安行政案件,第二组负责审理其他行政案件及综合。1989年4月4日《行政诉讼法》发布,第3条第2款规定:人民法院设行政审判庭,审理行政案件。人民法院开始普遍设立行政审判庭。《行政诉讼法》于1990年10月1日开始实施,截至1990年9月全国法院行政审判工作会议召开,全国所有的高级人民法院,99%的中级人民法院和

---

① 图片来源于浙江法院网:http://www.zjsfgkw.cn/art/2019/10/8/art_56_18493.html,最后访问日期:2020年8月1日。

91%的基层人民法院都设立了行政审判庭。

图3-1-6　1988年10月4日,最高人民法院行政审判庭正式成立。从左至右:胡仕浩、贾建斌、黄杰、张善、岳志强、蔡小雪、董占东(缺江必新、段小京、周红耕)①

## 三、单行法确立的有限行政案件范围

　　受案范围是行政诉讼核心制度,受案范围之宽窄既决定了公民行政诉权保障之程度,也决定了司法权审查行政权范围之大小,行政诉讼范围因而也被认为是行政法治的晴雨表。② 1989年《行政诉讼法》出台之前,公民或者企业能否提起行政诉讼取决于单行法是否有特别授权,104部法律、行政法规规定的可诉行政决定构成行政案件受案范围。我们可从两个角度对单行法所确定的行政案件范围予以考察:其一为可诉的行政行为类型,其二为可获得司法救济

---

　　① 图片来源:蔡小雪:《最高人民法院行政审判庭的成立过程》,载《人民司法(天平)》2016年第33期。
　　② 参见胡建淼:《中国行政诉讼范围的演变与趋向——划定·限制·恢复·拓展》,载《政法论坛》2005年第5期。

的权利类型,正是早期立法关于可诉案件范围的规定影响了1989年《行政诉讼法》关于受案范围的规定方式与内容,1989年《行政诉讼法》采用具体行政行为和人身权财产权双重标准确立了行政案件受案范围。

## (一) 可诉行政行为限于行政决定

在1989年《行政诉讼法》采用"具体行政行为"这一表述之前,单行立法中没有出现行政行为这一概念①,单行立法关于可以提起行政诉讼的对象的规定采用的是"处罚决定""处罚""处理决定""行政处罚""行政处罚决定"等表述。可以提起行政诉讼的行为范围具体为:

1. 行政处罚决定。除《医疗事故处理办法》外,103部单行法都有关于当事人对行政机关作出的行政处罚决定可以提起诉讼的规定,如《海上交通安全法》第45条规定:"当事人对主管机关给予的罚款、吊销职务证书处罚不服的,可以在接到处罚通知之日起15天内,向人民法院起诉;期满不起诉又不履行的,由主管机关申请人民法院强制执行。"

2. 滞纳金。在税收领域,除行政处罚外,滞纳金作为一种强制执行措施,也被纳入可诉行为范围内。如《税收征收管理暂行条例》第40条规定:纳税人、代征人或其他当事人同税务机关在纳税或者违章处理问题上发生争议时,必须首先按照税务机关的决定缴纳税款、滞纳金、罚款,然后在10日内向上级税务机关申请复议。上级税务机关应当在接到申诉人的申请之日起30日内作出答复。申诉人对答复不服的,可以在接到答复之日起30日内向人民法院起诉。

---

① 中华人民共和国第一部行政法学统编教材《行政法概要》于1983年6月由法律出版社出版。应松年教授评价认为《行政法概要》一书中最为重要的是王名扬教授撰写的"行政行为",该书关于行政行为的定义和分类沿袭至今。

《房产税暂行条例》《耕地占用税暂行条例》也有相同规定。

3. 行政机关向企业乱摊派的行为。根据《国务院关于坚决制止向企业乱摊派的通知》第4条的规定：对乱摊派的行为，企业有权抵制，抵制无效时，可向上级经委、审计、财政和税收、财务、物价大检查办公室反映，有关机关应及时处理；企业还可向人民法院起诉。

4. 行政收费。如《长江干线航道养护费征收办法》第10条规定：当事人与执法机关产生争执时，当事人必须先按征收决定缴费，然后向交通部申请复议，或直接向人民法院起诉。

5. 行政裁决。《水法》《草原法》《水污染防治法》《专利法》《医疗事故处理办法》等法律规定行政机关对民事权属纠纷进行处理，争议双方任何一方对行政机关作出的处理不服的，可以向法院起诉。如《草原法》第6条规定：个人之间、个人与全民所有制单位或者集体所有制单位之间的草原使用权的争议，由乡级或者县级人民政府处理。当事人对有关人民政府的处理决定不服的，可以在接到通知之日起1个月内，向人民法院起诉。在草原权属争议解决以前，任何一方不得破坏草原和草原上的设施。

这些行政行为类型在1989年《行政诉讼法》受案范围中都有规定，分别对应1989年《行政诉讼法》第11条第1款中的第(一)项、第(二)项、第(七)项。

从可诉行政行为类型的角度，单行法所规定的行政案件范围呈现出以下几个特点：

第一，仅限于行政决定，不包括抽象行政行为。104部单行法规定的可以提起行政诉讼的行政行为全部为行政机关针对特定当事人作出的行政决定，不包括涉及多数人的规范性文件等抽象行政行为。有的立法使用"处罚决定"，如《进出口商品检验法》第28条；有的立法使用"处理"或"处理决定"，如《医疗事故处理办法》第11条、《城乡个体工商户暂行条例》第 25 条；有的立法使用"行政处罚"，如《广播电视设施保护条例》第 16 条、《核材料管制条例》第 20 条；多数立法则使用"行政处罚决定"这一表述。

将行政案件范围限定在针对特定当事人作出的行政决定在 1989 年《行政诉讼法》中继续得以保留，《行政诉讼法》采用"具体行政行为"这一概念明确了公民行政诉权的范围。立法采用"具体行政行为"而不用"行政决定"是为了防止行政机关规避被诉不向当事人作出书面行政决定，只要行为存在，即使没有行政决定文书，公民仍然可以向法院提起行政诉讼。

第二，行政决定中又以行政处罚决定为主。在 104 部单行法规定的可以提起行政诉讼的行为类型中，行政处罚占据绝对主导地位，其他类型的可诉行政行为都仅有数量极少的立法予以规定。行政案件范围以行政处罚决定为主折射当时行政管理的方式主要采用高权行政方式，行政管理的目的主要是通过制裁当事人行政违法行为，维护经济、社会秩序。1989 年《行政诉讼法》关于受案范围的事项列举中，行政处罚作为最常用的行政执法手段列为第一位。[①]

第三，仅能针对行政作为提起行政诉讼。与单行法将可以提起行政诉讼的行为主要限定为针对当事人作出的行政处罚决定相对应，分散立法阶段，公民、企业仅能针对行政机关的行政作为提起行政诉讼，对行政机关不履行法定职责的行为，不能提起行政诉讼。1989 年《行政诉讼法》虽然在总则中采用具有作为内容的"具体行政行为"概念确定公民的行政诉权，但在受案范围中将可诉案件范围扩大至行政不作为，1989 年《行政诉讼法》第 11 条第(四)项、第(五)项、第(六)项均为对行政不作为提起的行政诉讼。

---

① 1996 年规范行政处罚行为的《行政处罚法》作为全国人大法工委零售立法思路下的首部立法得以出台。

## （二）公民可获得司法救济的权利仅为人身权与财产权

### 1. 人身权

为公民人身权遭受行政机关侵害提供司法救济的仅有 1986 年出台的《治安管理处罚条例》。《治安管理处罚条例》第 39 条规定：被裁决受治安管理处罚的人或者被侵害人不服公安机关或者乡（镇）人民政府裁决的，在接到通知后 5 日内，可以向上一级公安机关提出申诉，由上一级公安机关在接到申诉后 5 日内作出裁决；不服上一级公安机关裁决的，可以在接到通知后 5 日内向当地人民法院提起诉讼。应松年教授认为这是 1989 年《行政诉讼法》出台之前所有规定可以提起行政诉讼的单行立法中最重要的一部。[①] 这一论断是符合当时的实际情况的。1957 年《治安管理处罚条例》规定违反治安管理的人对处罚不服只能申诉，而 1986 年《治安管理处罚条例》明确了治安管理处罚决定可诉，这一规定的意义体现在以下三个方面：

第一，为公民人身权受到公安机关侵犯提供了司法救济，这对保护公民人身权、规范公安机关合法行使治安处罚权，有非常重要的意义。[②] 1986 年《治安管理处罚条例》规定违反治安管理予以处罚的条款为 14 条，其中 9 个条文都适用拘留。[③] 治安拘留是对公民人身自由的限制，但其作出主体为行政机关，且缺乏正当程序予以

---

[①] 参见张维炜：《一场颠覆"官贵民贱"的立法革命——行政诉讼法诞生录》，载《中国人大》2014 年第 2 期。

[②] 1987 年 3 月，江苏省涟水县人民法院经过公开审判，认定涟水县公安局一起治安拘留处罚裁决"与事实不符，是非责任不明，处罚不当"，判决撤销淮阴市公安局维持涟水县公安局的申诉裁决。这是首例法院判决撤销公安机关治安处罚裁决的行政案件。

[③] 这 9 条分别是 1986 年《治安管理处罚条例》第 19、20、22、23、24、26、27、30、31 条。《治安管理处罚法》（2006）规定给予治安处罚的行为种类的条款共计 53 条，而不包括治安拘留的条款仅有两条，第 36 条与第 58 条，这意味着约 96% 的条款都规定了公安机关可以适用治安拘留，行政机关的拘留权呈现出扩张趋势。

规范,当行政过程不能为公民提供正当程序保障时,来自司法的救济对于保障公民权利意义就十分重大。

第二,治安处罚决定量大,对推动行政诉讼意义很大。根据最高人民法院蔡小雪法官的回忆,1989年《行政诉讼法》出台之前,各地法院受理的行政案件不多,当时法院受理的行政案件主要有两大类,一类是治安行政案件,一类是有关土地确权的案件。① 行政案件数量上的增长无疑是推动专门行政审判组织建立和发展,进而推动行政诉讼制度从民事诉讼制度中独立出来的重要现实因素。

第三,公安机关在行政机关中被认为是权力最大的部门之一,将其作出的治安处罚决定纳入行政诉讼中进行司法审查,对依法行政的推动影响很大。

2. 财产权

财产权保护是分散立法阶段行政诉讼重点保护的内容,104部法律、行政法规都涉及为财产权遭受行政机关侵犯提供司法救济,《治安管理处罚条例》中罚款也是最为常用的一种处罚手段。位列立法数量前三位的税收收费、资源保护、工商三类行政管理均涉及公民、法人和其他组织的财产权。随着市场经济改革的持续推进,行政机关针对公民、企业市场活动、经济行为的管理决定日益增多,行政机关对公民、企业所作出的缴税决定、吊销营业执照、罚款、没收产品、没收违法所得、向企业摊派、强制专利许可等行政决定对公民、企业的财产权产生直接影响,随之产生的行政争议需要纳入司法途径解决。单行法将影响公民、企业财产权的行政决定纳入诉讼案件范围,通过司法途径解决,回应了市场经济转型过程中公民、企业因财产权遭受行政机关侵害获得司法救济的利益诉求。

单行法对人身权与财产权遭受行政机关侵犯建构了司法救济机

---

① 参见蔡小雪:《最高人民法院行政审判庭成立的过程》,载《中国法律评论》微信公众号,发布于2016年10月17日。

制,法院围绕这两类案件的审理积累了司法审查经验,到统一立法阶段:一方面,人身权与财产权保护由特别保护上升为1989年《行政诉讼法》给予普遍保护的权利,1989年《行政诉讼法》第11条第1款第(八)项采用兜底条款的规定方式"认为行政机关侵犯其他人身权、财产权的",明确了公民、法人或其他组织的人身权、财产权受到行政机关侵害的,可直接依据1989年《行政诉讼法》,不需要单行法特别授权,即可向人民法院提起行政诉讼;另一方面,《行政诉讼法》仅将给予公民普遍性司法保护的权利限于人身权、财产权,其他权利遭受行政机关侵害时能否获得司法救济则仍需要根据单行法确定。①

## 四、单行法建构的零星行政诉讼程序制度

关于行政诉讼规定的分散立法均为行政管理领域立法,因而不可能在单行法中规定法院审理行政案件的程序,但是,行政争议毕竟不同于民事争议,很多单行法对公民如何提起行政诉讼作出特别规定,这些分散的程序规定构成了行政诉讼起诉阶段的特别制度,为之后的统一立法所吸收。

### (一) 原告

行政诉讼原告是认为自己的合法权益受到行政行为侵犯而向人民法院起诉的公民、法人和其他组织。并非所有利益受到行政行为影响的主体都能成为原告,只有具备法定条件的主体才能成为行政

---

① 1989年《行政诉讼法》第11条第2款规定:除前款规定外,人民法院受理法律、法规规定可以提起诉讼的其他行政案件。

诉讼的原告,104部法律、行政法规都对可以提起行政诉讼的主体的范围作出明确规定。包括以下几类主体:

1. 行政决定的当事人。单行法基本将可以提起行政诉讼的主体表述为"当事人",如《海洋倾废管理条例》第22条规定:当事人对主管部门的处罚决定不服的,可以在收到处罚通知书之日起15日内,向人民法院起诉;期满不起诉又不履行处罚决定的,由主管部门申请人民法院强制执行。单行法中的当事人指行政处罚决定直接针对的对象,即被处罚人,不包括行政决定的利害关系人,由此也可以推知分散立法阶段的行政诉讼基本为主观诉讼。在自然资源权属纠纷裁决案件中,权属纠纷的双方都可以对行政机关作出的处理决定不服提起行政诉讼。严格的原告资格限制与当时行政诉讼尚缺乏统一立法的状况是相对应的,在尚未建立专门行政审判组织,尚未制定《行政诉讼法》的阶段,不太可能放宽原告资格条件。

2. 治安案件中的利害关系人。在治安案件中,原告的主体范围较之其他行政案件的主体范围更宽,包含了当事人之外的利害关系人。治安处罚决定的被处罚人与治安违法行为的受害人都可以到法院起诉,成为行政诉讼的原告,受害人作为治安处罚决定的利害关系人,而非当事人也具有原告资格。1989年《行政诉讼法》并没有明确限制利害关系人的原告资格,但是在司法实践中出现非常狭义的理解,最高人民法院在2000年司法解释中借用第三人概念明确了原告资格为具有法律上利害关系才解决这一问题,其实在分散立法阶段就没有完全排除利害关系人的原告资格。

3. 原告为自然人,包括外国人。行政诉讼的原告不限于中国公民,外国人也可以成为行政诉讼原告。这主要是在外国人出入境管理领域。如《外国人入境出境管理法》第29条第2款规定:受公安机关罚款或者拘留处罚的外国人,对处罚不服的,在接到通知之日起15日内,可以向上一级公安机关提出申诉,由上一级公安机关作出最后的裁决,也可以直接向当地人民法院提起诉讼。

## (二) 起诉期限

起诉期限是关于公民行使行政诉权的时间限制,单行法都明确规定了公民提起诉讼的时间期限,单行法所规定的起诉期限有以下四种情形:

1. 自收到行政决定书之日起15日内。这是多数立法采用的时间期限。如《海洋环境保护法》第41条规定:……当事人不服的,可以在收到决定书之日起15日内,向人民法院起诉;期满不起诉又不履行的,由有关主管部门申请人民法院强制执行。

2. 自收到行政决定书之日起1个月。《森林法实施细则》第24条规定:对违反森林法行为的行政处罚,由县级以上林业主管部门或其授权的单位决定。当事人对林业主管部门所作的罚款决定不服的,可以在接到罚款通知之日起1个月内,向人民法院起诉……

3. 自收到行政决定书之日起30日。《土地管理法》第52条规定……当事人对行政处罚决定不服的,可以在接到处罚决定通知之日起30日内,向人民法院起诉;期满不起诉又不履行的,由作出处罚决定的机关申请人民法院强制执行。

4. 自收到行政决定书之日起3个月。《专利法》第43条第2款规定:发明专利的申请人对专利复审委员会驳回复审请求的决定不服的,可以在收到通知之日起3个月内向人民法院起诉。

单行法关于起诉期限的规定主要存在两方面的问题,不利于公民获得司法救济:

第一,起诉期限规定不统一,不符合司法进行一般性保护的救济原则。当然这是由于一般法缺失所造成的,各单行法主要考虑的是部门管理的特殊需要。这一问题在统一立法阶段已经得到解决。

第二,起诉期限的规定普遍过短,非常不利于公民获得司法救济。在四种起诉期限的规定中,最长的为3个月,最短的为15日,且采用15日起诉期限规定的立法数量最多。15日的起诉期限对于公民来说很难为起诉做好准备,一旦起诉期限届满,就无法再提起行政诉讼,非常不利于公民获得司法救济。起诉期限过短反映出立法者在给予公民行政诉权的同时,又担心公民行使诉权提起行政诉讼会妨碍行政效率。

## (三) 行政诉讼与行政复议的关系

我国实行行政复议与行政诉讼二元并立的行政争议解决机制,如何处理二者的关系一方面涉及行政争议解决资源的合理配置,另一方面对公民诉权的行使形成条件限制,行政复议与行政诉讼的关系因而是一项十分重要的制度。与《行政诉讼法》相似,1990年出台《行政复议条例》之前,很多单行法中也规定了当事人对行政决定不服的,可以向决定机关的上一级机关提出复议。

单行法关于行政复议与行政诉讼关系的处理不同,共有以下几种情形:

第一种,不经过复议直接提起行政诉讼。当事人不服行政机关的行政决定的,可以在起诉期限内直接向人民法院提起行政诉讼,不需要在行政系统内部寻求其他救济。如《国境卫生检疫法》第21条规定:当事人对国境卫生检疫机关给予的罚款决定不服的,可以在接到通知之日起15日内,向当地人民法院起诉。逾期不起诉又不履行的,国境卫生检疫机关可以申请人民法院强制执行。

第二种,由当事人选择。当事人不服行政决定的,既可以先向行政机关提起复议,对复议决定不服再向法院起诉,也可以直接向法院起诉。如《海关法》第53条规定:当事人对海关的处罚决定不服的,可以自收到处罚通知书之日起30日内,海关无法通知的,自海关的处罚决定公告之日起30日内,向作出处罚决定的海关或者上一级海关申请复议;对复议决定仍然不服的,可以自收到复议决定书之日起30日内,向人民法院起诉。当事人也可以自收到处罚通知书之日或者自海关的处罚决定公告之日起30日内,直接向人民法院起诉。

第三种,复议前置。复议前置是穷尽行政救济原则的体现,要求当事人在提起行政诉讼之前必须先行申请行政复议,对复议决定不服再向人民法院起诉。规定复议前置的单行法不多,《投机倒把行政处罚暂行条例》第11条规定:被处罚人对工商行政管理机关的处罚决定不服的,可以在收到处罚通知之日起15日内向上一级工商行政管理机关申请复议。上一级工商行政管理机关应当在收到复议申请之日起30日作出复议决定。被处罚人对复议决定不服的,可以在收到复议通知之日起15日内向人民法院起诉。

第四种,先履行行政决定,再向行政机关申请复议,对复议决定不服的,向人民法院起诉。此种情形存在于税收、收费等行政领域。如1980年《个人所得税法》第13条规定:扣缴义务人和自行申报纳税人同税务机关在纳税问题上发生争议时,必须先按照规定纳税,然后再向上级税务机关申请复议。如果不服复议后的决定,可以向当地人民法院提起诉讼。《外国企业所得税法》《中外合资经营企业所得税法》《集体企业所得税暂行条例》《国营企业奖金税暂行规定》《国营企业工资调节税暂行规定》《城乡个体工商业户所得税暂行条例》《海关法》《长江干线航道养护费征收办法》《港口建设费征收办法》都有相同的规定。其中,《海关法》还规定了二级复议制度。根据1987年《海关法》第46条的规定,纳税义务人对海关的复议决定不服的,可以自收到复议决定书之日起15日内向海关总署申请复议;对海关总署作出的复议决定仍然不服的,可以自收到复议决定书之日起15日内,向人民法院起诉。

以行政决定的履行作为诉权行使的条件一直被诟病为要求当事人花钱买诉权,早期税法必须先履行决定才能寻求行政救济的做法为之后的 1992 年《税收征收管理法》所保留①,成为《行政诉讼法》的例外情形。

### (四) 确立了申请人民法院强制执行为原则的执行体制

行政强制执行是一项重要的行政诉讼制度,部分单行法对行政决定的强制执行体制作出规定。规定强制执行的单行法基本都采用了申请人民法院强制执行行政决定的执行体制模式,即当事人对行政决定在法定期限内既不提起行政救济,又不履行的,行政机关一般不能自行强制执行,需要申请人民法院强制执行。如《标准化法》第 23 条规定当事人对没收产品、没收违法所得和罚款等处罚决定,逾期不申请复议或者不向人民法院起诉又不履行处罚决定的,由作出处罚决定的机关申请人民法院强制执行。人民法院强制执行行政决定的程序适用《民事诉讼法(试行)》的相关规定。

在申请人民法院强制执行原则之下仅有个别立法规定由行政机关自行强制执行,如《企业法人登记管理条例》第 32 条规定企业法人对登记主管机关的处罚逾期不提出申诉又不缴纳罚没款的,登记主管机关可以按照规定程序通知其开户银行予以划拨。

分散立法确定的以申请人民法院强制执行为原则、行政机关自行强制执行为例外的强制执行体制被吸收在 1989 年《行政诉讼法》中,1989 年《行政诉讼法》第 66 条规定以申请人民法院强制执行为原则。

---

① 见 1992 年《税收征收管理法》第 56 条第 1 款。

# 第 二 章
# 统一行政诉讼制度初步形成阶段：1989—2000 年

1989年出台的《行政诉讼法》构建了独立的行政诉讼制度,奠定了我国刑事诉讼、民事诉讼、行政诉讼三大诉讼类型并立的诉讼制度格局。《行政诉讼法》建构了普遍性行政诉讼制度,公民、法人和其他组织依据《行政诉讼法》即可对行政机关行政行为向人民法院提起行政诉讼,不再需要单行法特别授权,行政诉讼立法实现从分散立法向法典式立法转型,统一行政诉讼制度得以初步形成。由于《行政诉讼法》的规定总体而言比较原则,为推动《行政诉讼法》的实施,1991年6月11日,最高人民法院发布《关于贯彻执行〈中华人民共和国行政诉讼法〉若干问题的意见(试行)》(以下简称《若干意见》),对《行政诉讼法》的规定进行细化。《行政诉讼法》与《若干意见》共同建构了统一行政诉讼制度。

行政诉讼是对行政权力运行是否合法进行监督的事后审查机制,虽不直接规范行政权力运行过程,但会对行政机关合法行使权力形成倒逼机制,因而,《行政诉讼法》的出台,从制度层面拉开了依法行政、法治政府建设的序幕。在中国推进法治建设的进程中,《行政诉讼法》与《民法通则》被认为是市场经济的两大支柱性立法,《民

## 第三编 行政诉讼制度

法通则》确立了市场主体的民事权利,《行政诉讼法》保护了市场主体免受公权力损害。

# 一、《行政诉讼法》出台背景

1987年召开的党的十三大为《行政诉讼法》的出台创造了条件。党的十三大报告中提出"完善社会主义民主政治若干制度"和"加强社会主义法制建设",其中,"完善社会主义民主政治若干制度"中提到"社会主义民主政治的本质和核心,是人民当家作主,真正享有各项公民权利,享有管理国家和企事业的权利"。王汉斌主任在《关于〈中华人民共和国行政诉讼法(草案)〉的说明》中也提道:"行政诉讼法的制定,对于贯彻执行宪法和党的十三大报告提出的保障公民合法权益的原则,对于维护和促进行政机关依法行使行政职权,改进和提高行政工作,都有重要的积极的意义。"《行政诉讼法》作为一部建构"民告官"制度的法律,直接体现了对公民权利的司法保障,也是加强社会主义法制建设的重要内容,党的十三大报告为这一法律的出台创造了社会条件。学术界对《行政诉讼法》的历史意义给予了高度评价。[①]

1986年《民法通则》通过后,我国完成了刑法、民法、刑事诉讼

---

[①] 如胡建淼教授认为在近代中国行政诉讼制度百年变迁进程中,"《行政诉讼法》的颁布是我国社会主义法制建设和民主政治建设中的一个重大步骤,也是中国行政诉讼法制百年变迁史上的一个重要里程碑,标志着新中国行政诉讼制度的正式确立,也标志着百年行政诉讼法制近代化进程的基本完成。"参见胡建淼、吴欢:《中国行政诉讼法制百年变迁》,载《法制与社会发展》2014年第1期。陈端洪教授在《对峙——从行政诉讼看中国的宪政出路》一文中对行政诉讼制度对于中国社会之意义做了精辟分析,提出行政诉讼在个人与政府之间建立了一种对峙,对于个人而言,"这一反传统的诉讼形式表明中国人对人自身的认识的改变,中国人由自弃走向了自尊,由生活在自身之外转向生活于自身";对于政府而言,意味着政府是一种法律人格,由政府法律人格我们又可以推导出有限政府、责任政府、人道政府、国家与政府的分离。参见陈端洪:《对峙——从行政诉讼看中国的宪政出路》,载《中外法学》1995年第4期。

法、民事诉讼法的制定工作,制定行政法和行政诉讼法成为法学界和立法部门讨论的议题。在《民法通则》颁布庆祝会上,陶希晋提出"新六法"主张:我们废除了国民党的六法全书,但我们不能没有自己的法律体系。我觉得我们应该建立一个新六法。现在看来,民法、民事诉讼法、刑法、刑事诉讼法都有了,缺的就是行政法和行政诉讼法了。会后,陶希晋倡导成立行政立法研究组,在《行政诉讼法》出台过程中,1986年成立的江平教授担任组长的行政立法研究小组扮演了很重要的角色。行政立法研究小组一开始着眼于制定《行政法通则》,基于各种因素未能成功,这时,组长江平教授提出一项对《行政诉讼法》立法进程影响至深的重大意见:从法律发展的规律来看,一般都是先有程序法,后有实体法。民法就是这样,先有《民事诉讼法》,而后才有《民法通则》。我们何不先制定一部《行政诉讼法》,再制定《行政法》?①这一说法在罗豪才教授访谈中也有提及:行政立法曾走了一段弯路。最初的想法是想搞出一部类似《民法通则》一样的行政法大纲,但后来发现很难,于是提出借鉴民事立法先有《民事诉讼法》,后有《民法通则》的经验,先搞出一个《行政诉讼法》来,以此来促进行政实体法的出台。在《行政诉讼法》的起草过程中,我作为行政立法研究组的副组长与小组其他同志一起还参与了多部行政法律的立法调查、考察、讨论试拟稿等活动。②

《行政诉讼法》制定过程中注重吸收借鉴域外的资料,根据罗豪

---

① 关于行政立法研究小组的成立及其在《行政诉讼法》制定过程中的作用,《法制早报》记者邱春艳在《鲜为人知的行政立法研究组》中有着极为细腻的描述,参见邱春艳:《鲜为人知的行政立法研究组》,载《法制早报》2006年10月30日第5—7版。江平教授、应松年教授、姜明安教授分别对《行政诉讼法》的诞生过程有很详细的回忆和描述。参见江平口述,陈夏红整理:《沉浮与枯荣:八十自述》,法律出版社2010年版;参见张维炜:《一场颠覆"官贵民贱"的立法革命——行政诉讼法诞生录》,载《中国人大》2014年第2期;参见姜明安:《行政诉讼法》(第三版),北京大学出版社2017年版,第55—56页。

② 参见夏莉娜、张维炜:《罗豪才:见证中国行政诉讼制度的发展历程》,载《中国人大》2011年第24期。

## 第三编 行政诉讼制度

才教授的回忆:"在行政诉讼立法过程中注重借鉴国外的经验,这方面我参与得更多一些。因为1984年至1985年我在美国进修,主要研究司法审查,收集了很多这方面的资料。回国后1986年到过澳大利亚墨尔本大学,在那里两个月专门研究诉讼问题。在制定《行政诉讼法》过程中,我曾随团到泰国、新加坡、印度去考察;还曾带领立法组的成员到大陆法系的法国、意大利、西班牙,以及英美法系的美国、加拿大访问。在美国与国会议员、纽约市政府官员座谈时,接待我们的人开玩笑,说我的问题太多了。其实我是在抓紧了解一些情况,以便对我们行政诉讼立法有所帮助。"①

行政诉讼制度将行政机关推向被告席,在当时遭遇了来自各地行政机关,尤其是基层行政机关的强烈反对,对此,罗豪才教授认为党中央的支持对《行政诉讼法》的出台起到关键作用。他谈到对《行政诉讼法》的制定起重要作用的有这样几个人:一个是彭真,当时是全国人大常委会委员长;还有陶希晋和王汉斌。当时有些行政干部不愿意当被告,彭真针对这种思想专门讲过话,支持行政诉讼立法。王汉斌对这项制度的建立也有过评价,大概意思是说,不管怎么样,都要把这个制度建立起来,坚持下去就是胜利。民告官,一定要坚持下去。陶希晋的关心就更直接了,我记得曾两次到陶老家研究问题,行政立法组的主要人员都去了,他谈了行政立法的意义、工作的重要性,对大家进行鼓励。我和应松年遇到一些民事与行政的特点有争论也在陶老家谈过……没有这些人的支持,《行政诉讼法》单靠我们行政立法研究组是搞不起来的。所以,根本一条还是中央在全民讨论《行政诉讼法》的时候给予了积极的态度,对《行政诉讼法草案》开过两次讨论会。没有党中央的支持,推动不了这件事。②

---

① 参见夏莉娜、张维炜:《罗豪才:见证中国行政诉讼制度的发展历程》,载《中国人大》2011年第24期。
② 同上。

1988年8月,行政立法研究小组完成《行政诉讼法(试拟稿)》的起草,提交全国人大常委会法工委。根据王汉斌在《关于〈行政诉讼法(草案)〉的说明》中的介绍,法工委在收到行政立法研究小组提交的稿子后,先后拟订了草案试拟稿、草案征求意见稿,广泛征求各级人民法院、人民检察院、中央有关部门、各地方和法律专家、法律院系、研究单位的意见,经过研究修改,将草案提请第七届全国人民代表大会常务委员会第4次会议审议,决定将草案全文公布,广泛征求意见。共收到中央各部门、各地方和法院、检察院的意见130多份,公民直接寄送法工委的意见300多份。全国人大法律委员会、内务司法委员会和法制工作委员会联合召开了有法院、检察院、国务院有关部门、民主党派和人民团体负责人以及法律专家参加的四次座谈会征求意见,并召开了有部分省、市人大常委会、各级人民法院、人民检察院、国务院有关部门和法律专家80多人参加的专门会议,对草案逐条进行讨论修改。根据全国人大常委会委员和各地方、各方面的意见,法工委对草案作了较多的补充、修改,经第七届全国人民代表大会常务委员会第6次会议审议,决定提请第七届全国人民代表大会第2次会议审议。1989年4月4日,《行政诉讼法》由第七届全国人民代表大会第2次会议审议通过,1989年4月4日中华人民共和国主席令第16号公布,1990年10月1日起施行。1989年《行政诉讼法》的出台标志分散在众多单行法中的行政诉讼规定走向统一立法,行政诉讼也因之成为独立的诉讼类型,刑事诉讼、民事诉讼、行政诉讼三大诉讼格局至此形成。

1989年《行政诉讼法》分十一章,共计75条,各章依次为:总则、受案范围、管辖、诉讼参加人、证据、起诉和受理、审理和判决、执行、侵权赔偿责任、涉外行政诉讼、附则。1989年《行政诉讼法》条文不多,仅针对行政诉讼特有的制度作出规定。1989年《行政诉讼法》本身没有明确行政案件如何适用《民事诉讼法》的问题,1991年发布的《若干意见》第 114 条规定:"人民法院审理行政案件,除依照行政诉讼法的规定外,对本规定没有规定的,可以参照民事诉讼的有关规定。"2000 年最高人民法院《关于执行〈中华人民共和国行政诉讼法〉若干问题的解释》(以下简称《执行解释》)[①]第 97 条重申了这一规定:"人民法院审理行政案件,除依照行政诉讼法和本解释外,可以参照民事诉讼的有关规定。"与此制度定位相对应,1989 年《行政诉讼法》关于行政诉讼制度的规定主要集中在一审程序,关于二审与再审的规定比较简单,行政法学界关于行政诉讼制度的研究也主要集中在一审程序。

刑事诉讼法、民事诉讼法立法在先,且 1989 年《行政诉讼法》立法之前行政案件适用《民事诉讼法》审理,行政诉讼制度这一特殊发展历程在 1989 年《行政诉讼法》立法体例上打下极深的烙印。我国 1989 年《行政诉讼法》立法体例没有选择域外如德国、法国、日本、台湾地区普遍采用的以行政诉讼类型化为基础建构行政诉讼制度,而是以诉讼制度的要素为主线架构行政诉讼制度,呈现出强烈的中国特色,而与域外立法相比较具有较大差异性。

## 二、行政审判体制采用普通法院体制

1989 年《行政诉讼法》第 3 条规定:"人民法院依法对行政案件独立行使审判权,不受行政机关、社会团体和个人的干涉。人民法院设行政审判庭,审理行政案件。"该条明确我国行政审判体制为普通法院体制,在普通法院内设立行政审判庭审理行政案件,不设立

---

[①] 最高人民法院《关于执行〈中华人民共和国行政诉讼法〉若干问题的解释》(法释〔2000〕8 号),1999 年 11 月 24 日最高人民法院审判委员会第 1088 次会议通过,2000 年 3 月 8 日公布,自 2000 年 3 月 10 日起施行。

行政法院。德国、法国普遍采用设立行政法院专门审理行政案件的审判体制,我国采用普通法院下设行政审判庭的审判体制符合当时的情况。行政诉讼制度建立之初,行政诉讼尚不为中国社会所熟知,行政案件的数量很少,既熟悉行政管理,又熟悉法律的法官群体尚未形成,建立行政法院的条件并不具备。

## 三、《行政诉讼法》确立的基本原则与基本制度

### (一) 基本原则

**1. 具体行政行为合法性审查原则**

1989年《行政诉讼法》第5条规定:"人民法院审理行政案件,对具体行政行为是否合法进行审查",这条规定被称为具体行政行为合法性审查原则。合法性审查原则是行政诉讼最核心的基本原则,因为这一原则明确了司法权对行政权的审查范围与审查程度,其具体内容包括:其一,人民法院只能审查具体行政行为,无权审查行政机关制定行政法规、规章、行政规范性文件等抽象行政行为。其二,人民法院在行政诉讼中只能审查具体行政行为的合法性,不能审查具体行政行为的合理性。人民法院只能对具体行政行为是否合法作出裁判,不能对行政机关裁量权行使是否公正进行审查。唯一的例外是行政处罚显失公正的,人民法院可以直接予以变更。

人民法院对具体行政行为的合法性审查主要通过四个方面进行:作出具体行政行为的主体是否合法;行政机关行使职权是否合法,是否超越法定职权;程序是否合法,行政机关是否违反法定程序;内容是否合法,包括行政决定认定事实是否清楚、证据是否充分以及适用法律是否正确。

## 2. 其他原则

1989年《行政诉讼法》总则规定的其他原则包括：独立审判原则、审判公开原则、当事人地位平等原则、使用本民族语言文字原则、辩论原则、检查监督原则。

### （二）受案范围制度

受案范围为1989年《行政诉讼法》第二章所规定。王汉斌主任在《关于〈中华人民共和国行政诉讼法（草案）〉的说明》中指出："法院受理行政案件的范围，是行政诉讼法首要解决的重要问题。考虑我国目前的实际情况，行政法还不完备，人民法院行政审判庭还不够健全，行政诉讼法规定民可以告官，有观念更新问题，有不习惯、不适应的问题，也有承受力的问题，因此对受案范围现在还不宜规定太宽，而应逐步扩大，以利于行政诉讼制度的推行。"在此立法定位之下，1989年《行政诉讼法》受案范围基本保留了分散立法阶段将可诉行政行为的类型限定为针对特定当事人作出的行政决定的定位。

## 1. 受案范围的确定标准

1989年《行政诉讼法》确定受案范围的标准包括两项：其一为具体行政行为标准，其二为人身权、财产权标准。

（1）具体行政行为标准。1989年《行政诉讼法》总则中第2条规定："公民、法人或者其他组织认为行政机关和行政机关工作人员的具体行政行为侵犯其合法权益，有权依照本法向人民法院提起诉讼。"根据此条规定，公民、法人或者其他组织只能针对具体行政行为向法院提起行政诉讼，法院仅能受理原告针对具体行政行为提起的诉讼。

（2）人身权、财产权标准。1989年《行政诉讼法》第11条第1款第（8）项在前面7项列举受案范围事项之后规定"认为行政机关侵犯其他人身权、财产权的",这一规定通常被理解为行政诉讼案件限定为公民、法人和其他组织人身权、财产权受到侵害的,人身权、财产权之外的权利如受教育权、劳动权等受到侵害的能否提起行政诉讼,则要根据单行法是否有救济条款规定而确定。即《行政诉讼法》仅为人身权、财产权提供一般性司法性保护,其他权利受到行政权损害能否起诉仍需要根据单行法予以确定。但是,从司法实践的发展来看,法院并不如此严格地掌握行政诉讼受案范围,特别是2000年《执行解释》明确作出补救性规定之后。遗憾的是,2014年修法仍保留了"认为行政机关侵犯其他人身权、财产权等合法权益的"的规定。

**2. 受案范围的确定方式与具体规定**

1989年《行政诉讼法》采用概括式与列举式相结合的方式构建了一幅复杂的受案范围图谱。

(1)概括式规定。概括条款包括总则中的第2条与第二章中的第11条第1款第(8)项和第11条第2款。总则第2条规定了行政诉讼案件采用具体行政行为标准,第二章中的第11条第1款第(8)项明确了人身权、财产权标准,第11条第2款"人民法院受理法律、法规规定可以提起诉讼的其他行政案件"明确了其他单行法可作为行政案件受案依据。

(2)列举式规定。列举条款包括第11条第1款第(1)项至第(7)项关于可诉具体行政行为类型的正面列举和第12条关于不予受理案件范围的排除列举两种情形。

第一种,可诉正面列举。1989年《行政诉讼法》第11条第1款第(1)项至第(7)项列举规定法院可以受理公民、法人和其他组织提起的下列案件:对拘留、罚款、吊销许可证和执照、责令停产停业、没收财物等行政处罚不服的;对限制人身自由或者对财产的查封、扣押、冻结等行政强制措施不服的;认为行政机关侵犯法律规定的经营自主权的;认为符合法定条件申请行政机关颁发许可证和执照,行政机关拒绝颁发或者不予答复的;申请行政机关履行保护人身权、财产权的法定职责,行政机关拒不履行或者不予答复的;认为行政机关没有依法发给抚恤金的;认为行政机关违法要求履行义务的。

第二种,不可诉排除列举。1989年《行政诉讼法》第12条列举规定人民法院不予受理下列案件:

第一,国防、外交等国家行为。国家行为是指国务院、中央军事委员会、国防部、外交部等根据宪法和法律的授权,以国家的名义实施的有关国防和外交事务的行为,以及经宪法和法律授权的国家机关宣布紧急状态、实施戒严和总动员等行为。

第二,行政法规、规章或者行政机关制定、发布的具有普遍约束力的决定、命令。行政法规、规章属于行政立法,行政机关制定、发布的具有普遍约束力的决定、命令是指行政机关针对不特定对象发布的能反复适用的行政规范性文件,不属于立法范畴。

第三,行政机关对行政机关工作人员的奖惩、任免等决定。通常也被理解为内部行政行为,是指行政机关作出的涉及该行政机关公务员权利义务的决定。

第四,法律规定由行政机关最终裁决的具体行政行为。也称终局裁决行为,其中的法律为狭义法律,仅指全国人民代表大会及其常务委员会制定、通过的规范性文件。

### (三) 当事人制度

1. 原告制度

行政诉讼原告是认为自己的合法权益受到行政行为侵犯而向人民法院起诉的公民、法人和其他组织。我国1989年《行政诉讼法》规定只有公民、法人和其他组织才能成为原告,行政机关不能作原告,只能作被告,行政诉讼原告恒定为公民、法人和其他组织,被告恒定为行政机关,因此,行政诉讼也被称为"民告官"的制度。

原告制度的核心是原告资格制度。行政行为具有复效性,并非所有利益受到行政行为影响的主体都能成为原告,只有具备法定条件的主体才能成为行政诉讼的原告,这就是行政诉讼中的原告资格制度。1989年《行政诉讼法》没有直接规定原告资格,根据第2条的规定,"公民、法人或者其他组织认为行政机关和行政机关工作人员的具体行政行为侵犯其合法权益,有权依照本法向人民法院提起诉讼",作为原告需要具备如下两个条件:其一,是公民、法人或者其他组织,不包括行政机关;其二,自己的合法权益受到具体行政行为侵犯,不包括公共利益。"合法权益"包括权利和利益,但是由于受案范围条款将可诉行政行为的范围限定为对人身权、财产权,其他类型权利受到损害能否提起行政诉讼要根据单行法的规定予以确定。因此,合法权益实质被限定为合法权利。

尽管将1989年《行政诉讼法》第2条作为分析判断原告资格的法律基础,但是该条并非关于原告资格的直接规定,主要解决的是公民行政诉权的条件问题。从逻辑上推演,既然公民、法人和其他组织认为自己合法权益受到具体行政行为侵犯,就可以向人民法院提起行政诉讼,此处用的是公民、法人或者其他组织,应该理解为包括但不限于行政决定的当事人。但是,在1989年《行政诉讼法》实施的初期,原告的范围被严格限定在行政决定的当事人范围,即只有具体行政行为的直接相对人才具有原告资格,当事人以外的其他主体即使其权利受到具体行政行为侵犯,也被认定为不具有原告资格,不符合起诉条件。

行政诉讼原告资格可以转移。有权提起行政诉讼的公民死亡,其近亲属可以提起诉讼。近亲属包括配偶、父母、子女、兄弟姐妹、祖父母、外祖父母、孙子女、外孙子女和其他具有扶养、赡养关系的亲属。有权提起诉讼的法人或者其他组织终止,承受其权利的法人或者其他组织可以提起诉讼。

**2. 被告制度**

行政诉讼被告是因侵犯公民、法人或者其他组织的合法权益而被起诉到人民法院的行政机关和法律、法规、规章授权的组织。行政诉讼被告恒定为行政主体。行政诉讼被告延续了分散立法阶段"谁决定、谁被告"的确定规则。行政诉讼被告在作出行政行为阶段为行政主体,由于我国行政主体制度十分复杂,使得被告的实际确定规则非常复杂。

(1) 确定被告的一般规则

第一,行政诉讼被告只能是行政主体,包括行政机关和法律法规授权的组织。我国将行政诉讼制度定位为民告官的制度,由此使得行政诉讼中原告、被告各自恒定为公民、法人或者其他组织与行政主体。行政机关是实施行政管理职能的最重要的组织,但是不是唯一的组织。除行政机关之外,有的组织经由法律、法规授权行使行政管理权,如高等院校和科研机构根据《中华人民共和国学位条例》的授权,授予学位。① 获得法律、法规授权的组织在法定授权范围内以自己名义独立行使行政管理职权,其因行使职权作出的行政行为被起诉至法院后,成为行政诉讼被告。关于授权组织的范围,1989年《行政诉讼法》仅规定为法律、法规授权的组织。

普通高等学校是事业单位,学生能否告学校一直是一个有争议的问题,在田永诉北京科技大学拒绝颁发学位证、毕业证一案中,法院判决明确了高等学校也可以成为行政诉讼的被告。田永案后被最高人民法院列为第38号指导案例(见图3-2-1)。该案裁判要点第一点即为:高等学校对受教育者因违反校规、校纪而拒绝颁发学

---

① 《中华人民共和国学位条例》第8条第1款规定:"学士学位,由国务院授权的高等学校授予;硕士学位、博士学位,由国务院授权的高等学校和科学研究机构授予。"

历证书、学位证书,受教育者不服的,可以依法提起行政诉讼。

## 田永诉北京科技大学拒绝颁发毕业证、学位证案①

田永于1994年9月考取北京科技大学,取得本科生的学籍。1996年2月29日,田永在电磁学课程的补考过程中,随身携带写有电磁学公式的纸条。考试中,去上厕所时纸条掉出,被监考教师发现。监考教师虽未发现其有偷看纸条的行为,但还是按照考场纪律,当即停止了田永的考试。被告北京科技大学根据原国家教委关于严肃考场纪律的指示精神,于1994年制定了校发(94)第068号《关于严格考试管理的紧急通知》(简称第068号通知)。该通知规定,凡考试作弊的学生一律按退学处理,取消学籍。被告据此于1996年3月5日认定田永的行为属作弊行为,并作出退学处理决定。同年4月10日,被告填发了学籍变动通知,但退学处理决定和变更学籍的通知未直接向田永宣布、送达,也未给田永办理退学手续,田永继续以该校大学生的身份参加正常学习及学校组织的活动。1996年9月,被告为田永补办了学生证,之后每学年均收取田永交纳的教育费,并为田永进行注册、发放大学生补助津贴,安排田永参加了大学生毕业实习设计,由其论文指导教师领取了学校发放的毕业设计结业费。田永还以该校大学生的名义参加考试,先后取得了大学英语四级、计算机应用水平测试BASIC语言成绩合格证书。被告对原告在该校的四年学习中成绩全部合格,通过毕业实习、毕业设计及论文答辩,获得优秀毕业论文及毕业总成绩为全班第九名的事实无争议。1998年6月,田永所在院系向被告报送田永所在班级授予学士学位表时,被告有关部门以田

---

① 《指导案例38号:田永诉北京科技大学拒绝颁发毕业证、学位证案》,载 http://www.court.gov.cn/shenpan-xiangqing-13222.html,最后访问日期:2018年5月12日。

永已按退学处理、不具备北京科技大学学籍为由,拒绝为其颁发毕业证书,进而未向教育行政部门呈报田永的毕业派遣资格表。田永所在院系认为原告符合大学毕业和授予学士学位的条件,但由于当时原告因毕业问题正在与学校交涉,故暂时未在授予学位表中签字,待学籍问题解决后再签。被告因此未将原告列入授予学士学位资格的名单交该校学位评定委员会审核。因被告的部分教师为田永一事向原国家教委申诉,国家教委高校学生司于1998年5月18日致函被告,认为被告对田永违反考场纪律一事处理过重,建议复查。同年6月10日,被告复查后,仍然坚持原结论。田永认为自己符合大学毕业生的法定条件,北京科技大学拒绝给其颁发毕业证、学位证是违法的,遂向北京市海淀区人民法院提起行政诉讼。

北京市海淀区人民法院于1999年2月14日作出(1998)海行初字第142号行政判决:一、北京科技大学在本判决生效之日起30日内向田永颁发大学本科毕业证书;二、北京科技大学在本判决生效之日起60日内组织本校有关院、系及学位评定委员会对田永的学士学位资格进行审核;三、北京科技大学于本判决生效后30日内履行向当地教育行政部门上报有关田永毕业派遣的有关手续的职责;四、驳回田永的其他诉讼请求。北京科技大学提出上诉,北京市第一中级人民法院于1999年4月26日作出(1999)一中行终字第73号行政判决:驳回上诉,维持原判。法院的裁判理由之一为:退学处理决定涉及原告的受教育权利,为充分保障当事人权益,从正当程序原则出发,被告应将此决定向当事人送达、宣布,允许当事人提出申辩意见。而被告既未依此原则处理,也未实际给原告办理注销学籍、迁移户籍、档案等手续。被告于1996年9月为原告补办学生证并注册的事实行为,应视为被告改变了对原告所作的按退学处理的决定,恢复了原告的学籍。被告又安排原告修满四年学业,参加考核、实习及毕业设计并通过论文答辩等。上述一系列行为虽系被告及其所属院系的部分教师具体实施,但因他们均属职务行为,故被告应承担上述行为所产生的法律后果。二审判决驳回上诉、维持原判。

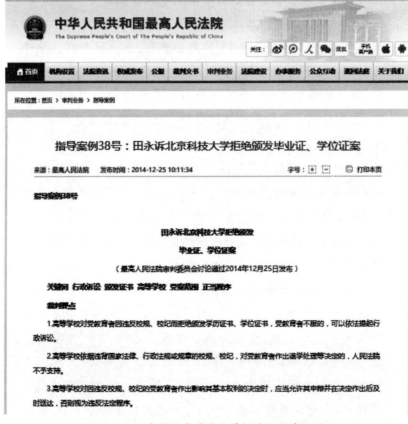

图 3-2-1　田永诉北京科技大学拒绝颁发毕业证、学位证案被最高人民法院列为第 38 号指导案例①

---

① 图片来源:最高人民法院官网,载 http://www.court.gov.cn/shenpan-xiangqing-13222.html,最后访问日期:2018 年 5 月 12 日。

法院在生效裁判中认为:根据我国法律、法规规定,高等学校对受教育者有进行学籍管理、奖励或处分的权力,有代表国家对受教育者颁发学历证书、学位证书的职责。高等学校与受教育者之间属于教育行政管理关系,受教育者对高等学校涉及受教育者基本权利的管理行为不服的,有权提起行政诉讼,高等学校是行政诉讼的适格被告。高等学校与学生之间的纠纷为社会所广泛关注,本案发生后,很多高校开始梳理检查本校校规、校纪有无与国家法律、法规相冲突,避免成为行政诉讼被告。该案之后发生的另一件影响很大的刘燕文诉北京大学案中,原告刘燕文1997年7月第一次起诉时法院以"尚无此法律条文"为理由没有受理,1999年7月,刘燕文看到关于北京科技大学本科生田永诉北京科技大学案件的相关报道,拿着报纸再次向人民法院提起诉讼,法院受理了其起诉。

第二,谁行为、谁被告。我国实行实质被告制度,即作出被诉行政行为的行政机关是被诉行政行为案件中的被告,这与国外实行被告与行为机关相分离制度不同。分散立法阶段呈现出的"谁决定、谁被告"的思路在统一立法阶段得到延续,实质被告制度符合我国行政体制的实际状况与厌诉、畏诉的法律文化。

第三,区分直接起诉与先复议、后诉讼确定被告。我国实行复议诉讼二元救济机制,由公民选择在起诉之前是否先行复议,如果经过复议,对被告的确定要根据复议决定的内容决定。

(2) 确定被告的具体规则

考虑到行政机关体系的复杂性,1989年《行政诉讼法》根据行政机关的类型,明确了确定被告的具体规则,包括:

第一,公民、法人或者其他组织未经复议直接起诉的,作出具体行政行为的行政机关是被告。

第二,经过复议的案件,分为四种情形:其一,复议机关决定维持原具体行政行为的,作出原具体行政行为的机关是被告。其二,复议机关改变原具体行政行为的,复议机关是被告。其三,复议机关在法定期限内不作复议决定,当事人对原具体行政行为不服提起诉讼的,以作出原具体行政行为的行政机关为被告。其四,当事人对复议机关不作为不服提起诉讼的,以复议机关为被告。

第三,法律、法规授权组织。由法律、法规授权的组织所作的具体行政行为,该组织是被告。

第四,确定被告的几种特殊情形。① 共同被告。两个以上行政机关作出同一具体行政行为的,共同作出具体行政行为的机关是共同被告。② 行政机关委托的被告。由行政机关委托的组织所作的具体行政行为,委托的行政机关是被告。③ 行政机关被撤销。行政机关被撤销的,继续行使其职权的机关是被告。④ 内设机构与派出机构。行政机关的内设机构与派出机构作出具体行政行为的,被告的确定分两种情形:其一,无法律、法规、规章授权而以自己名义作出具体行政行为的,以其所属的行政机关为被告;其二,有法律、法规、规章授权,不管是否超出法定授权范围行使职权,都由该机构作为被告。⑤ 行政机关无法律依据授权其他组织行使职权。行政机关在没有法律、法规或者规章规定的情况下,授权其内设机构、派出机构或者其他组织行使行政职权的,视为委托,以该行政机关为被告。⑥ 经批准的被告。当事人不服经上级行政机关批准的具体行政行为,向人民法院起诉的,应当以对外发生法律效力的文书上署名的机关为被告。⑦ 组建机构。行政机关组建并赋予行政管理职能但不具有独立承担法律责任能力的机构,以自己的名义作出具体行政行为,当事人不服提起诉讼的,应当以组建该机构的行政机关为被告。

### 3. 第三人制度

第三人是指原告、被告之外,与被诉行政行为有利害关系,或者同案件处理结果有利害关系,为维持自己的合法权益,参加到已开始的诉讼中的公民、法人或者其他组织。1989年《行政诉讼法》关于第三人的规定比较简单,第27条规定:同提起诉讼的具体行政行为有利害关系的其他公民、法人或者其他组织,可以作为第三人申请参加诉讼,或者由人民法院通知参加诉讼。根据此条规定,行政诉讼第三人有如下两个特点:第一,第三人为原告之外的公民、法人或者其他组织,行政机关不能作为第三人。第二,第三人与具体行政行为有利害关系,具有诉的利益,因而需要参与到诉讼中来。

由于行政诉讼的原告、被告分别恒定为公民与行政主体,行政诉讼没有民事诉讼中有独立请求权第三人这一类型。有的学者将行政诉讼第三人分为三种类型:权利关系第三人、义务关系第三人和事实关系第三人。[①] 权利关系第三人是指由于其权利受到被诉具体行政行为不利益处分的消极影响,参加到诉讼中来,提出自己独立诉讼主张的个人、组织,如治安行政处罚案件中的受害人与被处罚一方。义务第三人是指由于其权利受到了被诉具体行政行为授益处分的积极影响,或者参与了不利益具体行政行为,而未被列为被告或不具备被告资格,参加到行政诉讼中来,提出自己独立诉讼主张的个人、组织,如行政确权案件中被确定享有权利的权属争议人。事实关系第三人是指与被诉具体行政行为有某种事实上的牵连,其参加诉讼便于查清事实,由人民法院通知参加到诉讼中来,并提出自己独立主张的个人、组织。

#### (四) 管辖制度

管辖制度是关于人民法院审理行政案件的权限分工。行政诉讼管辖制度分为级别管辖与地域管辖两种。

1. 级别管辖制度

(1) 基层人民法院管辖第一审行政案件。(2) 中级人民法院管

---

[①] 参见马怀德主编:《行政诉讼原理》,法律出版社2009年版,第236—238页。

辖三类行政案件:确认发明专利权的案件、海关处理的案件;对国务院部门或者省、自治区、直辖市人民政府所作出的具体行政行为提起诉讼的案件;本辖区内重大复杂的案件。(3) 高级人民法院管辖本辖区内重大、复杂的一审行政案件。(4) 最高人民法院管辖全国范围内重大、复杂的第一审行政案件。

1989 年《行政诉讼法》在确定级别管辖时主要遵循确定管辖的一般因素,没有考虑到科层制对管辖制度的影响,有的行政案件如以区县政府为被告的行政案件,基层人民法院审不了。

2. 地域管辖制度

地域管辖制度分为一般地域管辖与特殊地域管辖两种情形。一般情况下,行政案件由最初作出具体行政行为的行政机关所在地人民法院管辖。经复议的案件,复议机关改变原具体行政行为的,也可以由复议机关所在地人民法院管辖。

特殊地域管辖的情形包括:(1) 限制人身自由决定。公民对限制人身自由的行政强制措施不服提起行政诉讼的,由被告所在地或者原告所在地人民法院管辖。(2) 不动产。因不动产提起的行政诉讼,由不动产所在地人民法院管辖。

1989 年《行政诉讼法》还规定了选择管辖、移送管辖、指定管辖、管辖权转移等制度。

(五) 证据制度

行政诉讼以行政行为的合法性为审查对象,行政行为的作出亦是一个认定事实、适用法律的过程,法院在行政诉讼中对于事实的认定属于二次认定,这使得行政诉讼证据制度在证据种类、举证责任分配、举证规则等问题上都独具特色。

1. 证据种类

行政诉讼证据种类包括:书证、物证、视听资料、证人证言、当事人的陈述、鉴定结论、勘验笔录与现场笔录。现场笔录是行政诉讼所特有的一种证据种类。现场笔录也是行政程序的一种重要证据种类,为大量单行行政管理法律、法规、规章所规定。现场笔录具有以下特性:第一,主体特定。现场笔录的制作主体只能是行政机关,不包括人民法院。第二,内容体现为即时记载行政活动,包括被管理对象的状况、行政执法过程等。第三,制作形式应当符合法定要求。

### 2. 举证责任分配

法律规定某一事实由哪一方当事人负担举证责任称为举证责任的分配。举证责任制度是证据制度乃至诉讼制度的重要组成部分,行政诉讼举证责任的分配一直被认为是行政诉讼证据制度乃至行政诉讼制度最具特色的部分。

(1) 被告对具体行政行为的合法性承担举证责任。1989年《行政诉讼法》第32条规定:被告对作出的具体行政行为负有举证责任,应当提供作出该具体行政行为的证据和所依据的规范性文件。对此规定,多数学者认为行政诉讼实行不同于民事诉讼的举证责任规则,并认为这正是行政诉讼的特点之一。少数学者对此提出不同观点,认为由被告负举证责任并不违背"谁主张、谁举证"的一般原理,而恰恰是这一原理在行政诉讼领域的特殊体现。[①] 就我国1989年《行政诉讼法》关于被告负举证责任的规定的性质而言应该说并不违反"谁主张、谁举证"的一般原理。但是,就这一规定的内容而

---

① 理由是:从形式上看,原告似乎处于主张者的位置,它主张的是某一特定的具体行政行为的违法性。但是,从事物的内在规定性来看,"违法性"是对"合法性"的否定。合法性属于积极事实,违法性属于消极事实。把行政诉讼程序和先前的行政程序联系起来看,提出积极事实、主张具体行政行为具有合法性的正是作出该行为的被告行政机关,被告行政机关当然应该提出证据负责证明其主张的成立。参见马怀德、刘东亮:《行政诉讼证据问题研究》,载何家宏主编:《证据学论坛》(第四卷),中国检察出版社2002年版,第213页。另参见刘善春、毕玉谦、郑旭:《诉讼证据规则研究》,中国法制出版社2000年版,第684页,该书提出行政诉讼举证责任的分担通则为"谁主张、谁举证"。

言，虽然说强化了被告在行政诉讼中的举证责任，有利于保护原告的合法权益，并可推进行政机关依法行政，但是1989年《行政诉讼法》的规定未免过于简单、单一。基于行政行为类型的复杂多样，德国等关于行政诉讼举证责任分配规则都采用基本原则与补充规则相结合的方式。

（2）原告。原告在行政诉讼中是否承担举证责任一直是行政诉讼举证责任分配中一个争议很大的问题，1989年《行政诉讼法》没有对原告是否承担举证责任作出规定。

3. 举证规则

当事人在诉讼中举证要遵循一定的规则，由于行政机关在行政程序中作行政决定时应遵循"先取证、后裁决"的规则，使得行政诉讼当事人，尤其是被告在行政诉讼的举证过程中遵循一些不同于刑事诉讼、民事诉讼的举证规则。

（1）被告及其诉讼代理人不得自行向原告和证人收集证据。行政机关向法院提交的证据必须是在行政程序中收集的证据，在诉讼中不能自行向原告和证人收集证据。这是因为行政机关在作出行政具体行政行为时遵循"先取证、后裁决"规则，只有在收集到确实、充分的证据后，行政机关才能作出行政决定。因此，行政机关向法院提交的证据应是行政程序中收集到的证据。如果允许行政机关在诉讼过程中再去收集证据，违背了"先取证、后裁决"的规则，但如果法院要求行政机关补充证据的，行政机关可以补充取证。

被告的委托代理律师在诉讼中也不能自行向原告和证人收集证据。一般来说，律师在诉讼中有权查阅与案件有关的材料，有权调查取证。但在行政诉讼中，律师不能自行向原告和证人取证。因为被告与律师之间是委托和被委托的关系，根据委托代理原理，只有委托人享有的权利才能委托给被委托人，委托人没有的权利自然不能委托给被委托人，因此，被告的律师在行政诉讼中不能自行向原告和证人取证。

（2）被告可以补充证据的两种情形。在实行案卷主义的国家，法院一般不得接受行政机关提供的行政案卷之外的证据。但在我国由于行政程序法不完善，行政管理水平不高，没有采用严格的案卷主义，虽然要求行政机关提交的是作出具体行政行为时的证据、依据，但 1989 年《行政诉讼法》第 34 条第 1 款又规定："人民法院有权要求当事人提供或者补充证据"，这其中包括被告。由于此项规定没有对被告补充证据的条件作出限制，导致实践中有些法院错误理解为允许被告无限制补充证据。

**4. 法院行使有限的证据调取权与调查权**

证据的调取是对既有证据的取得，调查则是通过一定的措施去发现、收集证据。受民事诉讼当事人主义审判模式影响，1989 年《行政诉讼法》规定人民法院在行政诉讼中虽既享有证据调取权，也享有证据调查权，但仅作出原则性规定。1989 年《行政诉讼法》第 34 条规定："人民法院有权要求当事人提供或者补充证据。人民法院有权向有关行政机关以及其他组织、公民调取证据。"人民法院在行政诉讼中调查证据的方法有鉴定和现场勘验两种。1989 年《行政诉讼法》第 35 条规定："在诉讼过程中，人民法院认为对专门性问题需要鉴定的，应当交由法定鉴定部门鉴定；没有法定鉴定部门的，由人民法院指定的鉴定部门鉴定。"现场勘验是 2002 年最高人民法院《关于行政诉讼证据若干问题的规定》（以下简称《行诉证据规定》）[1]新增加规定的一种证据调查方法。

## （六）行政复议与行政诉讼衔接制度

我国采用行政复议与行政诉讼二元并立的双重机制解决行政争

---

[1] 最高人民法院《关于行政诉讼证据若干问题的规定》（法释〔2002〕21 号），2002 年 6 月 4 日最高人民法院审判委员会第 1224 次会议通过，2002 年 7 月 24 日最高人民法院公布，自 2002 年 10 月 1 日起施行。

议。行政复议制度的优势是专业性强、程序便捷，能够更快解决行政争议；行政诉讼制度的优势是裁决者更中立、程序更公正。分散立法阶段关于行政复议与行政诉讼关系的规定，在统一立法阶段得到保留，1989年《行政诉讼法》采用了以公民自由选择为原则、法定复议前置为例外的方式处理二者的关系。

1. 以公民自由选择为原则

被诉具体行政行为属于法院受案范围时，公民可以自由选择采用何种途径获得救济。既可以先向复议机关申请行政复议，对复议决定不服再向法院提起行政诉讼；也可以不经过行政复议，直接向法院提起行政诉讼。

2. 法定复议前置为例外

复议前置是指公民必须先申请行政复议，对复议决定不服，再向法院提起诉讼的制度。复议前置对公民诉权的行使构成程序性限制，要求公民在起诉之前，必须先行经过复议程序解决行政争议，限制了公民诉权的自由行使。复议前置制度的设立体现的是公民诉权保障与国家对纠纷解决机制综合安排之间的平衡。支撑复议前置正当性的主要理由是部分行政争议涉及的事务专业性非常强，发挥行政人员的专业优势能够更好解决行政争议，故而强制要求行政争议先行进入行政复议程序中解决。

1989年《行政诉讼法》将法定复议前置中的法定范围规定为法律、法规，法律为狭义上的法律，法规包括行政法规与地方性法规。规定复议前置的法律、法规主要有《行政复议法》《海关法》《税收征收管理法》《城市居民最低生活保障条例》《工伤保险条例》等。为更好保障公民诉权的行使，部分法律修法时取消了复议前置的规定，如《治安管理处罚法》第102条规定被处罚人对治安管理处罚决定不服的，可以依法申请行政复议或者提起行政诉讼，取消了《治安管理处罚条例》关于复议前置的规定。

## (七) 起诉制度

### 1. 起诉期限制度

行政决定既影响当事人权利,也涉及公共利益,为使行政法律关系尽早进入确定状态,1989年《行政诉讼法》规定了起诉期限制度。起诉期限是公民可以提起行政诉讼的最长时间限制,如果公民没有在法定起诉期限内向法院起诉,起诉期限届满之后法院不能再受理其起诉。1989年《行政诉讼法》规定的起诉期限为绝对期限,不发生中断、中止,但可申请延长。

(1) 直接起诉的起诉期限。在分散立法阶段,起诉期限由单行法各自规定,统一行政诉讼法出台后,规定了一般起诉期限。公民、法人或者其他组织直接向人民法院起诉的,应当在知道作出具体行政行为之日起3个月内提出。法律另有规定的除外。1989年《行政诉讼法》所规定的3个月的直接起诉期限尽管较之分散立法阶段已经有所提高,但是与民事诉讼2年的一般诉讼时效相比较,仍然时间很短,不利于公民提起诉讼。

(2) 经复议的起诉期限。公民选择先提起行政复议的,如果不服复议决定,可以在收到复议决定书之日起15日内向法院提起诉讼。复议机关逾期不作决定的,申请人可以在复议期满之日起15日内向法院提起诉讼。复议决定未告知申请人诉权或者法定起诉期限的,起诉期限从公民、法人或者其他组织知道或者应当知道诉权或者起诉期限之日起计算,但从知道或者应当知道复议决定内容之日起最长不得超过2年。

(3) 延长起诉期限。行政诉讼起诉期限不发生中断、中止,但是可以延长。公民、法人或者其他组织因不可抗力或者其他特殊情况耽误法定期限的,在障碍消除后的10日内,可以申请延长期限,由人民法院决定。

2. 起诉条件

提起行政诉讼需要同时符合下列四个条件：(1) 原告具有原告资格。原告只能是认为具体行政行为侵犯其合法权益的公民、法人或者其他组织。(2) 被告适格。有明确的被告，且符合被告确定规则。(3) 有具体的诉讼请求和事实根据。(4) 属于人民法院受案范围和受诉人民法院管辖。

3. 撤诉制度

撤诉分为视为撤诉与申请撤诉两种。(1) 视为撤诉。这是指经人民法院两次合法传唤，原告无正当理由拒不到庭的，视为申请撤诉。(2) 申请撤诉。这是指在人民法院对行政案件宣告判决或者裁定前，原告向人民法院申请撤诉；或者被告改变其所作的具体行政行为，原告同意并申请撤诉。原告申请撤诉的，是否准许，由人民法院裁定。

(八) 审理程序制度

1. 起诉不停止执行制度

具体行政行为作出后即推定合法有效，对行政机关和当事人产生约束力。原告对具体行政行为提起诉讼之时，具体行政行为已经发生效力，那么，具体行政行为是否将因原告的起诉而停止执行？从逻辑上说，原告的起诉仅是对具体行政行为的合法性提出质疑，在法院尚未作出生效裁判之前，具体行政行为处于合法生效状态，但是，在有的情形中，如果不停止执行具体行政行为，一旦法院判决被诉具体行政行为违法将之撤销，违法的具体行政行为给当事人合法权益造成的损害难以弥补，则有暂停执行具体行政行为的必要。对此，1989 年《行政诉讼法》规定诉讼期间，以不停止具体行政行为的执行为原则、停止执行为例外。停止执行的例外情形包括：(1) 被告认为需要停止执行的。被告可以在诉讼过程中自行决定是否停止执行自己作出的具体行政行为。(2)原告申请停止执行,法院认为该具体行政行为的执行会造成难以弥补的损失,并且停止执行不损害社会公共利益,裁定停止执行。(3)法律、法规规定停止执行的。

2. 行政诉讼不适用调解

1989年《行政诉讼法》第50条规定:人民法院审理行政案件,不适用调解。行政诉讼不适用调解一直被认为是行政诉讼不同于民事诉讼的重要内容,其基本理论是行政诉讼是关于具体行政行为是否合法的诉讼,具体行政行为是否合法只能根据法律规定予以确定,行政机关无权在诉讼中任意处置其行使的公权力。行政诉讼不适用调解是严格法治主义观的体现,强调公权力必须严格依法行使,行政机关只能根据法律规定对行政事务进行处理。

行政诉讼不适用调解的唯一例外是赔偿诉讼可以适用调解,1989年《行政诉讼法》第67条第3款规定:赔偿诉讼可以适用调解。1997年最高人民法院《关于审理行政赔偿案件若干问题的规定》第30条规定,人民法院审理行政赔偿案件在坚持合法、自愿的前提下,可以就赔偿范围、赔偿方式和赔偿数额进行调解。调解成立的,应当制作行政赔偿调解书。2012年修正的《国家赔偿法》第13条规定赔偿义务机关作出赔偿义务决定,应当充分听取赔偿请求权人的意见,并可以与赔偿请求人就赔偿方式、赔偿项目和赔偿数额根据《国家赔偿法》第四章的规定进行协商。

3. 行政案件全部适用普通程序

行政诉讼程序仅有普通程序一种程序类型,没有简易程序。

(1)审判组织。人民法院审理行政案件,由审判员组成合议庭,或者由审判员、陪审员组成合议庭。合议庭成员应当是3人以上单数。

(2)公开审判。人民法院原则上公开审理行政案件,涉及国家秘密、个人隐私和法律另有规定的除外。

（3）妨碍行政诉讼强制措施。诉讼参与人或者其他人有1989年《行政诉讼法》第49条规定的六类行为的，人民法院可以根据情节轻重，予以训诫、责令具结悔过或者处1000元以下罚款、15日以下拘留。罚款、拘留须经人民法院院长批准。当事人不服的，可以申请复议。

（4）其他制度。包括回避制度、撤诉制度、缺席判决制度等。

## （九）法律适用制度

法律适用制度是行政诉讼的特有制度。法官在行政诉讼中的法律适用为二次适用，这是行政诉讼显著不同于民事诉讼之所在。具体行政行为是行政机关执法的结果，是行政机关认定事实、适用法律所作出的决定。作为行政执法依据的规范体系具有多层级性，包括法律、行政法规、地方性法规、部门规章、地方政府规章、行政规范性文件。法院作为各级人民代表大会选举产生的国家审判机关审理案件适用的法律与行政机关执法适用的法律并不完全等同，法院审理案件仅适用人大通过的立法，各级政府制定的规范对法院没有约束力。法律适用制度即涉及法院在行政诉讼中应当如何对待部门规章等行政机关制定的规范这一问题。

《行政诉讼法》关于法律适用的规定采用了双重标准：

（1）机关标准。人民法院审理行政案件，原则上仅以各级人大制定的法律规范为依据，具体指全国人大及全国人大常委会制定的法律和地方人大制定的地方性法规。

（2）行政机关采层级标准区分对待。法律适用的确定除考虑法院的主体性质之外，还需要考虑宪法规定中央与地方关系。我国是单一制国家，根据宪法的规定中央与地方之间的关系遵循在中央的统一领导下，充分发挥地方的积极性与主动性的原则，因而，对于行政机关所制定的规范，法院并非一律不作为裁判依据，对于中央政府国务院所制定的行政法规,法院必须遵循,作为其审理行政案件的依据,对于国务院部门和各级地方政府制定的规章,法院则无遵循的义务。

根据机关标准与行政机关采层级标准区分对待的双重要求,1989年《行政诉讼法》明确规定,人民法院审理行政案件,以法律、行政法规、地方性法规为依据,审理民族地方自治的行政案件,还要以该民族自治地方的自治条例和单行条例为依据;参照部门制定的部门规章和各级地方人民政府制定的地方政府规章。法院认为地方政府规章与部门规章不一致,或者部门规章之间不一致的,由最高人民法院送请国务院作出解释或者裁决。不过"参照"一词颇令人费解,对此,权威解释为王汉斌主任在《关于〈中华人民共和国行政诉讼法(草案)〉的说明》中的一段话:对符合法律、行政法规规定的规章,法院要参照审理,对不符合或者不完全符合法律、行政法规原则精神的规章,法院可以有灵活处理的余地。学界一般认为"依据"带有强制性,法院必须适用,不能选择适用;"参照"则不具有强制性,法院有选择适用的余地,法院在对规章的内容进行甄别之后,如果认为规章与上位法存在冲突或者相抵触的情形,则不将规章作为认定被诉具体行政行为合法的依据。

## (十) 行政判决制度

行政诉讼判决是指人民法院在案件审理终结之时,认定事实、适用法律,对案件实体问题作出的处理决定。我国1989年《行政诉讼法》没有采用诉讼类型化的方式建构行政诉讼制度,判决制度在一定程度上承担了诉讼类型化所承担的功能。司法权对行政权的监督程度、司法权为原告提供权利救济的力度,都通过行政判决类型及其适用条件予以呈现,因此,行政诉讼判决制度是行政诉讼核心制度。

在分散立法阶段,单行法仅规定不服行政机关依据该法所作出的行政决定不服的,可以向人民法院提起诉讼,至于人民法院依据何种程序来审理这类案件,以及人民法院如何作出判决,单行法均没有涉及。1989年《行政诉讼法》的出台填补了这一制度空白,对行政诉讼判决的类型及其适用条件作出明确规定。以行政审判的审级为标准,可以将行政诉讼判决分为一审判决、二审判决、再审判决三种。行政诉讼二审判决与再审判决制度与刑事诉讼、民事诉讼并无太大不同,其最具有特色的是一审判决制度,本书关于行政诉讼判决制度的梳理是指一审判决制度。

法院在行政诉讼中对被诉具体行政行为进行合法性审查,因而,行政诉讼判决要对具体行政行为是否符合行政行为合法性构成要件作出判断,以此为标准,1989年《行政诉讼法》规定了四种判决方式,分别是:维持判决、撤销判决、变更判决、履行判决。

1. 维持判决及其适用条件

维持判决是指人民法院经审查,认定被诉具体行政行为合法、进而维持其效力的判决形式。1989年《行政诉讼法》第54条第1款第(1)项规定:具体行政行为证据确凿,适用法律、法规正确,符合法定程序的,判决维持。维持判决的适用条件包括三项:

第一,证据确凿。证据确凿是法院对具体行政行为合法性构成要件中事实要件的认定。行政执法本身就是一个认定事实、适用法律的过程,行政机关在收集证据、认定事实的基础上适用法律,作出具体行政行为。证据确凿要求行政机关认定事实所收集的证据应当达到确实、充分的程度。

第二,适用法律、法规正确。这是法院对具体行政行为合法性构成要件中法律适用要件的认定,指行政机关作出具体行政行为所援引的法律、法规正确。法律、法规是行政执法的依据,但是行政执法依据并不限于法律、法规,还包括规章、行政规范性文件,因而,适用法律、法规正确是对行政机关适用法律活动的要求,法律、法规应作广义理解。

第三,符合法定程序。这是法院对具体行政行为合法性构成要件中的程序合法要件的认定。依法行政中的法包括实体法和程序法,行政机关应当遵循法定程序作出具体行政行为。

被诉具体行政行为需要同时具备这三项条件,法院才能作出维持判决。但是,合法性构成要件中还有一项职权法定要件没有出现在维持判决的适用条件中,根据撤销判决适用情形的规定,如果行政机关超越法定职权,法院作出撤销判决,因此,维持判决的作出还需要作出被诉具体行政行为的行政机关没有超越职权。

维持判决是中国特有的一种判决类型,体现了1989年《行政诉讼法》"维护和监督行政机关依法行使行政职权"的立法目的。在司法权与行政权的关系定位上,1989年《行政诉讼法》采用了双重定位:既维护又监督,法院对合法的行政行为予以维护,对违法的行政行为进行监督。维护与监督具有内在冲突,同时附着于法院这一单一主体,反映了行政诉讼制度初创之时面临的艰难处境:行政权在国家权力结构中居于最强势的地位,司法独立缺乏制度保障,仅强调司法对行政的监督,《行政诉讼法》能否通过还是一个未知数。维持判决存在逻辑上的问题,不符合诉讼原理。诉讼程序因原告起诉而启动,法院审理活动针对原告的起诉请求是否成立而展开,程序终结之时作出的判决要对原告的诉讼请求是否成立作出实体裁判。在行政诉讼中,公民、法人和其他组织到法院起诉具体行政行为违法,法院经审理认为被诉具体行政行为合法的,原告诉讼请求不成立,驳回原告诉讼请求即可,不应判决维持被诉具体行政行为。原告通常认为法院作出维持判决是因为法院与行政机关都是国家机关,官官相护,司法权威难以树立。

**2. 撤销判决及其适用条件**

撤销判决是行政诉讼最重要的一种判决形式,指人民法院认为被诉具体行政行为违法,判决撤销被诉具体行政行为的判决形式。具体行政行为由数项内容组成,仅有部分内容违法的,仅撤销违法部分。撤销判决因而包括全部撤销与部分撤销两种情况。法院在撤销被诉具体行政行为的同时,还可以判决被告重新作出具体行政行为。被告在重新作出具体行政行为时不得以同一事实和理由作出与原具体行政行为基本相同的具体行政行为。从司法权监督行政机关依法行政的角度,从司法为公民权利救济提供保障的角度,撤销判决无疑是行政诉讼最重要的判决方式,但是,由于诸多因素的影响,撤销判决的适用情况并不理想,即法院对违法行政行为的纠错率并不高。

撤销判决的适用情形分为五种,只要具备其中的一种情形,即可作出撤销判决。

第一,主要证据不足。主要证据是指能够证明案件基本事实的证据。"主要证据不足"意味着行政机关已经收集的证据尚未足以对案件事实形成基本判断,造成被诉具体行政行为认定事实不清,因不具备合法性构成要件中的事实要件而被法院撤销。

第二,适用法律、法规错误。指具体行政行为援引的法律依据错误。行政法律体系十分复杂,包括法律、行政法规、地方性法规、部门规章、地方政府规章、行政规范性文件等。当不同层级规范对同一问题均有规定时,易发生法律适用错误。法律适用错误既包括应当适用甲法律而适用乙法律,应当适用甲条款而适用乙条款等,也包括违反法律冲突适用规则选择适用了错误法律。

第三,违反法定程序。指具体行政行为违反了法律关于作出具体行政行为应当遵循的法定程序。法定程序中的法不限于实体法,也包括正当法律程序原则。

1989年《行政诉讼法》没有区分违反法定程序的程度,一律适用撤销判决,与域外普遍区分程序违法的不同情形适用不同判决方式的做法不同。出现此种情形的一种可能是制定1989年《行政诉讼法》时我国对行政程序法的研究尚未开始，还没有能够对行政程序作精细类型划分，加之当时关于行政程序的法律规定本身就很少。1989年《行政诉讼法》的规定客观上对程序违法规定了十分严格的裁判方式，对于行政机关而言，只要其违反了法定程序，就构成程序违法，被法院判决撤销。但是，司法实践的情况远比法律规定复杂得多。由于行政机关违反法定程序的情况比较复杂，法院认为有的程序违法对行政决定影响太小，没有必要撤销具体行政行为，因为即使撤销了具体行政行为，行政机关仍然还会作出一个与原来相同的具体行政行为。因此，很多法院开始使用程序瑕疵这一概念，具体行政行为违反法定程序，仅构成程序瑕疵的，不作出撤销判决，而作出维持判决。但是，有的法官在有的案件中将本属于程序违法的情形认定为程序瑕疵，从而规避撤销判决的适用，非常不利于监督行政机关遵循法定程序。

1989年《行政诉讼法》规定具体行政行为"违反法定程序"的判决撤销，但是，我国一直没有制定《行政程序法》，关于法定行政程序的规定并不完善，在法律没有对行政行为应遵循的程序作出规定时，一部分人民法院开始在一些个案中适用正当法律程序原则作出裁判。其中，影响最大的案件是田永诉北京科技大学拒绝颁发毕业证、学位证案和刘燕文诉北京大学拒绝颁发毕业证、学位证案。田永案是最高人民法院第38号指导案例，裁判要点第三点为：高等学校对因违反校规、校纪的受教育者作出影响其基本权利的决定时，应当允许其申辩并在决定作出后及时送达，否则视为违反法定程序。北京市海淀区人民法院在田永案中适用正当程序原则作出裁判之后，在刘燕文诉北京大学一案中再次适用正当程序原则判决被告败诉：

## 刘燕文诉北京大学案[①]

1992年9月,刘燕文在获得北京大学的硕士学位和毕业证书后,继续留在北大无线电电子学系攻读博士学位,主攻方向为电子物理。刘燕文的博士论文《超短脉冲激光驱动的大电流密度的光电阴极的研究》经过了三道程序:一是博士论文答辩委员会的学位论文答辩(当时7位委员全票通过);二是北大学位评定委员会电子学系分会的审查(当时13位委员中12票赞成,1票反对);三是北大学位评定委员会的审查(北大学位评定委员会委员共计21位,对刘燕文进行审查时到场16位委员,6票赞成,7票反对,3票弃权)。根据1996年1月24日北大学位评定委员会的审查结果,决定不授予刘燕文博士学位,只授予其博士结业证书,而非毕业证书。这一决定结果未正式、书面通知刘燕文。1997年7月,刘燕文第一次起诉时法院以"尚无此法律条文"为理由没有受理,1999年7月,刘燕文看到关于北京科技大学本科生田永诉北京科技大学案件的相关报道,再次向人民法院提起诉讼。北京市海淀区人民法院认为:校学位委员会在作出不批准授予刘燕文博士学位前,未听取刘燕文的申辩意见;在作出决定之后,也未将决定向刘燕文实际送达,影响了刘燕文向有关部门提出申诉或提起诉讼权利的行使,该决定应予撤销。法院判决:1.责令北大在两个月内颁发给原告博士毕业证书;2.责令北大在3个月内对是否授予刘燕文博士学位予以重新审查;3.本案的诉讼费用由被告承担。

在《中华人民共和国学位条例》对高等学校决定不授予学生博

---

[①] 本案例根据北大法宝《刘燕文诉北京大学拒绝颁发毕业证书纠纷案》登载的北京市海淀区人民法院(1999)海行初字第104号判决书整理而成,法宝引证码 CLI. C. 184630。

士学位的程序缺乏具体规定的情况下,人民法院的判决指出行政机关应当遵循正当法律程序原则的要求,应当给予刘燕文陈述申辩的权利①,明确了在法律法规缺乏法定程序规定情况下,行政主体应当遵循正当法律程序的原则。

第四,超越职权。超越职权是一种客观违法形态,指行政机关超越职权法定原则,行使了法律没有赋予的职权,或者超越职权范围行使权力,如行政处罚决定罚款数额超出法律所规定的罚款数额上限。

第五,滥用职权。滥用职权通常指行政机关没有超越法定职权范围,但是基于不正当目的行使职权,违反了法律授予行政权力的目的。超越职权被认为构成违法,滥用职权则属于合法不合理,但也有的观点认为滥用职权属于不符合立法目的,也构成违法。由于行政机关基于何种目的行使其职权难以把握、判断,适用滥用职权作出撤销判决的情形在司法实践中极少。

撤销判决是人民法院对具体行政行为合法性进行审查之后作出的否定性判断,违法具体行政行为被撤销之后不再具有法律效力。

## 深圳贤成大厦案②

1995年发生了被称为中国行政诉讼第一大案的"深圳贤成大厦案"。③ 该案一审法院广东省高级人民法院作出撤销判决,撤销了被告深圳市工商局、深圳市外资办作出的三项行政决

---

① 关于正当程序原则在司法判决中的应用可以参见何海波:《司法判决中的正当程序原则》,载《法学研究》2009年第1期。

② 本案例根据北大法宝《深圳市工商行政管理局等与泰国贤成两合公司等行政纠纷上诉案》登载的中华人民共和国最高人民法院(1997)行终字第18号判决书整理而成,法宝引证码 CLI. C. 22157。

③ 本案案情复杂,基于篇幅考虑,本部分没有详细描述案情。

定:1. 撤销被告深圳市工商行政管理局1994年11月23日注销深圳贤成大厦有限公司企业登记的行政行为。2. 撤销被告深圳市外资办1994年12月1日深外资办复(1994)976号《关于设立中外合作经营企业"深圳鸿昌广场有限公司"的批复》。3. 撤销被告深圳市工商行政管理局1995年8月1日深工商清盘(1995)1号《关于成立深圳贤成大厦有限公司清算组的决定》。一审法院作出撤销判决的主要理由是认为被告深圳市工商局注销贤成大厦公司登记缺乏事实依据,与法律规定不符。被告深圳市工商局在注销贤成大厦后才决定组成清算组,违反法定程序。被告深圳市外资办在中方四家公司未取得土地使用权的情况下,批准其与鸿昌国际公司签订的《合作经营"深圳鸿昌广场"有限公司合同书》,违反相关法律规定。被告不服一审判决上诉至最高人民法院,二审由时任最高人民法院副院长的罗豪才教授担任审判长,与杨克佃、江必新、岳志强、赵大光、罗锁堂、胡兴儒六位法官组成合议庭。二审上诉人包括被告两个行政机关和原审第三人五家公司,共计七位上诉人。被上诉人为原审原告两家公司,第三人一家公司,共计十位当事人。出庭当事人代理人包括江平教授、应松年教授、马怀德教授等著名法学教授。1997年12月,最高人民法院行政庭公开审理了此案,历时五天。1998年7月21日,最高人民法院作出二审判决,认为一审判决认定事实清楚、证据确实充分、适用法律法规正确、符合法定程序,判决:1. 维持广东省高级人民法院(1995)粤高法行初字第1号行政判决。2. 深圳市工商行政管理局、深圳市招商局(原深圳市引进外资领导小组办公室)依法对深圳贤成大厦有限公司、深圳鸿昌广场有限公司的有关事宜重新处理。该案公开审理时,参加旁听的人员有全国人大、最高人民检察院、国务院部门、地方各级人民法院、深圳市人大和市政府等的相关代表、法律专家、泰国驻华使馆工作人员等,案件的审理可谓万众瞩目,被称为中国行政诉讼第一案。

图 3-2-2　最高人民法院公开开庭审理深圳贤成大厦上诉案庭审现场
　　　　合议庭成员从左至右依次为:胡兴儒、赵大光、江必新、
　　　　罗豪才、杨克佃、岳志强、罗锁堂。书记员杨临萍①

### 3. 变更判决及其适用条件

变更判决是指行政处罚显失公正的,由人民法院直接判决变更处罚结果的判决形式。变更判决是合法性审查原则的例外情形,是对撤销判决的补充。1989 年《行政诉讼法》关于司法权与行政权关系的基本定位为原则上法院仅对具体行政行为的合法性进行审查,不审查合理性问题。对于违法的具体行政行为,法院直接判决撤销,并可责令行政机关重新作出具体行政行为,法院不能代替行政机关直接作出行政行为,体现了司法权对行政权的尊重。因此,变

---

①　图片来源:中国法院博物馆。

更判决作为合法性审查原则的例外情形,其适用条件有十分严格的限制:

第一,仅限于行政处罚这一类行政行为,不适用于其他类型的具体行政行为。行政处罚是行政机关对违反行政法律规范的公民、法人或其他组织作出的制裁性决定,为更好地保护原告权利,1989年《行政诉讼法》赋予法院有限的司法变更权。

第二,行政处罚结果显失公正。显失公正是指行政处罚的结果明显不公正,适用变更判决时该行政处罚决定不具备适用撤销判决的情形,即被诉行政处罚决定不存在认定事实不清、适用法律法规错误、违反法定程序、超越职权、滥用职权等情形,如果被诉行政处罚决定具备这些情形,则适用撤销判决,而非变更判决。只有在行政处罚仅存在处罚结果显失公正的情形时才适用变更判决。

第三,法院不得加重对原告的处罚,但利害关系人同为原告的除外。法院也不得在判决中对行政机关未予处罚的人直接给予行政处罚。

显失公正的主要表现形式有两种:其一,是过罚不相当、且达到畸轻畸重的程度。根据不得加重处罚规定的要求,法院变更判决通常被理解为对行政处罚作出有利于原告的变更,即变轻。其适用情形相应也就限于原告行政违法程度很轻,行政机关作出过重的行政处罚。其二,是违反了平等对待原则,选择性执法。如被告对两个违法人相同的违法行为处以不同处罚,且处罚结果差别很大。

### 4. 履行判决及其适用条件

履行判决是指行政机关不履行或者拖延履行法定职责,人民法院判决其在一定期限内履行法定职责的判决形式。当被告不履行法定职责或者拖延履行法定职责时,基于司法权尊重行政权的原则,法院不能直接代替行政机关作出行政决定,只能判决责令行政机关自行履行法定职责。

## 第三编　行政诉讼制度

履行判决的适用条件为行政机关构成行政不作为。行政不作为是指行政机关在法定期限内没有履行其应当履行的法定职责。无论在学理上还是在立法中，行政不作为是行政违法的一种形态，如姜明安教授、余凌云教授在主编的教材《行政法》中提出：既然行政不作为是司法审查上的一个很重要的概念，是有待法院审查、断定是否应该由被告承担法律责任的对象，则我们在违法意义上使用这个概念。① 杨小君教授也将不作为定义为违背行政作为职责义务的行为或者事实状态，认为行政不作为不是一个中性概念，而是一个违法概念。② 1989年《行政诉讼法》没有直接使用不作为这个概念，但是在条文中规定了不作为的具体表现形态，如受案范围条款中的"申请行政许可，行政机关在法定期限内不予答复"等。

行政不作为的构成要件主要包括：(1) 前提要件，指行政机关应负有法定应当作为的义务。法定作为义务中的法的范围有两点需要注意：其一，是指包括法律、行政法规、规章和规范性文件所规定的法定义务。其二，是指行为法上的具体作为义务，通常规定在行政管理法律中，如果仅有组织法上关于该类机关职责的概括性描述，不构成法定作为义务的实体性法定职责的直接依据，但是不排除行政机关对申请作出答复的程序性法定职责。(2) 客观要件，指行政机关没有履行其应当履行的法定职责，对依申请履职的情形，还需要公民、法人和其他组织已向行政机关提出了履职申请。行政机关在法定期限内没有实施任何行为，认定其没有履行法定职责，一般不存在争议。行政机关实施了一定行为，是否仍构成不作为往往容易引发争议。对这个问题的判断需要结合个案具体情况加以

---

① 参见姜明安、余凌云主编：《行政法》，科学出版社2010年版，第480页。
② 参见杨小君：《行政不作为形式及其违法性》，载《重庆工学院学报（社会科学版）》2009年第1期。

考虑,但是如果法律对行政机关履职方式和履职要求有明确规定时,行政机关没有按照法定履职方式和履职要求履职的,即使实施了一定的行为,仍构成行政不作为。(3)主观要件,指行政机关有履行职责的能力和条件。如果行政机关因为客观原因或者客观条件不具备而未能履职的,不能认定构成不作为。行政机关履职没有达到预定执法效果的,属于执法效能不足的问题,也不能认定为不作为。

(十一) 行政赔偿诉讼制度

1989年《行政诉讼法》第九章规定了行政机关侵权赔偿责任,该章仅三条,规定比较原则,主要包括以下内容:

1. 行政赔偿情形

公民、法人或者其他组织的合法权益受到行政机关或者行政机关工作人员作出的具体行政行为侵犯造成损害的,有权请求赔偿。行政赔偿请求权仅限于具体行政行为对公民、法人或者其他组织合法权益造成的损害。

2. 行政赔偿程序

行政赔偿请求的提起方式包括一并提起和单独提起两种。一并提起是指原告起诉请求撤销具体行政行为时,一并就该具体行政行为对其造成的损害提出赔偿请求。单独提起是指单独就损害赔偿提出请求。公民单独提起损害赔偿请求的,实行行政机关先行处理,先由行政机关解决。对行政机关的赔偿请求处理不服,再向人民法院提起诉讼。行政赔偿诉讼可以适用调解。

3. 赔偿主体

赔偿主体与行为主体同一,由作出该具体行政行为的行政机关或者该行政机关工作人员所在的行政机关负责赔偿。行政机关赔偿损失后,应当责令有故意或者重大过失的行政机关工作人员承担部分或者全部赔偿费用。

**4. 赔偿费用**

赔偿费用从各级财政列支。各级人民政府可以责令有责任的行政机关支付部分或者全部赔偿费用。

### (十二) 二审制度与再审制度

1989年《行政诉讼法》以一审制度为核心,关于二审制度与再审制度的规定均非常原则。

**1. 二审制度**

(1) 上诉期限。当事人不服人民法院一审判决的,有权在判决书送达之日起15日内提出上诉。不服一审人民法院裁定的,有权在裁定书送达之日起10日内提出上诉。逾期不提出上诉的,一审判决或者裁定发生法律效力。(2) 书面审理的适用情形。二审人民法院认定案件事实清楚的,可以实行书面审理。(3) 审理期限。二审人民法院应当在收到上诉状之日起两个月内作出判决,有特殊情况需要延长的,由高级人民法院批准。高级人民法院审理上诉案件需要延长的,由最高人民法院批准。(4) 二审裁判方式。原判决认定事实清楚,适用法律、法规正确的,判决驳回上诉,维持原判;原判决认定事实清楚,但适用法律、法规错误的,依法改判;原判决认定事实不清,证据不足,或者由于违反法定程序可能影响案件正确判决的,裁定撤销原判,发回原审人民法院重审,也可以查清事实后改判。当事人对重审案件的判决、裁定,可以上诉。

**2. 再审制度**

(1) 当事人的申诉权。当事人对已经发生法律效力的判决、裁定,认为确有错误的,可以向原审人民法院或者上一级人民法院提出申诉。(2) 再审启动条件。再审启动路径包括法院自行启动再审程序和检察院提起抗诉两种,其适用条件与民事诉讼相同。启动再审的条件为"发生法律效力的判决、裁定违反法律、法规规定"。

## (十三) 行政执行制度

1989年《行政诉讼法》第八章所规定的行政执行制度包括两种类型:行政判决执行与行政机关申请人民法院强制执行具体行政行为。

### 1. 行政判决执行制度

当事人负有履行人民法院生效裁判的义务,当事人拒不履行的,由一审法院强制执行。

1989年《行政诉讼法》重点规定了行政机关拒绝履行人民法院生效裁判时,第一审人民法院可以采取的强制措施,包括:(1)通知银行划拨应当归还的罚款或者应当给付的赔偿金;(2)按日处50元至100元的罚款;(3)向其上一级行政机关或者监察、人事机关提出司法建议;(4)情节严重构成犯罪的,追究主管人员或者直接责任人员的刑事责任。

公民、法人或者其他组织拒绝履行判决、裁定的,行政机关可以向人民法院申请强制执行,或者依法强制执行。

### 2. 行政机关申请人民法院强制执行具体行政行为

此类执行也称非诉执行。公民、法人或者其他组织拒绝履行具体行政行为对其设定的义务的,行政机关只有在法律、法规授予其强制执行权时,才能自行采取强制措施,强制执行该具体行政行为。法律、法规没有授权的,行政机关应当申请人民法院强制执行。实行执行权与决定权分离,将强制执行权赋予法院的目的是为了更好地保障公民、法人或者其他组织的利益。1989年《行政诉讼法》仅原则性对强制执行权配置作出规定,尚未涉及具体制度。

### (十四) 涉外行政诉讼制度

1. 适用对象

外国人、无国籍人、外国组织在中国进行行政诉讼,适用《行政诉讼法》的规定。

2. 同等与对等原则

同等原则指外国人、无国籍人、外国组织与中国公民、组织有同等诉讼权利和义务。对等原则指外国法院对中国公民、组织的行政诉讼权利加以限制的,人民法院对该国公民、组织的行政诉讼权利,实行对等原则。

3. 冲突规范的适用

中国缔结或者参加的国际条约与《行政诉讼法》有不同规定的,适用该国际条约的规定。中国声明保留的条款除外。

4. 涉外代理

外国人、无国籍人、外国组织在中国进行行政诉讼,委托律师代理诉讼的,应当委托中国律师机构的律师。

## 四、最高人民法院《关于贯彻执行〈中华人民共和国行政诉讼法〉若干问题的意见(试行)》

1989 年《行政诉讼法》的规定总体而言比较原则,为推动 1989 年《行政诉讼法》的实施,1991 年 6 月 11 日,最高人民法院发布《若干意见》,对 1989 年《行政诉讼法》的规定进行细化。《若干意见》分十二个部分,共计 115 条,于 2000 年被最高人民法院《执行解释》替代。《若干意见》主要是对 1989 年《行政诉讼法》条文适用进行细化,明确 1989 年《行政诉讼法》在一些特定情形中应当如何理解与适用,因而,《若干意见》制度化程度不高,显得比较琐碎。

## （一）受案范围制度

1. 明确了具体行政行为的内涵。受案范围是《行政诉讼法》实施中争议比较大的领域。《若干意见》对行政诉讼法的核心概念"具体行政行为"的内涵作出解释，规定具体行政行为是指国家行政机关和行政机关工作人员、法律法规授权的组织、行政机关委托的组织或者个人在行政管理活动中行使行政职权，针对特定的公民、法人或者其他组织，就特定的具体事项，作出的有关该公民、法人或者其他组织权利义务的单方行为。

2. 明确了若干应当作为行政案件受理的事项。由于《行政诉讼法》采用列举加概括的方式规定受案范围，未在列举事项范围内的是否属于受案范围容易引起争议。在行政诉讼制度推行之初，有的法院对受案范围作十分狭义的解释，甚至严格限定在列举事项范围，不利于保障公民获得司法救济。《若干意见》对实践中常见的一些事项明确将之纳入受案范围，包括：劳动教养决定，强制收容审查决定，计生部门作出的征收超生费、罚款的行政处罚决定，行政机关就赔偿问题作出的裁决，行政机关依职权作出的强制性征收补偿决定，人民政府或者其主管部门有关土地、矿产、森林等资源的所有权或者使用权归属作出的处理决定。

3. 明确行政机关居间对民事争议进行调解或者仲裁，当事人对调解、仲裁不服，向人民法院起诉的，不属于行政案件范围。

4. 明确"法律"的范围。终局裁决中的"法律"仅指全国人民代表大会及其常务委员会依照立法程序制定、通过和颁布的规范性文件。法规、规章规定行政机关对某些事项可以作最终裁决，公民、法人或者其他组织不服行政机关依据法规规章作出的最终裁决，向人民法院起诉的，人民法院应当受理。

## (二) 当事人制度

1. 细化了确定原告、被告的特殊情形。(1) 原告。包括明确了近亲属的范围和共同原告的情形。两个或两个以上当事人对同一具体行政行为不服起诉的,是共同原告。(2) 被告。行政组织体系十分复杂,《若干意见》对确定被告的特殊规则作进一步细化。如规定对行政机关的派出机构作出的具体行政行为不服的,以行政机关为被告,但是,法律、法规对派出机构有授权的除外。再如规定对行政机关与非行政机关共同署名作出的处理决定不服的,以作出决定的行政机关为被告。

2. 完善了第三人制度。(1) 明确第三人标准的内涵。《行政诉讼法》第27条中的"同提起诉讼的具体行政行为有利害关系"是指与被诉具体行政行为有法律上的权利义务关系。(2) 明确了第三人的诉讼权利。第三人有权提出与本案有关的诉讼请求,对人民法院的一审判决不服,有权提出上诉。

3. 当事人及其诉讼代理人的阅卷权。当事人及其诉讼代理人对准许查阅的庭审材料,可以摘抄,但不得擅自复制。

## (三) 证据制度

行政诉讼由被告对具体行政行为合法性承担举证责任,行政机关应当提供作出具体行政行为的证据和依据的规范性文件,但是,如果行政机关没有提供,法院应当如何裁判,1989年《行政诉讼法》没有明确规定相应的法律后果。《若干意见》规定被告在第一审庭审结束前,不提供或者不能提供作出具体行政行为的主要证据和所依据的规范性文件的,人民法院可以判决撤销具体行政行为。法律后果的明确对监督行政机关认真履行诉讼义务有积极作用。

《若干意见》还规定:作为被告的诉讼代理人的律师在行政诉讼

中同样不得自行向原告和证人收集证据。对原告起诉是否超过起诉期限有争议的,由被告负举证责任。

### (四) 行政复议与行政诉讼衔接机制

行政复议与行政诉讼的衔接在实践中情况十分复杂,《若干意见》在起诉与受理部分重点对完善行政复议与行政诉讼衔接机制作出细化规定,包括:

1. 法律规定当事人不服行政机关的具体行政行为,可以向人民法院起诉,也可以申请复议并由复议机关作终局裁决的,当事人选择了申请复议,就不能再向人民法院提起行政诉讼。如果当事人既提起诉讼又申请复议的,以先收到有关材料的机关为当事人所选择的机关;同时收到的,由当事人选择。

2. 当事人对行政机关的具体行政行为不服,依法应当先申请复议,当事人未申请就直接向人民法院起诉的,人民法院不予受理。

3. 法律法规中只规定了对某类具体行政行为不服,可以申请复议,没有规定可以向人民法院起诉,而《行政诉讼法》规定可以向人民法院起诉的,当事人向人民法院起诉时,应当告知当事人向行政机关申请复议。此规定不承认当事人根据《行政诉讼法》享有的一般诉权,不符合《行政诉讼法》为公民提供普遍性司法保护的性质,只要单行法没有特别排除当事人的起诉权,当事人根据《行政诉讼法》的规定提起行政诉讼,人民法院应当受理。

4. 行政机关就同一事实,对若干人作出具体行政行为,根据法律规定,当事人对这类具体行政行为不服,可以向上一级行政机关申请复议并由复议机关作终局裁决,也可以直接向人民法院起诉的,如果一部分人选择了申请复议,这部分人就不能再向人民法院起诉,另一部分人仍可以向人民法院起诉。

5. 法律、法规规定当事人对具体行政行为不服,必须经过复议才能向人民法院起诉的,如果行政机关在复议决定中追加当事人,被追加的当事人对复议决定不服的,可以直接向人民法院起诉。

### (五) 新增规定财产保全、先予执行、中止诉讼制度

1. 财产保全制度。《若干意见》新增规定了财产保全制度,包括根据当事人的申请或者法院在必要时裁定采取两种情形。财产保全的发生情形是可能因为当事人一方的行为或者其他原因,使判决不能执行或者难以执行。对于情况紧急的,人民法院必须在48小时内作出裁定,裁定采取保全措施的,应当立即执行。财产保全限于诉讼请求涉及的范围或者与本案有关的财物。财产保全采取查封、扣押、冻结或者法律规定的其他方法。被申请财产保全的人提供担保的,人民法院应当解除财产保全。

2. 先予执行制度。对行政机关没有依法发给抚恤金的案件,根据当事人的申请,法院可以书面裁定先予执行。

3. 中止诉讼制度。《若干意见》规定了中止诉讼的适用情形,包括:原告死亡,需要等待其近亲属表明是否参加诉讼的;原告丧失诉讼行为能力,尚未确定法定代理人的;作为原告的法人或者其他组织终止,尚未确定权利义务承受人的;一方当事人因不可抗拒的事由,不能参加诉讼的;其他应当中止诉讼的情形。出现前面三种情形中止诉讼满3个月,仍无人继续诉讼的,终结诉讼。

### (六) 行政裁判制度

1. 人民法院裁判权限。人民法院在审理行政案件中,对行政机关应给予行政处罚而没有给予行政处罚的人,不能直接给予行政处罚。

2. 细化违反法定程序撤销判决的适用。《若干意见》第68条规定,人民法院以违反法定程序为由,判决撤销行政机关具体行政行

为的,行政机关重新作出具体行政行为时,不受1989年《行政诉讼法》第55条规定的限制,即行政机关可以以同一事实和理由作出与原具体行政行为基本相同的具体行政行为。这条规定一直为学界所批判,该规定进一步弱化了行政机关的程序意识和在行政执法过程中对法定程序的遵守。

3. 裁定适用范围。《若干意见》明确裁定适用于下列范围:起诉不予受理;驳回起诉;诉讼期间停止具体行政行为的执行或者驳回停止执行的申请;财产保全和先予执行;准许或者不准许撤诉;中止或者终结诉讼;补正判决书中的笔误;中止或者终结执行;其他需要裁定的事项。

## (七) 二审制度

《行政诉讼法》仅4条规定了行政二审制度,《若干意见》对二审制度做进一步细化补充。包括:

1. 二审实行全面审查。二审法院遵循全面审查的原则对第一审人民法院的裁判进行审查,包括一审判决认定的事实是否清楚,适用的法律、法规是否正确,有无违反法定程序,不受上诉范围的限制。

2. 禁止行政机关改变原具体行政行为。二审程序中行政机关不得改变其原具体行政行为,上诉人如果因为行政机关改变其原具体行政行为而申请撤回上诉的,人民法院不予准许。

3. 不予受理与驳回起诉裁定的二审裁定方式。二审人民法院审理不服一审人民法院裁定不予受理上诉案件,如认为该案应予受理,应裁定撤销一审裁定,指令原审人民法院立案受理。

二审人民法院如果认为一审法院驳回起诉裁定有错误的,应当裁定撤销一审裁定,发回原审人民法院重新审理。

4. 改判判决。二审法院审理上诉案件需要对一审判决进行改判的,应当撤销、部分撤销一审判决,并依法维持、撤销或者变更被诉的具体行政行为。

## (八) 行政执行制度

1989年《行政诉讼法》规定的执行制度包括行政机关申请人民法院强制执行具体行政行为和当事人申请强制执行行政诉讼判决、裁定、行政赔偿调解书。《若干意见》在执行部分对这两类强制执行均作出细化规定。

### 1. 行政机关申请人民法院强制执行

行政机关申请人民法院强制执行具体行政行为的,执行法院为被执行人所在地基层人民法院,基层人民法院认为需要由中级人民法院执行的,可以报请中级人民法院决定。

《若干意见》对如何理解1989年《行政诉讼法》规定的执行体制作出具体规定:(1)法律规定由行政机关作最终裁决的具体行政行为,行政机关申请人民法院强制执行的,人民法院不予执行。(2)公民、法人或其他组织在法定期限内不提起诉讼又不履行,法律、法规规定应当由行政机关依法强制执行的,人民法院不予执行。(3)法律、法规规定既可以由行政机关依法强制执行,也可以向人民法院申请强制执行的,人民法院应予执行。(4)行政机关依法没有强制执行权的,人民法院应予执行。

行政机关申请强制执行的期限是自起诉期限届满之日起3个月,逾期申请的,人民法院不予受理。执行庭负责审查和执行,人民法院发现据以执行的法律文书确有错误的,经院长批准,不予执行。

1998年8月18日,最高人民法院发布《关于办理行政机关申请强制执行案件有关问题的通知》(法〔1998〕77号),结合地方法院的请示,规定了以下内容:(1)由行政审判庭负责审查。经教育,行政行为相对人自动履行的,即可结案。需要强制执行的,由行政审判庭移送执行庭办理。(2) 法院对申请执行的具体行政行为要进行审查,履行监督职责。因不审查或不认真审查给被申请人造成损失的,追究有关人员的责任。(3) 人民法院经审查,确认申请执行的具体行政行为有明显违法问题,侵犯相对人实体合法权益的,裁定不予执行,并向申请机关提出司法建议。

2. 强制执行行政裁判、行政赔偿调解书

申请强制执行行政判决、裁定的期限是3个月,从法律文书规定期间的最后一日起计算。《若干意见》对人民法院采取的每一种类强制执行措施的程序作了明确规定,以保障被执行人的利益。

# 第三章
# 司法解释完善行政诉讼制度阶段：2000—2014年

司法解释与司法文件在行政诉讼制度发展历程中扮演着特殊角色。随着市场经济改革深入推进，社会转型加快，行政争议不仅数量日益增多，而且涉及的社会矛盾日益加深，由于1989年《行政诉讼法》的规定过于原则，1991年的《若干意见》仅定位于对1989年《行政诉讼法》进行操作层面的细化，行政诉讼制度已不能很好适应日益复杂的行政案件审判工作。最高人民法院于2000年3月10日施行《执行解释》对行政诉讼制度进行完善，《若干意见》终止实施。《执行解释》在受案范围、原告资格、判决种类等重要问题上都对1989年《行政诉讼法》作出突破性解释，学界将之解读为司法部门对法律的修订。2002年7月24日，最高人民法院发布《行诉证据规定》，对行政诉讼证据制度作出系统规定。《执行解释》与《行诉证据规定》对完善行政诉讼制度，扩大司法对公民的司法救济，加强司法对行政机关依法行政监督，发挥了十分重要的作用。2014年修正的《行政诉讼法》很多内容直接吸收了这两部司法解释与司法文件的相关内容。

## 一、最高人民法院《关于执行〈中华人民共和国行政诉讼法〉若干问题的解释》对行政诉讼制度进行细化与调整

《执行解释》是连接1989年《行政诉讼法》与2014年《行政诉讼法》的重要司法解释,《执行解释》以"行政行为"概念界定受案范围、增加行政诉讼判决类型等重要制度创新均为2014年《行政诉讼法》吸收。《执行解释》既是对《行政诉讼法》的细化,也是对《行政诉讼法》的进一步发展。《执行解释》包括八个部分,共计98条,在受案范围、原告资格、行政判决类型等重要制度方面均有所创新和调整。

### (一) 受案范围制度

1989年《行政诉讼法》采用列举式规定可诉事项范围,容易引发两个方面的问题:其一,被列举事项为穷尽列举还是仅为常见情形列举,在司法实践中出现执行不统一的问题。部分法院将受案范围狭义限定在7项列举事项中,无视第(8)项兜底条款的规定。其二,易出现列举挂一漏万的问题,与纷繁复杂的行政活动相对应,7项列举事项仅为其中很小一部分,难以回应复杂的行政管理实践,很容易将大量行政行为排除在司法审查范围之外,直接影响公民诉权保障,与公民权利的无遗漏司法保护的现代司法审查理念相距甚远。为弥补这些问题,《执行解释》采用正面概括式规定与排除列举式规定相结合的方式规定了受案范围。正面概括式规定指《执行解释》第1条第1款的规定:公民、法人或者其他组织对具有国家行政职权的机关和组织及其工作人员的行政行为不服,依法提起诉讼的,属

于人民法院行政诉讼的受案范围。该规定对1989年《行政诉讼法》的规定作出如下重大调整：

1. 不再使用"具体行政行为"这一概念确定受案范围，以"行政行为"替代"具体行政行为"概念规定受案范围。同时，《执行解释》废止了《若干意见》对具体行政行为所作的界定。由于具体行政行为的内涵在司法实践中存有争议，造成部分行政行为是否属于具体行政行为在不同法院认识并不相同，《执行解释》放弃了原《若干意见》第1条关于具体行政行为的界定，用"行政行为"替代了"具体行政行为"，释放出扩大对公民权利给予司法救济的信号。但是，《执行解释》仅在受案范围部分采用了"行政行为"这一概念，其他部分依然使用"具体行政行为"这一概念。2014年《行政诉讼法》则在所有法律规范中都使用了"行政行为"这一概念。

2. 行政行为原则上都属于行政诉讼受案范围，《执行解释》第1条第2款除外规定事项不属于人民法院受案范围。针对下列行为提起的诉讼不属于行政诉讼受案范围：（1）1989年《行政诉讼法》第12条规定的行为；（2）公安、国家安全等机关依照1996年《刑事诉讼法》的明确授权实施的行为；（3）调解行为以及法律规定的仲裁行为；（4）不具有强制力的行政指导行为；（5）驳回当事人对行政行为提起申诉的重复处理行为；（6）对公民、法人或者其他组织权利义务不产生实际影响的行为。

《执行解释》还对1989年《行政诉讼法》第12条规定的三类排除事项"国家行为""具有普遍约束力的决定、命令""对行政机关工作人员的奖惩、任免等决定"的内涵和范围进行细化。

## （二）诉讼主体制度

1. 原告

（1）借用第三人的概念明确原告资格，具体行政行为的利害关系人也有原告资格。在 1989 年《行政诉讼法》实施的初期,原告的范围被严格限定在行政决定的当事人范围,即只有具体行政行为的直接相对人才具有原告资格,当事人以外的其他主体即使其权利受到具体行政行为侵犯,也被认定为不具有原告资格,不符合起诉条件。司法实践对原告资格所持的狭隘解释不利于公民寻求司法救济,针对此种情况,《执行解释》对原告资格问题进行补救,采用概括规定与明确列举相结合的方式,明确了原告资格标准及常见的具有原告资格的情形。《执行解释》第 12 条规定:与具体行政行为有法律上利害关系的公民、法人或者其他组织对该行为不服的,可以依法提起行政诉讼。本条规定借用第三人的概念,明确只要是与具体行政行为有法律上利害关系的公民、法人和其他组织,不限于行政决定直接针对的当事人,都可以向人民法院提起行政诉讼。

"法律上的利害关系"如何理解?对此,有的学者主张,所谓法律上的利害关系是指具体行政行为直接影响公民的法律权利。[①] 有的学者主张可以将"法律上的利害关系"理解为"权利义务受到实际影响,具体指由于行政作为或者不作为,而使得公民、法人或者其他组织的权利受到了不利影响或者承担了非法定的义务。[②] 前述两种主张均将法律上的利害关系理解为对主体权利义务产生影响,不包括利益,此种理解范围窄于《执行解释》的规定。《执行解释》第 13 条规定的四种具体情形中,有的情形属于影响主体权利,如涉及相邻权或者公平竞争权的,有的情形不涉及对权利的影响,而是涉及主体的利益,如在复议程序中被追加为第三人的、要求主管行政机关依法追究加害人法律责任的。《执行解释》第 15 条关于联营企业、中外合资或者合作企业的联营、合资、合作各方原告资格规定中明确使用了"认为自己一方合法权益受具体行政行为侵害的",与

---

① 参见姜明安、余凌云主编:《行政法》,科学出版社 2010 年版,第 661 页。
② 参见马怀德主编:《行政诉讼原理》,法律出版社 2009 年版,第 203 页。

1989年《行政诉讼法》第2条的规定相契合,因此,法律上的利害关系并不限于法定权利义务受到影响,还应当包括利益。理解法律上的利害关系需要考虑两点:其一,行政诉讼是对具体行政行为合法性进行审查的活动,违法的具体行政行为由法院撤销;其二,赋予直接相对人以外主体诉权的目的是因为如果不撤销被诉具体行政行为,其权利或者利益将直接受到侵犯,难以通过其他途径予以救济。据此,可以根据以下因素来判断直接相对人以外的公民、法人或者其他组织是否与被诉具体行政行为具有法律上利害关系:其一,该主体与直接相对人之间存在法律关系,法律关系的类型包括民事法律关系和行政法律关系。其二,该主体的权利或者利益受到具体行政行为侵犯,如果不撤销该具体行政行为,其受侵犯的权利或者利益无法获得救济。

(2)明确了实践中常见的具有原告资格的具体情形。"法律上利害关系"的内涵并不明确,具有相当模糊性,在为法官审查判断提供一般性标准的同时,《执行解释》第13条至第18条还列举了实践中常见的直接相对人之外的主体具有原告资格的情形,其中第13条规定了以下四种情形:被诉的具体行政行为涉及其相邻权或者公平竞争权的;与被诉的行政复议决定有法律上利害关系或者在复议程序中被追加为第三人的;要求主管行政机关依法追究加害人法律责任的;与撤销或者变更具体行政行为有法律上利害关系的。

为更好地保护公民、法人或者其他组织的诉权,《执行解释》还针对特定类型案件中具有原告资格的主体作了列举规定,如规定农村土地承包人等土地使用权人对行政机关处分其使用的农村集体所有土地的行为不服的,可以自己名义提起诉讼;联营企业、中外合资或者合作企业的联营、合资、合作各方,认为联营、合资、合作企业权益或者自己一方合法权益受具体行政行为侵害的,均可以自己名义提起诉讼;非国有企业被行政机关注销、撤销、合并,强令兼并、出售、分立或者改变企业隶属关系的,该企业或者其法定代表人可以提起诉讼;股份制企业的股东大会、股东代表大会、董事会等认为行政机关作出的具体行政行为侵犯企业经营自主权的,可以企业名义提起诉讼。

2. 被告

(1) 授权组织扩大到规章。1989年《行政诉讼法》规定的授权组织的范围是法律、法规授权的组织,不包括规章授权。《执行解释》将法律、法规授权组织的范围扩大为法律、法规、规章授权的组织,规章授权的组织也可以成为行政诉讼被告。

(2) 增加规定被告特殊情形。① 内设机构与派出机构。行政机关的内设机构与派出机构作出具体行政行为的,被告的确定分两种情形:其一,无法律、法规、规章授权而以自己名义作出具体行政行为的,以其所属的行政机关为被告;其二,有法律、法规、规章授权,不管是否超出法定授权范围行使职权,都由该机构作为被告。② 行政机关无法律依据授权其他组织行使职权视为委托。行政机关在没有法律、法规或者规章规定的情况下,授权其内设机构、派出机构或者其他组织行使行政职权的,视为委托,以该行政机关为被告。③ 具体行政行为经批准的被告。当事人不服经上级行政机关批准的具体行政行为,向人民法院起诉的,应当以对外发生法律效力的文书上署名的机关为被告。④ 组建机构。行政机关组建并赋予行政管理职能但不具有独立承担法律责任能力的机构,以自己的名义作出具体行政行为,当事人不服提起诉讼的,应当以组建该机构的行政机关为被告。

(3) 增加规定法官释明义务。"有明确的被告"是起诉条件之一,如果原告所诉的被告不是适格被告,其起诉将因不符合起诉条件不被法院受理,或者被法院裁定驳回起诉。基于被告确定规则的复杂性,《执行解释》第23条增加规定了法官的释明义务:原告所起诉的被告不适格,人民法院应当告知原告变更被告;原告不同意变更的,裁定驳回起诉。应当追加被告而原告不同意追加的,人民法院应当通知其以第三人的身份参加诉讼。

## (三) 证据制度

1989年《行政诉讼法》关于证据制度的规定比较概括,原告是否承担举证责任不明确,《执行解释》在以下方面对证据制度进行细化与完善。

### 1. 明确了被告提交答辩状的时间期限及其法律后果

被告应当在收到起诉状副本之日起10日内提交答辩状,并提供作出具体行政行为时的证据、依据;被告不提供或者无正当理由逾期提供的,应当认定该具体行政行为没有证据、依据。

### 2. 增加规定被告可以补充证据的两种情形

在实行案卷主义的国家,法院一般不得接受行政机关提供的行政案卷之外的证据。但在我国由于行政程序法不完善,行政管理水平不高,没有采用严格的案卷主义,虽然要求行政机关提交的是作出具体行政行为时的证据、依据,但1989年《行政诉讼法》第34条第1款又规定:"人民法院有权要求当事人提供或者补充证据",这其中包括被告。由于此项规定没有对被告补充证据的条件作出限制,导致实践中有些法院错误理解为允许被告无限制补充证据。对此,《执行解释》第28条对被告经人民法院允许可以补充相关证据的情形作出明确规定,包括:被告在作出具体行政行为时已收集证据,但因不可抗力等正当事由不能提供的;原告或者第三人在诉讼过程中,提出了其在被告实施行政行为过程中没有提出的反驳理由或者证据的。

### 3. 原告承担举证责任的事项

包括:(1) 证明起诉符合法定条件,但被告认为原告起诉超过法定期限的除外;(2)在起诉被告不作为的案件中,证明其提出申请的事实;(3)在一并提起的行政赔偿诉讼中,证明因受被诉行为侵害而造成损失的事实;(4)其他应当由原告承担具体责任的事项。

4．人民法院有权调取证据的两种情形

人民法院仅在出现以下两种情形时有权调取证据:(1)原告或者第三人及其诉讼代理人提供了证据线索,但无法自行收集而申请人民法院调取的;(2)当事人应当提供而无法提供原件或者原物的。

5．证据排除规则

行政程序法和1989年《行政诉讼法》对行政机关收集证据的程序和在诉讼阶段取证应遵循的规则均有规定,《执行解释》明确了违反法定程序和取证规则取得的证据,不能作为认定具体行政行为合法根据的证据,具体包括:被告及其诉讼代理人在作出具体行政行为后自行收集的证据;被告严重违反法定程序收集的其他证据。此外,复议机关在复议过程中收集和补充的证据,不能作为人民法院维持原具体行政行为的根据。被告在二审过程中向法庭提交在一审过程中没有提交的证据,不能作为二审法院撤销或者变更一审裁判的根据。

（五）起诉与受理制度

1．明确法院立案期限

人民法院组成合议庭对原告的起诉进行审查,符合起诉条件的,应当在7日内立案;不符合起诉条件的,应当在7日内裁定不予受理。7日内不能决定是否受理的,应当先予受理。法院受理后经审查不符合起诉条件的,裁定驳回起诉。

受诉人民法院在 7 日内既不立案,又不作出裁定的,起诉人可以向上一级人民法院申诉或者起诉。上一级人民法院认为符合受理条件的,应予受理。上一级人民法院受理后可以移交或者指定下级人民法院审理,也可以自行审理。

### 2. 明确了不作为案件的可诉时间

1989 年《行政诉讼法》规定的起诉期限仅适用于行政机关作出具体行政行为的情形。当出现行政机关不作为时,涉及的问题是原告何时能够提起行政诉讼。如果法律对行政机关的履职期限有明确规定,法定期限届满行政机关尚未履职的,当事人即可提起行政诉讼。但是相当数量的法律没有规定行政机关应当履职的期限,这就产生一个问题,当事人的申请提交后,行政机关在多长时间内没有作决定,当事人可以向法院起诉行政机关不作为?对此,《执行解释》明确规定:公民、法人或者其他组织申请行政机关履行法定职责,行政机关在接到申请之日起 60 日内不履行的,公民、法人或者其他组织向人民法院提起诉讼,人民法院应当依法受理。法律、法规、规章和其他规范性文件对行政机关履行职责的期限另有规定的,从其规定。

### 3. 明确起诉期限的起算点

这是《执行解释》关于起诉制度作出的重要规定。《执行解释》明确了以下几种情形的起诉期限起算点,避免因为行政机关的原因影响公民诉权行使。(1)行政机关作出具体行政行为和复议决定时,未告知当事人诉权或者起诉期限的,起诉期限从当事人知道或者应当知道诉权或者起诉期限之日起计算,但从知道或者应当知道具体行政行为内容之日起最长不得超过两年。(2)当事人不知道具体行政行为内容的,起诉期限从知道或者应当知道内容之日起计算。对涉及不动产的具体行政行为从作出之日起超过 20 年、其他具体行政行为从作出之日起超过5年提起诉讼的,人民法院不予受理。(3) 不属于起诉人自身原因超过起诉期限的,被耽误的时间不计算在起诉期间内。因人身自由受到限制而不能提起诉讼的,被限制的人身自由的时间不计算在起诉期间内。

## (六) 行政判决制度

丰富行政判决类型是《执行解释》的核心内容。1989年《行政诉讼法》规定的四种判决类型难以满足行政争议的多样性,《执行解释》对1989年《行政诉讼法》作出突破性解释,增加规定了二种判决类型。

### 1. 明确被告在一审期间变更具体行政行为的裁判方式

行政机关对自己作出的具体行政行为有权进行变更,如果被告在一审期间变更原具体行政行为,法院是否还要对原具体行政行为进行审查?《若干意见》仅规定如果原告申请撤诉未获准许,或者原告不申请撤诉的,人民法院应当继续审理被诉原具体行政行为。《执行解释》对法院应如何裁判作出进一步规定。

被告改变原具体行政行为后,原告的诉求相应会作出调整,《执行解释》根据原告的诉求,区分不同情形规定了不同处理方式。

第一,原告或者第三人对改变后的行为不服提起诉讼的,人民法院应当就改变后的具体行政行为进行审理。

第二,原告不撤诉,人民法院经审查认为原具体行政行为违法的,应当作出确认其违法的判决;认为原具体行政行为合法的,判决驳回原告的诉讼请求。

第三,原告起诉被告不作为,在诉讼中被告作出具体行政行为,原告不撤诉的,适用《执行解释》第50条的规定办理。

## 2.《执行解释》增加规定的判决种类

1989年《行政诉讼法》规定的四种判决类型不能适应复杂的司法实践,《执行解释》增加了行政诉讼判决的类型。《执行解释》所增加的行政诉讼判决类型及其内容基本为2014年《行政诉讼法》所吸收。

(1)确认判决及其适用条件。指人民法院对被诉行政行为的效力状态进行确认的判决形式。包括确认合法、有效、违法、无效等。确认判决分为两类:

第一类,确认行政行为合法或者有效。适用于人民法院认为被诉行政行为合法,但不适宜判决维持或者驳回诉讼请求的情形。

第二类,确认行政行为违法或者无效的判决。适用于以下三种情形:被告不履行法定职责,但是判决责令其履行法定职责已经没有实际意义的;被诉具体行政行为违法,但不具有可撤销内容的;被诉具体行政行为依法不成立或者无效的。

(2)驳回原告诉讼请求判决及其适用条件。指人民法院对原告的诉讼请求予以驳回的判决形式。驳回原告诉讼请求判决是对1989年《行政诉讼法》所规定的四种判决形式的补充适用,当无法适用维持判决、撤销判决、履职判决、变更判决时,以驳回原告诉讼请求的裁判方式终结程序。驳回诉讼请求判决适用于以下几种情形:第一,起诉被告不作为理由不能成立的;第二,被诉具体行政行为合法但存在合理性问题的;第三,被诉具体行政行为合法,但因法律、政策变化需要变更或者废止的。

驳回原告诉讼请求判决是对行政诉讼判决制度的完善,回应了复杂的行政活动实践。在备受社会关注的孙振国诉司法部司法考试试卷雷同案中,北京市第二中级人民法院判决驳回原告孙振国的全部诉讼请求,孙振国不服上诉至北京市高级人民法院,二审判决驳回上诉、维持一审判决。该案是中国首例确认国家司法考试成绩无效的行政案件,首次明确了司法考试试卷雷同判定规则,被称为

"国家级考试规则第一案"。

## 孙振国诉司法部案①

孙振国是吉林省一名民警。2004年9月18日、19日,孙振国在吉林省白山市通化矿务局实验小学考点参加了2004年国家司法考试。2004年12月15日,司法部国家司法考试司向吉林省司法厅国家司法考试处下发《关于刘岩等33名应试人员考试成绩被确认无效并给予进一步处理的函》,该函称:"在2004年国家司法考试评卷过程中,经评卷工作领导小组审核,你省刘岩等33名应试人员的试卷为雷同试卷,被确认当年考试成绩无效。""根据《国家司法考试违纪行为处理办法(试行)》第10条之规定,请对上述应试人员作出相应处理,并将处理结果通知本人。"该函所附《2004年国家司法考试吉林省违纪人员名单》中包括孙振国。孙振国提起行政诉讼,其诉讼请求是:(1)撤销司法部对其所作"当年考试成绩无效并两年内不得参加考试"的决定;(2)司法部公布并确认其2004年国家司法考试各科实际成绩;(3)司法部赔偿其因诉讼而实际发生的差旅费等费用。对孙振国的诉讼请求,一审判决认为:司法部根据评卷机构认定孙振国与他人试卷两卷以上答案主要错点一致,属于答案雷同,并依照《国家司法考试违纪行为处理办法(试行)》第10条的规定,作出确认孙振国当年考试成绩无效的决定,事实清楚,适用法律正确。孙振国认为司法部所作上述决定没有事实根据和法律依据,理由不能成立;孙振国请求本院判令司法部公布并确认其2004年国家司法考试各科成绩,无法

---

① 本案例根据北大法宝《孙振国不服司法部确认司法考试成绩无效决定案》登载的北京市高级人民法院(2006)高行终字第138号判决书整理而成,法宝引证码 CLI. C. 123825。

律依据,理由不能成立;孙振国要求司法部给予行政赔偿,没有事实根据,本院不予支持。

图 3-3-1 2006 年 8 月 23 日,北京市高级人民法院开庭审理备受社会各界关注的孙振国诉司法部司法考试成绩无效决定案
合议庭组成人员:审判长贺荣;审判员辛尚民、朱世宽①

(3) 情况判决及其适用条件。情况判决是指考虑公共利益的需要,人民法院对本应撤销的违法具体行政行为不予撤销,责令行政机关采取补救措施的判决形式。根据《执行解释》第 58 条的规定,情况判决的适用条件为:第一,被诉具体行政行为构成违法,应当撤销。第二,撤销该具体行政行为将会给国家利益或公共利益带来重大损失。第三,责令被诉行政机关采取相应的补救措施,造成损害的,依法判决承担赔偿责任。情况判决采用对违法具体行政行为采取事后补救措施和对造成的损害进行赔偿的方式维持了该违法具体行政行为的效力,其目的是为了保护一个更大的利益,即避免对国家利益或者公共利益造成重大损失。

## (七) 进一步完善二审与再审制度

1989 年《行政诉讼法》对二审制度与再审制度的规定非常原则,

---

① 图片来源:中国法院博物馆。

《若干意见》主要对二审制度初步进行细化，《执行解释》进一步完善了二审制度与再审制度。

1. 二审制度

（1）一审判决遗漏诉讼请求的裁判方式。① 原审判决遗漏必须参加诉讼的当事人或者诉讼请求的，二审人民法院应当裁定撤销原审判决，发回重审。② 原审判决遗漏行政赔偿请求的，区分两种情形分别处理：第一种情形，二审人民法院经审查认为不应当予以赔偿的，判决驳回行政赔偿请求。第二种情形，二审人民法院认为应当予以赔偿的，在确认被诉具体行政行为违法的同时，可以就行政赔偿问题进行调解；调解不成的，应当就行政赔偿部分发回重审。

（2）二审增加行政赔偿请求的裁判方式。当事人在二审期间提出行政赔偿请求的，二审人民法院可以进行调解；调解不成的，应当告知当事人另行起诉。

2. 再审制度

1989年《行政诉讼法》和《若干意见》关于再审制度的规定都非常原则，《执行解释》完善了再审制度。

（1）"违反法律、法规规定"的具体情形。"违反法律、法规规定"作为启动再审的核心条件的具体情形，1989年《行政诉讼法》没有规定，《执行解释》将之明确为具有下列四种情形之一：① 原判决、裁定认定的事实主要证据不足；② 原判决、裁定适用法律、法规确有错误；③ 违反法定程序，可能影响案件正确裁判；④ 其他违反法律、法规的情形。

（2）申请再审的期限。当事人申请再审，应当在判决、裁定发生法律效力后两年内提出。当事人对已经发生法律效力的行政赔偿调解书，提出证据证明调解违反自愿原则或者调解协议的内容违反法律规定的，可以在两年内申请再审。

（3）再审裁判。① 人民法院审理再审案件，认为原生效判决、裁定确有错误,在撤销原生效判决、裁定的同时,可以对生效判决、裁定的内容作出相应裁判,也可以裁定撤销生效判决或者裁定,发回原审人民法院重审。② 生效裁判有下列情形之一的,裁定发回原审法院重审:审理本案的审判人员、书记员应当回避而未回避的;依法应当开庭审理而未经开庭即作出判决的;未经合法传唤当事人而缺席判决的;遗漏必须参加诉讼的当事人的;对与本案有关的诉讼请求未予裁判的;其他违反法定程序可能影响案件正确裁判的。

3. 二审、再审对受理、不予受理、驳回起诉错误的处理

原审人民法院受理、不予受理、驳回起诉错误的,分别情形予以处理:

第一,一审人民法院作出实体裁判后,二审人民法院认为不应当受理的,在撤销第一审人民法院判决的同时,可以发回重审,也可以径行驳回起诉。

第二,二审人民法院维持一审人民法院不予受理裁定错误的,再审人民法院应当撤销一审、二审人民法院裁定,指令第一审人民法院受理。

第三,二审人民法院维持一审人民法院驳回起诉裁定错误的,再审人民法院应当撤销一审、二审人民法院裁定,指令第一审人民法院受理。

(八) 行政执行制度

《执行解释》在执行部分重点对行政机关申请人民法院强制执行具体行政行为制度进行规定,同时对申请强制执行的期限制度进行修改。

1. 区分不同主体适用不同的申请期限

申请人是公民的,申请执行生效的行政判决书、行政裁定书和行政赔偿调解书的期限为1年;申请人是行政机关、法人或者其他

组织的,期限是 180 日。公民申请强制执行的期限较之组织要长,更有利于保障公民利益。

**2. 行政机关申请人民法院强制执行具体行政行为应当具备的条件**

这是《执行解释》新增规定,条件包括:具体行政行为依法可以由人民法院执行;具体行政行为已经生效并具有可执行内容;申请人是作出该具体行政行为的行政机关或者法律、法规、规章授权的组织;被申请人是该具体行政行为确定的义务人;被申请人在具体行政行为确定的期限内或者行政机关另行指定的期限内未履行义务;申请人在法定期限内提出申请;被申请执行的行政案件属于受理申请执行的人民法院管辖。

**3. 赋予权利人等主体申请强制执行权**

这是《执行解释》的新增规定。行政机关根据法律的授权对平等主体之间民事争议作出裁决后,当事人在法定期限内不起诉又不履行,作出裁决的行政机关在申请执行的期限内未申请人民法院强制执行的,生效具体行政行为确定的权利人或者其继承人、权利承受人在 90 日内可以申请人民法院强制执行。享有权利的公民、法人或者其他组织申请人民法院强制执行具体行政行为,参照行政机关申请人民法院强制执行具体行政行为的规定。

**4. 人民法院由行政审判庭组成合议庭对申请强制执行的具体行政行为的合法性进行审查**

这是《执行解释》新增的规定,包括两方面内容:其一,明确了审查主体是行政审判庭,审查组织是组成合议庭。其二,审查内容是对具体行政行为合法性进行审查。合议庭就是否准予强制执行作出裁定,需要采取强制执行措施的,由本院负责强制执行非诉行政行为的机构执行。

**5. 不予执行的情形**

被申请执行的具体行政行为有下列情形之一的,人民法院应当裁定不予执行:明显缺乏事实根据的;明显缺乏法律依据的;其他明显违法并损害被执行人合法权益的。

## 二、最高人民法院《关于行政诉讼证据若干问题的规定》完善行政诉讼证据制度

证据制度是诉讼制度的核心问题。2002年,最高人民法院制定《行诉证据规定》,包括六大部分,共计80条。《行诉证据规定》对行政诉讼证据制度作了全面、系统的规定,内容包括行政诉讼中的举证责任分配和举证期限、提供证据的要求、调取和保全证据、证据的对质辨认和核实、证据的审核认定。《行诉证据规定》总体来看弱化了行政诉讼证据制度的职权主义色彩、强化了行政诉讼证据制度的当事人主义。

### (一) 举证规则

《执行解释》对完善被告在行政诉讼中的举证规则作出规定,《行诉证据规定》主要对原告在行政诉讼中的举证规则进行完善。

#### 1. 原告承担举证责任事项

《行政诉讼法》没有对原告是否承担举证责任作出规定,《执行解释》增加规定了原告承担举证责任的事项,《行诉证据规定》对《执行解释》的规定又作了调整和修改。根据《行诉证据规定》第4条、第5条的规定,原告在行政诉讼中就下列事项承担举证责任:(1) 提供其起诉符合条件的相应证据材料。被告认为原告起诉超过法定期限的,由被告承担举证责任。(2) 在起诉被告不作为的案件中,原告应当提供其在行政程序中曾经提出申请的证据材料。但下列情形的除外:被告应当依职权主动履行法定职责的与原告因被告受理申请的登记制度不完备等正当事由不能提供相关证据材料并能

够作出合理说明的。(3)在行政赔偿诉讼中,对被诉具体行政行为造成损害的事实提供证据。

《行诉证据规定》对《执行解释》的一项重大修改是取消了《执行解释》中关于原告承担举证责任事项的兜底条款的规定,使得原告在行政诉讼中承担举证责任的事项仅限于上述三点。对《执行解释》第27条第(4)项的兜底条款规定早已有人提出了批评,认为该项规定是一个失败的条款,很可能会成为个别案件中被告逃脱举证责任的借口。① 就立法技术而言,这种缺乏标准的兜底条款弊病是很大的。兜底条款为我国目前立法所常用,即所谓的"留一个口子,以符合实际需要",但立法留了一个缺口,却没有规定一个标准,仅有"其他"二字,有的法官由于把握不定,不敢适用,导致此种规定无任何意义;有的法官则扩大适用,将其作为不适用前面明确列举事项的挡箭牌,导致此种规定被滥用。

关于原告承担举证责任事项中的第(1)项与第(2)项在理解上一直存有争议,有的学者认为属于起诉时对是否具备起诉条件的证明,不属于举证责任的范畴②;而有的人认为对此不应理解为诉讼开始之前的举证责任,认为第(1)项是针对法院受理行政案件后,被告对原告是否符合法定条件提出质疑的情况所作的规定,第(2)项也属于诉讼过程中举证责任的承担③。在司法实践中,法院通常将第(1)项和第(2)项作为证明是否符合起诉条件对待。如果原告不能证明符合起诉条件,法院不予立案。如果原告无法证明自己已经向行政机关提出过申请,法院同样不会受理,而是让原告自提出申请

---

① 参见甘文:《行政诉讼法司法解释之评论——理由、观点与问题》,中国法制出版社2000年版,第93页。
② 参见马怀德、刘东亮:《行政诉讼证据问题研究》,载何家弘主编:《证据学论坛》(第四卷),中国检察出版社2002年版,第215—216页。
③ 参见甘文:《行政诉讼法司法解释之评论——理由、观点与问题》,中国法制出版社2000年版,第89—90页。

之日起两个月后拿着寄出申请材料的挂号收据再到法院起诉,以此证明原告已提出过申请。

《行诉证据规定》规定原告在行政赔偿诉讼中对被诉具体行政行为造成损害的事实提供证据,没有考虑原告在失去人身自由情况下很难就自己所遭受的损害是由行政机关工作人员的殴打等事实行为造成的提供证据。如公民某甲行政拘留期满从看守所出来时身上有多处伤痕,声称是在拘留期间被看守人员殴打造成的,要求赔偿。此种情形就应该由被告就损害事实承担举证责任,如果被告不能证明原告所受伤害是自残或同室关押人所为,则应承担赔偿责任。因为在此种情形下,原告人身自由处于被告控制之下,而且要听从其管理,原告要证明伤害由看守人员所为事实上不可能。在原告人身处于被告严格控制时,被告具有更强的举证能力,应由被告而非原告对此承担举证责任。

### 2. 原告的举证规则

原告在行政诉讼中虽然仅就一些特定事项承担举证责任,但为了说服法官作出有利于自己的判决,原告在行政诉讼中也会积极举证,阻碍被告的证明,从而赢得诉讼,因此,对原告在诉讼中的举证行为也有必要予以规范,主要是明确原告在行政诉讼中举证的时限。《行诉证据规定》弥补了《执行解释》的不足,第7条规定了原告在行政诉讼中举证的期限:原告或者第三人应该在开庭审理前或者人民法院指定的交换证据之日提供证据。因为正当事由申请延期提供证据的,经人民法院准许,可以在法庭调查中提供。逾期提供的,视为放弃举证权利。如果原告或者第三人对其掌握的证据在第一审程序中无正当理由不提供,在第二审程序中提出的,人民法院可以不予采纳。

与原告、被告在行政诉讼中的举证期限制度相适应,人民法院在行政诉讼中负有告知当事人有关事项的义务,根据《行诉证据规定》第 8 条的规定，人民法院向当事人送达受理案件通知书或者应诉通知书时，应当告知其举证范围、举证期限和逾期提供证据的法律后果，并告知因正当事由不能按期提供证据时应当提出延期提供证据的申请。

### （二）当事人提供证据的要求

**1. 每一种类证据均应符合法定形式要件**

《行诉证据规定》第二部分为"提供证据的要求"，该部分对当事人向法院提供的每一种类证据应当具备的形式要件作出明确规定，包括书证、物证、视听资料、证人证言、鉴定结论、现场笔录、域外形成的证据、外文书证、外国语视听资料等。如当事人向人民法院提供的证人证言应当符合下列要求：写明证人的姓名、年龄、性别、职业、住址等基本情况；有证人的签名，不能签名的，应当以盖章等方式证明；注明出具日期；附有居民身份证复印件等证明证人身份的文件。

**2. 证据交换**

案情比较复杂或者证据数量较多的案件，人民法院可以组织当事人在开庭前向对方出示或者交换证据，并将证据交换的情况记录在卷。

### （三）法院调取证据与证据保全制度

法院在行政诉讼中行使有限证据调取权与调查权，有限性需要通过细化规则予以明确。对此，《行诉证据规定》第三部分"调取和保全证据"部分对法院在行政诉讼中的调取证据、调查活动及证据保全活动均作了具体规定。

**1. 法院调取证据制度**

人民法院在行政诉讼中调取证据的活动分为两种情形，一种是依职权调取，另一种是根据原告或者第三人的申请调取。

第一种，依职权调取。《行诉证据规定》第22条列举规定了人民法院依职权调取证据的两种情形，对1989年《行政诉讼法》的规定作出了限制性解释。有下列情形之一的，人民法院有权向有关行政机关以及其他组织、公民调取证据：涉及国家利益、公共利益或者他人合法权益事实认定的；涉及依职权追加当事人、中止诉讼、终结诉讼、回避等程序性事项的。

第二种，根据原告或者第三人的申请调取。原告或者第三人不能自行收集，但能够提供确切线索的，可以申请人民法院调取下列证据材料：由国家有关部门保存而须由人民法院调取的证据材料；涉及国家秘密、商业秘密、个人隐私的证据材料；确因客观原因不能自行收集的证据材料。也就是说人民法院仅限于为解决当事人举证困难而调取证据，不能代替当事人举证。此外，法院不得为证明被诉具体行政行为的合法性，调取被告在作出具体行政行为时没有收集的证据。

**2. 法院调查证据制度**

人民法院在行政诉讼中调查证据的方法有鉴定和现场勘验两种。《行诉证据规定》第31条规定，对需要鉴定的事项负有举证责任的当事人，在举证期限内无正当理由不提出鉴定申请、不预交鉴定费用或者拒不提供相关材料，致使对案件争议的事实无法通过鉴定结论予以认定的，应当对该事实承担举证不能的法律后果。此条规定强化了当事人的举证，弱化了法院依职权进行鉴定的职责。这与《行诉证据规定》强化行政诉讼的当事人主义色彩、弱化职权主义色彩是相一致的。

现场勘验是《行诉证据规定》新增加规定的一种证据调查方法。第33条第1款规定："人民法院可以依当事人申请或者依职权勘验现场。"勘验现场时，勘验人必须出示人民法院的证件，并邀请当地基层组织或者当事人所在单位派人参加。当事人或其成年亲属应当到场,拒不到场的,不影响勘验的进行,但应当在勘验笔录中说明情况。审判人员应当制作勘验笔录,记载勘验的时间、地点、勘验人、在场人、勘验的经过和结果,由勘验人、当事人、在场人签名。勘验现场时绘制的现场图,应当注明绘制的时间、方位、绘制人姓名和身份等内容。当事人对勘验结论有异议的,可以在举证期限内申请重新勘验,是否准许由人民法院决定。

### 3. 对法院行使有限证据调取权与调查权的反思

《行诉证据规定》在《行政诉讼法》赋予法院有限证据调取权与调查权基础上又进一步弱化了法院的证据调取权和证据调查权,强化了当事人在行政诉讼中的举证与对抗。当事人主义审判制度就理论而言较之职权主义无疑更符合诉讼的原理,更符合公正程序的要求。但在个案中能否使普遍正义转化为个案正义则要视当事人双方的对抗能力而定。如果双方当事人对抗能力悬殊,当事人主义审判制度就成了一种形式上的正义,一种强者的正义,而非实质正义。就行政诉讼而言,作为原告的相对人与作为被告的行政机关参与诉讼的能力无法与民事诉讼中双方当事人参与诉讼的能力相提并论。行政机关在举证能力上远远强于相对人,如果过分强调当事人在行政诉讼中的对抗,无疑是非常不利于作为原告的相对人的。此外,行政诉讼并不仅仅是特定原告与被告之间的法律争议,通常涉及公共利益,法院在行政诉讼中的职责与之相适应,不仅要解决法律争议,同时要维护公共利益。过于强调当事人在诉讼中的作用,淡化人民法院发现案件实体真实的职责,有时将会损害公共利益。因而,行政诉讼审判程序对当事人主义的追求应该弱于民事诉讼,应当考虑通过法院行使职权弥补原告对抗能力的先天不足,真正实现行政诉讼中的实体正义。

## (四) 质证规则

质证是指在人民法院的主持下,当事人及其代理人在庭审中围绕证据的真实性、关联性、合法性,针对证据有无证明效力以及证明效力大小进行对质辩论、核实的活动。《行诉证据规定》区分不同种类的证据规定了不同的质证规则。

### 1. 书证、物证、视听资料的质证规则

对书证、物证、视听资料进行质证时,由当事人出示证据,而且应当出示证据的原件或者原物,但有下列情形之一的除外:(1) 出示原件或者原物确有困难并经法庭准许可以出示复制件或者复制品;(2) 原件或者原物已经不存在,可以出示证明复制件、复制品与原件、原物一致的其他证据。视听资料应当当庭播放或者显示,并由当事人进行质证。

### 2. 证人出庭作证规则

直接言词原则要求证人必须出庭陈述,当事人及其代理人有权对之展开交叉询问。《行诉证据规定》对行政诉讼中证人出庭作证制度作了较为详细的规定,内容包括证人资格、证人负有出庭作证的义务、当事人申请证人出庭作证、证人出庭规则等。

### 3. 鉴定结论的质证规则

鉴定结论是专家就案件中的专门性问题作出的结论。《行诉证据规定》鉴定结论的质证遵循以下规则。(1) 当事人要求鉴定人出庭的,鉴定人应当出庭。(2) 鉴定人出庭接受询问的规则。对于出庭接受询问的鉴定人,法庭应该核实其身份、与当事人及案件的关系,并告知鉴定人如实说明鉴定情况的法律义务和故意虚假说明的法律责任。(3) 当事人申请专业人员出庭进行说明。当事人对出庭的专业人员是否具备相应专业知识、学历、资历等专业资格等有异议时的,可以进行询问。由法庭决定其是否可以作为专业人员出

庭。专业人员可以对鉴定人进行询问。

**4. 二审与审判监督程序的质证规则**

在二审程序中,对当事人依法提供的新的证据,法庭应该进行质证,当事人对第一审认定的证据仍有争议时,法庭也应该进行质证。当事人在审判监督程序中提供的新的证据,法庭应该进行质证;因原判决、裁定认定时的证据不足而提起再审所涉及的主要证据,法庭也应该进行质证。新的证据是指:(1)在一审程序与应该准予延期提供而未获准许的证据;(2)当事人在一审程序中依法申请调取而未获准许或者未取得,人民法院在二审程序中调取的证据;(3)原告或者第三人提供的在举证期满后发现的证据。

## (五) 认证规则

**1. 证据能力认证规则**

(1) 证据关联性、真实性认定规则。法庭应当对经过庭审质证的证据和无须质证的证据进行逐一审查和对全部证据综合审查,遵循法官职业道德,运用逻辑推理和生活经验,进行全面、客观和公正地分析判断,确定证据材料与案件事实之间的证明关系,排除不具有关联性的证据材料,准确认定案件事实。真实性是对证据内容的实质要求,也是证据资格最核心的组成部分。法庭应该根据案件的具体情况,从以下方面审查证据的真实性:考察证据形成的原因、过程;发现证据时的客观环境;证据是否原件、原物,复印件、复制品与原物是否相符合。当事人无正当理由拒不提供原件、原物,又无其他证据印证,且对方当事人不予认可的证据的复制件、复制品,不能作为定案依据;提供证据的人或者证人与当事人是否有利害关系;影响证据真实性的其他因素。

(2) 证据合法性认定规则。第一,证据是否符合法定形式。如被告提供的被诉具体行政行为所依据的询问、陈述、谈话类笔录,应当有行政执法人员、被询问人、陈述人、谈话人签名或者盖章。

第二,证据的取得是否符合法律、法规、司法解释和规章的要求。不符合法定要求取得的证据材料,不具有合法性,不能作为定案的依据。《行诉证据规定》对因证据的取得不符合法定要求因而不具备合法性的证据材料作了列举规定,主要有:① 严重违反法定程序收集的证据材料;② 以偷拍、偷录、窃听等手段获取侵害他人合法权益的证据材料;③ 以利诱、欺诈、胁迫、暴力等不正当手段获取的证据材料;④ 当事人无正当事由超出举证期限提供的证据材料;⑤ 在中国领域以外或者在中国香港特别行政区、澳门特别行政区和台湾地区形成的未办理法定证明手续的证据材料;⑥ 以违反法律禁止性规定或者侵犯他人合法权益的方法取得的证据,不能作为认定案件事实的依据;⑦ 被告在行政程序中采纳的鉴定结论具有下列情形之一的:鉴定人不具备鉴定资格、鉴定程序严重违法、鉴定结论错误、不明确或者内容不完整的。

第三,行政诉讼特有的证据合法性认定规则。下列证据不能作为认定被诉具体行政行为合法的依据:被告及其诉讼代理人在作出具体行政行为后或者在诉讼程序中自行收集的证据;被告在行政程序中非法剥夺公民、法人或其他组织依法享有的陈述、申辩或者听证权利所采用的证据;原告或者第三人在诉讼程序中提供的、被告在行政程序中未作为具体行政行为依据的证据;复议机关在复议程序中收集和补充的证据,或者作出原具体行政行为的行政机关在复议程序中未向复议机关提交的证据,不能作为人民法院认定原具体行政行为合法的根据;被告在行政程序中依照法定程序要求原告提供证据,原告应当依法提供而拒不提供,在诉讼程序中提供的证据,人民法院一般不予采纳。

**2. 证据证明力认证规则**

证据能力解决的是证据的门槛问题,证据证明力则要解决证据对待证事实的证明强弱程度。

（1）证明同一事实的不同种类证据证明力大小。证明同一个事实的数个证据，其证明效力一般可以按照下列情形分别认定：① 国家机关及其他职能部门依职权制作的公文书证的证明力优于其他书证。② 鉴定结论、现场笔录、勘验笔录、档案材料以及经过公证或者登记的书证优于其他书证、视听资料和证人证言。③ 原始证据优于传来证据。④ 其他规则。包括：原件、原物优于复制件、复制品；法定鉴定部门的鉴定结论优于其他鉴定部门的鉴定结论；法庭主持勘验所制作的勘验笔录优于其他部门主持勘验所制作的勘验笔录；其他证人证言优于与当事人有亲属关系或者其他密切关系的证人提供的对该当事人有利的证言；出庭作证的证人证言优于未出庭作证的证人证言；数个种类不同、内容一致的证据优于一个孤立的证据。

（2）电子邮件等数据资料。《行诉证据规定》第 64 条对电子邮件等新类型证据的证明力的认定规则作出规定：以有形载体固定或者显示的电子数据交换、电子邮件以及其他数据资料，其制作情况和真实性经对方当事人确认，或者以公证等其他有效方式予以证明的，与原件具有同等的证明效力。

（3）自认证据。在不受外力影响的情况下，一方当事人提供的证据，对方当事人明确表示认可的，可以认定该证据的证明效力；对方当事人予以否认，但不能提供充分的证据进行反驳的，可以综合全案情况审查认定该证据的证明效力。

（4）不能单独作为定案依据的证据。下列证据由于各种原因，其证明力减弱，不能单独作为定案依据，需要与其他证据佐证，才能作为定案的依据：① 未成年人所作的与其年龄和智力状况不相适应的证言；② 与一方当事人有亲属关系或者其他密切关系的证人所作的对该当事人有利的证言，或者与一方当事人有不利关系的证人所作的对该当事人不利的证言；③ 应当出庭作证而无正当理由不出庭作证的证人证言;④ 难以识别是否经过修改的视听资料;⑤ 无法与原件、原物核对的复制件或者复制品;⑥ 经一方当事人改动,对方当事人不予认可的证据材料;⑦ 其他不能单独作为定案依据的证据材料。

（5）证明妨碍及其法律后果。证明妨碍指当事人采用隐藏、毁灭或其他妨碍证据使用的方法,使得对方当事人使用该证据证明其主张成为不可能或存在困难。对于承担举证责任的一方来说,很可能由于对方当事人的故意毁灭证据的行为,将无法证明其主张,要承担败诉的风险。《行诉证据规定》第69条规定了证明妨碍制度:"原告确有证据证明被告持有的证据对原告有利,被告无正当事由拒不提供的,可以推定原告的主张成立。"

# 第四章
# 修法完善行政诉讼制度阶段：
# 2014—2018 年

2014年11月1日通过的《全国人民代表大会常务委员会关于修改〈中华人民共和国行政诉讼法〉的决定》对1989年《行政诉讼法》作出61处修改，条文由75条增加到103条。修法保留了原法的立法体例，删除了第九章"侵权赔偿责任"，共计十章，分别是：总则、受案范围、管辖、诉讼参加人、证据、起诉和受理、审理和判决、执行、涉外行政诉讼、附则。2014年《行政诉讼法》于2015年5月1日起开始实施。2015年4月20日，最高人民法院审判委员会第1648次会议讨论通过最高人民法院《关于适用〈中华人民共和国行政诉讼法〉若干问题的解释》（本书以下简称《若干问题适用解释》），2015年4月22日公布，《若干问题适用解释》自2015年5月1日起与2014年《行政诉讼法》同步实施。由于《若干问题适用解释》与2014年《行政诉讼法》同步实施，论述制度发展时，对二者一起加以论述。

2017年6月27日，第十二届全国人民代表大会常务委员会第28次会议通过全国人民代表大会常务委员会《关于修改〈中华人民共和国民事诉讼法〉和〈中华人民共和国行政诉讼法〉的决定》，其中，在2014年《行政诉讼法》第25条增加一款规定了检察机关提起行政公益诉讼制度。此次修法尽管仅增加一款内容,却使得我国行政诉讼制度由以救济个人权利为目的的主观诉讼制度扩展到以保障国家和社会公共利益为目的的客观诉讼制度。

2018年2月6日,最高人民法院公布《最高人民法院关于适用〈中华人民共和国行政诉讼法〉的解释》(法释〔2018〕1号),2017年11月13日由最高人民法院审判委员会第1726次会议通过,自2018年2月8日起施行,《执行解释》与《若干问题适用解释》均废止。

## 一、2014年《行政诉讼法》修法背景与出台过程

1989年《行政诉讼法》对推动我国行政法治建设、保障公民权利的历史意义无须多言,但同时也要看到,基于当时的理论研究状况和法治发展程度,这一行政诉讼基本法律不可避免地存在很多问题,随着社会转型的加快,民众权利意识的日益增强,1989年《行政诉讼法》难以有效回应公民权利救济诉求、监督行政机关依法行政的问题日显突出,实践中出现了比较突出的三难问题:"立案难""审理难""执行难",迫切需要修改立法完善行政诉讼制度予以解决,其中又以解决立案难、审理难为重点。① 发端于行政法治建设初期的1989年《行政诉讼法》在历经25年之后已经难以适应行政纠纷解决的新发展,通过司法解释和司法文件的方式弥补立法不足的方式由于不断突破1989年《行政诉讼法》的基本规定面临合法性质疑,修法是解决行政纠纷解决制度供给严重不足的唯一选择。修法在立法部门、人民法院、学界之间形成很高的共识,但如何修法则面临较大争议,如是否采用行政诉讼类型化基本思路重新建构行政诉讼制

---

① 参见《从调研看行政诉讼的三难》,载全国人大常委会法制工作委员会行政法室编:《行政诉讼法立法背景与观点全集》,法律出版社2015年版,第277—279页。

度就存在很大争议。为推动1989年《行政诉讼法》修改，中国政法大学马怀德教授、中国人民大学莫于川教授、北京大学姜明安教授、清华大学何海波教授等学者都向全国人大法工委行政法室递交了学者修法建议稿，最高人民法院提出了法院版修法建议稿，部分人大代表提出了修改1989年《行政诉讼法》的提案和建议。2014年10月23日，党的十八届四中全会通过的十八届四中全会《决定》直接推进了修法进程，如立案登记制直接得以写进新法中。

全国人大法工委从2009年开始着手1989年《行政诉讼法的》修改调研工作，调研采用了多种形式，广泛听取了各方主体的意见，形成《行政诉讼法修正案草案》，于2013年12月23日提交第十二届全国人民代表大会常务委员会第6次会议进行初次审议。全国人大常委会法工委信春鹰副主任在此次会议上作了《关于〈中华人民共和国行政诉讼法修正案（草案）〉的说明》，说明指出修正案遵循了以下几点基本原则：一是维护行政诉讼制度的权威性，针对现实中的突出问题，强调依法保障公民、法人和其他组织的诉讼权利；二是坚持我国行政诉讼制度的基本原则，维护行政权依法行使和公民、法人和其他组织寻求司法救济渠道的平衡，保障人民法院依法独立行使审判权；三是坚持从实际出发，循序渐进；四是总结行政审判实践的经验，把经实践证明的有益经验上升为法律。初次审议结束后，全国人民代表大会法律委员会在广泛征求各方主体意见基础上，形成《行政诉讼法修正案草案》第二次审议稿，于2014年8月25日提交全国人民代表大会常务委员会第10次会议对《行政诉讼法修正案草案》进行二次审议。二次审议结束后，法律委员会在征求各方主体意见基础上，于2014年10月27日向第11次全国人民代表大会常务委员会会议提出《全国人民代表大会常务委员会关于修改〈中华人民共和国行政诉讼法〉的决定（草案）》，2014年10月28日，第11次全国人民代表大会常务委员会会议进行分组审议，法律委员会于10月29日下午召开会议进行审议修改,形成修改决定草案建议表决稿,于2014年10月31日提交全国人民代表大会常务委员会审议。2014年11月1日,第十二届全国人民代表大会常务委员会第11次会议审议通过《全国人民代表大会常务委员会关于修改〈中华人民共和国行政诉讼法〉的决定》,决定自2015年5月1日起施行。1989年《行政诉讼法》根据决定作相应修改,重新公布。

图3-4-1 根据《全国人民代表大会常务委员会关于修改〈中华人民共和国行政诉讼法〉的决定》作相应修改后重新公布的《中华人民共和国行政诉讼法》①

## 二、立法目的之重大修改

立法目的集中反映了修法的制度取向,此次修法关于立法目的的修改有三点值得关注:

---

① 图片来源:https://search.jd.com/Search? keyword = 2014% E5% B9% B4% E4% B8% AD% E5% 8D% 8E% E4% BA% BA% E6% B0% 91% E5% 85% B1% E5% 92% 8C% E5% 9B% BD% E8% A1% 8C% E6% 94% BF% E8% AF% 89% E8% AE% BC% E6% B3% 95&enc = utf - 8&pvid = e12d70a0d07d4b64bb1088d86337893a,最后访问日期:2020年8月2日。

第一,将"正确"审理行政案件修改为"公正"审理行政案件,正确通常是指实体问题,而公正包括实体公正和程序公正。

第二,增加"解决行政争议"。修法增加这一规定的目的在于进一步强化通过行政诉讼化解行政纠纷的作用,以法治的方式解决行政争议,扭转"信访不信法"的局面。[①] 这一目的体现在行政附带民事诉讼等诸多制度的修改上。将行政诉讼的焦点聚焦在解决行政争议上,是对旧法仅仅关注具体行政行为合法性审查的调整,能够更好回应原告的诉求,进而能够更有效实质化解行政争议。

第三,删除"维护行政机关依法行使职权",仅为"监督行政机关依法行使职权",将司法权与行政权的关系定位为监督与被监督的关系,是关于二者关系的重大调整。与之相对应,司法保护公民、法人和其他组织权利的功能得到进一步凸显。

## 三、修法对受案范围的扩展与完善

受案范围之修改是 2014 年修正《行政诉讼法》的核心议题之一,亦是新法修正变化最大的一项制度。1989 年《行政诉讼法》实施近 25 年之后,扩大受案范围已是不争的话题,争论焦点在于扩大至何种程度?修法过程中,学者强烈呼吁修法体现司法无遗漏保护原则,采用概括式规定将所有行政争议都纳入行政诉讼范围,同时列举规定排除事项。最终立法者对受案范围修改的定位为"目前我国仍处于并将长期处于社会主义初级阶段,我国还在法治国家建设的过程中,扩大受案范围不能一步到位,而是要循序渐进,逐步扩大"[②]。总体来看,新法在对受案范围的基本框架保持不变的前提

---

① 参见信春鹰主编:《中华人民共和国行政诉讼法释义》,法律出版社 2014 年版,第 4 页。

② 同上书,第 36 页。

## 第三编 行政诉讼制度

下,通过用"行政行为"替代"具体行政行为"和增加列举可诉情形的方式,有限度扩大了行政诉讼受案范围。

修法保留了旧法概括式规定与列举式规定相结合的方式确定受案范围的做法:总则第 2 条对行政案件范围作出概括性规定,第 12 条对法院受理案件的具体事项作列举式规定,第 13 条对不属于受案范围的 4 项排除事项作列举规定。其中,第 12 条第 1 款列举的可诉事项由 7 项增加至 11 项。与旧法相比较,受案范围作出如下扩展规定。

### 1. 以行政行为替代具体行政行为作为扩大受案范围的基础

修法没有采用行政争议概念确定行政诉讼标准,而是以"行政行为"替代"具体行政行为"对行政诉讼作出一般性规定,2014 年《行政诉讼法》第 2 条第 1 款规定"公民、法人或者其他组织认为行政机关和行政机关工作人员的行政行为侵犯其合法权益,有权依照本法向人民法院提起诉讼",但对行政行为这一核心概念,第 2 条没有进一步明确其内涵与外延。学理层面,行政行为虽是我国行政法学的核心概念,但对其范围宽窄认识分歧很大。行政法学教材对行政行为的认识有五种学说:与行政有关的行为说[1]、行政权说[2]、行政法律行为说[3]、具体行政行为说[4]、合法行为说[5]。

---

[1] 参见罗豪才、湛中乐主编:《行政法学》(第二版),北京大学出版社 2006 年版,第 107 页。

[2] 参见姜明安主编:《行政法与行政诉讼法》(第五版),北京大学出版社 2011 年版,第 152 页。

[3] 此说采用学者最多,可认为是行政法学界通说,包括罗豪才教授主编、应松年教授主编、马怀德教授主编、张树义教授主编、周佑勇教授主编的一系列教材都采行政法律行为说。

[4] 参见叶必丰:《行政行为的效力研究》,中国人民大学出版社 2002 年版,第 25 页;章志远:《行政行为概念重构之尝试》,载《行政法学研究》2001 年第 4 期;余凌云:《行政法讲义》,清华大学出版社 2010 年版,第 213—214 页。参见胡建淼、江利红:《行政法学》(第二版),中国人民大学出版社 2014 年版,第 132 页;杨建顺主编:《行政法总论》,中国人民大学出版社 2012 年版,第 178 页。

[5] 参见刘勉义:《论行政行为与行政机关事实行为的界分》,载刘莘等主编:《中国行政法学新理念》,中国方正出版社 1997 年版,第 118 页;王军旺:《对"行政法律行为"概念探讨》,载《行政法学研究》1997 年第 2 期。姜明安教授较早倡导这一学说,后来也放弃了。

信春鹰主编的《中华人民共和国行政诉讼法释义》一书在第 2 条释义中提出可以从以下几点理解"行政行为":一是行政行为不包括行政机关的规范性文件;二是行政行为既包括作为,也包括不作为;三是行政行为包括事实行为;四是行政行为包括行政机关签订、履行协议的行为。① 根据这一解释,行政行为的范围还是很宽泛的,涵盖了行政权力的各种表现形态。

2. 行政协议纳入受案范围

行政协议也称行政合同,为回避民事合同与行政合同之争,且考虑到现行立法多采用行政协议的表述,修法采用了行政协议而非行政合同的名称。行政实践中,行政机关越来越多采用合同的方式履行政府职能已是不争的事实,然而政府与相对人之间为完成行政管理任务而签订的合同性质是民事合同还是行政合同,适用什么法律对之进行规范,合同争议作为民事案件还是行政案件审理都存在争议。合同是行政机关履职采用的方式,目的是为了完成行政管理职能,行政机关与合同当事人之间形成的是公法法律关系,而非私法法律关系,合同争议性质属于公法争议,而非私法争议,应当纳入行政诉讼渠道审理。2014 年《行政诉讼法》第 12 条第 1 款第(11)项明确规定人民法院受理公民、法人或者其他组织提起的下列诉讼:认为行政机关不依法履行、未按照约定履行或者违法变更、解除政府特许经营协议、土地房屋征收补偿协议等协议的。

2014 年《行政诉讼法》尽管将行政协议纳入司法审查的范围,但是关于审理程序的规定基本以具体行政行为为对象作出,并不完全适用于行政协议司法审查,《若干问题适用解释》对行政协议案件的司法审查作出以下规定:

第一,界定行政协议的概念。行政机关为实现公共利益或者行

---

① 参见信春鹰主编:《中华人民共和国行政诉讼法释义》,法律出版社 2014 年版,第 8—9 页。

政管理目标,在法定职责范围内,与公民、法人或者其他组织协商订立的具有行政法上权利义务内容的协议,属于 2014 年《行政诉讼法》第 12 条第 1 款第(11)项规定的行政协议。

第二,列举行政协议的范围。公民、法人或者其他组织就下列行政协议提起行政诉讼的,人民法院应当依法受理:(1)政府特许经营协议;(2)土地、房屋等征收征用补偿协议;(3)其他行政协议。加了兜底条款意味着在《行政诉讼法》明确列举的政府特许经营协议和土地、房屋等征收征用补偿协议之外,人民法院将逐步探索受理其他行政协议。

第三,规定行政协议诉讼的起诉期限、管辖法院和诉讼费用。(1)关于起诉期限,公民、法人或者其他组织对行政机关不依法履行、未按照约定履行协议提起诉讼的,参照民事法律规范关于诉讼时效的规定。对行政机关单方变更、解除协议等行为提起诉讼的,适用《行政诉讼法》及其司法解释关于起诉期限的规定。(2)关于管辖法院的确定规则。对行政协议提起诉讼的案件,适用《行政诉讼法》及其司法解释的规定确定管辖法院。(3)关于诉讼费用。对行政机关不依法履行、未按照约定履行协议提起诉讼的,诉讼费用准用民事案件交纳标准;对行政机关单方变更、解除协议等行为提起诉讼的,诉讼费用适用行政案件交纳标准。

第四,明确人民法院审查行政协议的法律依据。人民法院审查行政机关是否依法履行、按照约定履行协议或者单方变更、解除协议是否合法,在适用行政法律规范的同时,可以适用不违反行政法和行政诉讼法强制性规定的民事法律规范。

第五,细化行政协议案件的判决方式。人民法院审理行政协议案件可以作出如下判决:(1)原告主张被告不依法履行、未按照约定履行协议或者单方变更、解除协议违法,理由成立的,人民法院可以根据原告的诉讼请求判决确认协议有效、判决被告继续履行协议,并明确继续履行的具体内容;被告无法继续履行或者继续履行已无实际意义的,判决被告采取相应的补救措施;给原告造成损失的,判决被告予以赔偿。(2)原告请求解除协议或者确认协议无效,理由成立的,判决解除协议或者确认协议无效,并根据《合同法》等相关法律规定作出处理。(3)被告因公共利益需要或者其他法定理由单方变更、解除协议,给原告造成损失的,判决被告予以补偿。

**3. 新增原告可对行政规范性文件提起附带性审查**

是否将行政规范性文件纳入受案范围是修法时立法者重点考量的问题之一,修法没有将规范性文件纳入直接可诉范围,采用了附带性审查的受理机制。2014年《行政诉讼法》第53条第1款规定:公民、法人或者其他组织认为行政行为所依据的国务院部门和地方人民政府及其部门制定的规范性文件不合法,在对行政行为提起诉讼时,可以一并请求对该规范性文件进行审查。

## 四、管辖制度

修法没有采纳学者和长期从事行政审判工作的法官建立行政法院的强烈呼吁,保留了原来的审判体制,调整管辖制度相应成为解决行政干预司法问题的着力点。针对实践中审理难的问题,修法吸收了《执行解释》关于管辖的规定,如将县级以上地方人民政府作被告的行政案件规定为由中级人民法院作为一审法院。修法还授权高级人民法院根据审判工作实际情况,确定若干人民法院跨行政区域管辖行政案件。

## 五、诉讼主体制度出现较大变化

### (一) 原告

**1. 原告资格由"法律上利害关系"修改为"利害关系"**

原告资格的条件设定与公民诉权有直接关系,原告资格的条件越宽泛,有权提起行政诉讼的主体范围就越宽泛,反之,越窄,越不利于公民获得司法救济。与修法解决立案难,为公民提供更好的司法保护的修法宗旨相对应,修法在原告资格问题上采取了放宽的思路和做法。具体体现为原告资格由"法律上利害关系"修改为"利害关系"。2014年《行政诉讼法》第25条第1款规定:"行政行为的相对人以及其他与行政行为有利害关系的公民、法人或者其他组织,有权提起诉讼。"修法吸收了《执行解释》第12条的规定,明确原告不限于行政行为的相对人,同时修法取消了《执行解释》中"法律上"的限制,主体与被诉行政行为具有"利害关系"即可具有原告资格。修法放弃"法律上利害关系",亦没有采用民事诉讼法上"直接利害关系",而是采用"利害关系"这一标准,其主要原因,根据《中华人民共和国行政诉讼法释义》一书的解释,主要有三点:其一,取消限制更有利于保护公民的起诉权利;其二,"直接利害关系"很容易被限定为行政行为的相对人;其三,更有利于解决立案难的问题。①

关于"利害关系"与"法律上利害关系"有何实质不同,《中华人民共和国行政诉讼法释义》一书中没有作出解释,仅指出并非漫无边际,需要在实践中根据具体情况作出判断,原则是通过行政诉讼比其他途径解决争议的效率更高、成本更低,更有利于保护公民、法

---

① 参见信春鹰主编:《中华人民共和国行政诉讼法释义》,法律出版社2014年版,第69—70页。

人和其他组织的合法权益。① 北京市第一中级人民法院在"姜某某诉国家能源局行政复议驳回决定案"中对如何判断"利害关系"提出了判断标准。

### 姜某某诉国家能源局行政复议驳回决定案②

2013年8月,黑龙江省发改委作出《关于某煤矿30万吨/年矿井新建项目核准的批复》(以下简称"项目核准批复")。原告姜某某主张自己是相关矿产的投资人,项目核准批复侵犯其采矿权,遂针对项目核准批复向被告国家能源局申请行政复议。被告作出被诉复议决定,以申请人姜某某与项目核准批复没有利害关系为由,决定驳回其行政复议申请。姜某某不服该复议决定,诉至北京市第一中级人民法院。法院经审理认为:所谓有利害关系,是指申请人的合法权益有受到具体行政行为侵害的可能性。如果行政机关在作出具体行政行为时,负有考量和保护申请人相关权利的义务,则申请人的相关权益就有可能因为行政机关未尽上述义务而受到侵害;反之,如果行政机关在作出具体行政行为时,并不负有前述考量和保护义务,则申请人与具体行政行为之间不具有利害关系。本案项目核准批复是黑龙江省发改委作出的企业投资项目核准行为。参照《企业投资项目核准暂行办法》第18条规定,企业投资项目核准主要对项目是否符合国民经济和社会发展规划、产业政策、国家宏观调控政策、经济安全、生态环境等宏观经济、公众利益方面

---

① 参见信春鹰主编:《中华人民共和国行政诉讼法释义》,法律出版社2014年版,第69—70页。

② 本案例根据北京市第一中级人民法院(2015)一中行初字第73号行政判决书整理而成,载 http://www.wenshu.court.gov.cn/content/content?DocID=835d0d97-ddc0-400b-a786-f6ef5266889c&keyWord=(2015)一中行初字第73号,最后访问日期:2018年5月12日。

进行审查。就矿井新建项目而言,投资项目的核准并不对采矿权的归属进行审查,更不审查项目是否涉及民事纠纷。因此,原告主张的权益并不在黑龙江省发改委作出项目核准批复时应考量和保护的范围。被诉复议决定认定原告与项目核准批复不具有利害关系并驳回其行政复议申请并无不当。但是,被告作出被诉复议决定存在超过法定期限之情形。被告的法制工作机构于 2014 年 3 月 19 日即收到原告的复议申请,而迟至同年 10 月 15 日才作出被诉决定,已超出法定的行政复议期限,故法院依法判决确认被告作出的被诉复议决定违法。

本案是北京市第一中级人民法院审理的以部委为被告的十大行政诉讼典型案例之一,法院在论述该案典型意义时提出:本案是明确行政法上利害关系的典型案件。2014 年《行政诉讼法》第 25 条规定了原告应当与被诉行政行为具有利害关系,但利害关系的判断标准仍然不明确。本案运用规范保护理论的原理,明确了应当以作出行政行为依据的法律规范是否要求行政机关对原告所主张的合法权益予以考量和保护作为判断原告是否具有针对行政行为主张权利侵害的判断标准。本案探索了利害关系的一般判断标准,具有树立裁判标准的意义。法院运用规范保护理论,认为主体具有作为被诉行政行为依据的行政法律规范所保护的利益时,与被诉行政行为有利害关系;如果其主张的利益非为该行政法律规范所保护,则不具有利害关系。根据行政法律规范来判断主体是否具有原告资格,是否仍是一种"法律上的利害关系"? 从一般语义上,"利害关系"仅要求主体与被诉行政行为之间存在一定连接点即可构成,因为法律上并没有要求其与行政行为之间的勾连需要达到何种程度,但是,如果将之放在行政诉讼场域内进行分析,会发现这其中隐含着以法律为基础这一前提。基于行政诉讼作为司法活动仅能裁决法律争议这一基本职能范围定位,原告只能就自己与行政机关之间形成的法律争议向人民法院提起行政诉讼,因而,关于其具有法律关系的判断必须以一定的法律规范为基础。这样看起来,尽管字面上 2014 年《行政诉讼法》取消了"法律上"的限制,看似拓宽了原告资格的范围,实则并无本质区别,法院在判断起诉人是否具有原告资格时,仍需要以主体与被诉行政行为之间是否存在法律上的勾连为标准进行衡量判断,因而本质上仍是一种法律上的利害关系。

2. 新增诉讼代表人制度

《执行解释》第 14 条第 3 款规定同案原告为 5 人以上,应当推选 1 至 5 名诉讼代表人参加诉讼。在农村集体所有土地征用、城市房屋拆迁案件中,涉及的农民和居民人数比较多,有的法院按照一人一案进行案件统计。在这类案件中,由于诉讼请求一致,针对的诉讼标的是同一个行政行为,有必要引进诉讼代表人制度。修法吸收了《执行解释》的规定,增加规定了行政诉讼代表人制度。根据 2014 年《行政诉讼法》第 28 条的规定,当事人一方人数众多的共同诉讼,可以由当事人推选代表人进行诉讼。由于行政诉讼原告、被告分别恒定为公民与行政机关,诉讼代表人制度指的只能是原告一方人数众多,不包括被告一方行政机关。诉讼代表人从当事人中产生,主要是为了诉讼的经济便利,因而其权限限于程序性事项的作为与处置,其诉讼行为不需要被代表人同意即对其他当事人发生效力。涉及代表人变更、放弃诉讼请求或者承认对方当事人的诉讼请求,应当经被代表的当事人同意。

## (二) 新增复议机关作共同被告制度

虽然学界持续呼吁我国参照域外普遍实行的形式被告制度,但是修法保留了实质被告制度,同时吸收了《执行解释》细化被告情形的规定。修法关于被告制度最大修改之处为将"经复议的案件,复议机关决定维持原具体行政行为的,作出原具体行政行为的机关是被告"修改为"经复议的案件,复议机关决定维持原行政行为的,作出原行政行为的行政机关和复议机关是共同被告"。这一规定被称为"复议机关作共同被告制度",《若干问题适用解释》进一步强化和细化了这一制度。

第一,对维持决定和改变决定的认定情形作出规定。《若干问题适用解释》第 6 条规定:2014 年《行政诉讼法》第 26 条第 2 款规定的"复议机关决定维持原行政行为",包括复议机关驳回复议申请或者复议请求的情形,但以复议申请不符合受理条件为由驳回的除外。2014 年《行政诉讼法》第 26 条第 2 款规定的"复议机关改变原行政行为",是指复议机关改变原行政行为的处理结果。

第二,对追加被告、举证责任作出规定。复议机关决定维持原行政行为的,作出原行政行为的行政机关和复议机关是共同被告。原告只起诉作出原行政行为的行政机关或者复议机关的,人民法院应当告知原告追加被告。原告不同意追加的,人民法院应当将另一机关列为共同被告。此外,《若干问题适用解释》第 9 条第 2 款对举证责任作出规定,作出原行政行为的行政机关和复议机关对原行政行为合法性共同承担举证责任,可以由其中一个机关实施举证行为。复议机关对复议程序的合法性承担举证责任。

第三,以作出原行政行为的行政机关确定案件的级别管辖。作出原行政行为的行政机关和复议机关为共同被告的,以作出原行政行为的行政机关确定案件的级别管辖。这样规定是为了不使案件更多地集中到上级法院。

第四,明确人民法院审查的范围。复议机关决定维持原行政行为的,人民法院应当在审查原行政行为合法性的同时,一并审查复议程序的合法性。也就是说,原行政行为的合法性仍然是审查重点,对于复议决定重点审查作出程序是否合法。

第五,对案件裁判类型作出规定。(1)人民法院对原行政行为作出判决的同时，应当对复议决定一并作出相应判决。人民法院判决撤销原行政行为和复议决定的，可以判决作出原行政行为的行政机关重新作出行政行为。（2）人民法院判决作出原行政行为的行政机关履行法定职责或者给付义务的，应当同时判决撤销复议决定。（3）原行政行为合法、复议决定违反法定程序的，应当判决确认复议决定违法，同时判决驳回原告针对原行政行为的诉讼请求。（4）原行政行为被撤销、确认违法或者无效，给原告造成损失的，应当由作出原行政行为的行政机关承担赔偿责任；因复议程序违法给原告造成损失的，由复议机关承担赔偿责任。

"复议机关作共同被告"制度在修法阶段就面临极大的争议，立法者解释"之所以作这样的修改，主要是解决目前行政复议维持率高，纠错率低的问题"[1]。中国人民大学莫于川教授提出的建议稿中也持该方案，理由主要为"这一方案主要考虑到了复议机关作为上级行政机关的特殊资源、审查便利、解决力度和特殊效果等诸多因素。……这种立法模式并没有域外的立法例，可以说是具有中国特色的一次尝试"[2]。从中可以看出复议机关作共同被告制度带有很强的功能主义色彩，试图解决复议维持率过高的问题。但是，这一制度不仅存在诉讼原理方面的致命缺陷，而且是否能够解决其所要解决的问题，仍然是需要观察的。

第一，该项制度违反了诉讼基本原理，将争议解决机关作为未解决行政争议的一方当事人。行政复议与行政诉讼同为行政争议解决机制，如果复议机关维持了原行政行为，行政争议未能通过行政复议得到解决，行政复议程序终结，公民继续就原行政行为向法院起诉，由法院来解决未能通过复议解决的行政争议，未得到解决

---

[1] 参见信春鹰主编：《中华人民共和国行政诉讼法释义》，法律出版社2014年版，第73页。

[2] 参见莫于川等：《新〈行政诉讼法〉条文精释及适用指引》，中国人民大学出版社2015年版，第70页。

行政争议的双方主体在诉讼程序中成为行政诉讼中的当事人。将复议机关作为共同被告意味争议解决机关成为诉讼程序中的一方当事人,但是复议机关并非行政争议当事人,不是行政法律关系的一方主体,与诉讼标的没有直接关联,将之作为诉讼当事人不符合诉讼原理。正如一审当事人不服一审判决向上一级人民法院提起上诉,二审法院针对一审判决进行审理,但是案件的当事人仍然是一审当事人,一审法院并不因其作出的一审判决被提起上诉而成为二审的当事人。

第二,由于复议机关维持了原行政行为,法院对复议决定的审查主要为程序合法性审查,但是复议机关要派人出庭应诉,形成对行政复议资源的较大浪费。复议机关作共同被告制度实施后,随着立案登记制实施带来的行政案件大幅度上升,复议机关应诉的案件数量也在快速增长,给复议机关应诉带来很大压力。由于复议机关作共同被告案件的管辖法院为作出原行政行为机关所在地法院,对于国务院部门作为复议机关的,需要在全国各地法院出庭应诉。目前政府法制机构内从事复议工作的人员编制比较少,且不能保证他们专职从事复议工作,应诉量的增加,已经直接影响复议机关对复议案件的办理质量。

第三,复议机关作共同被告并不能解决复议决定维持率高、纠错率低的问题。出现复议机关"维持会"现象的主要原因不是因为复议机关作出维持决定不用当被告,而是分散的行政复议体制与行政化的行政复议程序的问题造成的。复议体制方面,行政复议机关由原行政行为的上级机关或者同级人民政府担任,复议机关与原行政行为机关之间存在的紧密联系使得复议机关欠缺中立第三方这一争议解决机关的基本要素;复议程序方面,立法对行政复议作出的"行政内部自我纠正错误的监督制度"的定位导致行政复议程序过于简化与内部行政化,申请人提出复议申请后,没有机会参与复议过程,复议案件的审理原则上实行书面审,不进行言词辩论,只在申请人提出要求或者复议机构认为必要时,听取申请人、被申请人和第三人的意见。申请人的意见难以进入复议过程,无疑使得复议机关更易认同原行政行为。如果不改变中立性严重缺失的行政复议体制与不公开、缺乏申请人参与的复议程序,对于行政机关而言,可能作为行政诉讼被告这一问题并不会对其如何作出复议决定产生太大影响。

(三) 第三人

1. 增加无独立请求权第三人

修法对第三人制度作了两处修改:其一,是增加了"同案件处理结果有利害关系"的情形;其二,是增加了第三人有权提起上诉的情形为法院判决第三人承担义务或者减损第三人权益的,第三人有权依法提起上诉。

修法后第三人的情形分为两种:

第一种是与被诉行政行为有利害关系。此种情形中,第三人亦具有原告资格,本可以提起行政诉讼,但是由于其并没有提起行政诉讼,从而成为第三人。《执行解释》关于原告资格的规定正是借用了第三人的概念,第三人与原告都与被诉行政行为有利害关系,该主体在案件中成为何种当事人取决于其是否提起行政诉讼。如行政处罚案件中的被处罚人,如果被处罚人起诉,被处罚人成为案件的原告;如果受害人起诉,被处罚人成为第三人。

第二种是与案件处理结果有利害关系。此种情形第三人可对应民事诉讼中的无独立请求权的第三人。

2. 明确了第三人的上诉权

2014年《行政诉讼法》第29条第2款规定:"人民法院判决第三人承担义务或者减损第三人权益的,第三人有权依法提起上诉。"第三人为诉讼当事人,在行政诉讼中享有上诉权,但是,第三人不是案件的直接当事人,其参加到已经开始的诉讼中来是因为与案件存在法定关联,因而,其上诉权是有限上诉权,仅能就涉及其权益部分的判决提起上诉,以维护自己权益。修法将第三人享有上诉权的范围限定为人民法院判决其承担义务或者减损其权益的,第三人可以针对不利于自己的判决部分提起上诉。赋予第三人上诉权的目的是为了维护其利益,与其参加到诉讼中来的事由与情形无关,无论是与被诉行政行为有利害关系,还是与案件处理结果有利害关系,只要符合法定情形,都可以提起上诉。

## 六、行政诉讼证据制度的完善

证据制度是《行政诉讼法》修改的重点问题之一。修法回应信息时代特点,增加了电子数据种类,并吸收《行诉证据规定》完善了行政诉讼证据制度。

### (一)关于证据种类的完善

修法对完善证据种类作了两处修订:其一是增加电子数据证据种类,其二是将鉴定结论修改为鉴定意见。

#### 1. 增加电子数据

2014年《行政诉讼法》第33条第1款第(4)项增加规定"电子数据"这一新的证据类型。电子数据是指以数字化形式存储、处理、传输的数据。最高人民法院、最高人民检察院、公安部2016年发布的《关于办理刑事案件收集提取和审查判断电子数据若干问题的规定》第1条第1款规定:电子数据是案件发生过程中形成的,以数字化形式存储、处理、传输的,能够证明案件事实的数据。电子数据具有复合性特点,综合了文字、图形、图像、声音、音频、视频等各种多媒体信息,其表现形式多样,包括微信信息、朋友圈、博客、网盘等。[①]电子数据是与其他证据种类并行的独立证据类型,因而,以数字化形式存储的证人证言、当事人陈述等不应当纳入电子数据中,仍然将之作为传统证据类型适用相关法律。

电子数据易受外界因素影响而受损,如临时停电、操作人员操作失误、通信故障等都有可能使电子数据的完整性受到破坏。电子数据存储在U盘等介质上,存储方便,但是也很容易被修改、删除,且不易被发现。电子数据的这些特性都使得电子数据在收集、存储、使用的过程中容易出现与原始数据不一致之处。当电子数据作为证据材料进入诉讼活动中,电子数据的保存、审查判断等都与传统证据不同。《刑事诉讼法》《民事诉讼法》都已将电子数据作为证据的一种予以规定,2014年《行政诉讼法》修改将电子数据作为新的证据类型增加至行政诉讼中有很强的现实意义。在行政管理实践中,随着信息时代与大数据时代的来临,无论是公民、法人和其他组织的经济活动、日常行为,还是政府的执法活动与日常监管行为,都大量借助网络平台完成,形成大量电子数据,需要从法律上完善电子数据的相关制度。

2. 将鉴定结论修改为鉴定意见

行政管理涉及专业性问题判断,鉴定意见在行政执法中为行政机关广泛使用,常见的包括医疗事故鉴定、交通事故责任认定、火灾事故责任认定等。与《刑事诉讼法》《民事诉讼法》保持一致,2014年《行政诉讼法》将鉴定结论修改为鉴定意见。结论的一般意义是指对事物作出的最终判断,过去司法实践中过度强调鉴定结论的作

---

[①] 《关于办理刑事案件收集提取和审查判断电子数据若干问题的规定》第1条第2款规定电子数据包括但不限于下列信息、电子文件:(1)网页、博客、微博客、朋友圈、贴吧、网盘等网络平台发布的信息;(2)手机短信、电子邮件、即时通信、通讯群组等网络应用服务的通信信息;(3)用户注册信息、身份认证信息、电子交易记录、通信记录、登录日志等信息;(4)文档、图片、音视频、数字证书、计算机程序等电子文件。

用,将之视为权威性证据,法官直接根据鉴定结论认定事实。鉴定意见的使用更为客观,强调仅仅是鉴定人对案件中的专门性问题作出的判断,其是否能够作为认定案件事实的根据还需要由法官进行审查判断才能予以确定。

## (二) 吸收《行诉证据规定》完善行政诉讼证据制度

修法主要增加了以下规定:

### 1. 完善被告举证规则

包括:(1) 延长被告提交证据和规范性文件的时间。2014年《行政诉讼法》规定被告应当在收到起诉状副本之日起15日内向法院提交作出行政行为的证据和所依据的规范性文件,并提出答辩状,从而将被告提交证据的时间由10日延长到15日。(2) 明确了被告不提供证据的后果。行政机关不提供或者无正当理由逾期提供证据的,视为没有相应证据。但是,被诉行政行为涉及第三人合法权益,第三人提供证据的除外。如果被告在作出行政行为时已经收集了证据,但因不可抗力等正当事由不能提供的,经人民法院准许,可以延期提供。(3) 增加规定被告的诉讼代理人在诉讼过程中也不得自行向原告、第三人和证人收集证据。(4) 增加规定被告及其诉讼代理人都不得自行向第三人收集证据。(5) 被告补充证据的情形。原告或者第三人提出了其在行政处理程序中没有提出的理由或者证据的,经人民法院准许,被告可以补充证据。

### 2. 完善举证责任分配规则,重点明确了原告举证事项

1989年《行政诉讼法》仅规定了被告承担举证责任的事项,没有对原告是否承担举证责任作出任何规定。2014年《行政诉讼法》增加了如下规定:(1) 明确原告虽然不对行政行为的合法性承担举证责任,但是原告可以提供证明行政行为违法的证据。原告提供的证据不成立的,不免除被告的举证责任。(2) 在起诉被告不履行法定

职责的案件中,原告应当提供其向被告提出申请的证据。在依申请行政程序中,公民、法人和其他组织已向行政机关提出了履职申请是构成行政不作为的客观要件,已经提出过申请这一事实应由作为申请人的原告证明。存在下列两种情形的,免除原告举证责任:其一,是被告应当依职权主动履行法定职责的,在依职权履职中,行政程序的启动不以公民申请为条件,要求行政机关主动启动执法程序进行执法,原告不需要提出申请。其二,是原告因正当理由不能提供证据的。如原告之所以举证不能是由于被告登记制度、材料接收不规范等原因造成的,原告虽然已经提出过申请,但由于被告相关制度不规范,造成原告举证不能。(3)在行政赔偿、补偿的案件中,原告应当对行政行为造成的损害提供证据。因被告的原因导致原告无法举证的,由被告承担举证责任。

3. 完善人民法院调取证据、调查证据的规则

(1)法院调取证据的限制。增加规定法院不得为证明行政行为的合法性调取被告作出行政行为时未收集的证据。(2)明确原告、第三人申请法院调取证据的情形。包括由国家机关保存而须由人民法院调取的证据,涉及国家秘密、商业秘密和个人隐私的证据,确因客观原因不能自行收集的其他证据。(3)删除人民法院在诉讼过程中对专门性问题进行鉴定的规定。

4. 增加庭审质证规则与法院认证规则

(1)当事人质证规则。当事人在法庭上进行质证是直接言词原则的要求,2014年《行政诉讼法》第43条第1款增加规定证据应当在法庭上出示,并由当事人互相质证。对涉及国家秘密、商业秘密和个人隐私的证据,不得在公开开庭时出示。(2)法院认证规则。2014年《行政诉讼法》第43条第2款增加规定人民法院应当按照法定程序,全面、客观地审查核实证据。对未采纳的证据应当在裁判文书中说明理由。

### 5. 增加规定非法证据排除规则

2014年《行政诉讼法》第43条第3款增加规定：以非法手段取得的证据，不得作为认定案件事实的根据。对增加非法证据排除条款的目的，《中华人民共和国行政诉讼法释义》一书中提出三条：一是有利于督促行政机关提高依法行政的意识，促进依法行政；二是有利于彻底纠正违法行为……特别是在目前，在实践中具有较强针对性，可以解决"钓鱼执法"问题；三是有利于切实保障行政相对人的权利。[①] 由于行政诉讼中由被告对被诉行政行为的合法性承担举证责任，因而，2014年《行政诉讼法》关于非法证据排除的规定主要对行政机关实施行政执法收集证据的活动提出了直接要求。

非法证据排除条款主要针对实践中广受诟病的"钓鱼执法"问题。钓鱼执法的原因颇为复杂，既与执法人员素质与依法行政意识不够等主观因素有关，也与某些管理领域取证难等客观因素有关。由于钓鱼执法与依法行政精神相背离，一直为学者和社会所批判，上海发生的孙中界断指自证清白事件一度引起社会对钓鱼执法的强烈质疑。对于以违法方式取得的证据效力的问题，《行诉证据规定》已经有所规定，第58条规定：以违反法律禁止性规定或者侵犯他人合法权益的方法取得的证据，不能作为认定案件事实的依据。修法吸收这一规定，增加了非法证据排除规则。不过，根据《中华人民共和国行政诉讼法释义》一书的解释，"非法手段取得的证据"是指以违反禁止性规定或者侵犯他人合法权益的方法取得的证据，这是《行诉证据规定》的内容，修法仅采用了更为简洁的表述而已，内容与《行诉证据规定》是一致的。

《中华人民共和国行政诉讼法释义》一书解释了"以非法手段取得证据"的三种情形：一是严重违反法定程序收集的证据，二是以偷

---

[①] 参见信春鹰主编：《中华人民共和国行政诉讼法释义》，法律出版社2014年版，第112页。

拍、偷录、窃听等手段获取侵害他人合法权益的证据材料,三是以利诱、欺诈、胁迫、暴力等不正当手段取得的证据材料。① 根据依法行政的要求,行政机关在行政程序中调查收集证据时应当遵循法律关于调查活动的程序要求,如《公安机关办理行政案件程序规定》对公安机关收集各种证据的程序有严格的规定和要求。2014年《行政诉讼法》将程序违法区分为一般违法与轻微违法两种,前者适用撤销判决,后者适用确认违法判决。如果将非法手段取得证据限定为"严重违反法定程序收集的证据",连一般违反法定程序都排除在外,与2014年《行政诉讼法》关于判决方式的规定不相符合。

## 七、行政诉讼程序制度的完善

### (一)确立立案登记制度

"立案难"为修法要破解的难题之一。修法过程中适逢党的十八届四中全会通过的十八届四中全会《决定》中明确提出:改革法院案件受理制度,变立案审查制为立案登记制,对人民法院依法应该受理的案件,做到有案必立、有诉必理,保障当事人的诉权。2014年《行政诉讼法》第51条第1款规定"人民法院在接到起诉状时对符合本法规定的起诉条件的,应当登记立案",立案登记制得以确立。

一方面,立案登记制强调法院不能将符合法定起诉条件的起诉拒之门外,对此,《若干问题适用解释》第1条第1款明确规定:人民法院对符合起诉条件的案件应当立案,依法保障当事人行使诉讼权利。另一方面,立案登记制并不意味着有案必受理,只有符合法定条件的案件法院才能受理,但是法院对原告的起诉不能拒绝接收起

---

① 参见信春鹰主编:《中华人民共和国行政诉讼法释义》,法律出版社2014年版,第113页。

诉状。对当事人依法提起的诉讼,法院应当根据2014年《行政诉讼法》第51条的规定,一律接收起诉状。能够判断符合起诉条件的,法院应当当场登记立案;当场不能判断是否符合起诉条件的,应当在接收起诉状后7日内决定是否立案;7日内仍不能作出判断的,应当先予立案。如果法院不接收起诉状、接收起诉状后不出具书面凭证,当事人可以向上级人民法院投诉,上级人民法院应当责令改正,并对直接负责的主管人员和其他直接责任人员依法给予处分。

为更好保障原告的起诉权,2014年《行政诉讼法》对立案登记制作出具体规定,规定法院负有告知原告补正的义务。原告的起诉状内容或者材料欠缺的,法院应当一次性全面告知当事人需要补正的内容、补充的材料及期限。在指定期限内补正并符合起诉条件的,应当登记立案。如果法院没有一次性告知当事人需要补正的起诉状内容的,当事人可以向上级人民法院投诉。当事人拒绝补正或者经补正仍不符合起诉条件的,裁定不予立案,并载明不予立案的理由。

原告的起诉不符合法定起诉条件的,法院裁定不予立案,原告可以对不予立案裁定提出上诉。

## (二)完善起诉期限规定

起诉期限制度是对公民行使诉权时间上的要求,旨在使行政法律关系尽早确定,因而,起诉期限制度对公民诉权保障有着重要意义,起诉期限过短,难以保障公民诉权;起诉期限过长,行政法律关系长期处于不确定状态不利于行政管理,2014年《行政诉讼法》修法吸收《执行解释》的相关规定,完善了起诉期限制度。

### 1. 延长直接起诉期限为6个月

为更好地保障公民行使行政诉权,2014年《行政诉讼法》将公民、法人或者其他组织直接提起行政诉讼的起诉期限由3个月延长为6个月,自知道或者应当知道作出行政行为之日起6个月内提出。法律关于起诉期限另有规定的适用特别法律的规定,不适用2014年《行政诉讼法》6个月的起诉期限规定。如《专利法》规定了3个月的起诉期限,《土地管理法》规定了30日的起诉期限,《水污染防治法》规定了15日的起诉期限,《集会游行示威法》规定了5日的起诉期限,修法保留了这些特别法律关于起诉期限的特别规定的适用效力。

起诉期限的起算点为"自知道或者应当知道作出行政行为之日起",为避免行政法律关系长期处于不确定状态,2014年《行政诉讼法》规定了诉权最长保护期限。对涉及不动产的案件,自行政行为作出之日起超过20年,其他案件自行政行为作出之日起超过5年提起诉讼的,法院不再受理。

2. 增加规定不作为案件的可诉时间起点

修法吸收《执行解释》的规定,2014年《行政诉讼法》第47条第1款针对不作为案件的可诉起点作出规定:公民、法人或者其他组织申请行政机关履行保护其人身权、财产权等合法权益的法定职责,行政机关在接到申请之日起两个月内不履行的,公民、法人或者其他组织可以向人民法院提起诉讼。该条款规定不作为案件的可诉时间起点为行政机关接到申请之日起两个月内不履行的。不作为案件不同于作为类案件,行政机关还没有履行法定职责,并未作出行政行为,其要解决的问题是何时可以针对行政机关不履职的事实提出起诉。

2014年《行政诉讼法》关于不作为案件可诉起点的规定为法律、法规关于履职期限的补充性规定,即法律、法规对行政机关履行职责的期限另有规定的,履职期限届满,公民即可提起诉讼。只有当法律、法规缺乏对履职期限规定时,才适用2014年《行政诉讼法》的一般规定。

### 3. 完善延长起诉期限情形的规定

修法对延长起诉期限的情形作了完善，增加规定了以下内容：（1）公民、法人或者其他组织因不属于其自身的原因耽误起诉期限的，被耽误的时间不计算在起诉期限内；（2）公民、法人或者其他组织因"不可抗力或者其他不属于其自身的原因"以外的原因耽误起诉期限的，在障碍消除后 10 日内，可以申请延长期限。

## （三）完善起诉不停止执行制度

2014 年《行政诉讼法》没有采纳将起诉不停止执行原则修改为起诉停止执行原则的建议，保留了起诉不停止执行的原法规定，但是对该制度作出进一步完善规定。增加规定了以下内容：

### 1. 增加利害关系人也可以申请停止行政行为执行

原法仅规定原告可以申请停止执行已经生效的行政行为，修法将利害关系人增加为申请人，有利于保障利害关系人的权益。

### 2. 增加规定人民法院可以依职权裁定停止行政行为的执行

1989 年《行政诉讼法》没有规定法院依职权裁定停止行政行为的执行，修法增加规定法院认为行政行为的执行会给国家利益、社会公共利益造成重大损害的，可以依职权裁定停止行政行为的执行。

### 3. 增加规定当事人对停止执行或者不停止执行裁定不服，可以申请复议一次

通过修法的完善规定，起诉停止执行行政行为原则之下，行政机关、原告及利害关系人、法院都可以通过依职权或者依申请的方式阻却行政行为执行可能造成的难以恢复的重大损失，较好平衡了行政效能与公民权益保障之间的冲突。

## （四）增加先予执行制度

先予执行，也称先行给付，是指法院在作出生效裁判之前裁定

负有给付义务的主体,预先给付对方部分财物或者为一定行为的制度。民生行政与福利行政近年来在地方上的发展十分迅速,在部分案件中,原告处于经济困难的境地,很有必要引入先予执行制度,以解其燃眉之急。修法增加规定了先予执行制度,对先予执行的适用情形、救济作出规定。

1. 先予执行的适用情形

先予执行的适用需要兼具三个要素。(1)案件要素。先予执行仅限于四类案件:抚恤金案件、最低生活保障金案件、工伤案件、医疗社会保险金案件。这四类案件均涉及原告的生活、医疗的基本保障,先予执行有利于他们尽早获得保障。(2)案件实质要素。包括明确性与紧迫性两方面要求。明确性是指案件权利义务关系明确,事实问题初步确定;紧迫性是指原告获得先行给付的迫切程度,如果不先予执行将严重影响其生活。(3)程序要素。指先予执行以原告申请为条件,原告提出申请之后由法院裁定是否先予执行。行政诉讼中原告申请先予执行的,不需要提供财产担保。

2. 先予执行的救济

当事人对先予执行裁定不服的,可以向作出裁定的法院申请复议一次。先予执行是对原告的临时性紧急救助措施,因而复议期间不停止裁定的执行。

**(五)增加规定三类案件可适用调解**

1989年《行政诉讼法》实行严格法治主义,除行政赔偿案件,行政案件一律不得进行调解,立法过于严苛的限制难以适应复杂的司法实践,造成部分案件原告与行政机关达成和解后采用原告撤诉的方式终结诉讼程序。然而,原告撤诉后,部分行政机关撕毁协议,不履行协议,很不利于保障原告的权利。为更好实质化解争议,修法回应和解在司法实践中事实上较为普遍存在的现实,增加规定三类案件可以适用调解,并规定调解应遵循自愿、合法原则,不得损害国家利益、社会公共利益和他人合法权益。

**1. 仍然坚持行政诉讼案件原则上不适用调解**

2014年《行政诉讼法》第60条第1款规定：人民法院审理行政案件，不适用调解。该条明确了调解为例外情形，行政案件原则上不适用调解方式结案。这与总则中保留"行政行为合法性审查原则"的规定相一致，行政诉讼仍然坚持对行政行为的合法性进行审查，法院依照法律对行政行为是否合法进行审查。坚持合法性审查原则意味着法院的主要目标是达成监督行政机关依法行政这一客观目的，而非实质化解原告与被告的行政争议，以实质化解原告、被告争议为主要目标的调解在行政诉讼中的存在空间十分有限。

**2. 规定可以适用调解的三类案件**

2014年《行政诉讼法》第60条第1款还规定了三类可以适用调解的案件，分别是：行政赔偿案件、行政补偿案件以及行政机关行使法律、法规规定的自由裁量权的案件。

（1）行政赔偿案件。1989年《行政诉讼法》第九章第67条第3款规定"赔偿诉讼可以适用调解"，该条款仅适用于根据1989年《行政诉讼法》单独提起的行政赔偿诉讼。2014年修法规定行政赔偿案件均可以适用调解。修法之前，1997年最高人民法院《关于审理行政赔偿案件若干问题的规定》扩展、细化了行政赔偿调解制度，一并提起的行政赔偿诉讼请求也可以进行调解。2010年修正的《国家赔偿法》规定了调解制度。

（2）行政补偿案件。行政补偿是因行政机关合法行政行为给公民、法人或者其他组织权益造成损失由国家给予的补偿。2004年《宪法》第13条第3款规定国家为了公共利益的需要，可以依照法律规定对公民的私有财产实行征收或者征用并给予补偿。《国有土地上房屋征收与补偿条例》第25条第1款规定："房屋征收部门与被征收人依照本条例的规定,就补偿方式、补偿金额和支付期限、用于产权调换房屋的地点和面积、搬迁费、临时安置费或者周转用房、停产停业损失、搬迁期限、过渡方式和过渡期限等事项,订立补偿协议。"既然在征收过程中房屋征收部门与被征收人可以就补偿事项进行协商订立补偿协议,因之引起的行政争议进入诉讼后,在诉讼中就可以进行调解,更好实质化解双方争议。

(3)行使行政裁量权的事项。行政机关对裁量权事项在符合法目的前提下,遵循比例原则,对行政事务作出具体处理。以行政处罚为例,行政机关对处罚种类、处罚幅度均可综合各种考量因素,作出最终选择。在法定权限与法定幅度内,行政机关享有自由处分权,这也是裁量权被称为自由裁量权之缘故,从而使得裁量行政不同于羁束行政,为进入诉讼后由法院进行调解提供了空间。

### 3. 调解遵循自愿、合法原则

2014年《行政诉讼法》规定调解遵循自愿、合法原则。自愿原则包括程序与实体两个方面。程序方面,是否愿意调解由原告被告双方自愿作出选择,如果当事人不愿意进行调解,法院不能强制进行调解。实体方面,调解达成的结果应当是双方真实意思表示。合法原则也包括两方面要求:其一是法院主持调解活动应当依法进行,其二是调解达成的协议应当符合法律规定,行政机关只能在法定权限内与原告达成协议。调解协议不能损害国家利益、社会利益、公共利益和他人合法权益。

## (六)增加规定行政机关负责人出庭应诉制度

2014年《行政诉讼法》第3条第3款规定:被诉行政机关负责人应当出庭应诉。不能出庭的,应当委托行政机关相应的工作人员出庭。该条款增加规定了行政机关负责人出庭应诉制度,为行政机关负责人设定了出庭的法定义务。行政机关负责人出庭应诉制度引发了比较大的争议,因为诉讼当事人可以委托其代理人到庭,本人不是必须到庭。修法增加这一规定是基于之前已经在部分地方开展的行政机关负责人出庭应诉制度试点工作。早在1998年,陕西省合阳县人民法院就率先推行了行政首长出庭应诉制度,此后,该项制度逐渐推广至其他地方,并最终推动了修法新增行政机关负责人出庭应诉制度(见图3-4-2)。

图3-4-2 1999年7月,湖南省浏阳市市长出庭应诉长丰村村民因土地纠纷提起的行政案件①

行政机关负责人出庭应诉制度尽管与诉讼基本原理存在冲突,对查明案件事实所发挥的作用亦有限,但是能在一定程度上解决"告官不见官"的问题,有利于加强行政机关负责人依法行政的观念意识的提高。2016年4月11日,贵州省人民政府副省长陈鸣明出庭应诉,成为2014年《行政诉讼法》实施以来第一位出庭应诉的副省长(见图3-4-3)。

---

① 图片来源:中国法院博物馆。

图 3-4-3　2016 年 4 月 11 日,在贵阳市中级人民法院,贵州省人民政府副省长陈鸣明出庭应诉,在法庭上回答原告及法官的提问①

### (七) 增加行政民事交叉案件审理规定

在房屋登记等案件中,当事人解决行政争议的目的有时在于解决遗产继承、拆迁补偿分配等民事争议,行政争议与民事争议因而交织在一起,出现行民交叉案件。1989 年《行政诉讼法》对行民交叉案件如何审理没有规定,《执行解释》第 61 条的规定仅适用于针对行政裁决提起行政诉讼时,法院可一并审理裁决涉及的民事争议,《执行解释》关于行政附带民事诉讼的适用案件范围的规定有限。

行民交叉案件在实践中数量较大,不限于因行政裁决引起的相关民事争议的一半裁决,在房屋登记、专利权属纠纷等案件中都涉及行政附带民事诉讼的问题。修法回应了行民交叉案件在实践中

---

① 图片来源于新华网: http://www.xinhuanet.com/politics/2016-04/18/c_128904099.htm,最后访问日期:2020 年 8 月 1 日。

大量存在的问题,2014年《行政诉讼法》第61条第1款规定:在涉及行政许可、登记、征收、征用和行政机关对民事争议所作的裁决的行政诉讼中,当事人申请一并解决相关民事争议的,人民法院可以一并审理。行政诉讼附带民事诉讼制度将两个独立的争议合并在一个诉讼程序中审理,既有利于案件事实的查明,也有利于节约当事人诉讼成本与司法资源。2014年《行政诉讼法》规定适用行政附带民事诉讼的案件共计四种类型:行政许可案件,涉及登记案件,涉及征收、征用案件,涉及行政裁决的案件。其中前三类案件是此次修法新增加的案件类型,也是实践中行民交叉案件的主要类型。

行民交叉案件在行政案件中比例很大,《若干问题适用解释》针对法院如何一并审理民事争议问题明确了以下规定:

第一,提起一并审理民事争议的期间。公民、法人或者其他组织请求一并审理相关民事争议,应当在第一审开庭审理前提出;有正当理由的,也可以在法庭调查中提出。但法律规定应当由行政机关先行处理的、违反《民事诉讼法》专属管辖规定或者协议管辖约定的、已经申请仲裁或者提起民事诉讼的,其他不宜一并审理的民事争议,不予准许一并审理。对不予准许的决定可以申请复议一次。

第二,民事争议应当单独立案。人民法院一并审理相关民事争议的,民事争议应当单独立案,由同一审判组织审理。但是审理行政机关对民事争议所作裁决的案件,一并审理民事争议的,不另行立案。

第三,行政争议和民事争议应当分别裁判。当事人仅对行政裁判或者民事裁判提出上诉的,未上诉的裁判在上诉期满后即发生法律效力。第一审人民法院应当将全部案卷一并移送第二审人民法院,由行政审判庭审理。第二审人民法院发现未上诉的生效裁判确有错误的,应当按照审判监督程序进行再审。

第四,民事争议的法律适用。由于相关的民事争议属于一个独立的民事案件,只是为了便于一并解决纠纷,才与行政案件一并审理,所以民事案件适用民事法律规范的相关规定,法律另有规定的除外。

## (八) 增加规定简易程序

1989年《行政诉讼法》仅规定了普通程序这一种审理程序类型。2010年最高人民法院发布《最高人民法院关于开展行政诉讼简易程序试点工作的通知》,基层人民法院开始试点在行政案件中适用简易程序进行审理。2014年《行政诉讼法》第七章专设一节,即第三节规定了简易程序。行政诉讼审理程序分为两种类型:普通程序与简易程序。简易程序是对普通程序的补充,仅适用于部分案件的审理。设定简易程序的目的是根据事务的繁简进行程序分流,以更合理配置有限的司法资源,在刑事诉讼、民事诉讼都有简易程序规定的情况下,2014年《行政诉讼法》修法也规定了简易程序。行政诉讼简易程序除适用2014年《行政诉讼法》的规定之外,还适用《民事诉讼法》关于简易程序的规定。

1. 适用范围

简易程序的适用范围涉及以下几个方面问题:

(1) 案件实质要求。适用简易程序的案件需要满足"事实清楚、权利义务关系明确、争议不大"这一实质要件。这一要求与民事诉讼简易程序的适用要求一致。

(2) 案件类型。简易程序仅适用于以下三类案件:第一,被诉行政行为是依法当场作出的。如2009年《行政处罚法》第33条规定,违法事实确凿并有法定依据,对公民处以50元以下、对法人或者其他组织处以1000元以下罚款或者警告的行政处罚的,可以当场作出行政处罚决定。对执法机关当场作出的行政处罚决定的审理,可以适用简易程序。第二,案件涉及款额2000元以下的。这类案件适用简易程序是因为对原告权利影响较小。第三,政府信息公开案件。根据《中华人民共和国行政诉讼法释义》一书的解释,之所以将政府信息公开案件纳入简易程序案件范围是因为近年来政府信息公开案件呈现出快速增长的趋势,在审议过程中,有的委员提出将政府信息公开案件纳入简易程序适用范围。①

(3) 适用法院。简易程序适用于基层人民法院和中级人民法院审理的第一审行政案件。二审案件、发回重审、按照审判监督程序再审的案件都不适用简易程序。

与民事诉讼简易程序仅适用于基层人民法院及其派出法庭不同,行政诉讼简易程序不仅适用于基层人民法院,也适用于中级人民法院审理的第一审行政案件。这与行政诉讼级别管辖规定有关。以区县政府、国务院部门为被告的行政案件,由中级人民法院管辖,在以这些主体为被告的行政案件中,有的案件仍然符合"事实清楚、权利义务关系明确、争议不大"这一实质要件,因而,也可以适用简易程序进行审理。

**2. 简易程序的简化规定**

简易程序是对普通程序的简化,行政诉讼简易程序在以下环节较之普通程序作了简化处理规定。

(1) 实行独任制。法院审理行政案件的组织形式包括独任制与合议制两种,独任制适用于简易程序,合议制适用于普通程序。行政案件适用简易程序的,由审判员一人独任审理。

(2) 审理期限为45日。修法将普通程序审理期限由3个月延长至6个月,与民事诉讼一致,但在简易程序的审理期限上没有规定3个月,而是与《最高人民法院关于开展行政诉讼简易程序试点工作的通知》规定的45日相一致,规定简易程序的审理期限为

---

① 参见信春鹰主编:《中华人民共和国行政诉讼法释义》,法律出版社2014年版,第212页。

45日。

### 3. 简易程序与普通程序的衔接

简易程序是对普通程序的简化与补充,如果简易程序启动后,法院在审理案件过程中发现不宜采用简易程序的,应裁定转为普通程序。2014年《行政诉讼法》没有对由简易程序转化为普通程序的具体情形作出规定,而是笼统规定法院发现不宜采用简易程序的,裁定转为普通程序。

从司法实践来看,需要由简易程序转为普通程序的情形主要有:(1)当事人对适用简易程序提出异议,法院认为异议成立。(2)案件审理过程中发现新的不适宜适用简易程序的因素。(3)案件审理过程中出现新情况,不再适合适用简易程序的。(4)案件本身符合简易程序的适用条件,但存在一定数量与之相类似的案件,该案的审理会影响其他争议的处理的。

## 八、行政诉讼判决类型及其适用条件的完善

修法没有采用行政诉讼类型化的思路架构《行政诉讼法》,依然保持了旧法的结构,同时在吸收《执行解释》相关规定基础上,对行政诉讼判决的类型及适用条件作了比较大的修改。

### (一)取消维持判决,用驳回原告诉讼请求判决替代维持判决

2014年《行政诉讼法》将1989年《行政诉讼法》"维护和监督行政机关依法行使职权"修改为"监督行政机关依法行使职权",删除了"维护",这一立法目的调整直接影响行政诉讼判决制度,维持判决被撤销,为驳回原告诉讼请求判决所替代,即是立法目的调整的体现。

## 第三编 行政诉讼制度

维持判决仅为我国 1989 年《行政诉讼法》所规定,这一判决方式没有直接回应原告的诉讼请求,且其内容背离原告诉讼请求,容易让原告形成法院与行政机关官官相护的认识,损害司法公正与司法权威。因而,学界一直呼吁取消维持判决。2014 年《行政诉讼法》第 69 条规定了驳回原告诉讼请求这一新的判决类型,替代原维持判决。驳回原告诉讼请求判决的适用情形为:

1. 行政行为合法,即行政行为证据确凿,适用法律、法规正确,符合法定程序。这是 1989 年《行政诉讼法》所规定的维持判决的适用条件。符合 1989 年《行政诉讼法》维持判决适用情形的,根据 2014 年《行政诉讼法》规定,法院不再作出维持判决,代之以驳回原告诉讼请求判决。原告认为行政行为违法侵犯其合法权益,起诉至法院,法院经审查认为被诉行政行为合法,意味原告诉讼请求不成立,判决驳回其诉讼请求,对原告的诉讼请求作出直接回应。从行政行为效力理论角度而言,行政行为作出即被推定合法有效,被诉行政行为的效力未经诉讼程序被撤销,其合法有效状态持续存在,不需要法院判决维持,驳回原告诉讼请求判决更符合行政行为效力理论。

2. 原告申请被告履行法定职责理由不成立的。此种情形为原告起诉被告不作为案件,吸收了《执行解释》关于判决驳回原告诉讼请求适用情形中"起诉被告不作为理由不能成立的"的规定。行政不作为的构成条件包括前提要件、客观要件和主观要件三项条件。法院经过审理,认为原告起诉被告不作为不符合不作为构成条件,被告不构成行政不作为,原告诉被告不作为理由不能成立,判决驳回原告的诉讼请求。

3. 原告要求被告履行给付义务但理由不成立的。行政机关的给付义务对应的是公民行政法上的请求权,公民在符合法定条件时享有行政法上的请求权,如具备法定条件即可享受低保待遇,领取供暖补贴,申请租住、购买经济适用房、保障房等。公民如果不符合法定条件,则不具备行政法上请求权,不能获得相应的利益。法院经审理认为原告要求被告履行给付义务理由不成立,如认为原告并不符合法定条件等,判决驳回原告诉讼请求。

## (二) 撤销判决适用情形增加"明显不当"

2014年《行政诉讼法》第70条为撤销判决规定,该条保留1989年《行政诉讼法》五种适用情形,第(6)项增加"明显不当"这一适用情形。明显不当适用于行政裁量权不合理行使的情形,是对原法"滥用职权"这一情形在司法实践中难以适用的弥补。滥用职权是对行政机关工作人员行使权力主观目的的考量,这在操作上具有相当难度,司法实践中鲜有适用滥用职权作出撤销判决的,司法难以有效监督裁量权的合理行使。为弥补滥用职权这一适用情形的不足,2014年《行政诉讼法》增加了"明显不当"这一适用情形,明显不当与滥用职权都是针对行政裁量权正当行使进行的司法审查,其不同于滥用职权之处在于是对行政行为结果的考量判断,属于客观标准,因而具有更强的可操作性。

修法没有明确"明显不当"的表现形式,在《中华人民共和国行政诉讼法释义》一书中提出"考虑到合法性审查原则的统帅地位,对明显不当不能作过宽理解,界定为被诉行政行为结果的畸轻畸重为宜"[①]。2014年《行政诉讼法》实施后,学者对如何认定"明显不当"进行了讨论,如何海波教授认为可以从以下几个方面予以考虑行政行为是否构成明显不当:行政机关行使裁量权力时没有考虑相关因素或者考虑了不相关的因素,没有遵循业已形成的裁量基准、行政

---

① 参见信春鹰主编:《中华人民共和国行政诉讼法释义》,法律出版社2014年版,第190页。

先例或者法律原则,以致处理结果有失公正。①

## (三)增加规定给付判决

2014年《行政诉讼法》第73条增加规定了给付判决这一判决形式,指人民法院经过审理查明被告依法负有给付义务的,判决被告履行给付义务。增加这一判决形式是对受案范围中将1989年《行政诉讼法》的"认为行政机关没有依法发给抚恤金的"扩大到"认为行政机关没有依法支付抚恤金、最低生活保障待遇或者社会保险待遇的"所作出的回应。随着我国经济的发展,为公民提供国家生存照顾的给付行政得到迅速发展,授益性行政行为开始大量出现,在实践中产生很多争议。修法针对给付行政大量出现的实际情况增加了给付判决这一新的判决形式。

给付判决的适用情形十分有限,仅适用于与《社会保险法》《城市居民最低生活保障条例》《社会救助暂行办法》等给付行政相关的给付义务的履行。这一点在《若干问题适用解释》第23条得以进一步明确,该条规定2014年《行政诉讼法》第73条规定的给付判决的适用情形为:原告申请被告依法履行支付抚恤金、最低生活保障待遇或者社会保险待遇等给付义务的理由成立,被告依法负有给付义务而拒绝或者拖延履行义务且无正当理由的,人民法院可以根据2014年《行政诉讼法》第73条的规定,判决被告在一定期限内履行相应的给付义务。我国通过给付判决构建的是狭义的给付诉讼。

行政机关应当履行给付义务而没有履行,属于不履行法定职责的情形,因此,给付判决实质属于责令履行法定职责判决的一种情形。这一点从《中华人民共和国行政诉讼法释义》一书中关于给付

---

① 参见何海波:《论行政行为"明显不当"》,载《法学研究》2016年第3期。

判决的内容的说明亦可以得到佐证。① 2014年《行政诉讼法》将之专门从履职判决中独立出来作为一种单独类型判决予以规定主要目的在于回应给付行政大量出现带来的对公民权利保护的实践需求。给付判决要遵循司法权尊重行政权这一前提,法官原则上仅能判决行政机关应当履行给付义务,但是给付的具体内容不适宜在判决中由法官直接代替行政机关作出决定。

(四) 增加确认违法判决

确认违法判决是指被诉行政行为违法,但不适宜或者不能撤销的,人民法院判决确认被诉行政行为违法,但不撤销被诉行政行为的判决形式。人民法院作出确认违法判决的,可以同时责令被告采取补救措施,被诉行政行为给原告造成损失的,依法判决被告承担赔偿责任。

根据2014年《行政诉讼法》第74条的规定,确认违法判决的适用情形包括五种情形:

1. 行政行为依法应当撤销,但撤销会给国家利益、社会公共利益造成重大损害的。本项情形为吸收《执行解释》关于情况判决的规定。

2. 行政行为程序轻微违法,但对原告权利不产生实际影响。本项规定是对行政行为违反法定程序裁判方式作出的重大调整。

2014年《行政诉讼法》规定具体行政行为违反法定程序的,一律判决撤销。针对程序违法司法审查实践中存在的诸多问题,2014年《行政诉讼法》对程序违法的裁判方式作出较大调整,改变了旧法一刀切的做法,将违反法定程序的判决方式区分为两种:一种是撤销

---

① 该书提出"具体内容是判决要求被告应当给付,如果要求被告履行给付义务且对给付内容等提出原则要求或者明确给付的具体内容,就会牵涉司法权与行政权的界限问题,需要从严把握",参见信春鹰主编:《中华人民共和国行政诉讼法释义》,法律出版社2014年版,第195页。

判决,为程序违法的一般判决形式;另一种就是本条规定的确认违法判决形式,适用于"程序轻微违法、且对原告权利不产生实际影响"的情形。行政机关违反法定程序的情形十分复杂,违法程度差异较大,一律予以撤销的判决形式未免有点僵化,此次修法,借鉴域外普遍采用的根据程序违法的不同情形适用不同类型判决方式的做法,实现了行政行为程序违法判决方式的多样化,有利于兼顾公民程序权利保障与实现行政效率之间的平衡,更符合实际情况。

3. 行政行为违法,但不具有可撤销内容的。此种情形主要针对事实行为,如政府信息公开决定涉及个人隐私,且不存在需要保护的公共利益的。事实行为对原告的权益有影响,但是不具有可撤销内容,法院只能判决认定该行为的性质违法。

4. 被告改变原违法行政行为,原告仍要求确认原行政行为违法的。行政机关有权变更自己已经作出的行政决定,原行政行为被变更后效力已经终止,法院只能判决确认原行政行为违法。

5. 被告不履行或者拖延履行法定职责,判决履行已经没有意义的。被告不履行或者拖延履行法定职责一般应当适用责令履行法定职责的判决形式,但是,在有的情况下,时过境迁,再判决责令被告履职已经没有实际意义,如公民打110报警,警察没有出警,公民人身和财产已经受到伤害,此时再责令公安机关履职已经没有意义,法院只能确认公安机关没有出警违法。

## (五) 增加确认无效判决

确认无效判决是指行政行为具有法定无效情形,由人民法院判决确认无效的判决方式。人民法院作出确认无效判决的,可以同时责令被告采取补救措施,被诉行政行为给原告造成损失的,依法判决被告承担赔偿责任。

区分无效与撤销的实质意义一直是困扰实践的一个问题。尽管

《行政处罚法》《行政许可法》《专利法》《土地管理法》等部分法律在单行法中规定了无效的情形①，但是由于缺乏公民抵抗权、起诉期限不受限制等制度的支撑，这些法律中对无效的规定并没有太大的意义，至少对公民权利保障缺乏可操作性，不具有德国行政法上的行政行为无效制度的意义。就理论而言，无效针对的违法情形较之撤销的情形严重，肯定无效这一独立效力类型的存在具有很强的宣示意义，向行政机关表明一些违法情形为相当严重之违法。2014年《行政诉讼法》规定确认无效判决方式有利于从立法层面明确部分行政行为违法的严重性，从而推动行政机关依法行政。此外，修法增加确认无效判决方式对推动行政行为效力制度化也有重要意义，因为《行政诉讼法》为事后审查救济之法，确认无效判决对尽快制定《行政程序法》构建行政行为效力制度提出立法要求。②

考虑到我国还没有在实体法层面规定行政行为无效制度，2014年《行政诉讼法》关于确认无效判决的规定采用了折衷的处理策略：

第一，肯定区分无效与撤销对促进依法行政的必要性，单设一条增加规定确认无效判决。

第二，列举无效判决的两种适用情形，严格限制确认无效判决的适用范围。确认无效判决适用于两种情形：（1）行政行为实施主体不具有行政主体资格。（2）行政行为没有法律依据。这两种情形是对已有立法中关于无效情形的重申，《行政诉讼法》的关于无效情形的规定并没有超出实定法的规定。

第三，通过"重大且明显违法情形"这一兜底规定，既为司法通过个案丰富无效判决适用情形留下空间，也对确认违法判决的适用限定了严格的条件。只有在行政行为违法达到"重大且明显违法"

---

① 如《行政处罚法》第 3 条第 2 款规定："没有法定依据或者不遵守法定程序的，行政处罚无效。"
② 参见王万华：《新行政诉讼法中"行政行为"辨析——兼讼我国应加快制定行政程序法》，载《国家检察官学院学报》2015 年第 4 期。

的程度,法官才能适用确认无效判决。至于"重大且明显违法情形"的具体形式则留待司法实践予以具体化。

## (六) 修改变更判决的适用条件

1989年《行政诉讼法》规定变更判决仅适用于行政处罚显失公正的情形,修法对变更判决作出三处修改。

1. 将行政处罚"显失公正"变更为行政处罚"明显不当"。显失公正与明显不当都是对行政行为结果的客观判断,不涉及行为者主观目的的考察。《中华人民共和国行政诉讼法释义》中解释"原法是显失公正,改为明显不当并无实质变化"[①]。既然无实质变化,还要作修改,应该是为了与将明显不当增加为撤销判决适用情形相一致。由于行政行为明显不当而由法官直接作出变更判决的情形仍然被限定在行政处罚中,如果是其他类型的行政行为出现明显不当,则适用撤销判决。

行政处罚因为明显不当适用变更判决仅限于该行政处罚决定不存在超越法定职权、认定事实不清、适用法律法规错误、违反法定程序等违法情形,只是裁量权行使不当且构成明显不当。2018年5月23日,杭州西湖区人民法院对"方林富炒货店"一案作出一审判决: 1. 变更杭州市西湖区市场监督管理局于2016年3月22日作出的(杭西)市管罚处字(2015)534号行政处罚决定中"处以20万元罚款"为"处以10万元罚款"。一审判决宣判后,"处以20万元罚款"变更为"处以10万元罚款"这一变更判决引发了讨论。

---

[①] 参见信春鹰主编:《中华人民共和国行政诉讼法释义》,法律出版社2014年版,第203页。

## 方林富炒货店案[①]

  杭州方林富炒货店是个体工商户,由方林富及其妻子经营,主要出售栗子、山核桃、瓜子等炒货。2015年11月初,杭州市西湖区市场监督管理局接到群众举报称方林富炒货店存在违反《广告法》的行为。经调查,发现方林富炒货店在其经营场所西侧墙上有两块印有"方林富炒货店杭州最优秀的炒货特色店铺"和"方林富杭州最优秀的炒货店铺"内容的广告;在其经营场所展示柜内有两块手写的商品介绍板,上面写有"中国最好最优品质荔枝干""2015年新鲜出炉的中国最好最香最优品质燕山栗子";对外销售栗子包装袋上印有"杭州最好吃栗子""杭州最特色炒货店铺"。西湖区市场监督管理局认为方林富炒货店使用了"最好""最优"等绝对化广告用语,对其作出行政处罚决定:责令停止使用绝对化用语的广告,并处罚款20万元。方林富不服该行政处罚决定,起诉至人民法院。

  一审判决认定"本案20万元罚款明显不当",但构成明显不当的原因是被告违反了《行政处罚法》所规定的过罚相当原则,没有适用《行政处罚法》关于从轻处罚、减轻处罚的相关规定,20万元罚款过重,明显不当。如果被告因为适用法律、法规错误明显不当,则属于适用撤销判决的情形,不属于变更判决的情形,但是,如果法院作出撤销判决,责令行政机关重新作出行政处罚决定,行政机关重新作出的处罚决定不一定较之法院直接变更更有利于保护原告的权利。

  2. 增加规定适用情形,即增加规定"其他行政行为涉及对款额的确定、认定确有错误的"这一适用情形。其他行政行为是相对于

---

[①] 本案根据北大法宝《杭州市西湖区方林富炒货店诉杭州市西湖区市场监督管理局等行政处罚及行政复议纠纷案》登载的杭州市西湖区人民法院(2016)浙0106行初240号判决书整理而成,法宝引证码 CLI.C.11166670。

行政处罚而言的,指行政处罚之外的其他行政行为。确定是指由行政机关作出决定,如对抚恤金、低保、社会保险金的数额确定;认定是指对客观事实的肯定,如税务机关对企业营业额的认定。法院经审理,认定行政机关关于行政行为中的款额的确定与认定确有错误的,可以直接判决变更,不需要由行政机关重新进行确定与认定。

3. 增加规定实行诉讼禁止不利变更原则。修法吸收《执行解释》第55条的规定,增加规定诉讼禁止不利变更原则。人民法院作出变更判决时,不得加重原告的义务或者减损原告的权益,但利害关系人同为原告,且诉讼请求相反的除外。

2014年《行政诉讼法》关于变更判决的修改较之原法并无本质区别,在司法权与行政权的关系处理定位方面,修法坚持司法权监督行政权的基本定位,对司法权直接变更行政行为的权限作了非常严格的限制。严守司法权与行政权的分工界限为美国三权分立之下法院进行司法审查所遵循的基本原则,但这一前提在我国并不存在。在行政行为事实认定清楚,法律、法规适用正确,符合法定程序,仅行为结果显失公正的情况下,法官在作出行政行为显失公正这一判断的同时对何种结果符合公正也已经形成内心确信,从实质化解争议与更好保障公民合法权益的角度,扩大变更判决的适用范围更有利于实质化解争议和更好保障公民合法权益。

### (七) 增加规定行政协议争议的判决方式

1989年《行政诉讼法》规定的四种判决方式仅能适用于具体行政行为,修法增加规定了行政协议案件的判决方式。2014年《行政诉讼法》第78条对行政协议案件判决方式作出概括性规定,《若干问题适用解释》第15条作出细化规定。

**1. 判决被告承担继续履行、采取补救措施或者赔偿损失等责任**

由于《行政诉讼法》坚持"民告官"的立法定位,尽管行政协议争议的产生既可能是私人主体违约,也可能是行政机关违约,但是《行政诉讼法》仅规定当行政机关不履行行政协议时,私人主体可以向法院提起行政诉讼。私人主体违约不履行行政协议的,行政机关不能向法院提起行政诉讼。与之相对应,判决方式仅体现为判决被告继续履行协议、采取补救措施或者赔偿损失等。

受案范围条款列举了行政机关不履行行政协议的四种情形:不依法履行行政协议、未按照约定履行行政协议、违法变更行政协议、违法解除行政协议。行政协议兼具行政性与契约合意双重属性,行政机关作为协议的一方,既受依法行政原则的约束、要履行相应法定义务,也受行政协议所约定义务的约束。行政协议签订后,行政机关应当依法履行协议,依协议约定履行协议。根据《若干问题适用解释》第 15 条的规定,原告主张被告不依法履行、未按照约定履行协议或者单方变更、解除协议违法,理由成立的,法院可以根据原告的诉讼请求判决确认协议有效、判决被告继续履行协议,并明确继续履行的具体内容;被告无法继续履行或者继续履行已无实际意义的,判决被告采取相应的补救措施;给原告造成损失的,判决被告予以赔偿。原告请求解除协议或者确认协议无效,理由成立的,法院判决解除协议或者确认协议无效,并根据合同法等相关法律规定作出处理。

行政机关在协议履行过程中,根据相关立法享有单方变更、单方解除协议的权利,但是变更、解除行政协议必须符合法定条件,而不能随意变更、解除协议。因为行政机关单方随意变更、解除协议给原告造成损害的,法院可以判决被告采取补救措施,赔偿原告损失。

2. 补偿判决

补偿判决是指行政机关变更、解除行政协议合法,但未依法给予原告补偿,由法院判决被告给予原告补偿的判决方式。由于行政机关签订行政协议的目的是为了实现行政管理目标,部分法律赋予行政机关为了公共利益的需要,在出现法定情形时有权单方变更、解除协议,但是要对法人或者其他组织因为协议被变更、解除造成的损失进行补偿。被告因公共利益需要或者其他法定理由单方变更、解除协议,法院经审理认为行政机关单方变更、解除协议合法,但是未依法给予原告补偿的,法院判决被告给予原告补偿。

**(八) 增加复议机关作共同被告的裁判方式**

《若干问题适用解释》第9条第1款规定,复议机关决定维持原行政行为的,人民法院应当在审查原行政行为合法性的同时,一并审查复议程序的合法性。与之相对应,人民法院应当对复议决定和原行政行为一并作出裁判,在对原行政行为作出判决的同时,应当对复议决定一并作出相应判决。

复议机关作共同被告制度之下,行政诉讼中的审理对象分别为原行政行为的合法性与复议程序的合法性,法院在判决中需要同时对原行政行为与行政复议决定的效力作出裁判。《若干问题适用解释》第10条区分不同情形针对复议决定的判决方式作出如下规定:

第一,人民法院判决撤销原行政行为和复议决定的,可以判决作出原行政行为的行政机关重新作出行政行为。复议机关作共同被告出现在复议机关作出维持决定的情形,因而,在行政诉讼中,审理对象是原行政行为的合法性与复议程序合法性。法院经审理认为原行政行为违法的,适用撤销判决,被可以判决原行政行为的行政机关重新作出行政行为。

第二,人民法院判决作出原行政行为的行政机关履行法定职责或者给付义务的,应当同时判决撤销复议决定。复议机关作共同被告意味过去行政复议决定因为原告提起行政诉讼自然失效的做法不再适用,法院在判决原行政行为的行政机关履行法定职责或者给付义务时,还应当同时判决撤销维持原行政行为的复议决定。

第三,原行政行为合法、复议决定违反法定程序的,应当判决确认复议决定违法,同时判决驳回原告针对原行政行为的诉讼请求。复议机关作共同被告制度将行政复议决定性质视为对行政行为作出的二次决定,违反法定程序一般情形本应适用撤销判决,但由于原行政行为合法,而复议决定的内容是维持合法的原行政行为,不适宜作出撤销判决,只能适用确认违法判决,确认复议决定违反法定程序。

第四,原行政行为被撤销、确认违法或者无效,给原告造成损失的,应当由作出原行政行为的行政机关承担赔偿责任;因复议程序违法给原告造成损失的,由复议机关承担赔偿责任。当原行政行为与复议程序都存在违法情形时,此种情形区分了原行政行为的作出机关与复议机关各自所承担的赔偿责任。原行政行为作出机关承担因原行政行为违法给原告造成损害的赔偿责任,复议机关就复议程序违法所造成的损害承担赔偿责任。

**(九) 行政规范性文件附带审查的处理方式**

2014年《行政诉讼法》没有将行政规范性文件纳入直接起诉的受案范围,但是规定原告可在对行政行为提起行政诉讼的同时对作为行政行为依据的规范性文件提起附带性审查。根据2014年《行政诉讼法》第64条的规定,法院经审查认为规范性文件不合法的,不能直接对规范性文件的效力予以撤销,只能不将规范性文件作为认定行政行为合法的依据,并向制定机关提出处理建议。《若干问题适用解释》第21条对此作出进一步明确,规范性文件不合法的,人民法院不作为认定行政行为合法的依据,并在裁判理由中予以阐明。作出生效裁判的法院应当向规范性文件的制定机关提出处理建议,并可以抄送制定机关的同级人民政府或者上一级行政机关。

## (十) 完善二审程序

2014年《行政诉讼法》以一审程序制度为核心内容,修法对二审程序及二审审理方式作出重大修改,并进一步完善了二审裁判方式。

1. 书面审理原则修改为以开庭审理为原则。修法改变了二审以书面审理方式为原则的规定,代之以开庭审理为原则。人民法院审理上诉案件应当组成合议庭,开庭审理。经过阅卷、调查和询问当事人,对没有提出新的事实、证据或者理由,合议庭认为不需要开庭审理的,也可以不开庭审理。开庭审理较之书面审理更易于查明事实,因而,如果不需要重新认定事实,仍可以采用书面审理方式。

2. 增加规定全面审查原则。2014年《行政诉讼法》第87条规定:人民法院审理上诉案件,应当对原审人民法院的判决、裁定和被诉行政行为进行全面审查。新增规定二审实行全面审查原则,不仅审查一审判决、裁定,同时审查被诉行政行为合法性。二审审理范围与一审审理范围一样不受上诉人上诉请求的限制,这是因为我国行政诉讼以合法性审查为原则,以撤销之诉为核心,其实质为客观诉讼,即通过行政诉讼实现对行政行为的合法性审查。故而,无论是在一审,还是在二审,均由人民法院对被诉行政行为的合法性进行全面审查,不受当事人诉讼请求和上诉请求的限制。

3. 延长二审审限和完善裁判方式。2014年《行政诉讼法》将二审案件审理期限由2个月延长至3个月,并对二审裁判方式作了较大修改,包括:(1) 增加对裁定的二审处理规定。1989年《行政诉讼法》仅规定了针对判决提起上诉的二审判决方式,没有规定裁定的处理方式。(2) 增加规定原判决裁定认定事实错误或者适用法律、法规错误的,依法改判、撤销或者变更。1989年《行政诉讼法》仅规定一审判决认定事实清楚,但是适用法律、法规错误情形的判决方式。(3) 将一审裁判违反法定程序的情形单列处理。一审判决出现遗漏当事人或者违法缺席判决等严重违反法定程序的,裁定撤销原判决,发回原审人民法院重审。即一审存在前述严重违反法定程序情形的,不再由二审法院查清事实后改判,而是发回重审。当事人不服重审判决的,仍可以提起上诉,更有利于保障当事人的权利。(4) 明确发回重审的次数限制。发回重审以一次为限,原审人民法院对发回重审的案件作出判决后,当事人提起上诉的,二审人民法院不得再次发回重审。(5) 新增规定人民法院审理上诉案件,需要改变原审判决的,应当同时对被诉行政行为作出判决。

### (十一) 完善再审程序

1. 修改再审管辖。修法取消了原审人民法院对再审案件的管辖权,当事人对已经发生法律效力的判决、裁定,认为确有错误的,可以向上一级人民法院申请再审,但判决、裁定不停止执行。

2. 增加规定再审事由。再审事由也是启动再审程序的条件,具备再审事由的,人民法院应当启动再审程序。再审事由包括:(1) 不予立案或者驳回起诉确有错误的;(2) 有新的证据,足以推翻原判决、裁定的;(3) 原判决、裁定认定事实的主要证据不足、未经质证或者系伪造的;(4) 原判决、裁定适用法律、法规确有错误的;(5) 违反法律规定的诉讼程序,可能影响公正审判的;(6) 原判决、裁定遗漏诉讼请求的;(7) 据以作出原判决、裁定的法律文书被撤销或者变更的;(8) 审判人员在审理案件时有贪污受贿、徇私舞弊、枉法裁判行为的。

3. 完善人民检察院抗诉制度规定。1989 年《行政诉讼法》关于检察抗诉制度的规定过于原则,修法借鉴《民事诉讼法》的规定,对人民检察院提起抗诉制度进行细化。(1) 扩大抗诉案件范围。人民检察院对已经发生法律效力的判决、裁定发现具备再审事由情形的,或者发现调解书损害国家利益、社会公共利益的,应当提出抗诉。抗诉对象包括生效判决、裁定及调解书。（2）细化抗诉提起程序。最高人民检察院对各级人民法院的生效裁判及调解书，上级人民检察院对下级人民法院已经生效的裁判及调解书提起抗诉。地方各级人民检察院对同级人民法院生效裁判及调解书提请上级人民检察院向同级人民法院提出抗诉。（3）增加检察建议规定。修法借鉴《民事诉讼法》的规定，增加规定了检察建议这一检察监督方式。检察建议不必然引起抗诉，最高人民法院、最高人民检察院《关于对民事审判活动与行政诉讼实行法律监督的若干意见（试行）》第7条第2款规定：人民法院收到再审检察建议后，应当在3个月内进行审查并将审查结果书面回复人民检察院。检察建议包括两种情形：第一种是再审检察建议。地方各级人民检察院认为同级人民法院的生效裁判及调解书具备再审事由情形的，可以向同级人民法院提出检察建议。人民法院针对再审检察建议作出不予再审决定，人民检察院认为人民法院不予再审的决定不当的，提请上级人民检察院提出抗诉。第二种是其他检察建议。各级人民检察院对审判监督程序以外的其他审判程序中审判人员的违法行为，有权向同级人民法院提出检察建议。

## 九、《最高人民法院关于适用〈中华人民共和国行政诉讼法〉的解释》进一步完善行政诉讼制度

《最高人民法院关于适用〈中华人民共和国行政诉讼法〉的解释》（以下简称《适用解释》）于2017年11月13日由最高人民法院审判委员会第1726次会议讨论通过，2018年2月6日正式公布[①]，

---

[①] 2018年2月7日上午，最高人民法院召开新闻发布会正式发布《适用解释》，江必新副院长就起草《适用解释》的背景、指导思想和主要内容作了详细介绍（见图3-4-4）。

2018年2月8日起施行。《适用解释》分十三个部分,共计163条,与《执行解释》相比,条文数量总体增加了65条。

图 3-4-4　2018年2月7日,《适用解释》新闻发布会现场①

《适用解释》的出台主要基于以下几点考虑:其一,与2014年《行政诉讼法》同步实施的《若干问题适用解释》仅对2014年《行政诉讼法》新增规定的部分制度作出细化规定,并未全面覆盖2014年《行政诉讼法》。其二,《若干问题适用解释》与《执行解释》并存,新旧司法解释之间存在衔接的问题。其三,2014年《行政诉讼法》实施两年来,实践中出现一些新问题,需要制定司法解释完善制度以更好推动2014年《行政诉讼法》实施。

### (一) 受案范围制度

《适用解释》仍然没有对"行政行为"这一2014年《行政诉讼法》的核心概念的内涵作出解释,新增明确了五类不属于行政诉讼

---

① 图片来源于最高人民法院官方网站:http://www.court.gov.cn/zixun-xiangqing-80352.html,最后访问日期:2020年8月1日。

受案范围的行为:

1. 不产生外部法律效力的行为。不产生外部法律效力的行为因为没有影响相对人的合法权益,因而不属于受案范围。"不产生外部法律效力的行为"并不等同于内部行为,内部行为如果对外产生法律效力,如会议纪要,也属于受案范围。

2. 过程性行为。行政机关为作出行政行为而实施的准备、论证、研究、层报、咨询等过程性行为尚不具有可诉行为的成熟性,不是最终决定,不具备最终法律效力,因而不属于可诉行为范围。

3. 协助执行行为。协助执行行为是指行政机关根据人民法院的生效裁判、协助执行通知书作出的执行行为,但行政机关扩大执行范围或者采取违法方式实施的除外。协助执行行为是实现法院决定内容的行为,本身没有直接影响当事人的权利义务。

4. 内部层级监督行为。内部层级监督行为是指上级行政机关基于内部层级监督关系对下级行政机关作出的听取报告、执法检查、督促履责等行为,这些行为是基于行政机关上下级组织关系作出的行为,并非基于行为法作出的行为,对当事人的权利义务没有直接影响。

5. 信访答复行为。信访答复行为是指行政机关针对信访事项作出的登记、受理、交办、转送、复查、复核意见等行为。信访事项办理行为不是行政机关行使首次判断权的行为。

## (二) 管辖制度

1. 明确铁路运输法院的管辖权限。铁路运输法院等专门人民法院审理行政案件,执行2014年《行政诉讼法》第18条第2款的规定,即经最高人民法院批准,高级人民法院可以根据审判工作的实际情况,确定若干人民法院跨行政区域管辖行政案件。

2. 调整中级人民法院管辖。明确"本辖区内重大复杂案件"包括:(1)社会影响重大的共同诉讼案件。(2)涉外或者涉及香港特别行政区、澳门特别行政区、台湾地区行政案件,其中将"重大涉外"调整为"涉外",涉外案件全部由中级人民法院管辖。(3)其他重大复杂的案件。

3. 不动产案件管辖。"因不动产提起的行政诉讼"是指因行政行为导致不动产物权变动而提起的诉讼。不动产已登记的,以不动产登记簿记载的所在地为不动产所在地;不动产未登记的,以不动产实际所在地为不动产所在地。

(三)诉讼主体制度

1. 原告资格。《适用解释》没有对"与被诉行政行为有利害关系"的内涵进行一般解释,通过列举具体情形明确了特定情形原告资格的判断,《适用解释》增加规定的情形包括:(1)投诉人、举报人为维护自身合法权益向行政机关投诉的,才与行政机关就其投诉举报作出的处理或者不予处理具有利害关系,才具有原告资格。(2)债权人。债权人以行政机关对债务人所作的行政行为损害债权实现为由提起行政诉讼的,不具备行政诉讼原告资格,人民法院应当告知其就民事争议提起民事诉讼,但行政机关作出行政行为时依法应予保护或者应予考虑的除外。(3)明确业委会和业主具有原告资格的条件和情形。

2. 被告适格。《适用解释》增加规定以下情形:(1)分三个层次规定了开发区管委会作被告的确定规则。由国务院、省级人民政府批准设立的开发区管理机构作出的行政行为不服提起诉讼的,以该开发区管理机构为被告;对由国务院、省级人民政府批准设立的开发区管理机构所属职能部门作出的行政行为不服提起诉讼的,以其职能部门为被告;对其他开发区管理机构所属职能部门作出的行政行为不服提起诉讼的,以开发区管理机构为被告;开发区管理机构没有行政主体资格的,以设立该机构的地方人民政府为被告。(2)村民委员会或居民委员会。当事人对村民委员会或者居民委员会依据法律、法规、规章的授权履行行政管理职责的行为不服提起诉讼的,以村民委员会或者居民委员会为被告。(3)高等学校与行业协会。当事人对高等学校等事业单位以及律师协会、注册会计师协会等行业协会依据法律、法规、规章的授权实施的行政行为不服提起诉讼的,以该事业单位、行业协会为被告。

3. 第三人。《适用解释》新增规定了第三人的再审申请权。人民法院判决其承担义务或者减损其权益的第三人,有权提出上诉或者申请再审。

## (四) 证据制度

1. 细化非法证据排除规则。有下列情形之一的,属于2014年《行政诉讼法》第43条第3款规定的"以非法手段取得的证据":(1)严重违反法定程序收集的证据材料;(2)以违反法律强制性规定的手段获取且侵害他人合法权益的证据材料;(3)以利诱、欺诈、胁迫、暴力等手段获取的证据材料。

2. 完善行政赔偿补偿案件举证责任分配规则。行政赔偿案件由原告就自己遭受的损害承担举证责任,实践中存在原告无法举证的情形,对此,《适用解释》吸收《行诉证据规定》,明确在行政赔偿、补偿案件中,因被告的原因导致原告无法就损害情况举证的,应当由被告就该损害情况承担举证责任。对于各方主张损失的价值无法认定的,应当由负有举证责任的一方当事人申请鉴定,但法律、法规、规章规定行政机关在作出行政行为时依法应当评估或者鉴定的除外。负有举证责任的当事人拒绝申请鉴定的,由其承担不利的法律后果。当事人的损失因客观原因无法鉴定的,人民法院应当结合当事人的主张和在案证据,遵循法官职业道德,运用逻辑推理和生活经验、生活常识,酌情确定赔偿数额。

3. 明确当事人的到庭义务。当事人到庭才能查明案件事实,针对有的当事人故意不出庭的问题,《适用解释》明确了当事人和行政执法人员的到庭义务及相应法律后果,负有举证责任的当事人拒绝到庭、拒绝接受询问或者拒绝签署保证书,待证事实又欠缺其他证据加以佐证的,人民法院对其主张的事实不予认定。

(五) 立案登记制

以立案登记制替代立案审查制是2014年《行政诉讼法》的重要内容,但对如何理解立案登记制尚存有争议,各地法院的实际做法也存在差异。为防止不符合起诉条件的案件进入诉讼程序,《适用解释》对立案登记制进行了细化与完善。内容包括:

1. 细化原告起诉应当提交的材料。公民、法人或者其他组织提起诉讼时应当提交以下起诉材料:原告的身份证明材料以及有效联系方式;被诉行政行为或者不作为存在的材料;原告与被诉行政行为具有利害关系的材料;人民法院认为需要提交的其他材料。由法定代理人或者委托代理人代为起诉的,还应当在起诉状中写明或者在口头起诉时向人民法院说明法定代理人或者委托代理人的基本情况,并提交法定代理人或者委托代理人的身份证明和代理权限证明等材料。

2. 明确人民法院审查事项及释明义务。人民法院应当就起诉状内容和材料是否完备以及是否符合2014年《行政诉讼法》规定的起诉条件进行审查。起诉状内容或者材料欠缺的,人民法院应当给予指导和释明,并一次性全面告知当事人需要补正的内容、补充的材料及期限。原告在指定期限内补正并符合起诉条件的,应当登记立案。当事人拒绝补正或者经补正仍不符合起诉条件的,退回诉状并记录在册。原告坚持起诉的,裁定不予立案,并载明不予立案的理由。

## （六）行政机关负责人出庭应诉制度

行政机关负责人出庭应诉制度是2014年《行政诉讼法》新增的规定，其目的是保证"告官见官"，提高行政机关负责人法治意识。2014年《行政诉讼法》实施过程中，行政机关负责人实际出庭的情况较之过去有了改善，但各地在出庭人员范围把握方面存在不同做法。《适用解释》进一步细化了这一制度，内容包括：

1. 扩大行政机关负责人的范围。《若干问题适用解释》中规定"行政机关负责人"，包括行政机关的正职和副职负责人，《适用解释》扩大了行政机关负责人的范围，包括行政机关的正职、副职负责人以及其他参与分管的负责人。行政机关负责人出庭应诉的，可以另行委托一至二名诉讼代理人。行政机关负责人不能出庭的，应当委托行政机关相应的工作人员出庭，不得仅委托律师出庭。

"行政机关相应的工作人员"包括该行政机关具有国家行政编制身份的工作人员以及其他依法履行公职的人员。被诉行政行为是地方人民政府作出的，地方人民政府法制工作机构的工作人员，以及被诉行政行为具体承办机关工作人员，可以视为被诉人民政府相应的工作人员。

2. 行政机关负责人应当出庭的情形。涉及重大公共利益、社会高度关注或者可能引发群体性事件等案件以及人民法院书面建议行政机关负责人出庭的案件，被诉行政机关负责人应当出庭。

3. 行政机关负责人不出庭的说明义务。行政机关负责人有正当理由不能出庭应诉的，应当向人民法院提交情况说明，并加盖行政机关印章或者由该机关主要负责人签字认可。行政机关拒绝说明理由的，不发生阻止案件审理的效果，人民法院可以向监察机关、上一级行政机关提出司法建议。

4. 法律后果。行政机关负责人和行政机关相应的工作人员均不出庭,仅委托律师出庭的或者人民法院书面建议行政机关负责人出庭应诉,行政机关负责人不出庭应诉的,人民法院应当记录在案和在裁判文书中载明,并可以建议有关机关依法作出处理。

### (七) 规范性文件一并审查制度

规范性文件一并审查制度是2014年《行政诉讼法》新增重要规定之一,《若干问题适用解释》仅用一条简单规定规范性文件不合法的,人民法院不作为认定行政行为合法的依据,并在裁判理由中予以阐明。作出生效裁判的人民法院应当向规范性文件的制定机关提出处理建议,并可以抄送制定机关的同级人民政府或者上一级行政机关。《适用解释》对此项制度进行了细化,主要包括以下内容:

1. 提出时间和管辖法院。公民、法人或者其他组织请求人民法院一并审查规范性文件的,应当在第一审开庭审理前提出,有正当理由的,也可以在法庭调查中提出。申请提出后,由行政行为案件管辖法院一并审查。

2. 听取制定机关意见。人民法院在对规范性文件审查过程中,发现规范性文件可能不合法的,应当听取规范性文件制定机关的意见。制定机关申请出庭陈述意见的,人民法院应当准许。行政机关未陈述意见或者未提供相关证明材料的,不能阻止人民法院对规范性文件进行审查。

3. 明确了规范性文件不合法的情形。规范性文件有下列情形之一的,属于2014年《行政诉讼法》第64条规定的"规范性文件不合法":超越制定机关的法定职权或者超越法律、法规、规章的授权范围的;与法律、法规、规章等上位法的规定相抵触的;没有法律、法规、规章依据,违法增加公民、法人和其他组织义务或者减损公民、法人和其他组织合法权益的;未履行法定批准程序、公开发布程序,严重违反制定程序的;其他违反法律、法规以及规章规定的情形。

4. 对不合法规范性文件的处理。人民法院经审查认为行政行为所依据的规范性文件合法的,应当作为认定行政行为合法的依据;经审查认为规范性文件不合法的,不作为人民法院认定行政行为合法的依据,并在裁判理由中予以阐明。

人民法院应当向规范性文件的制定机关提出处理建议,并可以抄送制定机关的同级人民政府、上一级行政机关、监察机关以及规范性文件的备案机关。规范性文件不合法的,人民法院可以在裁判生效之日起 3 个月内,向规范性文件制定机关提出修改或者废止该规范性文件的司法建议。接收司法建议的行政机关应当在收到司法建议之日起 60 日内予以书面答复。情况紧急的,人民法院可以建议制定机关或者其上一级行政机关立即停止执行该规范性文件。

人民法院认为规范性文件不合法的,应当在裁判生效后报送上一级人民法院进行备案。涉及国务院部门、省级行政机关制定的规范性文件,司法建议还应当分别层报最高人民法院、高级人民法院备案。

## (八) 行政诉讼判决适用条件

行政诉讼判决类型及其适用条件是行政诉讼核心制度之一,《适用解释》没有调整行政诉讼判决类型,仅对适用条件进行了完善。

1. 细化确认无效判决的情形。行政行为存在"重大且明显违法"的情形的无效,《适用解释》规定有下列情形之一的,属于 2014 年《行政诉讼法》第 75 条规定的"重大且明显违法":行政行为实施主体不具有行政主体资格;减损权利或者增加义务的行政行为没有法律规范依据;行政行为的内容客观上不可能实施;其他重大且明显违法的情形。

2. 明确程序轻微违法的情形。2014年《行政诉讼法》规定行政行为程序轻微违法的,适用确认违法判决,有下列情形之一,且对原告依法享有的听证、陈述、申辩等重要程序性权利不产生实质损害的,属于2014年《行政诉讼法》第74条第1款第(2)项规定的"程序轻微违法":处理期限轻微违法;通知、送达等程序轻微违法;其他程序轻微违法的情形。

## (九) 细化二审裁判方式

《适用解释》进一步细化了二审的裁判方式。包括:

1. 不予立案、驳回起诉裁定处理方式。二审人民法院经审理认为原审人民法院不予立案或者驳回起诉的裁定确有错误且当事人的起诉符合起诉条件的,应当裁定撤销原审人民法院的裁定,指令原审人民法院依法立案或者继续审理。当事人对于原审人民法院的判决还可以提起上诉,有利于保护当事人的诉权。

2. 重审案件另行组成合议庭审理。二审人民法院裁定发回原审人民法院重新审理的行政案件,原审人民法院应当另行组成合议庭进行审理。

3. 遗漏行政赔偿请求的处理。原审判决遗漏行政赔偿请求,二审人民法院认为依法不应当予以赔偿的,应当判决驳回行政赔偿请求;二审人民法院认为依法应当予以赔偿的,在确认被诉行政行为违法的同时,可以就行政赔偿问题进行调解;调解不成的,应当就行政赔偿部分发回重审。此外,当事人在二审期间提出行政赔偿请求的,二审人民法院可以进行调解;调解不成的,告知当事人另行起诉。

## (十) 细化再审程序

1. 当事人申请再审的期间为自判决、裁定或者调解书发生法律效力后6个月内提出。有下列情形之一的,自知道或者应当知道之日起6个月内提出:(1)有新的证据足以推翻原判决、裁定的;(2)原判决、裁定认定事实的证据主要是伪造的;(3)据以作出原判决、裁定的法律文书被撤销或者变更的;(4)审判人员审理该案时有贪污受贿、徇私舞弊、枉法裁判行为的。

2. 合并审查再审申请。审查再审期间,被申请人及原审其他当事人依法提出再审申请的,人民法院应当将其列为再审申请人,对其再审事由一并审查,审查期限重新计算。经审查,其中一方再审申请人主张的再审事由成立的,应当裁定再审。各方再审申请人主张的再审事由均不成立的,一并裁定驳回再审申请。

3. 撤回再审申请及其处理。审查再审申请期间,再审申请人撤回再审申请的,是否准许,由人民法院裁定。再审申请人经传票传唤,无正当理由拒不接受询问的,按撤回再审申请处理。

人民法院准许撤回再审申请或者按照撤回再审申请处理后,再审申请人再次申请再审的,不予立案。但有2014年《行政诉讼法》第91条第(2)项、第(3)项、第(7)项、第(8)项规定情形的,自知道或者应当知道之日起6个月内提出的除外。

4. 对当事人再审申请的处理。当事人主张的再审事由成立,且符合申请再审条件的,人民法院应当裁定再审。当事人主张的再审事由不成立,或者当事人申请再审不符合申请再审条件的,人民法院裁定驳回再审申请。

出现以下情形之一的,当事人可以向人民检察院申请抗诉或者检察建议:人民法院驳回再审申请的,人民法院逾期未对再审申请作出裁定的,再审判决、裁定有明显错误的。

5. 再审审理范围。人民法院审理再审案件应当围绕再审请求和被诉行政行为合法性进行。当事人的再审请求超出原审诉讼请求,符合另案起诉条件的,告知当事人可以另行起诉。被申请人及原审其他当事人在庭审辩论结束前提出的再审请求,符合再审申请期限的,人民法院应当一并审理。

人民法院经再审,发现已经发生法律效力的判决、裁定损害国家利益、社会公共利益、他人合法权益的,应当一并审理。

6. 终结再审程序。出现下列情形之一的,人民法院裁定终结再审程序:(1)再审申请人在再审期间撤回再审请求,人民法院准许的;(2)再审申请人经传票传唤,无正当理由拒不到庭的,或者未经法庭许可中途退庭,按撤回再审请求处理的;(3)人民检察院撤回抗诉的;(4)其他应当终结再审程序的情形。

人民检察院提出抗诉裁定再审的案件,申请抗诉的当事人有上述规定的情形,且不损害国家利益、社会公共利益或者他人合法权益的,人民法院裁定终结再审程序。

再审程序终结后,人民法院裁定中止执行的原生效判决自动恢复执行。

**(十一)完善二审再审对立案、不予立案或者驳回起诉裁定的处理**

人民法院审理二审案件和再审案件,对原审法院立案、不予立案或者驳回起诉错误的,应当分别情况作如下处理:

第一,第一审人民法院作出实体判决后,第二审人民法院认为不应当立案的,在撤销第一审人民法院判决的同时,可以径行驳回起诉。

第二,第二审人民法院维持第一审人民法院不予立案裁定错误的,再审法院应当撤销第一审、第二审人民法院裁定,指令第一审人民法院受理。

第三,第二审人民法院维持第一审人民法院驳回起诉裁定错误的,再审法院应当撤销第一审、第二审人民法院裁定,指令第一审人民法院审理。

# 第 五 章
# 检察行政公益诉讼制度初步形成阶段：2015—2018 年

《行政诉讼法》建构了以个人权利救济为目的的行政诉讼制度，如当事人制度中原告恒定为公民、法人或者其他组织，被告恒定为行政机关。受不告不理司法启动原则和与具体行政行为有法律上利害关系才具备原告资格等制度的限制，尽管行政机关存在行政违法的情形，但是由于无人诉，或者公民、组织无原告资格，无法启动行政诉讼程序，进而无法发挥司法监督行政机关依法行政的作用。针对实践中日益严峻的行政机关不作为而造成国家或者社会公共利益受损害的状况，探索建立检察机关提起公益诉讼制度于 2015 年 7 月 1 日启动，二年试点期结束后，2017 年 6 月 27 日修改 2014 年《行政诉讼法》，正式建立检察机关提起行政公益诉讼制度。

## 一、制度形成过程

2015 年 5 月 5 日，中央深改组第 12 次会议通过《检察机关提起公益诉讼改革试点方案》，2014 年 10 月 23 日，党的十八届四中全会

《决定》中提出探索建立检察机关提起公益诉讼制度。① 2015 年 7 月 1 日,《全国人民代表大会常务委员会关于授权最高人民检察院在部分地区开展公益诉讼试点工作的决定》发布②,授权北京、内蒙古、吉林、江苏、安徽、福建、山东、湖北、广东、贵州、云南、陕西、甘肃十三个省、自治区、直辖市开展检察机关提起行政公益诉讼试点。

《全国人民代表大会常务委员会关于授权最高人民检察院在部分地区开展公益诉讼试点工作的决定》发布后,最高人民检察院相继发布三个文件:《检察机关提起公益诉讼的改革试点方案》(2015 年 7 月 2 日发布)、《人民检察院提起公益诉讼试点工作实施办法》(2015 年 12 月 24 日发布)、《关于深入开展公益诉讼试点工作有关问题的意见》(2016 年 12 月 22 日发布)。最高人民法院 2016 年 2 月 25 日发布《人民法院审理人民检察院提起公益诉讼案件试点工作实施办法》。

2017 年 6 月 27 日,第十二届全国人民代表大会常务委员会第 28 次会议通过《全国人民代表大会常务委员会关于修改〈中华人民共和国民事诉讼法〉和〈中华人民共和国行政诉讼法〉的决定》,其中,在《行政诉讼法》第 25 条增加一款作为第 4 款规定:"人民检察院在履行职责中发现生态环境和资源保护、食品药品安全、国有财产保护、国有土地使用权出让等领域负有监督管理职责的行政机关违法行使职权或者不作为,致使国家利益或者社会公共利益受到侵害的,应当向行政机关提出检察建议,督促其依法履行职责。行政机关不依法履行职责的,人民检察院依法向人民法院提起诉讼"。法律正式建立了检察机关提起行政公益诉讼制度,将行政诉讼制度

---

① 2015 年 5 月 21 日,全国检察机关行政检察工作座谈会在吉林省长春市召开,曹建明检察长在此次工作座谈会上对行政检察工作的指导思想作了全面阐述。
② 2015 年 7 月 1 日第十二届全国人民代表大会常务委员会第 15 次会议通过。

由单一的主观诉讼制度拓展至客观诉讼制度。

2017年《行政诉讼法》修法虽然解决了检察行政公益诉讼制度的法律基础问题,但是,修法没有对检察行政公益诉讼程序制度进行规定,而2017年《行政诉讼法》所规定的行政诉讼程序制度是以解决个人与行政机关之间的行政争议为对象规定的,并不能够完全适用于检察行政公益诉讼。2018年3月1日,最高人民法院和最高人民检察院联合发布《最高人民法院、最高人民检察院关于检察公益诉讼案件适用法律若干问题的解释》(见图3-5-1)。《最高人民法院、最高人民检察院关于检察公益诉讼案件适用法律若干问题的解释》2018年2月23日经最高人民法院审判委员会第1734次会议、2018年2月11日经最高人民检察院第十二届检察委员会第73次会议通过,自2018年3月2日起施行。

图3-5-1 2018年3月1日上午十点,最高人民检察院,两高联合召开新闻发布会现场,发布了《最高人民法院、最高人民检察院关于检察公益诉讼案件适用法律若干问题的解释》①

---

① 图片来源于最高人民检察院官网:http://gjwft.jcrb.com/2018/3yue/jcgysssfjs/,最后访问日期:2020年8月1日。

## 二、检察行政公益诉讼制度的主要内容

### (一) 案件范围

案件范围是行政公益诉讼制度的核心问题。案件范围之宽窄决定了检察权对行政权的司法监督力度,也直接影响法院行使司法裁判权的范围,更直接决定公共利益在多大程度能够通过司法监督得到维护。确定行政公益诉讼案件范围需考量诸多因素:应然层面,既要依据《宪法》关于国家机关关系的规定,也要符合《行政诉讼法》关于公益诉讼与个人诉权行使的分工的规定;实然层面,既要考虑行政执法实际状况和社会的诉求,还要根据检察机关目前在多大程度上有条件、有能力承担此项工作,进而作出是一步到位、还是分阶段发展的政策选择。

试点期间,《全国人民代表大会常务委员会关于授权最高人民检察院在部分地区开展公益诉讼试点工作的决定》将案件范围确定为"生态环境和资源保护、国有资产保护、国有土地使用权出让、食品药品安全等领域",这一规定将公益诉讼的试点领域限定为四个行政管理部门。试点过程中检察权保持了相对克制的态度,《检察机关提起公益诉讼的改革试点方案》将试点案件范围确定为:检察机关在履行职责中发现生态环境和资源保护、国有资产保护、国有土地使用权出让等领域负有监督管理职责的行政机关违法行使职权或者不作为,造成国家和社会公共利益受到侵害,公民、法人和其他社会组织由于没有直接利害关系,没有也无法提起诉讼的,可以向人民法院提起行政公益诉讼。案件来源被限定在"履职过程中"发现的案件线索,案件范围被限定在公共利益受损比较严重的无争议的三类案件中。其中,履行职责包括履行职务犯罪侦查、批准或

者决定逮捕、审查起诉、控告检察、诉讼监督等职责。

两年试点结束后,2017年《行政诉讼法》修法在三类案件之外增加了食品药品安全类案件,具体表述为"人民检察院在履行职责中发现生态环境和资源保护、食品药品安全、国有财产保护、国有土地使用权出让等领域"。对此处的"等"为"等外等"还是"等内等"存有争议。为更好维护公共利益计,试点结束后,在确定案件范围的考量上,检察机关可适度扩大案件范围,对"等"字作"等外等"理解,继续探索尝试新的案件领域。四类领域之外,如文物、古建筑等文化遗产保护等,因行政机关违法致使公共利益遭受重大损害时,检察机关亦应启动行政公益诉讼程序,以回应民众和社会的利益诉求。

## (二) 管辖

### 1. 检察管辖

检察管辖是指检察机关办理检察行政公益诉讼案件的职权分工,包括级别管辖和地域管辖。根据《人民检察院提起公益诉讼试点工作实施办法》的规定,人民检察院提起行政公益诉讼的案件,一般由违法行使职权或者不作为的行政机关所在地的基层人民检察院管辖。基层人民检察院是办理检察行政公益诉讼的一般管辖机关。违法行使职权或者不作为的行政机关是县级以上人民政府的案件,由市(分、州)人民检察院管辖。

《人民检察院提起公益诉讼试点工作实施办法》规定了指定管辖制度,有管辖权的人民检察院由于特殊原因,不能行使管辖权的,由上级人民检察院指定本区域其他试点地区人民检察院管辖。上级人民检察院认为确有必要,可以办理下级人民检察院管辖的案件。下级人民检察院认为需要由上级人民检察院办理的,可以报请上级人民检察院办理。

2. 法院管辖

法院管辖是指人民法院审理检察行政公益诉讼案件的职权分工，包括级别管辖和地域管辖。根据《人民法院审理人民检察院提起公益诉讼案件试点工作实施办法》的规定，人民检察院提起的第一审行政公益诉讼案件由最初作出行政行为的行政机关所在地基层人民法院管辖。经复议的案件，也可以由复议机关所在地基层人民法院管辖。

中级人民法院管辖以下行政公益诉讼案件：人民检察院对国务院部门或者县级以上地方人民政府所作的行政行为提起公益诉讼的案件；本辖区内重大、复杂的公益诉讼案件。

(三) 检察机关的诉讼主体地位

检察机关在检察行政公益诉讼中的诉讼主体地位经历了试点期间的"公益诉讼人"到修法后的"公益诉讼起诉人"的变化。《检察机关提起公益诉讼的改革试点方案》规定检察行政公益诉讼的诉讼参加人包括检察机关和行政机关，其中，检察机关以"公益诉讼人"身份提起行政公益诉讼，被告是生态环境和资源保护、国有资产保护、国有土地使用权出让等领域违法行使职权或者不作为的行政机关，以及法律、法规、规章授权的组织。《人民法院审理人民检察院提起公益诉讼案件试点工作实施办法》第14条规定"人民检察院以公益诉讼人身份提起行政公益诉讼，诉讼权利义务参照行政诉讼法关于原告诉讼权利义务的规定"。法院和检察院对"参照"如何理解认识并不完全一致。检察机关更强调自身作为国家法律监督机关在行政诉讼中不同于个人原告之特殊性，法院则更倾向于将检察院与行政诉讼个人原告同等对待。试点初期有的地方法院要求检察院提交组织机构代码证，有的地方法院使用传票通知检察院出庭，有的地方法院甚至不接收检察院的起诉材料，检察人员抱怨自己的地位还不如普通原告。① 在学界,关于检察机关在行政公益诉讼中的诉讼主体地位亦存在不同认识,有"公益代表人学说""原告人学说""公诉人学说"等不同观点。②

经两高协调,2018 年出台的《最高人民法院、最高人民检察院关于检察公益诉讼案件适用法律若干问题的解释》第 4 条规定人民检察院以"公益诉讼起诉人"身份提起公益诉讼,依照《民事诉讼法》《行政诉讼法》享有相应的诉讼权利,履行相应的诉讼义务,但法律、司法解释另有规定的除外。解释采用了"公益诉讼起诉人"这一称谓替代之前的"公益诉讼人",更为合理。"公益诉讼人"形式上并不符合诉讼主体名称表述的惯例,诉讼主体之名称通常明示了其在诉讼中的角色与地位,原告、公诉人、被告、第三人、代理人、辩护人、证人、鉴定人等无一不是如此,而"公益诉讼人"没有表明检察机关在公益诉讼中的角色及其诉讼地位。"公益诉讼人"的称谓似有两个来源:其一源自"公益诉讼",其二源自检察机关作为公共利益代表,但这两项特征其他主体亦具备,亦可用来指称公益诉讼中的其他主体,如民事公益诉讼中的环保组织和行政公益诉讼中的行政机关,其结果是模糊了检察机关的诉讼地位。"公益诉讼起诉人"则显示了检察机关在公益诉讼中的诉讼角色是作为起诉一方出现。《最高人民法院、最高人民检察院关于检察公益诉讼案件适用法律若干问题的解释》采用"公益诉讼起诉人"这一称谓之后,尽管检察机关没有直接取得行政公诉人这一诉讼主体地位,但是明确了检察机关不同于普通行政诉讼中的原告。

---

① 最高人民法院后下发《关于进一步做好检察机关提起公益诉讼案件登记立案工作的通知》(法明传〔2016〕755 号)第二项中规定:人民法院登记立案时,可以不要求检察机关提供组织机构代码、法定代表人身份证明和指派检察人员参加诉讼活动的授权文书。

② 关于三种学说的梳理与评判可参见姜涛:《检察机关提起行政公益诉讼制度:一个中国问题的思考》,载《政法论坛》2015 年第 6 期。

公益诉讼固为检察机关作为公共利益代表为维护公共利益而启动的诉讼,但确定检察机关在行政公益诉讼中的称谓及其主体地位需要跳出"公益诉讼"概念的束缚。行政机关、环保组织等也是公共利益的代表,个人亦可仅基于社会公益而不计私利实施一定行为,因而,仅以公共利益代表定位检察机关的诉讼角色与诉讼地位难以将之与其他主体区分开来。除代表公共利益外,检察机关在行政公益诉讼中的诉讼主体地位还由其宪法上组织性质与职责、行政公益诉讼制度性质与功能、行政公益诉讼程序构造等因素决定。检察机关作为国家法律监督机关,针对行政机关违法行使职权或者不履行法定职责致使公共利益受到损害的,启动行政公益诉讼程序,先自行向行政机关提出检察建议,未达目标,进而向法院提起行政公益诉讼。观其行为,均为代表国家启动司法监督程序保障国家法律得到有效实施,通过督促行政机关依法正确履职修复受损公共利益,其地位与刑事诉讼中的公诉人类似。"行政公诉人"的称谓较之"公益诉讼人"更准确反映检察机关的诉讼角色和诉讼地位。

(四) 立案与调查取证

检察行政公益诉讼由民事行政检察部门负责办理,案件线索来源主要为人民检察院各业务部门在履行刑事案件办理职责中发现可能属于行政公益诉讼案件范围的案件线索。经审查认为行政机关违法行使职权或者不作为可能损害国家和社会公共利益的,应报请检察长批准决定立案,并到案件管理部门登记。

在案件办理过程中,检察机关需要进一步调查取证,为保障检察机关有效履行监督职责,《人民检察院提起公益诉讼试点工作实施办法》规定了检察机关调查取证可采取的措施,包括:(1) 调阅、复制行政执法卷宗材料;(2) 询问行政机关相关人员以及行政相对人、利害关系人、证人等;(3) 收集书证、物证、视听资料等证据;

（4）咨询专业人员、相关部门或者行业协会等对专门问题的意见；（5）委托鉴定、评估、审计；（6）勘验物证、现场；（7）其他必要的调查方式。调查核实不得采取限制人身自由以及查封、扣押、冻结财产等强制性措施。此外，《人民检察院提起公益诉讼试点工作实施办法》还规定人民检察院调查核实有关情况的，行政机关及其他有关单位和个人应当配合。但是，《人民检察院提起公益诉讼试点工作实施办法》并非法律，难以规定行政机关拒不配合检察院调查核实证据的法律责任。面对试点期间检察机关调查取证存在困难的问题，《最高人民法院、最高人民检察院关于检察公益诉讼案件适用法律若干问题的解释》没有作出实质性规定，仅规定人民检察院办理公益诉讼案件，可以向有关行政机关以及其他组织、公民调查收集证据材料；有关行政机关以及其他组织、公民应当配合；需要采取证据保全措施的，依照《民事诉讼法》《行政诉讼法》相关规定办理。

在实际办案过程中，部分行政机关以领导、执法人员不在等软方式拒不配合检察机关调取执法卷宗，检察机关需要再行调查取证，而在环境污染案件中，有的案件鉴定费用多达 10 万元以上，成本很高。目前，检察机关办理行政公益诉讼案件线索基本来自刑事自侦案件，证据收集问题主要在自侦部门得以解决，但随着监察委制度改革推广开之后检察院自侦职能将全部转隶至监察委，如何提高监察委自行开展证据调查的权能与能力是下一步需要解决的问题。未来完善检察机关在行政公益诉讼中的调查取证职权有两种方案：一种是赋予检察机关充分的证据调查取证职权，以检察机关自行调查为主、调取行政执法证据为补充；另一种是以调取行政执法证据为主、检察机关依职权进行补充调查取证。两种方案中，综合考量行政执法的特点、检察机关与行政机关的性质、行政公益诉讼的目的、诉讼经济等因素，后一种方案更为合适。《人民检察院提起公益诉讼试点工作实施办法》中规定的 6 项调查核实证据措施的第(1)项即为"调阅、复制行政执法卷宗材料",这是符合行政执法的特点的。行政执法本身就是一个认定事实、适用法律的过程,行政机关在履行行政管理职责过程中要制作、获取大量与行政事务相关的信息与材料,检察机关为履行监督职责需要调查收集的证据材料很多在行政机关那里已经存在,如企业生产过程中废水废气排放的相关数据、行政机关违法发放各类专项补助的材料在行政机关那都有。检察机关与行政机关均为国家机关,都代表公共利益行使职权,检察机关启动行政公益诉讼是为了解决行政机关公益维护失灵的问题,二者之间并不存在主观诉讼中原告、被告两造之间的利益对抗关系,非为解决利益之争,而是为了更好维护公共利益这一客观目的。基于此,为查明案件事实,对于行政机关在行政执法过程中已经收集到的证据,如果检察机关再行重新收集,无疑是浪费纳税人的钱重复收集证据,而且有的证据无法事后再行收集,因此,对行政机关已经在行政执法活动中收集到的证据,检察机关不应重复收集,向行政机关调取即可,检察机关的调查取证活动主要针对尚未为行政机关掌握的证据展开。

向行政机关调取证据是基于诉讼经济避免重复调查取证的考虑,为更好履行监督职责,特别是在诉前程序中,检察机关还需要自行调查收集证据。行政公益诉讼调整的是国家机关之间的关系,检察机关在诉前程序中向行政机关发出检察建议时应当有充分的证据证明其关于行政机关行政违法、公共利益因此遭受损害的结论成立,这也是行政机关需在1个月内予以答复的正当性所在。因此,为保障检察机关履行监督职责,应当赋予其与履职需要相对称的自行调查取证职权。

**(五)诉前程序前置**

检察机关与行政机关均为国家机关,行政机关也是公共利益的

## 第三编 行政诉讼制度

代表,检察机关作为国家法律的监督机关,不能代替行政机关直接履职,而是监督行政机关依法履职,因此,《全国人民代表大会常务委员会关于授权最高人民检察院在部分地区开展公益诉讼试点工作的决定》规定在提起公益诉讼前,人民检察院应当依法督促行政机关纠正违法行政行为、履行法定职责,实行诉前程序前置。之后,《检察机关提起公益诉讼的改革试点方案》《人民检察院提起公益诉讼试点工作实施办法》《关于深入开展公益诉讼试点工作有关问题的意见》《最高人民法院、最高人民检察院关于检察公益诉讼案件适用法律若干问题的解释》均对诉前程序的具体制度进行规定,逐步细化完善了诉前程序制度。

1. 向行政机关提出检察建议

检察建议是诉前程序的核心内容。《检察机关提起公益诉讼的改革试点方案》规定在提起行政公益诉讼之前,检察机关应当先行向相关行政机关提出检察建议,督促其纠正违法行政行为或者依法履行职责。检察建议的"建议"二字意味着该文书并非法律决定文书,对行政机关不具有强制约束力,也不能作为其他主体主张权利的依据。一般认为,检察建议制度符合司法谦抑原则,体现司法对行政的尊重,由于仅为建议对行政机关没有强制约束力,因而并未突破检察权程序性权力的属性。检察建议固然对行政机关无约束力,但这仅是就其效力而言,就其内容而言,既有对行政机关构成行政违法的认定,也有对行政机关应当如何履职的具体建议,这些内容均体现为对案件实体问题作出结论性判断,只是其内容的实现不以强制力为保障,而以行政机关自愿遵循为实现条件。故而检察建议实质已经突破了检察权为程序权的属性限制,检察机关在诉前程序中具有了附条件的实体处理权限。如果我们再结合诉前程序办结案件数量,可以看到检察建议实质上在行政公益诉讼中起到决定性作用,建议性文书实质上起到决定性文书的作用。

《检察机关提起公益诉讼的改革试点方案》《人民检察院提起公益诉讼试点工作实施办法》均未具体明确检察建议应当载明的事项,直至试点后期出台的《关于深入开展公益诉讼试点工作有关问题的意见》才对检察建议应载明事项作出明确规定。《关于深入开展公益诉讼试点工作有关问题的意见》第9条规定:"诉前检察建议应载明行政机关违法行使职权或者不作为的事实、构成违法行使职权或者不作为的理由和法律依据以及建议的内容。应当针对行政机关的违法行为,提出督促其依法正确履行职责的建议内容。"这一规定主要包括两方面的内容:其一,是关于行政机关已经构成行政违法的认定,这是检察机关启动监督程序的基础;其二,是关于行政机关正确依法履行职责的具体建议,这是检察机关履行监督职责的实质内容。

检察建议是检察权对行政权监督范围和监督程度的具体体现。目前检察建议仅包括行政违法认定与整改建议两方面的内容,将使得检察权对行政权的监督突破公益诉讼的范围,扩展为宽泛的对行政违法的一般监督。行政公益诉讼的启动需同时具备两方面的条件:第一个条件是行政机关违法行使职权或者没有履行法定职责构成行政违法,第二个条件是行政违法造成国家利益或者社会公共利益受到损害。两个条件必须同时具备,仅有行政违法,但并未使公共利益遭受损害,不能启动行政公益诉讼,如行政违法仅造成个人权利损害,由个人行使诉权向法院提起行政诉讼。公共利益遭受损害因而是检察机关启动行政公益诉讼的必要条件。与之相对应,检察机关需要在检察建议中载明公共利益遭受损害的状况,与认定行政违法共同构成启动公益诉讼的正当性基础。

2. 行政机关作出书面答复

尽管检察建议对行政机关没有强制约束力,仅仅是向其提出的整改建议,但是,《检察机关提起公益诉讼的改革试点方案》规定行政机关应当在收到检察建议书后 1 个月内依法办理，并将办理情况及时书面回复检察机关，规定中使用了"应当"，为行政机关设定了办理义务。如果行政机关收到检察建议书后没有办理的，检察机关向人民法院提起行政公益诉讼，这意味着检察建议并没有强制执行力。

《最高人民法院、最高人民检察院关于检察公益诉讼案件适用法律若干问题的解释》将行政机关收到检察建议书后依法履行职责的时间延长为 2 个月，书面回复检察机关。出现国家利益或者社会公共利益损害继续扩大等紧急情形的，行政机关应当在 15 日内书面回复。

试点期间有的行政机关并没有真正采取回复中提到的纠正措施，有的行政机关敷衍性采取一些措施。显然，仅收到行政机关的书面回复后就终结诉前程序并没有真正实现行政公益诉讼的目的。对此，《关于深入开展公益诉讼试点工作有关问题的意见》第 11 条规定：发出检察建议后，应当积极跟踪行政机关的整改情况。判断行政机关是否真正纠正违法行为，不仅要看行政机关的书面回复内容，更要看行政机关的整改行动和效果。只要行政机关仍未依法完全履行相应职责，国家利益和社会公共利益仍处于受侵害状态的，检察机关就应当提起行政公益诉讼。

**3. 诉前程序在试点期间发挥了积极作用**

笔者在试点结束后到山东省调研试点情况，截至 2017 年 7 月 4 日，山东省检察机关在履行职责过程中共发现行政公益诉讼案件线索 615 件，办理行政诉前程序案件 577 件。经过诉前程序，相关行政机关已纠正违法或履行职责 440 件，向人民法院提起行政公益诉讼 82 件。

诉前程序在试点过程中对纠正行政机关的违法行为发挥了积极作用，检察机关通过向行政机关发出检察建议纠正了行政机关的违法作为或者不履职。如山东省德州市庆云县人民检察院对县环保

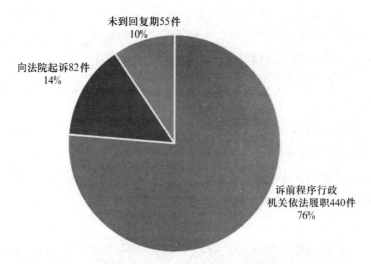

图 3-5-2 山东省行政公益诉讼诉前程序与诉讼程序衔接对比图
(2015 年 7 月 1 日—2017 年 7 月 4 日)

局提起行政公益诉讼案一案①,涉案企业某化学科技有限公司自 2008 年 8 月以来就排放大量污水造成环境污染,被当地群众多次举报,但问题一直得不到解决,检察机关提起行政公益诉讼后,2016 年 6 月 20 日法院判决支持了检察机关的诉讼请求。在国有资产保护领域,检察机关的司法介入对追回流失的国有资产亦发挥了重要作用,如山东省胶州市人民检察院在其办理的涉案金额最大的案件中通过发出检察建议督促有关部门收回国有土地出让金和违约金 4160 万元;山东省临沂市费县人民检察院对费县房地产管理局提起的行政公益诉讼案件中,法院判令费县房地产管理局依法收回违规发放的公共租赁住房专项补助资金 415 万元。最高人民检察院 2018 年 3 月发布了检察机关提起公益诉讼的十个典型案例,其中诉前程序案例 3 个。

---

① 该案是试点期间全国首例向法院提起的行政公益诉讼案件,被评为 2015 年度检察机关十大法律监督案例。

## (六) 起诉与审理

经过诉前程序,行政机关拒不纠正违法行为或者不履行法定职责,国家和社会公共利益仍处于受侵害状态的,检察机关可以向人民法院提起行政公益诉讼。检察机关的起诉符合起诉条件的,人民法院应当登记立案。

### 1. 起诉应当提交的材料

《人民检察院提起公益诉讼试点工作实施办法》规定人民检察院提起行政公益诉讼应当提交下列两项材料:行政公益诉讼起诉书与国家和社会公共利益受到侵害的初步证明材料。针对实践中部分人民法院要求检察机关提交法定代表人身份证明、组织机构代码证和授权委托书的情况,《关于深入开展公益诉讼试点工作有关问题的意见》规定检察机关提起行政公益诉讼时提交公益诉讼起诉书、国家利益和社会公共利益受到侵害的初步证明材料和检察机关履行诉前程序的证明材料,不需要提交法定代表人身份证明、组织机构代码证和授权委托书。

由于起诉与诉前程序的衔接以行政机关不按照检察建议依法正确履职为条件,根据此规定,检察机关在提出检察建议时能够就公共利益受到损害提供初步证明材料即可。但是,检察机关提出的正确履职建议的具体内容与公共利益遭受损害的状况有密切关联,如果仅有初步证明材料对公共利益遭受损害的状况予以证明,检察机关对公共利益遭受损害的状况有可能未能全面把握,这会直接影响检察建议的针对性和有效性。因而,检察机关在提出检察建议时就应当准确掌握公共利益遭受损害的状况,而不能仅有初步证明材料。针对试点期间显现的问题,《最高人民法院、最高人民检察院关于检察公益诉讼案件适用法律若干问题的解释》对检察机关起诉应当提交的材料进行了完善,规定人民检察院提起行政公益诉讼应当提交下列材料:行政公益诉讼起诉书,并按照被告人数提出副本;被告违法行使职权或者不作为，致使国家利益或者社会公共利益受到侵害的证明材料；检察机关已经履行诉前程序，行政机关仍不依法履行职责或者纠正违法行为的证明材料。检察机关在起诉时对于国家利益或者社会公共利益受到侵害不再仅仅是承担初步证明责任，而是要能够证明国家利益或者社会公共利益受到侵害。《最高人民法院、最高人民检察院关于检察公益诉讼案件适用法律若干问题的解释》也明确了检察机关不需要向人民法院提交法定代表人身份证明、组织机构代码证和授权委托书。

检察机关提起公益诉讼，不需要缴纳诉讼费用。

2. 检察机关撤诉

撤诉是当事人诉权的内容，检察机关向人民法院提起行政公益诉讼之后，在具备特定情形时亦可撤回起诉。但是，检察机关提出撤回起诉后法院如何处理，不同司法文件的规定有所不同。《人民法院审理人民检察院提起公益诉讼案件试点工作实施办法》规定人民法院对行政公益诉讼案件宣告判决或者裁定前，人民检察院申请撤诉的，是否准许，由人民法院裁定。此规定与普通行政案件的原告申请撤诉的处理规定相同，原告申请撤诉，是否准许，由人民法院裁定。①

《最高人民法院、最高人民检察院关于检察公益诉讼案件适用法律若干问题的解释》则规定如果被告纠正违法行为或者依法履行职责而使人民检察院的诉讼请求全部实现，检察机关撤回起诉的，人民法院应当裁定准许。由"是否准许，由人民法院裁定"调整为"人民法院应当裁定准许"。

根据《关于深入开展公益诉讼试点工作有关问题的意见》的规定，人民检察院撤回起诉的，需要层报最高人民检察院批准，可以看

---

① 2017年《行政诉讼法》第62条规定：人民法院对行政案件宣告判决或者裁定前，原告申请撤诉的，或者被告改变其所作的行政行为，原告同意并申请撤诉的，是否准许，由人民法院裁定。

出检察机关起诉后撤回起诉十分慎重。

3. 检察机关承担举证责任的事项

《最高人民法院、最高人民检察院关于检察公益诉讼案件适用法律若干问题的解释》没有规定检察机关与行政机关各自承担的举证责任。《人民检察院提起公益诉讼试点工作实施办法》规定检察机关就以下事项承担举证责任：证明起诉符合法定条件；人民检察院履行诉前程序提出检察建议且行政机关拒不纠正违法行为或者不履行法定职责的事实；其他应当由人民检察院承担举证责任的事项。其他事项中还应包括国家或社会公共利益因为行政机关违法作为或不作为遭受损害的事实，公共利益因为行政行为违法遭受损害是检察机关提起行政公益诉讼的前提条件，因而，公共利益遭受损害这一事实应由检察机关承担举证责任。

4. 公开审理

《人民法院审理人民检察院提起公益诉讼案件试点工作实施办法》对行政公益诉讼案件的审理组织和审理程序作出规定。行政公益诉讼案件原则上适用人民陪审制，不适用简易程序。人民法院审理检察行政公益诉讼案件不适用调解，直接作出行政判决。

行政公益诉讼案件的审理公开进行，人民法院可以邀请人大代表、政协委员等旁听庭审，并可以通过庭审直播、录播等方式满足公众和媒体了解庭审实况的需要。裁判文书应当按照有关规定在互联网上公开发布。

根据《人民检察院提起公益诉讼试点工作实施办法》规定，人民法院开庭审理人民检察院提起的行政公益诉讼案件，人民检察院应当派员出席法庭。检察人员出席法庭的任务是：宣读行政公益诉讼起诉书；对人民检察院调查核实的证据予以出示和说明，对相关证据进行质证；参加法庭调查，进行辩论并发表出庭意见；依法从事其他诉讼活动。

检察人员发现庭审活动违法的，应当待休庭或者庭审结束之后,以人民检察院的名义提出检察建议。

## (七) 行政判决

人民检察院提起行政公益诉讼,可以向人民法院提出撤销或者部分撤销违法行政行为、在一定期限内履行法定职责、确认行政行为违法或者无效等诉讼请求,与之相对应,《最高人民法院、最高人民检察院关于检察公益诉讼案件适用法律若干问题的解释》第25条规定了五类公益诉讼判决类型:

(1) 确认判决,同时责令行政机关采取补救措施。包括确认违法判决和确认无效判决,其适用情形为2017年《行政诉讼法》第74条、第75条的规定。其中,2017年《行政诉讼法》第74条为确认违法判决的适用情形,人民法院仅确认行政行为违法,但不撤销行政行为;《行政诉讼法》第75条为确认无效行政行为的适用情形。

此外,因为被告纠正违法行为或者依法履行职责而使人民检察院的诉讼请求全部实现,人民检察院变更诉讼请求,请求确认原行政行为违法的,人民法院应当判决确认违法。

(2) 撤销判决,可同时判决行政机关重新作出行政行为。撤销判决包括全部撤销判决与部分撤销判决,其适用情形为2017年《行政诉讼法》第70条的规定。只要具备其中的一种情形,人民法院即可判决撤销行政行为。

(3) 履职判决。被诉行政机关不履行法定职责的,判决在一定期限内履行。

(4) 变更判决。被诉行政机关作出的行政处罚明显不当,或者其他行政行为涉及对款额的确定、认定确有错误的,判决予以变更。

(5) 驳回诉讼请求判决。被诉行政行为证据确凿,适用法律、法规正确,符合法定程序,未超越职权,未滥用职权,无明显不当,或者人民检察院诉请被诉行政机关履行法定职责理由不成立的,人民法院判决驳回其诉讼请求。

行政公益诉讼的五种判决类型及其适用条件与普通行政诉讼案件的判决形式及其适用条件相同。

**(八) 二审与再审程序**

检察机关对一审判决不服是向上一级人民法院提出上诉还是抗诉在实践中一直是一个有争议的问题。对此,《人民法院审理人民检察院提起公益诉讼案件试点工作实施办法》规定对于人民法院作出的行政公益诉讼判决、裁定,当事人依法提起上诉、人民检察院依法提起抗诉或者其他当事人申请再审且符合 2017 年《行政诉讼法》第 91 条规定的,分别按照 2017 年《行政诉讼法》规定的第二审程序、审判监督程序审理。检察机关在行政公益诉讼案件中仍以抗诉的方式就第一审判决启动二审程序。二审、再审程序均适用 2017 年《行政诉讼法》规定的二审、再审程序。

**(九) 法律适用**

行政公益诉讼为客观诉讼,性质不同于以救济个人权利为目的的主观诉讼,而 2014 年《行政诉讼法》仍然仅以主观之诉为对象建构行政诉讼制度,2017 年修正《行政诉讼法》时并没有规定行政公益诉讼制度。因而,行政公益诉讼的法律基础是最高人民法院和最高人民检察院发布的司法解释和规范性文件。其中,《最高人民法院、最高人民检察院关于检察公益诉讼案件适用法律若干问题的解释》为基本规范,最高人民法院、最高人民检察院之前发布的司法解释和规范性文件与其不一致的,以《最高人民法院、最高人民检察院关于检察公益诉讼案件适用法律若干问题的解释》为准。

两高发布的司法解释和规范性文件没有规定的事项,则适用《民事诉讼法》《行政诉讼法》以及相关司法解释的规定。